中国社会科学院创新工程学术出版资助项目

国家社科基金重大特别委托项目
西南边疆历史与现状综合研究项目·档案文献系列

中国社会科学院创新工程学术出版资助项目

国家社科基金重大特别委托项目
西南边疆历史与现状综合研究项目·档案文献系列

# 清前期云南督抚边疆事务奏疏汇编

## （卷　一）

邹建达　唐丽娟◎主编

社会科学文献出版社
SOCIAL SCIENCES ACADEMIC PRESS (CHINA)

图书在版编目（CIP）数据

清前期云南督抚边疆事务奏疏汇编：全6册/邹建达，唐丽娟主编.
—北京：社会科学文献出版社，2015.10
（西南边疆历史与现状综合研究项目. 档案文献系列）
ISBN 978 - 7 - 5097 - 7285 - 0

Ⅰ. ①清⋯　Ⅱ. ①邹⋯ ②唐⋯　Ⅲ. ①奏议 - 汇编 - 云南省 - 清代
Ⅳ. ①K249. 065

中国版本图书馆 CIP 数据核字（2015）第 058690 号

西南边疆历史与现状综合研究项目·档案文献系列

清前期云南督抚边疆事务奏疏汇编（全六卷）

主　　编／邹建达　唐丽娟

出 版 人／谢寿光
项目统筹／宋月华
责任编辑／李建廷　宋淑洁　马续辉

出　　版／社会科学文献出版社·人文分社（010）59367215
　　　　　　地址：北京市北三环中路甲 29 号院华龙大厦　邮编：100029
　　　　　　网址：www. ssap. com. cn
发　　行／市场营销中心（010）59367081　59367090
　　　　　　读者服务中心（010）59367028
印　　装／北京京华虎彩印刷有限公司

规　　格／开 本：787mm × 1092mm　1/16
　　　　　　印 张：178. 25　字 数：3790 千字
版　　次／2015 年 10 月第 1 版　2015 年 10 月第 1 次印刷
书　　号／ISBN 978 - 7 - 5097 - 7285 - 0
定　　价／4800. 00 元（全六卷）

# 总　序

　　"西南边疆历史与现状综合研究项目"（以下简称"西南边疆项目"）为国家社科基金重大特别委托项目，由全国哲学社会科学规划办公室委托中国社会科学院科研局组织管理。"西南边疆项目"设"西南边疆历史与现状综合研究项目·研究系列"和"西南边疆历史与现状综合研究项目·档案文献系列"（以下简称"西南边疆档案文献系列"），对课题中优秀者分别列入上述系列予以出版。

　　档案文献是学术研究赖以进行、得以深化的基础，研究工作如无包括档案文献在内的资料的支撑就如无源之水，如无新资料的发现和补充，学术研究想要有所创新也将可遇而不可求。因此，包括档案文献在内的新资料的系统发掘与整理，实乃深化研究的第一要务。诚如当代著名历史学家戴逸教授所言："编史要务，首在采集史料，广搜确证，以为依据，必借此史料，乃能窥见历史陈迹。故史料为历史研究之基础，研究者必须积累大量史料，勤于梳理，善于分析，去粗取精，去伪存真，由此及彼，由表及里，进行科学之抽象，上升为理性之认识，才能洞察过去，认识历史规律。史料之于历史研究，犹如水之于鱼，空气之于鸟，水涸则鱼逝，气盈则鸟飞。历史科学之辉煌殿堂必须岿然耸立于丰富、确凿、可靠之史料基础上，不能构建于虚无缥缈之中。"

　　西南边疆研究课题涵盖面很广，其中包括从古至今历代政府对西南边疆治理、西南区域地方史与民族史等内容，也包括西南边疆地区与内地、与境外区域的政治、经济、文化关系史研究，还涉及古代中国疆域理论、中国边疆学等研究领域，同时与当代西南边疆面临的理论和实践问题密切相关。面对如此众多的研究内容，而西南边疆有关的档案文献尚存在多与散，疏于整理的现状，收集整理任务十分繁重。"西南边疆项目"专家委员会在项目启动之始即决定着手组织对云南、广西两省区民国时期的档案进行整理，同时又对云南、广西历代文献进行有选择的整理、汇编，以及口述史料的收集，形成了一批具有较高学术质量的档案文献资料整理成果，并成为"西南边疆档案文献系列"的选题。我们期待"西南边疆档案文献系列"成果的面世，能为西南边疆学术研究深化提供新的、有价值的第一手资料。

　　自二〇〇八年正式启动以来，中国社会科学院党组高度重视"西南边疆项目"的组织工作，中国社会科学院原副院长、"西南边疆项目"领导小组组长江蓝生同志对项目的有序开展一直给予悉心指导。项目实施过程中，还得到中共中央宣传部、全国哲学社会科学规划办公室、云南省委宣传部、广西壮族自治区党委宣传部、云南省哲学社会科学规划办公室、广西壮族自治区哲学社会科学规划办公室，以及云南、广西两省区档案局（馆）、高校和科研机构领导、专家学者的大力支持与参与，在此一并深表敬意和谢意。

　　"西南边疆档案文献系列"由社会科学文献出版社出版，社会科学文献出版社领导对社会科学研究事业的大力支持，编辑人员严谨求实的工作作风，一贯为学人称道，值此"西南边疆档案文献系列"付梓面世之际，谨致以由衷的谢意。

"西南边疆档案文献系列"编委会

二〇一三年五月

# 凡　　例

1. 所收录的资料，仅限于云南督抚上奏的与云南事务有关的奏疏，其他封疆大吏，如提督、布政使、按察使、学政、总兵等的奏疏，均不收录；云贵总督有关贵州事务的奏疏，云贵广西总督有关贵州、广西事务的奏疏，或其他与云南事务无关的奏疏，除极少部分特别重要的奏疏外，也都未收录；一些无实际内容的请安折、庆贺折，也未收录。

2. 本汇编为编年体例，康、雍、乾三朝的奏疏各自成编，而不是以内容分类，或按人物排序。原件具明时间者，以上奏之年月日为序，统一编定顺序号；原件只写明年月而无日，或有年而无月日者，则分别编排于该年月或该年之后，无年月日的，也都进行了标注，并排在适合的位置。

3. 除少部分奏疏外，原有的绝大部分奏疏都没有标题。本书各件奏疏，均由编者根据其内容，加了与内容相适应的标题，并标明了资料的出处。原件尾幅所署朝、年、月、日，均移至每件标题之下。

4. 原文均无标点，本书均进行了断句，并加了现代标点符号，但未作注释，奏疏较长的，酌情分段。

5. 所收录的奏疏内容基本上都是完整的，对残损严重，或部分内容缺损的奏疏，均未收录。

6. 原文中对少数民族污蔑性的称谓，如带"犭"字旁的字，酌改为"亻"，但仍有部分未改，如"猓""猡"等；有歧视性的民族称谓，仍照录原文；其民族名称与现实有歧义者，仍从原文。

7. 原文所用繁体字，均改为简化字。但有部分原文，无对应的简化字，以类推简化字代之。错别字不改，径仍其旧。异体字以规范文字代之。

8. 原件内皇帝的朱批，分别批于奏折的折中和折尾，折中的放于文中相应位置，以"（　）"标出，注明"夹批"字样；奏折后的，注明"朱批"字样。

9. 有少部分原文、原档残损，致使偶有模糊或难以辨认的字，用□代替。

# 本卷目录

## 雍正朝

# 顺治、康熙朝

## 1 云贵总督赵廷臣《揭贺元旦令节上皇帝疏》
### 顺治十六年十一月

钦命总督云贵等处地方军务兼理粮饷兵部右侍郎兼都察院右副都御史赵廷臣：为庆贺事。

顺治十七年正月初一日，恭遇元旦令节，职奉差在外，不获同在廷诸臣躬亲拜舞，谨望阙叩头庆贺，伏愿皇上懋膺嘉祉，永享太平，职不胜踊跃欢忭之至。为此，除具奏外，理合具揭，须至揭帖者。

(《明清档案》第 35 册，A35 - 85)

## 2 云贵总督赵廷臣《揭报起行赴滇日期疏》
### 顺治十六年十一月

钦命总督云贵等处地方军务兼理粮饷兵部右侍郎兼都察院右副都御史赵廷臣：为恭报微臣起行赴滇日期，仰祈睿鉴事。

顺治十六年十一月初三日，职于贵州驻扎衙门到任受事，已经题报外，惟是职有两省总督之责，今当云南兵马需用粮草，地方溃逆未靖，土司新附未久，职不敢不驰赴料理。先于顺治十六年九月十六日，奉命安远靖寇大将军信郡王令谕调职，如巡抚到任，令职亟赴云南。职于九月二十四日题报在案。十月二十六日，又奉令谕内开令职速速前来，料理大兵马匹草料。职捧读之际，夙夜恐惕，寝食难安。因思大兵屯集云南，应用粮草关系重大，职有催办之责，恨不能策羽奋飞，以日为岁，戴星以行。先因征南将军凯旋，在于贵阳歇马，均系紧急军需，职不得不在贵阳备办。继征南将军起行，又值军政大典，新任官吏不谙往返，催造未齐，顾彼遗此，又难轻离。今新抚

— 1 —

臣卞三元已于顺治十六年十一月初九日入境受事，十六日已抵贵阳，十七日已经到任。职正拟起行间，十八日内阁学士苏驰至贵阳，口传上谕，职跪听宣谕，望阙叩头祗遵讫。遂于二十日黎明星往滇省催办大兵粮草。职殚心区画，竭力料理，俟至滇料理有绪，另行报明外，所有职从贵州起行日期，理合题报，伏乞睿鉴施行。为此，除具题外，理合具揭，须至揭帖者。

（《明清档案》第 35 册，A35 - 88）

## 3 云南巡抚林天擎《揭报王师起行赴北日期疏》
### 顺治十六年十二月

钦差巡抚云南兼建昌毕节等处地方赞理军务兼督川贵兵饷兵部左侍郎即兼都察院右副都御史臣林天擎：为恭报王师起行日期事。

本年十二月初六日，钦命安远靖寇大将军多罗信郡王铎尼，率领贝勒、贝子、公、虾等，遵旨自云南省城起行赴北，理合恭报，以慰睿怀。除具题外，理合具揭，须至揭帖者。

（《明清档案》第 35 册，A35 - 129）

## 4 云贵总督赵廷臣《揭报支粮安插投诚伪侯疏》
### 顺治十七年一月

钦命总督云贵等处地方军务兼理粮饷兵部右侍郎兼都察院右副都御史赵廷臣：为请给投诚官兵口粮，鼓励未来人心，仰祈上鉴，敕部议覆事。

职赴滇料理大兵粮草，于顺治十六年十二月三日，行次云南马龙州。据驻防永昌湖广左路总兵官张国柱、四川左路总兵官沈应时报称："顺治十六年十二月初一日，有伪怀仁侯吴子圣投诚，单骑来府，与二职相会。二职出外迎至府中公所安顿，备席款待。他的兵将俱已遵制披剃，吴子圣今择于初四剃发。二职同金腾道暂安在永昌地方，离城八十里，地名牛旺街驻扎。吴子圣对二职称，他的官兵人口缺食，请支粮米接济。二职会同署道再三酌议，只得勉应，暂在仓中支与他十数日粮米，再候示下支给安顿。最苦永昌缺粮，无有支给。今将吴子圣到永情形，并请支口粮缘由，理合呈报。"等因到职。职随行云南布政使司，查议投诚官兵有无支给粮米之例，曾否题明。据署布政司按察司副使李本晟详称："查看得钱粮动支，各有款项，滥用必致部驳。随查各旗、各省官兵开滇驻镇应用粮米，十六年分仍支原日拨定各路钱粮，即有就近在滇动支者，自当以部拨银两补还。至于投诚官兵粮米，原无款目。但彼倾心向化，欲不动给口粮，则兵食无资，倘致逃散，未免有阻向慕之人心也。前奉抚院宪行，即令投诚官兵俱安插于有粮地方，照官兵员名支给。至于日后开销，惟祈本部院题明，倘蒙俞允，则各府本米折色可以通融扣算矣。"等因。呈详到职。

除前经投诚，支过粮米，俟查明之日汇请开销外，其见今投诚伪侯吴子圣，自应议给口粮安插。职随行署分巡金沧道，并扎驻防永昌湖广左路总兵官张国柱、四川左路总兵官沈应时，会同道、府各官，暂于永昌设措粮米支应；并查永昌就近剑川、浪穹、云龙、邓川等州县有粮地方，酌量安插，除妇女外，每投诚官兵一名员，给仓升口粮米一升。去后，至伪侯吴子圣投诚缴印情节，听平西王臣吴题报外，该职看得，凡投诚伪侯、伯、将军，若悔罪归化，职等仰体皇上剿逆抚顺至意，自应安插得所；安插得所，则必给以口粮，非但收服已至之降众，并可鼓舞未来之人心，早致太平也。

极知滇云兵马屯集，钱粮艰难，不敢轻议。但收拾人心，奠安边方，势不得不如此。至于已经投诚者，见在酌量于征买粮米内通融支给，惟是将来投诚之众，亦必照例支发，统俟年终一总汇报奏销。事关动用军需，职谨会同经略辅臣洪、云南抚臣林天擎合词共题，伏乞上鉴，敕部议覆施行。为此，除具题外，理合具揭，须至揭帖者。

（《明清档案》第 36 册，A36－24）

# 5　云贵总督赵廷臣《揭报请催解部拨协饷疏》
## 顺治十七年二月

钦命总督云贵等处地方军务兼理粮饷兵部右侍郎兼都察院右副都御史赵廷臣：为米价日增，协饷中断不继，采买程途遥远，敬陈极苦情形，仰乞睿鉴事。

职于顺治十七年二月初一日，自曲靖府起行，由云南省城前往宁州等处催办粮草，已经具疏题报外，职经过马龙、易隆、杨林、板桥一带地方，目击沿路穷民菜色鸠形，采芹为食，挖蕨为粮，有死于道途沟涧者，有死于寺庙破屋者，有死于山路田野者，有死于傍磜曲径者，甚至有母食其女子，弃其父，闻不忍闻，见不忍见。

前奉皇恩覃敷，颁发内帑十五万两赈济云贵两省真正穷民。顺治十七年正月二十一日，准经略阁部咨开："为钦奉上谕事。查蒙上发内帑银十五万两，内分派九万两赈济云南穷民，已于顺治十六年十一、十二月内，三次共解过银七万两。今第四次，再解银二万两，已全足九万两之数，发云南布政司查收，一听贵部院酌量时候，设法清查真正穷民，选委廉能官员亲行给散，仰体朝廷恤民德意，俾真正穷民得沾实惠。"等因。咨移到职。

该职看得，奉发帑银赈济穷民，此皇上特恩，虽即时分发、即时给散，疮痍待毙之民引领翘望，犹以为迟。今自顺治十七年正月起，以至今二月初十日止，协饷中断，留驻省城大兵马匹应支粮料草束，附近州县周围二三百里征买已竭，凡民间所存谷种亦皆搜买殆尽。职先在省城未回曲靖时，米价市斗每石尚止一十八两，今未及一月，每米一市石价至二十余两。市廛断粜，穷民绝粜，故不得不远从三四百里之外采买转运。虽远处米价稍减，而挑运脚费倍重，且马匹需用料谷不赀，肩挑背负，倍多艰难。每草一束，由水路运者约价四五分；其不通水路而从陆路运交者，连食米计算，价共费至一钱。蒿目时艰，忧惶莫措。欲待协饷至日买备支放，则兵必枵腹，马必饿毙。万不得已，将上发赈济银内，启请平西王臣，除云南省城及永昌一带真正穷民先行酌给外，其余尚存银两，并奉发内帑接济大兵十五万两内通融借支，照依时价分发增买，俟后解协饷到日，仍即如数扣还补给。

职思朝廷金钱贵在节省，但时当如此，语云必不得已而去曰去兵，今渠逆尚未授首，是兵未可去也；语云必不得已而去曰去食，今士马必资饱腾，是食未可去也。故倍价远买，务济军需，要皆时势艰危，有不敢不多方以如此者供应大兵若是。而平西王藩下官兵与绿旗官兵暨投诚官兵，在在需粮需饷，且更费不赀焉。所有部拨各省协济云南顺治十六年分饷银，职准经略阁部咨开，未完甚多。今将已完未完各数目，见在开造文册，不日另送察核。俟册移到日，按数分催外，至于部拨顺治十七年分云南大兵需用俸饷豆草，应动江西省十六年分金花滴珠银一十五万两、江南省十六年分金花银二十万两、两淮正杂课银一十万两、芜湖钞关税银五万两，共银五十万两，伏乞睿鉴。垂念兵马粮料盈缩，有关封疆安危，敕部专差督催，立限起解，庶可以济紧急之军需，而救兵民之危困也。职谨会同云南抚臣林天擎合词密题，伏乞上鉴施行。为此，除具题外，理合具揭，须至揭帖者。

（《明清档案》第 36 册，A36 – 62）

# 6 云南巡抚袁懋功《题陈固结土酋之策疏》

顺治十八年一月二十六日

钦命巡抚云南兼建昌毕节等处地方赞理军务兼督川贵兵饷兵部左侍郎即兼都察院右副都御史臣袁懋功谨题：为请庇土舍，俾酋属之归戴益久事。

云南两迤土酋，狡性叵测，叛服不常，欲其归附，最难固结。然以威慑之，勉强一时；以德绥之，永戴百世。如明初沐英始辟滇疆，克普克芒，不一而足。至越酋阿资降而复叛，英必麾兵击之，杀戮殆尽。其威行百蛮，诚赫赫矣！迨承平之后，筑城垣，设卫御，修惠政，简官僚，即土官子弟亦令其入学肄业，使知礼义。且于朔望释菜毕，延师生于堂，设广席，坐土舍于侧，烹羔羊以食之；又于冬夏，制时衣以衣之，此岂虑各酋跳梁？故羁縻子弟以牵制乎。诚见各酋梗逆，皆从幼失学，不知奉法尊王为何事，是以恃险逞强，敢行称乱。今在彼弱龄，复纵其桀骜而不之砥习与性成，异日好为不轨，于以覆宗灭祀不难矣。盖为滇省弹丸疥癣之虑浅，而为土属祖宗爵土之虑深，且馁而予食，寒而予衣，体贴土情，周到毕备。所以数百年来，土司土府焚香顶戴沐氏之世保兹土，有由来也。

我皇上垂顾荒滇，命师荡扫，前者元江一击，凡各土酋胆落魂惊，望风知畏矣。复蒙天庇钦恤，群戎缴伪篆者准给新印，纳宗图者准袭世封，光前耀后，谁不衷心悦而诚服哉？但既荣其身，当爱其嗣。一切土舍，应照沐氏教养法，就学泮宫。惟念种类繁多，安能尽行诲育？臣窃计之，土官子弟凡应袭承世职者许令就学，学官量其资禀，立课责成，其日用服食之需，请敕平西王臣通融设处，以给膳读。迨后经书娴熟，礼义通明，或遇父兄谢事时，着令该子弟回籍袭职。陶镕习气，既化其旧染犷悍之风；嫡派分明，更不开日后僭窃分争之隙。而且教诲饮食裕及后昆，令各土酋属世世衔戴我皇上高天厚地之仁；且椎卉而化为衣冠，呕哑而变为雅颂，熙熙皞皞不下内地，又何有得罪名教而玩视功令者乎？乃若其余子弟，准其延师课读，攻苦下帷，如有文理稍通，许令子衿入泮，岁科、乡试悉照汉规，自此家传户诵，文教旁皇，而子子孙孙咸仰瞻天子之休命矣。伏乞皇上睿鉴，敕部议覆施行。缘系请庇土舍，俾酋属之归戴益久事理，臣未敢擅便，为此具本，专差承差张国泰赍捧，谨题请旨。

（《明清档案》第 37 册，A37-37）

# 7 云贵总督周有德《议定督标三镇官兵营制疏》
## 康熙十八年九月十二日

总督云南贵州等处地方军务兼理粮饷兵部右侍郎兼都察院右副都御史加二级职周有德启：为亟请设立营制等事。

本年五月初一日，准兵部咨："该议政王等会覆云贵总督周题前事等因，康熙十八年四月初六日题，本月二十一日奉旨：'议政王贝勒大臣会议具奏。钦此。'该臣等会议得云贵总督周有德疏称：'云贵督标，旧制止四营。版图将复之处，一切进剿控御尤当急筹。臣标添立五营，兵足五千之数，马步各居其半。今臣所带止有亲丁三百余人，合无将从前调赴湖广、陕兵二千余人，暂归臣标，俟事平撤回。其余容到直隶、河南召募入伍，再不足者，将湖广何项官兵补拨足数。至于五营等官，许臣以素所见闻才干之人具题补用，庶征剿有赖。'等因。查因进剿云贵，大将军顺承王等军前设有随征总兵七员，标下俱酌量设立兵丁。相应将随征七镇内三镇并标下官兵授为云贵督标，俟云贵总督周有德到湖广之日，将何镇应授为督标之处，会同大将军顺承王等会议具题。今随征总兵官并标下官兵，议准授为督标，其该督题请直隶、河南召兵之处，无容另议。至授为督标三镇，如有升转之时，仍照定例补授官员可也等因。康熙十八年四月二十四日题，本月二十五日奉旨：'依议速行。钦此。'"备咨到职。

准此，除钦遵外，但查应拨随征三镇官兵，职抵荆州，即具启宁南靖寇大将军顺承王会议。去后，于本年七月二十二日奉王谕开："此项随征七镇官兵，大将军贝勒同钦差侍郎伊等会议，已入常澧官兵之数内具题矣。该督应启请安远靖寇大将军多罗贝勒，照部文内事理会议可也。"等因。敬遵在案。今职已至常德，所有酌拨三镇官兵，理合启请大将军贝勒议定，具题施行。谨启。

（《明清档案》第 38 册，A38 – 185）

# 8　云贵总督周有德《题陈征剿缓急机宜疏》
### 康熙十八年九月

总督云南贵州等处地方军务兼理粮饷兵部右侍郎兼都察院右副都御史加二级臣周谨密题：为谨陈征剿缓急之机宜，仰乞睿裁事。

臣从戎数年，知兵颇确。今满洲大兵在外六年，南北征调，未免疲顿。绿旗官兵，或系投诚，或系补募，未曾精练。今滇黔一路，险窄崎岖，且湖南初复，岁旱奇荒，死亡相继，辇运甚难，虽武冈克捷，辰靖或可反掌，然无积贮，粮草亦忧，易取难守。臣意，常德、武冈皆可扼险，舟楫相通，接济尚便，似此奇凶之岁，不过今年偶遇，不若暂为休养。在绿旗步卒，正可操练，而满洲大兵又可更番，俟明年春税成熟，再议进兵，则操练者无不精工，更番者又属生力，然后分路进剿，较易奏功。况吴逆已伏冥诛，群寇各自角立，略缓时日，必有斗犬自毙之势。昔年孙可望、李定国自相残杀，故贵州所向投诚，云南不能持久，正可静以待变。至于郑逆偷生海岛，不能为患内地，沿海原设防兵，止饬严惏，足可省此造船诸费，以为进剿之资。姑俟滇黔平后，移师剿海，未为晚也。惟三秦要地，关系天下安危，所当添兵持重，先以全力开复汉兴，则四川可剿边坚勋，诚为缓急得宜。

臣蒙皇上简调总督云贵，实利滇黔速开。但身亲其地，目击形势，何敢瞻徇忌讳，不以真情入告？臣知不言是负皇上之恩，而并欺素心也。为此具本谨密题请旨。

（《明清档案》第 38 册，A38－210）

## 9 云南巡抚王继文《恭报克复云南省城疏》
### 无日期

　　窃照贼首吴世璠、逆渠郭壮图、方光琛等，自知罪大恶极，死据孤城。仰仗皇上圣德弘仁，天威庙算，逆魄既褫，悉伏诛殛，自此枭獍余氛扫除尽净，遐陬边徼，悉仰照临，无不望阙呼嵩、欢声雷动矣。所有大将军固山贝子、征南大将军臣赖塔发到伪金印、金册、金匣、金池并伪银印等件，臣谨一面遴员押解送部，查验销毁，并克复省城日期情形，均听大将军固山贝子等恭疏报闻外，臣率同云南布政司以下及臣标员文武各官入城，阅视城池，宣布皇仁浩荡，抚恤被胁难民。但向因贼粮久匮，饥民相食，今见饥殍载道，枯骨盈衢，群逆凶残一至于此。其有气息奄奄犹可全活者，臣谨率各官共图捐赈，以副皇上轸念滇民至意。至于一切贼遗银米并军器、炮药等项，容臣详慎次第严查，另疏题报。

（康熙《云南通志》卷二十九《艺文三》）

## 10 云南巡抚王继文《请行调繁调简之法疏》
### 无日期

　　看得滇省新经平复，凡牧民之官居至冲极要之地者，非特借以招徕流散，抚恤疮痍。至于供应凯旋之师，料理搬移之事，务使兵民相安，资储足备，此非历练能员、才堪肆应者万不能胜其任也。谨照臣属各官俱系新任，而其间才质不无参差，是以人地未能悉合。然均属部铨之员，既未可擅行更调，而中才无过堪任简僻者，亦未可即议纠弹。则调繁调简之法，所当亟请暂行之滇省，以期济此新辟严疆者也。但此例既已久停，臣何敢遽行坐名渎请？倘蒙皇上俯鉴刍荛，允行一次，臣方敢将至冲极要与地僻事简之员缺，别其才质、差等，酌其人地相宜，详慎互调，坐名入告。如此，庶中才获器使之荣，而要地资盘错之任矣。

（康熙《云南通志》卷二十九《艺文三》）

— 7 —

## 11 云贵总督蔡毓荣《请补行乡试疏》
### 无日期

窃照滇省地方初复，亟宜修举废坠，收拾人心。今两迤之庶民未尽复业，而士为民望，惟劝士乃可以得民，即一切修举之中，有政体所当先与旺所甚切者，莫如兴贤大典。我皇上诞敷文治，前此用兵之日，犹复雅意抡才，海内儒林争相鼓舞。独滇南久阻声教，士气郁而未抒。今既出之沉沦，重瞻天日，深山穷谷之士莫不引领观光。昨岁辛酉宾兴，既格于会城未复，若复需之下届甲子，同各省一例举行，恐与目前收拾人心、修举废坠之意殊有未协。当此普天同庆，而于遐荒新复之地，尤宜特沛殊恩。伏祈皇上行念滇人士八载无闻，三科未举，准以明年癸亥八月特行乡试，仍照顺治十八年辛丑补庚子科之例，暂行广额，俾才智之伦竞赴功名之会，榛芜之境早开，椒朴之光于以黼黻太平，风示边徼，诚滇省今日之急务也。

（雍正《云南通志》卷二十九《艺文三》）

## 12 云贵总督蔡毓荣《酌定全滇营制疏》
### 无日期

滇省东接东川，西连猛缅，北距蒙番，南达安南，四围边险而中间百蛮错处，如猓猡、僰民、野苗等，种类繁多，最为叵测。故无在非险要之地，无地不需控驭之兵。臣等量地设防，从长布置，务使无事分扼要害，有事犄角相援，然后可经久而无患。

如迤西旧设三镇，内鹤丽一镇，逼临西域，控制金江，独当一面，自应复设，仍驻鹤庆。永顺一镇，守在天末，地交缅甸，并属要区，自应复设，仍驻永昌。查永顺镇兼辖之腾越一协、顺云城守一营，今遵部议复设，无庸更议。鹤丽镇江汛绵邈，紧隘甚多，设兵二千四百，仅足滨江守御二郡，弹压其他要汛，势难兼顾。查剑川州逼近石鼓一带地方，界接蒙番，为迤西藩篱要地，应设协守副将一员、守备一员、千把总六员、兵一千名，驻扎剑川，听鹤丽镇兼辖，扼迤西之门户，壮鹤丽之声援，所最急也。永北一镇，原由楚姚蒙景改为鹤丽永北，既又由鹤丽分为永北。彼时楚雄设有援剿前镇，洱海设有援剿后镇，故永北镇与北胜协同驻州城。今援剿镇营既裁，则楚雄乃迤西九府咽喉，且左有蒙化、景东，右有姚安，接通建、会，而楚属南安等处，又系野贼剿劫之乡，诚为吃紧。应以永北镇改为楚姚蒙景镇，移驻楚雄，控制姚安、

— 8 —

景东、蒙化；以北胜协改为永北协，仍驻北胜州，控制永宁土府，并归鹤丽镇兼辖。以一边汛之事权，而资环江之调度。其洱海当迤西孔道，楚雄蒙景镇统辖四府，鞭长不及，若非另设官兵，则一路塘汛虚悬，而地方广野无备。应设参将一员、守备一员、千把总六员、兵一千名，驻扎洱海，听楚姚蒙景镇兼辖，为表里之捍御，通内外之呼吸，又最急也。

迤东旧设四镇，内开化一镇向以羁縻之域改为节制之区，丛山深箐，接通交阯，最称边陉，亟赖重兵，自应复设，仍驻开化。临元澄江一镇，当四达之要会，控三府之遐陬，苗蛮错杂难防，野贼出没为患，自应复设，仍驻临安。查开化镇向无兼辖协营，临元澄江镇兼辖之元江一协、新嶍守备一营，今遵部议复设，无庸更议。曲寻武沾一镇，向驻寻甸，控制曲、武二府，沾益一州，彼因汛广陉多，土司黠悍，故武定仍设援剿左镇，曲靖仍设援剿右镇。今既奉裁，则曲靖乃黔楚通衢，滇中、东北门户，应将曲寻武沾镇移驻曲靖。但自曲至寻，一路险僻，自易隆抵普安卫，数站要冲，而寻城密迩东川，有树撒、秧田、空山、矣吾、打乌等十数陉口，俱关利害，虽有兼辖之寻沾游击一营，而沾汛荒广，犹苦兵单，计合镇营之兵，不能兼顾武定。查武定接通建、会，有他颇、普度、撒马等陉，而禄劝则连撒甸猓猡，元谋则通金江，有矣资等陉，亟须守险，且武汛上至禄丰，接楚雄之塘，下至安宁，接云南城守之塘，若不另设官兵，何以分汛？应亟设参将一员、守备一员、千把总六员、兵一千名，驻扎武定，并听曲寻武沾镇兼辖，谨东北之藩篱，为曲寻之指臂，又最急也。

广罗一镇，原驻罗平，控制广西、广南，均属要地。但前六镇既已难裁，故臣等于无可裁之中，仰遵廷议，酌量裁此一镇。惟是各镇势难兼并，而一州二府，未便听其瓯脱，且罗平路通黔粤，泛接安笼，四境辽阔，弥勒十八寨为土彝之薮，时有跳梁。应改设协守副将一员、守备一员、千把总六员、兵一千二百名，仍驻罗平，兼控广西。其广南瘴疠之区，直接泗城、思恩等处，而皈朝、皈顺、富州一带，狼人野类叛服不常，且由皈朝以达架村，直通交阯，协兵未能兼制，应设游击一员、守备一员、千把总六员、兵八百名，驻扎广南，听广罗协兼辖。此又视镇兵较减，而于各地必需者也。

以上除六镇暨原设协营之外，凡应改设、增设官兵，皆臣等身在地方，审量形势，万难缺少。使其间稍有可轻可缓之处，又何敢糜有用之饷，妄置无益之兵？且虽有增设之名，而较之滇省旧日官兵，已多减省。亟请皇上俯鉴边圉初复，非比腹地承平既久可以轻议裁兵之时，务期布置万全，特允臣等所请，早定经制，于以建威消萌、久安长治无难矣。

（康熙《云南通志》卷二十九《艺文三》）

# 13 云贵总督蔡毓荣《筹滇十疏》
## 无日期

## 第一疏 请蠲荒

窃照滇为逆踞历有八年，土地人民岂能依然如故？一自天戈南指，凡我遗黎，勇跃趋事，各各飞刍輓粟以供数十万之师，岂果力无不逮？与彼其黾勉急公，亦冀幸新恩之不旋踵而下也。今弊政悉与革除，康熙二十年夏税已蒙蠲免，皇上沛如天之仁，宜边疆获更生之乐矣。无如积患既深，疗治匪易。去岁军糈顿急，遍行召买，米价日贵，赔累日多，故召买已倍于正供，而运费更浮于米价，每运米一石，辄费至二三石不等；每协夫一名，月需工食银十数两不等。民之困敝已极，米亦搜括无遗。数月之间斗米三两，无从购买。顷者麦秋既届，而去冬播种失时，收获十无四五，额税之外，尚不足供运粮之需，迄今民无粒食，野有饿莩。臣触目忧心，救时无策。从来兵燹之后，继之饥馑，未有如全滇今日之甚者也。

我朝顺治十六年开辟云南，蒙世祖章皇帝蠲免钱粮，复发帑金赈济，滇之父老犹有能言之者。今日之引领待命，固急于开辟之时。然蠲赈出自皇上特恩，臣亦知其军需浩繁，何敢冒昧以请？惟是滇属变乱之后，抛荒田地、死徙人丁在在有之。目下开垦乏人，牛种未备，逃亡无勾补之法，生聚非旦夕之功，照额取赢，万不可得。此包荒之禁，率土同遵，而除荒之例，惟在滇为犹亟也。

查自逆贼踞滇，按地加粮，按粮征兵，或迫于桁扬，或驱之锋镝，播虐万状，民不胜其苦，而委废田园，展转沟壑者已过半矣。及我大兵深入以来，筑垒挖壕，环营列栅，近郊阡陌悉作战场，遍野榛芜，徒堪牧马。凡两迤之往来大路，桑麻久废，鸡犬无闻，重以逆贼四散溃奔，如马宝、夏国相、尤廷玉、王绪、胡国柱等，所至辄屠其人，火其居，掠其子女，惨蔽天日。迨诸逆服辜之后，所余者荒丘蔓草，白骨青燐已耳。乃又以杀气未除，烝为疫疠，民之死于刀锯、死于冻馁与死于疾病者又何可胜计耶？夫有人斯有土，未有户口既非而田畴无恙者。

臣受事之始，即通饬各地方官，劝谕九死一生之民，勉以输将，绝其觊觎。今二十年秋粮，二十一年夏税暨两年条编银两，凡系成熟之地，现在之丁民既不遗余力矣。其各府、州、县、卫、所申报无征地丁，纷纷请命，军民涕泣呼吁，殆无已时。臣犹恐其以熟作荒，以现在为死徙，严行布政使田启光分行确勘，开造实在抛荒、实在死徙清册，并取其印结，委无虚捏情弊。若复按原额追呼，则滇民既无赈恤之恩，而反得包赔之累，势必使未复业者闻风裹足，已复业者驯至逃亡，将见赋额愈亏，地方何时得有起色？臣按目前形势，揆之善后事宜，相应亟请皇上下令蠲除，解此日之倒悬，培全滇之元气。

容臣陆续招徕开垦，随垦随报，照例起科，缺额人丁仍俟编审补额。从此田畴渐辟，户口渐充，屈指三五年间，可复承平之旧。是所损者小，而所益者实大也。

## 筹滇第二疏　制土人

滇省汉土交错，最称难治。治滇省者先治土人，土人安而滇人不足治矣。然非姑结之以恩而能安，亦非骤加之以威之所得治也。查土人种类不一，大都喜剽劫，尚格斗，习与性成。其土目擅土自雄，争为黠悍，急之则易于走险，宽之乃适以生骄。故从来以彝治彝，不惜予之职，使各假朝廷之名器，以慑部落而长子孙。然武不过宣抚、宣慰司，文不过同知、知府，悉听流官节制，无敢抗衡，故安于并生而不为大患。

自吴逆构叛，悉征土兵，滥加土秩，伪总兵、副将，伪参、游、都、守遍及诸蛮，甚或充伪将军、伪监军，狂逞无忌。迨我大兵深入，各土司先后归诚，亦既震慑于天威，而罔有越志矣。然而骄纵既久，驯服为难，如马之既轶而复归也，如鹰之久扬而初附也。则所以谨其衔策，制其饥饱者，不可不亟讲也。

先是，大将军等鼓舞招徕，各照伪衔换给札付，彼一时之权宜已耳。今滇中一切弊政悉与革除，若土司而加之总、副等官，弊政之大者也，顾独因之可乎？夫恩不自上出则玩，小人而乘君子之器则骄。此辈狼子野心，居为固有，竟欲使监司镇将相与颉颃，而地方有司不敢望其项背，反常甚矣！尾大堪虞。

查土官应否需用武衔，业准部咨行查，仍令照旧换袭土职。是廷议下，反经之令，已为跃冶之防，臣无庸复赘矣。然其投诚之始，以有所挟而得之者，今廓清之后，尚未拱手而还之朝廷，非所以示德威、昭臣服也。臣愚以为，滇省土司，亟宜请旨追夺武衔，其大将军等所给衔札，无分文武，概行追缴。惟祈皇上特沛恩纶，各照旧袭职衔，量加一等服色，使知更始之会，皇上自有非常之恩，而非前此倥偬之时可以徼幸而僭窃者。既夺其嚣凌之气，复牖以章服之荣，有不畏威而怀德乎？此制之、安之之一大关键也。

若夫善后事宜，有当亟请睿怀者，臣并缕悉为皇上陈之：

往者，逆贼用土兵之力，一任土人邀截道路，抢掠庄村，俱置无问。土人有犯，俱不关白流官，土官径自处决，土人知有土官而不知有国法久矣。则请著之令，曰："无萌故智，勿悖王章。"其犯罪至死者，械送督抚，明正其罪，务使土人遵朝廷，土官不得擅威福。此其一也。

土司各有土地、人民，而其性各不相下，往往争为雄长，互相仇杀，一不禁而吞并不已，叛乱随之，故明沙、普之祸可见也。则请著之令，曰："各守常度，毋相侵犯。"其有称兵构衅者，歼厥渠魁，捣其巢穴，务申锄强扶弱之义，用遏乱萌。此其一也。

土司践土食毛，宜如手足之捍头目。故往者寇盗窃发，俱土著人搜捕，或一土司有犯，即令众土司环而攻之，匪直分义宜然，亦取其熟于山箐，易为力也。则请著之令，曰："一乃心力，备我声发。"其有事而征调不赴，或观望迁延者，立逮而置之军法，一面奏闻；如果著有成劳，仍准论功行赏，使彼乐为我用，而控纵在我矣。此其一也。

土情多诈，未始不可以信孚；土性至贪，未尝不可以廉格。臣仰体皇上怀柔至意，开诚布公，信赏必罚，革馈遗之陋习，禁采买之烦扰，亦既骎骎向化矣。彼其强凌众暴，斗狠操戈，岂尽天性然与？良由教化未明，徒议招讨，无益也。臣请以钦颁六谕发诸土司，令郡邑教官，月朔率生儒耆老齐赴土官衙门，传集土人，讲解开导，务令豁然以悟，翻然以改，将见移风易俗，即为久安长治之机。此其一也。

土官以世系承袭，不由选举。其祖父势利相传，其子弟恣睢相尚，不知诗书礼义为何物，罔上虐下，有由然矣。我国家八法计吏，三年考绩，土官皆不预焉。不肖者无惩，间有一二贤者，亦无以示劝，欲其奉职守法也得乎？臣请著为定例：嗣后土官应袭者，年十三以上，令赴儒学习礼，即由儒学起送承袭；其族叔子弟有志上进者，准就郡邑一体应试，俾得观光上国，以鼓舞于功名之途。古帝舜敷文德，以格有苗，由此志也。其土官于岁终，开列所行事实申报督抚，察核具题，不肖者降革有差，贤者增其秩，或赐之袍服，以示优异，使知以朝命为荣辱，自不以私心为向背。此又其一也。

两迤土司之中，昔为沙、普并吞，继为吴逆殄灭者，变乱之后，其枝裔各回故土，土人具恋恋以主事之，历有年矣。今使付之有司，编入里甲，则汉彝杂处，必有隐忧。若以归附邻近土司无论，必不相安，尤恐所附者益强大而难治。臣请稽其宗派，取其邻司保结，果无虚冒，准其一体报部，照袭原职，按其原管之地，责令供办粮差。斯安置得宜，葛藤自断，兴灭继绝，固旷世殊恩，亦众建而少其力之意。此又其一也。

总之，今日之土司，非尤夫承平日久之土司。臣熟察情形，悉心筹画，所当大为防闲，曲为调剂者有如此。皇上明鉴万里，如果以臣言为不谬，伏冀按臣所请，特颁天语饬行，斯遐荒之观听一新，而彝俗之身心交戢也。

## 筹滇第三疏　靖逋逃

窃照叛逆既除，根株宜靖。皇上下宽仁之令，凡逆属旧人及副将以上，悉令进京；参将以下，分插四省。是于容保庶顽之中寓肃清边境之意，甚盛典也。但先是贼兵四出，原不尽在围城之中，各路陆续投诚，多在贼党解携之后，其间观望而逃匿者正不乏人，迨马宝等四散溃奔，则鸟骇鼠窜之徒又不知凡几矣。庙堂之上早已洞鉴及此，故逆藩旗下官兵等事一案，部议，如有辽东旧人隐避山林者，则令督抚招徕具题。又恩诏普颁，凡受逆贼伪札，畏死逃避，今来投首者，俱着免死。

臣宣布皇仁，晓谕招徕，越今半载，未据一人投首，而在省已经起发者不无中路逃脱，留滇未经起发者辄复多方展遁，追踪愈亟，匿影愈深，非必其仍为负固也，大都迫于疑畏，展转迁延，恐山菁之间，久而为萑苻之薮，则清之宜亟也。又有征兵奉裁，将弁不能复制，一经遣发，乘间兔爱，颇多觖望之私，已绝怀归之念，无衣无食，不兵不民，脱有便利可窥，岂甘枵腹自毙？则清之宜亟也。更有八旗苦独力等，竟不随师凯旋，潜逃滇境，或甫出境而拐带行装马匹，寻复逃回。故时下滇省逃人独多于别省，虽屡获解，绎络在途而林莽潜踪正复不少。顷者，左卫哨邀劫饷鞘，遗有清字箭枝，足知此辈跳梁，必为地方大患，则清之宜亟也。然清之之法，行之郡邑、卫所地方则甚易，行之僰、彝、苗、猓地方则甚难。臣自受事以来，通檄各镇协营，严饬诸路塘汛，无分冲僻，一体盘查，并责各村寨头人互相讥查，更行各有司编立保甲，按户挨查，虽在穷谷深山，亦无不入牌甲之烟户。烟户既清，奸宄无容身之地矣。特以无所容而遁归彝穴，势所必至，又或一经逃出，即便趋赴土司，既无保甲可以稽查，更无塘汛为之盘诘，此辈蹊径渐熟，气类渐亲，则土司诚今日之逋逃薮也。夫以苗蛮叵测之性，当叛乱之余，若复听其藏匿罪人，招纳亡命，则今日梗捕亡之令，即为异日萌作乱之机，可不亟为之计乎？

臣遍谕诸土司，各令清查境内，悬首报之赏，严容隐之罚，亦既各分责成，稍知禁令矣。但此事关系甚大，土人情志无常，必祈皇上特降明纶，使知劝戒。凡滇省暨黔省土司，首解逆属旧人暨八旗逃人至三十名，逃兵至五十名者，准其加职一级；六十名、百名以上，递加升赏。其所首解之人，除逃人照例归旗外，余仍仰冀圣恩，免其诛戮，毋使其以畏死之故，转而窜入生苗野彝之中，则根株永靖矣。如果一无容隐，即令具结存案。如既不首解，又不具结，或具结之后别有拿获，供在某土司潜住者，立逮该土司，正其罔上之罪。功罪一定，逋逃未有不清者也。至见在驻镇八旗逃人，仍祈敕下镇安将军，随逃随即移知督抚，立行追捕，毋致久而流入土司，难于缉获，且逃人之姓名与逃出之月日，俱有档案可据，则旗丁指逃扰民之弊，不禁而自绝矣。

## 筹滇第四疏　议理财

滇省丛山密箐，赋税无多，每岁供兵，俱仰给于协济，烦司农之筹画，累驿站之转输，而远道崎岖，未能朝发夕至，一有未济，兵心皇皇，故筹滇莫先于筹饷也。今制兵岁需饷七十余万，重以驻镇大兵岁又需饷二百余万。国家戡乱之余，正在度支告绌，乃必分数省之财力，历数千里之险远以供此一隅，亦甚难乎其继矣。是以因滇之利养滇之兵，斯辁运不烦而缓急足恃。臣周咨博访，进群议而折衷之，务审时地之宜，画经久之法，则可因利于滇而以佐协济之不及者有四焉：

一、鼓铸宜广也。铜、铅滇之所自出，非如别省采办之难。而滇人俱以用钱为便，业准部行开炉鼓铸矣。今省局设炉十座，蒙自局设炉十六座，禄丰局设炉三座，大理下关局设炉七座，铸钱无几。又米炭一时腾贵，出息无多，岁约得银四万余两，稍俟年丰谷贱，息且倍之。若令按局添设，更行量地添局，岁获钱息何可胜计？臣请省局、蒙自局各设炉至二十座，禄丰局设炉十座，大理下关局设炉十五座，再请于迤东之临安、曲靖等府，迤西之楚雄、姚安、永昌等府，酌量开局，约可设炉三四十座，各委府佐一官董其事，专责藩司总其成。委官岁获息一万两以上者作何纪叙，其有耗费工本、克剥匠役、废坏钱法者作何处分，并请著为定例，以示激劝。凡铜、铅，悉令委官就各厂自行采买，每百斤不过银四两，毋许分行州县办解，苦累小民。至民间应纳条银，概以银七钱三分为则；制营兵饷，宜令银钱各半兼支；官俸役食及本省一切经费，俱给全钱销算。则钱之用日广，钱之息未有不日赢者也。

再查蒙自一局，前此吴逆铸出伪钱，专发交阯以易交条银两。蒙自，迤南二百里即交江之蛮耗，设有关口，又水路二百里至地名坝洒，立市卖钱，交人喜于得钱，蒙局因以为利。自大师恢复滇省，严行禁止久矣。臣思安南素称恭顺，若因其所利便而使本朝钱法通行蛮貊之邦，尤见一道同风于斯为盛。合无请设蛮耗巡检一员，领贮蒙局制钱，听交人赴官平买，毋许民间私通贸易，致启衅争；或请敕部行文安南国王，将每岁需钱若干，纳价若干，预行报部，准令一年二次，委官赴蛮耗纳价领钱，随到随即发回，既俯顺乎夷情，仍无伤于国体，于以通钱法、柔远人，两得之矣。

一、矿硐宜开也。滇虽僻远，地产五金。先经廷臣条议开采，部覆将可否开采之处，令督抚查明具题，诚重之也。臣愚以为，虽有地利，必资人力，若令官开官采，所费不赀，当此兵饷不继之时，安从取给？且一经开挖，或以矿脉衰微，旋作旋辍，则工半归乌有。即或源源不匮，而山僻之，耳目难周，官民之漏卮无限，利归于公家者几何哉？是莫若听民开采而官收其税之为便也。今除《全书》开载蒙自、楚雄、南安、新平之银、锡等厂，易门之三家老铜厂，定远之芜铁厂，仍应照额征课，无庸置议外，查呈贡之黄土坡，昆阳之母子营，罗次之花箐，寻甸之迄血里，建水之鲁苴冲、老鹤塘，石屏之飞角甸，路南之泰来，广通之火把箐，定远之大福山，和曲之白露，顺宁之老阴坡，俱有铜厂；易门之新旧县，马龙之红路口，寻甸之白土坡，石屏之龙朋里，路南之小水井，陆凉之三山，大姚之小东界，武定之只苴、马鹿塘，蒙化之西窑，俱有铁厂；罗平之块泽河，建水之清水沟，姚安之三尖山，俱有铅厂；寻甸之歪冲，建水之黄毛岭、判山，广通之广运，南安之戈孟、石羊，赵州之观音山，云南之梁王山，鹤庆之玉丝，顺宁之遮赖，俱有银厂；鹤庆之南北衙、金沙江则有金银厂，或封闭有年，或逆占既开，寻复荒废。目今固米珠薪桂，用力为艰，然有此自然之利而终弃之，良可惜也。宜请专责临元、洱海、永昌三道，各按所属亲行察验，分别某厂可开，某处厂不可开，报部存案，一面广示招徕；或本地殷实有力之家，或富商大贾，悉听自行开采，每十分抽税二分，仍委廉干官监收，务绝额外诛求、额内侵隐之弊。凡有司招商开矿，得税一万两者，准其优升；开矿商民上税三千至五千两者，酌量给与顶带，使知鼓励。又严禁别开官硐，严禁势豪霸夺民硐，斯商民乐于趋事，而成效速矣。盖官开则必派取民夫，民开则自雇觅矿夫，民夫各有本业，或力不能深入矿硐，往往半途而废，且恐派夫扰民，朝廷未见其利而地方先见其害也。若矿夫多系游手无籍，有膂力而无衣食之人，彼知利不专于官而与民共之，未有不趋赴如市者。矿夫既集，矿税自盈，且予此辈以逐利之途，而渐息其非为之念，是以理财而兼弭盗之一法也。

一、庄田宜变价也。故明沐氏世镇滇省，置买庄田，厥后沐氏沦亡，凡据滇者必贪之以为利。本朝开滇之始，拨给逆藩，遂致地为藩庄，民为藩役，藏奸纳叛，有由来矣。既奉旨悉归有司，给民耕种，将数百年来之锢弊一旦扫除，人心共快。然而民赋之外，另征庄租，则庄之名犹未革也。查各庄额载籽粒，原系折色银两，自吴逆暴敛，每银六钱征米一石，勒令运解，民不堪命。兹已蒙恩悉除弊政，则岁入本自无多，且小民一种庄田，便属官家佃户，夫既非其己产，安必其为久远乎？臣查各省废藩庄田，俱经变卖，滇当更始之会，尤宜照例而行。况滇人变乱数年，多无恒产，未有不喜于得业而勇于急公者也。今抚臣见委道员按庄丈勘，臣请俟勘明册报之日，敕部速行变价。按地则每亩可变银四五钱至一两有奇；按粮则每石可变银十两至二十两有奇。各按等则而高下之，各令纳价免租，与民田一例办粮当差，永除庄田名色，约可得银数万余两。其有逆中投入与卖入各庄之产，一趋逆势，一受逆价，既入庄册，即系官田，但除霸占者还民，其余应一体变价。又有先年入官叛产，岁征租谷无几，亦宜并行变价，以佐军需。凡此所变价银，仍请酌量留滇，永作钱本。是固非一时之利，而善后之长策也。

一、荒地宜屯垦也。屯田之法，一以增赋，一以节饷，利莫大焉。其在今日格而未行者，以官兵防御地方，无分身畎亩之术耳。惟是滇居天末，地方所出几何？聚数万之兵，以取给于民，则物力之赢绌不齐也，天时之丰歉难定也，自非预为之备，其势不可以久。且滇之物价，无不与内地相什伯，兵丁一月之饷尚不敷半月之需，一人之粮岂能餍父母妻子数人之口？穷愁日久，必气阻而心离，夫岂边境之福哉？臣是以鳃鳃为虑，亟请屯垦者，非必如故明之分列卫所聚屯而居，有事则荷戈，无事则秉耒也。查兵丁之有父兄子弟，余丁者十常五六，请将附近各镇协营无主荒田，按实有父兄、子弟、余丁之兵，每名酌给十亩或二十亩，臣会同抚、提臣，督率镇将、营弁，设法借给牛种，听其父子、兄弟、余丁及时开垦，渐图收获，以赡其家，俾在伍者无俯仰之忧，有田园之恋，斯兵心固而边备无虞矣。三年之后，仍照民例起科，应纳条银抵充月饷，应输夏秋二税抵给月粮，计所省粮饷实多，而于操练征防仍无贻误。其间或有死亡事故，即择其同伍之殷实者顶种注册，毋使抛荒，稍俟国用既充，民间生聚既广，前项所垦田赋，悉归有司，或准永远作营，岁抵额饷，均有裨益。至于投诚兵丁安插为民者，既鲜恒业，迄无生理，徒置之不兵不农之间，求其翻然为善也，得乎？宜令有司量拨荒田，给令垦种为业，起科之后，编入里甲，承办粮差，将见赋额日增，奸回日化，是又一举而两利存焉者也。

以上国无损于民，滇之言兴利者，率不外此。仰冀圣明采择，下令举行，则滇饷渐充而边疆永赖矣。

## 筹滇第五疏　酌安插

顷准部行："凡逆属真正家仆、旧人，俱撤回；其滇省、别省投靠之人，释放为民。"奉有俞旨，钦遵在案。即古圣王泣罪祝网之仁，不是过矣。若投诚副将以上，无分新旧，悉令进京；参将以下，亦无分新旧，安插四省者，以彼为逆贼济恶之人，务使离逆贼旧踞之地，斯根株靖而萌蘗不复生矣。

臣思投诚副将以上伪总兵等，亦既犯顺有年，皇上不杀而迁置之，固其厚幸，即伪参将以下，凡系领兵助逆者，既获更生之乐，何辞易地之难，自当逐一清查，分别起发，无容置议矣。惟是伪参、游、都、守之中，有外省客民阻留边境，贼执其人，籍其赀给，一伪札羁縻之者，有土著居民为贼按户抽兵，寻复按兵给札而笼络之者，更有伪将军、总兵、副将，当贼兵溃散之后，未便子身投诚，遂不论是兵是民，坐给一札，仓皇投报，希邀率众反正之功者。凡此伪札，悉系虚名，既非领兵助逆之徒，或并未尝食贼粮，充贼伍，今乃与领兵助逆之辈一概驱而去之，似非皇上矜全之至意也。

臣查此辈，或有丁徭、田赋见须供办，不便虚悬；或有庐墓家园无从变鬻，不甘委弃；或有父母妻子未能携带，不忍分离，将使有家之人悉变而为无籍之人，岂地方之福乎？又或无衣无食，不保朝暮，或衰老残废，不远死亡，一涉长途，殆无生理，是既生之而复死之也。自奉迁移之令，纷纷泣诉，各镇协营屡屡具详，即抚、提臣亦目睹情形，咨臣区画。臣思桀犬可以吠尧，况本非逆贼之爪牙，均系朝廷之赤子，亦何足为滇患而必使滇之户口加少为哉？且边疆初复，亟宜安定人心。乃数月来，人心皇皇，俱以迫于遣发，遂成展转逃窜；又或遣发之后，乘间兔爱，以致官差四出捕亡，骚然靡有宁宇，启番彝之窥伺，滋山箐之丛奸，尤当亟议变通，以副朝堂息事宁人之意者也。臣请将伪参将以下，果曾领兵助逆者，仍陆续遣发，以符四省安插之部行；其查明伪给虚衔，委未领兵助逆及虚加伪游、都、守，实管伪千把总事者，取具各镇协营保结存案，俱照伪千把总之例，免其迁移，以符"云南所立新人，准其为民"之廷议。此辈居滇日久，深识地理，习知彝性，置之行伍，可以控苗蛮。谁无乡党，各有室家，安于田里，可以供赋役。其有客民自愿还乡者，给以印照，听其回籍。事竣之日，造册送部查考，既以止目前之纷扰，仍无贻日后之隐忧矣。

## 筹滇第六疏　收军器

滇省贼遗炮位、药铅、硝矿一切器械，俱经查收题报，见在分拨各标营为守御之需，即投诚兵丁带归原伍什物，亦已行据各标营册报入额矣。其自标营而外，无分汉土，自宜尽销兵革，驯致太平。而臣窃鳃鳃为虑者，痛定思痛之，民非必勇于卖刀买犊，留一不仁之器，即为强凌众暴之阶，脱遇年饥，彼且有所挟而易于为盗。此其一也。逆中先后溃散，投诚册内无名，与投诚而自愿归农之兵，岂无原给贼械，未必尽行投缴，其留之不无叵测，或私卖彝地，则益长其凶顽。此其一也。土人仇杀成风，所恃者剽、弩、环刀已耳，然且出入必以自随，乘间辄行抢掠，大为民害。自吴逆构叛，悉征土兵，给与军器及各项火器甚多，土人得未曾有，犷悍益甚，其溃奔也，各各带归彝穴，投诚之后，曾无一缴至军前者。未夺其逞凶之具，何以尽消其不轨之心？此又其一也。

臣咨诹所及，众论佥同，已通行臣属之文武衙门，晓谕各军民，互相稽查，自行首报，并通饬各土司及各投诚伪土将军、土总兵等一体清查。然而众志难齐，夷情多诈，犹恐涓涓不塞，渐成江河。若复彻底搜求，又虑地方惊扰。合无亟请严纶诰诫，使知儆惕，并祈敕部，酌颁严例，务俾汉土同遵。臣非不知私藏军器之条律文甚晰，但边疆初复，自与承平内地不同，亟宜思患预防，尤贵因时立法。嗣后，民藏兵器与非兵而擅带兵器行走者，俱以贼论；汉人私卖兵器及硝磺、铅斤与彝人者，以通贼论，各土司私藏军器、火器不即投缴者，罪亦如之；其有私造军器、火器，并擅差舍、把出境私买硝磺、铅斤及见成军器、火器者，以谋叛论，奏请剿除。滇黔一例而行，仍责成该管镇、道、府不时稽查，按季取结存案，一有失察，严加处分。如是，则凶器既除，雄心自息，一以弭盗患，一以遏乱萌，久安长治，道不外此。

### 筹滇第七疏　议捐输

臣闻积贮者天下之大命，况滇省山多田少，一岁之获仅供一岁之需，民鲜盖藏，官无余积，虽界连黔、蜀、粤西三省，而水不通舟，山不通车，从无告籴邻封，借资商贩之事。一遇军需紧急，则搜求易尽，接济为艰；或罹水旱灾伤，则内之无可搜求，外之无从接济，兵与民皆坐困，而始叹补救之难晚矣！自非预为之防，其何以有备而无患？故讲求积贮之法，惟滇省为尤亟也。臣受事以来，惟以积谷重农，日与吏民孜孜劝诫。而流亡未尽复业，田地尚多抛荒，小民方汲汲为旦夕之谋，岂能遽余三九之蓄？即今仿常平义仓故事，严督有司实心举行，奈无素封之家可以劝输，无有力之人可以赎罪，有司又以官贫谷贵，告苦告艰，虽勉力奉公，其捐积不过三五石、十数石而止，何补于筹滇之万一哉？自古王道无近功，是必行之三五年而后可责其成效。目下亟需积贮，用备不虞，专恃此则空虚，姑待之则迂缓甚矣。

臣查国家未用兵之先，各省恤灾修城，曾开捐输事例，事竣即行停止，总在因时制宜，非一止而不可复行者也。即用兵时，各案事例所以亟议停止者，谓四方既经底定，不复需饷紧急，揆之时势自宜停，且纳粟而拜官而还职而迁秩者实繁，有忝名器，不容冒滥，揆之事理，又宜停耳。若生员、俊秀捐纳监生，固系承平旧例。监生捐纳而免其坐监，免其考职，则事例尽有。可行之条一案，当日廷臣条议，原非仅为一时利便之谋。至见任官员捐纳，加级纪录，或遇因功受过，准其抵销，均有裨乎公家，实无伤于政体。其他可行之款，正复不一。今滇省仓廪未实，府库未充，欲使初定兵民有恃无恐，莫如酌开事例，早裕边储。合请敕部，于先后诸例之中，择其条款之可行者，酌为滇南定例，亟赐颁行。惟是万里遐荒，米价数倍于他省，而崇山峻岭，运送艰难，故前此事例弘开，惟滇省捐输独少。必将各款应输之数，视往例酌减十之二三，斯足鼓舞急公，而收效自速。但得捐输米十万石，分贮两迤郡邑之间，每岁出陈易新，无忧红腐。遇有征调，本省额粮未敷，则酌动以济兵，年饥，则平粜以济民。如此三五年间，缓急足恃，稍俟民殷物阜，更何忧积贮之难！此在今日不可不加之意也。

抑臣更有请者，全滇郡邑城垣，自罹兵燹，率多倒塌。诚恐外番生隙，苗猓生奸，亟宜壮我金汤，用资守御，各属屡请及时修葺，势难缓待者一也。各镇协营官兵，旧有营房，兵民不相杂处，后悉将营房毁弃，占住民房，甚至城内有兵无民，成何景象？若不将制兵另行安插，百姓终无栖止，岂能复业？则议建营房，势难缓待者又一也。当此国家浩繁，疮痍未起，上糜公帑，下借民力，并难举行。臣请将事例定为银米兼输，米以备积贮之需，银以供修城之用，诚为两便。其营房，或令地方官捐造，照例邀纪叙之恩，庶废坠举而财不伤，边备修而民亦不扰矣。

## 筹滇第八疏　弭野盗

滇省自恢复之后，流亡渐集，耕凿方兴，从此谨边防，恤民隐，驯致太平无难矣。乃滇人犹窃窃为虑者，以鲁魁山野贼未除，终非久安长治之策也。夫野贼之为滇患，历有年矣。其初系新嶍阿蒙土人啸聚穷山为盗，因其来如猋犬，去若飘风，出没不常，居止无定，故名为野。原非土人之外另有此种野人，及其啸聚多年，自成种类，遂于土司之外，另有此种野贼，共倚鲁魁为狡窟者。鲁魁在万山之中，跨连新、嶍、蒙、元、景、楚之界，绵亘广远，林深箐密，其内则新平、新化、元江、易门、碍嘉、南安、景东一带地方，贼皆可入，其外则车里、普洱、孟艮、镇沅、猛缅、交阯一带地方，贼皆可出，故防之甚难而剿之亦不易也。故明时流寇入滇，沐氏勋庄之人趋附入山，贼党愈炽，剽劫乡村，杀掳人口，殆无虚日。小民畏贼如虎，相率纳以保头钱，岁以为常。保头钱者，保其不来劫杀耳。自本朝开辟滇南，贼始稍稍敛戢。然而索保未已，警息时闻，纳保惧死于法，不纳保惧死于贼，滇人无告之苦，莫此为甚！

兹据南安州详报，康熙十年十月，野贼出劫本州郭三郎村，经前督臣甘文焜具题，部覆贼系三百以上，将地方文武官处分。后有缓征，务在获丑之语。因定期于十一年秋进剿。是时，兵权悉在吴逆，包藏祸心，养寇自重，诡言蒙番入犯，调兵北胜，将此案俟之来年。及来年叛作，而剿之说遂寝。今滇省虽无案可考，而从前野贼情形可概见矣。迨吴逆既叛，郭壮图虽授贼首勒昂为伪守备，寻与改名杨宗周，寻复授为两新伪忠顺营副将，而以其头目普为善、李尚义、方从化为伪都司，每年按季额纳皮盔银两，纵贼四出，每村给一木刻，派定保头银十数两、二三十两不等，猪羊鸡酒，索取无厌，稍有不遂，劫杀随之。于是流离之民暨相近野贼之民，乐于附贼，为盗八年之久，招集亡命愈多，全滇各府、州、县村庄听其索保者十之八九。至康熙二十年二月，大兵入境，逆贼溃败，野贼乘机肆行抢掠，凡两迤之男妇、子女、耕牛、骡马、财物掳入贼巢无算，仍将人口勒银取赎，其在逆中之流毒如此。及大兵已抵云南城下，杨宗周乃呈缴伪印、伪札，普为善、李尚义、方从化亦各呈缴伪札，遣人投诚。大将军贝子因换给杨宗周两新土副将衔札，普为善等各给土都司衔札，令其约束彝众，督办两新年额钱粮，一年以来，亦既震慑于天威而罔有越志矣。然而贼情难料，后患宜防。故为筹滇计者，多不主抚而主剿，谓抚乃目前之便安，剿则一劳而永逸也。

臣思剿则必遣土司，督土人向导前驱，遏绝后路，以彼习知地理，度山穿箐较捷便于制兵，而制兵除边隘分防，尤必慎简精锐，方可直捣贼穴。今各土司新经归附，众志未齐，制兵多系投诚及新募之人，方在训练，未便轻举。又滇省飞刍挽粟已久，正民力殚敝之时，稍息残黎，徐图办贼，非失计也。且彼方革面输粮，无复为非之事，而我以惩前毖后，顿兴问罪之师，似非朝廷昭示迤荒，信行蛮貊之意。臣复咨抚提臣会议，与臣所见略同。已行临元、楚姚二镇臣暨元江、新嶍等营将备，按野贼出入隘口，分布设防，使慑于兵威而不敢复逞。臣更开诚布公，谆谆告戒，饬令洗心涤虑，安分守法。据报逆中窜入之徒悉已解散回籍，从前被掠未回人口亦经陆续查出，逐一开报，送交新平收养，谕令难民认领宁家。是彼既无跋扈之形，我不妨暂为笼络之计，稍俟一二年间，土人情志已孚，我兵训练已熟，彼果回心向化，则莫非天家赤子，可以不事征诛；如其故志复萌，一有蠢动，容臣一面题报，一面调集土司，选拨官兵分道进讨，夺其巢穴，斩其根株，仍择其可以驻兵之处，移兵坐镇，永除后患，是则久安长治之策也。

### 筹滇第九疏　敦实政

滇省界在边荒，甫离兵燹，迥非承平内地可以优游坐理之时，一切整顿地方，抚绥民生，务以实心而行实政，如其因循苟且，粉饰太平，非皇上责理于臣与臣率属以报皇上之至意也。自受事数月以来，周咨利病，悉力兴除，总期上下一心，勤求治理。无如官斯土者，或缘瘴疠易侵，接踵报故，或以荒残难起，触目灰心，率多旦夕求去之思，否则守边俸为待迁之计，滇吏之实图有造于滇者几人哉？自非申严课绩之条，特著考成之令，大加振刷，逐事讲求，未易起积瘝而成长治也。

夫所谓实政者，一在复丁田。前此死徙人丁、抛荒田地，业据勘明题报矣。使徒觊蠲除之令，不为补救之谋，长此土旷人稀，成何景象？又或侈语招徕而漫无安抚，捏申开垦而摊派包赔，从何时得庶且富耶？则所以辟榛芜、谋生聚者之力行宜亟也。

一在广树畜。滇人既幸更生而无以谋生，其势不可以久，务因时地之利，为开衣食之源。今以无主荒山劝民种树，近郊隙地给令灌园，但使瓜壶枣栗之微各得其养，鸡豚狗彘之畜无失其时，安在绌之不为赢，而剥之不易复耶？则所以课种植、稽畜牧者之力行宜亟也。

一在裕积储。滇在万山之中，产米无多，运粮未便。臣前疏请开事例，用实仓廪，亦以官民交瘁之区，常平义仓虽经修举，未能责效于旦夕耳。然使以常平义仓为故事，而虚报捐积，塞责一时，又或不知贵粟重农，驯致耕三余九，何以有备而无患耶？则所以劝积谷、实边储者之力行宜亟也。

一在兴教化。滇人陷溺数年，所习见者皆灭理乱常之事，几不知孝悌忠信为何物矣！今既如长夜之复旦，反经定志，全在此时。臣已饬行有司，各设义学，教其子弟，各以朔望讲约，阐扬圣谕，以感动其天良。各选年高有德之人，给以月廪，风示乡里。但人情率始勤而终怠，其或作辍不常，安能久道化成而保民无邪慝耶？则所以革民心、兴民行者之力行宜亟也。

一在严保甲。滇当反正之初，逃兵、逃人暨逆藩旧人之窜伏者正复不少。臣前疏请责土司稽查之法，业蒙睿鉴允行。尤须严督有司，肃清内地，但使深山穷谷、城市乡村无一脱漏，牌甲之人自无一容留奸宄之地。特恐奉行不善，反以编设扰民，又或徇编设之名，一报册结便为了事，漫无督察，是有治法无治人，其能以虚文收实效耶？则所以清逋逃、弭盗贼者之力行宜亟也。

一在通商贾。滇南道路险远，舟车不通，商贾罕至。吴逆时游棍蠹充税官，市棍蠹充巡役，物无大小，地无远近，或一地而两税，或二三十里一税，到处搜求，甚于截劫。操奇赢者裹足不前，有由然矣。今蒙恩悉除弊政，臣已严饬所司，悉照经制额税征收，其余痛加禁革。仍申严塘汛，毋许借名盘诘，阴肆诛求，并会饬满汉官兵，毋容短价强买。然而市廛未集，百货未通，一粟一丝，其价皆什倍于他省，军民苦困，长此安穷。诚使有司加意招徕，多方抚恤，悉剔税中之弊，永除额外之征，安在日中熙穰之风，不可复见于天末耶？则所以清关市、鼓悦来者之力行宜亟也。

一在崇节俭。仕途之奢俭，吏道之清浊系焉。俭或不致于大贪，奢则未能有小廉者也。自吴逆剥民之财，逞己之欲，其属共溺于膏粱，文绣斗其骄侈，酿成僭乱，是奢俭尤关于治忽明矣。今滇吏万里之官，以袭敝金尽之身，当土瘠民贫之地，非守己如寒儒，而欲保民为良吏，得乎？夫人无两用之心，岂有一心于声色货利而又能一心于官守民依者？臣常诚谕庶司约口腹，习浣敝，减驺从，绝馈遗，止宴游，屏玩好，固已惩纨袴之习，遏佚豫之萌矣。然人情率易放而难收，安必勉然者之几于自然，长以官瘠为民肥之地耶？则所以惜物力、砥官方者之力行宜亟也。

一在除杂派。杂派之禁，率土同遵，独滇吏恃在边圉，罔思顾畏，滇民惟知陋例，习以为常。故往日各地方有当月里长，有值日里长，凡有司日用心红、纸张、油烛、柴炭一切供应食物，及答应往来差使、庆贺节令、生辰，皆取给焉，乃至各衙门雇募胥役，取用夫匠，无一不派诸里甲。又有上司分行有司采买鸡、猪、牛、羊、米、豆、布匹，细及槟榔、蔬果之类，有司指一派十，短价剥民，民之痛切难支，莫此为甚。臣已痛加禁革，有犯必行纠参。然而耳目难周，法久易玩，非借贤有司共凛国法，实体民艰，又安能弊绝风清，以养地方之元气耶？则所以守禁令、蠲科敛者之力行宜急也。

一在恤无告。鳏寡孤独，王政攸先。况以全滇汤火遗黎，复遭溃贼杀掳，疫疠流行之惨；或父兄尽殁，幼而无依，或子女皆亡，老而无养，或失其妇，或丧其夫，甚有一户族而仅存孤寡一二人，一村屯而止遗妇女老幼十数口者，仳僵号泣之状，不忍见闻。臣虽倡率有司量行赈恤，然而壶餐之德曾不终朝，使地方官无同其忧患之心，无曲为生全之法，此茕茕而待毙者将安恃耶？则所以续民命、回天和者之力行宜亟也。

一在止滥差。州、县差人下乡，上司差人下州、县等，一害也。夫钱粮案件，各有限期，军民如或抗违，有司何难申究？有司如或迟误，司道府岂惮揭参，而必恃差催以佐其风力乎？况滇省陋例，督抚衙门员役竟得与有司分庭抗礼，司道亦擅设承差，公然凌厉有司，一奉差牌，索人夫，索供应，索规礼，甚至咆哮公堂，锁拷经承。溪壑既厌，取一回文销差而已，曾何裨于公事，徒有害于官民。臣于受事之初，即已严行禁止，仍设稽差印簿，令地方官按季登报，积弊渐除。然非奉行之官，各以息事宁人为念，行之既久，保无阳奉阴违，及其事发而后处分，随之地方之驿骚已甚矣。则所以省差催、息民害者之力行宜亟也。

凡此十事，在腹地或视为迂缓，在边疆则最为亟切。臣既董劝兼行，正各官黾勉从事之时，非请天语特颁，何以发其震动恪恭之气？即其间已有通行定例，尤必请部行申饬，特示劝惩。凡边俸已满二年，即按十事考其实迹，果其田畴既辟，户口既增，树畜既蓄，积储既裕，化民成俗，靖盗弭奸，市肆殷盈，奢侈不作，正供之外纤悉皆除，无告之民全活甚众，官差足迹终岁不及州县、乡村，是为真正循良，督抚臣查明奏闻，部臣核实，请旨优升，以示鼓劝。如其以十事为具文，阅二年之久而迄无成效，亦听督抚臣题报，分别处分。斯边吏争自濯磨，共勉于实心实政，而残疆自有起色矣。

### 筹滇第十疏　举废坠

窃照残疆初复，必其百废具举而后庶绩咸熙。臣前疏捐修城垣、捐造营房之请，俱从整理地方起见，见准部覆遵行。乃更有定制久湮，关乎治政之大，亟宜修复者，又有原无定制，易于病民，与虽有定制，不可以久，急宜斟酌变通以免废坠者，敢缕悉为皇上陈之。

如郡邑之有学官，所以兴贤育才，至重也。滇自吴逆毁弃先圣，渎乱宫墙，饮马泮池，屯军文庙八年之久，仅存断瓦颓垣已耳。重以溃贼四奔，所至焚毁，其在围城之内，则又半为析薪。今自省会以迄府州县卫学官，在在皆废。当此大告武成之后，正皇上诞敷文德之时，若复听其蓁芜，不为整顿，非所以昭示遐荒，振扬声教也。臣虽勉力捐资，倡率大小各官以及地方绅士共图修葺，然而物力凋敝，甚费经营。窃恐未易观成，边难经始，自必特行鼓劝之典，使各出其好义终事之诚，夫乃群力毕趋，而成功自速。合无请敕部议，如地方官有能独任兴修，勿烦旁助，勿动民力，捐银一千两以上，果于一年之内焕然重新者，及大小各官捐助银一百两以上，绅士捐助钱谷工料值银三五十两以上者，作何分别叙录，颁示遵行。仍俟通省告成，将各捐修数目、职名、动用工料价值核实题报，斯文治重光，而太平有象矣。

如官僚之有衙署所以临民出政，至重也。滇自吴逆移驻之初，省城大小衙门悉被逆属占为私第，将奉命而临兹土者驱之城外，僦居关厢，失蛮貊之观瞻，毁朝廷之体制，莫此为甚。今恢复之后，城内衙门基址茫然无可追寻，臣与抚臣暨各文武官弁不得不住贼遗房屋，为一时权便之计。然衙门之规制未备，殊碍关防；僚属之居处既分，恐荒职掌，仓厫、监狱不能附近，未便稽查，如有苟且因循，非圣明百度维新之至意也。惟是疮痍未起，财用未充，创建之难，又非目前所敢轻议。臣思贼遗房屋，业经抚臣造册报部，例应变价入官。但滇省必无承买之人，有司更无求售之法，与其日久倾废，何如酌拨为衙门之两便乎？如蒙睿鉴允行，除逆藩伪府外，容臣与抚臣酌量大小，从公分拨，听各官自行捐资修改，永作衙署。余者徐图变价，分析报核，斯创建不烦而规模永定矣。凡此二事，臣所谓定制久湮，关乎政治之大，亟宜修复者也。

若夫通省税粮既有成额，其间本色、折色、起运、存留应有定制。乃《全书》开载，则有九钱一石、七钱一石及五六钱一石不等之例，谓系本色，则既分列银数于米数之上，谓系折色，则又仍列米数于银数之下，本折似无一定，官吏因以作奸，米贱则征折，米贵则征本，罔上行私，有由然矣。况税粮岁额无多，不过以本地之粮供本地之兵，故从无起运之累。前此大兵进剿，责令随地运供，事出权宜，故不敢自惜其力。今底定之后，留滇大兵暨督、抚两标官兵并驻会城，一郡之米不敷一岁之用，不得不令两迤各郡运省接支。然各郡同一额粮，谁宜留给镇营？谁宜辗输协济民间？谓非成例，告苦告免，率借口于劳逸不均，而派拨之间，吏胥尤易于操纵。臣所谓原无定制，易于病民者此也。合请敕部，按滇省《全书》九钱七钱等米，三钱二钱等麦，确定本色、折色行臣，晓谕各属军民，以杜有司私擅改征之弊。仍请敕下抚臣，按通省制营，岁需兵粮若干，将各镇营同城及附近二三百里内税粮照数拨给，余米及不系官兵驻扎并与营镇窎远地方之米，每岁照省城时价报明户部，改征折色解省。专责粮道，就近买米供支大兵，以免残黎远运之苦。先将派定拨给折解数目造册报部，著为定例，或俟大兵全撤之后，将折解者仍征本色，听各属贮仓以备边储，再俟二三年，仓廪既盈，永行折解充饷，斯国计民生两有攸赖矣。

又如站夫工食，各省虽或多寡不等，要在足糊其口，长养在站，应差偶有逃亡，截旷募补，法至善也。滇省非民稠之地，别无应募充夫之人，往例悉由里民派出赴站，而食用之贵常数倍于他省。故里民帮贴之费，亦往往数倍于工食，夫役之为民病也久矣。今兵燹之后，募夫尤难，里民多衣食未充，更无帮贴站夫之力，是必一夫之工食足以赡一夫，而后上不误公，下不累民。乃自省城以至平彝各堡，所有额设工食，每夫止日给银三分，不足买米一仓升。以彼背负肩抬，栉风沐雨，度山越岭，尚不谋终日之饱，岂遑顾及妻孥？此往彼来，鹾额相望，势必夫逃站倒，岌岌堪虞。臣所谓虽有定制，不可以久者此也。合请敕部，俯鉴时艰，大破成例，酌量增给各夫工食，斯用其筋骨，不致饥其体肤，所费无多，而所全于民命者大矣。至黔省站夫，其困苦视滇尤甚，今每名每日止给食米一升，草鞋银一分五厘。并祈一例酌增，永著为例，是尤黔民疾痛呼天，延颈以待者也。

（康熙《云南通志》卷二十九《艺文三》）

# 14　云贵总督蔡毓荣《分定增兵疏》
## 无日期

看得滇省边徼，兵力单薄，仰荷庙谟准增兵六千九百名，或于紧要营汛内兼并，或另立营汛防守，诚措置金汤，奠安磐石之硕画也。臣凛成命，密咨会商云南抚、提去后，今准抚臣王继文、提臣桑格各咨覆到臣，咸称逐汛添兵，零星分散，兵力仍属单薄。莫若斟酌缓急，审度控制，使蛮苗众类不能测其一定之用。是积威控远之法，议照旧时援剿四镇之例，量设援剿二营于四应之地驻扎，无事则养威训练，有事则随处策应，是部议所谓另立营汛防守也。提标官兵驻扎大理，紧接鹤丽，邻近金江，实属扼要，且控制通省，责任重大，不拘何处有事，即当发兵剪除。三营将卒不敷调遣，应仍设前后二营。鹤丽镇尤为极边重地，紧接蒙番，应添设中营，再添兵六百名，为今日之先务，此部议所谓紧要营汛内兼并也。抚标之兵亦属单少。等因前来。

臣覆加筹酌，滇隅要隘，环连数千里，非逼邻外国，即控驭蛮方，若以准增之兵零星均布，则势分力弱，非扼要制胜之策。抚、提二臣所议，允协机宜，惟援剿四镇旧系总兵，今当节省之日，不便仍设总兵，应设援剿左右二协，每协分为二营，设副将一员、游击二员、守备二员、千总四员、把总八员、兵二千名，以左协驻寻甸州，右协驻省城，用供迤东缓急策应，则防守者各得其汛，可无调遣之忧，而四应者另有动旅，可收电击之效矣。提臣驻扎大理，独当一面，三营官兵实属襟肘。应仍复设前后二营，每营照设游击一员、守备一员、千总二员、把总四员、兵一千名，足其伍营之数，则迤西缓急可资策应，而鹤丽腾永一带皆可壮其声势矣。鹤丽一镇为第一要隘，见设制兵虽如镇额，然止左右二营，势力轻弱。今应添设中营，增中军兼管中营游击一员、守备一员、千总二员、把总四员，增兵六百名，共成三千之数，则沿江隘汛可缔防维矣。抚臣制居省会，与臣同城。然臣总治两省，缓急有当躬行之处，抚臣即膺居守之责，见设兵一千五百名，难借防御。应增兵三百名，将弁仍旧，则思患预防之计，均有攸赖矣。此臣等仅就准增兵六千九百名，议设议并，量为居重驭轻之法，若

— 23 —

照边隘均摊增置，则此兵未足以敷分布也。营制既定，除应用副、游、守各官，甄选才技优长、人地相宜之员另疏保题，千把各官，一面委补任事，并所需马匹、甲械，亦俟另疏请项制备外，兵丁只遵部议招募，其募得兵丁各以收伍之日，开支粮饷，使获养赡，而供操防。至于抚、提二标，鹤丽镇标所增兵丁，马步战守，各照该营制额。其援剿二协，非株守一隅之师，祈恩全准战马兵三步七，庶营制雄整，而呼吸可资实用。臣从封疆起见，非敢固为破例之请也。

（康熙《云南通志》卷二十九《艺文三》）

# 15　云南巡抚王继文《请修河坝疏》

## 无日期

谨照云南省城外东南，旧有金汁等河，从松华坝借水，于盘龙江自嵩明州流入昆境，绕城之北，过云津土桥，趋入昆池。两岸筑堤高二三丈不等，而水流其中，蜿蜒六十余里，有坝有闸，又有过水涵洞，盖以积水灌田，而城外数十万顷皆借此河之利，民生国赋均有攸赖焉。自变乱之后，沿河之堤埂坝闸未经修葺，日久倾颓。上年大兵困逆，周围壕堑不得不拆毁挑挖，以致水利阻塞，灌溉不通，田亩荒芜，居民失业，而昆明额赋遂莫可催征。自克城至今，臣多方招徕，而流离之众见此附郭膏腴咸成弃土，未免徙倚他方，趑趄不返。哀此残黎，欲归则无资生之策，不归则有沟壑之虞，臣不得不早为之计也。夫以滇省军饷取给外省，频经请拨，仰纾宸衷。而昆邑应征之赋、可耕之田，岂可坐视抛荒，听其亏额？臣愚以为，河坝不修，则残黎势难归业；荒田不垦，则额赋无从征收。

臣檄令地方官踏勘估计，需用椿木闸枋、灰石各项材料并匠作人夫等项，约需银万余两。查《全书》内开载：岁修松华等坝额银八百两，每年十一月中起工，至次年三月初止。往例可稽，似当亟议兴修，以复民业。然动支原额银两，万不敷用。值今财用艰难，工程浩费，何敢于额外轻议请动正项钱粮？臣议于通省官员及各属土司酌行捐助，甫定之区，人方拮据，非有以鼓劝之，恐难必其乐输。伏查捐纳各例业奉停止，臣不敢复为陈请。惟是纪录一款，既无碍于名器，又可鼓其急公。合无仰吁皇恩敕部，酌议捐银若干准与纪录，仍比照各省往例，量减额数，庶众擎易举，便宜兴修。至工竣之日，臣造册送部，照例叙录，则河坝固而水利可通，俾四散之民咸图归计，渐次开垦，将见生聚寝昌，而昆邑粮赋可以望其复旧也。

（康熙《云南通志》卷二十九《艺文三》）

## 16　云南巡抚王继文《亟议振兴文教疏》

### 无日期

　　窃照滇南荒僻遐陬，离神京独远，四境边隅彝多汉少，率皆剽悍狠戾，易斗难驯，其来久矣。更遭吴逆叛乱之后，习见其毁废纲常，灭伦犯顺，而蛮猓效尤，民风嚣薄兹者。恭逢我皇上天威神武，扫荡妖氛，俾六诏臣民悉已披幽暗而仰照临，脱汤火而登衽席，幸矣! 至矣!

　　但思此地陷逆多年，一朝归正，今欲亟与易虑，洗心非，亟崇弦诵之规模，申严韬铎之训，微其道无由也。滇省各府、州、县、卫，从来建有学宫，制度宏备。近因逆贼弃蔑诗书，纵恣骄兵悍卒，凌践黉序胶庠，甚至置槽枥于孔殿，杂溷圊于讲堂，丹楹朱槛尽作爨薪，壁水宫墙鞠为茂草。今欲亟兴文教于遐陬，而坐视学宫如是倾圮，甚非所以新观听而移习俗也。钦惟我皇上天纵钦明，加以敦龟好古，武功文德并懋兼全，尚且于京师首善之区、腹里声华之地，恭承御笔，颁赐臣工，典谟训诰，诲勉多方，盖以尚学敦伦，诚为久安长治之要道耳。

　　臣思滇省亟图兴修学宫，无过于劝谕捐修，而各属悉罹兵燹之余，实系官苦民贫，未免有心无力，倘不示之鼓励，不能必其奋兴。然今薄海既已升平，岂敢议开事例? 臣愚以为，除臣等职宜倡率，各应量力捐修不议外，其府、州、县、卫各官以及土司世职官员，有能捐修学宫，克使规制略备，诵习可资，而且并无扰民者，容臣查明，据实上闻，造册报部。亦未敢望叨加级隆恩，止祈分减数目，量予纪录次数。其捐修之绅衿、耆庶人等，容臣等奖赏，给与匾额。如此，则子来必多，乐输者众，庶新疆荒服人知礼乐为先，蛮俗彝方民以斗争控为耻，于以正人心而端风俗，消氛青而永牧宁，事似缓而实切，未必非小补于圣治之一端也。

（康熙《云南通志》卷二十九《艺文三》）

## 17　云南巡抚王继文《请设开化廪增疏》

### 无日期

　　看得云南开化府，于康熙五年改土设流。其时建学伊始，虽照别府之例，每考取进童生二十名，原未设廪增额数，是以考居优等生员无凭补廪出贡。今据提学道副使邹峰详称："该府学校蔚兴，人才繁盛，请比照邻郡临安、元江二府学事例，自康熙二十四年为始，开设廪增各四十石，俟补廪年深，另详开贡。"等因。详报前来。臣查临、元二府之例，果属相符，所有开化府学廪增额数，理应题请开设。

（康熙《云南通志》卷二十九《艺文三》）

## 18  云南巡抚王继文《请给会试盘费疏》
### 无日期

看得直省举贡会试、廷试，有支给盘费银两之例。云南自平定以来，叠据各举贡援例呈请，只因《全书》未载，旧案无存，未便遽行动给。然臣仰体皇上崇教作人之至意，又不敢不加酌议，以垂永久。臣今移查楚省事例，行据署布政使司事驿盐道副使郭廷弼详议前来。合无吁请圣恩，敕部定议，自康熙二十六年为始，凡滇省文武举人会试，岁拔贡生廷试，应照何省事例，支给盘费银两若干，行臣遵守，则遐方士子均沐皇仁于无既也。

（康熙《云南通志》卷二十九《艺文三》）

## 19  云南巡抚王继文《请新荒分年带征疏》
### 无日期

看得滇省康熙二十一年、二十二年荒逃地丁，先经臣等勘取册结，屡经会题，部议未准蠲免，何敢再为渎请？虽各属军民告免告宽迫恳，仍前臣等以钱粮为重，屡经给示晓谕，严饬所属经征各官，设法劝输，务期早完，以副部议。各属俱以此项荒逃地丁，自康熙二十三年至二十四年乃始渐次开垦复业，责以本年正赋，尚在艰难，今若以四年未完钱粮一时并征，民力实难措办，恐追呼过急，复至逃散抛荒，详请援例调剂。随据云南布政司署司事驿盐道副使郭廷弼、粮储道佥事孔兴诏、都司林翊会称："部议已定，自不敢复冀蠲豁，惟请照各属所议，除康熙二十四年仍照额催征完解外，其余照江南漕项钱粮分年带征之例，将二十一年未完于二十五年带征，二十二年未完于二十六年带征，二十三年未完于二十七年带征，以免小民一时并征之苦。"等因前来。

臣查理财、用人等事，一案部议，江南、浙江、湖广、江西、福建、广东、陕西七省，康熙十八年至二十二年民欠钱粮，若一时并征，民力有限，钱粮反不能得，应自二十四年起，分年带征，覆奉俞旨，钦遵通行，知照在案。仰见皇上视民如伤至意，无远弗届。所有滇省逃荒丁粮，在部议特以恢复之后自应照征，然此天末并生之众，久在皇仁一视之中。但盛典出自天恩，相应据详仰吁皇上，俯鉴前项钱粮，若四年并征，民苦难办，倘得照例暂宽时日，分年带征，则积年之国赋固无亏损，而皇上破格之殊恩，更沦浃于滇民世世矣。

（康熙《云南通志》卷二十九《艺文三》）

## 20　云贵总督范承勋《请移援协驻防疏》
### 无日期

看得滇南界居荒服，苗猓杂处，在在需兵。经前督臣蔡毓荣密题，于准增兵六千九百名数内，设立援剿左右两协，每协兵二千名，以左协驻寻甸，右协驻省城，用供迤东缓急策应。钦奉俞旨，遵行在案。臣到任以来，悉心筹划，相度形势，即檄行云南布政使李世昌、按察使蒋寅确查详报，复与抚臣王继文、新任提督臣万正色面加商榷。查迤东一带，有曲靖府属之罗平州，与黔省之普安、安笼等处，粤省之西隆州地方接壤，界连三省彝薮，逋逃走险，最为要隘。虽设有广罗一协驻扎罗平，分防罗平、广西、师宗、弥勒等汛，广南一营驻扎广南府，分防广南、广西等汛，然而山箐丛杂，苗猓黠悍，地广汛多，不足分布，且臣有两省封疆责任，黔省为滇中上游要害，各种苗类不驯，更觉兵单。滇省既设有援剿营制，似宜以控制策应为务。今议将右协驻省官兵二千名移驻罗平州，分兵防汛，其原驻罗平之广罗协副将带领官兵，酌量移驻广西府，与广南营互为椅角，添设防各处险汛，既可联络黔镇，兼能控扼粤隘，庶乎远近得宜，指臂易使，而此兵不为徒设矣。

再查左协营官兵二千名，既照原题驻扎寻甸，其曲寻一镇汛居大道，界连川黔之东川、威宁，逼处猓穴，应将该镇原分驻寻甸州官兵撤回，酌拨川黔交界紧要汛地，加添防守，则滇省西北庶无兵单之虞，而严疆可以巩固矣。

再查两协，原系援剿战兵，不应有戍守之责。然见驻地方乌容，优游膜视，其罗平、寻甸两处州城内外汛防，应责令分汛专管，如或别有缓急，调遣仍照旧制责成。合并声明。

（康熙《云南通志》卷二十九《艺文三》）

## 21　云南巡抚王继文《请议栖流之政疏》
### 无日期

看得孤贫口粮一项，遵照部咨，行司饬查，各该州、县不许包揽扣克，务令实力奉行。据布政使李世昌详称，"除养济院行据各属捐修外，惟是口粮一项，滇省《全书》

原未开载，未便照各省之例于地丁项下擅请开销。查有重农积粟一案，虽备赈荒之用，但滇省恢复以来，幸赖皇恩，无有凶岁，全未动支，以此赈恤孤贫实属无碍。查计通省孤贫名数，每日每名议给捐谷一升，约算从前官民捐谷，可以支给。嗣后递年劝捐，随给随补，堪垂经久"前来。臣查滇省孤贫口粮，未载《全书》，今以捐谷议行支给，不烦正项，得与别省一例，均沐皇仁，似属可行也。

（康熙《云南通志》卷二十九《艺文三》）

## 22　云贵总督范承勋《请裁冗员疏》
### 无日期

看得滇省都司卫所，设自明时，盖昉古寓兵于农之意。我皇朝一统，设兵置镇，在在控制，军民粮差同其输应，已于康熙初年间先后奉裁曲靖等八卫、中屯等十一所归并各州、县；又于康熙九年间，奉裁在省左等六卫归并都司，尚存平彝、大理、永昌、腾冲、澜沧、景东等六卫，杨林、木密、马龙、新安、姚安等五所，仍属守、千等员管理，后因都司不便催征，复题设左右二卫，守备二员分管。

臣到任后，即行该二司查议。兹据布政使李世昌、按察使将寅会详称："卫军既无防守之责，又无调遣之例，似不必更设官以糜俸食。"等因。臣复行驳确查，滇省军卫地方寄居各境，则裁卫所以归有司，允属相宜。合无如该二司所议，将复设之左右二卫、见存之平彝等六卫、杨林等五所裁去，其田土、军余，即查各附近之州、县，归并管理。再都司一官，原有通省考成职掌，今卫所既已尽裁，而留此空员，似于名实未称，亦应一并裁去。计应裁都司一员、卫守备八员、卫所千总九员、经历七员、卫教授七员，虽节省俸糈不过三千六百余两，而冗员既汰，供费较省，军困稍苏，其于国计民命未必不无小补也。

（康熙《云南通志》卷二十九《艺文三》）

## 23　云贵总督范承勋《具题中甸立市疏》
### 无日期

看得达赖喇嘛具题于云南金沙江地方贸易一案，已钦奉俞旨，行臣等遵照。臣查金沙江绵亘广远，实为滇南边汛重地，恐其各处行走不便，随行各该司、道、镇、府，确定互市地方。据公同详覆，大渡口北岸紧贴江边，地名木撒湾，形势宽平，立市似属妥便。经臣具疏会题，部院覆奉俞旨，钦遵，通行知照去后，续据丽江府土知府木垚申报中甸营官蕃书称："木撒湾窄狭，地方多烟瘴，难以立市。或在中甸做生意，或在丽江做生意。"等语。查丽江虽土司府治，系属内地，岂容蒙蕃深入？但彼托称木撒湾烟瘴地窄，愿贸易于中甸，已去丽江较远，于此贸易，杜彼远来，允为便宜。惟恐此意出自营官，非达赖喇嘛所定，后必更易繁琐，臣复檄署鹤丽镇臣牛凤翔，再差人前至中甸，取有营官蕃书译报，内称："达赖喇嘛吩咐的话，生意照旧在中甸做。"等语。咨呈前来。再行司道会议，详请具题。

臣查木撒湾与丽江地方止隔一江，而中甸则隔有数日之程，去金沙江较远，既土伯忒人自愿于中甸互市，实可免外彝渐入内地之虞。况其地旧属丽江管辖，虽有营官驻扎，非与汉人深入蕃地可比。似应从其所请，在慕化远人，更感我皇上万里怀柔至意，而于我之重地边防裨益，政非浅鲜矣。

（康熙《云南通志》卷二十九《艺文三》）

## 24　云贵总督范承勋《土彝归诚恳请授职疏》
### 无日期

看得滇省地处极边，苗猓错杂，其有在全滇之中，而山势险远、林箐深密，为滇民腹心之患者，则有鲁魁一山。其地接壤千里，内包各种彝猓，多属化外之人，号为野贼，不知始自何年。见今彝目，则土名勒昂，而改名杨宗周也。此辈啸聚穷山，招集亡命，乘机抢掠并索取近山保头钱，议剿则潜遁无踪，稍懈则复行窃发，已非一日矣。经前督臣蔡毓荣于筹滇疏内题明，部议作何抚剿，不致滋蔓，听伊酌行在案。

臣到任以来，凛奉严纶，抚恤土司，毋容扰害，屡次宣布我皇上威德于声教未迄之地。因遣土弁李踊雷等持谕入山招抚，而杨宗周等既畏威灵震叠，又感圣化怀柔，遂遣目具呈，情愿倾心向化输诚，并籍所有把守口岸目兵，分晰造册，赍投前来。臣见其意虽在自新，但招抚事关重大，一面批行云南司道详查确议，一面与抚臣石琳、提臣万正色等公同会议，遣委臣标左营游击庄一虎、临安府知府黄明及临元镇总兵马山会，委中军游击郭玉明协同，于十月二十一日前至新平县地方招抚。杨宗周率领彝目普为善、方从化、李尚义等及各大小目兵数千人来迎，稽颡听命，欢声雷动。宗周照彝俗，斫鸡向天立誓。据译供称，情愿真心改恶从善，严戒土人，不许出没为非及再收取保头钱，并愿与朝廷出力，拒守口岸等语，取有甘结在案。该府将随带捐备银牌、绸缎等物颁犒大小彝目讫。兹据布政使李世昌等会详称，"鲁魁彝猓，性顽种别，从来不入版图。今宗周等远慕圣化，相率投诚，环跪誓天，刑牲表信，一切缉盗安彝、保固隘口悉任担承，具结投报，应请量授世袭微职，以昭鼓劝。杨宗周，合无授以土县丞，普为善、方从化、李尚义，合无授以土巡检之职"前来。臣复批驳确议，且令恪遵本朝制度，照各土司一例剃发，验明取结具报。后据详称，行府转行新平县，亲到宗周所辖地方传谕，目民一齐剃发，望阙谢恩讫，具结详覆无异。

臣思鲁魁野贼，议剿议抚迄无定画，今宗周等果肯革心向化，俾数百年来未靖之孽一旦消弥，数郡县耕凿之民得以安堵，是皆我皇上天威遐邲，以致穷荒不毛之裔效命恐后也。查鲁魁邻近临属新平县界，应否将杨宗周量授以新平县土县丞？普为善原住丫未地方，在新平县界；方从化原住结白地方，在元江府界；李尚义原住杨武坝地方，在新平县界，各有隘口责任，应否量授各地方名色土巡检之职，仍予世袭，统隶附近有司，俾土蛮世服厥职，各有子孙系念，咸知慎惜名器，不肯复蹈前非，是亦羁縻远彝之一道也。惟是彝猓情形无恒，目前虽已重誓，剃发归诚，后倘有跳梁越分，臣等仍当整励兵马，严加防范，不以今日之请授微员而敢弛日后之备御也。至宗周等所住地方，确查委系深山穷谷，并无平坦之处可以建设城池。其彝目、土兵把守要隘，亦听自行开垦瘠薄山地，刀耕火种，以资养赡，免其开报税粮。合并声明。

（康熙《云南通志》卷二十九《艺文三》）

## 25　云贵总督范承勋《安插伪弁人口疏》

### 无日期

窃查滇南逆贼荡平，先经钦奉俞旨，将吴三桂下真正家仆、旧人，令其搬移赴京。至云南或别省投靠之人严查，释放为民，及伪标下官兵，亦陆续起发赴京。又准刑部咨："逆贼所属匠役人口，查出解部，如原系民，不必解部。"各在案。

臣到任后，屡饬严查。今通查伪包人数，据伪弁何振邦原册报："官役共一千一百六十四名，自康熙二十一年起至今，止实陆续起发过六千三百五名，其见存留后弁查认，续收候发人口，尚有郭铭钟等一百二十七名口也。其伪标人数，据伪将军线缄原册报，除逃故、释放、重复等项外，实在官兵二万二千五百五十八名，自一次起至一百次止，已陆续起发过二万七千五百五十二名。其见存留后查认人口弁续收候发者，尚有张得荣等一百八十一名口也。"在当年，伪逆人口众多，开城后或未能尽查入册，但此等助逆之辈，皇上予以生全，酌给夫粮，起发进京。圣德如天，虽泣罪解网之仁，莫之与京。乃或有已经起发而中道脱逃，或有未经起发而展转藏匿，查缉愈严，走险愈甚。更有沿途投诚之兵及逃去无着复回人口，改易姓名，窜入兵籍，各标所在有之。臣屡饬将弁，欲彻底搜查。此等人众，一闻严查，似有惶扰不安之状。窃计数年以来，查出起发之数业浮于原册所报之数，其未经查出者，总以滇南苗猓丛杂之区，深山穷谷，可为逋逃渊薮。当今圣化翔洽，四方清宴，固无伏莽意外之虞。但滇省屡经兵火，各属久荒地亩，颇多招徕填实，正宜切切讲求。臣愚以为，此项伪标人口，有前搜查未及者，似宜一概许其投首；已经入伍者，既为朝廷荷戈捍圉之夫，念其相安无事亦已有年，似应即令归伍；其余如有来归之人，容臣等酌量分别，将年力精壮者亦挑拨各营补伍差操，有情愿归农者，发交各地方官收管，入甲垦种。此等之中，如有真正伪弁及伪包之人与匠役人等，确查明白，仍遵照俞旨部行，起发进京。应四省安插者，仍与安插。至见在之伪弁郭铭钟、张得荣等人口，宜亟令起发赴部，以竣此局。将见零星存余之辈源源来归，不特可以消弭隐忧，而又得以补练军伍，克实地方，穷陬僻壤共乐升平，感被皇仁于无既矣。臣从边疆起见，伏乞敕部议覆施行。

（康熙《云南通志》卷二十九《艺文三》）

# 26　云贵总督范承勋《擒斩叛军疏》
## 无日期

　　看得滇南系极边彝猓地方，屡遭兵乱，人心易摇。传闻楚省裁兵哗变以来，讹言四起，皆云营兵欲乘机抢掠，以致居民纷纷窜匿。臣与抚臣屡行晓谕，严禁流言，慰安军民。但恐营伍奸宄窃发，容或有之，因此日夕严加防范，一面密行访缉。果闻猖兵密约，欲于七月二十一日五更三点，摘去帽缨，反穿号衣，放炮站队，黎明时分哗变，抢库掠民等情。正欲掩其未形，先期密拿倡乱之人，以靖根株。适于二十日黄昏时，有臣标左营兵郭之盈到臣衙门禀首，随据云南府知府罗衍嗣口禀，有居民张乔到藩臬两司衙门首报相同。臣随差员，连夜分头飞拿各营。有名张麻子等，而张麻子拔刀将把总余虎砍伤，被人多擒获。当即会同云南抚臣石琳，传集藩、臬、府、厅各官，在臣衙门随拿随审。未至天明，叛党俱已就缚者数十人，夹讯乱首张麻子、李秃子等。虽据供称："饷内领钱价甚低贱，难以糊口，穷苦不过，只得干此勾当，且小的等即是首倡，此外别无为头之人。"等语。然明系因闻楚省兵哗，思欲效尤，希图鼓众倡乱，乘机劫库抢民是真。臣既会审得实，但思叛党所纠必众，若再讯问不已，恐攀扯愈多，更致纷扰。

　　查名例内，边境重地城池，军人谋叛，捕获到官，鞫问招承，随即依律处治。遂会同抚臣，依谋叛律，于二十一日未刻，将叛首张麻子、李秃子、唐金、刘应奇、周邦彦、许进孝、袁国泰、冯国臣、李洪新、龚一先、张一道、杨起龙、李自贵等十三名，请王命旗牌，委员押赴市曹处决示众讫。其余稍有可宽者，酌量分别重加捆责革伍，无干者即与省释。当即出示抚安各营目兵，今首祸之渠魁既决，即有胁从，概不深究，以安反侧之心，并晓谕居民，各归乐业，共享太平。虽仍旧堤防，不敢稍懈，幸而地方安堵，市不易肆。此皆仰赖我皇上威福齐天，叛谋预泄，俾万里严疆安于磐石也。缘事关呼吸机宜，弭变顷刻，臣即依律处决，以镇人心，不暇奏请，合应题明。其叛军家口、财产，查俱单身棍徒，并无妻小亲属，所存零星家伙什物，已赏给首人讫。合并声明。

（康熙《云南通志》卷二十九《艺文三》）

## 27　云贵总督范承勋《擒抚协兵以安边境疏》
### 无日期

看得云南援剿左协两营，先经题定驻扎寻甸，以备声援之师也。乃有猓兵任二等，机乘该协副将廖贵一陞见起行之后，辄敢密谋倡乱，于康熙二十七年七月十六日夜半，聚众噪变，劫民放火，迫胁右营游击宣起凤为首。起凤等率领余兵及亲丁数百人奋勇格斗，互有杀伤。至十七日早，叛首迫胁从逆数百人溃走出城，城中势力单弱，且恐有余党窃发，未及穷追。该将等星夜飞报到臣。时当省会人情惶惑之际，一面会商云南抚臣石琳，迅遣臣标游击陈勋、麦良玺二员，赍臣谕示，星往抚慰。适曲寻镇臣李懋功又报病故，仍一面飞檄该镇中军游击张国勋，刻选能将，迅拨备弁，分领精兵五百名游巡堵御，及与游击陈勋、麦良玺并该协将弁互相犄角，相机抚剿去后。至本月二十日夜，省城随有臣标叛兵张麻子之变，当夕密拿，翌日审决处置讫，已经具疏题报在案。

臣安抚省会居民略定，即迅议发兵前去剿抚左协猓众，间乃于本月二十四五等日，叠据曲寻镇标中军游击张国勋及驻防交水千总孙廷标，并沾益州吏目薛成龙，与该协游击张立、宣起凤等先后捷报称猓兵一路溃走，村民各自保屯，不得抄掠粮食，且在在有我兵堵截，难以奔逃。于二十一日，迤逦至交水城下窥探，城中守御孤单，思欲出其不意，遂行抢掠之谋，而不知臣早已飞檄各标、协、营防汛官兵及各地方官用心堵御，已有准备。贼甫抵城，千总孙廷标、吏目薛成龙等率领汛兵、士民拒战，枪炮、砖石齐发，打死数十贼，而曲寻镇所拨官兵及游击宣起凤领兵分头粘踪尾袭，先后继至，内外夹攻，当阵砍杀，贼遂败走。于二十二日，追至白水地方，该将等传臣号令，有能缚献叛首投诚者，胁从之人悉与免死安插。叛众商议，指出任三等八人，当即绑缚解省，余众悉皆弃甲投戈。计招抚三百一十四名，交宣起凤带归本协安插讫。恐尚有零星逃散者，臣已续檄各汛防地方严查获解去后。

案查处决叛军名例，临阵斩获事，既显明不在委审公审之限，事后奏闻等语。然猖叛缘由不可不根讯明确。因将解到之贼，会同抚臣，传集司、道、府、厅、州、县等官，在臣衙门，从公细鞫，该协将弁有无迟饷、克扣、凌虐，以致激变等弊，而任三等俱俛首无词，唯称穷苦，难以糊口，思欲抢掠，勾连走投湖广乱兵合伙等语，且供始谋倡乱之情，历历如绘，直认不讳，已无疑义。臣当于八月初十日，请王命旗牌，将叛首任三、王麻子、李七、赵棍儿、陈么儿、王进福、崔麻子、王三等八名，委员押赴市曹处决示众讫，其余经归伍安插者概不深究，以省株累。是役也，署曲寻镇印务中军游击张国勋调度有方，该协右营游击宣起凤堵御尽力，而臣标所差游击陈勋、麦良玺亦奉令维勤。至于交水汛防千总孙廷标、沾益州吏目薛成龙，以末弁微员协衷守御，尤堪奖劝。然非仰借我皇上赫赫天威，万里照临，如同咫尺，安能使小丑游魂立就俘戮如是其捷也？合应恭疏，仰慰圣怀。

（康熙《云南通志》卷二十九《艺文三》）

## 28　云贵总督范承勋《请给全银停鼓铸疏》
### 无日期

窃查滇南一隅之地，自康熙二十年间开设炉座鼓铸起，二十二年间，前督臣蔡毓荣筹滇，又复题添，先后共设炉四十八座，积出本息钱甚多。查通省各标、镇、协、营，先年旧例，俱以全银支给，至康熙二十三年间，方以银七钱三搭放，每年会计，约该支给兵饷钱二十四万一千五百余串零，至今遵行无异。

查滇省山路险远，水道不通，外省既不便贩运，猓猡又不识行使，年复一年，钱愈增而价愈减。臣自康熙二十五年八月到任后，军民人等纷纷向臣控诉，而各兵则有援给全银之请，言甚恳至。臣以钱粮关系綦重，岂容轻议纷更，因批不便准行。然而日切留心，冀以疏通钱法，因出示定价，画一通行，并严禁低薄小钱，一时钱价稍昂，未几仍复如故。臣又复筹咨，欲客民尽力贩运出外，因严饬滇黔各税务，不许需索刁难，自是稍稍流通。然因脚费过多，搬贩殊少。先则每千尚值银四钱上下，今则市价不及三钱，而各属远方，每千止值银二钱四五分者矣。查滇省人伍兵丁大半穷徒，唯借粮饷以资口食，况其地诸物仰给他处，价俱高贵，计支给银钱月米，尚不足供一人衣食费用，间有父母妻子数口嗷嗷，将何养济？今支领一两之钱，不能当三四钱之用，而欲有其恒产而有恒心，不可得已。又兵丁应支之钱，俱赴四局自领，先须盘费。滇地山路崎仄，钱乃粗重之物，又必多费驮运。营兵与各局近者无几，远者艰于雇费，势不得不易银轻赍，急欲求售，其价更贱，折耗愈多，到手无几。是有支钱之名，而无其实也。臣欲力疏钱法，而不能听以贱钱给兵又不可。展转思维，唯有仰吁皇上天恩，仍查照从前滇省康熙二十一二年间及现在黔省之例，自康熙二十七年冬季为始，俱给全银，俾穷军衣食稍充，各安营伍，其于边地，士马饱腾，俾益实非浅鲜。

至查各局，除现放兵饷外，积存之钱已有三十八万三千五百串有零，官役俸食等项应给全钱者足支数年而有余，况有地亩征收银七钱三之钱，源源不竭，若不停炉，则积钱愈不可胜计，而消归何地？现行数载，钱贱已至此极，往后愈不可问，钱法终不能永久通行。所有现设炉座似应停其鼓铸，以免壅积。抚臣石琳目击其艰，曾经疏请减铸，部议未允。臣敢具疏密请，伏乞皇上鉴怜边军苦倍腹里，敕部详议允行，非唯滇南数万余众无不踊跃鼓舞，拜受挟纩隆恩，而边境永以奠安，圣心无烦南顾矣。

（康熙《云南通志》卷二十九《艺文三》）

# 29 云南巡抚石琳《进呈编辑〈全书〉疏》
## 无日期

臣看得《全书》，上关国课，下系民生，奉旨令详察细阅，有无应行更改增删，明白确议具奏。仰见我皇上爱民为念，四海为家，诚恐沿习既久，有不便于民之处，更改增删，为万世不易之章程也。臣安敢不兢兢矢慎，以仰副宸衷？惟是滇南僻处边陲，《禹贡》列诸要荒之服，宋祖弃诸玉斧之外，我朝定鼎，无远弗届，自顺治十七年归入版籍，其赋役大概准诸明朝之制而因袭之。后因吴逆镇滇，刚愎自用，拥兵加赋，以致民不堪命。今幸圣政维新，重睹天日。臣接部咨，行司道府会议前来。臣又采访舆情，考稽旧籍，其亟应议减删除者有八焉。

一、全滇屯官田亩之粮过重宜减也。

按明初沐氏镇滇，置设卫所，将三分军为差操，七分军为屯田，即征租以养军，又有名为官田者，给指挥等官为俸食，听其招佃收租，计官屯田地，每亩科租自二斗至四五斗不等，较民赋之每亩三四合至五六七八升不等者，则十数倍矣。盖当年以军养军，原非上仓粮米，犹之佃民之纳租于田主也。迨我朝开滇以来，兵威震叠，将明时指挥等官裁为废弁，军余改为编民。其时吴逆暗握边权，按昔日之租额，改为正供之粮额，相沿至今，积逋愈多。每年业将未完分数、职名叠次册报题参，降革罚俸，勒限严催在案。计自康熙二十一年起至二十六年止，新旧带征，共计未完丁折银六万二千九百八十余两，未完米、麦、谷、豆一十三万四千五百七十余石，差檄交催，法尽计穷，究竟完报无几，岂真官吏罢玩，军余抗逋者乎？总缘屯官田地，与民田接壤相搀，其地利高下，天时、雨泽、人力、播种事势皆同，而粮赋轻重各异。况云南原系山土瘠薄之区，刀耕火种之地，较之苏松膏腴田地所称"财赋半天下"者，额重亦不至此，大为官民交困。今议将新旧裁并屯赋钱粮，除草场、地租、马场、人丁、学租照旧征收外，其实在田地，照分归州县民赋上则例起科，计实征银一万九千四百九十三两零，正耗米二万三千七百二十一石零，正耗麦三千四百二十六石零，于《全书》内更改者也。

一、黑白二井盐课过重宜减也。

查《全滇盐政考》内，盐井有九，除阿陌等六井年该课银一万六百四十九两三钱六分，井小课少，办纳犹易不议外，查明时黑井额课二万六千六百余两，白井一万五百余两，琅井二千四百余两，此办课之旧额也。自投诚伪总兵官史文开报，黑井课银九万六千两，每斤征银一分六厘；白井课银二万八千五百六十两，每斤征银八厘；琅井课银九千六百两，每斤征银六厘。此系明末乱时额外横加，较原额不啻数倍矣。滇之灶户，从井汲卤，始方锅煎，其柴薪背负肩挑，人力工本所费既繁，又复加以重课，则灶困矣。行盐之商，率皆朝谋暮食之人，非若淮浙巨商挟重资而行运也，且驮运于崇山峻岭，脚价赔费，岂能损本而贱卖？则盐价贵，而彝猓遂有经时不知盐味者矣。即如浙盐课价，上则每斤不及二厘，下则不及厘许。又如附近之川盐，每斤只完税六毫八丝。同一盐课，何与滇省之课轻重悬殊若此也？又查山东、福建、四川、贵州、广西等省，虽省分大小不同，盐课多寡不一，而滇省僻处天末，环彝偏小之区，不惟不能与小省之课同例，而且倍多于大省，此滇民之甘心食淡，地方官之不能督销者，职此故也。今议以黑白二井照琅井每斤六厘之例，黑井除减川额外，岁征银三万三千八百四十两，白井征银二万一千四百二十两，琅井征银九千六百两，并阿陌等六井征银一万六百四十九两三钱六分，共课银七万五千五百九两三钱六分，遇闰加银六千二百九十二两四钱四分零，于《全书》内更定者也。

一、开化府之加粮过重宜减也。

按开化僻处万山，界连交岗，猓彝环杂，向隶临安府，辖九土司中之王弄、安南、教化三长官司地也。明时分隶蒙自、阿迷、师宗、维摩等州县，于康熙四年，土酋王朔等作叛，吴逆剿平，编为八里，委署临安知府曹得爵勘丈，额田七百五十九顷三十五亩六分零，不照民田科则，每亩科米一斗六升三合，共科正耗米一万二千八百石四斗五升三合零，载入《全书》。查通省民粮，惟河阳县上则田每亩征米八升一合零，为滇省最重粮额矣。今开化比河阳又加一倍。昔年未设府以前，在蒙自等州县，每亩不过二三升，及改府之后，骤加如许！同是此项田地，不过改州隶府，何致今昔悬殊，彝民苦累？今议将开化府钱粮，除人丁、条编、差发、课程、商税等银照旧征收外，其原额田，酌量改照河阳县之例，共征本米六千二百一十三石八斗一升二合一勺九抄，每石仍带耗三升，于《全书》内更改者也。

一、元江府新增银米过浮宜减也。

按元江旧置土府，地处极边，四面环彝，种类迥别，地皆崎岖山谷，田亩免丈，每年认办米一千九百三十石二斗一升零，地亩银二百二十两一钱九分零，附额征花斑竹、差发二项，共银六百二十一两一钱七分零，商税银三十五两二钱。自改建流府，编为六里。其时官兵驻防，粮运不继，吴逆遂令暂为设法，于额粮之外新增米四千七十石二斗一升零，田钱、地讲银五千五十三两二钱三分六厘，茶商税银一千六十四两八钱，普洱无耗秋米一千八十四石，浪妈等六寨地租银二百八十五两。查元江屡遭残破之后，茕茕孑遗，何能办纳骤加数倍之粮，遂致荒残愈甚。今议将该府彝粮，除原额银、米、商税照旧征解外，其新增银、米，各减一半，实征新增并原额米共四千五百六十五石二斗二升零，地讲浪妈并原额差发等银共四千六百一十两四钱九分零，于《全书》内改正者也。

一、通海县彝粮及南安州附征裁并碣嘉县判条编宜减也。

查通海县六寨田地五十七顷七十二亩零，额征粮一百六石五斗九升三合，每石科银三两七钱六分有零，较该县民赋实重二倍，彝民困苦难堪。今议照新定民例科则，实征银一百一十二两六钱二分零，米八十三石二斗九升零，麦二十三石三斗零，以昭画一。碣嘉县原额田四十八顷八十八亩三分零，共征秋粮一百三石五斗六升四合零，每石编银四两二钱四分零，共征银四百三十九两三钱九分零，较全滇之额固属偏重。今既归南安州附征，应将碣嘉县条粮，照该州每粮一石编银一两四分零之例，实征条银一百七两六钱七分零，米一百三石五斗六升四合零，均应于《全书》内删改者也。

一、丽江土府失额银米宜免也。

查丽江界连吐蕃，古称荒服，原额米七百七十四石一斗三升零，麦一千六百三十九石五斗六升零，地亩银二百七十五两三钱五分零外，认纳条编银五百三十两一钱。后因蒙番出犯，将该府所辖金沙江外中甸地方侵占，其中甸等处额征米一百四石六斗八升零，麦四百五十八石五斗一升零，已于康熙十年题豁免征。迨吴逆反叛，又将金沙江以内喇普地方割送蒙番，该秋粮二百石，编银六十六两四钱三分，久经无征，该土官赔补，将来赔累无穷，且未便将无地之粮仍载《全书》，况中甸业经免征，则喇普亦应援免，今议应于《全书》内删除者也。

一、建水州无艺之征宜革除也。

查明时设临元参将一员，将日用等物派诸彝民，计岁派村寨年例银九十二两，及子花、槟榔、核桃、松子、木耳、干笋、麻子油、月柴，每年变时价银二百三十四两四钱一分零，又派马料八十石一斗零，糕粮二石，原非正供钱粮，实系私派横征。因吴逆搜查，投诚知府范应旭呈报邀功，遂编入额，岂可因仍陋弊？今议，应于《全书》内删豁禁革者也。

一、无征之场课宜豁也。

查新平县明直银场、易门县老场铜厂，自明至今，开采年久，今苗断矿绝，商匠逃散，课税无征，官民赔累不堪。经臣援诏具题，部议未允。但矿厂非同田地，有耕有获，钱粮易办，此乃全凭造化，有无难必。今既硐老山空，而课税不免，节年俱系各官捐赔，但年复一年，焉知不派累小民，岂可以赔补之项刊载《全书》？今议，将新平之明直场课银三百三十四两九钱六分，遇闰加银二十七两五钱八分，易门之铜课银二两，老场炉课银二十一两六钱，一并于《全书》内除免者也。

以上各款，如屯赋之太重，乃明时之相沿，但时异势殊，军既为民，卫所既并州县，而压欠岁积，官民交累；又如盐课之过重，商灶困于征输，彝民苦于淡食；又如开化之加粮，元江之新增，乃吴逆邀功横征；丽江之喇普失额银米，系吴逆割送蒙番，以及建水之私派，亦系吴逆搜查贻累；通海、南安二州县之重粮，又新平、易门之明直老场荒废赔课，今当更造《全书》。圣谕谆谆，惟恐一夫不获其所，此正边境黎民犹解倒悬之日也。

臣遵旨，会同经管钱粮诸臣再四参酌，敬陈各条，恭候圣裁，以垂永久。再照石羊等厂，岁有额课，但苗矿之有无，难期永远，今虽造报，似未应刊入《全书》，仍照旧每年将抽获之课，造册报销可也。

（康熙《云南通志》卷二十九《艺文三》）

# 30　云南巡抚王继文《题豁加增盐课疏》
## 无日期

看得黑盐井月增课银二千两，向缘吴逆自秦入滇，官兵家口不下数十万，食盐众多，行销稍易，因而题请加增，原非行盐旧额。迨全滇恢复之后，民多流散，户口寥寥，课额亏欠难征。于康熙二十一年，经臣会疏具题，已将月增课银二千两，遵奉俞旨减除。今于奏销康熙二十七年各盐井课税案内，准到部文，仍令将此项银两自二十九年照旧征收。

查滇省自平定以来，仰荷皇恩遐播，商民安享太平，固已有年。但逆属家口尽行起发，投诚人员已经安插各省，见今户口所增无几，食盐甚少，行销实难。见在月额销盐四十七万斤，征课七千八百余两，尚苦历年盐壅课逋，商受催比，官罹参处，岁不能免。曾经前任抚臣石琳于《全书》案内，将课重价贵情由题请照琅井课则议减在案。今若将此项课银照旧增收，则增课势必增盐，盐愈壅，而有司无地疏销。即仍不增盐，价愈贵，而穷民益难买食，商民滋累较深，各官徒受参处，国课仍然亏欠，究无裨益。是见在之额专望议减，而已豁之银万难加增。兹据布政使于三贤、驿盐道佥事王照详据各该府州县并商灶、军民纷纷吁诉，会详前来。所当仰体皇上爱养商民至意，据实入告，伏乞敕部查议，将此项银两照前豁免，则井灶、商民均沐皇恩，永永无极矣！

（康熙《云南通志》卷二十九《艺文三》）

## 31 云南巡抚王继文《请给驿堡银七钱三疏》
### 无日期

看得滇省驿站钱粮，准部咨支给全钱。因系产铜之地，钱多价贱，驿堡苦累难堪，经前任抚臣石琳题请，仍给全银，部覆未允，何敢再渎？但臣自到任以来，节据各驿堡员役人等纷纷呈吁诉，批行驿盐道佥事王照查议。兹据详称："滇省驿站设居崇山密箐，夫马奔驰，倍苦他省，而钱价又复甚贱，每钱一千值银三钱不等，再赴蒙自等局支领，往返跋涉，除驼运盘费，合算领钱一千止得银二钱有余，马匹无可喂养，夫役难供馈粥。此项工料均属计口授食，请照兵饷之例题给全银。"等因前来。

臣查制钱壅积，向缘鼓铸未停。今蒙皇上洞彻万里，将滇省炉座尽行停止，目今行使，时值甚贱，若将驿站仍给全钱，则苦累日甚，恐致马毙夫逃，难于整顿。仰恳皇上弘恩，自二十九年为始，照依兵饷之例，准给全银；或照各省以银七钱三支给，俟《全书》颁到，再于有驿州县地丁钱粮拨给，庶驿困得苏，沾沐皇恩于无既矣。

（康熙《云南通志》卷二十九《艺文三》）

## 32 云贵总督范承勋《军粮豁免万姓欢呼疏》
### 无日期

恭唯我皇上秉圣神浚哲之德，敷唐虞恭己之化，永清大定，府库充盈，念以天下为家，兆民如子，比年以来，沛发皇恩，蠲免直省钱粮至数十余万。考从古帝王蠲租赈恤之典，未有盛于我皇上者也。厚泽深仁，四海九州罔不沦肌浃髓。

云南一省，僻处遐荒，军屯之赋倍重于民。其历年逋欠，原属正供，但以额重民贫，地土多有抛荒，以致上纳愆期。故臣于署抚篆时止请分年带征，未敢邀恩望外。孰意上谕特传，将康熙二十一年起至二十七年拖欠军屯银米尽行豁免，而且上廑宸衷，轸念远民迩年供亿之勤劳，历载运送之况瘁，恩纶焕发。臣等立速钦遵，星夜刊刻、宣布，颁发远近，阖省军屯百姓扶老携幼，望阙焚香叩首，感激皇上隆恩真如天无不覆、地无不载，伏愿宝历与天并永，圣躬万寿无疆。俾此荒服编氓相率招徕复业，生生世世竭力办赋当差，报答皇恩，万口同声无异。既据各府州县申，据该司转详前来。臣等见民情如此踊跃感激，不敢不据以入告。

（康熙《云南通志》卷二十九《艺文三》）

# 33 云贵总督范承勋《分别征收税米本折疏》

## 无日期

看得滇省额征税秋米麦，经前抚臣石琳以积贮愈多等事案内会疏题准，夏税米石仍征本色，康熙二十七年秋粮半本半折，二十八九两年全折，三十年以后半本半折在案。除二十七八两年已照题定分别征收外，今二十九年当夏本秋折，三十年当夏本秋半之年。

臣查各府州县驻扎与分防之兵，有多寡、有无之不同，而存贮与额编之米，亦有长短广隘之各异，今若仍将二十九、三十两年一概夏税征本秋粮全折、半折，将见有余之仓，因本年夏税本色、来年秋粮半本，而米愈盈；不足之仓，因本年秋粮全折、来年秋粮折半，而米愈绌。事关边计重大，臣何敢不预筹调剂？随经备行司道查议去后，今据护理粮储道印务、云南府知府罗衍嗣，会同布政使于三贤详称："通盘打算，各就本地驻兵之多寡、有无，并仓米与额征之长短、广隘，一一区别。如应照题定二十九、三十两年夏税征本，二十九年秋粮全折、三十年秋粮半本半折者，则系曲靖等府、州、县九处；如二十九、三十两年夏税应征本而秋粮俱应全折者，则系剑川州等五处；两年夏税俱应全折而秋粮俱应全本者，则系广南等府、州、县三处；两年夏税俱应全折而秋粮俱应半本半折者，则系嵩明等州、县三处；两年夏税应征本而秋粮俱应半本半折者，则系顺宁府一处；两年夏税、秋粮俱应全征本色者，则系太和、鹤庆等府、州、县一十一处；无夏税止有秋粮，两年俱应半本半折者，则系开化府等府、州；无粮而俱应全征本色者，则系广南一处；两年夏税、秋粮应全征折色，不应征本半本者，则系昆明、临安等府、州、县三十四处。逐一胪列造册，详覆前来。

臣覆加查核无异，相应题请，俯照分别征收，庶使不待需粮之处变米为银，而归有用，免滋朽蠹而亏国。等待需粮之处，即取给于本地，与贴近之固有而接济甚易，不致舍近求远，病民而病兵矣。抑臣更有请者，二十九、三十两年，因兵米合，请通变则，已缕晰如前。但自三十一年起，若照题定，又当夏税征本、秋粮半本半折，而各属驻兵，或多或寡，或有或无，需米之数断不能适符征贮之数，是三十一年起，又有难于一概而行者矣。臣请将滇属府、州、县额编税秋粮米应本应折应全应半，定以二年为期，预稽盈绌于未开征之先，分别核题一次，著为成例，俾令在在充足，永永均平。况近奉上谕，着各该督抚督率有司，多积米粮，饬令实心奉行。臣等凛惕严纶，钦遵勿懈。

滇省赖皇上天恩休养，历岁有秋，仓粟颇见赢余，兵食无虞匮乏。但以山路处处险阻，一夫挑负不过数斗，转搬甚艰，多处日见其增难消，必致红腐，少处如待辇运，穷兵或虞枵腹。臣不得不鳃鳃过计，将前抚臣原题本折中略一筹算转移，于国赋并无亏损，而民不苦运，兵不苦饥，边储仍自充盈，陈粟渐免朽蠹，其为裨益，似非浅鲜也。

（康熙《云南通志》卷二十九《艺文三》）

## 34 云南巡抚王继文《筹请屯荒减则贴垦疏》
### 无日期

看得滇省每年额粮，通共米麦等项二十六万余石，而屯粮实居其半，历年供拨兵糈，关系甚巨。第屯田一亩之科，几纳民田十倍之征，是以拖欠逃荒年甚一年。臣自再莅兹土以来，访求民隐，图布圣泽，惟此屯田一项，最为滇民苦累。近蒙皇上沛无疆之德，将康熙二十一年起至二十七年止屯赋参欠钱粮尽行蠲免，一时老幼咸怀再生，从前重困始得暂释。但额赋岂得容再宽，输将已无遗力。臣再四筹维，有老荒重额田地一项，小民终年畏弃，已成废土，若使减则贴垦，尚可借补亏悬。行据布政使于三贤、署粮储道事永昌道参议毕忠吉，议将前项老荒田地，凡系连年见纳军粮之人承垦者，将屯田地之上中二则，六年后悉改为民田地之下则起科，屯田地之下则，十年后改为民田地之下则起科，以补赔累之苦。其不系见纳军粮之人承垦者，六年后将屯田地之上中下则悉改为民田地之上中下则起科，仍令地方官量借牛种，及出陈米石，务使力耕有成。至于民间荒废田地，其上中二则，仿照豫省，六年后系中则者，照下则纳，过三年再归中则；系上则者，照下则纳，过五年再归上则之例起科；其下则田地，请于六年后减半三年，再照本则起科，并承垦后即为己业，用备贴垦事宜。

臣伏见皇上爱民至德，有加无已，凡重农广粟之例，莫不一一举行，必使四海无不获之。夫九宇有盖藏之富，今滇省田地本属硗薄，屯民尤困追呼，若以抛荒不垦之田补其重额难支之累，及民荒田地一概极力劝垦，不但正额可以充实，新赋亦可稍增。相应备述具题。

（康熙《云南通志》卷二十九《艺文三》）

# 35 云贵总督范承勋《修建学宫疏》
## 无日期

看得学宫为育才之地，声教所自出，观感所由兴，诚綦重也。我皇上手致太平，诞敷文德，翠华幸鲁，发帑金而孔庙一新；雅化作人，焕宸藻而普天同仰；崇儒重道，迈古轶今。

滇南僻处边隅，臣等敬体旷恩，时加鼓舞，制备乐舞、祭器，以补兵燹之缺遗，督率讲学，会文以励，草茅之荒陋亦渐增乎大邦之气象矣。顷省会两学生员涂崇等，谓云南府、昆明县二学，明季原系一所，在五华山右，首其时人文崛起，地方宁谧者二百余年。迨至流寇入滇，将学宫移于长春道观，自后小丑不时跳梁，士习日见凌替。又值吴逆驻扎，挖土建房，学后余阜凿削一空。幸际我朝恢复重修，又准以吴逆故宅前截改立县学。但以府学因流寇道观之改，而县学又在逆藩困败之场，悬挂御书匾额，实所不安。公吁仍移五华山右空地，将府、县两庠照旧合为一处，则全滇享乐利之休万世，沐菁莪之化等情。臣批阅其词，有志振作，当令批行在省、司、道、府、县公议去后，今据云南布政使于三贤、按察使许弘勋，会同各道等详称："道院而为学宫，逆穴而安至圣，急宜更正。况御匾衮悬于此，尤属不可。惟是先年题请有案，今应题明移并，至物料敝坏不堪者俱须添置，及一切工作等费，在省各官、绅士咸乐捐输，并不敢派民间。"等因。详覆前来。

臣查会省府、县二学，见今之庙，一则原系道观，为流寇所改作，于以悬天章之采，委属非宜；一则原系逆穴，为初复所从权，于以安先圣之灵，允难垂久。所当准其迁移，并顺舆情，将二学仍旧并而为一。至五华山形势，居会城之中，北枕陟山，南襟昆水，四面峰峦拱峙，可称钟秀之区。建庙于斯，起人文而消氛祲，上以副皇上恩翔德洽之隆，下以慰边鄙久安长至之望，是又不无小补也。

（康熙《云南通志》卷二十九《艺文三》）

## 36　云贵总督王继文《请改正卫所就近归并疏》

### 无日期

　　看得滇省卫所田地，原与州县错杂相间，军民两分，征输各别。自裁去卫所，分归州县管辖，军民始获归一，此因时之得宜者也。惟是卫所田地、人户，向来原系散寄于各州各县境内，在初行裁并之时，不过以某衙某所应归某州某县，取其地势相邻，便行归附，此当日不得不然之势。今除归并得当、官民相安者无议外，其有远近相违，统辖未便等属，未免以一县之官而追呼数邑之外，以一衙之军而分隶数境之官，以至此州纳粮，彼县征丁，官苦于呼应不灵，民困于奔走无日，逋欠日多，逃亡益众，兼有当日归并之时，册内误将荒熟互移、彼此交错者，官民俱苦未便。再查不系卫所，民间钱粮虽为数无多，向来征解牵混者亦有数处，俱当一并改正。前抚臣石琳曾于康熙二十八年内，亦经汇册达部在案。

　　臣自莅任以来，访求民间利弊，适据楚雄府申详，臣复与督臣通行彻底查酌。兹据布政使于三贤、粮储道副使张仲信查明，将前经达部者照前开列，前次未经查达，今次确查得实者一例登明，造具清册，详请具题，更正前来。臣复加详核无异，相应据实入告，倘蒙皇恩俯允改正，丁粮如故而归辖得宜，将见小民出入皆有自得之安，官吏征输更得统摄之便，实为地方永远之利也。

　　　　　　　　　　　　　　　　　（康熙《云南通志》卷二十九《艺文三》）

## 37　云南巡抚王继文《请边省离任故官给勘归葬疏》

### 无日期

　　看得滇省文武微员，出身多由吏员行伍，跋涉崇峦深箐中，数月方始抵任，家素贫寒，既鲜亲仆随带，又复水土异宜，一经病故，旅榇难归。查康熙二十六年，于敬陈粤西应行事宜等事案内，部覆御史钱三锡条奏，奉有"病故微员有不能归葬者，殊属可悯，务使旅榇还乡，着再详加确议具奏"之恩旨。天语煌煌，炳载成宪，荣生恤死，地厚天高，是以滇省在任故官无不酌议给堪归葬，虽古帝王泽及枯骨之仁，未有普遍周详至于如此之极者也。惟是定例填给堪合，载有"在任"二字，及经离任并在途病故者，未敢概行填给。此等故官，均堪悯恻。

　　臣谨就皇恩之所已及，请邀一视之仁。嗣后，滇省暨边方文武故员，除贪酷侵盗犯罪外，其丁忧、休致、裁缺、因公诖误、降调不及等官，照旗员回旗限期，如卸事后未离做官地方，于五个月内病故，及迟至限外，或将患病情由曾经咨部，或逗留有因者，查确，照例给勘。再领凭来滇，升任去滇，原为国事驱驰，如行至中途，尚在川、黔、粤西边省病故，许亲仆歇家报明有司，验看情真，转报督抚，分别题咨外，对品给勘回籍，则遗骨靡不归乡，故官沾恩无极。

（康熙《云南府志》卷十八《艺文二》）

## 38　云南巡抚王继文《请定土司罚米例疏》
### 无日期

看得管理富州土知州印务沈崑璹迟误应进皇太后圣寿及补进从前表文，经臣会疏题参在案。兹康熙三十年十一月初三日，恭逢长至令节，该土州应进表笺仍未赍交，怠玩殊甚，据布政使于三贤开列职名，请参前来。所有管理富州土知州印务沈崑璹迟误之咎，实难姑宽，相应题参。抑臣更有请者，滇省土知府、知州等官，有表笺、粮务之责，积玩性成，任催不应，及经查参，因定例土官不给俸禄，如有罚俸、降俸等罪，俱免处分，是以部议概从宽宥，参与不参相等，无由知儆。

臣愚以为，土官虽未领俸，而所守土田莫非圣朝疆宇。查律名例，内开"大小土官犯该笞杖罪名，有俸者照罪罚俸，无俸者罚米"等语。嗣后，滇省凡有钦案及奏销钱粮、赍进表笺数项，该土官怠玩迟误者，似应照依名例，无俸罚米，各按品职，以米作银。如参后部覆，议罚到日，檄令移贮邻近流官常平各仓，以备赈荒。如是，则土官在所易遵，而于皇仁宽大之中俾知敬慎将事，庶案件不误，而法纪丕肃。

（康熙《云南府志》卷十八《艺文二》）

## 39　云贵总督范承勋《请改设永北镇疏》
### 无日期

窃照北胜一州，设治江外，西离鹤庆四日，南至宾川五日，而永宁土府又北去五百余里，逼近蒙番，仅设目兵五十名，兼之中无连络，实系汛广兵单。至于北胜附近各汛，亦俱寥寥无几。此金江下流第一紧要之地，所以昔年曾设一镇一协。自恢复之后，部议云南止设六镇，因而裁镇留协，额定马、步、战、守兵一千名，以致分布不周。臣与提臣诺穆图目击情形，熟商那缓就急之道，檄行鹤丽镇、永北协查议，亦止将内地各塘汛抽减一二，以益紧要处所。总之为数不多，无补于事。

查有北胜土知府高赞熙者，向辖傈僳野彝，素为番人所畏惧。自吴逆悖乱，征饷征兵，家业尽为典鬻，迄今贫窭堪怜，前此所辖之彝皆无恒产而去。臣与提臣厚其赏恤，询其缘由，许复其业。彼亦感泣由中，其州城以及城东一带，俱愿为协守。但赎回前业，必须三千余金。该土州之头目各愿凑助千金，其二千余金尚无设法，惟有于司库正款内令其具领借用，分作三年还项，亦足固守一隅。惟是土彝止可就地分防，且耕且守，不能远汛他处。

其州城以北之北山关、习甸、浪渠等处，俱系要隘，而浪渠至永宁土府二百三十里，中间并无塘汛连络声息，皆因兵少不足分布，实非边防所宜。臣等计议既同，曷敢缄默贻误？仰祈皇上俯念严疆所关甚巨，将永北协副将裁去，改设永北镇总兵一员，中、左、右三营游击三员；原有守备一员，改为中营中军守备，千把总六员，俱改隶中营；再设左、右两营中军守备二员，千把总各六员，兵一千四百名，每营分辖八百名，仍照马一步九、战守各半之额，并请铸给永北镇总兵关防一颗、中军游击关防一颗。臣等非不知滇省兵饷全赖外省协济，今议添设，不无增益，然使极边重地土官感复业之恩，边镇有军威之盛，流土互守，棋布星罗，所赖以久安长治，诚非浅鲜也。倘蒙俞允，则总兵一官，仰请皇上亲加选择，其余游击等官，容臣等遴选熟谙边地弁员照例另疏题补，所需官署、营房，臣等各量力捐盖可也。

（康熙《云南府志》卷十八《艺文二》）

# 40　云贵总督范承勋《请预拨协饷疏》
## 无日期

窃照滇省远在天末，兼之土瘠民贫，全省赋税不抵中州郡邑，额设经制官兵马匹、岁需俸饷乾银八十余万两，半资外省协济，虽定例四月完半，九月全完，及自彼解运至滇，已越两三月矣；稍有阻塞，必更愆期。今查滇省藩库，节年各项存贮银四十六万八千余两，悉已拨给康熙三十年分兵饷，迄今存库无几。其三十一年见征之银，大约克副奏销考成，便为能吏。要之，岁内全完者十无二三。当此百物腾贵之区，转运维艰之地，略有间断，易于彷徨。

我皇上轸念边防，不惜数十万金钱养此全滇士卒，其间保无解运不继，支放后时之虑。臣从边地边兵起见，不得不为未雨之绸缪。伏讫皇上敕部，每年拨派协滇兵饷时，预将下年二季之银一并拨出，著为定例。况预储二季，不过那前半年，以备缓急，仍属额内之数，非有另烦设措重费帑金者也。

至查向来藩库每有积欠亏空之虑，今新例每年抚臣盘验一次，为法最善，且系递年支放，又非久贮者比。则有此一宗，不惟永无支给后时之虞，即或解协稍迟，亦不致彷徨引领。

（康熙《云南府志》卷十八《艺文二》）

## 41　云南巡抚王继文《请免解逆属妇女疏》
### 无日期

看得部查逆属一案，臣于滇省流官地方通行挨缉，并无此等人员，业已会疏保题。因土司地方屡催未覆，曾经疏内陈明，俟报到咨部。续准部覆，仍令查明保题，遵即严檄饬催。当据姚安府土同知高映厚申称，伊弟高曦燕之妻陈氏，系伪知县陈思相之女，于康熙十一年，凭媒杜士瞻聘定，今已生育三男，恳请题明，庶表兢惕小心等情举报。随批按察司查议去后，兹据按察使佟世雍呈详，询供相符。查陈思相系伪扬武汛营投诚知县，于康熙二十二年六月内，随第二十队解部安插之员。陈氏为高曦燕聘定，犹在吴逆未乱之先，今若将夫妻母子一旦拆离，情属堪悯。等因前来。

臣查陈思相伪标而非伪包，高映厚系土官而非流官。圣朝立法宽大，从来许嫁已定之女，原无缘坐之条，况我皇上仁同天地，无远弗届，凡属边方土司，尤加矜全曲宥。倘蒙俯念土同知高映厚奉法举报，而陈氏成婚有年，现生三男，仍令高曦燕团聚，以遂其夫妻母子之情，出自皇上弘恩，非臣所敢擅便者也。

（康熙《云南府志》卷十八《艺文二》）

## 42　云南巡抚王继文《请监生免赴监疏》
### 无日期

窃照捐纳监生一途，原为鼓舞急公而使进取有阶，各成其向往之志。自康熙七年开例以来，捐纳不一，咸皆听其自便，或赴监读书，或在籍肄业，均令一体观场，所以人俱踊跃，乐于争先。在国家既收多士以抡才，亦复广储而备赈，法至善也。惟是各捐纳者未必皆殷厚之人，或输将竭蹶，无兼力而远赴京师，或幼学未优，尚不宜离乎父兄之教，比比然也。康熙三十年十二月十七日，臣准国子监咨"为咨催监生肄业事"，内开："常平仓捐纳监生，礼部送监者甚多，赴监者无几，更有自康熙七年起，捐纳监生文到，应入监者多未考到期满，应出咨者多未具呈，一并严催赴监，收考肄业。"等因。又于康熙三十一年三月二十五日，又准国子监咨"为分别在籍、到监之例，以杜烦扰事"，内开："凡新纳各省常平事例，监生仍催令赴监，毋致自误功名，此外不得概行催取。"等因。通行查催在案。

但地方各官奉檄勒催，遂谓急功，殊不知无力赴监者十有八九，催逼艰窘，以致纷纷哀吁，求情宽限，将已纳者视为畏途，未纳者必皆裹足不前矣。是岂朝廷休养人材、广储备赈之至意耶？且从前各项监生俱准听其自便，今常平仓者何所分别？况滇黔中式举人尚且给勘赴京，一试不第，即准拣选授职，又各省教官亦得在籍候凭。我朝之待远人、贫士何等优容，而独于此区区新纳之监生，乃必令其典鬻拮据，跋涉长途，于成例既未画一，于备储似未尽善。臣为边疆备赈起见，不揣愚昧，仰请我皇上允将常平仓新纳监生，照依各项监生事例，或情愿到监，或在籍肄业，一体准其就近乡试，听其自便，其于养士、备储均不无小补。

（康熙《云南府志》卷十八《艺文二》）

## 43　云南巡抚王继文《请设师宗等五学教职（附增呈贡等学进取童生额数）疏》

**无日期**

看得滇省僻居荒服，汉彝错处，武备既极周详，文教尤宜振作。计自平定以来，蒙皇上轻徭蠲赋，生息休养，凡属边方上庶莫不有志诗书，力图上进，是以风气日开，人文渐盛，由今较昔，非可同日而语也。惟是教职一项，滇省各府州县，或一学止设一官，或一官兼摄数学，每至士无专师，学无官守，非有司申详，士子抗法，即士子呈告，有司凌辱，案牍纷纭，不一而足。因成例已定，何敢概为渎陈？所有亟宜设复教职之数州县，不得不冒尘睿听。

查师宗、云州、新平、定边、元谋五州县内，有未经设教者，亦有设而复裁者，俱属别学兼摄，远者约有四百余里，近者亦不下一二百里，士子裹粮负笈，越数宿而后至，殊属艰难困苦，甚有师弟仅闻其名、未识其面者，一切月课、季试、春秋丁祭、人品优劣、钱粮完欠无从稽考约束，似非鼓舞人才之道。今时际升平，生童日渐众多，仰祈皇上俯允，将师宗等处五州县各设复教职一员，铸给学记，均照小学事例，岁科二试各进取文武童生八名，以专训迪。如是，则士有师资，学问不致荒废，民知观感诵读，势必加多，即属土著彝人，自是鼓舞奋兴，以消其桀骜难驯之气，而于边方不无裨益。

至于马龙州，原系中学，宁州原系大学，呈贡县又有归化县裁并，前因兵燹之余，应试寥寥，暂照小学进取。今流移渐复，生聚渐多，文风顿改旧观，倘蒙改复中学，岁科各进取文武童生十二名，则叨沐乐育弘恩实无涯际。

（康熙《云南府志》卷十八《艺文二》）

## 44　云南巡抚王继文《请免黑盐等井被灾课款疏》
### 无日期

　　看得四井水灾，共该无征课银五万六千五百二十二两零，臣经题请豁免，部议未允。臣亦极知额赋难亏，复将数内冲去盐柴无可煎补之数该课银四万二千三十七两零，行令司道再四筹酌，请将康熙三十一年春季三个月借销，三十年未敷之额又经题明，俟灶力渐苏，另图趱复。其井口淹没停工缺煎之课一万四千四百八十五两零，及柴本借银一万两二年扣还之处，再为吁请恩蠲，部覆仍未议允。随行司道多方劝谕，并饬盐政各官加力免催去后，兹据布政使于三贤、驿盐道签事王克善详称："该井前因蛟疬横发，较各州县之被灾者迥出异常，至今贫赤堪怜，万无追补。部臣所执者成例，而边氓所望者特恩，恳祈仍请吁豁。至于柴本全失，并恳准照前议，暂借库银一万两。倘库项不便悬借，即乞于借销三十一年春季三个月外，将本年四月再借销盐一个月，俾灶力稍纾，另办柴桐。"等因前来。

　　臣查此案，臣已屡渎宸聪，何敢冒昧再陈？惟是额课难完，灾民困极，若将下情壅不上闻，何以仰副皇上恤灶恤商至意？所有前项停工缺煎之课，及借给柴本银一万两之处，俱出万不获已，相应再恳皇恩俯赐俞允。

（康熙《云南府志》卷十八《艺文二》）

## 45　云南巡抚王继文《请免勋庄荒芜田地纳价疏》
### 无日期

　　看得滇省勋庄荒芜田地五百八十四项零，曾于谨陈筹滇等事案内，经原任督臣蔡毓荣题明，俟招垦之日，估价另报。续准部覆，令其招垦变价。当经严檄各属极力招垦，频年屡催，乃自康熙二十三年至三十年，尚无一人承垦。臣以奉行不力，严责各属。叠据申称："滇省《全书》开载，久荒田地原不纳价，准于六年后起科，而承垦之人尚属寥寥。今此项久荒田地，若拘定纳价之例，即使各官徒受参罚，终不能强民以所不能，

— 47 —

必致永远荒芜。"臣再三饬驳，终无异词。是以臣前据司详，将难以变价，请照《全书》老荒田地一例招垦，咨请部示。节准部覆，令其速行设法招垦在案。今据云南布政使于三贤详称："康熙三十一年分，催据云南等府属州县陆续具报，庄民勉力开垦久荒上、中、下则田地三十一顷八十二亩有零，分别年分，将起科粮银数目，及督劝各官职名开造细册，备述舆情，详请具题，免其纳价，以增永久国赋。"等因前来。

臣查前项荒芜田地，先年奉部行查，已经再四勘明，实与《全书》内老荒无异也。惟是前督臣蔡毓荣题称俟招垦之日变价者，乃希冀于日后容有之词。而十年来，司府州县督劝无效，复恳免其纳价者，乃确见民情畏缩，无力承认之实情也。臣叨受皇恩，虽身处遐方，而且夕俨觐天颜，敢不筹国便民，据实入告？

（康熙《云南府志》卷十八《艺文二》）

## 46 云贵总督范承勋《请免黑井行盐之普安亏课疏》

### 无日期

窃照滇省盐课最重，而黑井犹甚，较之他省，竟至二十余倍，但本省兵马、钱粮岁需外协四五十万两，亦无可更议。惟查贵州前抚臣慕天颜疏称："以普安等处改食川盐，自康熙二十六年扣算起，至二十九年止，亏空银课一万九千余两。"部议，令川、滇、黔三省赔补。第滇省既未煎盐销售，已无可赔之项；黔省不过听民零星买食，更无可赔之人；川省虽系煎销，然以该省之课例，势不能照滇省二十余倍之多。所以催追三年以来，各执一词，至今无着。惟有仰恳皇上特恩豁免，三省均沾浩荡之仁。

更有请者，普安等处自复改食滇盐，每月议销盐三万斤。及查康熙三十年分，实止销过盐十八万五千零，三十一年，销过二十七万四千零，则每月三万之议，势不能行。况盐价既贵，则人甘茹淡，更难按口勒食，今计每月止可销售二万斤。伏乞皇上洪慈，恩准减免一万，其应销之二万，即从滇省远运普安，又比滇盐加贵，费多价重，民食益艰。更祈恩免黔省重科税项，则两省鹾政均可垂久无弊。

（康熙《云南府志》卷十八《艺文二》）

## 47 云南巡抚王继文《请增训导贰十伍员疏》

### 无日期

看得滇省岁贡之内，多属老成迟暮之辈，由附学而廪，由廪而贡，几费岁月，始得候选训导。而训导一项，通省府州县学共止三十六缺，每岁遇缺铨补，约计不过数人，历年积至四百余名，此后续出之贡，每岁尚有四十余名，旧者未疏，新者复壅。幸逢圣朝文运之隆，不获邀荣一命，以少展其皓首穷经之志，是以纷纷哀吁者，情迫乎词也。当批司道查议去后，兹据布政使于三贤会同提学道佥事孙起纶详请添设前来。

臣查滇省平定以来，我皇上深恩厚泽，有加无已，豁积年之逋欠，蠲通省之钱粮，苏商灶则减盐课，济驿堡则免全钱，凡可以遂民之生者无所不用其极。天高地厚，亘古未闻！则是今日之文教日与人才渐盛，皆由我皇上德盛化神之所致，较诸明季风俗，相去不啻万万。臣今目击生儒壅滞苦情，若徇于旧额而不因时制宜，将实情题请疏通，非所以仰体皇上造就边士之至意也。

臣愚以为，除中小学外，其未设训导之曲靖、澄江、广西、元江、开化、顺宁、武定、景东等八府，寻甸、建水、新兴、赵州、剑川等五州，昆明、宜良、楚雄、定远、保山等五县，原属大学，文风日甚，进取生童名数，查与云南等府、嵩明等州、通海等县相同。生童既无增减，教官自应画一。请照例各设训导一员，以符大学之实。两官同受一禄，同治一事，官俸、役食俱可不必另增。又和曲、禄劝、云州、姚州、河阳、南宁、新平等七州县，升平已久，生童日众，并请颁给学记，各设训导一员，专司其事，免附别学兼摄。内有未设进取生童名数者，合依小学进取，而教职均照康熙七年定例边俸升迁，以励师资之效。如是，则贡途不致全壅，士气得以振作；官非亲民，原于地方无扰，职专课士，又于学校有益。且汉民既知奋斗，彝民亦必观感，其桀骜难驯之气自可潜消而默化。

（康熙《云南府志》卷十八《艺文二》）

## 48　云贵总督王继文《请黑井行盐之普安等属仍食川盐疏》
### 无日期

看得黔省普安等处改食滇盐，课重税繁，民苗困苦，经前任督臣范承勋题请减免，部议不准，奉旨："这事情，着将旧欠银一万九千余两免令赔补。其普安等处应作何行盐，四川、云南、贵州总督、巡抚会同议奏。钦此。"仰见我皇上如天之仁，如日之明，不特为边末穷黎计一时之生全，直欲享万年之乐利，汉彝商灶莫不顶颂皇恩，欢呼踊跃，诚亘古所未有者也。臣接准部咨，当咨三省督抚，并行云贵司道从长妥议去后，随准云南抚臣咨据司道会详，行据该商张贵等称："系普安等处，崇山峻岭，彝民零星散处，穷苦难买，年压一年，作何底止！且天下税课莫重于此，每盐百斤，滇课一两六钱，税银六分二厘五毫，曲靖府税银一厘四毫，薪银九钱，脚价银一两七钱八分，即使卖银四两三钱，尚属不敷，再加黔税银三钱，更无从出。滇商苦于远运，黔民苦于价贵，移请酌免。"又准贵州抚臣咨据司道会详，行据士民陆琏等称："系普安等处，四面环苗，每年耕作，除纳正供之外，所余谷米不足以活家口。川盐不拘斤数，零星可买，而滇盐必须整块。川盐不拘米布皆可易换，而滇盐必须纹银。川盐价贱，每斤不及三分，而滇盐价重，溢于四分三厘之外，难受派销之苦。今幸皇恩再生，有机议令仍食川盐。川省照依旧例，岁增水引七十二张，增课银二百四十五两一钱。黔省照部颁《全书》所开，岁征盐税银八十四两二钱五分零，遇闰加银七两二分零。滇省既不行盐，则额征课税照数请豁。"又准四川督抚咨据司道会详："事关三省，若欲轸念黔黎，必致有亏滇课。此丰彼啬，势难两全。权其损益，惟在云贵督抚，如仍食滇盐，是与川省无预。如改食川盐，惟有恪遵川例，庶于黔民有济。移请定议具题。"各等因前来。

臣查滇盐课税，较诸川盐课税相去二十余倍。黔省普安等处远在万山之中，民苗野处，日给艰难。以黑井最贵之盐行于该处最穷之地，不特民苗告苦，即商灶亦受赔累。此等情形久在皇上睿照之中，故令食川盐，即交相称庆。令食滇盐，即环庭泣诉。一闻奉旨会议，咸称千载一时。是改食川盐之议，臣等众论佥同矣。但便民势必亏课，川省久有课额，该省惟循成案，且同食一盐，似难二视。滇省既不行盐，课税无从征收。臣等反覆酌议，若仍食滇盐，则于舆情有拂，即或量减滇额，而合计课税、薪脚等项，尚浮普安等处地丁正供数倍。我皇上蠲赋轻徭，节年以来不下银钱万万，何以不仰体爱民至意，以苏边黎积困？相应凛遵恩旨，议将普安等处改食川盐，川省照依课例，岁增课银二百四十五两一钱零；黔省照依部颁《全书》所载，岁增税银八十四两零，遇闰加增银七两二分零；滇省无盐，课税照数豁免。

（康熙《云南府志》卷十八《艺文二》）

# 49　云贵总督王继文《请设平彝县治疏》
## 无日期

看得滇黔两省，乃极边之重地。臣蒙皇上隆恩，陛授总督，任大而责重，夙夜兢兢，无由报称。凡属两省政事，臣惟竭尽愚诚，俾纲举目张，以仰副皇上柔远安边至意。所有平彝县治之设，谨当特疏陈请者也。

查平彝为滇黔接壤，四外蛮薮，而中则要道也。旧系卫治，设有守备、经历、教授等官。康熙二十六年内，前任督臣范承勋将全滇卫所议裁，而平彝一卫势难独留，是以一并题请分归别属在案。诚有见于多一官则多一费，冗员不可不为节省。但自裁卫以来，案据士民董陈策、陈王前等吁请设县以资弹压，又因彼地辽阔，狡彝出没不常，奸民往来最杂。自平彝上至滇之沾益州，下至黔之普安州，共计四站，约远二百七十余里，竟无印官居中分守，凡军需、政务、饷鞘、逃人等项，需员接应，每委曲靖府通判赴彼料理，顾此失彼，究非印官专任其责者可比，兼之普安等处界联，平彝向食滇盐，或可无分彼此。今蒙皇恩远播，改食川盐，若无印官督率捕役，于冲僻路径分头巡缉，则滇盐味苦价贵，川盐味厚价贱，小民喜贱恶贵，私相买食，不特川省私贩乘间入卖，即滇省私贩亦将乘间出买，兼恐附近蛮彝勾引生事，渐成聚讼之场。问之弁兵，则防守难周，问之州县，则稽查甚远，滇省黑井数万课额较前更恐难销。此平彝县治之亟宜请设也，彰明较著矣。

　　兹据布政使于三贤、按察使佟世雍、粮储道副使张仲信、驿盐道副使于嗣昌、提学道副使张倬等会详，委员勘明："将平彝旧额仍旧归还，并将附近罗平、沾益二州征收之亦佐及中、下伍两营勋庄、余家堡等处改归，共征夏税、秋粮正耗麦米一千七百六十四石五斗八升零，共征丁差等银一千三百二十九两七钱七分零，商税银一十四两九分零。在他省固属小邑，在滇省实为中县。"等因。造册详请前来。合臣所议，均属相符。应恭疏题请，将平彝废卫改为平彝县治，设知县一员、典史一员、训导一员，铸印铨补。其多罗驿原在平彝城内，并请将驿丞裁去，归县管理。平彝县学，照依中学，进取文武童生各十二名，以为育才广教之治。如是，则地方永得安静，蛮彝有所摄服，私贩无由侵扰，盐课免致压欠，且于滇黔出入咽喉重地，借有印官分守，边方不无裨益。再照学官、衙署等项，尚有原屋，臣等自当捐修，合并声明。除将设县事宜造册送部外，臣谨会同云南抚臣石文晟合疏具题，伏乞睿鉴，敕部议覆施行。

（康熙《云南府志》卷十八《艺文二》）

# 50　云贵总督王继文《请广升任游击疏》
## 无日期

　　窃照滇省乃极边之重地，外与异域相邻，内与蛮彝共处，所恃以壮国威而肃军纪者，惟在武职之得人。查例开：近海沿边员缺，准令将才技优长、谙练地方之人保请题补。仰见皇上睿照如神，无远弗届，于择地选将之中寓柔远安边之意，兼有见于部推之员论俸升转，其人地相宜，必得亲知灼见者方收得人实效，圣恩广大，立法最为精详，见今钦遵在案。

　　臣自受事以来，凡属武职，无不殚心廉访，各营官弁赴省领饷之时，逐加考验，务使各称厥职，摄服汉蛮安静，以奏治平之绩。而游击一官，为守备、千把总所表率，尤属最要，因地择人，更不敢不其难其慎。第游击缺出，滇省无都司金书等项，应升之人皆由功加大衔守备内选补，在功加大衔守备已属寥寥，见在遴拔，将来渐次补完，竟无保升游击之员，势必有缺无人。况又内多平寻称职，堪膺超卓之选者曾无几人。而署守备管守备与守备管守备两项之中，尽有才技兼优、谋勇素著之员，历十余年始升一级，每多壅滞。若将人材出众者格于外题之例不准升用，惟以寻常无过、功加大衔守备数人之内例疏保题，殊非以人事君之义，且于极边重地未见得人，虽有保题之名而无其实，臣心何敢自安也！

案准部咨，内称"保题时将保题之人一并具题陛见"等语。是此等官员，得觐见天颜，展其技勇，果与臣疏相符，方始兵部覆准，亲经睿照，真才毕见，实与奉旨调补无异。所当援调补副将之例，准照俸满升衔，以励边员者也。除署守备一项坐名题补守备者，经前督臣范承勋题准，以守备管守备事无庸琐陈外，臣愚以为，近海沿边实与内地不同，而滇省孤悬天末，去京万里，尤为要区。嗣后，守备员缺，以守备管守备事保题调补者准升署都司佥书，管守备事，游击员缺，即以署都司佥书管守备事者保题升授。如是，则游击无不得人，守备不致壅阻，严疆重地获熟练任事之员，而人地相宜，汉彝均受其益。

再查滇省援剿等协中军，俱系游击，广罗、元江、腾越、剑川等协中军，惟止守备同为副将管辖，相去实属悬殊。并请将广罗等协中军守备改为署都司佥书，以广调升之阶，亦属疏通一法。臣任寄封疆，武职例得保题，目击将来升补壅滞，特从皇上用人图治起见，恭疏题请。倘蒙恩赐俞允，边方实有裨益。

（康熙《云南府志》卷十八《艺文二》）

# 51　云南巡抚石文晟《请减军粮疏》

### 康熙三十四年五月初一

窃惟经国必先于裕课，体野端在乎足民，故正赋自贵充积，而民瘼亦当恫瘝。臣本庸陋，世受国恩，蒙皇上旷典，以郡守末吏不次优升，特简滇抚，叨此边疆重任，敢不竭尽驽钝，以报高厚？故自莅任以来，咨询地方利弊，体察吏治民生，其间之生聚殷繁，安艺乐业，熙熙皞皞，如入时雍之世，此皆皇上圣德滂流所致。惟是犹有重困于民者，不敢不以上闻也。

查滇省屯政，因明初沐英世镇云南，将带来官兵分作十分，以三分差操，七分屯种，即以七分屯粮之租，以养三分操军，此即古之寓兵于农，原非上仓粮米可比。迨我朝定鼎，顺治十六年辟滇，吴三桂遂将昔日之租改为额征之赋，及后变乱之时，罔恤民艰，任意坐派，致使各军纷纷逃窜，因而遗累存丁，典鬻赔纳，苦难殚述。幸赖皇上天威殄逆，民得安全。但浮粮过重，仍困输将。计恢复之后，自康熙二十一年至二十七年，屯银、米谷等项历年拖欠，此非军户敢于顽抗，亦非各官不善催科，总因粮额太重，血比难完。业于康熙二十八年内，经前督臣范承勋署巡抚时特疏题请，分年带征，随蒙皇仁特颁上谕："朕念云南百姓前曾供亿王师，继又迁移逆属家口，运送劳瘁。本年正赋输将尚属艰难，复令带征逋租，必致益滋困累。着将历年所欠屯赋银七万一千二百余两、米麦等项十万七百余石尽行蠲免，以示朕轸念民生至意。"钦遵在案。则彼时题请带征，早蒙圣恩隆重，悉荷蠲除。是此项屯粮，徒有重额之名，并无清完之益，历历可考，久在皇上睿鉴中矣。况各卫所久经裁归有司，是在前日犹存军户之名，在今日则无军民之别，一切徭役，自应一视同仁。乃查通省民赋，上则田粮最重者莫如河阳县，每亩八升一合八勺三抄，其余五六升以至四五合而止。上则地税最重者亦莫如河阳县，每亩五升九合二勺一抄，其余三四升以至三四合而止。及查屯田，每亩则有七斗二升、六斗八升、五斗六升至四斗五六升不等，屯地每亩亦有三斗八升至一斗五六升不等。夫军民田地，阡陌相连，肥跷相若，天时、人事、耕凿、播种亦无不同，何至轻之屯额比至重之民额尚有四五倍之数？若较轻额，则屯赋之与民赋竟有十倍之重。所以屯军终岁勤动，种收之谷不遑赡顾父母妻子，惟事纳粮，而究竟不能以一亩之出全完一亩之额。

故康熙二十八年，臣叔石琳抚滇时，曾于奉旨编辑《全书》案内，将此屯粮重困叙入沥陈，未经部覆。而以后督抚臣未敢复请者，盖以国用浩繁，岂容遽议轻徭？况各省屯粮皆重，尤不便独为请减。是以前抚臣王继文不得已于康熙二十九年有屯荒减则贴垦之请也。但江浙等省屯军，现今领运，且有船只行月漕截等项给赡。滇省屯军，则无此项赡养，兼之卫所既裁，军即是民，则与别省迥异。况此军户系沐氏带来官兵，并非发遣有罪之军，所纳正供，似应与民一体矜恤。臣于康熙二十二年守开化时蚤已深悉，今抚兹土，见烟灶相连，林林总总，生聚实繁，大非昔日气象。此虽迩年以来前督抚臣抚绥之功，实沐皇上柔远弘恩所致。惟此一项，因吴逆作乱时，各军多半逃窜，奸逆之后，前此逃丁或遭兵火，或恋他乡，间未回里，以致遗粮赔累。本以最重之粮，又复包赔逃户，日复一日，重复更重。故于康熙二十八年以来，仍旧岁岁不清，每遇奏期，各官俱爱功名，竭蹶借垫者有之，以欠捏完者有之，遇一升迁事故，便束手无策，百计哀求，逢人募助，洵不可悉数也。

臣自入境以来，目睹荒芜田地甚多，百姓甚众，及抵任后，披阅各属详验，报垦无几。随行饬催，旋据百姓纷纷具呈，熟粮额重，无力开垦，恳请题减。复批司道查详，所议佥同，总欲为民请命。臣思减赋薄税，非臣子所敢轻议，只因多寡之数甚是不侔，苦乐之形异常各别。今我皇上恩同天地，德迈唐虞，频年蠲赋，不惜数千万金。是恭逢圣明在上，今此民隐，若不据实上达，负我百姓即负我皇上矣。况滇省僻处遐方，系外域观瞻之地，不得不冒昧陈情。如荷圣恩，将此屯粮悉照河阳县则例起科，则不特现在军余易于输纳，即未垦荒产，臣自鼓励各地方官加意劝垦，亦无有不踊跃乐垦者也。仍将垦过数目随即具报，按年科征。是减赋于今日，安知不增赋于将来也！理应恭疏题请。

但发政施仁，端望皇上特需弘恩，臣何人，斯敢以渎奏？谨具密本，如果刍荛可采，伏乞皇上特颁上谕，或令臣等会查，或敕部臣议覆，则九州四海莫不颂皇上端居深宫之中，明见万里之外，共乐被深仁厚泽于靡涯矣。至此项额粮，如邀恩减，而通省兵食或有不敷，则现有本省折征米麦等项，可以仍征本色拨给，似可毋庸睿怀也。

再查题奏事件，如不应密而密者，有干定例。但此边疆减粮重务，相应密请皇上睿裁。字多逾格，贴黄难尽。可否允行，伏乞圣明全览，立赐乾断施行。为此具本谨密题请旨。

## 照会

康熙三十四年七月二十七日，承准内阁照会，内开："照会云南巡抚石文晟。巡抚所奏屯田减赋一案，康熙三十四年六月二十日，大学士伊桑阿、阿兰泰、张玉书，学士戴通阿、赫礼、齐穑、顾藻、陆菜、徐嘉炎、张榕端，以折本启奏，奉旨：'伊所奏本内，止言屯田，云南省有官田、公田、马场等项，伊本内并未指明此等田地有无在所奏屯田之内。又此等田赋，若行减额，照民田则例征收，云南省应给兵粮可否足用？尔等以此行文，询问石文晟，令伊详悉筹算，明白具文回覆。钦此。'照会巡抚，作速查明具覆可也。"

## 密咨

康熙三十四年八月初四日呈覆，内阁为密陈屯粮之重，仰祈睿裁，以广皇仁事："康熙三十四年七月二十七日，承准内阁照会前事。该职查得，滇省屯粮额重，军余苦于输将，徒事血比，终难清完，以致有名鲜实。是以仰体皇仁，特具密本，冒渎天听。今奉圣旨行查官田、公田、马场等项，有无在所奏屯田之内。又此等田赋，若行减额，照民田则例征收，云南省应给兵粮可否足用，令详悉筹算，明白具文回覆。"职跪读之下，仰见我皇上庙算弘深，无微不照，务使民困苏而兵食足。

职随遵旨，细查屯田、官田、公田、公样田、公种田、马料田、首正田、租谷田、官租田，以及屯官各项地亩，俱系沐氏自立名色，另有一单。其每年所征米、麦、谷、荞、豆，悉在所奏屯赋之内。惟马场、草场、军舍、丁差等项，虽在屯赋之内，乃附额征项下，另款征输银两，原无顷亩数目，均不在请减之内。以上各项田地，前因款目丛杂，故疏内止言屯粮，未将各项名色逐一指明。至于滇省制营，岁需兵粮年该一十五万一千二百石，遇闰加米一万二千六百石，系于每年征收民屯、税秋等项米二十七万一千八百余石内搭放，尚有盈余，年复一年，积贮甚多，若再全征本色，难免陈朽之虞。经前任督抚分别年分，节次题请征本征折在案。康熙三十五年至三十八年，又届核请之期，俟容另疏题达外，今以此折征米麦等项，仍照旧例征收本色，内有屯赋、原征税粮等项，折共米一十二万九千九百六石零，折色银四万五千九百三十八两零，悉照河阳县民赋上、中、下三折起科，共该减去屯米七万九千三百三十一石九斗零，减去银一万三千二百四十四两零,尚应征正耗折共米五万五百七十四石零,征银三万二千六百九十四两零。除此银不计外,将所征屯米搭同民赋正耗米一十四万一千九百三十八石零合算,除足供本省兵粮一十五万一千二百石,遇闰加米一万二千六百石。由此计算,是无闰,每年该剩米四万一千三百一十二石零,遇闰该二万八千七百一十二石零,同截旷小建,积至四年之余,又足供一岁之需。统在皇上格外施恩,俯念滇居天末,系外域观瞻之地,将此屯赋特赐减免,俾军余咸沾德泽。倘若不以此上、中、下三则为例,或悉照上则起科,应于原征数内约减去银九千三百八十两零,减去米七万三千三百一十四石零,尚应征银三万六千五百五十七两零,米五万六千五百九十一石零,其米同民赋米搭放本省兵粮外,每年约该剩米四万七千三百二十余石。

以上各则,应以何则为例,此天高地厚之恩,出自圣明,非职所敢擅专也。今奉前因,遵将田地款目分别上、中、下三则,同岁需兵粮各项数目,理合造具约略清册呈覆,伏乞俯赐核明转请,俟奉旨行滇之日,即钦遵俞旨,另造科则细册,送部查考。合并声明。

## 密咨 (石文晟)

康熙三十四年十一月二十八日,准户部咨开:"为密陈屯粮之重等事。云南清吏司案呈:查得云南巡抚石文晟疏称,通省民赋上则田地粮税,最重者莫如河阳县,其军卫之屯赋,比至重之民额,竟有十倍之重,苦乐之形异常各别,不得不冒昧陈请。如荷圣恩将此屯粮悉照河阳县则例起科,则不特见在军余易于输纳,即未垦荒产亦无有不踊跃乐垦。是减赋于今日,安知不增赋于将来!此项额粮,如邀恩减,而通省兵食或有不敷,则折征米麦可以仍征本色等因具题。九月二十七日,奉旨:'云南屯田钱粮较民田额重数倍,民人苦累。嗣后,屯田赋额着照河阳县民田上则科征,该部知道。钦此。'钦遵,相应行文该抚,将屯田赋额应减应征总撒数目逐一造册,报部查核。至本年钱粮已征若干,应令一并造册报部查核可也。为此合咨前去,查照施行。"

(康熙《云南府志》卷十八《艺文二》)

# 52 云南巡抚石文晟《请减屯粮覆疏》
### 无日期

题为密陈屯粮之重等事。准户部咨前事:"行司,将前项屯田钱粮照河阳县民田上则征收缘由,会同粮储道,通行各府、州、县,晓谕绅士、军民人等一体钦遵,仍将应减应征总撒数目逐一查明,备造细册详报,以凭咨部。至本年钱粮已征若干,亦即查造清册,呈请送核。不许借造册名色科派小民,亦不许任意增减,以完捏欠,如违,均于未便。"等因奉此。该云南布政使于三贤、粮储道副使张仲信钦惟圣泽覃敷，率土均沾雨露，皇仁广沛，普天共沐洪庥，虽万邦黎庶戴德咸深，而边徼军余蒙恩更沃。昔屯赋旧欠难完，已荷蠲除七载连租，昨念遐方小民穷苦，复蒙豁免一年额课，此在先之两次旷典，滇民积困已苏，今因云南屯田钱粮较民田额重数倍，又奉嗣后着照河阳县民田上则征收之恩旨，是滇省屯军免子子孙孙之累，世世共享我皇上浩荡恩波于无穷矣。闻命之日，省城内外百姓扶老挈幼，欢声雷动，踊跃环跻于五华山万寿龙亭之所，叩头齐祝，嵩呼谢恩。缕有蚁衷情悃，业据云南等各府会详，已经本司道呈请，具题在案。

窃查滇省新旧裁并屯赋，照旧额科算，三十四年应征款项内，除马场、草场、田租、地租、军舍、丁差等项共银一万七千二百八十二两四钱零，不在减免之内，照旧征输外，所有夏秋折色银四万五千九百三十八两九钱零内，已完银三万六千六百三十五两二钱五分零，未完银九千三百三两六钱五分零；夏税本色麦豆三千六百九石九斗零内，已完麦豆三千四百七十石五斗三升零，未完麦豆一百三十九石三斗七升零；夏税麦、豆、荞折征银六百五十六两七钱零内，已完银四百三十二两八钱七分零，未完银二百二十三两八钱三分零；秋粮本色米并谷折米共四万一千七百三十八石三斗零内，已完米二千六百四十石一斗八升零，未完米三万九千九十八石一斗二升零；秋粮米并谷折米石共该折征银三万五千七百二十三两一钱零内，已完银一万三百六十一两六钱三分零，未完银二万五千三百六十一两四钱七分零。此本年屯赋钱粮，奉文之后，吊查各属流水红簿，逐一细核已未完之数也。但按成例，以十分计之，目今时将岁暮，例应各完八九分，今完未及半者，只因额重难完，故每年于次年五月内奏销，尚未清完，以致各官历有参罚也。今逢如此圣恩，边徼穷民顿苏积困，但恐官吏或已征在仓库钱粮，捏称未完，亦未可定。应否将三十四年钱粮照旧全征，毋容另查完欠，统于奏销册内造报，抑或遵旨于文到之日即行减免？至应减应征总撤数目，现在核造细册，俟造完之日，另请达部。

再有请者，恩旨内开："屯田额赋照河阳县民田上则征收，虽未有地亩字样，但屯地总在赋额之内，除较河阳县民地上则，轻者照旧征收外，其原额过重者，亦应照河阳县民田上则科征，使无偏累。应请具题请旨，听候部议。"等因。呈详到臣。据此，钦惟我皇上勤劳宵旰，轸恤民艰，务令薄海苍生咸臻殷阜，是以屡荷圣恩远播，要荒始则蠲除七载，参欠继则豁免一年额课，黄童白叟无不欢呼在道，歌颂圣德于无疆。惟屯赋钱粮，较民额稍重，今复奉恩旨，将屯田额赋照河阳县民田上则征收，自古及今，未有如是之隆恩实惠，使子子孙孙共享乐业于靡涯也。

臣奉命之日，加额无已，当即望阙叩头，并钦遵，行令司道通晓。臣复亲加刊示遍布，务使深山穷谷咸沾雨露。一时欢声雷动，士庶军民无分老幼，遍地盈衢，环跻于五华山万寿龙亭之前，叩谢天恩，并恳建立谢恩碑亭。臣见民心如此，实乃金瓯永固、万国咸宁之至象，业经据情会疏，题明在案。兹复据布政使于三贤、粮储道副使张仲信详报前由，除应减应征总撤数目清册，俟催造完日，另咨送部查核外，臣将滇省新旧裁并屯赋照旧额科算，康熙三十四年分应征款项内，除马场、草场、田租、地租、军舍、丁差等项共银一万七千二百八十二两四钱零不在减免之内，应仍照旧征收外，所有夏秋折征折色共银八万二千三百一十八两零内，已完银四万七千四百二十九两七钱零，未完银三万四千八百八十八两零；额征夏秋本色麦米谷豆共四万五千三百四十八石二斗零内，已完麦米谷豆六千一百一十石七斗一升零，未完麦米谷豆三万九千二百三十七石四斗九升。臣准部咨之日，即饬司道吊查各属流水簿籍，逐一细核，乃已岁暮，尚欠如许，益加额重难完，以致各官历年参罚，昭昭在案也。兹该司道诚恐官吏或将已征银米捏称未完，议以三十四年钱粮，应否照旧全征，抑或以文到之日即行减免，详请前来。

臣思折征折色银两，例在四月开征，次年五月内奏销。今年未完银尚有三万四千八百八十八两零。至本色麦、米、谷、豆，例在九月开征，亦在次年五月内奏销。今开征未久，亦有三万九千二百三十七石四斗九升有奇，俱于准到部咨之日，钦遵恩旨，遍颁告示，暂行停征在案。应俟查明应减数目，造册送核，另候部覆也。

更读恩旨，内开："屯田钱粮较民田额重数倍，嗣后，着照河阳县民田上则征收。虽未奉有地亩字样，但屯地总在额赋之内，除较河阳县民地上则，轻者照旧征收外，其原额过重者，相应亦照河阳县民地上则科征。"合并声明。理合题报，统听部议。臣谨会同云贵督臣王继文合词具题，伏乞睿鉴，敕部议覆施行。为此具本请题请旨。

户部为密陈屯粮之重等事。户科抄出本部覆云抚石文晟题前事，康熙三十四年十二月十八日题，康熙三十五年二月十三日，奉旨："该部议奏。钦此。"钦遵，于本月十四日抄出到部。该臣等查得，云南巡抚石文晟疏称，屯赋钱粮较民额稍重，奉旨将屯田额赋照河阳县民田上则征收，臣当即刊示遍布。应征款项内，除马场、草场、田租、地租、军舍、丁差等项，共银一万七千二百八十二两四钱零，应仍照旧征收外，所有夏秋折征钱粮，共银八万二千三百一十八两零内，已完银四万七千四百二十九两七钱零，未完银三万四千八百八十八两零；夏秋本色共米、麦、谷、豆四万五千三百四十八石二斗零内，已完米、麦、谷、豆六千一百一十石七斗一升零，未完米、麦、谷、豆三万九千二百三十七石四斗九升零。今该司道以三十四年钱粮应否照旧全征，抑或以文到日即行减免。详请等因。

臣思未完银两、米、麦、谷、豆，于准到部咨之日，遵旨遍颁告示，暂行停征，应减数目，俟查明造册，送到之日，送部查核，听候另覆。更读恩旨，内开："屯田钱粮着照河阳县民田上则征收。虽未奉有地亩字样，但屯地总在赋额之内，除照河阳县民地上则，轻者照旧征收，重者相应亦照河阳县民地上则科征。"等因前来。

查滇省屯田钱粮，已经奉旨，照河阳县上则民田征收，其地亩亦应照河阳县上则民地征收。至未完银米等项，该抚既称于准到部咨之日为始，暂行停征，应减数目，俟查明，造册送部等语，应如该抚所题造具应减数目送部可也等因。康熙三十五年二月二十七日题，本月二十九日，奉旨："依议。钦此。"合咨前去，查照本部覆奉旨内事理，钦遵施行。康熙三十四年十一月二十八日，准户部咨开："为密陈屯粮之重等事。云南清吏司案呈：查得云南巡抚石文晟疏称，通省民赋，上则田地粮税最重者莫如河阳县，其军卫之屯赋，比至重之民额竟有十倍之重，苦乐之形异常各别，不得不冒昧陈请。如荷圣恩将此屯粮悉照河阳县则例起科，则不特见在军余易于输纳，即未垦荒产亦无不踊跃乐垦。是减赋于今日，安知不增赋于将来！此项额粮如邀恩减，而通省兵食或有不敷，则折征米麦可以仍征本色。"等因具题。九月二十七日，奉旨："云南屯田钱粮，较民田额重数倍，民人苦累。嗣后，屯田赋额着照河阳县民田上则征收。该部知道。钦此。"钦遵，相应行文该抚，将屯田赋额应减应征总撒数目逐一造册，报部查核。至本年钱粮已征若干，应令一并造册，报部查核可也。为此合咨前去，查照施行。

（康熙《云南府志》卷十八《艺文二》）

# 53  云南巡抚石文晟《请广中式解额疏》

## 无日期

题为遐方文教大开，盛代宾兴宜广，乞恩题增解额，以溥皇仁，以弘雅化事。

康熙三十四年十二月十三日，据云南布政使于三贤、提学道副使张倬，会同在省司道呈详："康熙三十四年八月初五日，奉本院批，据云南通省各府州县儒学廪增附生员王思训等连名具呈，内称：窃缘六诏之区虽僻处天末，历至有明之世，人文蔚起，黎献笃生，故昔年选举之法，其始仅取十余名，后渐加至五十四名。则气运日开，难拘旧制可知也。至我朝定鼎，再造天南，辛丑补行云南庚子科乡试，取中五十四名，甚盛典也。其后，以二十七名定制。盖当时士子甫离汤火，疏学荒，经列名庠序者寥寥无几，故取二十七名，已无遗贤在野。恭遇皇上圣学日新，文思天纵，德教溢乎，四海作兴，尤重遐荒，颁讲阁之经书，立圣贤之碑赞，使金齿银生尽仰一人宸藻，九隆百濮共知历代心传，寿考作人之风涵天亘地。全滇之蒸陶沦洽者已三十四年，今则人竞观光，士争鼓䲞，不特聪明彬雅之子相淬励于诗书，即雕题凿齿之伦亦陶融于弦诵，以故文风日上，气运日开，骎骎乎与中州相埒，较往时之菁华郁结不已，相悬万万乎！圣天子右文之治一至于此，诚旷千古而独盛矣。况又蒙两院培养儒林，维持风教，宣讲圣谕，俾颛愚心地开明，改建学宫，使庠序规模弘远；设书院以育俊秀，立义学以迪孤寒，无非实政实心，仰体皇上重道崇儒之至意。是以去年内，因两迤人材繁盛，特疏题请设学添官，加增童额，得荷俞旨，从古未有之殊恩，滇士已身受其泽矣。然而国家进贤尤在大比，乃乡试解额仍照旧规训等，非敢妄有所请。但今滇省文风超越，子衿之众十倍于前，每科人棘闱者不下二千余人，此二千余人中，云蒸霞蔚之士岂止二十七人？而取中者仅以二十七人为限，虽更有英锐之才无由脱颖以出，恐方隆之文运犹然郁而未抒，金碧苍华之彦抱璞而叹荆山者不少矣。当景运昌隆之会，近光之愿，宜大辟于遐荒。伏乞洪恩，广以人事君之心，始终造就滇士，赏准具题，吁恩增广云南乡试解额，庶遝方麟凤尽入网罗，南诏文明维新，国土不惟士气日升，行且民风丕变，当有不愧科名之士，出而黼黻隆平，赞勷治化，以庆万年有道之长者矣。"等情。奉批，仰布政司会同学道查议通报。奉此。又奉总督云贵部院批同前事，奉批，仰云布政司会同在省司道暨学道确议，通报，奉此。遵即备移按察司并粮储、驿盐、提学三道确议，移司以凭会详去后，又于本年八月初八日，奉本院批，据通省武庠生员等公呈，为武科叩恩请题，俯准照例广额，以溥皇仁、以宏旷典事："窃惟滇南远距天末，自声教四讫，人材蔚起，民赓袴襦之歌，士霭菁莪之化，气运顿隆，于百代人文丕变于一朝。我皇上制开武闱，建立武庠，无不熟悉弓马，讲求韬略，以图报效。际此风云之会，益深知遇之恩。伏乞仰推文武并重之圣怀，赏准具题，照例广额，则牝牡骊黄，总入天闲之选；蚌胎龙颔，举无沧海之遗矣。"等情。奉批，仰布政司查报。奉此，又奉督部院批同前事，奉批，仰云布政司会同在省司道暨学道一并妥议通报。奉此，亦遵即备移在省司道暨学道一并妥议移司，以凭会详。去后，兹准按察司，粮储、驿盐、提学三道各移称，行据云南府详据昆明县申称："该卑县查看得，天末遐陬，当儒教未敷，而抡材之数尝虑额浮于人。迨扩清区宇，值文明日盛，而登士之途不患人绌于额。故宾兴大典，三年特举，诚士子怀才竞进、奋志观光之时也。今据通省生员王思训等以文教大开乞题增额等事，蒙批妥议。查明季云南乡试，原中五十四名。奉本朝定例，颁行天下，概照旧数取录一半，于是滇闱遂定为二十七名之额。初因士子甫离汤火，未稔诗书，即列宫墙，辰星落落，从兹数十年来，不觉中数之寡。今太平有象，文教覃敷，即滇南一隅，菁莪械朴，郁郁彬彬，无不沐浴圣经，羽仪盛世。而制科举业，日琢日磨，不让中州内地。据每科录取八闱，已有二千余名，则子衿在庠既三倍于前，而中式之额应量加于昔。况会场分卷，云南与四川同为中左，其乡试取中名数何独多让取？彼广此狭，谅圣朝无偏枯之典，而酌古斟今，在各宪有培育之心，仰祈题请，虽不得与京畿巨省同辙并驾，或应援四川四十二名之例。是上为国家广揽英贤，下为士子遭逢运会，洪恩出自府裁，请祈覆酌转详。"等因。申详到府。据此，该职府覆查无异，应否量增，伏乞酌转，非职府所敢擅便也等因。据此，拟合就移，为此合咨贵司，烦请酌夺主稿，挈衔会详施行等因。各咨移到司。准此，该本司、道会查："看得云南乡试取中举人，考诸明制，定额五十四名。迨我朝辟滇，辛丑补行庚子乡试，仍照明制，亦取中五十四名。后奉颁发定例，始将云南乡试旧制额数减去一半，定为二十七名，历科无异。盖缘彼时滇处遐荒，虽经底定，成平未久，一切礼乐文章废坠未兴，士子甫离汤火，应试寥寥。嗣后人文稍振，又值吴逆背叛，仍然声教未弘。溯自恢复以来，迄今一十五载，荷蒙皇上眷恩南顾，加意绥柔，崇儒重道，薄赋轻徭，教养兼备，蔑以加矣。又奉钦颁诸书以励儒修，复给廪粮以养士气，菁莪之化遍及山陬，薄海内外尽知读书。又蒙两院具题，设学添员，通行建立义学，无日不以作养人才、振兴文教为念。所以滇省人民督率子弟，家弦户诵，士笃潜修，日就月将，人知好学。迩来士风丕振，文运日新，则青青子衿，济济多士十倍于前，虽不敢云媲美于中州，骎骎乎滇亦可谓人文之盛矣。故上届科举，有二千余人入彀，仅二十有七人有美。弗取困于制额，纵有怀瑜抱璞之士，往往沦落于孙山之外，遗珠之叹，良可悯惜也。以致通省各学生员王思训等有此乞恩题增解额之呈，奉批司道会议，仰见爱惜人才之至意。本司道覆查科场条例，内开：四川、云南、广西、贵州分为中卷，内四川、云南又分为中左。再查四川乡试，取中四十二名，云南止中二十七名，未及三分之二。是同一中左，则彼广此狭，多寡悬殊，未免与例不一。矧今滇南文教罩敷，人才蔚起，地方之广阔，士学之奋兴，可与川省并匹，纵不能援例于中州，亦可广额于中左。再查滇省各学武生，俱皆英俊之彦，韬铃弓马娴习者众，奋发鹰扬之途，实称人才济美，是以通省武生员胡裔昌等又有照例广额之请也。合无详请俯赐具题，将云南文武乡试，援照四川取中四十二名之例一体广额，庶三年大比，圣朝收多士之庆，十载寒窗，诸生瞻观国之光，是亦振兴文教、作养武途之一端耳。相应详覆，伏候裁夺，具题施行。"等因。呈详到臣。

该臣看得，滇居天末，昔以士子甫离兵燹，不暇诗书，文教未盛。今蒙皇上右文教养，兼掣云蒸豹变，实繁有徒。迩来入闱应试者数至二千余人，及查中式不过二十七名而止，此系国家定制，臣何敢冒昧渎请？但查礼闱会试，卷分南北，而南北卷中又将四川、云南分为中左，四川取中四十二名，云南取中二十七名。同一中左，取额悬殊，故致生员王思训等之援情环吁也。随批司道会议，兹据布政使于三贤、提学道副使张倬等查覆前来。臣思人文之繁盛，实由圣治之休隆，况荷圣恩俞允前督抚所请，添设学官，增加童额，则子衿既又众多，中式亦应稍广。相应请照四川之额，每科取进四十二名，以励边地人材。至文武并重，久荷皇上一体抡才，自宜并请洪恩一例广额者也。臣谨会同云贵督臣王继文合词具题，应否俯允，伏乞睿鉴，敕部议覆施行。

（康熙《云南府志》卷十八《艺文二》）

## 54　云南巡抚佟毓秀《奏请准用密折奏事折》

康熙四十四年九月二十五日

云南巡抚奴才佟毓秀跪折：为恭请圣训事。

窃奴才毓秀至愚至贱，仰荷圣主破格隆恩，超擢滇抚，兢兢朝夕，惟有益矢敬慎，绥缉地方，以图报称。但奴才毓秀才识短浅，实惧寅负。

滇南乃苗彝边境，一切事宜，必得圣明指示，方有裨益。倘有紧要情事，可否容奴才密折先奏，恭请圣训，然后具题，庶边疆得受皇上之洪福，而奴才亦得少免陨越也。谨恭折奏请，伏候饬旨。

**朱批**：具折来奏。

（《康熙朝汉文朱批奏折汇编》第一辑，第237页）

## 55　云南巡抚佟毓秀《奏报收成分数折》
### 康熙四十四年九月二十五日

云南巡抚奴才佟毓秀谨折：奏为恭报收成分数事。

钦惟我皇上勤劳宵旰，轸恤民生，圣心无时不以雨旸丰歉、地方利弊为念，是以教养备至，四海乂安，普天率土咸皆乐业。今年滇省雨水调匀，凡高低之处俱得乘时种作，一切谷、麦、荞、豆等项，俱比往年倍加收成。查云南、曲靖、临安、澄江、大理、永昌、姚安、楚雄捌府属，有拾分收成；鹤庆、蒙化、元江、开化、武定、景东、广西柒府属，有玖分收成；丽江、永北、广南、顺宁、镇沅等府并者乐甸等处，有捌分收成。军民人等咸称，数年以来未有如今岁之收获。皆颂皇上蠲免钱粮，隆恩遐被，上召天和，感戴无已。奴才毓秀谨将地方收成分数恭折奏闻。

**朱批**：知道了。

（《康熙朝汉文朱批奏折汇编》第一辑，第238页）

## 56　云南巡抚吴存礼《奏谢升任滇抚并请准用密折奏事折》
### 康熙四十九年十一月二十二日

云南巡抚加七级奴才吴存礼谨奏：为敬伸感激天恩，恭抒下悃，仰祈圣鉴事。

奴才草茅微贱，至愚至蠢，自初任山东商河县知县，以至四川布政使，皆蒙圣恩不由资格特赐超擢，到川甫及三月，地方事宜未及周知，复蒙圣恩陞授云南巡抚。奴才何人，屡受殊荣？闻命之下，感激涕零，当即望阙叩头，另疏谢恩外，伏思奴才生逢盛世，主恩豢养数十余年，兹蒙宠命，委以滇抚重任，奴才即当请陛见，跪聆圣训。但云南边阔，奴才愚昧，未谙地属民情，容奴才接任后，细心体察兵民情行，另具奏疏，求准陛见，恭聆圣教指示，得勉陨越。虽捐糜顶踵，殊难报称，惟有益加砥砺，正己率属，整饬地方，以仰副圣主垂念边陲之至意。惟是奴才资禀愚陋，又未曾多读书籍，遇有地方紧要事务，识见不到，恐多错误，须于事前具折，恭请圣训，使奴才有所遵循，方能办理。不揣冒昧，恳乞皇上俯鉴微忱，准于紧要事情，先以密折奏请批示，不独地方大有裨益，而奴才得以勉力行事，庶不致有负圣主用人之明矣。缘以初次奏折，不胜惶惧。幼年未曾学字，笔画潦草，伏乞皇上格外施恩宽恕，奴才不胜悚仄待命之至。

**朱批：** 是。

（《康熙朝汉文朱批奏折汇编》第三辑，第 164～168 页）

## 57　云南巡抚吴存礼《奏报奉到御批并滇省麦苗秀穗、十分茂盛折》
### 康熙五十年三月初一日

云南巡抚奴才吴存礼谨奏：为叩谢天恩事。

奴才至微至贱，荷蒙圣主殊恩，授以抚滇重寄，惊闻宠命，惶惧靡宁。不揣愚昧，初具奏折，敬差家人恭请圣安，又以云南边远地方，恐有紧要事务，须先以折请旨批示，然后遵行，因以具折，下情上达天听。兹家人赍捧回滇，奴才恭设香案，跪接叩头敬展。蒙圣主御笔亲批："是。钦此。"奴才虔诵之下，感激天恩，益深兢惕。从此地方诸务得以上请圣裁，遵旨办事，庶免隃越之愆矣。所有奉到御批，理合奏谢。

奴才所属各府、州、县，仰赖圣主弘福，连岁俱获丰收。今年入春以来，雨泽处处调匀，远近麦苗俱已秀穗，十分茂盛。合并奏闻，谨具折奏，奴才无任悚切待命之至。

**朱批：** 知道了。

（《康熙朝汉文朱批奏折汇编》第三辑，第 309 页）

## 58　云南巡抚吴存礼《奏报通省麦豆收成上好、秋田青苗茂盛折》
### 康熙五十年五月初六日

云南巡抚奴才吴存礼谨奏：为奏闻事。

窃念奴才至微至贱，自知县迄今，历升云南巡抚，寸长莫报。有生以来，生成豢养，俱蒙圣主天高地厚之恩破格特用，虽粉身碎骨，难言报称。今远处天末，奴才惟仰体圣心，钦遵敕谕开载事宜，恪谨奉行。至所属文武各官因公接见，敬将我皇上爱养斯民之德意谆谆诰诚，务令祗遵，勉供职守。奴才并加意安抚彝众，和辑兵民，以仰副圣主绥柔边远之盛心。

奴才所属滇省地方，仰赖圣主弘福，雨泽调匀。奴才同云贵督臣郭瑮前往郊外看视庄稼，见百姓男妇欢声载道，金云麦豆十分收成。至于通省远近村庄麦豆，据各属报称，收成七八分至十分不等。今各处秋田俱已插秧，青苗茂盛，兵民彝人俱各乐业。合并奏明，为此具折奏闻，奴才无任悚切待命之至。

**朱批：** 知道了。已后凡有奏折，将米价写明奏闻。

（《康熙朝汉文朱批奏折汇编》第三辑，第 443 页）

## 59　云南巡抚吴存礼《奏报滇省各属秋收分数折》
### 康熙五十年八月二十四日

云南巡抚奴才吴存礼谨奏：为奏闻事。

窃照本年分辛卯科乡试，奴才职任监临，于八月二十四日场务已毕出闱。奴才亲往郊外看视收成庄稼，据父老百姓欢呼踊跃，咸称："我等蒙圣主天恩，蠲免本年钱粮，仰赖圣主弘福，又得上好年景，十分收成。民等无可报答皇恩，惟有家家户户顶祝万寿无疆。"又据云南等十九府各属报称："本年分远近村庄秋收自八分至十分不等，俱获有秋，兵民彝人俱各乐业。"目今米价，白米每石价银八钱，红米每石价银七钱，小麦每石价银六钱，豆每石价银五钱，较之七月间米价少减。奴才钦遵圣谕，一面晓示百姓，劝令加谨盖藏，毋得妄费，务敦节俭，以仰副圣主轸念斯民至意。理合恭折奏闻，为此谨奏。

**朱批：** 知道了。

（《康熙朝汉文朱批奏折汇编》第三辑，第 699 页）

## 60　云南巡抚吴存礼《奏报滇省雨泽调匀、
## 春麦已种并粮价折》
### 康熙五十年十月初九日

云南巡抚奴才吴存礼谨奏：为奏闻事。

窃照滇省本年收成分数、米粮价值，奴才业经恭折，专差家人敬赍上闻。兹入冬以来，仰赖圣主弘福，雨泽调匀，土脉甚是滋润。来年春麦，远近村庄俱已布种。目今，白米每石价银八钱，红米每石价银七钱，麦每石价银六钱，豆每石价银五钱，兵民彝人俱各安业，歌咏太平，家家户户莫不顶祝圣主万寿无疆。奴才理合恭折奏闻，为此具折谨奏。

**朱批**：知道了。

（《康熙朝汉文朱批奏折汇编》第三辑，第 804 页）

## 61 云南巡抚吴存礼《奏报保举贤能道员折》
### 康熙五十年十一月十四日

云南巡抚奴才吴存礼谨奏：为滇边紧要，保举贤能道员，仰请圣明睿裁事。

窃奴才至愚极贱，由州县叠蒙圣主特擢隆恩，历升巡抚，莅任将及一载，惟有凛遵敕旨，勉力奉行。但滇省万里天末，幅员最广，其间汉彝杂处，抚辑之员必须才守兼优，熟悉民情风土，实心仰体皇上绥远安边之至意者，共相办理事务，庶几督抚可借为臂指，僚属可依为表率，而边方民生不无裨益耳。今奴才有深知其才守，确见其政绩并谙练滇中事宜者二员，为我皇上陈之。

如现任云南粮储道王盛周者，先年曾任江南淮安府知府，奴才于前岁赴江西按察司任，经过淮上，闻士民感颂其实心为政，加意爱民，前任滇中景东府同知时，弭盗安民，边方宁靖，景东百姓迄今怀感不已。今任滇省粮道，奴才见其矢志急公，才干敏练，清理粮储事务井井有条，到任以来，凡在属员以及省城军民莫不爱戴。如现任四川建昌道卢询者，往年奴才与之同任直隶，稔悉其爱民实政，四应长才。及去岁，奴才任四川布政司时，见其感激皇上特简弘恩，刻刻以报主为念，至其正己率属，守法奉公，而于地方事务，莫不办理咸宜。奴才抵滇，更闻其前任云南两任知府时，辑理民彝，宽严相济，至今两郡士民思慕不忘。况此二员，屡蒙皇上特用，久在圣明洞见，何用奴才置喙？但奴才因其熟谙滇事，将来滇省有紧要员缺，伏乞皇上俯赐擢用，俾可与奴才协力办事，庶免陨越耳。惟是用人出于皇上，奴才何敢冒昧妄渎？然奴才为边要起见，具折奏闻，伏乞皇上睿鉴，奴才不胜悚惶待命之至。

**朱批**：卢询已有旨了。余知道了。

（《康熙朝汉文朱批奏折汇编》第三辑，第 870～875 页）

## 62 云南巡抚吴存礼《奏请赏给长子差使并报雨水粮价折》
### 康熙五十年十一月十四日

云南巡抚奴才吴存礼谨奏：为皇恩深重，捐顶难酬，勉图报效事。

窃奴才一介微贱，至愚极陋，叠蒙圣主高厚，擢抚滇中，虽粉身碎骨，何能仰报万一？奴才有长子吴永年，今年二十六岁，前以四省效力，曾任贵州安顺府通判，奉旨掣回，赴部铨补在即。但奴才遇沐殊恩，忝膺文职，滥叨巡抚重任，图报难尽。奴才之子年力少壮，稍习骑射，伏恳皇上，或赏差使行走，或令极边地方效力行间，奴才下情，庶几稍安耳。倘蒙皇上俯允，奴才举家生生世世皆受天恩于无既矣。

今岁滇省仰赖圣主弘福，雨水调匀，庄稼俱各丰收，奴才业经节次恭折奏闻。目今米粮价值，白米每石价银八钱，红米每石价银七钱，麦每石价银六钱，豆每石价银五钱，兵民彝人俱各安业。为此具折奏闻，奴才不胜悚惕待命之至。

**朱批：**知道了。

（《康熙朝汉文朱批奏折汇编》第三辑，第876～878页）

## 63　云南巡抚吴存礼《奏报收受旧规及贺礼等银数目并粮价折》

康熙五十一年正月二十八日

云南巡抚奴才吴存礼谨奏：为恭奉圣主明训，下怀悚感无地，据实陈情，仰祈睿鉴事。

本年正月初十日，奴才赍折家人回滇，奴才恭设香案，跪读御批："滇省万里，尔等做大臣，常思近如咫尺才是。凡文武大小官，各各都是好官，京中自然听的明白。钦此。"天语煌煌，明见万里。伏读再三，不胜警惕。

窃思奴才至愚极劣，叨荷殊恩，历升巡抚，畀以边疆重任。自到滇以来，惟恐表率无状，兵民无补，有负皇上高天厚地之大恩，日夜凛兢，省躬砥砺。凡于所属文武官员，出示行文通饬，复于因公接见时，详悉面谕，使各尽职业，共勉操持，以冀仰副圣主恤兵爱民之至意。

奴才查滇省私派并属官节礼，业经督臣郭瑮革除，奴才通行严禁。但奴才衙门，蒙皇上赏给健丁饷银二千四百两，又有布政使每年旧规三千两，并余盐旧规银一万八千余两，奴才又酌量收过上任贺礼共银三千余两，除一年内犒赏省城八营操演官兵，并设义学，教养贫士读书，及奴才家下一切用度之外，尚有多余，总不敢隐瞒于圣明之前。今奉皇上谆谆训谕，真同父之教子。圣旨明切，奴才下情，不胜感激惶悚，益当竭驽勉励，并饬属员各尽职守，永禁私派，抚辑兵民，常凛天威于咫尺，仰副圣心于九重，以稍申犬马报主之下悃耳。奴才若辜负皇上训谕弘恩，非但难逃圣明洞鉴，亦断不免于天地冥诛矣。

滇省地方去冬至今屡得微雨，麦苗茂盛。目今，白米每石价银一两，红米每石价银八钱，麦每石价银八钱五分，豆每石价银六钱六分。为此谨具折奏闻，伏乞睿慈垂鉴，奴才不胜悚激之至。

**朱批：**知道了。

（《康熙朝汉文朱批奏折汇编》第三辑，第 965～966 页）

# 64　云南巡抚吴存礼《奏谢长子特放侍卫并报粮价折》
## 康熙五十一年二月初二日

云南巡抚奴才吴存礼谨奏：为恭谢天恩事。

本年二月初一日，奴才赍折家人回滇，当即恭设香案，跪读御批，并接奴才长子吴永年家信，内云："蒙皇上传至御前射箭，赏赐翎子，拔置侍卫，殊恩异数，感极涕零。"奴才随望阙叩头谢恩讫。

窃奴才一介庸愚，至微极贱，叠蒙圣主格外隆恩，由知县历升巡抚，皆荷特旨超擢，下情悚惕，夙夜难安。是以奴才遣子恭诣阙廷，勉供驱策，使奴才之子稍效一分犬马报主之力，庶奴才稍申一分犬马报主之心。今重沐天恩，特放侍卫，真荣出望外。奴才父子不知何修，而遭逢圣主隆遇若此其至也！受恩愈重，图报愈难，虽竭尽驽骀，粉身碎骨，总不能仰酬高厚于万一耳。所有奴才感激诚悃，谨缮折恭谢天恩。

目今，白米每石价银一两，红米每石价银八钱，麦每石价银八钱五分，豆每石价银六钱六分。合并奏明，伏乞圣鉴，谨具奏闻。

**朱批：**知道了。

（《康熙朝汉文朱批奏折汇编》第三辑，第 969～970 页）

# 65　云南巡抚吴存礼《奏报麦豆丰收、秧青苗茂并粮价折》
## 康熙五十一年五月初六日

云南巡抚奴才吴存礼谨奏：为奏闻事。

窃照今岁滇省雨泽，自正月以至四月，仰赖圣主弘福，雨水调匀。据布政使李华之详报，阖省麦、豆收成有七分至九分不等，各处秋田俱已插秧，青苗茂盛。奴才同督臣郭瑮出郊踏看情形，亲见耆老、农夫金禀："昨年蒙皇恩蠲免钱粮，百姓均沾实惠，且去岁、今年收成又好，民彝安居乐业，小民等无以仰报皇恩，只有早晚焚香，叩祝皇帝万寿无疆而已。"奴才伏想，我皇上仁爱元元，感召天休，以致时和岁稔，率土共享盈宁之福，万方感戴高厚之恩，是以滇省天末，臻此熙皞景象。理合奏闻。现今，白米每石价银九钱，红米每石价银七钱五分，麦每石价银七钱，豆每石价银六钱。合并奏闻。

**朱批**：知道了。以后折子尔自己写来。

（《康熙朝汉文朱批奏折汇编》第四辑，第 163~166 页）

# 66　云南巡抚吴存礼《奏请擢用能员折》
## 康熙五十一年五月二十八日

云南巡抚奴才吴存礼谨奏：为极边要地必需能员，冒恳皇恩俯允擢用，以资治理，以收得人之效事。

窃查滇南一省远居天末，而鹤庆、顺宁、永昌、永北四府又在滇省之极边，邻逼蒙番，接连中甸，外即乌斯藏之地，甚为紧要。其员缺，经前任抚臣石文晟题请圣主特简补授，奉旨俞允，钦遵在案。前永昌府知府王汝霖升任，业已铨补有人，奴才未敢又行置议。今顺宁府知府李文渊具报丁忧。查顺宁系极边要郡，员缺甚属紧要，诚恐人地或未相宜，奴才选得蒙化府掌印同知赵世勖，吏治循良，才品卓越，而且青年敏练，肆应靡遗，洵为熟悉风土之能员。请将赵世勖升补顺宁府知府，使之捍御外域，统摄土司，实为人地相宜，于地方实有裨益。

再查蒙化一府，接壤顺宁、云州，界连外域，原设掌印同知一员，钱粮刑名皆其专管，又有表率土司之责，是以同知而兼府、州、县之任，员缺亦属紧要，非才猷素著之员弗克胜任。倘蒙皇恩俯准赵世勖升补顺宁知府，所遗蒙化府同知员缺，奴才选得邓川州知州张建德，居官廉干，办事敏达，晓畅边情。请以张建德升补蒙化府掌印同知，允属才能称职，可以课其后效。

查顺宁、蒙化二府，虽属滇省要郡，并非题补之缺。奴才自揣愚劣，至微极贱，叩蒙圣主格外隆恩，不次超拔，畀以封疆重任，即竭驽骀勉，难尽犬马报主之下情，夙夜冰兢，每虞陨越。惟仰体圣主顾念边方、简选人才之至意，奴才在于所属贤能之员、勘资分理要地、得于亲知灼见者，慎选奏闻。况此二员历俸年久，将次升任，倘蒙圣主破格擢用，一转移间，非惟边地有得人之效，奴才更获收臂指之益矣。奴才为边方用人起见，除具疏会题外，用敢冒昧具折奏请，仰乞圣恩慈鉴，奴才不胜惶悚待命之至。

再查滇省仰赖圣主弘福，雨水调匀，禾苗甚是茂盛。现今，白米每石价银九钱，红米每石价银七钱五分，麦每石价银六钱五分，豆每石价银五钱。合并奏闻。

**朱批**：知道了。

（《康熙朝汉文朱批奏折汇编》第四辑，第 200～206 页）

## 67　云南巡抚吴存礼《奏报雨水调匀、秋收有成并粮价折》
### 康熙五十一年八月十八日

云南巡抚奴才吴存礼谨奏：为奏闻事。

滇省自夏入秋，雨水甚是调匀，处处沾足，各属秋收有八分至十分不等。奴才亲出郊外踏看情形，老幼百姓欢呼踊跃，佥禀："仰赖圣主仁爱万民，感召天和，以致连年丰稔。小民等无以仰报皇上弘恩，惟有家家户户、老幼男妇早晚焚香，叩祝皇上万寿无疆。"奴才随面宣前颁圣谕，并遍行示劝各属民彝，务各仰体皇上爱养百姓、重农崇俭至意，将收获稻谷加谨盖藏，安分节用，共享生平之乐。现今，白米每石价银八钱，红米每石价银七钱，麦每石价银六钱，豆每石价银五钱，兵民彝人俱各安业。合并奏闻，上慰天心。

再奴才昨奉御批："知道了。已后折子尔自己写来。钦此。"奴才凡具折奏，遵旨自己谨密缮写进呈。但奴才自幼未学书法，字迹潦草，伏乞圣恩垂慈原宥，奴才不胜感激欣幸之至。

**朱批**：知道了。

（《康熙朝汉文朱批奏折汇编》第四辑，第 395～398 页）

## 68　云南巡抚吴存礼《奏报五谷丰稔并粮价折》
### 康熙五十一年十月初八日

云南巡抚奴才吴存礼谨奏：为奏闻事。

窃照滇省地方，今岁仰赖圣主洪福，雨旸时若，五谷丰稔，奴才业将收成分数、米粮价值恭折奏报。查八九两月，雨水时沾，田土滋润，远近民彝皆尽力翻耕，俱已播种麦豆。现今，白米每石价银八钱，红米每石价银七钱，麦每石价银六钱五分，豆每石价银五钱。兵民相安，汉彝乐业，是皆我皇上仁德广被，无远弗届，以致滇省连岁丰收。兵民人等际此太平盛世，莫不焚香，顶祝皇上万寿无疆。奴才谨具折奏闻，伏乞圣鉴，为此具折谨奏。

**朱批：**知道了。

（《康熙朝汉文朱批奏折汇编》第四辑，第481~483页）

## 69　云南巡抚吴存礼《奏报遵旨劝谕百姓积贮并谢御赐珍味折》

### 康熙五十一年十一月初六日

云南巡抚奴才吴存礼谨奏：为恭谢天恩事。

本年十一月初五日，据奴才赍折家人李秉恒赍捧圣主钦赐奴才鹿肉条三十把到滇。奴才即跪迎进署，恭设香案，同奴才之母并阖家大小望阙叩头谢恩跪领讫。正在缮折奏谢间，准督臣郭瑮咨称，报秋收折内，奉皇上御批："云南、贵州、四川、广西等省好收成年多，趁此丰收之年，仍劝谕百姓积贮，如万一薄收，亦尽可保全。此乃尔等地方大臣平日教养百姓预备之善政也。勉之！钦此。"仰见圣主轸念边方、绸缪尽善之至计。奴才随即飞行出示，并转饬各地方官，劝谕百姓，务令家家积贮，有备无患，以副圣怀。

伏念奴才一介愚贱，蒙皇上不次超拔，畀以滇抚重寄，夙夜战惧，惟虞陨越。今重荷天恩，赐奴才上方珍味。奴才既蒙皇上豢养之恩出自格外，而奴才八十五岁之母沐圣主锡类之典，得尝珍味，从此增岁延年，皆我皇上天地生成之赐也。当即并颁僚属，同受皇恩。奴才自顾何人，叨恩优渥？惟有勉竭驽骀，以期仰报高厚隆恩于万一耳。奴才谨具折，恭谢天恩，伏乞慈鉴。

现今雨雪调匀，田土滋润，麦苗甚茂。白米每石价银八钱，红米每石价银七钱，麦每石价银七钱，豆每石价银五钱。合并奏闻，奴才不胜欣幸感激之至。

**朱批：**知道了。

（《康熙朝汉文朱批奏折汇编》第四辑，第524~528页）

## 70　云南巡抚吴存礼《奏报频年雨旸时若、禾谷丰登并现在米价折》

### 康熙五十二年正月十九日

云南巡抚奴才吴存礼谨奏：为奏闻事。

奴才至愚极陋，蒙圣主天恩拔置滇抚，愧无寸长报效，时深惶悚。滇省仰赖皇上弘福，频年以来雨旸时若，年谷丰登，兵民乐业，汉土相安，远近人民无不含哺鼓腹，歌咏太平，家家户户俱各焚香，顶祝圣主万寿无疆。

自冬及今雨雪调匀，土脉滋润，所在麦苗茂盛。现今，白米每石价银九钱，红米每石价银八钱，麦每石价银七钱五分，豆每石价银六钱。合并奏闻，为此具折谨奏，伏乞慈鉴，奴才不胜瞻依悚切之至。

**朱批：** 知道了。

（《康熙朝汉文朱批奏折汇编》第四辑，第 669～671 页）

## 71　云南巡抚吴存礼《奏报麦收登场分数并现在粮价折》
### 康熙五十二年五月初八日

云南巡抚奴才吴存礼谨奏：为奏闻事。

窃照滇省蒙圣主弘福，频年以来俱各丰收。本年自正月至今，雨泽调匀，土脉滋润。兹据布政使申奇贵详报，云南等十九府远郊近乡麦穗登场，收成自七分至十分不等，兵民彝人俱各乐业，现今秋田俱已插秧。奴才出郊亲看，田禾箐葱茂盛，父老咸称："我皇上如天之仁，恩及万里，故我等百姓得以含哺鼓腹，安享太平。今又值好年景，小民无可报答皇恩，惟有家家户户朝夕焚香，顶祝圣主万寿无疆。"

目今米价，白米每石价银一两，红米每石价银九钱，麦每石价银七钱，豆每石价银六钱。理合奏闻，为此缮折谨奏，伏乞圣鉴，奴才不胜悚切瞻依之至。

**朱批：** 今年麦秋，各省报到者皆有十分，近京、口外雨旸调和。

（《康熙朝汉文朱批奏折汇编》第四辑，第 787 页）

## 72　云南巡抚吴存礼《奏请将抚标中军游击周士元留任折》
### 康熙五十二年七月初六日

云南巡抚奴才吴存礼谨奏：为营将久任边疆，兵民吁请留任，仰祈圣裁事。

窃照奴才本标中军游击周士元，上年军政，奴才具疏保荐，业于本年正月内引见，蒙皇恩准其卓异。兹于本年六月二十五日，准兵部咨开："浙江严州副将员缺，掣着云南抚标中军游击周士元，相应行文调取该员作速驰驿来京引见。"等因。准此，奴才当即转行该将。去后，随据奴才左右两营马步兵丁并省城百姓王云恒、张尧卿等赴奴才衙门呈称："周将官任滇年久，操练卒伍，训诲有方，和辑兵民，地方安静。今闻升任，殊失所依，恳乞具题，倘蒙圣主以升衔留任，则兵民人等感戴皇仁永无极矣。"

奴才窃思，该将推升，未便题留，慰谕再三，兵民纷纷恳求代其入告。奴才查滇省为极边要地，非他省可比。中军一官，有综理兵马钱粮、表率营弁、训练士卒之责，况该将任滇年久，熟悉边地情形，才技优长，谙练营伍。兹据兵民爱戴，挽留迫切，奴才不敢壅于上闻。可否俯准以升衔留任，照伊升衔论俸升转，俾老成营将弹压边方，奴才获收臂指之效，出自圣主弘恩。除令该将刻期起程赴部引见外，该将既经推升，格于成例，奴才不敢冒昧具题，为此缮折谨奏，伏乞皇上睿鉴施行。

现今雨水调匀，秋禾长得甚茂，白米每石价银一两，红米每石价银九钱，麦每石价银七钱，豆每石价银六钱。合并奏闻，奴才不胜悚切待命之至。

**朱批**：知道了。

（《康熙朝汉文朱批奏折汇编》第五辑，第 57～61 页）

## 73 云南巡抚吴存礼《奏报康熙五十二年粮价折》
### 康熙五十二年八月十五日

云南巡抚奴才吴存礼谨奏：为奏闻事。

奴才赍折家人郭廷佑回滇，敬捧到报麦秋奏折，奴才恭设香案，望阙叩头，跪读圣主御批："今年麦秋，各省报到者皆有十分，近京、口外雨旸调和。钦此。"仰见我皇上仁恩普遍，无远弗周，上格天心，雨旸调和，四海内外俱各丰收，率土人民无不含哺鼓腹，歌咏太平。

本年分滇省自夏及秋雨水调匀，目今禾稼登场，收成八分至十分不等。今据布政使卢询详报，奴才亲赴郊外，见父老农夫欢呼踊跃，皆云："我等小民生居天末，蒙圣主爱养，屡颁上谕，教民节俭，年来岁岁有秋，今年收成比往年更好。皆仰赖圣主洪福，小民无可报答，家家户户惟有焚香，顶祝万寿无疆。"现今，白米每石价银九钱，红米每石价银八钱，麦每石价银七钱，豆每石价银六钱。为此缮折奏闻，伏乞慈鉴，奴才不胜悚切瞻依之至。

**朱批**：知道了。

（《康熙朝汉文朱批奏折汇编》第五辑，第 132～135 页）

## 74　云南巡抚吴存礼《奏报麦苗茂盛并报粮价折》

康熙五十三年正月二十二日

云南巡抚奴才吴存礼谨奏：为奏闻事。

奴才庸愚贱质，蒙圣主格外殊恩，寄以抚滇重任，勉竭驽弩，愧无寸长报效，时切悚惶。滇省仰赖圣主弘福，泽被遐陬，比年以来时和岁稔，兵民彝人俱各乐业。去冬得雪，交春以后雨泽调匀，地土滋润，麦苗长得甚茂。近郊近乡白叟黄童无不朝夕焚香，顶祝圣主万寿无疆。目今米价，白米每石价银一两三钱，红米每石价银一两二钱，麦每石价银九钱，豆每石价银八钱。理合奏闻，为此缮折谨奏，伏乞慈鉴，奴才无任瞻依之至。

**朱批：** 知道了。米价如何贵些？

（《康熙朝汉文朱批奏折汇编》第五辑，第 407～408 页）

## 75　云南巡抚吴存礼《奏陈上年晚禾减收、
## 米价稍贵及现已平稳折》

康熙五十三年五月初十日

云南巡抚奴才吴存礼谨奏：为奏闻事。

奴才赍折家人丁祥回滇，奴才随恭设香案，望阙叩头，跪读御批："朕安。近日起居饮食颇佳，弓马如旧，每日修书，不肯闲住，此朕之最乐之事。钦此。"仰见我皇上法天行健，允武允文，御笔刚劲，真是铁画银钩，此诚圣寿永并乎乾坤，圣学懋昭于日月者也。奴才不胜欢欣瞻仰，舞蹈非常。又蒙御批下问"米价如何贵些？钦此。"

窃查上年滇省秋田，收成八分至十分不等，因八月二十日以后雨水过多，晚禾间有少减分数者，是以春间米价贵些。目今，仰赖圣主弘福，远近村庄雨旸时若，麦秀丰登，米价渐平。兹据布政使卢询详报，收成自七分至十分不等。再各处秋田俱已插秧，青苗长得甚茂。奴才同督臣郭瑮亲赴郊外，见父老农夫，随敬宣上谕，劝民勤耕节用，以仰副皇上重农爱民之盛心。万姓欢呼，焚香顶祝圣主万寿无疆。

现今米价，白米每石价银一两一钱，红米每石价银一两，麦每石价银七钱，豆每石价银六钱五分。理合奏闻，伏乞慈鉴，奴才无任瞻依之至。

**朱批：** 知道了。

（《康熙朝汉文朱批奏折汇编》第五辑，第 562～565 页）

## 76 云南巡抚吴存礼《奏报秋禾丰收并报粮价折》
### 康熙五十三年九月初四日

云南巡抚奴才吴存礼谨奏：为奏闻事。

窃照滇省蒙圣主弘福，自夏入秋以来雨水沾足，田禾茂盛。据布政使卢询详报，收成自八分至十分不等。奴才亲赴郊外，见父老农夫欢呼遍野，咸称："皇恩浩大，岁获有秋，使我等小民子子孙孙永享太平之乐。小民无可报答，惟有家家户户焚香，顶祝圣主万寿无疆。"奴才随面宣圣谕，遍行劝示民彝，务各仰体皇上爱养百姓、重农崇俭至意。

现今，白米每石价银一两，红米每石价银九钱，麦每石价银七钱，豆每石价银六钱。奴才奏报米价，系照部颁京仓斗，滇省民间量买米石，系用市斗。查三仓斗方一市斗，合并声明。奴才因八月初六日，遵例入闱监临，于九月初三日，方始事竣出闱。为此缮折，谨具奏闻，伏乞慈鉴，奴才不胜悚切瞻依之至。

**朱批**：知道了。米价不甚贱。

（《康熙朝汉文朱批奏折汇编》第五辑，第751页）

## 77 云南巡抚甘国璧《奏请准用折奏并报收成雨水折》
### 康熙五十四年五月二十六日

云南巡抚奴才甘国璧谨奏：为仰恳天恩俯赐准用奏折，得以恭请圣训事。

窃奴才猥以菲材，由先臣难荫得授州牧，历官至臬、藩二司，皆蒙我皇上特恩擢用，寸长未效，今复荷殊恩，授以滇抚重寄，任大责重，奴才敢不仰体圣主教孝作忠之弘慈，殚心尽职，图报主恩？惟是奴才才识短浅，而云南为边方要地，若非仰求圣主准用折奏，奴才何以遵循？除一切政事应入告者次第缮疏，候旨遵行外，伏乞圣主俯鉴蚁忱，赏用奏折，俾得以跪领圣训，地方大有裨益。

奴才感戴天恩，永同高厚矣。滇省仰赖圣主洪福，二麦收成，据布政使卢询册报：云南府属有九分十分，其余府属有七八九分不等。目今雨泽调匀，高下田禾俱已栽插，秋成大有可望。兵民彝人俱各乐业，歌颂太平，顶祝万寿。合并奏闻，伏乞睿鉴批示，为此缮折谨奏。

**朱批**：巡抚该奏折的，不用请旨。

（《康熙朝汉文朱批奏折汇编》第六辑，第223~227页）

## 78　云南巡抚甘国璧《奏呈本省舆图折》
### 康熙五十四年六月二十四日

云南巡抚奴才甘国璧谨奏：为钦奉上谕事。

案照康熙五十二年五月初十日，前抚臣吴存礼准兵部咨，内开："奉旨派出西洋人费隐等绘画云南舆图，画完即将图交该省巡抚本身派出的当家人，敬谨赍送。钦此。"又于康熙五十四年三月十四日，署抚臣郭瑮准兵部咨："奉旨派出雷思孝、常保到滇，同画舆图。"又准工部咨同前事等因。钦此。仰见我皇上躬处九重，心周六合，测天之象，稽度数以无差；察地之经，考方舆而克正。东西南朔，悉在圣明几席之前，郡邑河山，远逾畴昔版图之载，洵属千秋盛事，允为一统弘模。奴才恭遇图成，曷胜欢忭。兹准钦差向导护军参领英柱、郎中郎古礼、监副双德、武英殿监视常保、西洋人费隐、雷思孝等，将图移交前来。奴才遵旨，选差家人李荣，敬谨赍捧赴京，恭呈御览，伏乞皇上睿鉴。

再照滇省蒙圣主弘福，五六两月雨旸时若，田禾甚茂，秋成丰稔可期。合并奏闻，为此缮折谨奏，奴才无任悚切之至。

**朱批**：知道了。

（《康熙朝汉文朱批奏折汇编》第六辑，第310~313页）

## 79　云南巡抚甘国璧《奏谢准用奏折并报秋成丰收折》
### 康熙五十四年九月初一日

云南巡抚奴才甘国璧谨奏：为恭谢天恩，并报秋成丰收事。

窃照本年八月二十九日，奴才家人张得禄赍折回滇，奴才跪接，恭诵圣旨，蒙皇上御批："巡抚该奏折的，不用请旨。"仰见圣主垂念奴才犬马私衷，准用奏折，俾奴才遇有要事，得以请圣训，裨益地方。感戴高深，捐糜莫报，当即望阙叩头谢恩讫。奴才惟有益加勉励，洁己率属，辑兵爱民，以仰答天恩于万一耳。

滇省自夏及秋雨泽调匀，目今收成分数，据布政使卢询册报，通省府、州、县，自十分九分八分不等。奴才同督臣郭瑮赴郊外，见父老农夫欢呼踊跃，咸称："今岁收成比往年更盛，皆赖万岁爷洪福齐天，泽及远方。我等小民，惟有焚香，顶祝圣主万寿无疆。"

目今米价，白米每石价银一两一钱，红米每石价银一两，麦每石价银九钱，豆每石价银八钱。奴才理合缮折，恭谢天恩，相应一并奏闻，伏乞圣鉴，为此谨奏。

朱批：知道了。

（《康熙朝汉文朱批奏折汇编》第六辑，第 483～486 页）

## 80　云南巡抚甘国璧《奏请圣安折》
### 无日期

云南巡抚奴才甘国璧谨恭请皇上圣安。

朱批：朕安。近闻云南井盐一事，人心不服，让到京中，纷纷议论。

（《康熙朝汉文朱批奏折汇编》第六辑，第 740 页）

## 81　云南巡抚甘国璧《奏报春苗茂盛并粮价折》
### 康熙五十五年正月二十四日

云南巡抚奴才甘国璧谨奏：为恭报滇省春苗茂盛并现在米粮价值，仰慰圣怀事。

钦惟我皇上化育同天，恩膏匝地，山陬海澨共乐升平，乃犹宵旰弥勤，惟以民生为亟，诚千古所未有也。奴才自莅滇省，仰赖圣主洪福，雨旸时若，五谷丰登，民彝乐业。奴才与督臣郭瑮敬体我皇上德意，率令司、道及府、州、县等官，息事宁人，并劝谕百姓尽力田亩，省俭积蓄，安享太平。上岁入冬以来雨泽时调，田土滋润。今年正月十七十八两日，连得大雨，远近沾足，处处所种二麦蚕豆皆长发茂盛，从此五风十雨，收成可望大有。此皆我皇上仁覆群生，湛恩广被之所致也。

现在，上白米每石价银一两，红米每石价银九钱，麦每石价银八钱，豆每石价银七钱。边境宁谧，兵戢民安，亿兆莫不感颂皇仁，恭祝万寿。所有春苗茂盛情形并米粮价值，理合恭折奏闻，伏祈睿鉴，为此谨奏。

朱批：知道了。

（《康熙朝汉文朱批奏折汇编》第六辑，第 765～768 页）

## 82　云南巡抚甘国璧《奏报滇省二麦收成及雨水沾足折》
### 康熙五十五年四月二十九日

云南巡抚奴才甘国璧谨奏：为恭报滇省二麦收成、雨水沾足，仰慰圣怀事。

钦惟我皇上仁育群生，恩覃遐服，山陬海澨共乐雍熙，而各省年岁收成，无时不上廑圣怀。今当滇省二麦告登，奴才逐加确查，据布政使卢询册报，云南府属有九分八分，其余府属九分八分七分不等。入夏以来雨水调匀，远近沾足，处处高下田亩俱已栽插，秧苗甚好，秋成大有可望。汉彝黎庶仰赖圣主洪福，人人乐业，边境秋宁。奴才每出郊外，见农夫、父老咸咏歌太平，顶祝万寿。为此恭折奏闻，伏祈睿鉴。谨奏。

**朱批**：知道了。

（《康熙朝汉文朱批奏折汇编》第七辑，第 32～34 页）

## 83　云南巡抚甘国璧《奏请圣安并报年岁顺成折》
### 康熙五十五年六月二十二日

云南巡抚甘国璧谨奏：为恭请圣安，并陈年岁顺成事。

钦惟我皇上怙冒如天，无远弗届，民生休戚，日廑天怀。奴才以庸碌菲材，蒙恩巡抚云南，今因云贵总督缺员，遵例署理。仰赖圣主洪福，两省地方俱各宁静，兵民乐业。今岁自春至夏雨水调匀，处处沾足。云南百姓食荞者多，荞已十分收成，现在秋禾极其茂盛，万姓欢悦，咸以为今年收获必庆大丰。查询贵州田苗亦好，丰收可望。此皆圣德高深、弘庥广被之所致。边末遐方共享盈宁之庆，汉彝黎庶齐祝圣寿于亿万斯年矣。除秋收分数另折具奏，今差家人张得禄赍折恭请圣安。合并奏闻，上慰圣怀，伏祈睿鉴。谨奏。

**朱批**：知道了。

（《康熙朝汉文朱批奏折汇编》第七辑，第 235～237 页）

## 84　云南巡抚甘国璧《奏报秋成丰收米价平贱折》
### 康熙五十五年八月二十四日

云南巡抚奴才甘国璧谨奏：为恭报秋成丰收，米价平贱，上慰圣怀事。

钦惟我皇上爱育苍生如同赤子，宵衣旰食，无时不系念闾阎，膏泽弘施，民安物阜，诚千古独隆者也。

滇省今岁自春至夏雨旸时若，田禾茂盛，业经恭折奏闻在案。今当收获之候，奴才逐一确查，通省各府、州、县收成俱有十分九分。现今，上白米每石价银九钱，红米每石价银八钱，麦每石价银七钱五分，豆每石价银六钱，荞麦每石价银四钱。今云贵总督印务系奴才署理，查得黔省各属田禾俱已十分收成，两省汉彝交庆丰穰，处处军民欢声载道，咸称圣主洪福远被，边方饱食暖衣，共享太平之福，惟有早夜焚香，齐祝圣寿万年。为此恭折奏闻，仰慰圣怀，伏祈睿鉴。谨奏。

**朱批**：知道了。

（《康熙朝汉文朱批奏折汇编》第七辑，第382～384页）

## 85　云南巡抚甘国璧《奏报连得雨雪、豆麦长发甚旺折》
### 康熙五十五年十月二十八日

云南巡抚奴才甘国璧谨奏：为恭请圣安事。

窃奴才仰荷皇上高厚之恩，畀以边疆重寄，夙夜凛凛，惟虞陨越。两载以来，幸赖圣主洪福齐天，岁登大有，民物安阜，地方宁静。所有秋收分数，已经恭折奏闻在案。自九月十二三等日，连得大雨，远近沾足。十月初八日，复得瑞雪，地土益觉滋润。奴才亲至郊外，见播种豆麦长发甚旺，边方黎庶既庆连岁丰收，复喜来年有望，衢歌巷舞，交颂皇恩，为此缮折恭请圣安。理合一并奏闻，仰慰天心。谨奏。

**朱批**：知道了。

（《康熙朝汉文朱批奏折汇编》第七辑，第494～495页）

## 86　云南巡抚甘国璧《恭请圣安并奏报瑞雪盈尺、豆麦长发折》
### 康熙五十六年正月二十三日

云南巡抚奴才甘国璧谨奏：为恭请圣安，并报春苗茂盛、米粮价值，上慰睿怀事。

钦惟我皇上一人有庆，四海同春，寰宇共乐升平，亿兆咸申嵩祝。奴才谬膺封疆之寄，两载以来，仰赖圣主福德弘敷，连获丰稔。上年秋收之后雨水调匀，豆麦俱已播种，业经恭折奏闻在案。嗣于十二月二十一日，瑞雪盈尺，全省均沾，父老、农夫欢呼载道，齐祝圣寿万年。目今豆麦皆长发茂盛，从此雨旸时若，可望丰收。现在白米每石价银九钱，红米每石价银八钱，麦每石价银七钱五分，豆每石价银六钱。民生乐遂，安享太平，皆由我皇上仁恩广被之所致也。奴才远任边疆，欣逢盛世，惟有绥辑兵民，以上副圣主子惠元元之德意。为此缮折恭请圣安，伏祈睿鉴。谨奏。

**朱批**：知道了。

（《康熙朝汉文朱批奏折汇编》第七辑，第631~633页）

## 87 云南巡抚甘国璧《奏报曲靖府勘有银矿<br>并滇省雨水田禾情形折》

康熙五十六年六月初二日

云南巡抚奴才甘国璧谨奏：为奏明事。

窃照滇省矿厂关系国课，奴才分檄各属，令民访查开采。督臣蒋陈锡莅任，又复遍行晓谕，共图裕课。兹据布政使金世扬申报，商民王日兴等以曲靖府沾益州地方产有银矿，堪以开采。奴才已经会商督臣蒋陈锡，请旨遵行。滇省地方现今雨泽沾足，秋禾茂盛，米价平贱，民情亦皆欢欣从事。倘再得有堪采之矿，另行具奏，合并奏明，谨差千总高捷元赍进，伏祈圣鉴施行。

**朱批**：已有旨总督了。知道了。

（《康熙朝汉文朱批奏折汇编》第七辑，第960~961页）

## 88 云南巡抚甘国璧《恭请圣安并奏报秋收可望丰稔折》

康熙五十六年七月十一日

云南巡抚奴才甘国璧谨奏：为恭请圣安事。

钦惟我皇上法天行健，应地无疆，洪庥普被苍生，边徼俱登衽席。滇省自春至夏雨水调匀，豆麦既庆丰收，禾稼亦极茂盛。今查云南等府属地方，荞麦俱有十分收成，欢腾万姓，兼之雨旸时若，转盼稻谷登场，蔀屋穷簷咸臻乐利。奴才每与督臣蒋陈锡单骑减从，察勘田禾，野老村农俱称："今岁秋收可望丰稔，是皆仰荷万岁爷弘福齐天，我等百姓得享温饱。惟共偕阖家老幼，顶祝圣寿万年。"除秋收分数俟届期另折奏闻外，为此缮折，专差把总李华赍进，恭请圣安，伏祈睿鉴。谨奏。

**朱批**：知道了。

（《康熙朝汉文朱批奏折汇编》第七辑，第1083~1085页）

## 89 云南巡抚甘国璧《奏报滇省秋成丰收情形折》
### 康熙五十六年九月十九日

云南巡抚奴才甘国璧谨奏：为恭报滇省秋成丰收，上慰圣怀事。

钦惟我皇上圣德如天，恩膏匝地，民生休戚，时廑宸衷。奴才猥以菲材，仰荷殊恩，畀以巡抚重任。幸赖圣主洪福，自五十四年至今，五谷俱获丰收，本年春夏雨水调匀，高下地亩尽得栽种，更喜雨旸时若，稻禾甚旺，汉土百姓咸称今岁收获倍丰。奴才逐一确查，兹据布政使金世扬册报："云南通省各府州县，秋收俱有十分，豆麦亦皆陆续布种。"现今，米每石价银七钱，麦每石价银六钱，豆每石价银四钱五分，荞每石价银三钱五分。民生乐遂，万姓感戴圣恩，欢呼颂祝，远近同声。所有额征地丁钱粮，各皆输将恐后。边疆储蓄有备，军民共享升平。是皆我皇上德泽均沾、无远弗届之所致也。为此恭折差赍奏闻，仰慰睿怀，伏祈圣鉴。谨奏。

**朱批**：知道了。

（《康熙朝汉文朱批奏折汇编》第七辑，第 1184 ~ 1186 页）

## 90 云南巡抚甘国璧《奏陈愿将每年所得旧规银上佐军需折》
### 康熙五十八年七月初六日

云南巡抚奴才甘国璧谨奏：为奏明事。

窃照奴才至愚极拙之人，仰蒙圣恩垂念，先臣由难荫授职知州，历升同知、府、道，甫任按察司十月、布政司三月，即超擢云南巡抚，是皆皇上教忠教孝、鼓舞臣下之至意也。奴才敢不竭尽驽骀，以期仰报主恩于万一？

伏查滇抚衙门历来旧有粮规银四千两，盐羡银一万八千两，以为养廉之资。奴才初到任时，查得各属仓谷，因五十二三年歉收发赈，不无悬数，又盐课亦多堕误积欠之处。奴才随将节礼革除，调剂井灶，禁戢私盐，督令各官将悬数积欠陆续填补，现俱清完。

至奴才身受天恩至高至厚，所有每年应得旧规，除历年捐补标兵衣甲、器械、常操犒赏并捐建各属义学、育婴堂及捐助军需、马匹、米石等项外，又奴才乌鸟私情，适因滇民之请，为先臣盖造祠堂一所。奴才二子亦各得一职，是奴才祖孙父子生贵死荣，悉系皇上生成造就，而奴才自历各任，从不敢妄取。今任巡抚，家口众多，一切食用皆取给于前项银两之内。但每年樽节用度，共得存剩银三万两。伏念奴才自顶至踵，俱是圣主深恩所被，岂敢稍有私蓄？且现今军兴之际，凡为臣子者，所有家财尚宜进助，何况公项羡余？益当上佐军需之毫末者矣。伏乞皇上俯鉴蚁忱，恩准批示解进，奴才不胜待命之至。谨奏。

**朱批：** 就近本省用罢。

（《康熙朝汉文朱批奏折汇编》第八辑，第562～565页）

# 91 附：洪承畴《奏陈收拾人心疏》

窃照云贵巴蜀，远在天末，贼众盘踞十有余年，荼毒民人，迫胁苗蛮，各不堪命久矣。职奉敕谕，内云："不忍勤兵黩武，困苦赤子，将以文德绥怀，归我乐宇。钦此。"数载以来，皇上恩加招抚，遐方感动，遂使滇黔内变，不战自乱。特恩新封义王臣孙可望率众来归，正天以云贵巴蜀归我版图，宏开大一统之盛。而李定国、刘文秀等犹敢悖违天道，借名煽乱，兹蒙皇上以奉天讨罪，救民水火为心，特颁上谕，大兵进取，大张挞伐，此实快滇黔来苏之望。职已会大将军臣并各督臣商确机宜，另行具奏。

惟是进取大事，首以收拾人心为本，欲收拾人心，先以约束官兵秋毫无扰为本。盖以云贵地处要荒，与西北各边、腹里各省迥别，各边士马征发犹易，各省民人迁移甚难。云贵则山川竣阻，林丛深密，大路仅通一线，四围尽属险峒，苗蛮族多，民人绝少，风俗全然不同，性情殊不相类，古称反覆难治之国。若果号令严明，官兵无扰，一得其心，则帖然信服。凡苗蛮等众，皆为我作乡导，皆为我济粮草，皆为我听调遣，一心效命，不致为贼羽翼。倘若纪律不严，抢掠扰害，一失其心，则风声传播，苗蛮先逃，皆窜入山林洞窟，不惟乡导无人，粮草无资，调遣无术，且于大兵经过之后，或山口拦截，或要路挑断，以阻我兵行；即有摆设塘铺，兵多则无米食用，兵少则伙众暗袭，举步皆不能通。

是以进取云贵，兵威宜先震慑，恩信尤加绥怀，必先得土司苗蛮之心，而后可为一劳永逸之计。目前进取大兵及文武官吏，如遇贼众迎敌、苗蛮阻路，其应剿杀大创，收复地方，自不待言。若官兵经过州县及土司蛮峒，不分散远出，不私离队伍，一衣一物毋得擅动，茅房木架毋得擅毁，贸易悉照公平，来售者众；掳掠尽行禁止，从者如归。但有投诚等众，人口财帛分毫皆属彼有，使诸蛮不为贼用，贼势自孤，使诸蛮肯为我用，我武维扬。远人心悦诚服，西南自然全安。

今满洲统兵诸大臣皆元老世臣，素严军纪，甲兵人等皆久征旧士，无不仰体皇上剿逆抚顺深仁，必能秋毫无犯，功收底定，以期休兵息民。其职军前标营与湖南奉调官兵，职先与提督镇将约，必恪遵号令，如有分散远出，私离队伍，掠财掳人，焚毁房屋，杀害良民，兵丁立正军法，经管大小将领拿问治罪。各提督镇将大小各官，皆受朝廷豢养拔擢鸿恩，必咸相告诫，以期拓土安民，共享太平。以云贵不比他省，苗蛮不比汉民，当此大兵初到，一得人心，将来收拾自易，所关甚大。且新奉上谕："兴师动众，深轸劳民，即远在遐荒，孰非朕之赤子？钦此。"仰见皇上柔远宁民至意，职不敢不特疏叩恳上裁，敕部覆议，或请特颁清汉敕谕，或部发清汉告示，驰传三路营前，大行晓谕，俾各钦奉遵守，将见云贵巴蜀共睹仁义大师，必然箪食壶浆，望风迎附恐后，太平可计日定矣。

（《明清史料》第 6 册）

# 92　附：王宏祚《滇南十议疏》

皇上御极以来，文德诞敷，武功赫濯，薄海臣民披春风而游化日有十余载。兹值王师进取滇云，此正遐荒子遗得出水火，欣被皇仁之日也。义旗所指，壶浆恐后，万里凯音，且晚将奏之阙下矣。

臣思此番征伐，朝廷不惜数百万金钱，禁旅不惮数千里跋涉，总为除暴驱残，拯救遐荒士民于水火之内耳。设使寇氛已靖，而虐政未除，谅尧舜犹病之心所不忍也。臣思地方一入版图之后，庙堂自有经画，当事自有良筹，何俟臣预怀杞虑？独是臣乡与他省不同，如地方利病，民生疾苦，抚臣条奏必数月始能上达，迨部覆奉旨，必数月始能下颁。臣不揣冒昧，摅陈管见，惟愿天末士民俾蚤沐王化一日，地方蚤受一日之赐。更念臣乡，惟臣受恩独先，沐恩最厚，而臣乡之利病疾苦，亦惟臣知之极真。痛痒切肤，谊难缄默，谨列十款，敬为皇上陈之。

一、重镇之宜建设也。

滇省崇岗巇嵘，汉少夷多，唐镇以韦皋，宋镇以王全斌，元封梁王，明封黔国，从来必借居重驭轻之势，以收建威消萌之功。况数年，寇氛梗塞，今日声教初通，为善后计，宜简任重臣驻镇，以资弹压，恩威并用，使新服官兵及诸土司不但革面，而兼革心，庶一劳永逸，遐荒可享靖谧之福矣。

一、田地之宜清理也。

滇省田地共七万一百六十四顷零，共计夏税秋粮银七万四千六百八十三两零，此外盐课银四万五千二百二十二两，矿课、商税、鱼课、牛税共银四万二百六两，正杂二项，共十六万一百两有零，仅足供本省兵饷、官役俸食、科场、祭祀、驿站等项之用，并无分毫起运，止有贡金二千五百两解京；又屯田一万一千一百七十一顷五十四亩零，科粮三十八万九千九百九十二石零。自逆寇盘踞，十余年间，无艺之征派，每岁加至十余倍，遐荒赤子皮穿见骨。今幸获睹天日，亟宜清理田地，革除横征虐政，庶水火子遗登衽席矣。

一、人丁之宜稽核也。

滇省户口人丁共二十三万七千四百丁零，共编银四万六千四两零。数年来，老弱者勉供末耜，少壮者抽补行伍，致令耕田凿井之民日荷干戈，黔粤楚蜀之界，筋骨疲于驱策，性命悬于锋镝，青燐白骨，号雨悲风。今既入版图，畴非盛朝赤子，宜察其户口人丁若干，残缺若干，见存若干，壮丁可补若干，应纳丁银若干，不致以见丁包亡役，不致以残丁任重徭，庶流离转徙之众乐归故土矣。

一、庄田宜确察也。

前黔国公沐英世镇滇省，子孙相沿将三百年，各府置有庄田，岁抽租税，名曰"籽粒"，皆系沐府差官自行催收，不载有司册籍。值兹地方初定，此项钱粮易为奸徒朦匿，宜察沐府经管钱粮老成旧员，令呈出底册，某处额有庄田，每年收籽粒大数，勘验确实辖某府者，即责成某府征解藩司，庶锱铢颗粒咸得充兵饷之用矣。

一、委署之宜慎重也。

滇省距京甚远，法网原疏，每每不肖有司趋利如鹜，视民如仇，小民疾痛疴痒置若罔闻。今数年来，一苦于苛派，再苦于抽调，翘首循良抚绥，不啻救焚拯溺。若待部选官员，必俟经年始到，势不得不暂资委署。宜察其年力精壮、正途出身者遴选委用，任事之后，廉能者题以实授，贪暴者立为纠参，庶官知法守，而民免益深益热之嗟矣。

一、人才之宜鼓舞也。

滇省自罹兵燹，士子不亲诗书久矣。今幸逢声教之通畴，不愿奋功名之会，若将乡试入学即照新岁名数为额，恐遐荒士子方庆荆棘之途开，旋叹薪樵之路狭，将何以广文教而振士风也？仍宜照察旧额，以示鼓舞。俟三科之后，酌量裁减，庶士心踊跃，歌咏诗书，十余年戎马之场，复变为文明之地矣。

一、绅士之宜矜宥也。

滇省地处边徼，山穷水尽，一值兵戈阻隔，惟有束手待毙而已。数年来，乡绅举贡或为寇用者，不过畏逼于虚焰，聊为偷生，并借以保全父母妻子之性命耳，若一概摈弃，恐与盛世赦过之令未符。宜宽其既往，嘉与维新。除明朝以贪酷革职逐回不录外，其余有年力未衰、尚堪器使者酌量录用，庶遐荒绅士共仰赦过之宏仁矣。

一、土司之宜安置也。

滇省土司，有土知府、知州、知县，有宣慰、宣抚、安抚、长官等司，名目不同。明初开辟，因投诚有功，授官锡土，令其自耕而食，所纳钱粮名曰"差发银"，较民地甚轻。数年来，为寇焰所胁，远者派金以养贼兵，近者派人力以驱争斗，土司地方财力交困。今既改过投诚，自是望恩甚切。宜察某土司官职，该管地方仍令照旧料理，输纳钱粮，一切逆寇苛派悉与蠲除，庶土司安，百姓亦安矣。

一、新例之宜暂宽也。

滇省土司，种类不一，俗尚各殊，有以布缠头椎髻者，有以绳编发长披者，投诚之初，心怀疑畏，若一概绳以新制，恐阻向化之诚。除汉人士庶衣帽、剃发遵照本朝制度外，其土司，暂令各从其旧俗，俟地方大定，然后晓以大义，徐令恪遵新制，庶土司畏威怀德，自凛然恭奉同伦同轨之式矣。

一、经制之宜详察也。

滇省设有文官、卫官，有土官，事权各有攸分，职掌不宜相混。闻数年来，逆寇变乱。成规恣意颠倒，有以州县而改为郡城者，有将土司而改为流官者，经制纷更，而体统莫辨，军民混杂，而赋役不清。今本朝每事必察《会典》，规制期于尽善。宜确查旧制，各循职掌，即有因革损益，俟人心大定之后，再为斟酌而更张之，庶官吏有经制之可遵，而军民知法纪之可守矣。

以上十款，卑卑无甚高论，皆关切臣乡利病。如果臣言可采，伏祈睿鉴，敕部议覆施行。

（道光《云南通志稿》卷二百三《艺文志四之七·杂著七》）

# 雍 正 朝

## 93　云贵总督高其倬《奏报预储驻藏官兵军粮并
以俸工捐抵价银折》

雍正元年正月二十八日

署理云贵总督事务奴才高其倬谨奏：为运贮军储事。

查去年云南口外猓猡地方收成颇好，比往年价贱，牲口亦易雇觅。奴才查阿墩子为云南进藏要路，此处存贮粮米，即可预备运藏，又可接济往返兵食。虽现今驻藏军粮俱系就近采买，无需阿墩子之米，而目下止解饷官兵往返，亦支用无多。但奴才愚昧之见，粮米运送，每难一时即到迩，闲暇之时，运贮有益。奴才会同抚臣杨名时委知府白，除阿墩子现贮米粮外，再将鹤庆仓米雇脚陆续运一千石至阿墩子存贮。再现在彼处青稞亦贱，委员购买一千石存贮。此项粮米，系筹酌预备，非目下需用之项，不敢开销正项，其脚价买价，俱以俸工捐抵。奴才谨具折奏闻。

（《明清档案》第 40 册，A40 - 1）

## 94　云南巡抚杨名时《奏请圣安折》
雍正元年二月初二日

云南巡抚臣杨名时谨奏：请皇上圣安。

**朱批：**朕安。尔向日在官历任有声，朕所稔悉。自兹益当加勉，莫移初志。

（《朱批谕旨》杨名时奏折）

## 95　云贵总督高其倬、云南巡抚杨名时《奏请圣安折》
### 雍正元年二月二十八日

云贵总督臣高其倬、云南巡抚臣杨名时谨奏恭请皇上圣安。

**朱批**：朕安。提督张谷贞以老辞职，朕已优谕留任，不知伊之精力若何，犹健旺否？因系一好提臣，甚为惜之。若露有衰迈光景，至难以支持时，汝等密奏以闻，毋致遗误重任。

（《朱批谕旨》高其倬奏折）

## 96　云贵总督高其倬、云南巡抚杨名时《奏报解送驻藏官兵所需俸饷、口粮等项银两数目折》
### 雍正元年二月二十八日

云贵总督臣高其倬、云南巡抚臣杨名时谨奏：为奏闻事。

窃臣等查得，藏地距云南辽远，驻藏官兵所需俸饷、口粮等项银两，必预行解送，方无迟误。康熙六十一年六月内，臣等委游击李化龙预解饷银七万一千六百余两，已经具折奏明。续于康熙六十一年十二月内，据驻藏管理支放同知丁栋臣报称："除原领云南省俸饷官兵外，再额帮阿宝所带驻藏官兵，奉署定西将军令牌，亦令在云南贮藏钱粮内动给，统计一年满足，共需银一十一万三千余两，计以前所解之银，只敷次年夏季有余之用。"等语前来。

臣等会议，此项银两，应急行照数解送。但藏地遥远，往来多需时日，又酌量多解银二万六千余两，以备不时支给之用。共拨动藩库银一十四万两，委援剿右协游击汪仁等，于雍正元年二月二十一日起程解运讫。再解饷官兵、通事、跟役共一百九十九员名，俱照上年之例，折给马匹、口粮、盐菜、盘费、赏赉等项及雇觅驮饷马匹脚价，共动给银二万六千余两。又驻藏官兵久居远塞，臣等商酌，附解银八千余两，以为添补衣鞋之用。

所有解送银两数目并起程日期，臣等谨会同具折奏闻。谨奏。

**朱批**：览。知道了，驻藏官兵已降旨命其返旆矣。

（《朱批谕旨》高其倬奏折）

## 97  云贵总督高其倬《奏报雨水粮价折》

*雍正元年四月初五日*

云贵总督臣高其倬谨奏：为奏闻雨水米价事。

窃查云南省目下蚕豆已经收割全完，二麦已收十之五六，俱有九分收成。自三月中旬以来，得雨五次，田中之水足用。如临安、元江等处，地气颇暖，稻田俱已栽插十分之四五，他处秧苗出水，尚未栽插，四月二十以外方始栽起，直至五月末才陆续栽完。据百姓等云，现今割麦之时，且不用雨。四月十五以后至五月中再得雨一二次，则高下田地无不遍插，收成即可预定三四分矣。至各处山田，今已得雨，荞麦俱已播种。目下云南省城米价每石一两八九分，外府州县米价每石九钱五六分。贵州雨水沾足，秧始栽插，米价省城每石八钱七八分，外府州县米价每石七钱三四五分不等。理合具折奏闻。谨奏。

**朱批**：滇黔雨水米价情形，知道了。一切奏报总须据实为要。

（《朱批谕旨》高其倬奏折）

## 98  云贵总督高其倬《奏报筹备中甸、
## 阿墩子驻防情形折》

*雍正元年四月初五日*

云贵总督臣高其倬谨奏：为奏闻事。

雍正元年四月初二日，准署理定西将军印务公策旺诺尔布等咨称："为密行奏闻事。公策旺诺尔布之族兄在呼呼脑儿住的诺颜哈什汉等寄来蒙古字密信，译出。内云：呼呼脑儿的大小诺颜等于本年十月内会盟密商，云：'自我等祖父以来至我等，俱遵阿穆瑚朗汗之旨而行。如今看来，于我等毫无益处。喇藏汗因他为恶，被策妄阿喇蒲坦征杀，据了土白忒国。我等之兵与汉兵会同前进，将车领敦多布败走，请达赖喇嘛坐床。先经阿穆瑚朗汗有旨，取了土白忒国，将尔等内中立汗，只当后来将我等内中立汗，迄今三四年无有信息，看来我等无望了。我等自祖父以来至我等，与准噶尔甚为亲好，但因喇藏汗为恶，方与为敌，与我等何干？如今就在今冬十二月内，速差人往策妄阿喇蒲坦那里去说，自祖父以来相好，至我等仍照常相好。嗣后，我等同心合意而行，靠着阿穆瑚朗汗行走，也与我等无益。将此情由，作速差人说去。如此计议结誓，闻得此事。窃思圣主乃天下众生灵之大恩主，你今又身任土白忒国之大事，住于彼处，此事关系甚大，未可测料。应作速密奏圣主。就是你们那里，也该坚固防备方好。'等语。又据呼呼脑儿台吉巴尔朱尔差来的人卫征囊苏口称：'我的兄弟是呼呼脑儿台吉巴尔朱尔拿碗的人。罗卜藏丹津王传集会盟之处，他本身跟着听的话，告诉我说，若自打箭炉至喀木藏卫俱行占取，还有侵害我等的人么。'等语。卫征囊苏系我们喀尔喀的骨头。奴才等愚见，罗卜藏丹津受圣主之恩重于众人，伊身为首倡，负恩为逆，即是自寻灭亡之祸。呼呼脑儿人等俱彼此不睦，骨肉离析，各逞己意。伊等所属之人与彼携贰者多，罗卜藏丹津又甚糊涂，酗酒失人心。伊虽传集众人会盟，呼呼脑儿人等无不感戴圣主养育之深恩，且内中各雇生业、安静过活之人不少，众人未必皆与罗卜藏丹津一同为逆取祸，但事有关系，不可不预为防备。奴才等随行文知会侍郎常寿、总兵官王以谦、四川云南督抚提镇，令其探访。奴才等已于此处密为防备外，谨将诺颜哈什汉密寄蒙古字书信一纸照抄，蒙古字书信一纸，由四川、西宁两路密奏进呈睿览，伏乞圣主指示等因具奏讫。为此合咨前去，查照施行。"等因。移咨到臣。

臣随飞饬驻防中甸游击刘宗魁、驻防阿墩子游击刘国侯及管理台站守备张鹤，密为侦探，不时飞报，并严加防备外，臣思此事真假未可遽定，但先事预防不可不密为筹备。查云南口外之中甸、阿墩子，俱系进藏要路，现有游击刘宗魁、刘国侯各带兵二百名在二处驻防。而中甸去里塘、巴塘稍近，彼处猓猡人民虽系土白忒所属，其管地方之营官亦服呼呼脑儿管辖，此处尤为紧要，现在驻防兵丁二百名，力量稍单。臣只以巡防为名，现调鹤丽镇、剑川协兵丁三百名添往中甸防守，再令永北镇密选兵三百名、楚姚镇二百名、鹤丽镇五百名，一切预备整齐，听候调遣。此内鹤丽镇去口最近，总兵郝玉麟谙练营伍，实心任事。臣亦密令其预备，倘有信息，即令带领此预备之兵丁一千名出口，并中甸、阿墩子现有之兵丁七百名，一总令其统率，相机接应。臣亦将本标兵丁预备整齐，若有声息，臣酌带官兵即速前往，与提臣张谷贞商度策应。至彼处军粮，臣前同抚臣杨名时商酌，于去冬今正，已令鹤庆知府白兑运米一千石至阿墩子，又令顺宁知府范溥买青稞一千石，又令运米八百石至中甸，足供支应。但中甸之米尚宜多备，现又会饬顺宁知府范溥再运米一千石以备兵食。臣谨就滇省情形筹备，识见短浅，伏乞圣主指示。谨奏。

**朱批：**知道了。兵马粮饷一切筹备机宜，如及与年羹尧商酌者，与之会商而行，庶无舛误之虞。倘事属紧急，不及会商，则汝等酌量而行。年羹尧近年来于军旅事务、边地情形甚为熟谙，且其才情实属出人头地，虽然亦不可因有此谕，遂尔推诿膜视。朕欲汝等协谋共济之意耳。

（《朱批谕旨》高其倬奏折）

## 99 云贵总督高其倬《奏报侄孙、佐领高琦
## 蒙恩拨入上三旗谢恩折》
雍正元年四月初五日

云贵总督奴才高其倬谨奏：为恭谢天恩事。

雍正元年四月初二日，接奴才侄孙、佐领高琦家信，云：二月十一日，由镶白旗汉军都统印上传，奉旨："高琦佐领着拨入上三旗，或入镶黄旗，或入正白旗。着问总督高其倬、提督高其位。钦此。"奴才闻命之下，感激无地。

伏念奴才自父祖以来，受恩数世。奴才兄弟以至愚极陋之人，皆荷重任，天地父母之施毫无报效，兹复蒙圣主格外之恩，拨入上三旗，奴才虽捐糜顶踵，无能仰答，惟有益励清白，竭尽犬马之力，冀稍酬高厚于万一。至或入镶黄旗，或入正白旗之处，伏乞圣主赏派。奴才何人，敢自指定？除将奴才下悃寄知奴才侄孙高琦，由都统转奏外，奴才谨具折恭谢天恩。谨奏。

**朱批**：高其位来时已定了。

（《雍正朝汉文朱批奏折汇编》第一辑，第 221~222 页）

## 100 云南巡抚杨名时《奏报云南夏熟收成折》
雍正元年五月十一日

云南巡抚臣杨名时谨奏：为恭报云南夏熟收成，仰慰圣心事。

臣看得云省一春天气晴和，时有雨泽，二麦、蚕豆俱各茂盛。四月中至五月初旬，民间逐渐收割，共称丰稔。今正在望雨插秧，又屡得甘澍灌注，沟塍低平之区栽莳将遍，其高坡山地，土脉滋润，亦在以次种植。据布政使查报，两迤各府夏熟通计约有九分收成，与臣访闻无异。至省城米价，每一京石上米一两一钱，次米一两五六分。其余各府米价，每石或有一两之处，亦有不及一两之处。理合据实奏闻。谨奏。

**朱批**：览。所奏雨水米价情形，朕怀遥慰。往复万里，惟凭一纸折奏，凡事实陈，不宜稍为粉饰也。

（《朱批谕旨》杨名时奏折）

## 101　云南巡抚杨名时《奏报遵缴朱批谕旨折》
### 雍正元年五月十一日

云南巡抚杨名时谨奏：为遵缴朱批谕旨，恭陈谢恨事。

雍正元年肆月贰拾叁日，臣于监临贡院本标千总张发祥捧到皇上御笔朱批谕旨："尔向来居官历任，声名甚好。自兹莫移初志，益当勉之。"臣伏读之下，恍如面受耳提，深切惭惶，不胜悚惕。

伏念臣江干下士，才识庸鄙，仰荷圣祖仁皇帝生成教育，格外矜全，得有今日。自任云南巡抚以来，朝夕兢兢，时忧陨越。乃蒙我皇上褒臣以往，勖臣将来，日月之光明照临，不遗于一隙，阳春之雷雨鼓动，立应于勾萌。臣荷被圣慈，服膺至教，自兹存心制事，益期公恕，以协情理之平；察吏安民，弥矢忠勤，以佐和恒之治。臣受恩感激，为此具折奏谢。所有谕旨批折，合先行恭缴，伏乞睿鉴。谨奏。

（《雍正朝汉文朱批奏折汇编》第一辑，第 373 页）

## 102　云贵总督高其倬《奏报雨水米价情形折》
### 雍正元年五月十二日

云贵总督臣高其倬谨奏：为奏闻雨水米价情形事。

窃照云南四月内雨水调匀，豆麦已经收割全完，有九分收成。五月初旬又得微雨二次，低田俱已插秧，山上及高坡之田，水尚不足，尚未插秧，再得大雨一次即可全插。现今省城米价一两一钱一石，次米一两五六分一石，外府州县米价每石俱在一两以内。贵州雨水足用，秧田已插，米价省城八钱一二分一石，外府州县七钱七八分一石。理合具折奏闻。谨奏。

**朱批**：览奏，深慰朕怀。尔所奏乞恩一事，朕已允行，谕部仍赐恩荫矣。又论奏总兵等贤否，甚属公当，知道了。又广南协游击一事，已发部议矣。

（《朱批谕旨》高其倬奏折）

## 103　云贵总督高其倬《自陈荐举不当，乞赐治罪折》
### 雍正元年五月十二日

云贵总督臣高其倬谨奏：为自陈荐举不当，乞赐治罪事。

窃查原任四川布政使戴铎，为人轻狂，伊前在广西按察使任内时，臣曾将伊到任数月以来操守颇好、办事尽心具折陈奏，甚是错误，惭悚无地。谨直陈于圣主之前，伏乞将臣交部严加治罪，以为举人不当之戒。臣谨具折请旨。谨奏。

**朱批**：此亦何罪之有？汝安能保其始终不渝？非但戴铎，凡所荐举之人，有改易操行者，俱当严加参劾。若明知故纵，文饰前愆，彼反得挟保荐而放恣，上司又因其曾经保荐而姑息，则官方紊乱矣。自兹以往，即今日保明日参，朕亦不责，总归于秉公持正，概予宽宥。稍涉存私徇情，一有实据，断不轻恕也。且戴铎之品貌言谈，一见原可令人鉴赏，孰知乃系真正小人，不堪弃物，朕亦被伊欺瞒多年，何况于汝乎？

（《朱批谕旨》高其倬奏折）

## 104 云贵总督高其倬《奏请以所加之级给与父母诰封折》
### 雍正元年五月十二日

云贵总督奴才高其倬谨奏：为谨陈乌鸟私情，仰吁圣恩事。

窃奴才一介庸愚，叨荷重任，毫无报称，方切悚惶。恭遇我皇上龙飞御极，恩敷中外，奴才父母及本身俱得上邀诰封，又荫一子入监读书，又荷特恩得照尚书子荫。近奉恭上圣祖仁皇帝尊谥、庙号，恩诏"外省督抚俱加赏赐"。天恩稠叠，寤寐难安。但奴才有乌鸟私情，不能自已，谨据实直陈，冒渎圣听。

奴才父高荫爵、母周氏，于康熙五十二年受过三品诰命。查督抚加侍郎、副都御使衔者，俱系三品，若有加级，方准照加级封赠父母。奴才于康熙六十一年六月内捐加三级，册已报部，尚未汇题。奴才愿将本身与妻诰封及荫生恩赏，俱不敢受，恳乞圣恩赏准，照奴才所加三级，给予奴才父母一品诰封，高厚之恩，奴才即捐糜顶踵，不能仰报万一。冒昧陈请，奴才不胜战栗之至。谨奏。

**朱批**（原为清字，原档译注）：恩诏，革高其倬职前之恩，仍照其请赏，赐其父母一品诰封，仍赏荫生。该部知道。

（《雍正朝汉文朱批奏折汇编》第一辑，第 379～380 页）

## 105 云贵总督高其倬《奏请调补将备折》
### 雍正元年五月十二日

云贵总督奴才高其倬谨奏：为恳恩调补将备事。

云南广南一府，山深瘴重，汉少彝多，土目人等往往因私嫌小忿，仇杀不已。该营将备必须操守清廉，恩威并著，不受土人馈送，不徇一己偏私，方能压服土目，宁谧地方。广南一营，较之他处尤为紧要。现在广南游击李登瀛、守备刘业潚，俱经奴才于军政填参，所遗之缺，新升新补人员于地方情形恐未能熟谙，而奉行新例，奴才亦不敢越衔题补。但地方紧要，必得贤员方能整理。

查奴才卓异之本标游击石崑、曲寻镇游击苏应选、援剿右协游击汪仁、大理城守营游击张应宗，居官俱好。恳乞圣恩，于此四员中赏调一员，既无越衔之处，于地方营伍均有裨益。倘该员卓异，仰邀允准，乞即以升衔仍留广南，令其办理。至守备一缺，查曲寻镇标守备赵佐才、段宗岳，永北镇标守备杨洪绪，皆居官勤慎，尽心营伍。仰乞圣恩，于此三员中准调一员，所遗之缺，仍以部发年满千总挨补。奴才从地方起见，不揣冒昧，谨具折请旨。谨奏。

**朱批**：该部议奏。

（《雍正朝汉文朱批奏折汇编》第一辑，第 380～381 页）

**106　云贵总督高其倬《奏呈云贵两省总兵考语单》**
雍正元年五月十二日

云贵总督奴才高其倬谨奏：为据实奏闻事。

今年四月，值补军政之期，云贵两省武职，自副将以下，奴才俱详加考察，分别优劣，具题在案。至各镇总兵官，亦系奴才统辖，虽各已自陈，但奴才受圣主厚恩，畀以两省重任，各员贤否，何敢隐徇，不行据实奏闻？查云贵现在总兵官八员，此内：鹤丽镇总兵官郝玉麟，声名甚好，营伍整肃，办事尽心，不避劳苦；永北镇总兵官马会伯，人明白，居官勤慎；安笼镇总官线玉元，操守好，才微短；威宁镇总兵官麦世位，到任未久，颇留心地方；曲寻镇总兵官杨鲲、开化镇总兵官闫光炜，俱照常供职之员；楚姚镇总兵官刘汉杰，汉仗、弓马亦去得，行事乖张，近因兵丁贾奇、张世杰喂伊所骑之马未肥，屡行痛打，二人躲避，立将二人之妻配人，甚失兵心；永顺镇总兵官卜应奎，不留心营伍，声名不好。奴才谨据实奏闻。谨奏。

（《雍正朝汉文朱批奏折汇编》第一辑，第 381～382 页）

**107　云贵总督高其倬、云南巡抚杨名时《恭缴御批折》**
雍正元年五月二十日

云贵总督臣高其倬、云南巡抚臣杨名时谨奏：为恭缴御批事。

雍正元年五月十六日，臣等赍折把总回滇，所赍臣等恭请圣安一折及奏事一折，俱奉有皇上朱批，臣等敬封恭缴。谨奏。

**朱批**：似此等无关紧要之事，应不拘迟早，随便缴进，何必劳扰驿递？此举不是矣。

（《朱批谕旨》高其倬奏折）

## 108 云贵总督高其倬、云南巡抚杨名时 《奏报提臣张谷贞身体情形折》

### 雍正元年五月二十日

云贵总督臣高其倬、云南巡抚臣杨名时谨奏：为奏闻事。

窃臣等前具恭请圣安折内，奉到皇上朱批。臣等看得，提臣张谷贞在滇十年，居官甚优，且久经战阵，兼有胆略，圣恩留之在滇，于营伍实有裨补。即一应军务，臣等与之共商，亦受其益。至其患病，因禀赋素壮，饮食每多，脾气受伤。今春正二月间，饮食少减，身上无力。自三月中旬以后，饮食渐加，精神渐复，目下可以支持。嗣后身体如何，臣等不时缮折具奏所有现在情形，臣等谨据实奏闻。谨奏。

**朱批**：如此甚好。然亦何须不时具奏，至不能支持时奏闻，未为晚也。

（《朱批谕旨》高其倬奏折）

## 109 云南巡抚杨名时《敬达舆情折》

### 雍正元年七月初六日

云南巡抚臣杨名时谨奏：为敬达舆情事。

雍正元年七月初五日，接准部文，内开：为议处事。本部会同宗人府等衙门题前事：雍正元年五月十六日，奉旨："高其倬着革职。允提俸禄着永行停止。钦此。"钦遵在案。高其倬错误不谨，罪实难辞，自怨自艾，追悔莫赎。臣等不胜悚惕。惟是省城百姓一闻督臣罢官之信，数万余人不约而同咸共赴臣衙门环绕呼号，自午至晚。复拥至臣公座前，伏地不起，吁请代题。臣亲自再三劝谕，许为上达天听，直至昏黑后方散。观其惶惶如失所依之状，诚属可悯。自藩司以下，及府厅州县副参游守等官在旁观之，不觉咸为流涕。缘督臣高其倬平日为人清廉坦白，居心仁恕，行事公正，一切调剂得宜，官士军民无不感服，实近年之所罕觏。是以众人依恋之诚，发于中心。若此，臣伏见我皇上求贤若渴，从善如流，爱民如子。臣身在地方，目击舆情，理合据实陈告，听候圣裁。

另有驿盐道臣李卫封口折子壹件，恐动驿，递交臣代奏。合并声明。臣谨奏。

**朱批：**已有旨了。宽其做官荐人，治其大失慎之罪，赏罚一定之理，不可假一点私也，何在尔等之奏？知道了。

（《雍正朝汉文朱批奏折汇编》第一辑，第620页）

## 110　云南巡抚杨名时《敬陈云南事宜折》
### 雍正元年七月初六日

云南巡抚臣杨名时谨奏：为钦承谕旨，恭谢圣恩，凛奉遵行事。

雍正元年五月二十二日，驿盐道李卫传旨："朕在藩邸，从不与各官交接。况巡抚杨名时系汉人，更不曾识面，因闻伊声名好，所以信用。朕承圣祖仁皇帝付托之重，无时不以地方民生为念。云南离京遥远，伊不过耳闻，不能深知。尔到云省，下旨与督抚，凡地方应行应办、于民有益之事，应奏即奏，不必疑惧。朕不惮烦劳。钦此。"臣跪聆之下，望阙瞻天，不胜欣跃。

伏念臣一介愚陋，荷蒙圣祖仁皇帝恩擢云抚，高天戴德，追慕何穷？欣逢我皇上至仁纯孝远迈百王，浚哲文思直追二帝，临御数月以来，政事之美传播中外，实有称述所不能尽者。臣身任封疆，兢兢职守，惟恐才识不逮，措置失宜，乃蒙天语褒勉，感愧交集。臣谨披陈愚陋，伏乞睿裁。云省汉夷杂处之区，吏治难全以内地之法绳之，第时加申饬各有司，令与民相安而已。偶有与土官不睦，致生告讦者，臣必再三察访，恐轻易参劾，长夷人蔑视官长之心，有伤大体。愚臣所见，未知有当否也？（**夹批：**察可留者而留之，庶乎其可。若恐为夷人蔑视之故而姑容不肖之员，不亦弃本而逐末乎？贤愚莫辨，贪廉混淆，令夷人非毁窃笑，久之至于积怨生衅，是乃大伤体也。）州县亏空，莫如圣谕限三年完补之法为善，若一经参革，多归无着。（**夹批：**不行参革而欲令补苴，不过仍设法剥民耳。）州县供应大兵及备办军需，多有那借库帑及盐课者，不得不为原谅。（**夹批：**可原谅者自应原谅。）况云南盐项钱粮，从前亏缺已久，辗转交代，经过数官，若专责之现任之员，情理未安。查历来既收规例，仍令各灶户加煎余盐，反致正盐有缺。将此加煎之盐散派于烟户，压令领受、追比，正盐反致壅滞。臣到任后，禁止加煎以恤灶，禁止压派以恤民，灶户小民困始渐苏。将余卤所出之盐，查州县亏欠盐课之多者，令其照额盐薪本发给灶户收买，行销所得羡余，以之弥补旧欠，自此从前所欠盐课，可就完楚。至一应亏空钱粮，按时渐补，各官皆有自新之路，（**夹批：**有志自新者固所当宽，其下愚不移者，亦宜参处数员，以示惩戒。）再严谕司道府，不时稽察，以防漏卮，似亦清理积逋可行之法也。如果臣言可采，恳祈皇上睿鉴，明示遵行。（**夹批：**凡此皆尔等分内应为之事，朕从何谕？）谨奏。

**朱批：**览。

（《朱批谕旨》杨名时奏折）

## 111　云南巡抚杨名时《奏报巡抚衙门所取盐规等项银数折》
### 雍正元年七月初六日

云南巡抚臣杨名时谨奏：为奏明事。

窃臣于康熙六十年正月，蒙圣祖仁皇帝实授为云南巡抚，所有一切规礼银，臣一无收取。其铜厂之息铜，捐纳之羡余，季规、羡米及诸陋弊，俱行严绝。又向来运送兵米，折取脚价，深为民害；粮道轻赍银两一项，逐层扣克，更为民累，臣俱严加禁革。昆明县向设五塘，佥立头人，一应公事按粮派银，每石至三四两不等。臣尽革头人，按粮均徭，民粮一石止出银四钱，屯粮一石止出银二钱，民咸欢悦。各州县之民闻之，共赴臣衙门，求为立法均徭，臣一一详为酌定，滥派清除。自臣及司道以下修理备办等事，悉发现银，毫无派扰。所有盐规银五万二千两，除留为恤灶、修井银六千两外，其四万六千两，臣为供用之需。又藩司平规四千两，通省税规七千两，连盐规共有五万余两，系臣衙门目前所入之数也。查银厂缺课每年约至二三万两，管厂之官岁罹参追，视为畏途。臣于康熙六十年六月内具折，奏明专委粮道管理，以有余补不足，如再有不敷，将督抚衙门旧规垫补全完。臣巡抚衙门将所得盐规拨补银厂缺课共一万五千五百五十余两，又捐赔前任督抚运粮倒毙牛马等项银一万五千两，俱经题明在案。再历年供应在藏官兵各项军需赏赍，又赏臣标兵丁及兴修水利、赈恤灾伤等事，并日用交际，一切公私各用皆取此规例银应办。自抵任迄今，共用银一十万两有零，存有底本，不敢渎尘睿鉴。臣有请者，若藏兵既撤之后，费用简省，恳乞圣恩，将盐规等项下准留若干两与臣衙门充用，其余以供厂务及恤灶、修井、平粜等公用，则公私俱有所资借矣。再臣标有随丁粮银，除实丁外，每年余银一千五百两。恳乞圣恩赏留此项，以为制造修理旌旗、器械之用，则边省军容益觉整齐矣。谨奏。

**朱批：**朕凡遇督抚此等之奏，不但从未批示，亦且概置不览。取与之际，任尔自为，但须还朕一是字而已。督抚羡余岂可限以科则，拘以绳墨，惟视秉心何如耳。取所当取而不伤乎廉，用所当用而不涉于滥，固不可朘削以困民，亦不必矫激以沽誉。若一切公用犒赏之需至于拮据窘乏，殊失封疆之体，非朕意也。必使兵民温饱，官弁丰足，督抚司道亦皆饶裕，乃朕之所愿。设此数者有一不然，而督抚先已饶裕，即朕不加谴责，其如昭昭湛湛何？此事全在尔等揆情度理而行之，其是与否，自难逃朕之鉴照，可无烦章奏呶呶也。今若欲朕命尔某项当取，某项当受，则断无之理。尔等责任綦重，惟宜同心协力，懋勉政治，以安地方，庶无忝厥职。特谕！

（《朱批谕旨》杨名时奏折）

## 112 云南巡抚杨名时《报明全省雨泽分数折》
### 雍正元年七月初六日

云南巡抚臣杨名时谨奏：为报明全省雨泽分数事。

窃照入夏以来云南省城及各府雨水栽插情形，臣于五月十一日具折恭奏在案。自五月初八九及中旬，省城缺雨。臣与督臣高其倬暨司道府厅州县副参游等官虔诚祈祷。五月二十四五以后，至六月初旬，屡得透雨，高低栽插俱遍，禾苗早者已将吐穗。目下雨旸时若，云南府所属十一州县，唯呈贡县雨水未沾足，栽插止及六分，其余州县俱好。迤东之曲靖、澄江、元江、临安、开化、广南、广西等府，俱各于五月早得透雨，六月雨泽均匀。迤西之武定府三州县，唯元谋县雨未沾足，低田已栽，高田尚在待雨，余二处俱好；楚雄府之六州县及黑、琅二井，六月上旬、中旬得雨已足，低处已栽有七分，高处得种杂粮，以资民猓之食；姚安府之大姚县，直至六月十七、十八、十九得大雨方足，尚在劝民栽插，姚州及白井俱好；大理府之七州县，唯云南县六月得雨虽足，栽种止有七分，宾川州雨未甚足，栽种止有六分，其余俱沾足遍栽；鹤庆、丽江、永北、蒙化、景东、顺宁各府俱沾足遍栽；永昌府属，六月初旬得有透雨遍栽，腾越州地处极边，据报称雨泽匀调，农事无误。臣合计，全省雨泽共有九分。云南天暖，九月、十月无霜，七月、八月尚可种荞，民少彝多，彝人全食苦荞。雨少之处，即入秋得雨，种荞亦不忧于无收。唯在九月、十月间，天气晴朗，禾谷登场入室，则父老含哺，妇子盈宁矣。省城米价，每一京石，上者壹两壹钱贰叁分，次者壹两柒捌分。其余各府有壹两以外者，有玖钱以外者，有不及玖钱者，大约无比省城更贵之处。伏乞皇上睿鉴。臣谨奏。

**朱批：** 知道了。

（《雍正朝汉文朱批奏折汇编》第一辑，第 625～626 页）

## 113 云贵总督高其倬《奏报遵旨已将中甸留兵及
## 撤台之处移咨年羹尧斟酌折》
雍正元年九月二十日

云贵总督臣高其倬谨奏：为钦遵圣谕事。

窃臣前奏备兵一折，奉到朱批，臣谨遵圣谕，一切预备调遣，与年羹尧商酌而行。现在已将中甸留兵及撤台之处移咨斟酌。至应料理之事，臣竭尽心力，断不敢推诿膜视。谨将遵行情节具折奏闻。谨奏。

**朱批：** 中甸留兵之筹画甚当，业经有旨命郝玉麟亲往驻扎。今丑虏罗卜藏丹津无知背叛，西海正有事，一应粮饷兵马，尔须悉心料理。路途甚远，若逐件请旨而后措施，恐误机宜。或与大将军年羹尧咨商而行，或一面举行，一面奏闻可也。但凡关西海军机事务，悉通知年羹尧，彼此照应，庶不致两相乖迕。其兵马、粮草等项，概当预为备足，以候调遣。通省营伍，尤宜晓谕该将弁等各各加意，及时训练，不得少忽。特谕！

（《朱批谕旨》高其倬奏折）

## 114 云贵总督高其倬《奏闻土司承袭情节折》
雍正元年九月二十日

云贵总督臣高其倬谨奏：为奏闻土司承袭情节事。

窃查云贵两省土司承袭之事，皆有规礼，上下各衙门往往借文结之舛错，假驳查之名，为需索之地，故事多迟滞。而土司亦习为故常，每遣头人串通棍蠹，行贿营求，经年住居省城，名为"打干"，所费银钱皆两倍三倍派之夷民，故夷民之苦累倍于内地百姓。（**夹批：** 土司承袭种种陋弊，朕所素知。汝今据实一一奏出，殊属可嘉。）臣目击此种情形，已将土司陋规俱行裁革，属员需索通行严禁。抑臣更有请者，土司系边鄙之人，通达文义者少，凡所送承袭文册图结，书写多有舛错，有司借此需索，驳回查改，一字之讹，经年不结，驳回数次，则迟数年。此端不除，弊窦终在。臣再四熟思，合无仰恳圣恩，稍为变通。嗣后，土司所送文册等项之内，如有世系嫡庶舛错不明者，仍行驳查。其数字小小舛错、无甚关系者，免其驳换，容于疏内代为声明送部。（**夹批：** 免其驳换，是当之。至向后遇此等事，但于疏内声说明白，朕俱谕部从宽。）庶承袭之事易结，而指索之弊亦除矣。因与旧例不符，臣谨缮折，奏请睿鉴。谨奏。

**朱批**：破除积年弊窦，此奏甚好！

（《朱批谕旨》高其倬奏折）

## 115　云贵总督高其倬《奏报清查裁禁云南公件折》
### 雍正元年九月二十日

云贵总督臣高其倬谨奏：为奏闻清查裁禁云南公件事。

窃查云南各州县，于火耗之外历来有名曰"公件"一项，取之于民间，随事收派，甚为民累。巡抚杨名时到任之后，令州县开单呈查，斟酌裁减，俾州县遵照，不许此外多取，比之从前，颇为轻减。但臣与抚臣熟商，州县之地方辽阔，一时耳目难周，州县开单之时，未尽据实，或有杂税出息已足以养廉，不行尽数开出者，或有将数目浮开预留裁减之地者；再各员居心做官人各不同，谨慎遵守固多，（**夹批**：少有。）阳奉阴违者亦有。（**夹批**：颇多。）臣现与抚臣一一详细清查，其阳奉阴违、多行派取者，立即严参拿问，以惩贪墨。（**夹批**：革黜贪官污吏，最为地方要政。若欲参一官又虑其父兄子弟怀恨结怨，畏首畏尾，岂只知有国而不知有身之公忠大臣耶？贪虐之员，汝等姑容一日，百姓一日如在汤火中。念及此，须当秉公竭力，整饬一番。）其杂税出息已足养廉者，将公件一概全革。其开数浮多者尽行裁减，查清一处即办一处，现在料理。此内惟有钱粮甚少之州县，火耗甚微，又无别项出息，用度实属不足。不得不仰恳圣恩，于详加裁减之中斟酌量留，以为养廉之资。臣谨据实奏闻。谨奏。

**朱批**：似此细微处，朕安能代尔等逐一指示？尔等封疆大吏，但肯屏除私心，进贤退不肖，举错合宜，不数人而官箴严肃，吏治洁清矣。若一味宽厚容隐，以博取名誉，不过全身苟禄而已，实属辜负朝廷之任用也。今云南岁需协济帑金三十余万始敷支销，如果督抚实心任事，为国计民生周详筹画，将官吏之侵渔各项尽情搜剔，酌盈剂虚，即滇省已自敷用，奚必远借他省之助？然必正色执法，毫无假借。非左瞻右顾，欲为从前讳饰者之所能。设或因此反致加累百姓，则又与朕意大相径庭。况尔于此任未久，纵有侵渔各项，率系前人之咎，与尔无涉，何须代为遮掩？自兹以往，实力奉公，定蒙鉴照。仍复因循故步，亦难瞒朕耳目。倘另遣人来振作一新，民无滋扰而国计增饶，彼时尔何颜以对朕耶？殊非"臣等岂不愿为，只缘才力实有未逮"等语所可支吾者也。接谕后，当与该抚率同道，共相讲求，如何甄别属员之贤愚，如何兴除地方之利病，殚心竭虑，彻底图维，方副朕励精求治之意。勉之！尔暨杨名时洁己有余，奉公甚属不足，亟宜互相提撕，黾勉可也。

（《朱批谕旨》高其倬奏折）

## 116 云贵总督高其倬《奏闻训习本标兵丁子弟折》

### 雍正元年九月二十日

云贵总督臣高其倬谨奏：为奏闻训习本标兵丁子弟事。

窃查臣标兵丁之子弟闲散者颇多，平时不免游荡多事，及至顶补兵粮，弓箭、鸟枪俱未熟习，必得再加教练半年、数月之久，方可入队差操。臣思维整顿之法，今将五营兵丁子弟亲行看验，除有田务生理及年幼尚小者不挑外，将十五岁以上者挑选三百名，分为五样，稍聪敏者令其读书，兼学弓箭；身材壮健者，或弓箭，或鸟枪，或藤牌，认学一样；身量太小者，令学弓箭匠、铁匠、鞍匠。（**夹批**：武途仍只讲武为是。读书识字，观听虽美，徒致文既不成，武亦不就，有何用处？毋听书生迂腐闲谈，而空为沽名钓誉之举。）将臣亲丁钱粮拿出，每人每月给与五钱至三钱不等。此内如有挑补兵丁者，再将幼子挑补，再派分发年满千总管理学习，臣亦时加亲看，以稽勤惰，庶兵丁子弟不致任意游荡，而技艺亦可熟练，顶补之时不用再行教演。臣谨将情节奏闻。谨奏。

**朱批**：此亦预行操练之一道。甚好！件件悉如是料理，何愁通省不治？

（《朱批谕旨》高其倬奏折）

## 117 云贵总督高其倬《奏报酌量撤回驻藏官兵情节折》

### 雍正元年九月二十八日

云贵总督臣高其倬奏：为奏闻事。

窃现在驻藏之满汉官兵已经撤回，又留四川官兵驻扎叉木多，以通西藏声息。云南原安之瓦河一带台站官兵不相接续，应行撤回，以省烦费。又中甸为云南边外藩篱，通藏要路，原有驻防兵丁二百名，又加臣折奏添驻兵丁三百名，足资备御，其原驻阿墩子之官兵亦应议撤。臣会商川陕督臣年羹尧，意亦相同。臣将瓦河一带台站官兵令其撤回，阿墩子驻防官兵二百名之内，酌留千把一员、兵四十名，看守存贮米石，其余亦令撤回至阿墩子。中甸传送信息，即于驻防中甸兵丁内酌拨安站，以供递送，无庸另设。所有酌量撤回情节，臣谨具折奏闻。谨奏。

**朱批**：目下情形又非春夏之比矣。应作何更改、防备，接应西藏，尔与年羹尧再行会商，相机酌宜而行可也。

（《朱批谕旨》高其倬奏折）

## 118　云贵总督高其倬《奏参前署云贵总督张文焕折》
### 雍正元年九月二十八日

云贵总督臣高其倬奏：为查参事。

窃云南盐政，臣现在会同彻底清查。兹据驿盐道李卫揭称："前署总督张文焕，除得去盐规银二万三千三百余两，又向被劾驿盐道沈元佐要去捐纳加添银一千二百两，程仪一千两，又临行勒索那动盐课一万两；又委原任富民令柯巨署理黑井提举，索酬谢银一千二百两，致亏额盐二百六十万斤；又委姚安府通判沈允升署理云南县事，止图谢礼，致亏盐课六千余两；又勒索升任蒙化府同知李敬熙动盐课银三千六百两；又因未揭原任云南令龙文玉，讹去大理府知府程珩银四千两，又因大计，勒索数千两，系将太和县谷价、盐课垫交；又闻临安府知府王倜少仓谷等项，亦系大计勒去；又每季生日，收大姚令吴绳武杯、缎规礼过多，致亏盐课五千余两。署总督张文焕种种苛索，以致云南元气损伤，俱系孙姓堂官经手，孙堂官额外索取入己亦有数万之多，应将张文焕发滇追赔。但张文焕曾为大臣，或请将伊子及孙堂官发滇质讯，令其照数尽力赔补。"开报前来。

臣查张文焕身任封疆重寄，理宜洁己率属，似此多端需索，致亏课额，虽已经休致，法难徇纵。请将伊子及孙姓堂官发滇质讯明白，将伊身及孙姓堂官所得追出赔补，庶课帑易清，需索者知警。臣谨据实具折请旨。谨奏。

**朱批**：照该督高其倬所请，将张文焕之子及孙姓堂官拿送云南审明，定拟具奏。该部知道。

（《朱批谕旨》高其倬奏折）

## 119　云南巡抚杨名时《敬陈盐课交盘情形折》
### 雍正元年十月初九日

云南巡抚臣杨名时谨奏：为敬陈盐课交盘事。

窃照云省盐课，俱据盐道详册报销。各府州县挂欠课项，其间多辗转交代，官经屡易，或系历年民欠，或系康熙五十八年进兵定藏以来借动应办军需。臣到任后，除将私自动帑之员查参外，其欠课有因之府州县，凛遵立法弥补之谕旨，令其逐渐完补，于奏销康熙五十九年、六十年盐课，只据道详完欠分数具题。臣于属员节礼等项概不收取，令得垫补欠课，兼自臣到任后不加煎余盐，饬将余卤所出之盐，令府州县官备价赴井平买，严禁其压散烟户，量于可多销之处行销，以所得赢余补前欠项，务期于库帑官灶均有实益。原任盐道沈元佐专利营私，阳奉阴违，多方欺饰，以致欠项难清。参革之后，一年以来，合计节年旧欠，作完未完并康熙六十年已参未完银两，除护道蔡起俊征完外，今据新道李卫册开，易催银三万八千余两内，已征完八千六百余两，难催银五万五千余两内，已征完四千九百余两，共尚未完银七万九千余两，现在催追，并酌议完补。兹新道李卫接护道蔡起俊交盘，逐一清查，据实详报到臣。

臣查该道文册，虽与交盘成例不合，但经彻底查出，庶嗣后朦混、推诿诸弊可杜。其蔡起俊交盘缺项，若循照往例，其中原由可将余卤煎补之项，今议自雍正元年为始，余盐归公，总算伊所缺项，无从抵补，自愿认赔贰万捌千肆百余两，于雍正贰年伍月奏销前完一半，拾月全完。臣从钱粮易楚起见，仰恳圣恩，念其随师进藏，著有劳绩，准其认赔。又臣钦遵皇上"凡事据实好，不可粉饰"之谕旨，不敢循照交盘旧例，自蹈瞻顾之咎。其从前据道详册奏销交代，臣亦难辞处分，伏乞圣慈鉴宥，臣不胜悚息待命之至。

再臣等奉旨查盐、铜二项，现发司道等官彻底清查酌议，俟详到后，另行具奏。合并声明。此折系交进冬至贺表，承差赍捧进呈。臣谨奏。

**朱批**：知道了。

（《雍正朝汉文朱批奏折汇编》第二辑，第94～95页）

## 120 云南巡抚杨名时《恭报秋成分数折》
### 雍正元年十月初九日

云南巡抚臣杨名时谨奏：为恭报秋成分数，仰慰睿怀事。

窃照云南入夏以来，迤东之曲靖、临安、开化、元江、广南诸郡，五月中早得透雨，以后雨水匀调。迤西之楚雄、姚安、大理、蒙化诸郡，六月中方得透雨，以后雨水亦调。兹届场功将毕之期，查各属收成，云南府十一州县，有九分、八分、七分不等；曲靖府五州二县、临安府四州五县、澄江府二州二县、广西府二州、武定府二州一县，有九分、八分不等；元江府、开化府、广南府，俱有九分。此迤东收成分数也。楚雄府二州四县、姚安府一州一县，得雨虽迟，入秋天暖，诸谷成实有收，俱及七分；大理府四州三县，有九分、八分、七分不等，宾川州得雨甚迟，云南县雨迟，而地多高燥，此二州县止有六分，蒙化有七分；顺宁府云州、景东府、鹤庆府剑川州、丽江府、永北府、永昌府一州二县，得雨比楚姚、大理为早，俱八分有余。此迤西收成分数也。迤东收割已毕，迤西须至十月中收割方完，各处民间妇子获享有秋之乐。目下省城米价上米每京石一两六七分，次米一两二三分，此外各府有九钱八钱上下不等。理合据实缮折具奏，伏乞皇上睿鉴。臣谨奏。

**朱批：**知道了。

（《雍正朝汉文朱批奏折汇编》第二辑，第95~96页）

## 121　云南巡抚杨名时《奏谢圣诲折》
### 雍正元年十月初九日

云南巡抚臣杨名时谨奏：为恭谢圣诲事。

窃臣奉到皇上朱批谕旨，敬谨展观，捧读玩绎，悚息之余，不觉神开意豁，昭若发蒙。圣心公溥，皇言正大，爰窥睿学渊深。臣伏见唐虞洙泗，以中字传心，以过不及为戒。帝王圣人谆谆训迪，只求一是字。先儒云：好名与好利，虽有清浊之不同，其为私心一也。有分辨、不苟取谓之廉，非以不取为廉。皇上之谕，无非经书中精义至教，洵臣下可永遵而无弊者也。臣等任封疆者，必仰体圣衷，服膺圣诲，不立偏见，不矫激沽誉，仰体皇上欲臣民均足之心。臣等亦以属员、百姓均足为心，无或偏拥累下，方不负惓惓谆谕至意耳。臣不胜欢欣感激，凛奉遵行，敬具折陈谢。谨奏。

**朱批：**朕前谕尔之意，谓廉且不可为，而况贪乎？事事惟公平真实是务，内外上下毫无隔阂偏枯，则和气盈溢于两间，宁犹虑天下不治平，蒸民不乐业耶！我君臣当共勉之。

（《朱批谕旨》杨名时奏折）

## 122　云贵总督高其倬《奏报云南营伍情形折》
### 雍正元年十月二十六日

云贵总督臣高其倬谨奏：为奏闻云南营伍情形事。

窃查营伍之中，空粮是一大弊。滇省各镇、协、营，其中居官好者俱无空粮，然十分之中有者居半，但多少不等耳。臣近经查出，原任永顺镇总兵卜应奎侵占空粮九十三分，原任楚姚镇总兵刘俊杰六十分，病故临元镇总兵林国贤三十分，现任开化镇总兵闫光炜二十八分，元江协副将吴开坼二十六分，其余有十余分及八九分、六七分不等，共五百二十余分，尽令补实。此外，恐耳目不周，尚有隐漏者，臣已知会新任提臣郝玉麟彼此细查，随查随补。至于马价银两，亦有扣留一二分，臣俱已查令给与。此臣现今清查情节。

然云南营伍尤紧要者，臣看得兵习稍惰，兵气微骄，此处尤要留心，上紧整顿。（**夹**

批：好！）目今郝玉麟已蒙恩放授提督，新放之总兵杨天纵、张耀祖，臣闻二人做官俱好，臣仰乞皇上将二人勿调他省。（**夹批：一切处久任方与地方有益。二人此后大约且不迁移矣。虽然遇有紧要缺出，则又当裁酌。总仰赖上天慈佑好官，俱令福寿绵绵为望耳。**）再现任永北镇总兵马会伯，亦是一好官，现在陛见，亦求皇上勿调别省。臣与诸臣竭力协心料理，务期营伍与前不同。（**夹批：如此方是。**）

现在臣将本标兵丁亲看训练，分别优劣勤惰，即当众赏罚，不敢间断，以为通省倡率。外营兵丁，严查将弁，令其训练，不容偷安。但整顿营伍源本，先在整顿将备千把，将备千把平日做官不足服兵丁之心，先自软怯，管教自然不严，兵丁自然玩揭。（**夹批：斯论通极！是极！**）无如从前，上司保参将备，拨补千把，不论官声人才，但凭馈送，难以责其整顿。臣惟有细加甄别，其好者已有保题之例，（**夹批：甚是。**）务将不肖之员参惩数员，（**夹批：甚好。**）则各官知警，官弁清正，兵丁自日就整肃。除副将以下容臣查参，原任总兵卜应奎、刘俊杰已在圣明洞鉴之中。（**夹批：已罢斥矣。**）现任开化镇总兵闫光炜，（**夹批：亦行黜退。**）既有空粮，居官平常，近又有擅给戏役张贵生牌票，纵拿客民致死人命一事，现在查审，臣不敢隐庇。（**夹批：好！**）此系现在云南营伍情形，臣谨据实奏闻。谨奏。

**朱批**：此奏甚属可嘉，如是方合朕意。尔向日之居心、为人，朕虽不深知，然大概亦有所闻。才品老成，操守亦好，但嫌过于谨慎，偏于善柔耳。总督之任，统率文武，必须刚方风厉，为人所凛畏，庶几于事有济。宽仁劝导，善良者固可感化，而邪恶者反致藐玩妄作。若稍严峻，贤者自不为非，而不肖者亦多敛迹，利莫大焉！今当军兴之际，百凡需放胆，勇敢为之，不可畏缩因循，以图自了。果能但知有国而不知有身，上苍自必加佑，神明定当默助，纵遇危难，终归吉庆也。倘或瞻前顾后，外则徇人，内则惜己，百私交杂于寸衷，众务差谬于千里，及至事败名隳，身不自保矣！人莫能援矣！夫复何益？朕虽不谓上等圣明之君，亦不为庸愚下流之主。尔等既遇知于此时，要当吐气扬眉，明目张胆，上以报效朝廷，次以垂芳竹帛为务，一切总倚托朕躬而为之，胡禁不止，曷令不行耶？计不出此。而狐疑畏懦，甘心自弃，岂不深可惜哉。勉之！思之灯下，所书字画潦草，莫哂。

（《朱批谕旨》高其倬奏折）

# 123　云贵总督高其倬《奏恳圣恩调补副将折》
## 雍正元年十月二十六日

云贵总督臣高其倬谨奏：为恳恩调补中军副将事。

窃臣标中军副将胡亮病故，业经具题在案。臣仰荷圣恩，统辖两省官兵，料理营伍，先从本标为始。中军副将一官，上则帮助微臣，下则表率五营，尤须得人。查云南腾越协副将孙弘本，虽弓箭不为出众，然老成勤敏，办理营伍事事尽心，自到腾越以来，兵丁感畏，声名甚好，近因调升，臣已具疏题留。但腾越固属边地，而中军副将一缺尤为紧要。伏乞皇上恩准将孙弘本就近调补，于标营有益，臣亦得收指臂之效。谨冒昧缮折请旨。谨奏。

**朱批**：照依所请调补。该部知道。

（《朱批谕旨》高其倬奏折）

## 124　云贵总督高其倬《奏报盐道李卫赴井亲查盐务情形折》
### 雍正元年十月二十六日

云贵总督臣高其倬谨奏：为奏闻事。

云南盐、铜二事，奉旨交臣会同查奏，臣与抚臣杨名时及驿盐道李卫已彻底逐一详细查清。据该道向臣等云："各井盐务事体情由虽经查明，但九井地方情形，若不亲到查看，恐尚有遗漏及调剂不甚切当之处，必得亲去查看详细，方敢覆旨。"臣与抚臣意亦与之相同。驿盐道李卫已于十月二十四日，前往各井亲查，十一月尽间即回，俟回时即会同详细折奏。所有情由，臣谨具折奏闻。谨奏。

**朱批**：知道了。李卫是一出色好员，尔等宜极加爱惜而委用之。

谕云贵总督高其倬、巡抚杨名时、提督郝玉麟等知悉：顷呼呼脑儿罗卜藏丹津兴兵背叛，侵犯西宁边界之申中堡，被我兵击败。呼呼脑儿既经叛逆，不可不行防御。尔滇省沿边内外俱系番夷杂处，且中甸系新抚地方，罗卜藏丹津妄称系伊所属部落，差人往诱，抑或遣兵招纳，俱未可定。前次进师取藏之时，原任提督张国梁曾带兵扬威，驻扎中甸。今宜保固边境，将附近兵马酌量调拨郝玉麟带往中甸，扬威驻扎。倘遇罗卜藏丹津所遣之阿奇巴图鲁、寨桑带兵在彼，务期剿擒净尽，以安彼处番夷人等之心。作速料理，毋得迟误。特谕！

（《朱批谕旨》高其倬奏折）

## 125　云南巡抚杨名时《奏报升授湖广按察使广南府知府蔡起俊交代已清给凭赴任折》
### 雍正元年十一月初六日

云南巡抚臣杨名时谨奏：为奏明事。

窃臣看得广南府知府蔡起俊奉旨升授湖广按察使，因其知府任内交代迟延，未得即赴新任，入秋后，又报在省患病。今据藩司毛文铨详称，病已痊愈，广南府知府交代已清，请示给凭。等因到臣。

臣查蔡起俊护理驿盐道任内，有情愿认赔银二万八千余两，限于雍正二年十月全完，经臣奏明，蒙圣恩允准在案。今广南之交盘既清，且系奉旨超升之员，臬司关系紧要，臣谨奏明，一面令藩司即给凭，令其赴任，伏乞睿鉴。谨奏。

**朱批：**知道了。蔡起俊若非进藏曾效微劳，岂能邀朕如此优容？遇便寄字，劝伊改过自新，勉图上进。若仍循故辙，祸不旋踵也。

（《朱批谕旨》杨名时奏折）

## 126　云贵总督高其倬、云南巡抚杨名时《奏报官兵起程出口日期折》

### 雍正元年十二月二十日

云贵总督臣高其倬、云南巡抚臣杨名时谨奏：为奏闻官兵起程日期事。

雍正元年十二月初七日，准兵部咨："雍正元年十一月初三日，怡亲王舅舅隆科多捧出旨意，一封给发云贵总督高其倬、巡抚杨名时、提督郝玉麟钦遵。"等因。邮递赍捧到臣。臣即会同抚臣杨名时叩头跪读，专差赍捧送提臣郝玉麟钦遵。今提臣带提标兵丁一千名，调附近鹤丽镇兵二百名、永北镇兵二百名、剑川协兵一百名，酌量配给马匹，借支银两，定于十二月二十一日起程，合现在中甸之兵五百名，总共兵丁二千名，遵旨扬威驻扎，严密防查。如罗卜藏丹津遣人带兵前来，即行剿灭。如遣人暗来招诱，即行擒拿。其中甸已有臣等预运米二千余石，剑库亦有预贮银五万两，足供支给，不致迟误。

再臣高其倬亦备兵三千名，俱已整齐，稍有声息，即亲身带领策应。

所有提臣郝玉麟带兵起程日期，谨具折奏闻。谨奏。

**朱批：**览。所料理处已可谓妥协，但带兵策应之说则属差谬，即或有接应郝玉麟之事，只宜酌委总兵、副将等员前往。尔总督两省，膺封疆重寄，嗣后偶遇类斯小事，辄轻身妄动，断乎不可。军粮各项，自应于文职中派一大员总理。至于督兵，概当责之总兵等官，方为合宜。此奏大不是矣。前者马会伯来京陛见，朕因伊弟大同总兵马觌伯领兵急于就道，故暂命往大同署理印务。今此缺即经得人，已降旨令伊驰驿旋归永北本任矣，尔无庸为此计虑。

再者，发来补用府州县人员，系就应升应选之内拣其明敏精壮者遣往，非朕深知灼见之人，亦非廷臣知而保荐者。或恐此辈自以为系朕亲拣，肆志妄为，尔等又以为朕所特遣，有意包容，则与地方民生大属无益。倘或此辈居官少有苟且不职处，负恩自弃，莫此为甚，更当执法参处，毋得稍存姑息。至其中有廷臣所请托者，尤宜察其吏治，如果奉公尽职，请托何妨？但尔等为朕倚信大臣，当将请托之员某系廷臣中某亲友、故旧并其官声优劣，一一密奏以闻，朕断无泄露一字之理。果能如是，实心察吏，朕之见重，曷有涯量耶！君臣要当一德同心，不啻父子之互相亲爱，须彼此真实感契，方有一体相关之效也。细绎此谕，揆其义利，审其轻重，勉而行之。特谕！

（《朱批谕旨》高其倬奏折）

## 127 云贵总督高其倬、云南巡抚杨名时《奏闻中甸情形折》
### 雍正元年十二月二十日

云贵总督臣高其倬、云南巡抚臣杨名时谨奏：为奏闻中甸情形事。

窃云南提臣郝玉麟遵旨带兵驻扎中甸，起程日期臣另行具奏外，查中甸为云南西面藩篱，向系丽江土知府木氏所属之地，自吴逆驻扎云南之时，遂任听西海占去。近来虽经招抚，从前地方大吏因循含混，（**夹批：** 知此四字之谬而力行矫革，何事不克办集耶？）未能如四川之里塘、巴塘料理明白，显令归属，故彼地犹猱仍以为系罗卜藏丹津所管，心怀两岐。其地所产铅子、竹箭、弓面、鞍板、鸟枪、壳子，皆军器所需，又每岁纳银一千三百两，麦二三千石，除供给中甸喇嘛之外，（**夹批：** 此种喇嘛殊可痛恨。）存剩者汇解与罗卜藏丹津。去年，臣甫经到任，未能深知。今年以来，臣与郝玉麟遣人严行查禁，银两分厘文不令解往，即竹箭等物亦俱不许出境。（**夹批：是极！**）中甸统属之地有小中甸、果罗湾、格咱、泥西四大处，其余小村寨颇多，人民共五千七百四十三户，管理地方者有营官二名，神翁四名，列宾十七名，每列宾之下管马兵五十二三人，步兵无定数，又有喇嘛一千余人，内有堪布一名，系其总管之人，凡事皆营官料理，营官又听堪布之言而行，与呼呼脑儿遥通声息。我皇上特令提督郝玉麟带兵驻扎其地，万里之外睿照如神。臣与提臣商酌，趁此驻扎，即将中甸抚定，明白收归云南，于势甚便。（**夹批：** 此一变，乃转祸为福之枢纽，实深感上苍湛恩于无尽。趁此机会，与年羹尧悉心商酌，务图久远之策，以永奠边圉可也。）臣等谨一面具折奏闻，并遵旨通知大将军年羹尧，一面料理。其料理情节，容臣陆续具折奏闻。谨奏。

**朱批：** 览。所论奏悉合朕意。封疆重务，料尔自能办理。然同侪共事，切戒争功。勉之！慎之！再者，杨名时，闻人言伊办事糊涂，且涉迂腐，亦有言伊操守中平者，且有赞伊才守兼优者，纷纷不一。据尔所见，以为何如，从实奏朕知之。倘值紧急事务，不致贻误否？毛文铨，朕用为贵州巡抚矣，尔意更以为何如？滇藩一缺，尔有所知胜任之人乎？他省现任藩司中对调不可，新任臬司亦不可。此外如有所知者，具奏以闻，朕即允准，命来助尔料理钱粮事务。密之！所奏铜盐两折留中，候发廷议。

（《朱批谕旨》高其倬奏折）

## 128　云贵总督高其倬、云南巡抚杨名时 《奏报拿获鲁魁贼目情由折》

雍正元年十二月二十日

云贵总督臣高其倬、云南巡抚臣杨名时谨奏：为奏闻事。

窃查云南鲁魁一山，接壤哀牢，联络千里，形势险阻。其内各种夷人甚多，强横者乘隙四出抢掠，索取保头钱，杨、方、普、李四姓为其头目，议剿则潜匿无踪，稍懈则复行窃发，为滇民之患，匪朝伊夕。康熙二十七年，总督范承勋因其猖獗，曾委临安府知府黄明、临元总兵马山招抚，贼首杨宗周率夷目普为善、方从化、李尚义等投诚，题请将杨宗周授以土县丞，其余三人准袭土巡检，令其出具甘结，把守隘口，在新平、元江安插，彼时虽似稍有约束。此后伊等子孙分居各寨，各聚人众，分地讨保，亦不听其土官约束调管。民间畏其记仇，宁受苛敛，不肯告官，而江楚棍徒亦间有假装野贼吓取财物者，近山之处俱受其害。臣到任之后，亟思惩创整顿，因形势未审，伊等又现未有行迹，故不遽为剿捕。

兹于本年十月内，据元江府报称：有方从化后人方景明，伙同普阿黑、普有才、李三斤、普白睑、方四、李簚巴，各率猓夷共数百人，蜂拥持械，将元江地方之猓目施和尚并伊侄施糯片之寨房焚烧一空，将和尚杀死。臣查方景明等虽口称伊等与施和尚有仇，系夷人仇杀之事，但聚众不散，惊扰居民，且此数人皆积年讨保之恶目，若不拿获，地方终不宁谧。臣一面商之抚、提二臣及司道，一面遣游击李化龙、守备杨洪绪，带兵三百名；又杨、方、普、李四姓内，惟土县丞杨世恩不与伊等同谋，因令杨世恩亦带土兵三百名，随李化龙等由新平前往，游击南天章、守备曹士贵、张雄带兵四百名、土兵二百名，由元江前往，于十一月初二日直抵巢穴，克其黑白苴、阿古竜、暮弄、普计冈、舌子竜五寨，伊等不敢抵敌，逃入深箐。臣又访得猓目方盛明、普阿路与贼通气，臣饬将弁将方盛明、普阿路拿禁，搜山追拿方景明等，伊等躲藏不住，又奔至土夏猓目陈阿巴寨内。臣令将弁将土夏隘口各处堵住，刻日搜拿。新任临元镇总兵杨天纵甫经到任，(夹批：向闻此人甚好，今果然矣。)即尽心相助，遣伊标员带兵，由司陀司深入，断其要路。恶夷等知无处可走，随有方景明、方四、普白睑、李簚巴至元江协投出，普阿黑、李三斤尚中途逡巡。署元江协游击徐成正随谕方景明等，若普阿黑、李三斤不来，你们也不用来，可仍回去，（**夹批**：此一着深合机宜。）官兵自能搜擒，不怕拿你们不住。方景明等再四叩头，伊随着人到普阿黑处，普阿黑、李三斤随亦来投。伊等六人，共带来猓夷三百二十六名，并马匹、甲械、鸟枪、弩炮、火药等件，该游击亲身押解，不日到省。（**夹批**：甚属可嘉。）

查此辈既获，则元新一带讨保头钱之大头目已获十之六七。此次汉、土弁兵口粮、赉赏之项用去无多，系盐驿道李卫捐出赢余抵补。（**夹批**：此等应用之项捐助，朕殊不喜。当动用库帑，题明开销为是。）官兵之内，中途受瘴者二十余人，令回元江将息，内惟守备张雄及兵丁三人病故，臣已经捐赏。（**夹批**：尔虽捐赏，何可作为国恩？似此例应议叙赏劳者，俱当具题请旨以鼓励。将来举凡在事兵弁皆一一查明，候朕谕部，以军功议叙。）惟普有才、陈阿巴潜匿未出。据夷人供称：带着三十余人，普有才逃往镇沅土府、威远土州去了。又施糯片亦系讨保之恶目，此三人，臣务必设法拿获，（**夹批**：如此方为实心任事，不忝封疆重寄也。朕实嘉汝之至。）并现获方景明等，分别处死、永禁，其尤恶者，押到原处正法，以警猓人。目今破其巢穴，获其头目，正可就此整顿料理一番，以清讨保之积弊。一应事宜，容臣详酌另行具奏外，谨将获贼情由先行缮折奏闻。谨奏。

**朱批**：览奏俱悉，嘉悦之怀，笔莫能尽。

（《朱批谕旨》高其倬奏折）

## 129　云贵总督高其倬、云南巡抚杨名时
### 《查奏铜斤利弊情形折》
雍正元年十二月二十日

云贵总督带革职留任效力行走臣高其倬、云南巡抚臣杨名时谨奏：为遵旨查奏铜斤利弊事。

云南铜务，经廷臣条奏，部议，行令臣等查奏，奉旨："依议。"等因到臣。钦此。钦遵。

该臣等查，布政司毛文铨系曾经办铜之人，查铜之事应行回避。臣等亲身带同按察司张谦、驿盐道李卫、护粮道范溥、新委办理铜务广南府知府张允随，会查得云南铜斤一案，自康熙四十四年以前，通省银铜各厂俱系督抚各官私开，原未奏报，亦无抽收款项案册可稽，因事久显露，经前督臣贝和诺折奏，始委员分管，交广西、元江、曲靖、永北四府抽课充饷，每炼铜百斤，抽课二十斤外，又给管厂头人名为"厂委盘费"，另收小铜九斤，其中不无私自旺收肥己等弊。硐民即将所得之铜抵还官本，各厂铜色高低不齐，价亦不一，自三两八九钱至四两一二钱不等，名为"出山毛铜"，其课名为"铜

息"。自四十四年前督臣贝和诺报出之后，递年加增，尚无一定之额。至四十九年，征获息银九千六百二十余两，此后即为定额，凡铜厂俱系给官本开采。臣等以为，云南各银厂皆系客民自备工本煎炼完课，银铜均系矿厂工本，何以官私各别？细查，乃因凿矿之人日需盐米油薪、锤钻器具、麻线衣等物，而煎矿炼铜用炭过于银厂，件件皆须购买，惟银砂可以随煎随使。铜虽煎成，必须卖出银两，方能济用。况俱产于深山穷谷之中，商贩多在城市贩买，不肯到厂，必雇脚运至省会并通衢之处，方能陆续销售。若遇铜缺之时，半年一载即可卖出。若至铜滞难销，堆积在店，迟至二三年不等。硐民无富商大贾不能预为垫出一二年工本脚价，是以自行开采，抽课者寥寥。从前曾经部议，着多发工本，委贤能职大官员专管开采，息银可以多得等因。奉旨"依议"，遵行在案。此官发工本，召募人夫开采之所由来也。

云南铜厂，自定额以来即系借给工本，官开官收，又发脚价运至省会及通衢，盖房收贮，拨人看守，招商销售，完课归本，故有"官铜店"之名色。民间止知算还官本之铜，价四两上下，不知铜价之外所费尚多。每年定额铜息九千六百二十余两，皆出于铜内。此课额之项也。

又各厂近者五六站，远者十八九站或二十一二站不等，又非省内一处尽能销售，须分运至剥隘、沾益、平彝等处，以便广东、湖广商贩承买，论站之远近，雇觅牛马驮运，每百斤脚价自六七钱至一两八九钱、二两一二钱不等。此系铜价外运脚之项。

又各厂委人驻扎其地，专司承领官本，督率开采，更有客课长分领工本给发硐民，书识登记数目，及各项人等，皆须支给工食、灯油、纸张，并差役领本催运马脚盘费，各种杂用，亦系价外开销。再脚户多系彝猓，自赶牛马领运铜斤，多就山谷有草之处住宿收放，不住店房，图省草料。或径路熟习者，抄走捷近僻背小路，有被盗窃铜，无物可交，或牛马倒毙，弃铜逃躲；亦有奸刁之徒，将铜盗卖远扬，无可着追。而尤甚者，开矿硐民五方杂处，皆无业之人，淳良者少，领本到手，往往花费，竟至无力开采；亦有打硐无效，徒费工本；更有将打出之铜偷卖花销、悬项无交者，虽现在而赤贫，或逃亡而无着，悬项累累，名曰"厂欠"。此系铜价外亏折之项。

再各厂所出之铜，谅分不一，先镕成大饼毛铜交官，再加煎炼，或百斤内折去十斤、十余斤。而金钗坡一厂之铜，至折去二十四斤，方成蟹壳。臣等率同在省文武各官亲看煎炼，亦复如是。若寻常发卖毛铜，亦可销售。若用以鼓铸制钱，非炼成蟹壳，断乎不可。即前八省所买滇铜，亦系炼净，方可解部。一经煎炼，斤两既有折耗，人工炭火又皆需费。此系铜价外煎炼折耗之项。

以上，乃铜斤价值之原委也。

再查升任藩司金世扬，于康熙五十六年，以各厂开采年久，硐深矿薄，又兼附近山场柴炭砍烧已尽，厂民费本重大，获利无几，停抽课铜二十斤，委总商王日生尽其所出发价收买，归本完课。时值江浙洋船争票，洋铜缺少，又兼户工二部铜斤分交八省，委官承办，各顾考成，官商多赴云省购买，是以滇铜易销，官本易归。询彼时本地铜价，毛铜每百斤卖银十一二三两不等。查金世扬任内所办获铜斤数目无案存查，赢余多寡难以悬拟，请令贵州抚臣金世扬据实查奏，如有赢余，亦令归公。嗣后，系藩司毛文铨接管。自康熙五十九年五月起至六十年三月止，共办铜八十万九千二百六十斤，该司报明在案。臣等复行令将销铜获银数目查明去后，据藩司毛文铨详称："本司于五十九年二月内到任，因查出升司金世扬尚有厂欠等项未归工本银五万四千九百八十五两零，不敢接管。缘金升司系前督院蒋陈锡保举之员，强将存铜四十九万九千八百六十余斤作抵前项银两。又面谕本司，各厂有按年应完课息，你若不管，自当照数赔出，若再推诿，令总商王日生管理，仍旧发给库银开采。本司恐将来工本花费难归，不得已，挨至五月内方始经理铜务。至次年三月间止，共办出铜八十万九千二百六十斤。屡详改委，蒙委前粮道李世德管理在案。再藩库交代，尚有虚悬银六万两，除升司金世扬还过护理藩印劾道沈元佐现银一万六千两，转交存库，又借沈道盐课银二万四千两，俱移交本司，尚少银二万两。遂于本年四月十三日，以库帑虚悬等事，通详在案。蒙前院又将铜一十九万斤抵补银二万两，押令接受交监。原议，俟升司赍银到滇，取回原铜，至今尚未还银。但前项铜斤，更因洋铜渐多，八省办买又归并江浙，所以商贩不前，滇铜壅滞。彼时止卖过本司任内办获铜十万九千二百六十斤，仅足完课。本司又以工本不宜久悬，除升司作抵借项之铜一十九万斤外，将经手办出未卖之铜并接受金升司流交铜斤，添出脚价，发往广东，并预垫沿途过关报税之费，运至彼处变卖，以归工本。合算原价，共抵银一十六万一千四十六两零。如卖出之外有无利息，不敢悬拟。俟卖获若干，据实报明归公。此系积铜之原委，不敢隐讳。再查滇省钱粮，除存留开销外，每年止解藩库银十三万两有零，所出平头无多，留为养廉。尚有个旧锡厂，每年除报部锡税锡课外，其客人贩锡出滇，向系藩司衙门发给照票，每运锡二十四块，谓之一合，该商缴银四两五钱，每年可得银二千七八百、三千两不等，今后请归公充饷，伏乞转奏。"等因。具详前来。

臣等详查，藩司毛文铨接管铜务之时，果系滇铜壅滞。现有铜斤存贮广东未卖，除锡厂赢余应归公充饷，其铜斤催令卖出，据实报价，如有赢余，一并归公。自六十年正月内，巡抚臣杨名时到任之后，见管厂之官不敢给发工本采矿，硐民亦皆气馁志懈，目击情形，恐误课本，又值藩司毛文铨详请改委，随一面委令粮道李世德接管，一面请开鼓铸，以销积铜。部覆未准。续又请解积铜百万，以供京局。实为疏通铜斤，清完课本起见。荷蒙皇上睿虑周详，洞悉民生国计，钦奉谕旨，俾开鼓铸，从此积铜可销，课本易归，硐民亦皆鼓舞攻采。部文到滇之日，彼时虽销售颇难，而市价每铜百斤卖银九两有零。臣等详加核算，查李世德管理之后，另给厂委盘费，将小铜九斤一并归入铜店。伊自康熙六十年四月管起，至雍正元年二月终止，连闰共二十四个月，作为二年，共办获铜一百六十一万八千五百三十余斤。以此合算，各厂工本多少不等，牵配合计，每百斤该工本三两九钱四分，共工本银六万三千七百七十两有零，共课息银一万九千二百五十两有零，共脚价银一万六千五十七两有零，共役食杂用银一万四千八百五十两有零。李世德管理两年，共厂欠一万二千一百五十二两有零。又将毛铜炼成蟹壳，折耗不一，牵多配少，合算每百斤折铜十三斤，共应折铜二十万八千余斤，按费以九两一百斤算，该值银一万八千七百二十两有零；又炭火、人工银每百斤用银三钱，共该银四千四十两有零，实该每百斤值银九两二钱，故以九两二钱估奏，不敢浮冒。嗣因李世德病故，随委知府张允随管理，更换人役，逐一清查，于七八九月，陆续查出各厂漏隐毛铜共四十八万八千余斤。查此项铜斤，无一切用费，止除工本、脚价，约算，应余银一万九千五百二十两零，再除金钗坡等厂不收小铜外，又获各厂小铜八万三千五百一十余斤，除去脚价，约余银六千五百余两，二共二万六千有零，俟卖出之时，一并交归藩库充饷。

再各铜厂皆在深山僻远之处，耳目难周，各厂委、客课长，加旺秤收者有之，通同隐漏者有之，必管查严明，调剂得宜，则弊窦尽除，攻采踊跃，铜斤所出愈多，于钱粮有益。故管厂一官，最为紧要。从前粮、盐、永三道皆缺官，故臣等遴委张允随管理，具本奏闻。奉旨："盐驿道李卫，人去得，云南铜厂事务，著行文该督抚，李卫若可兼理，令其兼理，若盐驿道事繁，不便兼理，交与知府张允随管理。钦此。"户部移咨到滇。臣等查，李卫人去得，自到任以来，办理诸事件件详晰，且毫不存私，不徇情面，实系廉干之员，虽盐务甚繁，颇难兼雇，但铜厂当始行整顿清理之际，非贤员不克胜任，请令李卫总行管理。再张允随人亦勤慎小心，请令帮助料理，以分其劳，俾协力调剂，整顿一番，将作弊营私之厂委分别查革，其出铜大厂，派谨慎杂职经管，则铜务自日有起色。

再查张允随管理九个月，现共办获毛铜八十余万斤。以此而计，一年可得一百余万斤，除金钗坡等厂外，又可得小铜六万余斤，归还各费，一年约可获余银二万余两，归公充饷。倘一百余万之外，再能多得，及铜价昂贵，可以多卖，又一应各项内或有节省，所有赢余亦尽得尽交藩库。

又部议，令将厂硐悉听商民开采贩卖，公道抽收一节，臣等曷敢不遵？但反覆细思，若将现在有效之厂悉招人开采，止抽二十斤之课，计一年抽课仅能二十余万斤，除完课息、脚价各费，已恐不敷，何能济公？且鼓铸每年需铜百万斤，供铸亦难。合无请除现开之厂仍官发工本外，其余如另有初开者，听民自备工本开采，以二十斤抽课归公，余照条奏，以五两一百斤收买供铸，似属两便。庶攻采愈众，获铜愈多，嗣后如有隐漏营私，旺收误课等弊，臣等互相稽查，据实指参可也。为此，谨会同具折奏闻。

**朱批：**怡亲王、舅舅隆科多、朱轼、张廷玉议奏。

（《雍正朝汉文朱批奏折汇编》第二辑，第 432~436 页）

## 130 云贵总督革职留任效力行走高其倬、云南巡抚杨名时《覆奏盐务利弊情形折》

雍正元年十二月二十日

云贵总督革职留任效力行走臣高其倬、云南巡抚臣杨名时谨奏：为遵旨覆奏盐务利弊，并将查看情形分晰调剂，以疏壅滞，以便民食事。

该臣等会查得，云南盐务经廷臣条奏，部覆内开："盐务关系紧要。滇省远在天末，利弊难以周知，必须行令就近查明，斟酌妥议，方于国计民生均为有益等因，奉旨：依议。钦此。相应抄录原奏折子，行文云贵总督、云南巡抚。"等因到滇。

查通省盐务情由，巡抚臣杨名时等俱经折奏，臣等现在清查整理。兹奉前因，臣等随又转行司道，据实查明，并将应行调剂、条奏所未及者，亦彻底清查详报，去后，今据驿盐道副使李卫会同布按二司详议前来。该臣等查，条奏内开"督抚盐道在井加煎、在店加销私盐多于官盐"等语。查加销盐斤即系加煎所出，原非两端，只缘云省盐政与各省迥别，盐道与总商无异，各井汲卤煎盐，先须发薪本、工食，后责井官督煎，除每年报部开销及垫发所用工本、薪食等项外，尚有煎盐、运销、杂项之需，如巡役井兵汲卤、挑水、挂号、发店、车淡水、锯盐、看仓、抬送夫役及秤行包盐、打印并收盐等类俱有工食，仍有各种器具，如包盐之席索，汲卤之皮兜、木桶、绠篮、锅勺、戥秤、布包以及颜料、纸张，催运稽查人役盘费，并各井修理文庙义学、盐仓、井栏、栅栏等费，俱系煎盐卖价。除工本还库，余银发给前项，更有从前黑井灶户，因定额柴薪不敷，于灶困已极等事案内准外煎盐叁拾伍万肆斤，又各项役食不敷，于苦役枵腹等事案内加添盐陆万斤，白井帮灶盐叁拾陆万斤，琅井亦有帮灶薪本盐贰拾肆千斤，更有每百斤额盐之外，赏给各灶秤头叁斤，其阿陌井亦有帮灶盐叁万陆千斤，安宁等小井皆有秤头盐内赏准帮灶叁斤，均系交官卖获盐价，尽数帮给灶户，使其不误正课。凡此，皆属正课之外加煎加销之数，惟本省有案，从不报部。此外，多煎病灶，多销病民。近年臣等节经严禁，今并无其弊。

至所奏督抚道盈余，则系杂项取出，最多者唯黑盐之新井、白盐之沙卤，名色不一，恐奏折中难以悉载，惟有将应裁应留一字不敢欺隐，并部议所开各官养廉之处，造具清册送部查核，并将督抚道盈余及裁减归公另开总数，奏呈御览。

又条奏内称："盐道差役各处卖盐，小秤大戥，每斤贵至陆柒分不等，近井州县按口散盐，民困不堪，令招商民赴井纳课，于各府州县贩卖。"等语。今大戥小秤并压派烟户诸弊，于未奉部文之先久已禁革，无庸渎陈。惟招商一节，始亦以为盐乃商贾鬻贩之物，岂可令地方官经手，以重侵渔病民之弊？是以自盐道李卫抵任后，凡有具呈认商者，无不准行，着令交课发盐。不意领引到手，居为奇货，各处包揽，诓骗资本，所谋不遂，则逃遁无踪。即有一二能领盐数千斤者，俱系零星发卖。春季之额盐，既未销十之一二，而夏季之现银又无分厘，致令盐斤堆井折耗，误课累官。若准其先盐后课，势必花费成空，徒令该管之有司代受处分。倘遇阴雨连绵，商运不力，高抬价值，民又有淡食之虑。从前屡试皆然，详查事势，不得不先顾国课，次听民便，仍令小贩在各处总店分买发卖。倘有富商大贾先课后盐，亦听其赴井驮运行销，方免滋扰。查现在止有省城盐仓一处，系收发黑盐总汇，旧有盐道家人管理，于上年参革沈元佐之后，十月内，已改委佐贰官带领商人收发，今盐道循为成例永行。此外惟有琅、安十店，每处行销三五万、八九万不等，其中有利息者止新兴、建水、石屏三店，其余不过系属附近居民免致越境贩私而已，无多赢余。即将三店招商而诸店皆商人所弃，纵令有人愿充，亦难保先课后盐，四季不误。从前曾佥商人王兴、胡蔚承办，伊等二十人仅合本五千两，领盐赴新兴等九属销售，致亏课贰万余两，因革商归官，承办方始清完。此已行之前辙，故现今尚系盐道雇商，差吏书督销。除此皆系府州县收发，卖给小贩，并非道役各处卖盐，况通省地方辽阔，盐道何能遍及？

至于盐价之贵，实不同于别省可以齐一。云盐正课每斤自捌厘以至壹分伍陆厘，又吴逆加添至壹分捌玖厘不等，加以灶户支领薪本，又每斤捌玖厘或分半不等，是以出井之价已至贰分陆柒厘。脚夫背负又有运费，小贩转贩至各处又扣脚价盘缠，且要些须赚利，故迤东州县有卖至叁分伍陆厘及肆伍分不等。总因全省之地迤东、迤西各分其半，而盐井九处皆产，迤西虽安井一处离省七十里，然每年出盐仅叁拾余万斤，卤淡薪贵，价亦不贱，其余各井去省三五七百里至千里不等，又无水路可通，其盐俱在迤西行销，独黑井一处系驮运至省，秤收贮仓，发给小贩，搬往迤东二十余州县发卖，已属不敷民食，又兼和曲、禄劝、禄丰、元谋、富民、罗次近井六州县分去黑井之盐肆拾柒万捌千捌拾斤，更有开化、蒙自二处行销阿陋小井之盐不敷民食，亦将黑盐拨补，盐愈不足，且平成日久，生齿日繁，民多盐少，此迤东之所以价贵而有私食川盐之弊也。至于白井之盐，行于迤西地方甚少，余盐颇多，无商销售，系府州县代办，先盐后课，亏空累累，已于交盘案内题明在案。且外有河边土坑，所出沙卤盐百万斤，无地行销，盐多地少。此迤西之所以堆积误课也。若不斟酌变通而遽云平价，徒致盐本不敷，课饷亏缺，不得不虑。况各井课额、盐价不齐，断难画一。今查看各地方盐井情形，方知迤东之盐少地多，迤西之盐多地少，远年所定额数相承不改。其实今昔不同，必须逐加调剂，分拨均平，方为可久之图。即如迤西之云南县，旧有重兵驻防，彼时兵民共计，故定额每年销盐贰拾万斤。及后兵移永北，而盐额未减，又因去任各官俱将正盐停销，先卖余盐，压派烟户，征收现银入己，难完者开作民欠，现在堆积额盐叁拾余万斤，署官接受未几，难遽责以迟误之愆，此不可不设法疏销者。又有宾川州，除参出通判靳治邠亏空外，尚存盐贰拾余万，亦应分别带销，庶易完结。诸如此类，万难循途守辙，听其堕误。查白井之沙卤每年百万斤，业经折奏，委官查禁私贩，发官价收买，除工本、脚价外，卖存藩库，备地方公事之用在案。今已拣派布政司理问刘邦瑞办理，收获过盐贰拾余万斤存井。此项盐斤，今既归公，若不分地发销，恐久贮折耗。查近井之处，如和曲等六州县原销黑盐者，令其改食白盐，将此六处黑盐抵出，运省接济迤东。但黑井近而白井远，脚价稍多，竟将沙卤盐照依原奏每百斤壹两陆钱之数行销，虽脚价多而盐价轻，使小民得食贱盐，两有裨益。除此六处拨销肆拾柒万捌千捌拾斤，其余再令白井附近之姚州、大姚、广通、定远、云南五处原食白井额盐者改食白井沙卤，以百斤贰两定价，使官盐价贱，则私盐无利，自可杜贩私充斥、压派烟户计口授盐之弊。将此五处额盐替出，添发于民多盐少之楚雄府、蒙化府、赵州、太和县四处，所余盐斤改拨邓川州。查邓川向系云龙井分销之地，而离井太远，复山高路僻，运脚多而盐价贵，然距白井止计程叁站，亦照原额改行白盐，替出云龙井之额盐，则有原销云井、今不敷用之腾越州、保山县，可以拨补添销。再查昆阳州、三泊境一隅，向系专设县治，裁归附州，离安宁井仅十余里，反令额销阿陌井盐斤，脚价过安井数倍，是以食私误课。应令就近改食安盐，将其阿陌旧额拨往原销阿陌之开化府行销，犹有不敷民食之处，再将前经题明弥补署提举柯巨亏堕之只旧草溪井煎盐添补，与开化、蒙自二处行销。如此，则黑井全数尽归迤东，庶盐无缺乏，价无腾长，一转移间，而民食、国课均有裨益。

至于平价便民之处，自盐道李卫抵任之初，因见迤东各州县盐价昂贵，遂将黑井运省之盐每百斤减价壹钱，加脚壹钱，以盐道赢余银壹万伍千两补足，正额无亏，其余存藩库备公在案。加以从前用十斤秤头抵补之叁钱，是黑井运省运脚价实应卖叁两伍钱者，今只卖叁两，又外加小贩秤头盐十斤以为脚价，然较他省尚贵几倍，倘欲再减，则非亏正课，无可议减。臣等再四图维，查有元江府、新平县、普洱三处，不盐不课，所食之盐乃镇沅土府、威远土州按版、抱母等井所产，每年出盐约有叁肆百万斤。此地与景东、普洱接壤，前所奏买食苗盐之顺宁府、云州每年帮补白井课银贰千两者，即系彼处之盐，不但于此省南各府州县相去数百里者俱往私买，所以官盐壅滞，商民有具呈情愿于彼处煎盐办课者，及委官查看，虽江底颇有瘴气，然系与内地连界，皆湖广、江西客民盘踞，包纳土官之税，任其发卖内地。更有丽江土府盐井一处，所出数十万斤，该土官得价，典与武举劣矜煎卖。今丽江业已改土归流，应照景东之例，将此丽江土井发价赎出，交与新调知府杨秘，督令经历司姜际昌煎盐，在本处行销。其按版、抱母等井，应拣选州县佐贰、千把总各一员管煎办课，再委一贤能府佐贰官总理其事，照黑、白、琅井旧例，用余银招募井兵防护，兼可借以弹压边地，其土官量行赏给，所余银两除工本外，共计获利若干两，归入正课。将通省各井额盐价值，照土井增出之数酌量核减，则盐价可以稍平，而仍于课无亏。倘出息甚多，亦可添补兵饷。此系创始试行之事，不敢预定数目，俟行之有效，再详细奏闻，并造册达部。

再条奏内开，令"该管衙门年终共计煎盐若干，发卖若干，收课若干，造册咨部"

等语。但每年春季按日煎办，收盐到仓，夏季方能陆续运到发卖处所，秋季始能卖完。若以年终报部，势必预为捏造。所以凡关钱粮，必于五月终奏销。似应一并于奏销时另外造具清册题达，方不致牵扯难清。今将盐道李卫造送现在所煎各项盐斤一应杂费并裁减督抚道各官赢余留存养廉贮库数目及黑井报出新井盐百万斤、白井沙卤盐百万斤所余银两分晰清册，臣等覆加详核无异。除册档分送部科查核外，谨具折开单奏闻，伏乞皇上睿鉴施行。谨奏。

盐务赢余总数。

遵将云省盐务赢余陋规总数开列于后：

一、督臣高其倬，每年于各井盐务内旧有秤头盐价杂项、盐规赢余银壹万柒千肆百陆拾叁两肆钱，又随封银壹千两。今酌议每月只留银壹千两，年共存银壹万贰千两，为赏兵养廉之用。裁出归公银陆千肆百陆拾叁两肆钱，留存藩库，为地方备公之需。于每年奏销盐课之日，另册报销。

一、抚臣杨名时，每年于各井盐务内旧有秤头盐价杂项、盐规赢余银伍万壹千陆百两有零，又随封银壹千伍百两，内除停煎裁去黑井秤头不敷壹项盐斤价银，并掣去太和、宾川、云南叁店商人未收羡余共银伍千肆百贰拾伍两，随封银伍百两外，仍该有银肆万陆千壹百柒拾伍两零，又随封银壹千两。今酌议每月只留银壹千两，年共存银壹万贰千两，为赏兵养廉之用。裁出归公银叁万伍千壹百柒拾伍两零，留存藩库，为地方备公之需，于每年奏销盐课之日另册报销。

一、驿盐道臣李卫，每年于各井盐务内旧有盐规公费、心红秤头、节仪、折耗、溢额、平头并新井沙卤杂项，共银陆万肆千贰百玖拾两有零，内除因病灶误课收放银薪，裁去平头旺收银壹万肆千柒百两柒钱零，又除革去省盐仓皮绳收放盐斤，长出秤头盐价银壹千肆百肆拾玖两叁钱零；又运省盐斤足发脚价分折戥头并添提举井支脚价，共添补折费银壹千肆百伍拾肆两零，因盐价腾贵，减去壹钱，该银柒千贰拾柒两零，因脚户驼运不前，加给壹钱，该银柒千贰拾柒两零，又停止富民、罗次、禄劝、元谋肆州县今议改食白盐，原应口秤头并云龙井抵补堕欠年节样盐价银，蒙自县请领带销黑盐旧规共银贰千伍百贰拾贰两，又存放给行户修理执事并给差人查井盘费、文武举贡卷资贰项银陆百贰拾两。以上共除银叁万肆千捌百两零，使其不致借端堕误正课，而盐价亦可平和。虽减去前项，实于正课有益。此外尚存银贰万玖千肆百玖拾捌两零，尽数收获，存留司库内，每年盐道赴藩司，只需支出银肆千两，以作盘费之用。再查黑井新井，每年百万斤盐价内拨抵白、云贰井不帮黑井加增课银柒千贰拾两贰分捌厘；再白井沙卤每年百万斤盐价内拨抵顺宁、云州不帮课银贰千贰拾叁两捌钱伍分外，尚存银壹万陆千肆百伍拾伍两零；再白井沙卤盐今拨往姚州等伍处行销，以贰分作价，又应多出银壹千捌拾柒两陆钱捌分，俱留存藩库，为地方备公之需，亦于每年奏销盐课之日另册报销。

一、白井每年原该有抵补黑井加增课银肆千两，今既不帮课，乃余出之项一并归公。

一、顺宁、云州贰处每年原有帮补白井缺课银贰千贰拾叁两捌钱伍分，今既不帮课，乃余出之项一并归公。

一、云龙井每年盐价内原有帮补黑井加增课银叁千贰拾两贰分捌厘，今既不帮课，乃余出之项一并归公。

以上通共杂项赢余银壹拾肆万伍千玖百玖拾两有零，内除减价加脚，裁去扣克短平、大秤旺收等项并加增缺课，共银肆万玖千柒百陆拾捌两捌钱柒分捌厘；又除留存督抚二臣赏兵养廉银各壹万贰千两、盐道盘费银肆千两外，有新派白井收买沙卤盐缉私之委官理问刘邦瑞每年盘费银肆百两，书办、衙役、家人在井办事工食银壹百两；又省盐仓收发盐斤佐贰官盘费银贰百两，并黑井至省，旧例设有拾贰台挂号查盐吏役，日给工食每年共银柒百玖拾玖两贰钱，遇闰照加，更有委官赴井盘盐、稽查堕误并差役催办及迤东巡缉川盐各项，具有发给盘费每年约需银壹千两，向系盐道赢余补还课额，今既归公，仍在此内开销扣除外，尚有银陆万伍千柒百贰拾壹两零，俟陆续收获，移交藩库，以为地方备公之需，统于每年奏销盐课之日另册报销。但从前曾经抚臣杨名时奏明，将银厂缺课以盐规抵补，今裁出归公，仍于此项补足。合并声明。

（《雍正朝汉文朱批奏折汇编》第二辑，第 437~444 页）

## 131　云贵总督高其倬《奏请圣安折》
### 雍正元年十二月二十日

云贵总督革职留任效力行走奴才高其倬谨奏：恭请皇上圣安。

**朱批**：朕安，你好么？新正新禧，伏愿天地神明之赐佑，愿尔两省风雨调顺、兵民乐业，一切平安如意也。

（《雍正朝汉文朱批奏折汇编》第二辑，第 444 页）

## 132　云贵总督高其倬《奏报遵旨料理提臣进驻叉市多折》
### 雍正二年正月二十日

云贵总督臣高其倬谨奏：为奏闻事。

窃云南提督郝玉麟遵旨驻扎中甸之处，臣业经缮折具奏。续接部文：经总理事务大臣、议政大臣议奏，令提督郝玉麟带兵二千名进驻叉木多。其中甸地方亦属紧要，令臣选择总兵一员，带兵五百，替代郝玉麟驻扎中甸。钦奉朱批："依议著速行。"等因。移咨到臣。钦此钦遵。一面飞速知会提臣，钦尊，一面会同抚臣作速料理粮饷、马匹，一切应用，各项出口，应付提臣带兵起程。臣查护理鹤丽镇印务副将孙弘本，老成历练，现在就近。臣随飞调迤西各营兵丁五百名，令其带领，驻扎中甸。（**夹批**：好。）

再查提臣带兵前往叉木多地方，虽中甸有官兵驻扎，相离尚远，其阿墩子天柱寨一带，须安将备带兵驻扎，前可与提臣声势相接，后可顾粮护运，于军事有益。臣谨一面奏闻，一面知会大将军年羹尧，一面调迤东各营兵七百名，令各将弁陆续带赴中甸，以听提臣调度，于阿墩子等处酌量安驻。（**夹批**：此举是极。）至安台之处，臣相机料理，再行具奏。兹据提臣咨称："中甸喇嘛营官番目人等感戴天恩，缴投所领罗卜藏丹津伪扎信子，带三千五百户，共男妇大小一万七千五百名口，喇嘛和尚一千一十四众，叩头纳土，愿归版图，永为子民。"事关纳土归诚，臣谨会同具本详奏。再云南现今口外驻兵，省城相离稍远，且迤西一带提臣既已出口，鹤、永二镇总兵又未到署，臣俟料理提臣起身及所调迤东马匹兵丁诸事一完，暂往鹤、剑，就近办理策应口外军机，兼可弹压。（**夹批**：此行更属妥协之至。）合并奏闻。谨奏。

**朱批**：可嘉二字外，余无多谕。

（《朱批谕旨》高其倬奏折）

# 133　云南巡抚杨名时《奏奉圣谕开示，不胜欣悚折》
### 雍正二年二月初四日

云南巡抚臣杨名时谨奏。

雍正元年十月初九日，臣具折恭谢圣诲，蒙赐朱批谕旨，臣跪诵天语，开示明切："无隔阂，则不蔽于近，不囿于偏，虞帝之明目达聪不是过矣。务真实，则上以诚感下，以诚应周文之迪，知忧恂不是过矣。风动太和之治行可。"复睹我皇上以上智之资，犹不忘自勉，臣中材下士，虽竭蹶供职，日惧陨越，敢不率循至教，黾勉朝夕，以自效于明良极盛之时？惟有载赓岂弟，作人之章，冀得与于誉髦斯士之列耳。臣不胜欣悚之至。谨奏。

**朱批**：欣可也，悚何为？朕于修齐治平之术，良多遗阙。尔等岳牧诸臣，若肯直言进谏，以匡不逮，实朕所乐闻而嘉纳者也。

（《朱批谕旨》杨名时奏折）

## 134 云南巡抚杨名时《奏报遵行圣谕折》
### 雍正二年二月初四日

云南巡抚臣杨名时谨奏：为恭承圣谕，祗奉遵行事。

雍正元年十二月十七日，曲寻镇总兵官臣杨鲲传皇上谕旨到臣，臣跪读之下，不胜悚惕。

伏见我皇上御极以来，智临无外，明作有功，念切于察吏安民，化捷于风行雷动。臣凛遵至意，与督臣高其倬严饬属员，清厘一切，其不知改悔者节经题参在案，今再查应参者，即行参处，俾吏治益就肃清。再土豪光棍深为民害，臣现会同督臣加意访查，严行拿究，以靖地方。再新平县元江府界，有土目方景明等与施和尚等仇杀，聚集猓众，扰及村寨，官兵攻捕，方景明等见势穷蹙，与后生猓猡三百余人束手投服，于去腊解至省城看守候勘。至此外，若有野贼肆横，（**夹批**：靖盗安民为第一要务，毋少懈忽。）臣等谨遵谕旨，严拿究处。再臣标两营兵丁操演定有常期，臣于办事有暇，亲看射箭打枪。臣不能自射，（**夹批**：若必自能射而后训兵，则纶巾羽扇不垂美于史册矣。孔毓珣亦不能射，天下抚标营伍之整齐无出其右者。岂因己之不能而遂置武备于不讲欤！）但看架式之好丑、力量之大小以定高下去取。欣逢皇上整饬戎行，自游守以至末弁，莫不争相策励，以期自效。（**夹批**：将弁士卒全赖尔等之劝勉鼓舞也。）臣本庸材，念受圣祖仁皇帝暨我皇上殊恩，无以报称，于办理兵民事务不敢不勤。今奉圣谕，臣当益加振饬训练，俾将弁士卒倍相奋励，以壮边境声威。缘圣心惓惓于吏治民生、弭盗练兵诸务，臣谨将目下遵行事理据实陈奏，伏乞睿鉴，无任惶仄之至。谨奏。

**朱批**：所奏诸务惟宜实力奉行，莫谓朕之耳目远而弗届也。勉之！

（《朱批谕旨》杨名时奏折）

## 135 云南巡抚杨名时《恭报收成分数折》
### 雍正二年二月初四日

云南巡抚臣杨名时谨奏：为恭报收成分数，仰祈圣鉴事。

臣查得雍正元年云南通省秋收丰稔，即有一二稍薄处，亦不下六七分收成。细问各处，麦苗俱好。入春以后，米价不为高昂，间有稍贵至一两有零之处。省城自腊月屡有雨雪沾润，正月复连得小雨，麦苗甚茂，蚕豆早者已结实可食。市中上米价约一两一钱，次米价约一两，民间气象甚好。理合奏闻。谨奏。

**朱批**：阅奏，深慰朕怀。畿内以及近省地方，蒙上苍祚佑，比皆雨旸时若，朕曷胜欣幸之至！

（《朱批谕旨》杨名时奏折）

## 136 云南巡抚杨名时《奏报恭录朱批谕旨传知升任湖广臬司蔡起俊遵行折》
### 雍正二年二月初四日

云南巡抚臣杨名时谨奏：为奏闻事。

窃臣于雍正元年十一月初六日，奏明蔡起俊领凭赴湖广臬司新任。今赍折人回，钦奉皇上朱批，臣捧读之下，仰见我皇上功过不掩，劝惩备至。臣随钦遵寄字，敬录谕旨传知谆切劝戒，勉其自省愆尤，惕然改悔，奋力做一好官，无负皇上格外生成至意。所有朱批恭缴。谨奏。

**朱批**：近日观人，不贰过者少，下愚不移者多。蔡起俊谓非干员不可，然其操行，朕实未之信也。今伊提刑湖广，虽不系汝属员，但汝曾经保奏，则非风马牛之可比，理应再三劝勉，更当留心采访。伊倘怙终不悛，辜负朕恩，即实奏以闻，不可为之容隐。

（《朱批谕旨》杨名时奏折）

## 137 云南巡抚臣杨名时《奏报钦奉密谕凛遵折》
### 雍正二年二月初四日

云南巡抚臣杨名时谨奏：为钦奉密谕事。

窃臣进折人回，捧到谕旨三道：一为社仓利益民生及保甲，当行责成；一为盗案改强为窃，及讳盗诬良等弊；一为供应烦扰，不得滥行馈送京差，以滋糜费。以上各条，仰见皇上爱养民生，培植风俗之盛心，至为详尽周密。臣等凛遵谕旨，敢不日夜在心，循循料理，以期上副圣怀？缘系各督抚应行事件，臣恭奉谕旨，敬谨安设，时刻触目筹维，不敢遽缴。理合声明，伏乞睿鉴。臣谨奏。

**朱批**：照所请留阅可也。此通行督抚之谕，尔等分阃宣猷，风土各异，要当审习俗，顺民情，因地制宜，酌其缓急，次第举行。设有牵制难行处，抑或行而无益，即据实奏覆，毋得阳奉阴违，更毋因朕谕而胶固迎合，以贻天下后世笑也。勉之！

（《朱批谕旨》杨名时奏折）

## 138　云贵总督高其倬《奏报奉到上谕遵行折》
### 雍正二年二月十八日

云贵总督臣高其倬谨奏：为奉到上谕事。

窃臣奉到上谕四道，跪读寻绎，仰见我皇上宵旰孜孜，无时不以生民为念，虽一日万机之际，凡饬吏安民之要，治兵息盗之方，以及筹行保甲、社仓，禁止供应烦忧，无事无处不廑睿虑。皇上如此尤勤，如此训诲，臣何敢不实力奉行？

查营伍空粮一事，臣已于通省各营查补五百余名，今又续行查补七十余名，副将吴开坼以及将备等业已题参，其不尽心营伍之总兵业经折奏，嗣后臣再时时详细严查，务期清楚。（**夹批**：好！）至经过之地，令属官供应，臣向不敢行，嗣后当益加谨凛。属员之中，臣亦严禁，再详密查访，如有不遵者，臣即参处。（**夹批**：是。）其讳盗之员，臣一经查出，定行题参，决不宽纵。（**夹批**：是。）至地方光棍土豪，臣自到任以来，痛加惩处，系自理之事，不敢琐屑渎奏。（**夹批**：是。）再保甲社仓，实是良法，但奉行果善，则于民有益，奉行不善，亦能为累。（**夹批**：甚是。）盖立法本善，得人为难。（**夹批**：有治人无治法。）云南民杂猓夷，地多山箐。臣选择州县中做官好、人明白者数人，先令举行保甲之法，如行之果便，即令各州县照依其法，次第举行，倘有未便，再加调剂而行。（**夹批**：勿急，勿徐，庶几有成。）社仓一事，云南人多贫乏米粮，经手难保毫不侵渔，即出纳之间，亦恐因以累众。（**夹批**：深合朕意。原不可强，听民乐为方好。）总之，社仓大意为积米救荒，乞皇上稍宽时日，（**夹批**：岂但少宽时日，缓缓为之，三载成功不为迟也。通极！）容臣详细就云南情形，但师古意不泥成法，筹度陆续具奏。为此缮折奏闻。谨奏。

**朱批**：所奏可嘉之至。

（《朱批谕旨》高其倬奏折）

## 139　云贵总督高其倬《奏报奉旨训诲谢恩折》
### 雍正二年二月十八日

云贵总督臣高其倬谨奏：为恭谢圣训事。

— 119 —

窃臣前后二次奉到皇上朱批奏折，圣训谆切，无微不至，跪诵之下，感激涕零。伏读圣训，云：臣过于谨慎，偏于慈善。深中臣病，臣敢不痛自勉改，风厉刚严，勇猛振作，以期仰副训诲至意？

至去贪污之官，为地方要政，圣谕至明至当。云贵各属内不肖之员，臣单参、会参者近已题奏一十六员，嗣后随查随参，不敢徇纵。

又云南兵饷，每年需他省协济，若将各项赢余清出，不待他省之助，实长久之计。臣查云南向来颇有赢余者，惟盐、铜及银厂三项。盐务赢余业经查出归公，会折具奏。盐道李卫清廉急公，办理尽心，盐务一项实无隐漏。铜斤一项，亦经查奏，将所有赢余尽行归公。但此项铜斤若办理得宜，则出铜亦多，赢余亦增，颇可助公。臣当竭力率同管理铜斤之道府，尽心调剂，必使与从前不同，以济公帑。

至银厂一项，以目下而论，极为衰乏。然就臣所见，若得旺矿，则此项出息可兼盐铜，实可以佐饷。前经访闻，募乃一处矿气最盛，又有都竜一处，矿亦稍好。及遣人细查，募乃离口四十余日，又隔喀哇野人之境，瘴气甚大，难以开采。至都竜系交阯地方，非云南之境，臣恐滋事，现在严禁。此外有批开之花桥一小金厂，已有成效；临安试开之一水银厂，亦见矿苗，所有赢余尽令归公。（**夹批**：尽令归公亦无是理，总要合于是当而已。）臣再细加查访，凡有矿息，悉收济帑，如更得一二旺盛银矿，合助盐铜归公之赢余及杂矿新收之出息铜斤，多做之增益，则每年兵饷稍有裨补矣。

臣谨因恭谢圣训，详细附奏，伏乞睿鉴。谨奏。

**朱批**：此奏近情近理，朕实嘉是览焉。毋欲速，徐徐为之。迩来睹汝一切奉章暨诸凡料理，已知汝之居心为人。朕于滇省无南顾之忧矣。勉之！

（《朱批谕旨》高其倬奏折）

# 140　云贵总督高其倬《奏闻提臣带兵起程日期折》
## 雍正二年二月十八日

云贵总督臣高其倬谨奏：为奏闻提臣带兵起程日期事。

窃查云南提臣郝玉麟奉旨带兵二千名进驻叉木多，臣随飞行知会提臣及添调兵丁七百名，以备安驻阿墩子等处，使声势相接，并选委护理鹤丽总兵印务副将孙宏本带兵五百名驻扎中甸之处，臣业经具折奏明。先是，提臣带兵驻扎中甸，臣等俱照前任提臣张国梁之例支给粮饷，其马匹亦照前次，兵丁除骑马之外，二兵合给驮马一匹，如此料理应付。兹提臣带兵进驻叉木多，应照前次永、鹤二镇总兵带兵进藏之例，添给粮饷及借支给赏银两，其驮载马匹亦应照例，两兵共给三马。臣同抚臣飞速办理，除中甸、阿墩子先行运贮之米足供裹带外，一面拨调各营马匹及买购驮载骡马，送赴中甸应用，并知会提臣，去后，随准提臣商称："今遵旨进驻叉木多，现在口外米石足资裹带，陆续送到银两亦敷支给，惟驮载马匹，甚属紧要，亟应熟商，方于事有益。查驮马与骑马不同，兵丁所骑之马，遇高陡山坡，可以牵行休息，驮载之马不能卸驮，皆负重而行，尤须壮健。查内地各营及州县拨调买购之马骡，赶赴中甸不无疲乏，不暇歇息又复驮载前行，恐难致远，又兼内地暖处之马不耐口外寒冷。惟猓猡马骡能食糌粑，内地之马无草即难存站，所以初次云南买内地马骡运米至响鼓坡一带，十停之中倒毙七八，以致误运。嗣后解饷，皆雇猓猡马骡送，俱无迟误。此已然之明验也。目今之计，不若将拨调买购马骡留在剑川歇息喂养备用，给雇猓猡马骡驮载，既可使起程日期急速，且军装粮糗皆可无误。虽与初次进藏之例不符，而于军事实为有益。"等因前来。

臣与抚臣会商，除迤西之马已经到剑，迤东在路之马仍催备用外，并覆提臣相机就近酌行。兹于二月十六日，准提臣咨称："现今粮饷已给，宜飞速起程。至马匹，除兵丁骑马外，驮载牲口雇备足用，已于二月初八日起程前进。"又副将孙宏本亦于初七日，带兵已抵中甸。其提臣随营粮饷，臣委开化同知丁栋成办理，又委大理府通判顾朝后等办理，续后运送军粮及支放阿墩子、中甸兵米，又派兵三百名备安台站。所有一应用过粮饷细数，容于提臣移册到日详奏外，臣谨先将提臣起程日期缮折奏闻。谨奏。

**朱批：** 览。所奏军糗马匹各情节，甚属周详明析。知道了，已谕部存案矣。

（《朱批谕旨》高其倬奏折）

## 141　云贵总督高其倬《奏闻雨水米价折》
### 雍正二年二月二十九日

云贵总督臣高其倬谨奏：为奏闻雨水米价事。

窃云南去冬雨多，正月内亦有大雨，二月内有小雨二次。现在蚕豆已结粒饱足，好者可有八分收成，次者可有七分六分。小麦已结粒，有四分满饱。大麦已抽穗，尚未结粒。米价省城每石一两一钱，外府州县每石一两至八钱七八分不等。贵州雨水沾足，各处米价每石八钱至七钱不等。理合具折奏闻。谨奏。

**朱批：** 览。滇省雨水米价情形，朕怀深慰。近畿数省自去冬今春以来微缺雨雪，昨于三月三日普雨沾足，中外庆幸。不知是日云南曾有雨否，查奏以闻。兹四月初十日，正在盼雨之际，又得甘霖透足，北五省麦，秋大有可望矣。

（《朱批谕旨》高其倬奏折）

## 142　云贵总督高其倬《遵旨查看云、贵、广西地方官员情形折》
### 雍正二年二月二十九日

云贵总督臣高其倬谨奏：为遵旨谨奏事。

窃臣奉到朱批，钦遵谕旨，看得巡抚杨名时居官为民之意甚切。（**夹批：是。**）云南粮米项内有召买、轻赍二种名色，每次巡抚得四万余两，甚为民累。杨名时尽行革除此两事，有益地方。（**夹批：此等处不待汝言，朕已知其好。**）至于办事，才具稍短，（**夹批：公论。**）同人料理甚能虚心协和，（**夹批：果能如此，斯善矣。书生辈，每恐有自是之疵。**）若独任繁重急切之事，非其所长。（**夹批：已悉。**）巡抚衙门规礼收盐规税规，此外无所取受，伊亦有赏兵及从前捐补军需，并赔补银厂缺额之用。（**夹批：朕俱洞悉。**）

毛文铨老成谨饬，才具亦平。（**夹批：近日方始闻之。**）伊历任多在边省，颇悉夷土情形，贵州省小，多苗情之事，可以办理，若大省恐不能称。（**夹批：可谓至公之论。**）

至云南布政司，皇上令臣举所知之人，臣识见短浅，深切只惧。谨就臣所知者，云南盐驿道李卫，操守才具俱好，再加以涵养，实系可大用之才。（**夹批：朕常加训诲此人，但取其心地好，已命之兼理矣。其才具足可办集，恰与朕意相合。**）虽目下盐、铜二事正需料理，而李卫亦久在皇上洞鉴之中。但臣不敢隐没人才，不以上闻。

再贵州按察司申大成，（**夹批：亦闻其好。**）虽系商籍，在按察司任内一无所取，六年之久，前后一辙，人亦老成谙练，年纪虽老，精神尚强。

又广西驿盐道张若霈，操守谨严，办事详细，（**夹批：此人甚好，但年齿稍轻。**）但臣所知有限。

藩司钱谷重任，伏乞皇上于睿鉴之内，赐放贤员。又蒙圣谕："分发人员，如有不肖者不可瞻徇。"臣谨凛遵圣训，如伊等有不好者，臣必不容隐，立即题参。（**夹批：斯最为紧要，须当倍加严切。晋抚诺岷已参劾数员矣。如此始可谓不徇情面，天下督抚中倚恃朕躬、真实不贰者，诺岷为第一，伊胸中总无一毫疑畏瞻顾之念，所以举劾悉能公当。**）谨奏。

**朱批：**所奏俱悉，语语悉属是当之至。

（《朱批谕旨》高其倬奏折）

## 143　云贵总督高其倬《奏报凛遵圣训折》
### 雍正二年二月二十九日

云贵总督臣高其倬谨奏：为奏闻事。

窃臣奏折内钦奉皇上朱批："同侪共事，切戒争功。"圣训周到至此，实天地父母之心。臣跪读之下，感刻心髓。臣谨凛遵守，不敢稍违，一切紧要军机事务，商量得及者，臣务必先商之大将军年羹尧酌妥，然后举行。（**夹批：好。**）有商不及者，办理之后，务必通知，不敢稍萌争竞之心，（**夹批：是。**）亦不敢推诿误事。再臣与年羹尧彼此相好，（**夹批：伊亦甚知尔之心行。**）臣实自知才识远不能及，毫无竞心，圣主之前不敢稍隐，谨据实奏闻。（**夹批：朕生平所喜，惟此据实二字。**）至本处同事之人，臣谨遵圣训，不敢稍与争功。（**夹批：本处皆尔属员，谁与相争？属员之功即尔之功，尔之功即朕之功也。其间何可分别？书此不禁抚掌大笑。**）又廷臣请托属员者，奉朱批令臣奏出，从前恒亲王门上太监刘满曾遣人托臣照看被劾盐道沈元佐。合并奏闻。（**夹批：如此方是。类斯等事，概不当隐。刘满于何时嘱托，曾遣人来滇省耶？**）谨奏。

**朱批：** 请托一节，汝虽奏出，朕断不宣露。但必令朕知之方好，其中关系非细。尔等大臣，言所当言，亦非为刻薄。朕昔在藩邸时，从不问人之善恶，懒听谈人之是非，何也？身居闲地，无赏善罚恶之柄，闻之徒乱心胸，言之空惹怨尤而已。今位当九五，临御万方，若闻见不广，必至是非颠倒，赏罚混淆，贻误非浅，所以不得已而勤加延访也。尔等封疆大臣，能仰体朕衷，事事据实入告，不掩蔽朕之耳目，则神益吏治民生曷有涯量！然于君父之前一派真诚，丝毫无隐，大非易事，岂泛泛庸常人所能及哉？勉为之！

（《朱批谕旨》高其倬奏折）

## 144　云贵总督高其倬《奏报调补副使道赵之均愿捐银二万两以充军需公用折》
### 雍正二年二月二十九日

云贵总督臣高其倬谨奏：为奏闻事。

窃据云南调补副使道赵之均呈称："之均荷蒙皇上洪恩，垂念祖父微劳，格外优恤，准将云南事简道员调补。闻命之下，感激涕零，即捐糜顶踵，未能仰报万一。（**夹批：滇省道缺皆属紧要，赵之均年轻，恐致误事，已调用矣。**）兹用兵之际，需费浩繁，之均愿捐银二万两以充军需公用，稍尽涓埃之诚，不敢仰求议叙。（**夹批：具本题奏可也。伊虽不求议叙，朕自另有加恩之道。**）缘距家甚远，不能即至，请于盐道库内先行暂借，解交藩库应用，一面差遣家人回籍凑备来滇，即行交还盐库补项。"等因到臣。臣查赵之均感戴圣明，情愿急公捐助军需，臣谨将情节具折奏闻。谨奏。

**朱批：** 览。

（《朱批谕旨》高其倬奏折）

## 145　云贵总督高其倬《奏报捧到赏赐谢恩折》
### 雍正二年二月二十九日

云贵总督臣高其倬谨奏：为恭谢天恩事。

雍正二年二月二十三日，臣赍折把总回滇，捧到皇上赐臣袍褂一套，果子一匣。臣恭设香案，望阙叩头，谢恩祗受讫。

伏念臣才质庸下，蒙皇上以署理之员实授云贵总督，毫无报称，夙夜自惭。乃荷天恩下逮，数月之内，三叨御赐，虽捐糜顶踵，不能仰酬，惟有勉竭驽骀之力，谨遵皇上朱批，以真实感契之圣训，凡事从诚从实，以冀稍报高厚于万一耳。臣谨具折，恭谢天恩。谨奏。

**朱批：** 自军兴以来，尔诸凡料理实属可嘉，朕已降旨赐尔世袭拜他拉布勒哈番，以酬劳绩。一切处黾勉为之，作一千古不磨之名臣，方不负圣祖数十年知遇之恩也。

（《朱批谕旨》高其倬奏折）

## 146　云贵总督高其倬《奏报常川一带
## 黑账房夷人俱各叩首归降折》
### 雍正二年四月十六日

云贵总督臣高其倬谨奏：为奏闻事。

本年四月十六日，据提臣郝玉麟咨及来字："提臣遵旨前往叉木多驻扎，一面起程，一面密查各处有无呼呼脑儿贼人在彼煽惑骚扰之处，以便剿擒。随据各处报称，俱各安静。惟擦哇冈番目报称：正月二十五日，有呼呼脑儿差扎石等到奔打一带，要夺地方。大话恐吓说，青草出时，有兵前来，且索要马匹、硝磺，番民甚是恐惧。随遣游击李君贤带兵前往擒拿，惟恐走脱，提臣亦带兵前往，于三月初七、初九等日，在擦哇冈等处共拿获结松翁、布扎石等一十三名，搜出小番字信纸一张，译出系呼呼脑儿贼人寨桑、七里敦鲁令结松翁、布扎石二人探听打箭炉、中甸有多少兵马进来，速令寄知之信。随将十三人细加讯问，内有九人，实系呼呼脑儿遣来奸细，随即行正法，其四人系本处跟随不知情之人，已经保释。再奔打至薄须、常川一带地方，有四百余里，其间黑账房之人向服呼呼脑儿管辖，交纳钱粮。提臣宣布皇上圣德神功、中外一体至意，夷民惧喜交集。有木鲁敦巴地方头人素囊工波、常川地方头人奔特之、竹墨巴工卡地方头人弥纳等皆到营门叩首，情愿归顺天朝，开报户口三处，共五百五十三户。又巴树地方喇嘛处不松及火头扎机等投状，内称原是达赖喇嘛的人，五年未纳钱粮，未投四川，亦未投云南。但呼呼脑儿时常骚扰，情愿为圣主子民，开报喇嘛一百八十名，户口二百一十户。提臣已经逐一安抚，并呈报抚远大将军年羹尧，作何管辖料理，候酌定而行。"

臣查呼呼脑儿差人煽惑番人，皇上早已预料及此。今提臣兵到，即获奸人，与前奉到谕旨毫发不爽。现在常川一带黑帐房夷人俱各叩首归降，而提臣之兵已到，则陕西、西藏、四川、云南四面皆严，罗卜藏丹津败残之众，如鱼游釜中，计日授首。此皆我皇上智烛机先、仁周化外之所致也。再云南所运米粮随营者现足供支，继后者止离行营五站，皆无迟误。中甸一带地方俱甚安静。臣谨一并具折奏闻。谨奏。

**朱批：**览奏，深为慰悦。

（《朱批谕旨》高其倬奏折）

## 147　云贵总督高其倬《奏报开垦马厂以济兵食折》
### 雍正二年四月十九日

云贵总督臣高其倬谨奏：为开垦马厂以济兵食事。

窃查云南一省，山多田少，生齿日繁，所产之米，有收之年止敷食用，是以滇省米价较邻省倍贵，而省城米价又较外府独昂，省城之人较他处度日为难，而省城之兵，承平日久，人口日增，且无生理，较商民口食又窘。

臣到滇以来，时时留心，思为设法调剂。近经详细访查，有臣衙门及后营马厂一处，坐落陆凉州地方，原甚宽大，因其地草毒，马食之者多死。故三十余年，马匹不往牧放，附近居民将地可种者俱渐报粮开垦。惟剩中心积水成湖之地一片，又水傍洼下难种之地，共计有三千余亩。臣随捐银五百两，委员雇人打围，护住水边之地，开得田三千三百余亩，可以种麦种稻，即招本地民人愿种者，薄取田租，令其承种。但今年已过种麦之期，止有稻田可种，计秋收之时，可得米一千石，至年来即稻麦俱收。该地百姓见田租甚轻，纷纷来说。此地中心积水之处，因大河泛滥，年年灌注，所以耕种不得。若于上流做闸，两旁筑堤二道，旱时放闸灌田，涝时闭闸，令水顺堤而下，则水不灌入，田皆涸出。起初一二年种麦，以后渐可择种稻田。其闸工官做，堤工百姓愿自行出力筑起。但涸出之后，乞将此田分给筑堤百姓承种纳租。民得田种，兵得租食，实属两便。如此料理，虽中心深潭一时难干，而四旁涸出者定可得田一万余亩。臣又委陆凉州踏看，与所说相符。随支臣盐规银一千五百两，分发该知州、吏目等，令其修筑闸座，百姓亦欣欣共筑。堤工现已工完一半，八月内即可全完。此时地已有涸出者，其势可以成功。若再得此田成就，则一年可约得麦米一万数千石。倘二年有收，则可有二三万石之积。设有不收，省城八营之兵可以不动公储，即可接济。若更年久，并可贮作义仓，接济百姓。（**夹批**：此属细事，只要现在与兵民有益为要。）再此田若成，恐易有欺隐侵渔之弊，容臣具疏题明，造册送部查考，庶可永远有裨。又臣思他处恐尚有似此者，若查出开垦，或益赋税，或济兵民，均为有益。（**夹批**：先益兵民，徐徐益赋，方于事有济。朕意：此新垦地亩，仿效古人井田之法，而经理之更善。）臣现在询查，如有似此者，再行一面料理，一面奏闻。谨奏。

　　**朱批**：周详之极！可嘉之至！如此方克称封疆大臣也。且尔此事与朕现在举行之事适相符合。朕思八旗生齿日繁，苦无久远养赡之策，因命将各项地亩查出，共得田七千余顷，照井田法，令八旗闲散壮丁前往耕种。虽事甫经始，尚未成就，看来似与旗人大有裨益。便中谕尔知悉。

（《朱批谕旨》高其倬奏折）

## 148　云贵总督高其倬《奏报鲁魁野贼情形并参流土不职折》
### 雍正二年四月十九日

　　云贵总督臣高其倬谨奏：为奏闻野贼情形并参流土不职事。

　　窃查云南鲁魁野贼，向来四出向各寨索要保头钱，不与者辄肆抢杀。经前督臣范承勋招出杨、芳、普、李四姓贼目，给以县丞、巡检土职，安插于元江、新平一带居住，令其管束猓夷，保固地方。岂知伊等并不能保固地方，反为讨保头之桩，主其子弟宗族及所属头目人等各自暗占地方，竟成年例，复彼此争夺，抢杀相寻。而亏本之江西、湖广客民及本地棍徒，亦乘机假充大头，吓诈钱物。即此一事，大为滇民之害，已数十年。（**夹批**：此患向为人所共知者。）臣亟思彻底整顿，永除此患。

　　适野贼大头目方景明等纠众，攻破猓目施和尚之寨，将和尚杀死，不肯解散。臣随分委将弁，带领兵丁攻克贼寨。所有方景明、方四、普阿黑、普白睑、李三斤、李蔑巴等陆续投出，惟普有才逃往威远土州、镇沅土府一带藏匿，陈阿巴尚据土夷不出，复饬文武上紧查拿各情由，经臣具折奏明。钦奉皇上朱批，将兵丁所用米粮令臣开销正项，又中途染瘴病故官兵令臣具题，皇上加恩议叙，全滇官兵无不感戴天地高厚之恩，咸思奋跃图报。臣谨钦遵，俟于事竣之日详细另疏具题外，（**夹批**：好。）臣严檄威远土州、镇沅土府，令将普有才查拿解送，又令元江文武严谕陈阿巴，令其速行投出。乃陈阿巴竟不肯出，且又骚扰土夷附近村寨。官兵进攻，克其土夷。陈阿巴逃向里仙江外土司地方，又纠合方景明等数家头目所留余党，迫胁本处猓人共六七百人往车里宣慰司所属茶山一带抢扰。臣委守备魏鸾国带兵三百名前往剿捕。有把总唐起运带兵四十名到笼得地方查缉，遇陈阿巴带贼六七百人，恃众竟犯官兵，官兵奋勇杀贼四十余人，贼人败走。魏翥国复追贼到整董地方，贼人据险放枪，该备督兵攻进，杀贼一百余人，生擒贼目老常，又贼众五人，追杀贼目期夬及从贼三人。（**夹批：奋勇可嘉。**）又遣千总杨文举等在深箐之处赶上贼人。贼见官兵，皆滚箐逃散。官兵随即追杀贼众三人，获马六十二匹，鸟枪、梭镖三十余件。我兵前后伤死五名，容臣一并题请议叙。（**夹批：是。**）又施和尚之侄腻勒、糯片，经元江文武晓谕，伊等情愿带伊土兵前去搜擒陈阿巴及普有才。随遣守备李凤带兵一百名，押令前往，亦经将陈阿巴之弟二疯子拿获。

臣查陈阿巴已经势穷力竭，惟有在山箐深密之处躲藏，以延旦夕。臣分饬搜擒，务期必获。至普有才逃往土司地方，中途所留一妾一女及奴仆五人，亦经拿获。细查踪迹，普有才系由镇沅土府之境逃入威远土州，土知州刀光焕隐匿不报。臣务必设法查拿，但细加筹度，欲除鲁魁野贼讨保之害，目下有应调剂者数端：

盖野贼向以鲁魁一山为逋逃之薮，而隔江又有哀牢一山，其深远数倍鲁魁，历来野贼事急必逃入鲁魁，若鲁魁又存站不住，必逃入哀牢。贼人鲁魁，攻擒犹易，贼人哀牢，剿捕即难。向者皆云林深箐密，搜捕难施。臣细查情势，实另有别故。哀牢一山，各州县营汛环其三面，其西南一面则系威远土州、镇沅土府及车里宣慰司之地，而威远尤当冲要。贼人无事之时，与土司及其子弟头人结姻拜盟，一经有事，官兵三面进攻，贼即从土司一面逃出。土司护庇、藏匿，或纵出境外烟瘴之地，令官兵难以前往查捕，督抚亦往往以旷日持久，恐干处分，姑以免罪招安，且了目前之局。而此辈借此一招，复归内地，仍前害民，皆因从前不肯直穷到底，是以贻患至今。（**夹批：剖析甚详。**）即如现今陈阿巴之逃匿，镇沅土府、车里宣慰司皆任其在境内行走，并不堵御，而威远土知州刀光焕尤为奸狡，不但不加堵御，反暗中接济米粮，透漏消息，又与普有才结为父子，诸子皆结为兄弟，将普有才藏匿其地。经臣详查确实，似此不法土司，即法在必惩。且云南形势亦必须于哀牢西南一面安住官兵，则野贼巢穴四面皆成内地，如在掌握之中，动即成擒，无处可走。

臣愚昧之见，目下请先将威远土州改土归流。（**夹批：深中肯綮。**）臣熟筹妥贴，交临元镇总兵杨天纵，就近相机将威远土知州刀光焕父子拿禁，再行具疏题请改设，酌安官兵驻扎，（**夹批：好。**）则形势既便，恶党亦除。再杨、方、普、李四姓土司原系贼目，并非因功授职之人，且承袭数世，不能保护地方，反为害地方。除李姓之土职已因犯罪革去，又土县丞杨世恩，此次野贼妄行，伊之子弟宗族无一人在内，又带伊土练跟随官兵查拿野贼，颇属勤劳，应仍留其世职，以示鼓励，（**夹批：是。**）至方、普二姓之土职，现在其子俱将请袭。臣请停其给与，永行革除。（**夹批：允当之至。**）既可明示惩创，且其子弟宗族不能更借土官之势，压制号召猓夷为匪矣。（**夹批：斯所谓伐木当伐根也。**）至各野贼出没之处，地方文武各官有抚治控驭之责，尤关紧要，其因循废弛、才具不及者，皆亟应参处，另易贤员整理。除元江协副将吴开圻、新平知县蹇王臣已经臣参革外，元江府知府张嘉颖才具甚短，控驭乏术；临安府知府王偁颇耽曲蘖，人亦糊涂；

普洱通判王秉煌此次运粮俱行迟误，并不尽心，均请革职。又建水州知州尚崇，初臣以其非繁剧之才，人尚本分，请以之与陆凉州知州对缺调补，今又查出伊将地方抢杀一案隐讳不报，臣不敢以经臣具题调简即为隐饰，臣审确，即行严参。（**夹批**：应如是。即调繁能员亦岂可以瑜掩瑕？）

再此番生擒及前投出贼众，应分别处置。臣已将生擒之贼目老常在当处正法。（**夹批**：是。）又一同被擒之贼众五名，暂留二名在营中认拿贼人，余三人拿至省城，当着投出贼目及贼众之前正法示警，且谕以凡拒命者即照此正法，预先投出即可免死，减等发落。（**夹批**：甚属允协。）又拿获陈阿巴之弟及各处报获之贼众，俟解到审明，另为处置。至前在元江投出之贼首，除普白赊已经身故，其方景明等五人皆系历年讨保头钱之大头目，亦应处死。但伊等投出在官兵未攻土戞之先，若行正法，恐嗣后猓人畏怕，不敢投出。请将此五人在省城永远看禁，此后野贼，请以此为例。（**夹批**：嗣后料理应以为准。）凡官兵未到之先自行投出者，即免其正法，减等发落。若拒敌者俱即正法。围住后投出者，割断两只脚筋。再方景明等之小头目人等内，有平素凶恶者，割断一只脚筋，令成废人。其愚懦者分发各营及钱局严谨查管，令其当差。又臣细细查审，内有一百零七名，年多不满二十岁，实系乡愚，被方景明等迫胁带出充数者，臣已发令该地方官安插。臣谨将情节据实奏闻。谨奏。

**朱批**：通盘皆是，朕实嘉之。能如此，庶不忝封疆重寄也。勉之！

（《朱批谕旨》高其倬奏折）

## 149　云南巡抚杨名时《恭报入夏雨泽豆麦收成分数折》
### 雍正二年四月二十八日

云南巡抚臣杨名时谨奏：为恭报入夏雨泽麦豆收成，仰慰圣心事。

臣查得云南一春，天气晴明，四月初五、初六两日，甘雨淋漓，迤东、迤西千余里间高原下隰无不润透。至十四五、十六七数天，又得溥雨，各处沾足。迤东之元江、临安、开化、广西、广南等府天气较暖，麦已收割，目下正在遍行插莳。种植之候，迤西之楚雄、姚安、大理、鹤庆、永北、顺宁等府天气稍寒，目下二麦、蚕豆方渐次收割，至闰四月中及五月初栽植方遍。唯永昌府气暖，收麦栽秧较早，今既得雨，则农夫心安，力作之暇，尽觉优游矣。各处二麦、蚕豆在山坡窝地者有六分七分收成不等，在低平处者有八九十分收成不等，合计有八分年景。省城麦豆已收割者约及十之三四，至闰四月初旬，可以毕获已获者现在犁栽。省城米价，上米一两一钱五六分，次米一两七八分，唯临安府米价与省城同，其余各郡之价稍平，亦有价止八钱余者。因省城与临安人民稠聚，是以价昂。又农忙之际，米价比常时定贵，历来如此。臣伏见皇上轸念烝黎，视边方如在辇毂，必欲使军民咸得其所。臣责任抚绥，唯借岁功丰稔，冀逭愆尤。兹当夏熟告成，谨缮折恭报，仰纾宵旰殷怀，伏乞皇上睿鉴。

此折系上恭贺皇后千秋本章，承差赍捧进呈。合并声明。臣谨奏。

**朱批**：深慰朕怀，知道了。

（《雍正朝汉文朱批奏折汇编》第 2 辑，第 879 页）

## 150　云贵总督高其倬《奏闻中甸田地可以开垦情形折》
### 雍正二年四月二十九日

云贵总督臣高其倬谨奏：为奏闻中甸田地可以开垦情形事。

窃中甸纳土归诚，其户口、钱粮及四至疆界，臣遣顺宁府知府范溥前往清查，并谕令于清查之时，细看各处有无闲旷田地，可以开垦之处，一一留心。目今叉木多及中甸等处有兵驻扎，米粮皆自内地运送，若中甸左近得有可种之地，仿屯田之意开垦，即以其粮米供给兵食，既可节省钱粮，又可省内地运送。今据范溥禀报："细看中甸之东四十里外，有沿江平川一道，可以种麦，亦有可以开成水田之处，地面颇大，番子人少，不能遍种。若酌量招募人力，稍给器具牛种，今秋开田，来年可以收麦。渐次种稻，所收之粮以供兵食，则中甸之兵米可以不须运送，即叉木多等处需粮亦可省十余站脚费。"臣现在筹画料理，谨先将情节具折奏闻。谨奏。

**朱批**：如此尽心筹画，实属可嘉。但此事当与年羹尧周详商计，方可见诸措施。目今西海已定，藏兵议撤，中甸一带若竟归入版图，屯田供饷固系妙策无疑。即不归入版图，而久远驻兵弹压，亦系良谋。倘不过遥为羁縻，仍属外地，将来兵马尽行撤回，此举岂不徒劳？可再加酌议，汝二人会同具奏以闻。

（《朱批谕旨》高其倬奏折）

## 151　云贵总督高其倬《奏报将所筹中甸情形咨会年羹尧折》
### 雍正二年五月二十八日

云贵总督臣高其倬谨奏：为奏闻事。

钦惟我皇上圣德神功，超迈千古，出师半月，西海荡平。当此远人尽归教化，外地皆入版图之际，正经营图度善后永安之时，臣谨就云南中甸情形，尽臣愚昧之见，筹画数条。此系永远之事，所关甚重，臣识见浅短，恐多未当，不敢冒昧陈奏，已详悉咨呈大将军年羹尧，俟酌定之后，再行具奏。谨先将情节具折奏闻。谨奏。

**朱批**：甚好！理应如是。朕为此前已有谕矣。

（《朱批谕旨》高其倬奏折）

## 152　云贵总督高其倬《奏报滇省雨水情形折》
### 雍正二年五月二十八日

云贵总督臣高其倬谨奏：为遵旨奏闻事。

窃臣前奏折内钦奉朱批："览滇省雨水米价情形，朕怀深慰。近畿数省，自去冬今春以来微缺雨雪，昨于三月三日普雨沾足，中外庆幸。不知是日云南曾有雨否，查奏以闻。兹四月初十日，正在盼雨之际，又得甘霖透足，北五省麦秋大有可望矣。钦此。"臣跪读之下，不胜庆幸欣喜！此皆我皇上敬天勤民、实心实政之所感召。

至云南三月三日，省城午末下雨，至酉初止，外府州县普皆有雨。四月初十日，云南亦有雨。自入夏以来，云南水田得雨极其沾足，向年不得种之雷鸣田俱各得种，栽插甚广。目下雨觉微多，若四五日内即止，则高下俱可望大收，倘再不止，则近海子之极洼田亩即有伤损。云南之田，通省合算，此种洼田不过百分之一。恐萦圣怀，故琐细声明，臣谨将雨水情形具折奏闻。谨奏。

**朱批**：览奏，深慰朕怀。畿辅雨水亦觉微多，然秋收有八九分，可望一切河道伏汛皆保无虞。惟张家湾决口数处，幸未损伤民田庐舍。大约今岁年景，荷蒙上苍垂慈，直隶等省普冀丰熟，此实系皇考在天之灵有以阴庇默佑之所致也。朕曷胜感庆之至！

（《朱批谕旨》高其倬奏折）

## 153　云贵总督高其倬《奏报总兵贤否折》
### 雍正二年五月二十八日

云贵总督臣高其倬谨奏：为奏闻事。

窃照总兵一官，表率将备，整理营伍，最关紧要。各镇贤否，臣有所知，不敢不据实上闻。除前各总兵居官臣已经具奏外，近陆续到任之总兵中，临元镇总兵杨天纵，办理诸事，拿治野贼，俱井井有条，于地方营伍有益。楚姚镇总兵南天培，安静勤饬，尽心营伍。鹤丽镇总兵张耀祖，汉仗好，微有恃才急欲见长之病，然于出兵行军之事甚为历练，是有用之才。惟永顺镇总兵李根润，自到总兵之任，行事顿异从前。总兵卜应奎，冒食长随粮甚多，臣查令挑补，除挑补外，尚剩八十四分，延挨未补，又经严催，伊于雍正元年九月初四日挑人顶补，顶补之人已行走二十余日，总兵李根润于九月二十六日到任，复行革除，将饷冒食，经臣访知，复令臣标官弁到彼查看，始行补实。共计冒食银一千一百余两，又暗遣管队夏朝龙、兵丁石玉等到干崖猛卯土司处需索礼物，又日日饮酒，清晨即入醉乡，醉后将千总胡章稿、房冷兴、桂兵丁陆荣先责打锁禁，醒皆不知。臣劝戒数次，毫无悛改。臣受皇上高厚之恩，不敢以甫经补授之员，缄默容隐，谨据实奏闻。再贵州安笼镇总兵蔡成贵，到任未及一月，贤否尚未深知，（**夹批**：闻得此人甚好，果然否？）合并声明。谨奏。

**朱批**：如是方为不负朕之倚任。李根润原属平常，因赵坤在朕前保举，所以擢用今职。后闻是一医官之兄，人甚庸碌，朕甚悔之。此奏甚合朕意，已有旨谕部矣。赵坤何如？此任提督似不及前任总兵时之声名。

（《朱批谕旨》高其倬折）

## 154 云贵总督高其倬《奏闻酌定各府税规羡余充饷情节折》
### 雍正二年五月二十八日

云贵总督臣高其倬谨奏：为奏闻酌定各府税规羡余充饷情节事。

窃据永北镇总兵马会伯交到奏折一件，内称："云南、曲靖、大理、永昌四府税银尽有羡余，可得数万两。除正项之外，凡有余银，悉行清出，以充兵饷，不无小补。"等语。臣于覆奏筹饷时，已行令司道将通省各府州县所有税课赢余实数逐一查清，臣再详加核酌，分别应归、应存，使可永行，方敢具奏。

今查云南省，除无税课之府州县外，其有税课之府州县，每年报部正额银共一万四千七百余两，此外各府赢余，多者四五千二三千两，少者五六百三四百至一二百两不等，各州县赢余五六百二三百以至四五十两不等。臣再四筹画，谨将各属税课赢余酌定督抚藩司及府州县留存养廉之外，每年共可得银一万二千两，归公充饷，听抚臣造册，送部查核，统以本年秋季为始，解交藩库。此内惟云南、大理二府与他处稍有不同。云南府知府韩钟，因从前满洲官兵在省，前督抚臣将一切供给诸事尽推，令该府一人支应，又有勒索之处，以致亏少仓米三万一千余石。又大理府知府程珩，因从前上司压令代各州县完补亏欠银米，代完盐欠，种种勒索，以致亏欠仓米一万余石，银八千两。臣因该府等实非自己花费侵渔，情有可原，且其身家亦难完补，若行题参，此数万银米即无着落，故会同委员，将伊等税务监收，尽其羡余尽行完补。现今云南府知府韩钟将所收税羡及该员变产借完之项一总填入，已买补米二万三千余石，下剩七千余石，若再收一年有余，即可全清。大理府知府程珩，将伊税羡及伊自补之项一总填入，已将所欠仓米一万余石买补全完，尚有银八千两未能完补。大理之税课羡余较云南府稍少，若再收补二年，亦可全清。臣冒昧恳乞圣恩，俯准云南府于雍正三年冬季为始，大理府于雍正四年为始，将赢余解交藩库，则亏欠之项可以尽数全完矣。臣不敢擅便，谨将情节具折请旨。谨奏。

**朱批**：朕于地方诸务，但偶有所闻，率皆发交尔等督抚大吏酌量而行。原非深知灼见之事，总在尔等因时制宜、秉公料理，朕自有鉴照，殊不便指示可否。万一其中原委知之不悉，反致尔等掣肘难行，不得已而阳奉阴违，及或那彼就此，则于上下皆属无益。况此皆系创始之举，审度应题，即行具题可耳。朕并无欲速之念。不特此一节，百凡俱当，徐徐相机合理而为之。

（《朱批谕旨》高其倬奏折）

## 155  云贵总督高其倬《奏闻拿获威远州土知州刀光焕父子折》
### 雍正二年五月二十八日

云贵总督臣高其倬谨奏：为奏闻拿获土州父子，以除积患事。

窃云南威远州土知州刀光焕，将野贼头目普有才认为父子，伊子与之结为兄弟，任意藏匿，令其远遁。臣前已将情节及密拿土知州刀光焕，并改土归流、设汛防守之处具折奏明。但威远土州三面接壤外夷，地方颇大，人众亦多，刀光焕又与野贼交结亲密，狡猾难测，其第三子尤为凶恶，恐一时孟浪擒拿，致生事端。臣前与布政司李卫密商，遣守备杨国华选带壮健兵丁三十名，以稽查普有才为名，先到威远；又续令千总朱仲玉、把总周元勋各带兵丁三十名，从新嶍、元江二路，作奉本营将官遣其游巡，在威远合哨，便道来看望杨守备，以便帮助；又暗令楚姚、临元二镇臣遣派将备，带兵前往，俱离威远一日之程，不入其境，以为协应。谕令杨国华，俟各处兵到，如机会可擒即擒，如势不能，即调三处之兵协助。杨国华到彼，见土州已有防备，但所调之人未齐，乘其人尚未到，即将刀光焕及其四子三弟尽行拿住，并获其印信、号纸，又搜出明景泰年间给与镀金符信一面，业已将刀光焕等解至省城。平日刀光焕在州苛派，土民闻其参拿，众俱悦服，地方甚是安静。已委官细查地方钱粮、户口，造册另报，仍令杨国华驻扎弹压。其刀光焕审拟定罪及改土归流事宜，容臣审明酌定，具本题明外，所有拿获土州父子情节，谨先具折奏闻。

至普有才，原因刀光焕为之隐匿，故踪迹难得。及刀光焕一拿之后，守备李凤等即问出踪迹，将伊母、妻及家人皆已拿获。普有才止带一幼子，跟六七人滚箐，逃入生夷之地，其势已穷。（夹批：甚是。）惟目今夏月，生夷之地瘴气大起，臣以追之愈急，则贼拼命奔逃，入夷地愈深，又恐瘴疠多伤官兵，（夹批：纵获普有才，亦不相抵。）故令其不必深入，暂住凉爽之处。普有才见官兵不赶，必寻一安身之地居住。（夹批：密探其栖止之处，悬重赏以诱土人，自必擒缚献出。）俟查确之后，急往攻围，自不难拿获。其陈阿巴被官兵连败数次，拿获贼党及杀伤甚多，抛弃马匹、器械，滚箐逃躲，将已扑完。臣谨一并奏闻。谨奏。

**朱批：** 知道了。问拟刀光焕罪名，务必允协得当，堪服众土司之心方好。过严，恐向后有违犯法纪者不敢悔改自新；过宽，又恐若辈见被擒获。仍不过如是发放，滋长玩视之念，二者俱属不可。宜平心查审，依准土人习俗性情，再四斟酌，然后定案可也。

（《朱批谕旨》高其倬折）

## 156　云南巡抚杨名时《奏谢赏赐折匣折》
雍正二年五月二十八日

云南巡抚臣杨名时谨奏：为恭谢天恩事。

雍正贰年闰四月十六日，赍折承差捧到皇上赐臣折匣四个并锁钥，臣出郊迎接至署，望阙叩首行礼祗领讫。窃臣识浅学疏，忝膺重任，兢兢职守，缺失多端。蒙皇上鉴臣之愚，恕臣之短，令得随所见闻直陈无隐，于公听并观之中运执两用中之智，不但嘉言惧有攸伏，即一得亦惟恐偶遗也。臣敢不悉心体访，勉竭愚陋，次第入告，以期仰副睿怀？臣谨缮折恭谢，伏乞皇上睿鉴。臣谨奏。

**朱批：** 只以无隐据实为勉。

（《雍正朝汉文朱批奏折汇编》第三辑，第 113 页）

## 157　云南巡抚杨名时《遵旨覆奏察访蔡起俊情形折》
雍正二年五月二十八日

云南巡抚臣杨名时谨奏。

前奏蔡起俊赴任湖广，奉朱批谕旨，令臣着实勉他，留心察访他。此诚我皇上天地父母生成之心，仁义兼尽之道也。臣初至云南时，闻起俊随师进藏，于我军粮乏之时，向四川恳借饷银方两散给，士马得以饱腾前进。自藏回之江浙驻防，披甲曾激切向臣言之，谓活我等命者，广南蔡守也。署督臣张文焕臬司，金启复皆待之不善，臣每于众前屡道其功。至其在广南郡署办事日少，治绩未见有甚足称纪者，为人亦时于绳墨，有所出入，大概得失相半。圣谕云"原是一干员，不保其品行"。诚帝王知人则哲，使人以器之量也。臣仰体圣心，亦难尽同官忠告之谊，复不敢稍有欺饰于君父之前耳。臣谨奏。

**朱批**：此奏甚公平。知道了。

（《雍正朝汉文朱批奏折汇编》第三辑，第 114 页）

## 158　云南巡抚杨名时《奏报滇省雨水禾苗情形折》
### 雍正二年五月二十八日

云南巡抚臣杨名时谨奏：为奏闻事。

本年闰四月十六日，奉到朱批谕旨："畿内以及近省地方，比皆雨旸时若。"臣捧读之下，不胜欢跃。良由我皇上念切民依，默契天心所致，自此永召丰和于万国也。

云南去岁有秋，今年夏熟收成有七八分。四月、闰四月插莳之时，早得甘雨，两逬俱遍，历年高燥难以栽植之处无不尽行播种。五月下旬，臣出郊循行阡陌，见禾苗或茂，色极青葱，转盼秋成，可望满收。旬日之前，雨觉稍多，近海最洼之滩，有被水淹及者约千余亩。连日来天气晴霁，渐已涸出，尚可无伤。米价比春间少为平减，因雨足苗肥故也。臣谨奏。

**朱批**：据奏雨足苗肥，盈宁可望，实慰朕念。

（《朱批谕旨》杨名时奏折）

## 159　云贵总督高其倬《奏请圣安折》
### 雍正二年六月二十九日

云贵总督臣高其倬谨奏：恭请皇上圣安。

**朱批**：朕躬甚安。都中内外平静。今岁荷蒙上苍垂佑，直省秋成可书大有。此皆仰

赖皇考在天之灵，圣慈默为荫庇所致。朕实庆幸不尽，惟有朝夕乾惕，与诸臣共勉敬畏
二字耳。特谕赐来眼镜二副，光与目对否？

（《朱批谕旨》高其倬奏折）

## 160 云贵总督高其倬《奏报审拟原任署理云贵总督事务张文焕需索一案情形折》

雍正二年六月二十九日

云贵总督高其倬谨奏：为查参事。

窃臣具折奏参原任署理云贵总督事务张文焕向沈元佐、柯巨等需索，致亏盐课等额，请将张文焕之子及孙姓堂官发滇质审等因。奉旨："照该督高其倬所请，将张文焕之子及孙姓堂官拿送云南，审明定拟具奏。该部知道。钦此。"于雍正二年正月初二日，准刑部移咨到臣，钦遵在案。续于本年四月十五日，据陕西宁夏道差解张文焕之子张廷蕙、堂官孙廷玺到滇，臣即押发布按二司会同质审去后，兹据布政使李卫、按察使张谦会同详称："拘到张廷蕙、孙廷玺，将折内参出需索被劾盐道沈元佐、署黑井提举柯巨等各银两，当堂质对，除审无确据外，其余据各员供有凭据，尚有原参未及查出需索银两。又据云南府知府韩钟、被劾平夷县知县傅永绪、升任永北府同知孙汉良、被劾广西府通判靳治邠、被劾昆阳州知州何大宠等各具呈到案，据各员亦各供有凭据，计共应追补银四万五千六百四十八两零。两造互相质对，张廷蕙、孙廷玺俱各承认。随当堂投到画押，呈词一纸，情愿着人回籍变产，赔补银十万两等情。据此，查此案，原奉查参前署督院需索多端，致亏额课，请将伊子及孙姓堂官发滇质审明白，将所得银两追出赔补，具折奏明。今审得前署督院需索各员银共四万五千六百四十八两零。查此内有收过沈元佐银二万三千三百六十两零，系总督衙门盐规；又一千二百两，系索去捐纳加添银两，皆非盐课亏项，俱不准抵补沈元佐亏空。应追出归公充饷外，其索去程仪，系额外那动盐项，此一千两，应准抵补元佐亏空。再需索柯巨等各名下银共二万一千八十八两，应将张廷蕙认赔银内拨补二万一千八十八两，令各清亏项外，仍剩银七万八千九百一十二两。再查盐道交盘案内，原题有各府州县远年民欠并流交亏空、难于催追银八万九千五百四十六两零，自题报后设法弥补，陆续催收过银二万九千九百八十一两零，又除揭出靳治邠、吴绳武、刘淑未完亏空银九千四百六十九两零，另案审追外，至今仍有未完旧欠五万九十五两零。原题勒限两年催追弥补，内有年远民欠并已故、离任不等，现在照数催追，尽力补库。倘有民欠无着，家产尽绝，实不能追者，两年限满，请除将前项张廷蕙等认赔银两拨补外，下剩尽行归公充饷，庶库帑不致虚悬，盐课钱粮得以全清无亏矣。再张廷蕙等认赔银两内，已完银八千两，交贮藩库，其余着人回籍变产。应行文原籍，勒限

一年解滇补库，如限内不完，详请参革治罪。"等因前来。

臣覆加亲讯，与司审无异。应如司详，将张廷蕙等认赔银两，行文原籍，勒限一年解滇补库。其归公充饷及抵补、拨补亏欠之处，亦应照详准行。至司审有盐道交盘案内原题难以催追未完盐课银两，俟两年限满，倘有民欠无着，家产尽绝，实不能追者，请于张廷蕙等认赔银两内拨补等语。此等银两既有着追，似不应又拟拨补。但臣细查，此内实有年远民欠及原官病故、离任者，李卫于盐课积欠弥补催追不遗余力，两年届限不完者，必不甚多。彼时尚不能完，即属实无可着追之项，存之徒悬，不楚虚数，若准其拨补，则从前欠项皆彻底全清矣。臣不敢擅便，理合缮折请旨。谨奏。

**朱批：** 览奏，知道了。应如李卫所请，酌量准其拨补。盐课正项既清之后，所余者，朕意不必归公充饷，当以之弥补别项无抵亏缺为是。尔临时分析奏闻，朕自谅情允准也。

（《朱批谕旨》高其倬奏折）

## 161 云贵总督高其倬《奏报委署南宁县邹汝默不职折》
### 雍正二年六月二十九日

云贵总督高其倬谨奏：为奏闻事。

窃臣前具奏折内钦奉朱批：发滇补用人员内，如有不职者，令臣不可瞻徇，即行参奏。

今发来各员，缺出委署者已十之八九，虽其中或系实心要做好官，或系初到沽名，尚须再试，方能确知。（**夹批：**是。）但以目前而论，皆有振作之气，无弛怠之意。惟委署南宁县邹汝默，日事曲糵，醉后绕堂走叫，或出至街市，民间骇异。凡断狱讼，纵性徇私，自恃系邹汝鲁之弟，将知府及同官任意欺凌，举动恣肆。（**夹批：**如此，何可一日姑容？）臣不敢以大臣子弟即为容隐，除另疏会参外，因奉有训旨，谨先具折奏闻。谨奏。

**朱批：** 知道了。应亟予革黜。

（《朱批谕旨》高其倬奏折）

## 162 云南巡抚杨名时《奏报滇省情形折》
### 雍正二年九月初六日

云南巡抚臣杨名时谨奏：为恭报秋成丰稔、民生乐业，仰慰圣怀事。

臣查云省自夏入秋雨泽甚多，两迆各郡高原坡阪栽种俱遍。昆明县近海洼田被淹约及千亩，七月朔日，河水暴涨，冲塌关厢民房五十余间，小板桥旧门溪等村水冲堤埂，漫淹田禾四百余亩，冲塌民房数百间，半日水退，不至成灾。（**夹批**：但当据实，不必稍讳。）其被水冲田屋之民，即发钱谷赈助，咸令得所。省城米价，上米每石一两一钱，次米九钱余，为年来最平之价。迆西唯定边县及邓川州二处，有傍山之民房、田亩，山水陡下，冲坍各一二处，该州县随已赈助讫。臣详细访问，两迆之各府州县，秋收八九十分者甚多，七分者不过数处，总计通省竟可算十分年景。（**夹批**：曷胜欣慰！）

仰荷圣德如天，恩周边徼，感和召祥，民登衽席。臣惟有乘此丰收之际，谆饬官民加谨盖藏，亟事储蓄。（**夹批**：甚是。）凛遵圣谕，讲求社仓之法，务在行之有利无弊。（**夹批**：必如此，方为至当不易。）至如设立保甲、均平丁差等事，总期绝无纷扰，不事缘饰虚名，俾民实受其益。（**夹批**：惟期言实相符。）

再边方士子习气卑下，往往以包揽把持为事，与劣绅蠹役相为合伙，骗累小民。（**夹批**：尔等科甲出身者，能不袒护绅衿以邀虚誉，益见大公无私。）臣严饬有司，力除一切积弊。今学臣蔡嵩尽心衡文教士，约束劝诱，宽严互施，（**夹批**：此四字亟宜勉伊力行。大抵人咸以宽为善，而不知宽之弊，咸以严为害，而不知严之益。若私恩小惠，尤无济于事也。）使各渐知守法，学校肃而民俗亦日就醇。我皇上慎简学使，诚移风易俗之要道也。

谨将云省近日情形，缮折奏闻。谨奏。

**朱批**：政宽则民慢，慢则纠之以猛，猛则民残，残则施之以宽。宽以济猛，猛以济宽，政是以和。此诚圣人千古不易之名言也。因尔宽严互施之语，故再及之。

（《朱批谕旨》杨名时奏折）

# 163 云贵总督高其倬《奏闻年成分数折》
### 雍正二年九月十二日

云贵总督臣高其倬谨奏：为奏闻年成分数事。

窃查云南今年春末夏初雨水甚旱，且极沾足，处处稻田不但栽插应时，即山腰坡顶最高之田，往常因少水不能种稻者皆得插莳。惟六月间雨水太多，洼下之田禾苗稍觉伤水。幸云南高田极多，低田甚少，又自七月初四五以后，晴霁一月有余。今各处俱陆续收割，高低合算，年成有十分、九分、八分、七分不等。现今省城米价每石九钱，外府州县八钱、七钱不等。各州县之内，惟昆阳州、昆明县、邓川州、定远县，此四处之田各被水淹者有千余亩，其中尚有一半有四分收成，有二千余亩无收者。又七月初二日早，大雨如注，昆明县属之宝象河水暴涨漫溢，淹塌小板桥等村居人土房五百余间。田苗虽过水，因水退甚速，今皆有六七分收成。其塌倒房屋之家，臣同抚臣杨名时及司道等已各量捐赏给，理合一并奏闻。

贵州今年安顺府以西雨水沾足，有十分收成；安顺府以东六月内少旱，随亦得雨，有九分、八分年成。今年云贵两省俱获有收，臣意趁此筹劝积贮，并戒令民间加谨盖藏，不可因稍丰收，遂致浪用，是为要务，臣自同两省抚臣上紧劝禁料理。所有年成分数，臣谨据实奏闻。谨奏。

**朱批**：览滇黔收成分数，朕怀深慰。趁此筹劝积贮，洵属要务。

（《朱批谕旨》高其倬奏折）

# 164　云贵总督高其倬《奏呈保送滇黔两省副将以下游击以上官员引见折》

### 雍正二年九月十二日

云贵总督臣高其倬谨奏：为遵旨奏闻事。

雍正二年八月二十八日，兵部尚书孙柱、卢询、侍郎伊都立面奉上谕："各省副将以下游击以上官员，未经见过朕者，朕欲认识，着令轮流来京引见。其汉仗、弓马，朕可一看便知。至于操守如何，操练营伍如何之处，着各省将军、督抚、提镇送人来时，据实密折具奏。钦此。"移咨到臣。

臣遵查，云南省此次臣保送广罗协副将南天祥、曲寻镇中军游击段宗岳、楚姚镇中军游击冯鸾三员。贵州省此次臣保送黎平协副将刘业浚、威宁镇左营游击王家材、平越营游击田玉三员。臣钦遵谕旨，据实具奏。今谨另缮一折，详注本人名下，恭呈御览。再操守一节，臣奉旨保人，其操守差者何敢保送？但即操守好之中亦有等参，一例奏称曰好，皇上如何分别任使？臣谨分为一等二等开注，谨将情由奏明。

高其倬保送：南天祥、段宗岳、冯鸾、刘业浚、王家材、田玉。

谨开：

云南广罗协副将南天祥：才具颇长，办事明敏，谙练营伍，宽严得当，操守二等，曾出兵进藏。

云南曲寻镇标中营游击段宗岳：人正直，任事不辞劳苦，着实尽心营伍，操守一等。

云南楚姚镇标中营游击冯鸾三员：人小心谨饬，办事详明，操练整肃，操守二等。

贵州黎平协副将刘业浚：才具优裕，实心任事，操练严而有法，操守一等。贵州情形甚为熟悉。

贵州威宁镇标左营游击王家材：人鲠直，操练管束兵丁严肃，勤密最其所长，操守二等。

贵州平越营游击田玉：人勇敢，操练甚勤，操守二等。

（《雍正朝汉文朱批奏折汇编》第三辑，第 621~622 页）

## 165　云贵总督高其倬《奏报鲁魁野贼已平折》
### 雍正二年九月十二日

云贵总督臣高其倬谨奏：为奏闻野贼已平事。

窃查野贼普有才逃入威远土州地方藏匿，土官即代贼捏饰隐踪，臣已将土官刀光焕拘拿；又野贼陈阿巴聚众拒敌伤兵，官兵屡次击败贼众，杀贼甚多，陈阿巴带领余党逃入车里地方各情由，经臣节次具折奏明。嗣后，陈阿巴率众逃入蛮先小寨，各将弁、兵练四面紧追，于八月二十三日赶上，杀死贼众，陈阿巴身中一枪，自刎而死，已割首悬示。其普有才，自拘拿威远土官之后，即查出伊在三圈地方，官兵一到，伊仓皇止带数人及其子逃去，伊妻被抢入擒获，余贼俱被擒杀。续于慢明地方，土人杀死伊子阿黑勒及随从之贼，普有才仅剩只身，止须留弁兵数十人在彼细细搜查，自能弋获。又野贼头目三肮搭亦已带十二人在元江投出。现今野贼根株已除，臣将兵练暂留在彼月余，飞令参将张应宗率领将备，将零星余烬再行搜净，并相度形势，详细具报。臣熟商详筹永久善后事宜，另行具疏，并剿贼始末一并详奏请旨。所有野贼已平情由，谨先具折奏闻。（**夹批：可嘉之至。**）

至威远土知州刀光焕匿贼之处，臣谨遵圣训，平心查审，务期公当，足以服土人之心。今众证明，白其子弟，俱俯首无辞。惟刀光焕尚恃土职，称系伊子及弟所做之事，伊不知道，亦容臣另疏具题。（**夹批：知道了。**）

再臣更有奏者，贵州一省诸事废弛，未经整顿。臣虽于钱粮一项，谆嘱抚臣毛文铨就近将水银及矿厂二事查明实奏。又定广苗情一事，臣业将汛兵改归定广协，将废弛副将陈元勋题参在案。但抚心自问，实未及如云南一样料理，何敢粉饰于君父之前？臣罪实深，伏乞皇上敕部，严加惩治。（**夹批：远隔一省，自属鞭长莫及，兼值抚臣庸平，而连年军需等项又日不暇给，所以未遑料理耳。何罪之有？**）再臣细思贵省钱粮一项，抚臣毛文铨前在云省藩司，出入稽查最为详慎，今必能一一清楚。

至贵省仲苗恣肆，定广为最，都匀次之，先将两处办妥，余即易于为力。但太宽缓则误事，太严急则滋事。目今云南野贼之事已经就绪，再料理月余，一切可了。口外量务粮饷已有成规，中甸善后事宜已商定，又抚臣杨名时、布政使李卫可以料理，且云省情形臣稍已熟悉，亦可遥相酌定。臣请于十月下旬轻骑赴黔，就近相度机宜形势，与抚、提二臣商酌料理，大概稍定，再回云南。总之，臣务竭心力，不敢掩饰目前，必期清肃。臣非敢于轻动，细审仲苗情形，不稍加惩创，难遽言绥辑安静。军机间不容发，必就近调度，始不失机会。臣谨冒昧奏闻。谨奏。

**朱批**：据奏欲亲诣贵州相度机宜，但黔省恶苗非滇南土司可比，且黔省营伍废弛已久，切勿轻举，当再三慎重为要。至于尔身，两省所关，尤不宜轻忽。目今西海已平，鲁魁事定，滇省谅无急务矣。若至贵州，不妨多待数月，通盘筹算，斟酌详审而后定议。假如事在必行，仍须商计万全，徐徐图之。特谕！军事贵密，须出其不意，尤宜知己知彼，谋定机先，一切预备完全，临期神速行之，则一鼓而功可成也。

（《朱批谕旨》高其倬奏折）


## 166　云贵总督高其倬《奏报丽江土府自改流以后甚为安帖情节折》

雍正二年九月二十日

云贵总督臣高其倬谨奏：为奏闻事。

窃云南丽江土府经臣请改土设流，复蒙圣恩俯准，以知府杨馝调补。臣谆谆告诫，令其尽心整顿调剂，务使土司夷人心皆安稳，方可经久。兹自杨馝到任将及一年以来，将夷民无名杂差尽行查免，向来土府及头人苛派陋规，酌量一年裁革二万余两，事事休息，教以礼义，即土官亦量留养赡，使之得所。今通府土人皆以归流为乐，即邻近土司、人民亦俱心服。所有土府自改流以后甚为安帖情节，臣谨据实奏闻。谨奏。

**朱批**：览奏。土府改流以后安帖情形，朕甚为嘉悦。

（《朱批谕旨》高其倬奏折）


## 167　云贵总督高其倬《奉旨议奏"条陈裁减滇省督标两协兵丁奏折"折》

雍正二年九月二十日

云贵总督臣高其倬谨奏：为遵旨覆奏事。

窃臣蒙皇上发交条陈裁减两协兵丁奏折一件，奉有朱批。臣查此折所奏可行，惟所裁之数过多，又欲将两协裁剩兵丁移驻省城，未为允协。此事臣到任之始，亦谓两协之兵似可全裁，及细察情形，前人设立亦有深意，未可以目前无用，遂谓其非。盖督标有兼顾两省之责，特设此两协，复处之近地，以备两省援应之事，急速调遣，且使督标有以重制轻之势。原制多设马兵而不分汛防者，亦以便于随时随处皆可调遣应援之故。但兵额稍多，可议酌量改减。若竟欲裁成五六百兵之小营，则徒存虚名，无济实用，实废督标两臂。

又条奏内称，两协兵丁各留百名防守寻甸、罗平二州，余者应调入省城。查寻甸、罗平二城，界连川广，逼近猓苗，实资两协之兵弹压，且兵丁住久，田庐、园墓皆在于彼省地，既无房地，且一迁移，又有搬家道路之费，而省城食米价亦贵于两州，此节不便于兵，且在事势亦有未可。前此臣因中甸内附，地方宽广，应议设兵防守。又楚姚一镇统辖四府，汛广兵单，总兵南天培折请添兵，奉旨令与臣商酌。臣议将两协兵丁共裁减一千名，又酌量改马设步，改战设守，拟于中甸一带地方添设兵丁一千四百名，于楚姚镇添兵六百名。移此就彼，不须多增饷银，即可添出两处之兵，将改添中甸营兵情节咨呈大将军年羹尧，俟其酌定覆到后方始具题。今已覆到，以为可行，令臣具题。除容臣另行具疏详奏外，所有奉到条奏之事，臣业已酌行情由，谨缮折奏闻，并将原折恭缴。谨奏。

**朱批：** 详阅裁改之议，可谓一举而两得，甚属允协。前此各情节，知道了。

附原折：查云南设有援剿左右两协，每协额设马战兵三百八十名，步战兵一千三百二十名，左协驻扎寻甸州，系曲寻镇所辖寻沾营地方，右协驻扎罗平州，系广罗协所辖地方，两协原无专城地方之责，亦无护饷解逃之差，止以预备督臣调遣策应而已。但督臣亲标额设马、步、守兵共五千名，全滇各镇、协、营星罗棋布，一有遣发，飞檄响应，即无援剿，二协亦自声援足用。况设援剿以来，从无专用之处，即有调遣，亦无用至三五百名者，洵属闲冗无益。计两协马、步、战兵三千四百名，以及协将、备弁，岁需俸饷、马干等银并所支米石折色而算，几及九万两。以朝廷有用之库帑，赡养积年无用之官兵，诚为可惜。目今云南备兵不便全请裁去，臣谬度时势，酌量足用，每协应裁去兵一千名，止留马、战兵一百名，步兵六百名，留游击、守备各一员，千把总共六员，改为援剿两营，归驻省城督臣标下，就近策应，既为捷便，随标操练，更成精锐，岁计官兵俸饷马干并米石折色又可节省五万两有零，以资别项军需。其寻甸州地方，仍令寻沾营拨千把一员，带兵一百名，驻守罗平州地方，仍令广罗协拨千把一员，带兵二百名驻守，则营制汛防亦各有专责矣。至裁去之协将、备弁，令其赴部另补。所裁之兵，行令督抚提标并通省各镇、协、营出有粮缺，不必招募，即令裁兵顶补，务于二年以内尽行安插入伍，庶兵无闲废，粮不冗食，其于营伍、钱粮均有裨益矣。

**朱批：** 有人条奏云南援剿两协兵冗应裁，朕未深悉情形，故将奏折发来汝看。汝其详加斟酌，如系有益之举，即作尔意，具疏题请。若有不合宜处，将不应裁改情由备细声明，具折奏覆。

（《朱批谕旨》高其倬奏折）

## 168 云贵总督高其倬《奏报遵旨仿古井田之意料理陆凉州马厂涸出地亩折》

雍正二年九月二十日

云贵总督臣高其倬谨奏：为奏闻事。

窃臣将云南陆凉州地方之马厂地筑堤设闸，导水开田，筹备积贮，接济兵食，前已具折奏明。钦奉朱批训诲，令仿古井田之意料理，实臣意见所未及，谨钦遵圣训办理。

今臣所开之田，因六月间雨水多于每年，河水溢入，淹浸十分之四。其工本系臣给与者，非兵民之力。臣已将种地之人量行给赏，其未淹者分得租米二百二十四石，已贮五营义仓，备济兵丁家口之用。臣又思，必种稻，则须垒埂开畦，经夏历秋始能收割，若令种麦，则秋潦已涸之后方种，夏水未发之前已收，更为便利，且收麦之后水不甚大，又可播种晚稻杂粮。今臣就现在已成之田，遣余丁十六户前往，与彼处民人分行种麦，每八户分给田九百亩，以百亩为公田，合力共作，成熟之后，九分中取其一分以为五营义仓之积。此时低田未全涸出，且系创始，先遣此十六户试行。此马厂之田若尽涸出，约可有二三万亩。俟试行渐定，涸田渐多，臣自添拨余丁，陆续料理，并所积米粮数目，再行奏闻。谨奏。

**朱批**：试行井田、麦稻兼种之议甚善。虽然事贵因地制宜，酌其可而为之，毋因奉有朕谕而勉强迁就也。

（《朱批谕旨》高其倬奏折）

## 169 云贵总督高其倬《奏呈遵旨保举皇上特用人员折》

雍正二年十月二十五日

云贵总督臣高其倬谨奏：为钦奉上谕事。

奉上谕："朕特用人员内，有才守兼优者，不拘人数，亦另折奏闻。钦此。"钦遵。

臣查云南粮储道江苎，（**夹批**：用按察。）操守廉谨，办事详细；又知府张允随，

（**夹批**：用粮道。）系奉特旨，遇有紧要缺出即令补用之员，操守好，人明白。臣谨保举，遵旨另行缮折奏闻。

（《雍正朝汉文朱批奏折汇编》第三辑，第 880～881 页）

## 170　云贵总督高其倬《奏呈遵旨保举人员折》
### 雍正二年十月二十五日

云贵总督臣高其倬谨奏：为钦奉上谕事。

雍正二年十月初四日，准吏部咨称："为钦奉上谕事：雍正二年八月十九日，舅舅隆科多捧出朱笔上谕：'国家分理庶绩，务在得人。道、府、州、县等官尤属要职，其有才干、素著廉洁自持者不得以时上闻，何以示劝？于各省道、府、同知、通判、州、县等官内，着总督保奏三员，巡抚保奏二员，布政使、按察使各保奏一员，将军、提督亦属本省大员，将所知者亦令保奏一员，俱各密封保奏，不得会同商酌。此保奏内不必将朕特用之员保题。朕特用人员内，有才守兼优者，不拘人数，亦另折奏闻，俟朕降旨，调取之时，再令来京引见。如所保之人不当，日后劣迹败露，将保奏上司一并治罪。特谕。钦此。'为此合咨前去，钦遵查照。"等因。移咨到臣。钦此钦遵。

臣谨保云南丽江府知府杨馝，操守廉洁，才具颇优，自到丽江以来，革除陋规，开垦土田，不避嫌怨，不辞劳苦，新辟之郡日有起色，彝民感激。虽系旗人，文学未优，然系一实在好官。又楚雄府知府李玉铉，操守好，办事详明。楚雄府城池倾坏多年，李玉铉自捐养廉之资，不动丝毫民力，悉皆修整，平减盐价，疏通钱法，井井有条，声名甚好。又贵州铜仁府同知马骏，（**夹批**：用知府。）操守好，办事有才，署黎平府知府印务，声名甚好。以上三员，臣谨保举，缮折奏闻。

（《雍正朝汉文朱批奏折汇编》第三辑，第 884～885 页）

## 171　云南巡抚杨名时《奏呈遵旨保举人员折》
### 雍正二年十月二十九日

云南巡抚臣杨名时谨奏：为钦奉上谕事。

雍正二年十月初三日，臣准吏部咨开："奉朱笔上谕：'国家分理庶绩，务在得人。道、府、州、县等官尤属要职，其有才干、素著廉洁自持者，不得以时上闻，何以示劝？

于各省道、府、同知、通判、州、县等官内，着总督保奏三员，巡抚保奏二员，布政使、按察使各保奏一员，将军、提督亦属本省大员，将所知者，亦令保奏一员，俱各密封保奏，不得会同商酌。此保奏内不必将朕特用之员保题。朕特用人员内，有才守兼优者，不拘人数，亦另折奏闻，俟朕降旨，调取之时，再令来京引见。如所保之人不当，日后劣迹败露，将保奏上司一并治罪。特谕。钦此。'"臣伏见皇上御极以来，鉴别人才，澄清吏治，一善不遗，无微不烛，尤加意于亲民之官，训诫鼓励，备极周详，大小臣工莫不争自濯磨，效职赴功，薄海之远，如在辇毂，景象一新矣。

谨查云南省道、府、州、县等官，除不职者经臣等一一纠参外，今现任者类皆循谨供职，其中颇多廉干之员。凛遵谕旨，保奏二员：一系广南府知府潘允敏，江南进士，由翰林院编修拣发补授，到任八月有余，年五十六岁，操守廉洁，办事勤慎，抚民治彝，善能约束化导，恩威并济，人心悦服，与同城之游击、守备等和衷料理地方，爱恤士卒，又修葺学官，教养士子，期令边方渐知礼义文学，庶为不负皇上简用之恩者；一系太和县知县龙为霖，四川进士，年三十二岁，到任二年有余，品行端悫，胸有经纬，办理军民诸务，条理井然，精勤廉干，足为邑宰之良。以上二员，据臣愚见，似足当才守兼优之目，伏乞皇上睿鉴。臣谨奏。

（《雍正朝汉文朱批奏折汇编》第三辑，第907～908页）

## 172　云南巡抚杨名时《奏呈遵旨保举皇上特用人员折》
### 雍正二年十月二十九日

云南巡抚臣杨名时谨奏。

奉上谕："保奏内不必将特用之员保题。特用人员内有才守兼优者，不拘人数，亦另折奏闻。钦此。"遵查云南粮道参议江芑，皇上由御使特用，自到任以来八月有余，操守端饬，于粮储、水利诸务尽心料理，厘剔兴修，具见练达勤慎。臣谨奏闻。

（《雍正朝汉文朱批奏折汇编》第三辑，第908页）

## 173　云南巡抚杨名时《再请以永昌府通判
## 耿觐谟调补元江府通判折》
### 雍正二年十月二十九日

云南巡抚臣杨名时谨奏：为要地需员事。

查元江府通判驻扎普洱，系极边瘴疠之区，去年秋冬以来，搜捕野贼，接济粮饷，尤需干员办理。所有怠玩延诿之王秉煌，经臣等参革员缺，选有永昌府通判耿觐谟题请调补。部议，以历俸甫及年余，且前任内多参罚之案，不准调补。奉旨："依议"，臣何敢妄渎？唯是野贼陈哈巴父子甫经扑灭，方景明等人众及其余党招投安插者正在料理，并一切调剂事宜，非得能员不克胜任。臣与督臣高其倬暨司道详加酌议，难得谙练之员。通判耿觐谟才具颇优，且署理普洱通判，数月以来，查拿野贼，事事尽心，地方情形颇为熟悉。臣为地方得人起见，不避琐渎，敢恳乞圣恩破格俯允，准以耿觐谟调补元江府通判，于边方实有裨益。

再有陈者，师宗一州界连广西省，其内有十三槽，俱沙人所居，甚为剽悍，两界彝人每多争夺之事。州牧汪熙升任员缺，选有石屏州知州刘洪度，实心任事，于康熙五十九六十年在阿墩子办理军饷，颇称历练，到任日久，熟谙风土彝情；又石屏绅衿贡监内，向有以侵占包揽为事，偏累小民者，该员不避豪强，能清查丁粮，剔除积弊，罔顾嫌怨，洵为强干合例之员。臣等将该员会疏，题请调补师宗州知州，除照例具本外，谨将情节缮折奏闻，伏乞睿鉴施行。谨奏。

**朱批：**耿觐谟照请调补。刘洪度，本到亦照请议覆具奏。该部知道。

（《雍正朝汉文朱批奏折汇编》第三辑，第909页）

## 174　云贵总督高其倬《奏闻雨雪情形折》
### 雍正二年十一月初十日

云贵总督臣高其倬谨奏：为奏闻雨雪情形事。

窃照云南入冬以来未得足雨，少觉旱燥。于十月二十八九至皇上万寿日，连得甘雨，四郊沾足，豆麦畅茂。又冬至日复降大雪，云南地暖，得雪最难，父老皆以为来岁大丰之兆。此皆我皇上爱民如子、至诚感召之所致。贵州雨水亦皆匀足。理合具折奏闻。谨奏。

**朱批：**览云南雨雪情形，朕怀曷胜慰悦。全赖尔等封疆大吏恪秉一诚，有以感格，上苍垂悯锡佑也。

（《朱批谕旨》高其倬奏折）

## 175　云贵总督高其倬《奏闻纳楼司土舍普礼罪恶折》
### 雍正二年十一月初十日

云贵总督臣高其倬谨奏：为奏闻土目罪恶事。

云南近边一带土目强横，鱼肉乡民，宜惩一警百，以示劝戒。臣查纳楼司土舍普礼最凶恶，目无王法，虽身材猥鄙，若兵器在手，即数十人不能近之，附近有力猓彝任其驱使，平日霸产劫财，焚杀奸占，无所不为。伊所住之处，为野贼入内地讨保必由之路，伊年年分肥，纵之四出，种种不法，大为地方之害。但所居在土司地方，猓民被害者畏惧土司是其管主，隐忍不敢告理，且离流官衙门又远，出告不易。间有出告者，普礼年年抢占，家道颇富，又与临安绅矜结为姻亲，代为打点衙门、乡愚，反害累无伸，遂益缄口裹足。臣访知其实，正思拿处，适伊又收武生李得辅为门生，伙同硬占马龙寨田地，杀人焚尸，奸毙幼女。而建水州知州尚崇初仍思隐狗，经臣一面将尚崇初题参，一面密嘱临元镇总兵杨天纵拿捕。杨天纵因普礼出入皆令多人执鸟枪、标弩相随，硬拿恐致伤人，遂设法令游击梁彪拿解赴省发审，已审，拟立决。俟由巡抚衙门具题请旨外，臣查普礼一犯实为一方之患，就现案而论，罪已蔽辜，以平日而论，尚有余罪。又李得辅身列庠中，拜为土舍门生，与之伙杀伙淫，为害彝方。臣仰恳睿鉴，乞将此二人准于立决后，将首级发往为恶之处悬示，则边末彝人懦弱者皆知有恃无恐，凶横者皆知畏法敛迹矣。臣谨缮折请旨。谨奏。

（《雍正朝汉文朱批奏折汇编》第三辑，第981~982页）

## 176　云南巡抚杨名时《汇奏施行从前所下谕旨及条奏、议行事件情形折》

雍正二年十一月十五日

云南巡抚臣杨名时谨奏：为钦奉上谕事。

雍正二年正月二十六日，臣接准部文，内开奉上谕："通行六部、九卿、八旗、各省督抚提镇，凡从前所下谕旨及条奏、议行事件，皆令其于来年十二月，各条各款，其实在如何施行及行之如何已有成效，条分缕析，明白奏闻。至有密奏、密下谕旨者，仍密行详悉奏闻。钦此。"臣伏见我皇上乾断独施，离明旁照，为政期于实益，安民务有成功，量极乎兼听并观，智精乎用中择善，诚欲治理底于纯全美备而后即安也。臣通计两年之内，谕旨所宣及条陈所采颁发中外者未易悉举，除一切由部行文事件至年终另具疏另题外，今将奉到密谕及密奏事理逐陈于左。

一、臣伏读朱批旨意，屡云"每事只据实好，期于上下内外毫无隔碍欺隐"，教诲谆切。《论语》云：事君以忠，事君勿欺。诚人臣之大义。臣敢不刻加省检，贻疚幽独？至以毫无隔碍隐蔽为期，则大易中孚，化邦之义，虞书至诚，感神之理，不外是矣。更谕臣等以"若能直言进谏，实中心乐而欣闻"。此诚舍己从人之量也。天德王道，皇上既握其枢机，臣等仰受甄陶，唯有思竭一得，勤宣化理，冀助高深万一。所有至训，唯有服膺，朝夕不敢忽忘。

一、臣于雍正元年七月初六日折奏积欠钱粮内，有因办理军需那借及亏缺已久，辗转交受之项概参，似于情理未安。奉朱批："若不参革，亦只好宽。出于百姓者耳，当原谅者自然原谅。"又奉朱批："属员有下愚不移之辈，参处数人，以警不肖方是。"臣凛遵严查，自去年六月至今年十月，共题参过二十二员，内系亏空者十八员，参后已经完结及目下可完结者共四案，其余尚在审追。

一、雍正元年十二月十七日，曲寻镇臣杨鲲传谕旨，令臣着实严拿光棍。臣查云南民彝杂处，其最为民害者官点头人催粮，以致征少派多，入己吞肥，仍欠正供不纳，更有不肖绅衿派拨包揽。臣到任后，于康熙六十年、六十一年，禁革头人，先于腹里近地清厘整饬，而远府边州彝人群聚之处，余风未殄。今奉谕以来，与督臣高其倬加紧严查，一有访闻，即拿究，以除恶弊。又传谕旨："野贼在那里拿住，即在那里处死，其次该挑筋就挑筋。"臣钦遵，与督臣高其倬严谕官弁，尽力搜捕。今临元等处方、普等野贼，投出者投出，擒剿者擒剿，其解省重犯中有凶恶异常者，经审明，决过三人，余发各营当苦役及发钱局跳水磨钱，俱令颈项带铁圈，以便别识，仍有越墙逃走者，拿住即行挑筋。又陈哈巴父子已授首，余贼尚有潜踪山箐者，应量其情事处断。又传谕旨，令臣整饬营伍。臣谨查本标两营向依定期操演，臣办事稍暇，阅看枪箭，优者奖赏，弁员缺出，选骑射好而谙习营事者补放。夏秋雨多，有缺操之日，至冬月补足。自去年十月内，挑营中幼丁一百四十名，各赏给银两制弓矢、排枪，每月以臣随丁饷银拨出，按名赍给，以鼓学习。其学藤牌者，加给鞋脚之费。去年冬月，臣捐银四百两买米接济贫乏之兵。今冬仍照旧捐买以时，量发捐银二千两，制两营马步盔甲，于六月内俱已制备完整。至旗帜、交枪、藤牌等，应新整加添者，于臣随丁饷银内发工价修买。自此，当益勤训练，以彰圣朝诘戎服远声威，毋启玩驰。

一、雍正元年十二月，奉到朱谕：一件举行社仓；一件设立保甲，稽察营兵、胥役，查拿刀棍；一件严查讳盗诬良；一件严裁经过扰累及滥送差员。臣敬奉安设，缮折请留圣谕。奉朱批谕旨："准留着。但朕虽如此谕，全在尔等封疆大吏度量土俗民情，相机徐徐而为之。有不可行、无益处，即当据实明陈，不可迎合强作，亦不可阳奉阴违，令天下后世谈笑。只务实为要。勉之！钦此。"臣谨看得举行社仓，深有益于民间。云省向有常平，劝捐谷石，因系报部之项，不得擅动，小民鲜受实惠，不甚乐输。今议得应将此项停其输贮官仓，改行社仓。臣等倡捐，劝民各自出谷，贮于本里。民见免其输官而贮近处，输者必众，更量其里之人数多寡，从宜设法，令谷石足资接济，收放一随民便，为惠甚属均溥，已于十月内具题，另具折吁恳圣恩准免重捐在案。

设立保甲一事。臣于府州县各官进见时，宣播皇上弭盗安民德意，令其编立门派，十家为甲，十甲为保，互相稽察，切戒其扰累小民，随宜措置。云南多彝猓村寨，零星散居，难以十家、百家为限，只可就近联络互查，总以简易便民为主。今编行有成局者已报有十余州县，昆明县、安宁州、晋宁州、通海县、和曲州、罗平州、太和县、赵州、浪穹县、永平县、弥勒州、永北府、蒙化府，此外俱在试行。嗣后盗贼可戢，游惰亦可稽，庶咸畏法知儆。省城营伍亦编保甲，以便查察匪类，营官将弁专司其责。有兵民杂居之处，一例编入互查。有赌博、凶顽之辈，无处可容，不禁自绝矣。讳盗、诬良，皆由有司不肖，亦由无精明正道之上司耳。若各出本心，则自无此两弊。近日云南郡邑吏多循饬，由皇上殚心察吏安民所致，臣等当益加访察防范。

上司经过，扰累地方。由于上司侈肆，无恤属之心，下司卑谄，无自立之节，二者皆失，而责实在上司。唯有于日用交际力行节俭，以身率属，上副圣心，助成圣治。至奉使之员，向例俱有馈送，固不可废，然亦取足供在途往返之费，应酬犒赏之需而已。滥予过费，亦非所宜。圣谕诚当永遵也。

以上数条，善政宜兴，积弊宜革，若随时因地以制宜，仁明廉正以守法，是在臣等之善于奉行而已。

一、雍正二年正月初八日，奉密谕，令提督郝玉麟领兵往察木多驻扎扬威，令督抚动正项钱粮备办器械、马匹、帐房、锣锅、衣服、米粮一应等物。臣随遵旨料理，经督臣高其倬奏明在案。自正、二月至夏秋以来，口外军粮等事，委鹤庆府知府白兑在剑川州办理发给，委顺宁府知府范溥在中甸雇募人夫马骡办理运送，委大理府通判顾朝俊在阿墩子办理收放催趱，又委宁州知州梁衍祚、和曲州知州祝宏在中甸协办。再鹤丽镇臣张耀祖往天柱寨扬威接应提臣，其应运送之粮饷等，俱各源源接济。入冬之后，各处口外屯扎之官弁兵丁粗细皮衣、袍件等，俱经督臣与臣知照藩司制办，运送军中讫。

一、云省盐课钱粮，旧亏者审明着追，新征者按限上纳，无牵混及堕误之处，理合奏明。

一、银厂课从前缺额每年至三万余两，臣于康熙六十年夏奏明，嗣后银厂缺课，以臣等院衙门盐规抵补。去年夏奏销康熙六十年冬季并六十一年春夏秋三季银课，缺额一万四千四百十九两零，臣以所得盐规垫足。今年夏奏销康熙六十一年冬季缺额四千一百四十二两，臣亦以所得盐规垫足。其雍正元年之课有缺，臣自愿另捐赔垫三千两，此三千两不在题报之内。余尚缺一万三千九百七十三两，以盐规已归公之项垫足。因系臣原奏之案，合将两年内补课情由奏明。

一、铜厂。雍正元年三月，原任广南府知府张允随管起，查察调剂甚为尽心。今年系藩司李卫总理，张允随协办，所出铜斤大约于正额有盈无缺。

一、臣于去冬腊月奏蔡起俊盐课未清，往楚赴任，奉朱谕，令臣劝勉访察之。臣随屡写书去劝，以居心立品全在忠信不欺言行相顾。伊答书中再三陈说，云受圣主深恩，欲图报效等语。今蔡起俊已奉旨调回京，伊所未清之项，除解滇八千两外，据伊书内称，已于临行清交湖广藩库，即解赴云南。理合奏明。谨缮折交臣衙门上计典本，承差赍捧进呈。臣谨奏。

（《雍正朝汉文朱批奏折汇编》第四辑，第11～15页）

## 177　云贵总督高其倬《奏报查明界址，移咨安南情形折》
### 雍正二年十一月十六日

云贵总督臣高其倬谨奏：为奏闻事。

窃查云南开化府与交阯都竜厂接壤，向日交界，以赌咒河为界，系一大河，后因其地旷远，多有劫杀之案，又适值交阯之贼攻劫各寨，总兵、知府既畏处分，又惮救援之劳，遂将塘汛移入内界，称此外系交阯地方，另指一小河，强名为赌咒河，其实弃去疆境一百余里，内有六寨人户，田粮具归交阯，迄今四十余年，历来知而不言者。因都竜厂广产银铜，内地及外夷俱往打矿，货物易消，贸易者亦多。总兵设汛稽查，暗抽私利，恐说出旧界，则一经清查，此弊亦露。近经客民开铜山，呈出旧界，藩司李卫详报前来。

臣以铜矿事小，疆境事大，委员确查，总兵阎光炜尚阻挠隐蔽，后经查出六寨旧纳粮额及塘房旧趾。臣随移咨安南国王，准其咨覆，尚支吾牵赖。目今臣又将详细情节再行移知，俟其覆定，详行具奏请旨。至内地人民出口之处，查新总兵冯允中，人明白，实心办事，（夹批：冯允中为人老成，但恐过于粗率，若见解犹属明白，则于此等事洵非所难矣。）臣令就近详查情形，或应概行禁绝，或竟立一关，止禁硝磺铅铁等物，不禁货物，抽其课税，以资军饷，何者为宜，详细查报。俟其查到，臣再详酌具奏外，谨先将情节缮折奏闻。谨奏。

**朱批：** 全在尔悉心斟酌行之。

（《朱批谕旨》高其倬奏折）

## 178　云贵总督高其倬《奏报藩臬二司情形折》
### 雍正二年十一月十六日

云贵总督臣高其倬谨奏：为奏闻事。

窃照云南按察使张谦去年甚病两月有余，后渐痊。可今年自入冬之后，行步常多倾跌，精神短少，不耐劳剧。臬司刑名总汇，衰病之人难以胜任，臣谨遵旨奏闻。又迩来臬司张谦与藩司李卫不相和衷，盖缘李卫才情敏而稍轻视同官。张谦迟滞钝缓，又因存不甘之心，愈加偏执。臣经屡行密加劝戒，尚复时有参差，谨一并奏闻。抑臣更有请者，张谦系业将病废之人，已无可复加策励之地，而李卫以有用之才，往往盛气凌人，亦系稍过。（**夹批：**朕屡经严厉教诲矣。可惜李卫如是质器，性欠和平，偏于尚气。尔毋因朕信用，遂过为俯就，上下体统如何可紊？若纵容至于愆尤日积，非为国家爱惜人材也，当再三训饬之。朕断无轻尔而重李卫之理。观伊心胸、本领俱好，须极加琢磨，期其堪以上进，方不负朕求才若渴之意。）臣为国家成就人材起见，伏乞皇上密加训励，则才器之美加以涵养，愈益深醇远大矣。谨奏。

**朱批：**此奏甚合朕意，已有旨矣。

（《朱批谕旨》高其倬奏折）

# 179　云贵总督高其倬《奏闻调营拔补千把折》
### 雍正二年十一月二十一日

云贵总督臣高其倬谨奏：为奏闻调营拔补千把事。

窃查云贵两省拔补千把，云省迤东各营送臣衙门考验，迤西各营送提督衙门考验，贵州通省千把俱送提督衙门考验。虽拔补之处原无成例，必令以本营之人拔补本营之缺，但历来皆以本营拔补本营，习以为常，相沿不改。臣到任两年以来，留心细察情形，以本营拔补本营，实属未妥。盖以本营之人同为兵丁，一旦甫为千把，即立体统规矩，其势甚难。有志者才欲约束，则众兵怨谤，即同辈之千把亦群笑群非，众情不协，只得缄默。其不肖者，且遮蔽兵丁之过，附和兵丁之言，胶固党比，甚至将备稽查管束亦不易为力。

臣请嗣后由臣衙门及两省抚、提二臣衙门考验者，俱将本营之人考定，拔补之后，即调外营一员与之对换，则新旧之员皆可渐次换易，不在本营矣。再此调换止就近营，不调过远之处，俾省搬移盘费。若同城之营，仍不准调。至虑营伍换易各员，或有不能熟谙之虞。臣查各营将备皆非本营之人，然不乏熟谙之员，是熟谙在于留心，不在于本营，且千把果拔能员，则本营熟谙之兵皆供其驱使，更可收指臂之效。（**夹批：**所议是。云贵照此而行。）臣从整顿营伍起见，谨据实奏闻请旨。谨奏。

**朱批：**览云督高其倬此奏，甚属得理。若应通行于直隶各省，该部确议奏覆，饬令直省一体遵行。其中倘有不尽善处，亦即声明，毋得迎合朕意。

（《朱批谕旨》高其倬奏折）

## 180 云贵总督高其倬《奏闻节省铅价并调剂钱法折》
### 雍正二年十一月二十一日

云贵总督臣高其倬谨奏：为奏闻节省铅价并调剂钱法事。

窃查云南开局鼓铸，以倭铅四分配搭，计四局一年共应用倭铅六十七万六千余斤，俱照市价采买，各局远近不一，并驮脚每百斤共需四两五钱。臣亟思另自开厂以供鼓铸外，访得云南之快泽河向曾出产倭铅，委员招采，所出不旺，节省有限，仍不敷用。又访得贵州地方之马鬃岭、齐家湾、罐子窑等处亦有倭铅矿硐，因通知抚臣毛文铨，委员会同查勘、招开，已经具奏。今各处皆有成效。云省每年买运黔厂倭铅五十万斤，供铸一年，约节省银七千余两。臣查云南省自雍正元年十二月开铸以来，迄今已将一年，四局共铸钱一十七万五千九百余串计搭兵饷及驿堡工食，放钱八万八千九百余串，除初开铸各匠手生误卯，现在趱铸外，今已存钱五万六千余串。又云省寸步皆山，不通舟楫，流通运转制钱，须用脚价，是以各近局之府州县有钱行到，其离局数百里千里者俱不能到，以致壅积省城，钱价渐贱。臣与抚臣杨名时、布政使李卫设法买运，发各次近之府州县行消。目下钱价虽已渐平，但云铜非鼓铸无法可消，源源鼓铸，将来日积日多，若不早思调剂，恐致价贱，病帑病兵。臣再四思维，不得不即请以钱局节省之项，仍为流通钱法之用。

查云南本省既尚有远僻之府州县，止须运钱之脚价即可流通，似可不必计及他省。但一省之地有限，恐仍虞壅积。又查湖南、湖北从前以粮船载回制钱行消，今已久停。闻彼地现今每钱一千可卖银一两一钱，若运滇省之钱到彼，每千工本及脚价约银一两三分三厘，亦不少敷。臣为流通制钱起见，谨冒昧请以雍正三年节省倭铅之价添补运脚，先仅本省远地流通，远地既遍，再酌运售楚省，统请于铸务内一并奏销，庶钱法流通，滇铜亦无滞积。除容臣再与抚、藩二臣详细斟酌，具疏会题请旨外，谨先将情节具折奏闻。谨奏。

**朱批**：流通制钱之议甚是。仍听该部议覆遵行。

（《朱批谕旨》高其倬奏折）

## 181 云贵总督高其倬《奏报滇省地震及赈恤情形折》
### 雍正二年十二月二十二日

云贵总督臣高其倬谨奏：为奏闻事。

臣于十一月十五日起程赴黔，于十二月初三日到贵阳府，据臣标千总刘起贤驰报，云南省城于十一月二十四日未时、申时、酉时地震数次，摇倒城上垛口数处，城厢内外房舍、人民俱无伤损。臣即飞檄行查附近各属有无被灾之处，随据各属昆明县、嵩明州、宜良县、呈贡县、河阳县、路南州、南宁县、马龙州、寻甸州、广西府、师宗州等十一处俱报，于十一月二十四日未、申、酉三时地震，内昆明、呈贡、南宁、马龙、广西、师宗等六属皆不甚震，房舍、人民俱无伤损，惟嵩明、宜良、河阳、寻甸四州县各有数处乡村及路南州之民和一乡，房屋摇倒颇多，现经查报，压毙大小男女各处共五百余口，压伤者八十二口。臣即会同抚臣杨名时，凡压毙者，大口捐银二两，小口捐银一两，给买棺木敛埋；被伤者，不论大小口，俱给银一两调治；倒塌房屋者，亦令查明户数，分别酌恤外，所有被灾乏食贫民，臣等查照康熙五十二年地震赈恤之例，令各地方官即将仓贮捐输谷石，每大口给谷一石，小口给谷五斗，并饬各有司俱亲身逐一看给，仍委员监查，务令均沾实惠。除俟抚臣杨名时就近查报会题外，臣谨先缮折奏闻。谨奏。

**朱批**：杨名时已具本矣。

（《雍正朝汉文朱批奏折汇编》第四辑，第238～239页）

## 182　云贵总督高其倬《奏报交趾遣陪臣郑镜查界，带兵数千扎营伊境折》

雍正二年十二月二十二日

云贵总督臣高其倬谨奏：为奏闻事。

贵州调剂之处，臣已详细筹虑，及访出古州、八万情形，已会同抚臣毛文铨、提臣赵坤缮本具折详奏，其余应斟酌商定，臣俱会同抚、提二臣一一料理，非系要大应行请旨之事，不敢琐渎天听。

至云南省之事，近经报到紧要者地震情形，臣已于另折详奏。又据开化镇总兵冯允中报称，交趾遣陪臣郑镜查界，带兵数千扎营伊境。臣一面照会该镇，此必系陪臣不知大体，彼断不敢越境，可详明晓谕，并严把边隘，勿容阑入，无故切勿辄纵兵威，一面密行照会临元镇及行广罗协、广南营，俱令密备策应，虽属无事，不可不防。（**夹批**：甚是。）臣复移咨交趾王，明白开导，令速撤所带之兵，勿听任陪臣无知，自致罪戾。兹贵州之事已经商定，臣于十二月二十三日起身，于正月初十间可抵云省。臣谨先缮折奏闻。

**朱批**：知道了。

（《雍正朝汉文朱批奏折汇编》第四辑，第240～241页）

## 183 云贵总督高其倬《奏请圣安折》
### 雍正二年十二月二十二日

云贵总督臣高其倬谨奏：恭请皇上圣安。

**朱批：** 朕安。卿之可嘉处，朕殊褒奖不尽。古人云：求忠臣于孝子之门。此语诚然不谬，朕视卿实觉日重一日也。

（《朱批谕旨》高其倬奏折）

## 184 云贵总督高其倬《奏报奉旨褒奖谢恩折》
### 雍正二年十二月二十二日

云贵总督臣高其倬谨奏：为恭谢天恩事。

雍正二年十二月十三日，贵州大定镇总兵官丁士杰到贵阳府，臣出郊跪请皇上圣安。丁士杰口传钦奉圣旨："你驰驿前往贵州，你到时大约总督高其倬还在贵州，可传旨说朕放他总督时，以为他宽厚和平，如今看来他做的着实狠好。你就对他说，朕着实赞他。钦此。"（**夹批：** 从前谓伊不过是一人，系有为有守，上好封疆大臣。朕旨原系如此，丁士杰传述差误矣。）窃臣才识庸愚，蒙皇上简任总督，毫无报称，夙夜难安。乃荷天语褒嘉，跪听之际，感愧交集。惟有愈加黾勉，冀少答知遇隆恩于万一耳。理合具折恭谢天恩。谨奏。

**朱批：** 览。

（《朱批谕旨》高其倬奏折）

## 185 云贵总督高其倬《奏报访闻毒弩情形折》
### 雍正二年十二月二十二日

云贵总督臣高其倬谨奏：为奏闻事。

窃贵州调剂事宜，臣已就臣愚昧之见会商具奏外，更有一事，虽属甚微，然于苗情亦有关系。

查诸苗之中，仲苗之弩罪毒，恃此拒捕，然皆伏于箐内施放，所离颇远，中人所入不深，原不甚伤。无如其药极毒，才破皮肉，即难救治。从前督抚亦曾设法收各苗之弩，以除此害，其实深山野苗之弩究难尽收。臣近访得苗弩药有两种，一种系草药，一种系蛇药。草药虽毒，熬成两三月之后即出气不灵。蛇药熬成，数年可用。然单用蛇汁，其毒止能溃烂，仍有治蛇之药可医。更有一种蛮药，其名曰"撒"，以此配入蛇汁敷箭，其毒遍处周流，始不可治。闻此撒药系毒树之汁，滴在石上凝结而成，其色微红，产于广西泗城土府，其树颇少，得之亦难。彼处蛮人暗暗卖入苗地，其价如金，苗人以为至宝。臣非敢借此卸过于邻省，但既知有此，不敢不思杜绝之计。伏乞皇上谕广西诸臣密访，如果有此树，请令认明形状，尽行砍挖。再既有此药，恐亦有解治之方，亦令访求。臣现今亦在云贵两省内捐赏，遍寻解毒之术，若毒弩可解，亦治各省苗蛮之一端。臣谨具折奏闻。谨奏。

**朱批：**此奏甚属可嘉。君臣间如此互相推心见诚方是。已特谕广西抚提李绂、韩良辅等访求矣。

（《朱批谕旨》高其倬奏折）

## 186 云贵总督高其倬《汇奏施行从前所下谕旨及条奏、议行事件情形折》

雍正三年正月二十六日

云贵总督臣高其倬谨奏：为遵旨奏闻事。

钦奉上谕："有密奏密下谕旨，仍密行详悉奏闻。钦此。"钦遵。臣谨将臣于雍正元、二两年内奉到密谕及臣折奏事件逐一胪列具奏。

一、臣奉到密谕一件，内二条：

一立社仓。臣以社仓为备荒良法，但奉行善则民受其益，不善则未受其益，先受其累。请宽其时日，但师古意，不泥成法，容臣筹酌举行，覆奏在案。至云南各州县，臣俱令各官酌立社仓，劝民积谷。今各民虽捐者间有，然边民愚昧，当创兴之始，未睹其利，趋赴不勇，不可骤强。查云南有每年官民捐谷，历年来积者已多。臣与抚臣杨名时会题，请将此项捐谷自雍正二年者为始，乞收入社仓。倘蒙允准，则云南之社仓俱有底本，渐可滋多。又臣就事设法，如阿迷州、保山县，现已皆有千余石之谷本，他处俟有可料理，再以渐筹画，以此筹画之所得，加以每年捐谷，再益以民间零星劝捐，则张本已有，春放秋偿，岁有所增，则云南社仓可奏成效矣。又云南省城驻兵甚多，年荒米贵，即无以资养家口。臣将陆凉州闲废马厂筑堤开田，去秋水大，未能大收，今改种麦田，已有二万亩，麦苗颇茂，余外以渐开垦，约尚可得一二万亩；又嵩明州马厂，臣亦开成一千余亩麦田，若二处之田成熟，以其租粒贮入兵丁义仓，则平时尽可添补兵丁衣食，荒岁亦可不虞缺乏。至贵州之社仓，其势甚难，土瘠民贫，愿捐者既少，且所有村庄，十分之中八九分皆是苗寨，劝捐反有骇扰之虑，司管无可择任之人，惟大路一线之地尚可议行，然劝输不易。臣思，惟有贵州各官多有官庄，岁有租，酌令量捐，存贮公所，以备赈散，虽非社仓，亦是社仓之意。但臣所驻隔远，现在清查，并商之抚臣毛文铨，俟料理定，详行奏闻。

一编保甲。臣查云南民杂猓猡，地多山箐。臣择蒙化、和曲、安宁、陆凉、赵州、昆明、太和、永平、浪穹、通海十府州县，先令试行，行之有益，再令各州县照依其法，次第举行。今所行各属俱已举行，已比前少有约束，民亦无不便之处。俟至今年秋冬，臣再令未举行各州县酌量举行。又元江、新平二处讨保之野贼，虽已剿除，然彼地猓民染于故习，恐暗纠人众出外妄为，臣令元江、新平将各村寨，仿保甲之意，编开人户口数，令地方官于九、十、十一、十二等月，不时巡查，如出外之人多，即是讨保，务行根究，以杜奸宄。至贵州，沿大路、村寨及各州县，俱已行令地方官编立，现俱举行保甲。至于苗寨，不便举行，只在文员尽心拊循，武员加意振勉，自可消弭抢劫。臣惟一意于整顿属员，以期安缉地方耳。

一、臣奉到上谕一道，内六条。

一查补空粮。臣谨遵旨严行清查，申饬各员，并不许仍食空粮，照例者准存余俱查补。各官弁，好者原无空粮，次者自行清补。经臣查补，永顺镇八十名，楚姚镇六十名，开化镇五十名，元江协四十名，广南营十五名，云省此时已皆清楚。臣现尚不时留心，不敢少懈。贵州自提督赵坤到任，查补颇力，其本标及各协营空粮俱经清补，三镇之中，安笼镇有数名，已经总兵蔡成贵查补；又大定镇内无空粮，有千把沿本营向例，比别营多有一名者，近蔡成贵署理，亦经查补；惟威宁镇原任总兵麦世位多占长随粮四十分，经护印副将张禹谟查补，今总兵石礼哈连本分者亦皆减出，贵州之空粮目下亦清。

一操演马步、弓箭、火器。臣自到任以来，饬令各镇协营实力操练。至本标，除令将备勤加操练外，臣仍不时亲领官兵射箭，亲看打枪。外营不时严查，不令疏懈。贵州兵丁，臣此次沿途细看，提标兵丁技艺去得，抚标操演甚勤，外营平常，不为纯熟。关岭之兵打枪生疏，臣已将千总斥革。臣加意严查各属员，操练勤者荐赏，惰者严参，务俾技艺纯熟。

一盔甲、器械。云南臣标之盔甲、械仗皆臣新制，且将旧者亦整理完好，盔甲、械仗俱现有两副。至抚标及曲寻镇、开化镇、楚姚镇、永北镇，俱系新修，余皆完整。惟永顺镇甲仗皆旧，又鹤丽镇、剑川协连年出兵最多，甲仗亦旧，臣现在设法修整。

一墩台。云贵两省皆一色新修，千把兵丁俱无空缺。

一巡哨。云贵皆钦遵奉行。

一拔补把总从前实不可问，臣到任以来，凡有拔补，不敢一毫有私。再有调营一节，臣已具折请旨。

一、臣奉到上谕一件，禁止令属员供应。臣一切不敢丝毫扰动，即所属司道府，臣亦一体严行查禁。

一、臣奉到上谕一件，严禁讳盗及捕役窝纵扳害良民。臣凛遵训旨，严饬属员，凡有盗案，不许隐讳，一经查出，即行参处。至捕役受贿窝纵，或嘱盗扳害良民，以及地方光棍、土豪窝盗殃民者，不时查拿惩处，不敢懈纵。

一、臣折内钦奉朱批："云南兵饷需他省协济，若将各项赢余查出，不待他省之助，实是长久之计。钦此。"臣会查铜盐一案，共查出赢余每年共八万五千七百两，又各府税一万二千两，又藩司归公锡票银每年二千七八百两、三千两不等，又中甸茶引可一年八百两以上，查出已定者共每年十万两有零。此外，案板、抱母井盐每年获银二万余两，已请充新设普威营兵饷外，此外尚可有赢余；又白井沙卤，前奏每年可一百万斤，目今所出更多，惟行消稍难，此项亦有赢余。又铜斤，原奏一年约可办一百余万斤，今一年已获一百二十万斤，且工本亦调剂节省，亦有赢余。锡斤亦较前稍多，银矿亦稍好。凡此赢余，统于奏销详悉册报，丝毫臣不敢隐陋规，以蹈欺匿之罪。

一、臣奉到朱批："发补人员，如有不肖者，不可瞻狥。"臣钦奉凛遵。除邹汝默已经参奏外，此外如有居官不好者，臣决不敢瞻狥姑息。

一、臣折奏训养本标兵丁子弟，除令习学弓箭、枪牌外，又选聪慧者，令其读书。钦奉朱批："武途只以崇武好。钦此。"臣挑选余丁三百名，教以骑射、打枪、舞牌，委官专管学习，不令游荡。臣不时亲看，月间以臣亲丁饷米分给养赡。现今，挑顶兵粮不用再学，皆成熟手。

一、臣折奏云南州县钱粮有限，火耗不足以养廉；又云南食用甚贵，向来有公件一项，各官不肖者任意多派，抚臣杨名时到任，俱令开出，入清单，痛加裁减，核定成数，不许丝毫少加。臣思欲全裁，则州县实无以养廉，请将州县有税及定数未协者再加核减酌定，今皆酌减。

一、臣折内钦奉训旨，臣"过于慎重，偏于慈善。总督之任，统率文武，必须刚方风厉些，人知畏惧。钦此"。圣训教诲是。臣生平之病，臣日夜捧持在心，痛自勉改，刻意振作，不敢暂忘。

一、臣折奏鲁魁野贼一事，臣已具本详陈。

一、臣折奏开垦马厂一事，已于立社仓项内声明。

一、臣折奏云南各衙门借土司承袭册结字画小误，驳换留难，索其财贿，以致土民派累，承袭稽延。臣裁革衙门陋规，禁止属员需索，其字画小误，请声明免驳，钦蒙朱批允准。今臣之馈送陋规俱已革净，属员亦不敢需索，凡一切详报，臣俱限日记查，现无压捺之弊。

臣查此汇奏之折，应于雍正二年十二月内具奏。臣去年在贵州事稍冗多，臣拟于十二月二十四日自贵州起程，后途次缮成恭奏。不期途间马跌，偶闪右胁，牵臂疼痛，不能书写。今正月二十日以后始好，方能缮写，具奏迟缓，臣不胜惶惧，伏乞皇上睿鉴。谨奏。

（《雍正朝汉文朱批奏折汇编》第四辑，第363~368页）

## 187　云贵总督高其倬《奏闻交阯旧界详细情节折》
### 雍正三年正月二十六日

云贵总督臣高其倬谨奏：为奏闻交阯旧界详细情节事。

窃照云南开化府与交阯接界，有内地旧境失入交阯，因开铜矿查出，布政使李卫详报前来。臣以铜矿事小，疆土事大，随批踏查，有完粮旧额，塘汛旧址，移咨安南国王。据其咨覆，尚牵赖支饰。臣又委开化镇总兵冯允中，令其亲身详查，业经具折奏闻。兹据镇臣冯允中报称："奉查内地旧界，亲身踏量，至都竜厂之对过铅厂山下一百二十九里，又查出南狼、猛康、南丁等三四十寨，亦皆系内地之寨，被交阯占去不止马都戞等六寨。据《开化府志》及土人之言，皆以此铅厂山下，即系旧界内一小溪，即系赌咒河。但此溪甚小，不应与外国分界之处。指如此小溪，且谓之为河。复细查《云南通志·图考》内刊载：开化南二百四十里至交阯赌咒河为界。因细问土人，过都竜厂一百余里有一大河，今交阯呼为安边河，以道里计之，正合二百四十里，此方是赌咒河，以此分界方计符合。"等语。臣又再四反覆细查，《通志》开载：开化府南二百四十里至交阯赌咒河，则安边河为赌咒河无疑。然一百二十里之境，人何以皆知之？二百四十里之境，人何以皆不知？盖缘此一百二十里失去四十余年，年老之人皆能记忆；二百四十里之界，不知失于明季何时，事久年淹，故土人无能知之者。臣前查时亦止知有一百二十里一层，不知有二百四十里一层，实是臣疏漏之罪。若以旧界，应将二百四十里之境彻底取回。交阯之都竜、南丹二厂，皆在此内，交阯久倚此二厂以为大利，必支吾抗拒，且必谓臣等图其矿利，故捏辞陈奏。但臣叨任封疆，朝廷境土，臣以尺寸为重，谨详奏请旨，恭候圣裁。谨奏。

**朱批：** 览奏。交阯旧界，有远近互异等情。朕思柔远之道，分疆与睦邻论，则睦邻为美；畏威与怀德较，则怀德为上。据云都竜、南丹等处，在明季已为安南所有，是侵占非始于我朝也。安南自我朝以来，累世恭顺，深属可嘉，方当奖励，是务宁与争尺寸之地，况系明季久失之区乎？其果有利耶，则天朝岂宜与小邦争利；如无利耶，则又何必与之争？朕居心惟以大公至正为期，视中外皆赤子，且两地接壤连境，最易生衅，尤须善处。以绥怀之，非徒安彼民，正所以安吾民耳。即以小溪为界，庸何伤？贪利幸功之举，皆不可为训。悉朕此意，斟酌行之。

（《朱批谕旨》高其倬奏折）

## 188 云贵总督高其倬《泪陈与年羹尧关系折》
### 雍正三年二月十二日

云贵总督臣高其倬谨奏：为钦遵圣训，恭谢天恩并陈下悃事。

雍正三年正月二十八日，臣奉到朱笔密谕一道，蒙皇上谕知，年羹尧奏臣不称云贵总督之职，并蒙圣心俯虑，恐臣为其所愚陷于不是，如有自应料理之事，指示臣以各自办理惟求诸己。钦此。钦遵。臣跪读再四，不禁涕泪如雨，感激振兴，虽粉骨碎身，何能仰答高厚于万一？除臣庸下之见另折密奏外，臣谨刻骨镂心，仰记圣谕，不敢一刻暂忘，不敢一事稍忽。

伏读皇上密谕，内有"朕命尔事事问年羹尧之前谕，大错矣。（夹批：愧乏识人之明。）今书此谕与尔，朕亦愧之"等谕。臣心动泪下，此我皇上圣不自圣处，乃正历代帝王所不能及处。臣仰瞻我皇上御极以来，所以待臣下者，皆一片至诚，臣下稍有寸善，即褒赏之，惟恐有不及；臣下如有过失，即教戒之，惟恐其不改。即如皇上前后赐臣之谕旨，因见年羹尧边事稍熟，即教臣以凡事和衷，及见年羹尧行止乖张，即虑臣为其愚陷。（夹批：朕之所赖以对天地祖宗者，只此一诚耳。）皇上待臣下如天地之仁、天地之公，更何愧于臣下？惟臣子仰愧皇上耳。

至臣之与年羹尧，臣本非后进，受其栽培提挈之恩。又臣生平器小，硁硁守分，不肯为夤缘趋附之行，彼此原在一旗，又是联襟。（夹批：籍隶八旗，不涉亲故之人盖少。）然起初相见极稀，交情亦淡，后钦奉圣祖仁皇帝特旨，令旗下翰林在国史馆帮修《功臣列传》，从此在一馆行走，日日相见。臣谓年羹尧才长，可以胜繁剧之任，年羹尧亦知臣拘谨，不敢为败检之事，以此相知，实非因亲戚绸缪。自年羹尧为四川巡抚之后，十七年不相见，或半年一年，亦有间二三年者，有书札问候，然昔日相知之旧意尚在。（夹批：朕皆洞悉，且闻尔向甚轻之。）是以臣前于皇上之前不敢隐讳，曾奏称与臣相好。（夹批：此亦不过推，朕意不言耳。）不谓其遂至诬及臣之操守名节，其谓臣不称云贵总督之职，臣毫无所辨。臣实是一至无能之书生，原无封疆之才，过蒙重任，才实不及，日夜自惧，常思辞谢重负，讨一臣力能胜任之职掌，（夹批：何乃谦逊至此？殊堪发一大笑。朕谓胜任绰然有余，但如前尽力为之。）以竭犬马之报，即对巡抚两司亦曾言之。因受恩深重，迹涉惮劳，不敢遽奏，欲俟得觐天颜之日，面跪陈请。是臣不称职任之处，臣亦自知自惧，年羹尧知臣甚确。

至谓云南刑名、钱谷、盐政、铜政，均属不可问，不过因路远蒙蔽之语，臣不能无辨。臣在总督任内，除每年存留银二万六千两以为赏赉、养廉之用，此外实无所染指，云贵万耳万目，共见共闻，何能掩饰？若谓臣于此中有暧昧，臣实一无所取，可以上对君父，质诸天地鬼神。若谓容他人作弊，臣自不为，而为他人？臣虽至愚，亦不至此。（**夹批**：朕所知悉者。）以此诬臣，臣实不甘。伏乞皇上命员彻底清查，则臣诬得白，名节亦全矣。

抑臣更有冒渎天听者：臣弟高其傃，由武进士蒙圣恩赏授侍卫，臣正谓从此或可学习成人，今忽得家信，知年羹尧将臣弟挑带陕西，臣不胜愁虑。（**夹批**：无庸愁虑。）恳乞圣主格外之恩，赏赐调回，仍在侍卫上行走，则臣与臣弟均沐皇仁于无暨矣。所有臣钦遵圣训、恭谢天恩及详陈下悃之处，臣谨缮折奏闻，伏乞睿鉴。谨奏。

**朱批**：恐卿不喻朕之意向，故日前明白降谕。今览此奏，知已洞彻无遗矣。且语语深惬朕心，可嘉之至，夫复何谕？各种情节俱明，高其傃候遇便调回。

（《朱批谕旨》高其倬奏折）

## 189　云贵总督高其倬《密陈年羹尧不知自处折》
### 雍正三年二月十二日

云贵总督臣高其倬谨奏：为密奏事。

窃臣奉到密谕一道，所有微臣钦遵等情，已另折奏闻。臣更有密奏者：年羹尧近来举动，圣鉴已洞悉无遗。我皇上天地为心，思所以保全之者已无微不至。然赏罚乃皇上治天下之公柄，亦恐不能独为宽假。臣观古来人臣，稍有功绩而骄满者，处以闲地与假以事权，其事遂迥然不同。年羹尧既不知自处，惟皇上有以处之，臣以为宜早宜预。伏惟我皇上天纵圣神，知明处当，臣庸下之识，所知浅小，何敢妄言？但事关重大，犬马寸心，不能自已，不敢畏祸不以奏闻。若因其言臣之短即思报复，（**夹批**：岂有如是着想之理？）因皇上赐谕即揣摩具奏，（**夹批**：朕深悉卿居心为人，断非此等作用。）稍有此心，明难逃皇上之诛戮，暗难免鬼神之殄罚。臣临奏，不胜悚栗之至。谨奏。

**朱批**：类斯奏者甚多，朕尚惜其才而用其力，自另有保全之道。观伊近日，似亦颇知愧悔矣。

（《朱批谕旨》高其倬奏折）

## 190　云贵总督高其倬《奏报拘拿不法之原阿迷州土催，请将其家人一并安插省城折》

雍正三年二月十二日

云贵总督臣高其倬谨奏：为奏闻事。

窃查云南阿迷州原有土知州一官，系李阿侧之祖李宁和，相沿传至李阿侧，李阿侧之子李思敬助逆，经吴三桂伪授制胜将军。迨后恢复云南，李思敬不出，而令伊子李廷枢投诚，仍授为土知州。后廷枢病故，将冒宗之子李廷正妄请承袭，经本州民夷控告，随具题革袭，改土归流在案。其后知州王来宾捏详：各寨皆系夷民，钱粮难催，彼时李廷枢之父李思敬尚在，复详准委为土催，名为代催银米，其实卖与人民正额银米一倍，硬收三倍，此外随时随事之苛派，不一而足，纵用头人虐害夷户。李思敬身故，又委廷正，廷正身故，又委伊子李慧，李慧身故，又委伊子李兴唐，兴唐身故，又委伊叔李纯。自李纯替管以来，苛虐更甚，派累愈多，抗欠正课，任催不应，反累知州赔垫。臣察知此弊，又据民夷叠控，将李纯批革，令通判耿觐谟查编里甲。而李纯暗胁夷人，不许完课交官，伊尽暗收，又加杂派，屡次抗欠各项银共二千七百余两，数次提拘，负固不出。是旁甸乡之一百九十八寨系早经归流之土，竟为李纯抗占。李纯一日不拿，钱粮一日不完，民害一日不去。臣酌拘拿之法，临往贵州，交布政使李卫、总兵杨天纵办理。今已将李纯拿获，并于伊家内搜获枪炮、甲械、火药等物。臣将李纯发司审追，该州夷民无不欢欣，现在输纳恐后。

再臣查李姓一门，李思敬曾领兵助逆，而廷正亦曾教伊子李慧抗敌官兵，手字现存；多藏兵器，世济其恶，一方夷人畏之如虎。李纯之子侄，最亲者不过二三人，若令仍居故巢，恐复贻患。臣请并其母妻安插省城，设法量给房田，在伊等既无失所，地方亦可永远宁帖矣。（**夹批**：甚属合宜，应如是区处。）再拘拿李纯时，阿迷州知州元展成办理有方，极尽心力，臣不敢隐没，谨一并奏闻。谨奏。

**朱批**：元展成若果系可用之材，遇紧要缺出，援旨题请，当越次超擢，以示鼓励。

（《朱批谕旨》高其倬奏折）

## 191　云贵总督高其倬《奏报代抚臣杨名时恭缴朱批折》

雍正三年三月二十八日

云贵总督臣高其倬谨奏：为代缴朱批奏折，并谢天恩事。

窃臣准云南巡抚杨名时咨称："有奉到皇上朱批奏折，例应具折恭缴；又荷圣恩，赐御书福字一幅，例应具折恭谢天恩。名时不能敬谨奉折，自惭无地。蒙皇上不加严谴，赐停奏折，悚惕靡宁。所有奉到朱批奏折一封，随缴折恭请圣安折一扣，并感戴恭谢天恩微忱，望为代缴。"等因。咨送到臣。臣谨具折奏缴，伏乞睿鉴。谨奏。

**朱批**：据杨名时日前之奏疏观之，但知有身而不知有君之人也。

（《朱批谕旨》高其倬奏折）

## 192　云贵总督高其倬《奏闻豆麦收成分数折》
### 雍正三年四月初二日

云贵总督臣高其倬谨奏：为奏闻豆麦收成分数事。

窃照云南省现今各处蚕豆俱已收割，有九分、十分收成不等；麦子目下有割动二三分处，有尚未割动处，约计可有八分、七分收成。臣所开陆凉州督标马厂之田，麦子亦皆成熟，尚未割动，约计九停分一，可得麦二千石有零。俟收毕时，臣料理运到省城。臣现在盖建兵丁义仓，收贮于内，以备接济兵食。现在云南稻秧已出水数寸，到四月二十内外即可分插，彼时须得大雨，则栽莳不误，且更广遍。贵州省不种蚕豆，种麦者亦少。三月初五日，有贵阳府近城十五里以内忽有冰雹，秧苗果树稍为受伤。（**夹批**：百凡悉照此据实直陈方是。）臣谨将情节缮折奏闻。谨奏。

**朱批**：览豆麦收成分数，朕怀深慰。京畿左近春田甚好，谕卿知之。

（《朱批谕旨》高其倬奏折）

## 193　云贵总督高其倬《奏闻将制钱运至黔省售消折》
### 雍正三年四月初二日

云贵总督臣高其倬谨奏：为奏闻事。

窃臣前奏节省铅价并调剂钱法一折，钦奉朱批："流通制钱之议甚是，仍听该部议覆遵行。钦此。"除运消楚省之处，臣谨候部议议定，遵旨奉行外，（**夹批**：已准行矣。）其本省远处各府州县，臣又与云南抚臣杨名时、布政司李卫熟商此钱，若将局钱发消，势必要动他项钱粮银两添补脚价。现在民间钱价日贱，不若发银买市上之钱运往，即以多余之钱为脚价，既可不费钱粮，而省城市钱渐少，则其价自增，一举两便。随交布政使李卫办理，省城钱价因之少平。今各处远府州县又将充遍，省城之钱仍又壅积，惟俟运售楚省之部议议定，运转流通，庶可无积滞价贱之虞。

至滇黔接壤，臣前折乃请将钱运消隔境之湖广，不请运消就近之贵州者，因贵州向来从不曾行钱，恐于兵丁、民苗或有不便，不敢轻议。上年臣往贵州，经过安顺府，提臣赵坤及贵西道吴应龙、安顺府知府何经文同言，宜将滇钱运至贵州，以便兵民。臣以恐有未便为言，提臣等云："贵州军民人等皆以无钱行使为不便，每买日用之物，值银多者犹可，若买值二三厘及四五厘之物，分两甚少，须用戥秤，戥若少昂，比数厘之银尚不敷秤折之数，以致日有纷竞。若有钱行使，兵民俱便，目今皆甚盼望。"等语。臣又到贵阳访之兵民，其言亦同。随与抚臣毛文铨、布政使刘师恕细酌，且暂先运钱五千串到黔，试行果便，再行详筹，不便即可停止。今已运送到三千串试行，兵民大以为便，似可通行从古不曾行钱之区。雍正国宝一到，兵丁、民苗欢欣流通，（**夹批**：流通固好，既增一省用钱，则铜斤又须多购矣。然非不美事也。）此皆上托我皇上无远不届之圣德也。所运之钱尚不敷用，臣再陆续运送。然黔省褊小，臣亦酌量可行，不敢令壅积。

又云省沾益一局，全赖乌龙一厂之铜供铸，近忽衰竭。查得有贵州之忙步沟产有铜矿，相离颇近，向有黔棍偷开，屡经驱禁。臣以厂铜有关铸局帑项，不敢避染指之嫌付之，缩手封闭，图作自了之人。除已具题请旨外，臣谨缮折奏闻。谨奏。

**朱批**：览奏。贵州产有铜矿，知道了。具题到日，候发该部议覆，有旨。

（《朱批谕旨》高其倬奏折）

## 194　云贵总督高其倬《奏覆查明原任工部左侍郎 金世扬奏参贵州巡抚毛文铨一案实情折》

### 雍正三年四月初二日

云贵总督臣高其倬谨奏：为遵旨奏闻。

窃臣蒙皇上发到原任工部左侍郎金世扬奏参贵州巡抚毛文铨一折，奉有朱批。臣遵查："金世扬奏称办理军需料草，每豆一石价银七钱至一两不等，每草一束价银七厘至一分不等，脚价在内，折色豆每石九钱，草每束七厘。毛文铨每豆一石开销二三两，每草一束开销三四分，共冒销银五六十万两。"等语。臣细查前督抚送部底册，每豆一石连脚价报销一两一二三四五六七八钱不等，每草一束连脚价报销一分八厘，册现存户部可查，无每豆一石开销二三两、草一束开销三四分之事。再查册造，此次通共奏销银三十九万五千余两内，除去官兵俸饷银三万八千四百余两，豆草项下共止银三十五万余两，册亦现存户部，无冒销五六十万两之事。惟查当日官兵间有愿折者亦行折给，草每束多开银三厘，至豆每石多开银二三四五钱不等。当时大兵到滇，云南茫无预备，又值旱年，金世扬以应需粮饷料草约岁需银三十余万两，而近边地方豆草难得购运，脚费浩繁，目下暂动库银采买备支，前抚臣甘国璧据详具题，随经毛文铨接催接办，彼时种种多费及亏耗者，皆以此弥补。即臣等续行奏销之豆草价二十六万两，亦有移补前欠项者，不敢粉饰。又在当时领银销银，亦俱稍有部规，亦出于此。此系实情，臣谨缮折奏闻。谨奏。

**朱批：** 所奏甚公。知道了。

（《朱批谕旨》高其倬奏折）

## 195　云贵总督高其倬《奏报遵旨办理与安南疆界折》
### 雍正三年五月初六日

云贵总督臣高其倬谨奏：为钦奉圣谕事。

窃臣奏交阯疆界一折，奉有朱批。臣跪读再四，仰见我皇上仁育中外之民，明烛万里之外，如天地广大，日月照临，所以训谕臣者精晰周详。臣钦遵圣谕，详酌事理。自铅厂山下小溪以内土田，有粮额可凭，疆界有塘基可据，失去仅四十余年，彼处之人知之者多应以小溪为界。臣仍移咨安南国王，亦委员会同查清之后，明白立界。臣务仰体皇上至公至正、中外一视之圣心，安静办理，断不敢存贪利幸功之念。所有臣奉到圣谕钦遵情节，理合缮折奏闻。谨奏。

**朱批：** 复经有旨，由部颁发矣。即此四十里立界之说，亦须查确议明，斟酌行之。

（《朱批谕旨》高其倬奏折）

## 196　云贵总督高其倬《奏闻功加外委、
## 兵丁情节，仰恳皇仁折》
### 雍正三年五月初六日

云贵总督臣高其倬谨奏：为奏闻功加外委、兵丁情节，仰恳皇仁事。

窃查云南前次进征西藏外委、兵丁，稍有微劳者，仰荷皇上恩加格外，敕部议叙，皆得从优给与副将等衔札付。嗣经部札发到，给领之时，臣以为此等兵丁既加副将等衔，或应赴部酌行推选，当经臣以应否开除名粮咨部候选之处咨请部示。随准部咨，不便在营食粮，令其开除，业已遵照在案。今候数月，兵部将应否送部候选之处未加另行知照，而前咨内亦止令开除名粮，无应否送部候选之语。

臣思此项兵丁系效有微劳者，乃未奉部示，既未能赴部，稍邀寸进，而开除名粮，又难与在营兵丁一体拨补，且此内贫乏、资借名粮养赡者颇众。臣谨将情节奏闻，仰恳圣恩，准将功加各兵仍留本营食粮，俟千把缺出，与汉仗好、弓马熟娴之目兵选择间补，庶各兵仰沐皇仁，将来获上进之阶，目前得养赡之地矣。为此缮折请旨。谨奏。

**朱批：**发交兵部议覆，有旨。

（《朱批谕旨》高其倬奏折）

## 197　云贵总督高其倬《奏闻雨水栽插情形折》
### 雍正三年五月初六日

云贵总督臣高其倬谨奏：为奏闻雨水栽插情形事。

窃查滇省自四月以来，临安、元江、永昌三府地方俱早得大雨，高下稻田栽插已遍。云南等府亦于四月内连得小雨，低田栽插十分之八，雷鸣田未栽。于五月初四夜，大雨自三更初至天明，各处之低田尽插，高田栽插三四分至五六分不等，其余高田水尚不足，在夏至后十日以内得水，栽插俱不为迟，若再往后栽插者，则收成止可五六分。目下日日俱有小雨，但未得大雨。贵州雨水甚足，正在栽插将完。臣谨将雨水栽插情形缮折奏闻。谨奏。

**朱批：**雨水栽插情形知道了。尔等滇黔吏治如此，自蒙上天赐以嘉征也。

（《朱批谕旨》高其倬奏折）

## 198　云贵总督高其倬《奏报承准抚远大将军年羹尧令谕，筹酌叉市多地方驻兵情形折》
### 雍正三年五月初六日

云贵总督臣高其倬谨奏：为奏闻事。

雍正三年五月初一日，臣承准到抚远大将军年羹尧令谕，内开："为军务事。照得策妄既经归顺，西海亦已荡平，则西藏路远，不便久驻大兵，而叉木多地方不可无兵弹压。应将松潘镇带领驻藏之兵尽行撤回，而留云南之兵一千名暂驻叉木多，或选总兵，或选副将管领此兵，并于中甸驻兵数百，以为声援。其四川兵马现在西藏，与各处防汛者共二千八百余名，应令松潘镇于撤兵之日，在此内留三百名驻防，乍了留三百名驻防巴塘，各令游击一员管理。云南提督带兵五百名，松潘镇带兵五百名，由叉木多至里塘一路，会同踏勘地界，近川者归川，近滇者归滇。事毕之日，云南提督即由里塘带兵回滇，松潘镇则带此五百名兵暂驻里塘弹压。两省兵粮照旧，令两省委员分运。其余兵马，不在派留之数者，先行撤回原汛。已经奏明，奉有俞旨，除行松潘镇、云南提督、云南巡抚、四川巡抚外，拟合就行。为此，仰该督查照，将官兵所需粮饷仍委员运供，勿致迟误施行。"等因到臣。

臣随飞行知照，除一切迎劳、赏给马匹、船只以及粮饷，臣俱料理无误，陆续具疏另奏外，惟留云南之兵驻扎叉木多之处，臣查叉木多离四川近，离云南远，虽中甸现驻云省之兵五百名，然相离仍远。前臣准年羹尧咨将叉木多地方已归四川，彼地喇嘛、番人亦以为伊等系四川所管，云南官兵凡购买炒面、柴草，皆呼应不灵。臣愚以为，叉木多既已归川，似不应留驻云南之兵，且供运买购恐较川省所费亦多。但查撤兵来文，一面行臣衙门，已一面行知军前各处，今若咨行，往复商筹，必致不及。叉木多地方目下不容空虚，臣随飞檄现驻天柱寨鹤丽镇总兵张耀祖带兵一百名前往叉木多，再将现在叉木多之兵留九百名，共合一千名，一总管领，暂驻弹压，并咨呈大将军年羹尧。叉木多既归川省，踏勘后应拨川省官兵管辖驻扎外，臣谨将详细情节缮折奏闻。

再中甸地方现有副将李宗膺带兵五百名驻防，应仍留暂驻，俟踏勘定后，量归滇地之广狭，臣再将酌安将弁兵丁之处具疏，仰请睿裁。

再叉木多既有云南之总兵带兵驻扎，其一路安台递送公文之兵亦应暂留。

合并声明。谨奏。

**朱批**：发议政王大臣会议具奏矣。

（《朱批谕旨》高其倬奏折）

## 199　云贵总督高其倬《敬呈原任南宁府知府沈元佐收捐原册折》
### 雍正三年五月初六日

云贵总督臣高其倬谨奏：为奏闻事。

窃照广西捐谷一案，钦奉圣旨，令臣等将原任南宁府知府沈元佐收捐之处查审，务得实情。臣委布、按二司将沈元佐之子及家人王四等反覆详细查审，今追查出原存盖南宁府印细册一本，开载甚详。除将原册存司，现照誊写一本用印钤盖，遵旨咨送广西巡抚李绂查理外，谨照注开原式另誊一折，进呈御览。为此谨奏。

**朱批**：查审情节知道了，折留览。

谕云贵总督高其倬知悉：前奏安南疆界一事，朕批谕后，随据该国王亦行奏到，因命内阁抄发示尔，当细加筹酌，毋乖朕怀远之心，毋长彼逞恣之渐。施恩须令知感，出言务俾诚服。冯允中汉仗虽好，不谙事体，既有不睦形迹，殊与边境无益，已调南天祥替之矣。其转谕天祥领会朕意。开化文职，尤须安静晓事之员，方与其地相宜。现任者若不称厥职，酌量奏请更易。夫分界之举，即理应展拓，亦必与彼国公同议明，奏闻于朕，得旨后奉行方是。乃冯允中擅自立碑定界，占寨毁舍，随复建造营房，甚属孟浪。前此谕尔有准四十里为界之旨，亦不可胶执，致生事端。总期相机合宜，料理允妥。至于此事之前后原委，所以然之故，尔一一明白密奏朕知。为此特谕。

（《朱批谕旨》高其倬奏折）

## 200 云贵总督高其倬《遵旨密奏与安南交界情节折》
### 雍正三年五月二十六日

云贵总督臣高其倬谨奏：为遵旨密奏交界情节，仰祈睿鉴事。

雍正三年五月十二日，臣准兵部咨，发到密交臣谕旨一匣，安南国王敕旨一道，又内阁密封公文一角，臣谨望阙叩头祗领。随将谕安南国王敕旨一道，遵即遣差赍捧送安南国王祗领外，又内阁抄发安南国王原疏一折，臣亦收到讫。臣敬启黄匣，内钦奉到皇上密谕一道，跪读之下，仰见我皇上怀保万邦、一视中外之至意。

臣谨就愚昧所见：此交界一事，有不必与安南再议，即应畀与者；有尚须与安南查议明白，再奏请定夺者。如铅厂山小河以外之境，虽系内地，失于明朝，此应与安南上以示皇上怀远之仁，下亦息疆界纷竞之扰。如铅厂山小河以内之境，此失去仅四十年有余，皆有确据。臣辱蒙圣恩，叨任封疆格外之恩，在安南国王或可叨承，在臣分则不敢言。臣细揆之事势，此地之系内地，必须使安南晓然明白，明白之后，如蒙圣鉴，畀还云南，则安南知系内境，自安一定之分。即万一皇上施天地之恩，则安南愈知感格外之仁。然欲明白，非会安南委官查议不可。臣前曾移咨，未见彼国委到会查之官，忽陪臣带兵数千，隔水扎营。访闻得安南有郑姓陪臣，事多专擅，稍昧大体，即如在广西，则越争土司之田，在云南，则先带多兵到境，亦其明验。恐长其逞恣之渐，将来疆境难处，亦不得不虑。臣谨不避琐屑，详细奏闻。

查开化与安南之界，一总共有三层：其最近内之一层，离开化府一百二十里，以马伯汛为界，乃久定之内地，历来安塘设汛，此界无庸置议。其最近外之一层，自铅厂山小河以外至安边河，即大赌咒河，安南之南丹、都竜二厂皆包在内，此即《通志·图考》所载自开化府南二百四十里至赌咒河与交阯为界之旧境，经总兵冯允中查勘，臣前折所奏，失自明朝者，即系此境。交人在都竜东面设守，以为界限。臣前但将原系内地情由折奏，并未有一兵前往，并未遣一人过界。今经二次钦奉谕旨，念安南国王累世恭顺，此境失在明朝，令臣不必与争，圣鉴至明，臣已钦遵，宣扬皇上天地之恩，咨明、知会安南国王，此界亦无庸置议。惟有在马伯汛以外铅厂山小河以内之一层，共四十里，内有开化府逢春里之各寨，现今臣之所查奏及安南国王所疏请者，皆系此地。臣细揆安南国王坚称是伊旧境，有粮册足据者，亦有情故。臣前已历查，今更得其的。缘当日开化镇总兵高必胜在任之时，开化有一八撒一汛，下有一河口通海，广东洋船可到。高必胜私开谋利，彼时广商到者颇多，遂有往都竜贩货者，走至双眼井地方被劫，杀死三人，高必胜畏事，随暗将塘汛撤进四十里，另在马伯汛立界牌，谓此外与开化无涉，逢春里之各寨亦隔在外。此弃界之由也。然虽弃出，交人亦未敢攘为己有。后于康熙二十一年，彼国有小陇王伪宽之乱，抢掠逢春里各寨人民，开化总兵不救，都竜土目援之，故各寨遂认彼粮。此各寨与安南纳粮之由也。然安南虽收各寨之粮，究只在都竜立界，此地并未设守，中外皆置之，不内不外，若有若无之间。臣向未知此界。藩司李卫管理铜务，有土人呈开铜矿，铜矿无验，遣员查出此境，详报前来。臣遣员再查，查出双眼井地方，有芹菜塘之旧址，又有逢春里之马都戛等六寨，原纳开化府秋粮共正米十二石有零，年年总催赔纳。臣因移咨安南国王，俾其查覆后，准柬复称，此地系伊旧境，若系内地，何失去四十余年默无一言？大意如此。词语之间稍不循理，臣不与较。惟恐小员所查或难凭信，因再委开化总兵冯允中亲身踏查明白，再行办理，一面亦咨安南国王委员会查。此咨尚未达，臣适往贵州，中途接冯允中报称："有交官郑镜忽带兵二千余人前来，又有二千余人在后，竟在对河扎营。虽安南素称恭顺，但既有兵来，恐阑入内地，不得不防，随遣员带兵三百名前往马都戛总路巡防驻扎。因彼地多雨，兵丁量搭木棚存身，本职亦即带二百人亲往查勘地界，因以弹压。"等语。臣随一面奏闻，一面移咨安南国王，俾戒谕陪臣速撤兵众，毋令失恭顺之体，并速遣官会查。如果系安南之地，凭据确凿，云南必无占夺之事。即确系内地，或安南有必须此境不得已之情，皇上父母万邦，仁同天地，或王自行陈请，或柬知代为具奏，亦无不可。移咨之后，交兵亦撤，惟在都竜树城盖营，留兵千人在彼。续准到安南国王柬，称伊自具奏等语。今伊疏内亦仍以粮册为言，即前认粮之故。至占寨毁舍之言，冯允中并无其事，或安南土目所报一面之辞。至立牌定界之言，冯允中原令人竖一木桩，使人隔水指着，喊谕交兵不许乱走过来。此系止兵，不系定界。因交兵千人尚未退去，所以前派于马都戛巡防之兵三百名亦尚未撤。嗣臣据冯允中查称："自铅厂山小河以内为内地无疑。本职查《云南通志·图考》开载：自开化府南二百四十里，至赌咒河为界。则自铅厂山小河以外至交阯，今名安边河，即旧赌咒河，此仍是内地。但铅厂山以内言之或易，铅厂山以外要之则难。"详臣批定界址。臣以事应清查，难竟披定，随经缮折请旨。此事之始末情节也。

今臣钦奉到密谕，遵即飞饬将马都戛即安南名为斜路村所有三百名兵丁撤回，此境定须会同查议。臣随委广南府知府潘允敏，止令带一百人前往会同查议，并移咨安南，约其遣官，亦止带百人前来，各将凭据会同，虚公查考，议清疆界，永杜争端。知府潘允敏暨新总兵南天祥，臣俱面与详言，从公从直，不许丝毫瞻徇游移。如会查果系外地，臣决不敢规避错误之罪，必据实奏明，请将此境界界与安南，仍以马伯汛为界。如确系内地，谅安南必仍执前说，未必改移。然理不可夺，臣即一面与之言明，使彼中心内折，一面奏请皇上定夺，臣遵旨奉行。

至于此事，系冯允中查勘，（**夹批**：冯允中人老成，犹系得力之员。）又布政使李卫始行查详，亦曾面言此宜行清查。（**夹批**：李卫自具折内情节毕露，此事实由伊起也。朕之所料不谬。）但藩司守土之官，疆境乃其职守，冯允中系臣委遣，一切俱曾详禀，臣一手料理，何敢委过于人？其冒昧不当，致厪圣怀，实臣庸暗无能之处，伏乞皇上敕部严加治罪。（**夹批**：认咎自责，理固应然，其实则否。封疆大体不得不如是耳。）至现在开化府知府吴文炎，人亦谨饬，才力稍弱，容臣酌量调补，另行缮疏请旨。（**夹批**：好。）

臣谨将情节详细缮折奏闻。谨奏。

**朱批**：览奏，前后情节俱悉。不诿过于人，虽云得体，而起事原由，其中不无隐饰。姑且如是料理。李卫具折，备将此事奏闻，今发来尔看。所见褊狭，涉于尚气，甚不合宜，尔须评请度理而斟酌之。至于冯允中，一则为于斯事形迹有碍，二则伊初由年羹尧提拔上进，视之不啻奴隶，调伊来京教训一番，俾详知朕恩，另行委用，不加之以罪也。李卫一切过于从事处，另有谕问，据实奏覆。

（《朱批谕旨》高其倬奏折）

# 201 云贵总督高其倬《奏闻雨水遍足折》

## 雍正三年五月二十六日

云贵总督臣高其倬谨奏：为奏闻雨水遍足事。

窃臣前经具折将云南得雨微小、低田皆已插秧、高田尚未遍插情形奏明。今于五月十一十二，连夜得雨，又于十三十四两日得雨，日夜透雨，一切高坡之田无不沾足，在在栽插，可望大有。此皆仰赖我皇上宵旰勤民、至诚感召之所致也。理合缮折奏闻。谨奏。

**朱批**：实赖卿等大臣平允刑政，和辑兵民，有以感召天和也。

（《朱批谕旨》高其倬奏折）

## 202　云贵总督高其倬《汇报盐政额外赢余折》
### 雍正三年五月二十六日

云贵总督臣高其倬谨奏：为汇报盐政额外赢余事。

窃据云南布政使仍办理驿盐道事务李卫汇报，臣覆查得云省盐政，于遵旨覆奏盐务利弊等事案内，经臣会同查明，将旧额、新增并秤头陋规各项分晰具奏，造报部科，奉旨："着照该督抚等所请行。"钦遵在案。

其雍正元年正项有款之赢余已经奏销，今雍正二年循照元年之原额，赢余银六万五千七百余两，仍如数报部，搭同正课并新开盐井奏销外，又有自元年五月二十四日盐道李卫到任，以六月为始，至二年年终止，仍有聚零合总、碎杂无定款之项陆续收获者，查算共银五万五千三百一十五两零，除已因公动用银并暂留存备未完公事外，实多银五万两整。其赢余款目，折内难以备载，即如白井额外沙卤，较从前数倍，虽夏秋山水骤发，竟未淹没，是以能照常取卤煎盐。查当年迤西地方官盐尚且难销，今因稍加调剂，分拨均平，竟连额外沙卤销售过倍。但销售固系人力，而泉卤浓多，水发不淹，似默有效灵，非人力能为者。若即定为常规，归于正项赢余之内，不但将来恐难敷额，且恐日后致贻官民、井灶之累。（夹批：所见甚是，何必定为常规。若煎取无多，销售无术，纵定常规亦属无益。）惟有尽其所出，不敢隐讳，照实分晰造册，连正项赢余一并咨送部科查核。可否将前项之五万两作为口外撤师各项费用，不在正项报销数内，另行造报，则边省藩库始终无因公动用虚悬之项，于钱粮不为无补，抑或充作兵饷，伏乞睿鉴施行。（夹批：既经咨明部科，不拘在于何项报销，皆同酌量而行可也。）

又新开按板、抱母等井，岁内原题已获课息五千两有余，因此井离省遥远，九月内具报到省，及会详请题，出本在十月二十六日。今又查自九月至年终冬间，卤浓瘴息，又办获多出课银九千两零，自今年正月内按日起课，则此项亦属额外之项，应一并奏明。（夹批：此项亦不必额定多寡。尔等实心办理处，朕悉知之。）

臣谨会同云南抚臣杨名时，协同布政使臣李卫缮折奏闻。谨奏。

**朱批**：览。

（《朱批谕旨》高其倬奏折）

## 203　云贵总督高其倬《奏闻钱文运楚消售折》
### 雍正三年五月二十六日

云贵总督臣高其倬谨奏：为奏闻钱文运楚消售事。

云南开铸一年有余，边省地狭，钱渐贱，臣前曾请以倭铅节省之银，雇脚运至湖广消售，俾其流通，具折奏闻。今臣准户部咨称："钦奉上谕：云南、四川鼓铸钱文，今恐各省禁止不许出境，于民间不便，着行文该督抚，听其流通各省，以便民用，不必禁止不许出境。"等因到臣。钦此钦遵。

臣查目下云省市钱价贱，民间每银一两换钱一千一百五六十文，官署换买，每银一两换钱一千一百二三十文，亟宜作速遵行，运消调剂。臣与抚臣杨名时会商，令在省司道料理，速运钱一万串往楚先行试消，如易流通，即源源续运，或客商见钱易消，亦自顺便带往，则云省钱文可不虑多积矣。其脚价，云省市钱价贱，应竟换市钱运往，一则可消民间积钱，再则即以所多之钱作为脚价，可省倭铅节省之银。至一路雇运各费，虽可大概约计，难悬定确数，俟运消之后有无须动倭铅节省银两少补不敷之处，臣再详行报部查核。臣谨先行缮折奏闻。

**朱批**：好。

（《雍正朝汉文朱批奏折汇编》第五辑，第158页）

## 204　云贵总督高其倬《奏报曲靖府及南宁等州县所属沿红花海一带地方水灾及救赈情形折》

雍正三年五月二十八日

云贵总督臣高其倬谨奏：为奏闻事。

窃照云南自五月十二日以后连得大雨，通省沾足，高下稻田无不遍插，可望丰年。惟曲靖府属南宁县之北沾益州之南，中间有数十村，地势低下。兹据该府报称："自五月十六日至十九日，大雨不止，上流山水骤发，将角家哨塘边高桥及旧街子之太平桥、望海寺之新桥俱各冲倒，低处田亩房屋淹没倒坏颇多。"等情。又据署沾益州报称："五月十八日山水暴涨，冲坏道路桥梁二处，倒塌、歪侧房屋共七百九十五间，淹没低田二千一百五十九亩，百姓人口并无损伤，至二十一日水势渐退。"等情。具报到臣。

臣即会同抚臣檄行布政司，飞委马龙州知州就近前往查勘，并捐银一千二百两，先行带往散给被水人口乏食者，即暂动积谷救赈，无力修整之圩埂，酌为估值修补，毋致小民失所。除被水人户及恤给确数并田地成灾分数，俟详查另行核确再奏外，臣谨先行缮折奏闻。谨奏。

**朱批**：今岁荷蒙上苍慈恩，各省收成俱好。惟觉雨水稍过，如山西、山东、江西、直隶等省，类斯山水骤发情形，在在皆有。所奏知道了。但据实直陈，万不可隐讳。粉饰之举，朕所深恶。

（《朱批谕旨》高其倬奏折）

## 205 云贵总督高其倬《奏请将晓谙夷情升员留用折》
### 雍正三年五月二十八日

云贵总督臣高其倬谨奏：为仰恳天恩请留升员事。

窃云南宁州知州梁衍祚业经升授陕西靖远卫同知，接准部咨，知照在案。臣查梁衍祚为人谨饬，办事勤谨，在滇最久，屡次出口办理军需，本省猓人及口外番人情形均能熟悉，边省地方颇难得晓谙夷情之员。合无仰恳圣恩，将梁衍祚赏留滇省，暂供委遣办理之用，俟有同知缺出题补，则边省获熟谙之员，臣亦收指臂之效矣。因升员无题留之例，臣谨缮折请旨。谨奏。

**朱批**：已谕该部，照所请行矣。

（《朱批谕旨》高其倬奏折）

## 206 云贵总督高其倬《奏报杨名时请代奏，坚拒不应折》
### 雍正三年六月二十八日

云贵总督臣高其倬谨奏：为奏闻事。

窃臣钦奉到奉旨发还云南巡抚杨名时恭请圣安一折，臣已遵照，交还杨名时，伊不胜悚惧。又荷圣恩赐以端阳药锭一匣，杨名时叩头祗领后，屡欲臣将伊中心不安、口奏谢恩之处具折奏达，臣坚拒不应。所有拒却情节，臣缮折奏闻。谨奏。

**朱批**：杨名时抚滇以来声名颇好，但前者朕降旨停其折奏，伊并不认过求情，未免有悻悻自恃之心，故令其窘急惭恧，庶或自反，非别有谴责也。密之！

（《朱批谕旨》高其倬奏折）

## 207 云贵总督高其倬《奏报办理开垦马厂等处田地情形折》
### 雍正三年六月二十八日

云贵总督臣高其倬谨奏：为奏闻事。

窃臣将坐落陆凉州臣标后营废弃之马厂筑坝开闸，开垦为田，以所收租粒贮之营中义仓，备济兵食，臣业经具折奏明。以其地洼下，夏秋水涨易淹，臣令改种麦子，今年已收租麦二千石，陆续运贮义仓。又右营亦有一废弃小厂，坐落嵩明州，可垦之地无几，臣亦招佃种麦，今亦收得租麦三十八石，并贮义仓。又臣标向有沿昆明池一带草厂淤出之地，百姓承种，纳租米于各营，以养废退无子之老兵，名曰"老丁田"，每年共纳租米四百二十三石，因年深日久，无人细查，其傍陆续淤出者皆为佃丁隐占，而收租之兵贪其小利，亦为掩饰。臣委中军副将会同昆明县逐一踏查，共查出田地一千六百余亩，增出租米三百七十一石，亦并俟秋成，收租归入义仓，将月给老兵之米数稍为加丰，有余之米亦存备济兵食。

臣查三处之田，其昆明、嵩明二处已皆一定，但为田无几，所出有限。惟陆凉一处，地方甚大，若尽成田，实可足省城八营之储备。臣料理两年，前年为水所淹没，今年虽获麦二千石，然其土坚实，止可垦数分中一分。近委阿迷州知州元展成复行细查，据禀："其中洼下之地尽应种麦，亦有高处，若筑小围，尽可种稻。现今其旁民田种稻者止筑三四尺高小围，遇水俱各无损，即其明验。但其宣泄之处，尚须建一大闸、三小闸。"等语。然千闻不如一见，陆凉州离省不远，臣拟亲往彼地，相度种麦种稻之处及筹酌宣泄导注之法，趁此水发之际，水路分明，高下易见，庶可酌定画一之方，以为永远之利。

臣谨将情节缮折奏闻。谨奏。

**朱批：**欲为一劳永逸之事，何可惜费？类斯与兵民兴利之举，若汝力有未逮，据实奏知，以便朕酌量赏助。

（《朱批谕旨》高其倬奏折）

## 208 云贵总督高其倬《奏报云南各属被水及雹伤情形折》
### 雍正三年六月二十八日

云贵总督臣高其倬谨奏：为奏闻事。

窃查云南曲靖府及南宁等州县所属沿红花海一带地方，原系近水洼下之地，居民开垦成田，于五月十八九等日，大雨起蛟，山水陡发，据南宁县沾益州详报，所属之各村民舍、田地被淹。（**夹批：**据各省奏报，皆有类此一两处水患。）臣即发银，委员清查、给恤及修理圩埝之处，臣已具折奏明。后续据平夷县报称，所属海马乡田亩、庐舍被淹，陆凉州亦报所属之东门等三十村田亩被淹，又曲靖府报府属越州乡之蔡家冲、吴官冲二村荞麦地于六月初四日被冰雹打坏。臣随委员一并查恤踏看，其被水之处，已经抚臣杨名时缮疏题报，其成灾分数，容臣等勘确续题。

臣查此被水及雹伤地方，虽系府州县五处，实系延袤百余里一区，五处交错分管。目今云南通省栽插广遍，稻禾极茂。近觉雨水稍多，虽现在无妨，然得连晴十余日，则成实分数更好。再各属之中俱大雨沾足，独禄丰县及练象乡亢旱，方圆四十里内无雨，稻秧不能插种。昨于六月初，练象乡已经得雨，虽插秧颇晚，尚可望五六分收成。惟禄丰县之二十里内，虽亦有雨，田中不能积水，其地系山坡之田。臣已遣员谕令百姓改种荞麦，以望有秋。

所有情形，臣谨缮折奏闻。谨奏。

**朱批：** 览。雨水情形知道了。今岁直省禾稼，除被淹外，荷蒙上苍垂佑，大抵秋收俱属可庆。

（《朱批谕旨》高其倬奏折）

## 209　云贵总督高其倬《奏请陛见折》
雍正三年六月二十八日

云贵总督臣高其倬谨奏：为恭请陛见，敬聆圣训事。

窃臣受恩深重，效职严疆。自皇上御极以来，臣尚未获瞻仰天颜，面聆圣训，依恋之私时刻难安，且万里边境，苗猓环居，一切控制料理之宜，必得仰蒙天恩训诲指示，臣方可钦奉遵循，冀免陨越。伏祈皇上俯鉴微臣犬马寸心，允臣于提臣郝玉麟带兵入口之后，起身赴京陛见，不胜欣幸，臣无任瞻依冀望之至。为此缮折请旨，伏祈皇上睿鉴施行。谨奏。

**朱批：** 卿一切办理事务，深合朕意，朕实嘉之。来京面见，亦无可训谕处。滇省道路遥远，边围任重，仆仆往来，殊属无益。况卿年未老，我君臣相见正自有日。俟朕将天下督抚咸斟酌允当，文武官弁以及军民人等皆晓然洞悉朕意之后，行将有旨召卿也。今封疆诸臣中应面加教诲者尚不一其人，卿且伫候。

（《朱批谕旨》高其倬奏折）

## 210　云南巡抚杨名时《奏请圣安折》
雍正三年七月十三日

云南巡抚臣杨名时谨奏：请皇上圣安。

**朱批：** 朕安。今欲擢用尔为总督，当勉尽厥职，以副朕委任之意。

（《朱批谕旨》杨名时奏折）

# 211 云贵总督高其倬《奏请圣安折》
## 雍正三年九月初九日

云贵总督臣高其倬谨奏：恭请皇上圣安。

**朱批：**朕躬甚安。览卿奏折，知日前偶染疟疾，迩来谅已全愈矣。兹因闽地紧要，整饬不得其人，调卿前往督理，已命伊都立来滇接替。复虑地方情形，伊都立不逮杨名时熟谙，欲行更易，尚未宣旨，暂且勿闻于人。赍折人回卿，若尚未离滇，不妨密告杨名时知之。至于卿身纵经痊愈，仍应摄养，万不可力疾而行，况闽督印务已有宜兆熊代署，虽耽延数时，亦不致有所贻误也。

谕云贵总督高其倬知悉：李卫、石礼哈互相密参之折，发来尔看。人心如此，真堪发一大笑。二人皆具可用材器，感激出于真诚，图报实属恳切，且操守俱清，才猷皆敏，但嫌过于勇果，谬误多端，都缘尚气恃才、矜己傲物之心使然耳。即如李卫，朕经再四严加教诫，总不肯改行易，虑一惟偏执己见，其意盖谓身无贪婪、败检之疵，何惜物议？所以全不自反。第称被人屈陷，急欲辩明。石礼哈秉性与之相同。若欲推求二人之过，又实具一片公忠，兼其敢言不讳，锋利英锐之气亦不易得。朕于此殊难持定均衡，所以与尔商酌。李卫经管盐铜之事，若可卸责别员，料理就绪。朕观伊性情颇不宜于边方，欲试用近省抚任，以策后效。至于黔抚一缺，俟毛文铨到京陛见，其人果妥，不必言矣。但以向日所闻伊之声名与近日抚黔之后一切章奏观之，非致身为国人也，朕甚不取。贵州吏治敝坏日久，非才长而激切奉公者弗克胜任。石礼哈虽年少，稍觉轻躁，然果敢可嘉。欲命伊抚治其地，整顿委靡，复虑伊振作过当，不能收功，则贻害匪浅。为此犹豫莫决，亦与尔酌计，尔意以为宜否？朕前降旨教训李卫，伊有回奏之折，并发来尔看，试评论二人优劣究竟如何，暨朕一切所问，悉秉公据实，丝毫毋隐，速行奏覆，朕以便决定去留。纵或与尔身干涉之事，亦不可稍有回护，直言剖悉以闻。若止据彼此互揭之词以定斯案，则二人不但不可委用，实亦难留于人世矣，岂非大笑谈乎？

（《朱批谕旨》高其倬奏折）

# 212 云贵总督高其倬《遵旨评论李卫、石礼哈二人情形折》
## 雍正三年九月初九日

云贵总督臣高其倬谨奏：为遵旨奏闻事。

窃臣钦奉到皇上朱批谕旨一道，跪读之下，仰见我皇上睿鉴所照，物无遁情，惜才圣心独超千古。臣遵将发下李卫、石礼哈互相密参之折详细阅看，词多过甚，且不实在，尤甚者，一则追数其既往，一则逆料其将来，皆系狭私妆点，冀耸天听，实非公论。盖因二人皆性急量狭，彼此原有忌才之心，两不相下，又两地来往之人遂迎合搬唆，传为彼此讪骂，渐成嫌隙，以致相仇。李卫、石礼哈忍以一己私嫌小愤渎烦睿怀，二人之罪实不可逭。皇上俯念其才皆可用，不加严谴，不但二人应且感且愧。即臣跪读再四，不觉感激涕零。

至蒙圣谕，令臣评论二人优劣如何之处，据臣所见，二人才皆有余，倚之办事，皆系美才，若云纯正，臣不敢许。李卫在云南，盐政焕然一新，一切尽力料理。石礼哈署贵州巡抚以来，实力振作，毫不因循。就此而论，二人所为，臣以为实皆可取。但就其才气之中细求，其稍不足处，若当大事，李卫失之疏脱，石礼哈失之轻易，恐至志得意满，皆不免骄盈之病。至李卫，所办云南盐铜之事规模已属小定，虽后来之人恐难企及，然大概亦可守其成规，云南盐铜可不需李卫料理。至石礼哈，目下贵州得之甚好，实能振作，比毛文铨颇优，所稍可虑者，惟恐气锐，更张太过，看事太易，苗猓之地，或有孟浪之失。臣谨就愚昧所见，据实直陈，恐多未当，不胜祗惧，伏乞睿鉴。

再臣有奏闻者，臣于八月二十五日接到谕旨，正在缮折间，于二十八日，忽浑身壮热，两眼视物迷离，至初六日，现成虐症，虽目下比前心内稍清，无如手颤，不能成书。今此事蒙天语垂问，复令臣速行奏覆，事关紧要，不容迟缓，只得令臣侄高定勋代写，臣必不令其一毫漏泄。谨将情节据实奏闻。谨奏。

**朱批**：所论公当可嘉之至，与朕意若合符节，自时加训诲而用之。

（《朱批谕旨》高其倬奏折）

# 213　云贵总督高其倬《遵旨覆奏奉发御批教训李卫谕旨折》
### 雍正三年九月初九日

云贵总督臣高其倬谨奏：为遵旨覆奏事。

窃臣钦奉发与臣看御批教训李卫一折，臣再四跪读，仰见我皇上成就人才至意有加无已，御批训饬之谕，处处皆切中李卫之病，其一切谬见，俱在圣明洞鉴之中。李卫若能将皇上指训之处夙夜敬遵，一一悛改，则性情见解自与前不同，即可成有用之才，必不似目下，有才未纯，失于矜恃也。为此谨奏。

**朱批**：朕虽有意成就，要看伊之福量何如耳。

（《朱批谕旨》高其倬奏折）

## 214　云贵总督高其倬《奏闻云贵秋成分数折》
### 雍正三年九月初九日

云贵总督臣高其倬谨奏：为奏闻云贵秋成分数事。

窃云南今岁四月尽间连得大雨，高下稻田俱得栽插，五月尽间因雨太多，以致发水，曲靖府属之沾益、南宁、陆凉、平夷一带被淹，臣随委员查赈，已经折奏并会同抚臣杨名时题报在案。又于七月中旬，阴雨连绵，大理府属之邓川州、临安府属之建水州，山溪并涨，漫堤而出，沿河村屯、田禾、房屋被水冲淹，臣遴员照前查赈，亦经会疏题报在案。此外尚有云南府属之安宁、昆阳，大理府属之浪穹等处村屯，亦有被水淹没田禾五六十亩至七八十亩，及未被水田禾亦伤雨多，结实少歉。自八月以来，晴霁一月有余。今各处田禾陆续收割，约有六七分收成，亦有数处八九分者。云南高田极多，低田甚少，今年高田得种，所收已多，以此合算，有七分年成。目下贵州今岁有九分年成。臣谨具折奏闻。谨奏。

**朱批**：览滇黔收成分数，朕怀深慰。

（《朱批谕旨》高其倬奏折）

## 215　云贵总督高其倬《奏报安南遣人会勘疆界折》
### 雍正三年十一月十二日

云贵总督臣高其倬谨奏：为奏闻事。

臣前钦奉到皇上谕安南国王谕旨一道，臣已遣差赍捧至安南境上交付；又臣另行遴委广南府知府潘允敏前往开化会勘交界，并咨安南国王，亦遣员订期会同查勘各情节，俱业经臣具折奏明。今安南国王已遣陪臣恭迎，敬请谕旨到彼国，并遣陪臣胡丕绩、武公宰前来会勘，已到境上，广南知府潘允敏亦经前往会同查勘。所有情节，臣谨缮折奏闻。

（《史料旬刊》第一册上，第 6 页）

附（雍正四年三月十二日）闽浙总督臣高其倬谨奏：为请清旧界以正内外封疆事。

云南开化府南与交阯邻界，臣前查出自开化府马伯汛外四十里至铅厂山下小河内，有逢春里六寨，册籍秋粮十二石有余，有芹菜塘，昔日塘房基址，足据于康熙二十二年年失去，遂入于交阯，应行清查。再查《云南通志》开载，自开化府南二百四十里至赌咒河，与交阯为界。今自开化府南至现在之马伯汛，止有一百二十里，即至铅厂山下小河，亦止一百六十里，是铅厂山下小河以外尚有八十里，亦系云南旧境，虽失在明朝，但封疆所系，亦请一并清查，缮折具奏。钦奉朱批：境界失自明朝者恩免清查，令臣另议立界。臣谨钦遵圣谕，移咨安南国王：其自铅厂山下小河以外之境，宣播皇仁，界与安南，不复清查外，其铅厂山下小河以内四十里之境，事在本朝，臣谨委广南府知府潘允敏会同安南国王所遣之员秉公确查立界，以清封疆。

随据广南府知府潘允敏详报："卑府虽将地志、粮册种种的据反覆与安南委员详议，无如该员坚称，此地是伊国旧境，不即秉公议覆立界。"等因前来。臣查此四十里之疆界，既有志书可凭，又有粮册炳据，且事在本朝，且六寨之人现皆衣窄袖之衣，尤为可证。今安南不即清还，虽皇上天覆地载，子育万国，但臣职任封疆，难容久弃外域，今虽调任闽浙，难容缄默。伏乞皇上谕令现任督臣，畀安南速行清还，则内外之境截然，边方永息纷竞之扰矣。

臣谨缮折请旨。谨奏。

（《史料旬刊》第一册上，第6～7页）

## 216 云贵总督高其倬《奏请将丁忧之剑川州知州杨正辅留于中甸办事折》

雍正三年十一月十二日

云贵总督臣高其倬谨奏：为仰恳天恩请留能员事。

查云南中甸一区为滇省西边门户，番人众多，办事之人必得熟谙能员方可贴服番情，料理妥协。前经臣同抚臣杨名时选委和曲州知州祝宏前往办理，甫略熟谙，因伊父帑项不清，前往山右质审。续经臣等会委剑川州知州杨正辅接行办理，任事以来，颇能尽心尽力，不辞劳苦，且一切番情土俗亦渐熟谙。兹于十月十九日丁伊母忧，除剑川州知州令其照例离任开缺外，窃思中甸番地，办理稍关紧要，初委之员即使有才，亦必须为时稍久，方能熟谙番情土俗。臣从边地需人起见，敢恳圣恩，将杨正辅赏留中甸办事，俟服满之日，遇有知州缺出，再行题补，则中甸获熟练之员，臣等亦收臂指之效矣。臣谨缮折请旨。

（《雍正朝汉文朱批奏折汇编》第六辑，第441～442页）

## 217　云贵总督高其倬《奏请酌减滇省炉座折》

雍正三年十一月十二日

云贵总督臣高其倬谨奏：为奏闻事。

查滇省开炉鼓铸，以消积铜。因边省地狭，钱稍壅积，市价渐贱，臣一面运消本省远地，一面请运售楚省，续经量运至黔省行使，以资流通，俱经臣折奏在案。目今云省之远处流通已遍，黔省亦已充足，湖广现在上紧运消，因道路稍远，既往返需时颇久，而驮脚亦少，不能一并多运。钱文日增，市价复贱，每银一两换钱一千二百二十文。臣再四筹思，与抚臣杨名时商酌，惟有将局中炉座少行酌减，一则炉座稍减，局钱不患积多，以致价贱；再则铸务不停，积铜仍可借消，可无壅滞，似属可行。除应由抚臣衙门具疏题请外，臣谨将情节缮折奏闻。

（《雍正朝汉文朱批奏折汇编》第六辑，第448页）

## 218　云贵总督高其倬《奏报蒙恩调补闽浙总督谢恩折》

雍正三年十一月十四日

云贵总督今调补浙闽总督臣高其倬谨奏：为恭谢天恩事。

雍正三年十一月十四日，臣准吏部咨，仰荷圣恩，调补臣浙闽总督，并准臣陛见，得亲聆圣训。又臣恭请圣安折内钦奉朱批："卿身体若未复旧，千万不可力疾而来。钦此。"又蒙赐臣克食一匣，臣谨恭设香案，望阙叩头，恭谢天恩。

伏念臣一介庸愚，仰蒙简畀两省重任，我皇上宽宥罪戾，赐以世职，再赐加衔，受恩深重，未报涓埃，夙夜自思，不胜惭惧。乃复蒙圣恩畀以浙闽重任，又蒙念臣微疾，令臣从容就道，更赐尚方佳品，天恩稠叠，有加靡已。臣犬马私衷，不识如何始稍仰报万一，感激之悃，辞不能述，惟有勉竭心力，不敢一时少逭，以冀稍酬高厚于毫末。至臣病疟两月，今已痊愈，但微觉饮食稍少、步履未健。今闻得遂臣瞻仰天颜之愿，精神强爽，可以就道。至途中，臣自凛遵圣训，将息行走。所有臣恭谢天恩及交印起程日期并尚未办完事件，除另疏恭奏外，臣谨先缮折恭谢天恩。谨奏。

（《雍正朝汉文朱批奏折汇编》第六辑，第458~459页）

## 219　云贵总督今调补浙闽总督高其倬《奏闻土司夺占民田，流官串合贿断情节折》

雍正三年十二月初二日

云贵总督今调补浙闽总督臣高其倬谨奏：为奏闻土司夺占民田，流官串合贿断情节事。

窃查云南姚安府大姚县所属，有苴却、十马地方，四周三百余里，民户极多，土田饶衍。现今姚安府土同知高厚德之祖高鹬映为吴逆川东道时始行侵占，至高厚德，又贿嘱流官，将地方断归伊管，钱粮断令伊征，于康熙四十七年以进京费用为名，派苴却、十马银五千两，民不能措，遂捏写卖契，令土目带众持械，压民照写，各民畏威，吞声写给。乃于各村安设土巡检一员，名曰经管地方，实系暗察各民财产、子女，任意取携，派累百端。尤堪发指者，流官即为钤盖印信，土官遂而称为血产。而前署大姚令陆应机，且代为设谋，将钱粮巧行合柱。前迤西道毕忠吉又赚民存案，将凭据竟付火焚，后经前任督臣郭瑮知其诬抑，断归民里，接任督臣蒋陈锡复断与土司。

臣到任之后，察访得实，又查赋役册案，确系大姚民地，遂断令永归民里，复令勒石，以杜翻案之弊。旋据土同知高厚德详称：苴却、十马内尚有六十五庄，系伊养廉血产，不应归之大姚。又据尼楚珍等控称，此六十五庄尽系民田，被土司霸占。臣随批令姚安府知府卢兆鹏详行查审。未经审明，该府丁艰。又委姚安府知府今调永昌府知府李孔嘉、永昌府同知蒋天麟等会审，讵该府、该同知受土官之贿，断出十庄归之百姓，余者仍归土司。臣随另行遴委楚雄府知府李玉铉、姚安府知府杨辉租等前至苴却、十马适中之处，秉公确勘详审。兹据审报前来，底里尽出。

高厚德之土司养廉田土尽在金沙江南，苴却、十马及六十五庄尽在金沙江北，不但苴却、十马之地悉系土司硬占，前官贿断，即此六十五庄亦无一非土司借端强霸硬典硬赎者，证据确凿，虽土司世仆亦尽吐实情。又据自首出历年隐占之田尚有三十七庄，据高厚德称，系明末尼效叛产，归于伊家。据里民夏文烈等呈称，悉系高厚德占去之民产。又据高厚德供出知府卢兆鹏曾受贿七百两，李孔嘉曾受贿一千七百两，同知蒋天麟曾受贿六百两。又据知府杨辉祖揭报，高厚德行贿银三千一百两，先交银二千两，求杨辉祖照拂审案各等情。除后供出之三十七庄是否民田，或系叛产，臣行令再行确查外，似此流土串通一气，舞弊殃民，宜加严惩，以警官邪。又据司道等揭参前来，臣不敢以离任在迩，即行宽假，谨另行缮疏题参，请旨革职发审外，所有情节，谨具折奏闻。

再臣堂兄刑部侍郎高其佩，曾任姚州知州，亦为地方不法之事曾行详揭。今高厚德扬言谓臣此举挟怨报复。臣虽不肖，仰蒙圣恩，畀以两省重任，断不敢以国家法纪快一己之仇，何况宗族之怨？臣若避嫌，缩手宽纵此事，即上负天恩，有乖职守。但既有此情节，亦何敢隐默？理合一并奏闻。谨奏。

**朱批**：如此方合大臣之体，朕甚嘉之。土司夺占民田及贿断情节，知道了，具题到日有旨。

（《朱批谕旨》高其倬奏折）

## 220 云南巡抚管云贵总督事鄂尔泰《奏谢天恩
## 并报明抵湖北襄阳府折》
雍正三年十二月十九日

云南巡抚管云贵总督事臣鄂尔泰谨奏：为恭谢圣恩，报明臣体痊可事。

窃臣质本庸材，身遭异数，五日留京，六蒙召见，叠荷我皇上天高地厚之恩，训诲俨若严师，矜怜宛如慈父。臣口不能述，心实难安，纵使竭尽驽骀，断不能少酬万一，若复甘自暴弃，稍易初心，谬言通脱，移念身家，在诸臣所当薄罚，在臣即应显戮，皇天后土亦必不容臣负背至此也。

臣于初二日巳刻起程，御赐行轿稳适快便，日行两站余，略无劳顿，兼以尚书臣蔡珽所定二药方，经臣立即合就，早晚分服，今于本月十九日已抵湖北襄阳府，饮食渐增，精神渐长，此后当尽力前行，略无迟误。臣以微恙致廑圣怀，午夜扪心，难以自处。惟有努力自爱，务使体气强壮，以重臣职，以答天恩而已。臣谨奏。

**朱批**：览奏，朕甚为欣慰。新正大禧，诸凡平安如意也。朕与卿一种君臣相得之情，实不比泛泛乃无量劫善缘之所致，期共勉之。

（《朱批谕旨》鄂尔泰奏折）

## 221 云南巡抚管云贵总督事鄂尔泰《奏报抵
## 云南接印任事及恭谢圣恩折》
雍正四年二月二十四日

云南巡抚管云贵总督事臣鄂尔泰谨奏：为恭谢圣恩事。

窃臣于雍正四年正月二十八日抵云南马龙州地方，接受印信，随于二月初一日抵署到任。兹于本月十八日前，赍折家奴回滇，蒙御赐臣福字一卷、荷包一个、珍食一匣。臣随郊迎至署，恭设香案，望阙叩头领受讫。及敬启折扣，钦奉朱批："览奏，朕甚为欣慰。新正大禧，诸凡平安如意也。朕与卿一种君臣相得之情，实不比泛泛乃无量劫善缘之所致，期共勉之。钦此。"臣跪读数四，不能仰视，既感激涕零，亦惭惶汗下，（**夹批**：汝之心朕早皆洞悉矣，朕不轻许人也。）自顾钝根，实何修而得此？若不勉力精进，稍有堕落，现在不作善因，未来定受孽果，既不敢亦不忍。惟愿生生世世依我慈父，了臣一大事，（**夹批**：此一大事，须要自了。勉之！）以求多福而已。臣谨奏。

（《朱批谕旨》鄂尔泰奏折）

## 222 云南巡抚管云贵总督事鄂尔泰《奏陈滇黔土司等事宜折》
### 雍正四年二月二十四日

云南巡抚管云贵总督事臣鄂尔泰谨奏：为遵旨覆奏事。

窃查云贵两省绵亘二三千里，正杂钱粮，除盐课及铜铅等项外，每年所入不敷所出，需拨协饷数十万两。为计久远，实切隐忧。署贵抚臣石礼哈抄赍减则升补折底，内奉朱批："此事议论甚妥，可备悉说与鄂尔泰，着再详审定夺奏闻。"等谕。传示到臣。臣伏读详绎，仰见我皇上仁以推诚，明以行恕，既事理之兼该，亦万一之各正。至于恩不易示，美欲两全，尤为政治要道，内外臣工各宜身体。盖市恩者末后必招怨，恩难继也；偏美者对面已成恶，美无济也。

据臣愚见，毛文铨所请余粮一万石暂不可免。石礼哈不行丈量，示令自首增科，实属细心妥议，臣于滇省已仿行此法。但边方要地，粮储为先。议减首重田则，应俟升增，获有成效，统计余粮方可递减。若随增随减，以抵原数，恐升增之地旧即隐匿之人。在隐匿者原未全首，虽增实未尝增，在增升时已有漏田，是减而又再减。深虑熟思，似于国计无补。

再如内开土司首重田则一条，彼虽依例输粮，其实占踞私享者不止十数倍，而且毒派夷人，恣肆顽梗。故欲靖地方须先安苗猓，欲安苗猓须先制土司，欲制土司须先令贫弱。（**夹批**：此论是极！当极！）臣方思设法鼓舞，济以威严，俾各土司自报田亩，按则升增，议减首重，似尤属缓图。（**夹批**：甚是！甚是！凡天下事，利弊名异而实同途。况欲速则不达，详审为之。）此臣愚见如此，伏惟圣主睿鉴，训示遵行。

至于盐课钱粮，系滇省要务，臣到任后即行清查，正项必不可减，赢余似可抵销。若查灶户薪本原无赔累，盐斤价值令有腾那，即赢余银两亦未宜擅动。统容臣详悉斟酌，俟有成算，再具折奏闻外，臣谨奏。

**朱批**：深知熟悉后再行。

（《朱批谕旨》鄂尔泰奏折）

## 223 云南巡抚管云贵总督事鄂尔泰《遵旨酌议滇省盐务情形折》

雍正四年三月二十日

云南巡抚管云贵总督事臣鄂尔泰谨奏：为遵旨覆奏事。

雍正四年二月十八日，臣赍折家奴回滇，内领浙抚李卫条陈一折，并户部密议一折，钦奉朱谕，着臣："到任详悉斟酌，徐徐奏闻。钦此。"

窃照滇省盐政系钱粮第一要务，臣到任后，备查文案，酌咨众议，日夜筹思，不敢稍懈。迄今将两月，粗知原委，渐次调停。其间陋习一时未能清除，容臣半年余，将各地各井煎解、收发并领运、行销各工本、各价值等等事件细心料理，一一就绪后再开折奏闻外，伏查黑盐一井，每年煎正额盐五百六十四万斤，每百斤额给薪本银七钱五分七厘二毫；又每年煎拨给不敷课款盐二十四万斤，每百斤只给薪本银三钱九分有零，其余所煎加添伐柴等项盐斤，俱发给薪本八钱以外，足供煎办。而正额数多，盐斤薪本反比短少，原有不敷不均之病。且各该井官不恤灶丁，计充私囊，或扣薪本戥头，或派轮办杂费，或散小物折准，或放私债扣除，种种剥削，层层负累，误课堕煎，大半由此，又非止薪本不敷之所得借口也。今若不先除锢弊，纵使加增薪本，仍有不敷；竟一例加增，恐领三钱零，薪本者仍属不敷，亦属不均。臣细加合算，除各井锢弊业经严禁，一概革除外，议将黑井所煎正额盐五百六十四万余斤，每百斤加银四分二厘八毫，补足八钱之数，该银二千四百一十七两九钱九分零；又额煎拨给不敷课款盐二十四万斤，每百斤酌加银二钱，该银四百八十两。二项共合加银二千八百九十七两九钱九分零。通计黑井盐多寡折算，每百斤薪本银俱在八钱以外，庶几薪价平而灶困苏矣。

至于迤东食盐，例出省店，由井运省，由店发商，薪本、脚费原不能裁少。如蒙圣恩准，于三分价内再减二厘，实于商民有益。但滇省钱粮不敷饷用，万里边末，关系匪轻。此减价二厘，该银一万六千一百一十两六钱八厘，连加薪本，该银二千八百九十七两九钱九分，合共该银一万九千八两五钱九分八厘零。据臣愚见，盐课正额赢余银六万五千七百余两，但不应除抵减价、加本之数，即弥补银厂亏缺及地方办理公事等件，亦未便擅动抵销。查李卫任内有聚零合总、无一定款项银三万四百二十七两，又多收额外沙卤盐赢余银一万九千五百七十三两，合共该银五万两，业经详明，留充公用，造册报部在案。续臣到任清查，据署盐道杨碧禀报，有经收额外沙卤盐一百零九万三千一百八十斤，除还薪本等项外，该赢余银一万二千七百二十八两零；又石屏州店改食抱母井盐，年该赢余银一千三百二十两；又新开改板井，除薪本、工食等项外，年该赢余银九百两，合共该银一万四千九百四十八两零。统俟五月奏销时，将已未完项造册报部，以便查核。

以上正、署任内额外赢余银，共该六万四千九百四十八两零，内除无一定款项银，原非每年必得之数，其余额外沙卤等项赢余，尽心调剂，俱可必得。臣议将此数内银一万九千八两五钱零抵补减价、加本之额，恳祈圣恩特颁谕旨，即于正课内减除。是合计钱粮额内原无亏项，通核商灶，格外倍感洪慈，将见踊跃，实多煎销无误，似于盐政大有裨益。其此外赢余银，尚有四万五千九百三十九两零，应留抵补银厂亏缺，并应办地方紧要公事，仍于年终造册报销，倘或有不敷，再于正额赢余内报明支用，亦并无违碍。

总之，钱粮额数多即报多，少即报少，但无欺蔽，何妨变通？若因顾虑未来，游移现在，下吏乘机，弊将百出，非所以仰窥圣主至诚至明、合内合外、无可无不可之义也。为此具折，并缴原折二扣。应否如是，伏乞睿鉴施行。尔泰谨奏。

（《雍正朝汉文朱批奏折汇编》第七辑，第 8 ~ 10 页）

## 224　云南巡抚管云贵总督事鄂尔泰《敬陈东川事宜折》
### 雍正四年三月二十日

云南巡抚管云贵总督事臣鄂尔泰谨奏：为敬陈东川事宜，仰祈圣裁事。

窃查四川东川一府，原系土酋禄氏世守地方。考禄氏，籍隶马龙，分据东川，明季并未归版图，至康熙三十一年始献土改流，议归四川管辖。其地与云南省寻甸、禄劝、沾益三州接壤，距云南省城四百余里，方隅广阔，地土肥饶。昔遭流寇蹂躏之后，缘半未开辟，兼之土人凶悍，专事劫掠，川民不肯赴远力耕，滇民亦不敢就近播垦，故自改土以来历今三十余载，风俗仍旧，贡赋不增。该府每年征折等银止三百余两，俸工、兵饷不敷，悉赴成都支领，往返维艰。以天地自然之利，致为荒芜不治之区，良属可惜。况东川去成都二千八百余里，一切事宜俱有鞭长不及之势。即如上年十月内，乌蒙土府禄万钟之叔禄鼎坤统众攻打东川村寨，东川知府周彬虑川省远不可恃，具报滇省，经前督臣高其倬拨兵应援，始获解散，解散之后，而川省所发令箭方得到府。是川省之无济于东川，而东川之无益于川省也，明矣。况寻甸、禄劝、沾益三州之民时遭东川土人之害，绑掠人口，劫抢牲畜，不一而足。及至赴官告理，备文关提，川省官例问土目伙头，而土目伙头惟就中攫利，曲为隐庇，经年累月，竟不拿解一犯，洵为滇省之累。臣按稽志图，博访舆论，若得东川府改隶云南，声教易及，凡滇黔两省商民有力能开垦者，广为招徕，以实其地，并将附近营汛斟酌移驻，以资弹压，不但兵民众多，土人自不敢横肆，且从前茂草皆变为膏腴，民受福利，国增钱粮，似亦因地制宜，及时变通之一端也。

再查乌蒙土府与东川接壤，骄悍凶顽，素称难治，不惟东川被其杀掳，凡黔滇蜀接壤之处，莫不受其荼毒，而且产富田肥，负固已久，若不早图，终为后患。如蒙圣恩允东川归滇，俾臣指令将备先怀以德，继畏以威，然后徐议改流，不二三年间，或可一举大定。至于防守官兵，亦无庸另设。查督标援剿左右二协，原备调遣，并非扼要，应止留一协，去左右字，改为援剿协，将一协裁省，移驻东川府，改为东川协。其东川原驻官兵是否应裁，均听部议。是一转移间，地无弃土，兵无冗食，节饷便民，而地方赖以宁辑矣。

臣受恩深重，报称实难。倘言有可采，伏乞圣主睿鉴，勒部议覆施行。臣谨奏。

**朱批**：所奏甚合朕意。东川归滇，高其倬未到之先已有旨矣。其余所论极是，应题请者具题。

谕云南巡抚管理云贵总督事务鄂尔泰：四川乌蒙土司纵恣不法，擅扰东川府巧家地方。似此，若不惩戒料理，将来益无忌惮，滋事愈多。云贵与乌蒙接壤，朕正在谕尔会同岳钟琪料理，尔所奏之折适至，具见留心地方。可与岳钟琪和衷酌办，将乌蒙土官土目先行详加戒谕，令其毋虐土民，毋扰邻境，痛改前非，恪遵法度。倘敢怙恶不悛，罔知敛戢，应作何惩治，尔当悉心筹画，将来若可改土归流，于地方大有裨益。但一切机宜务出万全慎密，勿少轻易致生事端。其会同岳钟琪办理之处，朕已颁旨谕知矣。特谕！

（《朱批谕旨》鄂尔泰奏折）

## 225 云南巡抚管云贵总督事鄂尔泰《奏报总理省城局顺宁府知府范溥亏欠及滇省钱法事宜折》

### 雍正四年三月二十日

云南巡抚管云贵总督事臣鄂尔泰谨奏：为据实奏闻事。

窃臣到任以后清查钱局，除大理一局系太和令龙为霖管理，一切正杂额息分文无亏外，临安、沾益二局，炉头、匠役等虽不无些少那借，然非侵项，易于着补。独省城一局，为顺宁府知府范溥总理，三年以来，欺朦种种，现在查出亏欠银钱已有五万余两，其铜铅等项及顺宁府任内银米尚未查清，俱不在此数。臣看范溥乃市井小人，颇有能干，缓则图全，急则无赖，若骤行参破，反恐于钱粮无补。因密交藩司常德寿严谕完款，迄今一月余，自己借抵，众人帮赔，已完及二万两零。俟完有成数，再将余欠列款特参，于国帑、官法庶几两益。

再查滇省钱法，不能流通别省，日铸日多，愈多愈贱。现今每银一两已换钱一千四百文，合计每年约亏本款银一万余两，若不暂行停止，筹画善策，恐将来壅滞，更加折耗。臣拟于题参范溥时随另具本，请旨暂停鼓铸。容臣彻底清算，尽除陋弊，将地方小钱并沙破新钱尽数收买，先合铜铅，次合工本，务期钱文坚好，可以行久，再谋一流通之法，使必不致壅滞，然后恳请圣恩复开鼓铸，或于兵饷民用并有实效矣。

合具奏闻，伏乞睿鉴。臣谨奏。

**朱批：**此奏可嘉之至。范溥乃可恶小人，听尔处分，无可惜也。暂停鼓铸之事，李卫亦曾面奏，朕未允行。若可减炉，另商流通之法，不尤妙乎！总俟尔题到，交部议再定。

（《朱批谕旨》鄂尔泰奏折）

## 226 云南巡抚管云贵总督事鄂尔泰《遵旨议覆元江等处改建城垣折》
雍正四年三月二十日

云南巡抚管云贵总督事臣鄂尔泰谨奏：为遵旨议覆事。

窃照云南卓异经历章元佐条陈元江修城一折，并浙抚臣李卫议覆一折，前奉面谕，交臣详查议覆。到任后，随檄行元江府知府迟维玺、元江协副将张应宗，着将三家山上建城有无关碍，水泉曾否足用，士民果否情愿，并此外附近地方有无瘴气，可以移建之处，会同细勘禀报。去后，兹据报称："查勘三家地方，由府城东上山盘行三十里，居民分三层散处，所应用水，系自山上大竹箐穿沟引来，除日用外，园蔬尚不足灌溉，兼之地势狭隘，万难建城。再踏看附郭地方，惟去城北八里许圌山之前，地势稍高，炎热稍减，似可建城。但询之绅士、汉夷，金称此地虽稍宽阔然，四面俱无地泉河道可资汲饮，即便凿井，亦难有水，况士民等生长于斯，不畏瘴疠，且田园、屋舍、坟墓俱在于斯，实难迁移等语。此外并无可以建城地方。"等因。禀覆前来。

臣查元江一府，自宋时那氏改建，至顺治十七年改土归流，历年已久，绅衿百姓习惯烟瘴，并无褥毒，且田园、庐墓俱近附郭，安土重迁，实本人情。况查府城四至，东至石屏州界，通临安府；东北至临安府嶍峨县界，通省城；南至临安属亏容土司界，通外五司及交阯，东南亦属临安土司界；西至普洱界，通车里宣慰司；西南至镇沅土司界，通威远；北至临安新平县界，西北至镇沅土府界。所辖地界尽系各种夷人，其间有凶悍猓猡，平昔与新平诸夷勾通、索保劫掠害民者，俱在附近元城百里之内。城守文武各官居中控制，有大江环绕，无桥可渡，实属扼要重地。是无论三家山上地窄水少，万难建城，即便可建，亦断不应移建者也。至于去城八里许圌山之前，虽称地势稍高，炎热稍减，殊不思城郭之内原非郊野可比，移建则人多，人多则气盛，气盛则炎热如旧，纵有水泉，亦于土民无补。李卫所议改筑三家及另择佳处之处，似无庸议。但土城低矮，又兼倾圮，章元佐陈请改建砖城，实系元江远计。臣议于原城基址外面砌砖，里面筑土，惟期坚固，可以历久。所需一应工料，业交该知府会同该副将确细估计，急速详覆，俟详覆到日，臣即传同司道细加核算，并将应动何项赢余之处详悉妥议，具折请旨。

其普洱、茶山、威远等处添设官兵，所有衙署、营房以及汛房、塘房并修整城垣等项，臣现在驳减确估，应动何项银两，俟数目核定再行合算。至于普洱城小难容官兵等语，臣查普洱一城周围大四里九分，驻扎官兵仅将一员，兵五百名，似亦可容，无庸开扩。

再贵州都匀府知府王鼎铉条陈安顺府改站一件，臣前入黔境，沿路访问，官民俱称妥便。抵贵阳时，已面交各司道委勘查议，尚未详覆。

合并声明，为此具折，并缴原折二扣，伏乞皇上睿鉴施行。臣谨奏。

**朱批**：周详之极！朕甚嘉悦。

（《朱批谕旨》鄂尔泰奏折）

## 227　云南巡抚管云贵总督事鄂尔泰《陈请于铅厂山立界折》
### 雍正四年三月二十日

云南巡抚管云贵总督事臣鄂尔泰谨奏：为国体攸关，据实陈请事。

窃臣荷蒙圣恩，畀以封疆重任，夙夜惶惧，惟恐旷厥官守。伏查《滇南通志》，开化府南二百四十里，至赌咒河与交阯界，其地即今之都龙关等处。前督臣高其倬于交阯分界一案，议复旧疆。特奉恩命，俯念安南国王累世恭顺，且其地失在明朝，着别议立界。仰见圣度优容，怀柔外藩至意。随于雍正三年十一月，委广南府知府潘允敏前往踏勘，安南亦遣土目武公宰等会同自开化踏丈至铅厂山溪流，仅得一百二十九里，其非古所谓赌咒河，彰彰明矣。但既奉有谕旨，又窥铅厂山形势，两山高峙，中贯一溪，据险相守，中外截然，因议就近立界，不复深求。皆仰体我皇上如天好生之仁，窃意安南闻之，必且感激涕零，输诚恐后矣。不图竟以奉旨撤回人员，即系界予土地，欲并铅厂山内地而悉踞之。

查铅厂山以内，旧有马都戛即斜路村、布都、阿空、白泥、牛呼黑、牛把黑等六寨，俱隶开化，实征粮额，父老半能记忆。又其居民皆剃头辫发，不类交人，其为内地炳然可据，而伊无词可辨，仍敢违议不遵。虽我国家幅员之广已极于海隅日出，区区黑子弹丸，何关轻重？惟是圣主特沛恩纶，撤回驻扎人员，别议立界，务期允当。其所以处之者，亦既仁至义尽，德洋恩溥矣。乃昧于臣妾之义，略无恭顺之仪，藐视制军，肆诋总镇，一则曰可怪，再则曰不稽。毋论铅厂山以外仍系内地，并不多求，即令将都龙关以外悉归内地，亦何敢狂悖至此！臣职司锁钥，责在藩彝，窃见犬羊之性，畏威而不怀德，若不径行立界，以伏其心，并檄勒兵，以慑其胆，恐远人觊觎之萌，又不独为懦弱安南国计也。

缘前督臣高其倬有面奏请旨之语，臣不敢造次，谨据实缮折，并录拟咨稿，差千总李茂赍奏，伏乞圣主睿鉴批示遵行，臣尔泰不胜悚切待命之至。谨奏。

朱批：尔此奏甚得理，但未免恐安南王恃朕之恩，激其愚性，以为尔等封疆大臣之意，少有不合，于事无益。故与廷臣高其倬等商酌，朕颁谕旨，似可平静此事。此咨可暂不必。此颁之谕，安南王见后，若仍愚顽之见不可化，尔再一面应如何举行，一面奏闻可也。特谕！

（《史料旬刊》第一册上，第 117～118 页）

## 228  云南巡抚管云贵总督事鄂尔泰《报明路南州大龙井一厂铜苗旺盛折》

雍正四年四月初九日

云南巡抚管云贵总督事臣鄂尔泰谨奏：为报明铜厂事。

窃查滇省铜厂额课九千六百余两，经管司道按年照数办纳。而青龙等老厂外如有新开之厂，恐衰旺无定，俱不题报，只就附近老厂作为子厂，隐匿抽减，弊遂百出。自清查铜斤利弊案内，除额课之外，凡有铜斤余息，悉行归公充饷，其新开之厂仍作子厂，照铜取息，虑至周法至善也。然下属奉行不力，大吏察考不勤，隐匿抽减又所时有。

臣仰荷殊恩，畀以重寄，钱粮所关，兵民攸系，若或谬矜宽大，不亲细务，名誉所归，暴弃斯甚。故自到任后，诸凡钱粮大小事件备细查核，不敢稍懈。各属亦共谅臣心，交相奋勉。兹据粮道张允随禀称：路南州大龙井一厂，原属龙宝子厂，铜苗甚旺，现今一季内已办获铜六万余斤。臣查一季获铜六万，一年应获铜二十四万，合每百斤铜收余息银三两核算，每年可增余息以充兵饷，不无小补。俟再看一季，办有成数，即行题报外，合先奏闻，伏乞圣鉴。臣谨奏。

朱批：卿秉公忠报效处，非止此一事也。朕甚嘉之。

（《朱批谕旨》鄂尔泰奏折）

## 229  兵部尚书云贵总督仍管云南巡抚事杨名时《恭缴朱批谕旨，兼陈谢悃折》

雍正四年四月二十日

兵部尚书云贵总督仍管云南巡抚事臣杨名时谨奏：为恭缴朱批谕旨，兼陈谢悃事。

臣遣家人李茂赍折，于雍正三年十月内奏请圣安，于雍正四年正月回滇。臣敬启折

— 187 —

展观，伏读皇上朱批："朕安，你好么？朕要用你总督，勉为之。钦此。"臣恍觐天颜温霁，不胜欣忭。微臣叨蒙垂问，食息含和，莫非皇极敛福之所敷锡也。钦承惕息惭，感交深重。念臣以庸下之材，莫副抚绥之任，乃荷恩眷殊常，既授臣兵部尚书，复授臣云贵总督，隆施屡逮，臣揣分难安，实惊且惧。我皇上鉴臣才力，曲赐保全，命臣仍管理巡抚事务，异数尤出，从来未有，人臣荣幸，何以复加！臣诚恐陨越贻羞，朝夕惴惴弥切。感激愚忱，谨缮折恭缴御批，伏乞圣鉴。

**朱批**：览卿奏谢，知道了。

（《雍正朝汉文朱批奏折汇编》第七辑，第155～156页）

## 230　兵部尚书云贵总督仍管云南巡抚事杨名时
## 《奉旨仍准奏折谢恩折》
### 雍正四年四月二十日

兵部尚书云贵总督仍管云南巡抚事臣杨名时谨奏：为恭谢天恩事。

窃臣于雍正三年十二月初二日具疏，吁恳圣慈鉴宥前愆，仍准折奏，竦息待命，夙夜靡宁。雍正四年三月二十九日，接准部咨，内开："二月初九日，奉旨：杨名时既知过失，恳切奏请，仍准折奏，该部知道。钦此。"臣捧读之下，随望阙叩头谢恩。

伏念臣才疏识谫，愆咎多端，仰荷我皇上宽宥矜全，且复叠沛隆施，迥逾常格，拊躬愧赧，不知所报。兹蒙恩命准臣折奏，俾臣得于应行密陈之事恭请指示，凛奉遵循。臣服念圣慈，唯有益加敬谨小心，知非补过，殚竭微忱，以期副君父造就裁成之德意耳。为此缮折。谨奏。

**朱批**：前因人有姜斐之言，偶失于舒究耳。今既辨白，何罪之有？朕一时之误，从不文饰以自恕。朕之素性如此，不以过为疚，而以不能改为疚。往事当释然于中，不必丝毫介意。鄂尔泰深知朕心，到滇之日，尔其询之。

（《朱批谕旨》杨名时奏折）

## 231　兵部尚书云贵总督仍管云南巡抚事杨名时
## 《恭报秋成分数折》
### 雍正四年四月二十日

兵部尚书云贵总督仍管云南巡抚事臣杨名时谨奏：为恭报秋成分数，仰祈圣鉴事。

该臣查得滇省春杪夏初，连得雨泽，四月中旬雨尤均遍沾足，各郡豆麦虽未全报收成分数，然详加访问，大约可望七八分，至五月初皆可登场。迤东之临安、元江、开化等府，迤西之永昌、蒙化、景东等府，天时本暖，又得早雨，秧苗已多栽插。去年因秋雨过多，秋熟只及七分，是以大理、楚雄、临安、开化等郡兵多之处，米价俱比往年稍贵。省城兵民所聚，价值颇昂，每一京石约一两三四钱余。臣等令各处将仓米减价粜卖，俟秋冬买补还仓，目前之价可不至日昂矣。至于水利堤防，各已依时浚筑报竣。奸棍刁徒，严饬稽察。盐法厂务，随宜酌剂，总以不扰民，勤察吏，不事涂饰，期有实济为务。

管总督事抚臣鄂尔泰到任将已三月，于吏治边情悉心整饬办理。臣因在滇日久，每晤面时，以平日所知所见随事逐为论说。抚臣鄂尔泰系肯刻苦、有见解之人，亦咨谋详慎，务期于事情妥协。臣等二人俱各凛遵皇上"两省地方紧要，着和衷同商办理"之谕旨，实心任职，虚心受言，平心察理，小心防弊，庶几相济相资，于政治民生均有裨益，上副圣主廑念边方、训迪臣工至意。谨奏。

**朱批**：汝二人皆公清自矢之臣，自必同道相济，有水乳之合，朕览奏深为嘉悦。鄂尔泰乃斯时封疆大吏中卓异之品，互相推诚砥砺，共敷治理可也。

（《朱批谕旨》杨名时奏折）

## 232　云南巡抚管云贵总督事鄂尔泰《奏报丁忧楚姚镇总兵南天祥系贤员，恳请圣恩准留折》

雍正四年五月二十五日

云南巡抚管云贵总督事臣鄂尔泰谨奏：为恳请圣恩准留贤镇，以重边隅事。

窃惟楚、姚、景、蒙四府界连妥甸，逼近鲁魁，最为紧要，且路当孔道，汉彝杂错，顽梗易生。总兵一官有统驭弹压之责，非才猷练达、熟悉风土者不克胜任。该镇总兵官南天培，为人质直，办事老成，在任三载，营伍整饬，文武兵民俱甚相安。兹因伊生母茹氏于本年五月十五日在署病故，天培例应丁艰卸事。绅士军民爱戴情切，纷纷赴臣衙门吁恳题留，而管抚事督臣杨名时与提督臣郝玉麟亦素知该镇才守，深为惋惜。

臣查茹氏年逾八旬，在楚雄镇署寿终，生事死葬，天培已可无余憾。况伊弟南天祥现任开化镇总兵，亦应丁艰守制料理，不为无人，且南天培等虽籍隶陕西，现住云南，两世在官，实无异于在家。若蒙圣慈将南天培俯准留任，边陲重寄实属人地相宜。但定例攸关，臣不敢冒昧题请，除该镇等应行丁忧缘由另疏题报外，谨会同管抚事督臣杨名

— 189 —

时、提督臣郝玉麟合词缮折具奏请旨，伏乞皇上睿鉴施行。谨奏。

**朱批**：应奏者。已有旨矣。

（《雍正朝汉文朱批奏折汇编》第七辑，第322页）

## 233　云南巡抚管云贵总督事鄂尔泰《奉到朱批谢恩折》
### 雍正四年五月二十五日

云南巡抚管云贵总督事臣鄂尔泰谨奏：为恭谢圣恩事。

雍正四年五月十四日，臣家奴赍回折扣二匣并御赐小种茶十二瓶到滇，臣随郊迎至署，恭设香案，望阙叩头领受讫。敬启折匣，贵阳途次二折未蒙批示，臣不胜惶恐。及敬启臣到任后折匣，伏读朱批："汝之心，朕早皆洞悉矣，朕不轻许人也。钦此。"

窃思臣之事主只此一心，虽相隔万里，如觐天颜。臣由员外郎，三年之内超擢巡抚、管理总督，若非圣主洞悉臣心，何以超逾常格若此？但臣本凡材，心长力短，方且时切冰渊，惴惴自凛顾。乃荷蒙圣明，以不轻许人者许臣，臣独何心，敢不自重，敢不自勉？

又伏读朱批："此一大事，须要自了。勉之！钦此。"窃思臣子大事，莫大于事君事亲。（**夹批**：朕只当尔前奏所言大事，必性分真如工夫之意，因有前谕。若论事亲事君之事，如何得了、自了？总不妨此不了。果能自了自能，为不了之了矣。勉之！实大有益于有为法也——的确之甚。朕何所为，而为此大诳也？莫看得高远。）臣之身亲生之，君成之。臣诸事未了，何敢计及自了？惟自始至终上不负君，下不负亲，生生世世，此身有极，此心无极，以为不了之了。兹蒙圣训，勉臣自了，臣不敢不勉自了也。

又伏读遵旨覆奏一折，朱批："凡天下事，利弊名异而实同途。况欲速则不达，详审为之，深知熟悉后再行。钦此。"大哉王言，诚万世宝训。臣知圣主所以训臣者正不独此事，当铭心刻骨，一念不忘。

除将黔省减则首重大要传谕抚臣何世璂凛遵外，谨此缮折恭谢圣恩，伏乞睿鉴。臣谨奏。

**朱批**：此奏实洽朕肺腑。欣悦览之。

（《朱批谕旨》鄂尔泰奏折）

## 234　云南巡抚管云贵总督事鄂尔泰
## 《奏谢圣恩逾重，爱身图报折》

雍正四年五月二十五日

云南巡抚管云贵总督事臣鄂尔泰谨奏：为圣恩逾重，爱身图报事。

五月十四日，敬启恭请圣安一折，荷蒙朱批："朕安。将尔身子大好处为何不书奏？钦此。"臣跪读之下，涕泪盈襟，遥望君门，惶悚无地。

念臣本庸愚，荷蒙高厚至于此极，纵使日夜尽瘁，矢以终身，实难报称万一。乃臣之一身疾痛疴痒，呼吸之间，上关圣虑，经云父母，惟其疾之忧，言念及此，无可自解。若复不善调摄，渐致残疾，有误职守，是自负，是负慈父。臣即不谙大义，天性俱在，未敢不小心凛惧也。窃臣体虽羸弱，精神强旺。（**夹批：**闻尔竭力办事，总不爱养精神，朕实忧而怜之。果如此，则为不知朕且负朕也。似尔如此大臣，朕之关心尤甚，天地神明实共鉴之。此非朕之有意，乃情理之所必然，何也？尔等实系朕一身也。当明悉朕意，加意爱养。彼视为二体者，皆昏残之主，不忠之臣也。要看得透。）旧原无宿疾，缘昨岁七月间江署患疟，卧床两月，愈后尚未复元，故入京陛见时犹有病容。荷蒙圣主垂怜，着尚书蔡珽诊视，酌定药方，臣一路服食，病已全愈。及到督署，至今服食无间，兼因云南风气虽值盛暑，温和如春，以臣微躯，更易调护，觉较前未病时更加壮健。（**夹批：**朕实如获珍宝之喜，但少疑而未能全信，若稍存慰朕之意，亦属欺隐也。）故于黔楚途次两经陈报外，未敢再陈，有烦睿念。兹蒙垂问，谨将臣身子大好处详细奏闻。臣受恩如山，尚无撮土之效，必能努力自爱，以重封疆。伏乞慈鉴，无以臣病为念，庶臣心稍安。臣尔泰不胜感痛，无任瞻依。臣谨奏。

**朱批：**尔只遵旨省力爱养，朕方不以为念。莫云万里之隔朕不闻知也。

（《朱批谕旨》鄂尔泰奏折）

## 235　云南巡抚管云贵总督事鄂尔泰《恭报滇黔
## 二省豆麦等项收成分数并米粮价值折》

雍正四年五月二十五日

云南巡抚管云贵总督事臣鄂尔泰谨奏：为恭报滇黔二省豆麦等项收成分数并米粮价值，仰祈睿鉴事。

该臣查得云南所属地方高低不一，本年春初无雨，春杪夏初始得雨泽，四月中旬雨方沾足。细加访问，各处豆麦收成，如澄江府属之河阳、江川二县约有七分，云南府属之昆明、嵩明二州县约有八分，其余各府州县亦约有八九分不等。省城米价，每京石约卖银一两三四钱，大理等郡之米稍贵。臣等已于米贵之处将仓米减价粜卖，俟秋收买补还仓，目下之价已平。

至贵州，山深土瘠，全赖雨旸时若，始获丰收。贵阳等各属自春入夏，雨泽时沛，民间布种油菜、豆麦、杂粮等项，约有八九分不等。现今省城米价每市斗卖银九分，计仓斗一斗五升。各属价值虽低昂不齐，而斗有大小，计算亦约略相同。

再臣等亲往各乡，遍行劝课，目击汉夷男妇尽力东作，豆麦登场，插莳已遍，早者业经秀发，而各属申文亦称播种插莳将完，西成有望。

理合一并奏报，伏乞皇上睿鉴施行。臣谨奏。

**朱批：**上天自然怜汝也。

（《朱批谕旨》鄂尔泰奏折）

## 236　兵部尚书云贵总督仍管云南巡抚事杨名时《恭报麦豆收成分数、夏月得雨、栽插并米粮时价折》

### 雍正四年六月初九日

兵部尚书云贵总督仍管云南巡抚事臣杨名时谨奏：为恭报麦豆收成分数、夏月得雨、栽插并米粮时价，仰祈圣鉴事。

臣查滇省迤东、迤西各府州县二麦、蚕豆收成，有报六七分者，有报八九分至十分者，通计约及八分。因四月中，自省城以及各郡得雨俱早，是以今岁插秧俱比往年为早，五月初旬已栽莳过半。端阳后两旬无雨，由省城及迤东之临安、开化等府，迤西之楚雄、姚安等府，咸若暵干。臣等于省中祈雨，各处遍事求祷，五月二十七八等日及六月初二三间，连得甘澍，远近普报沾足，先栽之禾芄或将秀，高原坡坂遍得栽插，尚在未交小暑之前，未为迟也。嵩明州、宜良县报大雨，骤涨淹禾，旋报消退，无伤田稼，据目前景象，大约秋成可卜，盈宁可期。臣等郊行劝农，见妇子熙恬，洵享帝力，而相忘于不知矣。重念臣才菲能薄，备位以来，屡荷天庥，坐饱丰穰菽麦，敢不朝夕惕息，思补罪愆哉。日来雨霁得宜，上米、次米前日价一两四钱三钱，今各平减一钱余。贵州省各处麦熟，收成俱好，雨水调匀，插莳俱齐。臣谨缮折，交奏销盐课承差赍捧进呈，伏乞皇上睿鉴。谨奏。

**朱批：**深慰朕怀。

（《雍正朝汉文朱批奏折汇编》第七辑，第 423 页）

## 237 兵部尚书云贵总督仍管云南巡抚事杨名时《奏陈高其倬、鄂尔泰及藩臬两司评语折》

雍正四年六月初九日

兵部尚书云贵总督仍管云南巡抚事臣杨名时谨奏：为冒陈鄙见，仰祈圣明垂鉴事。

窃臣在滇，于今五载有余，与督臣高其倬共事三年有余，臣服其公勤清慎、冲雅不伐，自愧不及其综理之才。今管总督事抚臣鄂尔泰到任将及五月，臣见其安心吃苦，竭力办事，咨访筹度，慎密周详，皆有重始善终之虑。斯二臣者，其善人君子之伦乎，与之处者，内有以检饬身心，外有以诹谋政事，交资互益，德可进而业可修。臣于仕途中仅见其人，辄不禁摅陈胸臆于君父之前。藩司常德寿、臬司江苣等俱和衷师济，雍雍肃肃，气象甚嘉，伏惟圣鉴。谨奏。

**朱批：**鄂尔泰、高其倬之才之守不待尔奏，朕知之久矣。诸王大臣中，朕所深许者怡亲王、鄂尔泰、高其倬三人也。卿等克效此三人居心行政，方不负朕信任之重。常德寿以满洲人材而论，可谓庸中佼佼者。江苣中材耳，不失为老成人。

（《朱批谕旨》杨名时奏折）

## 238 云南巡抚管云贵总督事鄂尔泰《奏报闻胞兄鄂临泰女特颁恩谕许字怡亲王弘皎阿哥谢恩折》

雍正四年六月二十日

云南巡抚管云贵总督事臣鄂尔泰谨奏：为恭谢天恩事。

雍正四年六月朔日，臣赍折千总李茂蒙恩赏给驿马，并捧御赐臣密制丹锭一匣到滇。臣随郊迎至署，恭设香案，望阙叩头祗领讫。敬启折匣，伏读恭请圣安折朱批："朕躬甚安，尔好么？可如旧否？钦此。"臣跪捧之下，气咽神怆，万里之外如闻慈父声。（**夹批：**不必如此！尔神色俱在朕目中，实不必如此！）臣独何心，敢不自爱？其实自到任后，精神气力比旧加强，（**夹批：**览此奏，朕实如获珍宝之喜。）前折已备细详陈，谅蒙圣鉴，少慰慈怀。

及臣接开家信，知荷蒙圣主以臣胞兄鄂临泰女特颁恩谕许字怡亲王弘皎阿哥，臣率同臣妻席他拉氏并臣子恕奴、约奴、孚奴叩头谢恩外，窃臣先世，自从开国，代沐皇恩，至先臣鄂拜，虽忝列儒官，历阶祭酒，依然寒素，凡属朱邸，何敢跻攀？今臣叠荷圣恩，不次超擢，以巡抚管理总制，方时深惴栗，莫报涓埃。臣胞兄临泰旧曾任中书，退归已久，近叨圣恩，给以八品顶带，虽家居辇下，而礼仪疏简，朴野自甘。侄女未娴姆教，鲜谙闺箴，性虽近于淑柔，质难辞于固陋，忽蒙圣主顾以蓬门弱息，上配宗潢，闻命之余，不胜忻跃，不胜悚惶。岂惟臣兄弟一门并叨恩耀，其自臣始祖下，逮高曾祖父皆荷光宠，沾沐殊庥。臣自度身力，断不能报称，惟此赤心，勉始勉终，不敢稍懈，以仰答高深已耳。谨此缮折恭谢天恩。

再臣既叨荷圣慈，怡亲王处，理应具启候安。（夹批：应当）合并声明。谨奏。

**朱批：**怡亲王实不世之贤王。卿实国家之名器，真皆朕之股肱心膂，朕有意联此门亲也。卿当庆喜者。尔前陛见时，朕已有旨，言尔起身促迫，未得见怡亲王，王查勘河务尚须时日，可图他日会面之旨。及尔动身后，王回京，朕告以尔为人居心，王之代朕庆喜之意，动诸辞色。尔一切奏折，朕多与王看，王之一种敬慕称赞之怀，实难笔谕。王实人之有技，若已有之，实能容之，而兼爱敬之之人。王好贤嫉恶之公忠实为希有，朕所悉知者，当代惟汝二人，朕保再不移志者，其他朕实不敢信其必尔。尔等皆朕心腹王大臣，相识并非私交。今既奉旨联姻，一切书札问候来往，正可彼此规谏，以报朕知遇之恩，同心合德赞襄朕，与苍生造福，凡形迹影像之怀，一点不必存中。遵旨行，莫疑。

（《朱批谕旨》鄂尔泰奏折）

## 239　云南巡抚管云贵总督事鄂尔泰《奏报筹计东川、乌蒙等事宜折》

雍正四年六月二十日

云南巡抚管云贵总督事臣鄂尔泰谨奏：为钦奉圣谕事。

窃照四川东川府接连云贵，逼近乌蒙，骄悍横肆，为民大害。荷蒙圣主洞烛几先，令东川归滇，俾就近料理，特颁朱谕一道，并臣折朱批："所奏甚合朕意。东川归滇，高其倬未到之先已有旨矣。其余所论极是，应题请者具题。钦此。"臣伏读详绎，仰见我皇上大知用中，至仁兼勇，生杀予夺一出无心。臣当字字深思，事事反体，务出万全，勿少轻易，终身诵之，终食不忘可也。臣自折奏后，随密差人至东川细访确勘，其地方疆界、形势、险要、山川、城池、衙署、营汛、兵丁、户口、粮饷、赋役并现在风俗、一切矿厂俱得悉大概，俟部文到日，应即遴委大员逐一查明，臣更当亲往细勘，酌议会题。盖事在初定，每易简略，始之不慎，终成弊端，不可不熟虑。

至于料理乌蒙一事，即当札商岳钟琪并密致黔省抚提二臣，着先事筹画，统俟臣亲勘后妥议奏闻。大约乌蒙土官凶恶习惯，可以威制，似难以恩化，不改土归流，终非远计。然威止可一举，恩可以先施。归滇之后，臣当宣示皇仁，晓以国法，练兵屯田，以壮我军，渐离其心腹，徐剪其党羽，俟机有可乘，设法招致，庶可一劳永逸。其防守官兵，臣拟以援剿左协移驻，已蒙圣鉴。但将备千把仍须选调，其左协原设防汛，拟即以右协弁兵内分拨。合先声明。

再元江修城一件，现据府协详行司确估。安顺府改站一件，据司道勘详，俱称不便。臣又委知府王鼎铉本身查覆，尚未详到。合并声明。

为此具折，恭缴圣谕一道并朱批原折一扣。臣谨奏。

**朱批**：*是当之极！卿与岳钟琪商酌，不烦朕谕也。*

（《朱批谕旨》鄂尔泰奏折）

## 240 云南巡抚管云贵总督事鄂尔泰《敬陈滇省钱局折》
### 雍正四年六月二十日

云南巡抚管云贵总督事臣鄂尔泰谨奏：为钦奉朱批，敬陈大略事。

窃臣陈明钱局请暂停鼓铸一折，荷蒙朱批："此奏可嘉之至。范溥乃可恶小人，听尔处分，无可惜也。暂停鼓铸之事，李卫亦曾面奏，朕未允行。若可减炉，另商流通之法，不尤妙乎？总俟尔题到，交部议再定。钦此。"

臣查滇省开铸以来，不一年内钱壅价低，合银一两钱一千文之数，难以搭放兵饷，难以转运外省，业经管抚事督臣杨名时具题，请将钱文免其搭放，并请于原役四十七炉之内减炉十一座。兹减炉一本，业准部咨，奉旨"依议"在案。臣前之所以请暂停鼓铸、冒昧题奏者，实缘局内收铜之弊，炒铜之弊，抽铜加铅之弊，误卯短额之弊，前后牵扯之弊，扣工累匠之弊，种种不一，恐急切难于清理，故欲停铸闭局，俾令水落石出，无所逃遁，以便调剂。

今臣受事已五月，而总理钱局元展成努力清剔，不避嫌怨，各项弊窦业知备细，可不停铸而减炉，另商流通之法，诚如圣谕。但臣更有请者：鼓铸之法，减炉不如减局；流通之法，本省不如外省。盖有一局即多一局之费，炉座即减，局费仍不能大减，且管局贤员就近不可必得，远调又误本任，兼多掣肘。本省即搭放兵饷，所销亦无多。况钱一千文原不值银一两，兵且受亏。据臣愚见，大理一局去省甚远，除搭放兵饷外，别无可以流通之处。沾益一局虽在迤东，发运黔楚，似属近便，然而驮脚必由省雇，往返反致多费。此二局似应议减。省城一局，本地流通颇易，而由黔达楚，渐暨江南，皆可发运，旧设炉二十一座，今拟加炉四座，共二十五座。临安一局附近粤西，由广南府之剥隘下船以至两广，更为便易，旧设炉六座，今拟加炉五座，共十一座。以上二局共炉三

— 195 —

十六座，以符原题部覆四十七炉之内减去十一座之数。至于发运脚价，运楚每串约需银二钱四五分，运粤每串约需银二钱二三分，以四十万串计，脚价银近一万两。臣详细筹算，每年采买所用三十六炉倭铅五十一万八千四百斤内，每百斤节省银一两，共银五千一百八十四两。再查各炉役，额铸之外十日一卯，原可攒工，拟于每炉每卯另发铜铅一百斤，令其带铸，除去折耗并归还铜铅物料钱本，应获息钱二串八百六十文，通计三十六炉，合共获息钱三千七百零六串五百六十文，二共银钱八千八百九十两五钱六分，以作发运脚价，少有不敷，另当设法。其二局添盖炉房所需工费，查有炭斤节省钱文可以足办，不须报销。如此，则局弊可以清除，钱法可以流通，似于帑饷均有裨益。臣应候部覆，奉旨到日，再会同管抚事督臣杨名时详酌具题。如蒙睿鉴俯允，臣当一面通咨楚、粤、两江，并乞圣恩颁谕该督抚诸臣一体行销，庶无阻滞。合先奏闻。臣谨奏。

**朱批**：具题来，他省一体行销之句亦入奏。

（《朱批谕旨》鄂尔泰奏折）

## 241　云南巡抚管云贵总督事鄂尔泰《遵旨陈明滇省调剂正课、赢余折》

雍正四年六月二十日

云南巡抚管云贵总督事臣鄂尔泰谨奏：为钦奉圣谕，遵议陈明事。

臣前以滇省盐政系钱粮要务，正课、余银均属公帑，尽心调剂，俱可无亏，故议将减价、加本共银一万九千余两之数，恳祈圣恩于正课内减除，以示鼓励，于额外沙卤等项赢余内抵补，以足正供。兹蒙颁发臣折并部议一折，臣伏读朱批："此交部密议者。尔所奏甚是，部议更得理。你酌量料理，应题奏者具题。钦此。"臣谨按部议，以盐课正供有一定之额，赢余银两多寡不可预定，苟将来有不肖之徒侵蚀那移，则正额既减，赢余无补，恐滋盐政之弊，事期经久可行，不得不为未来顾虑等语。

臣详绎数四，钱粮关系匪轻，不肖侵那势所难免，岂能保其将来久远无弊？部议慎重老成，诚为得理。臣当遵照部议，详核具题。至于额外赢余各项银两，臣仍当尽心调剂，酌定成规，不时稽查，以防弊混，庶此增减银两常有着落。若以为赢余多寡不可预定，稍示宽假，恐不肖乘机将报寡者多，报多者寡，又不可不预为顾虑也。

合并陈明，并缴朱批、部折并臣原折二扣。臣尔泰谨奏。

**朱批**：是。

（《雍正朝汉文朱批奏折汇编》第七辑，第497页）

## 242　云南巡抚管云贵总督事鄂尔泰《奏报擒制积恶之镇沅土知府刀瀚、沾益土知州安于蕃折》

雍正四年七月初九日

云南巡抚管云贵总督事臣鄂尔泰谨奏：为擒制积恶土官事。

窃以滇黔大患，莫甚于苗猓，苗猓大患，实由于土司。臣自到任至今，凡遇夷情，无不细心访察。所有镇沅土知府刀瀚、沾益土知州安于蕃，势重地广，尤滇省土司中之难治者也。

查刀瀚人本凶诈，性嗜贪淫，自威远盐井归公，长怀不法，强占田地，阻扰柴薪，威吓灶户，擅打井兵，流毒地方，恐贻后患。前升任临元镇总兵臣杨天纵在省，臣业与面商，续于六月初二日，因密交臣标前营游击杨国华等前往，如法擒拿。据禀，已于十九日就擒，并撤取印信号纸，押赴临安转解。

至于安于蕃，势恃豪强，心贪掳掠，视命盗为儿戏，倚贿庇作生涯，私占横征，任其苛索，纵亲勾党，佐其恣行，卷案虽多，法不能究，比刀瀚更甚。臣屡据呈诉，访察确实，于六月二十九日密檄臣标左营游击、署寻沾营参将祝希尧设法拿解。据禀，亦于七月初四日就擒，押赴曲靖转解。

以上二土司，除俟押解到省，审讯确供，具疏题参外，务须按律比拟，尽法惩治，将所有地方悉改土归流，庶渠魁既除，而群小各知儆惕矣。谨据奏闻，伏乞睿鉴。臣谨奏。

**朱批：** 是当之极！实慰朕怀。

（《朱批谕旨》鄂尔泰奏折）

## 243　云南巡抚管云贵总督事鄂尔泰《遵旨覆陈滇省盐道人选及题请委粮道张允随总理钱局等事宜折》

雍正四年七月初九日

云南巡抚管云贵总督事臣鄂尔泰谨奏：为遵旨覆陈事。

窃臣前以滇省盐务头绪繁杂，急切难以清理，见署盐道杨秘人顾行止，才堪办事，署印日久，渐知备细，可以指驳调剂，故具折恳请圣恩，将杨秘实授盐道。兹蒙朱批："杨秘人甚端正，实心任事。此署理亦李卫之荐。后李卫到都，朕面问他，奏杨秘办理盐务尽己有余，而肆应驭下之材少不足，他深知刘业长可胜此任，可接其后手。朕未即谕，俟高其倬到来问时，论杨秘与李卫同，但不识刘业长之可用与否，云此二人来历如此。

刘业长原系朕开罪擢用之人，原去得，所以准部议。朕思盐务之利弊，不能逃汝之察查，但得一明敏端正人，汝指示可以料理。你看，若杨秘十分妥当称职，驾轻就熟，省汝力量，可仍留滇，一面再折奏，请朕另颁谕。钦此。"

臣看得杨秘人甚端正，实心任事，业蒙圣鉴，论其才具亦不甚弱，但气质稍粗，微少精细，指驳料理可以称职，若自能十分妥当，臣不敢许。刘业长人既去得，明敏端正，且系圣主开罪擢用之人，自必益思奋勉。虽初到时难知头绪，臣当将各井情形、各款利弊备细开单，逐一剖示，谅刘业长办理应不在杨秘后也。

至于元展成，才具本优，自总理钱局以来，尽心努力，局务清楚，毫无弊混。臣故并恳圣恩，将云南府知府韩钟调补顺宁府，将元展成升补云南府知府，俾得就近兼理，两可无误。荷蒙朱批："韩钟已准你调用。元展成，朕已有谕用丽江，闻得此人甚优。云南府，朕选一好员发来。钦此。"伏查丽江府地方紧要，需材料理，元展成实属人地相宜，但丽江离省十八站，钱局事务势难兼顾。应俟钦发好员到日，即着总理，倘新任不谙，或有未便。臣再同管抚事督臣杨名时酌商，题请委粮道张允随总理钱局。一切铜铅，原系粮道发给，以发料之人即为管铸之人，两事一手，更觉易办。（**夹批**：此事令张允随兼理者，闻得张允随甚好，朕恐不能兼理，所以未谕。若可两事一手，莫如于此事一面令其办理，一面会题。）

再韩钟亏空仓谷，业已勒补万石。其余各属亏短数百石者，各已清完。亏空数千石至近万石者，俱有指称借祟未还、发价未买情弊。臣以钱粮为重，不敢孟浪，业经与管抚事督臣杨名时同商，先参迟延，勒限完补，至秋收后不完，臣即据实会参，请旨革职，（**夹批**：好！）严行追比，断不敢稍有瞻徇，有负圣主委任至意。

合并陈明，为此具折，并缴朱批原折一扣。臣尔泰谨奏。

**朱批**：知道了。好！

（《雍正朝汉文朱批奏折汇编》第七辑，第 637～638 页）

## 244　云南巡抚管云贵总督事鄂尔泰《奏谢御赐画扇等物并陈办理安南界务事宜折》
### 雍正四年七月初九日

云南巡抚管云贵总督事臣鄂尔泰谨奏：为恭谢圣恩事。

雍正四年六月二十一日，臣标下赍折把总刘福元蒙恩赏给驿马，赍回发安南国王敕谕一道，密封折匣一个，并御赐臣画扇二匣，香囊二匣，人参、笋二匣，青果糕一匣到滇。臣随率同文武郊迎至署，恭设香案，望阙叩头谢恩祗领讫。及敬启折匣，跪捧朱批：

"朕躬甚安，你好么？"臣伏读之下，不胜欢忭，不胜瞻依。自顾何人，屡蒙眷注，私心痛切，实不知报称何从也。续接家信，知臣弟詹事府詹事臣尔奇复奉圣旨兼管国子监事。窃念祭酒一官，虽秩比少卿，关系甚巨，以尔奇所学，实不称斯职。臣一门均荷殊恩，扪心应知惭惧。惟有严训尔奇，俾勉以精勤，化其偏执，时惕初心，以期自效已耳。

至于陡阯分界一事，伏查安南国素本懦弱，向无违抗。缘前藩臣李卫，以清查矿厂为辞，有失大体，遂被所轻。及前督臣高其倬行文，语意委婉，冀服其心。乃伊愈不信，以为决非出自圣主意，遂致犹豫，以成违抗。然而国体所关，中外攸系，虽情有可原，断不可少自贬损，以贻口实者也。兹蒙朱谕，暂免臣行文，特颁敕谕一道，着于铅厂山立界，余地尽行赏给。是圣主中孚之义，实足格豚鱼，既恩威之兼至，自感惧之交深。臣谅安南国王奉到之日，必且自幸自悔，钦遵惟谨，固无俟臣之再举矣。除遴委妥员赍送交界外，并檄知开化镇毋许擅发一兵，致滋惶惑，仍委原勘广南府知府潘允敏前往料理，并设关立石，以垂久远。统俟事竣，再具奏闻。谨此缮折，差臣家奴李保赍奏，恭谢圣恩，并缴朱批原折一扣、恩赐改涂咨稿一扣。臣尔泰无任感激踊跃之至。谨奏。

**朱批：** 如此一德一心，何事不办也？尔之感激踊跃，宛然在朕心目。朕之欣悦庆幸，料卿亦再无不窥彻者，君臣期共勉之。

（《史料旬刊》第一册上，第120～122页）

## 245　云南巡抚管云贵总督事鄂尔泰《遵旨议奏用人行政折》
### 雍正四年八月初六日

云南巡抚管云贵总督事臣鄂尔泰谨奏：为敬陈所知，以备采择事。

窃惟国家政治，只有理财一大事，田赋、兵车、刑名、教化均待理于此。财不得理则诸事不振，故孔子不讳言财，曰："有大道本诸絜矩，而财非人不理，人非用不得理，故为政在人，人存政举，归诸修身。"是用人一事，自大吏以至于一命皆有其责。而一身之分量、等级，庶政之兴废、优劣，胥视乎此，未可不勤。勤，加意者也。独是政有缓急难易，人有强柔短长，用违其材，虽能者亦难以自效，虽贤者亦或致误。公用当其可，即中人亦可以有为，即小人亦每能济事。因材因地因事因时，必官无弃人，斯政无废事。

伏念臣受恩深重，报称实难。自昨岁赴都，留侍五日，亲聆天语："以用人为要，以得人为难。"推诚布公，虚衷实践行如日月，天下皆见。臣自陛辞就道以至今日，拳拳耿耿不敢暂忘，务期努力奋勉，得少有遵循，以仰副圣慈。无如识见短浅，学力未充，昧知人之明，切返身之虑，所有是非可否，俱未敢自信，惟有实据所知，不敢略有隐讳，陈请圣鉴，以申愚悃已耳。除已经奏闻及未经亲见人员不敢冒昧开注外，谨将滇黔大小文武另各开一折，各详注名下，恭呈御览，伏乞圣主训示施行。臣谨奏。

**朱批**：治天下惟以用人为本，其余皆枝叶事耳。览汝所论之文武大吏以至于微弁，就朕所知者，甚合朕意。但朕不过就目前之所见，断不能保其后也。览卿之奏，非大公不能如是，非注意留神为国家得人不能如是，非虚明觉照不能如是。朕实嘉之。但所见如是，仍必明试以功、临事经验，方可信任。即经历几事，亦只可信其已往，犹当留意观其将来，万不可信其必不改移也。上智之资从古难得。朕前批谕田文镜，言用人之难，有两句可信者：非人何求不可信者，非人而何不明此理，不可以言用人也。朕实以此法用人，卿等当法之，则永不被人愚矣。卿等封疆之任，古诸侯也。阖省窥伺，投其所好，百计千方，掩其不善而著其善，粉饰欺隐，何所不至？惟才之一字，不能假借也。凡有才具之员，当惜之，教之。朕意：虽魑魅魍魉亦不能逃我范围，何惧之有？及至教而不听，有真凭实据时，处之以法，乃伊自取也，何碍乎？卿等封疆大臣，只以留神用才为要。庸碌安分、洁己沽名之人，驾驭虽然省力，唯恐误事。但用才情之人，要费心力方可操纵。若无能大员，转不如忠厚老成人。然亦不过得中医之法耳，究非尽人力，听天之道也。灯下随手写来，卿可以意会之。

（《朱批谕旨》鄂尔泰奏折）

## 246　云南巡抚管云贵总督事鄂尔泰《奏呈分别流土考成折》
### 雍正四年八月初六日

云南巡抚管云贵总督事臣鄂尔泰谨奏：为分别流土考成，以专职守，以靖边方事。

窃照流土之分，原以地属边徼，入版图未久，蛮烟瘴雾，穷岭绝壑之区，人迹罕到，官斯地者，其于猓俗苗情实难调习，故令土官为之钤制，以流官为之弹压，开端创始，势不得不然。今自有明以来已数百年，中外一体，流土同官，既有职衔，宁无考察，乃仍以夷待夷，遂致以盗治盗，徒令挟土司之势，以残虐群苗，随复逞群苗之凶，以荼毒百姓，横征苛敛，贡之朝廷者百不一二，而烧杀劫掳，扰我生民者十常八九。必须控制有方，约束有法，使其烧杀劫掳之技无能施为，而后军民相得以安。兹准部咨，伏读圣谕："以流官有设立吏目者，职分卑微，无印信可行，无书役可遣，土司意中倘有轻忽之念，则未必肯遵其约束。今可否酌土司之大小，将微员如何改设，重其职守，使流土相适，地方各安。该督抚会同密议具奏。钦此。"大哉王言！所以为边方计者，诚无微不烛、无远弗照矣。

除俟会同督抚诸臣将两省各府州通盘合计，妥议覆奏外，臣窃念流官固宜重其职守，土司尤宜严其考成。土司之考成不严，则命盗之案卷日积。大凡杀人劫财，皆系苗猓，虽一经报闻，随即缉捕，而潜匿寨中，已莫可窥探。故无论吏目等微员任呼不应，即使府州关移枭司牌票，亦置若罔闻，十无一解，非知情故纵，即受贿隐藏。其在流官束手无策，大吏深难其事，不敢咨题，多从外结，其实得外结者亦复无几。故劫杀愈多，盗贼益盛。掳人男女，掠人财物，苗子无追赃抵命之忧，土官无降级革职之罪，有利无害，何勒不为？此土司之考成不可不严，所当与文武流官画一定例者也。

据臣愚见，事各有专责，应分为三途：盗由苗寨，专责土司；盗起内地，责在文员；盗自外来，责在武职。责在土司者，末减流官；责在文员者，末减武职；责在武职者，亦末减文员，参罚虽俱不免轻重，各有攸分。盗由苗寨者，是平时不行钤束，而临事又不行防闲，此土司之罪也。盗起内地者，是乡保不能稽查，而捕快又不能缉获，此文员之罪也。盗自外来者，是塘汛不能盘诘，而兵丁又不能救援，此武职之罪也。以此三者分别议罪，土司无辞，流官亦服然。所以清盗之源者，莫善于保甲之法。臣屡与督臣杨名时、抚臣何世璂熟商酌议，拟立规条，行之两省。及阅邸抄，知荷蒙圣恩，着九卿详议具奏。臣等伏候奉旨部行到日，当即颁行，一体遵奉外，按保甲之法，旧以十户为率，云贵土苗杂处，户多畸零，保甲之不行，多主此议。不知除生苗外，无论民夷，凡自三户起，皆可编为一甲，其不及三户者，令迁附近地方，毋许独住，则逐村清理，逐户稽查，责在乡保、甲长，一遇有事，罚先及之，一家被盗，一村干连。乡保、甲长不能觉察，左邻右舍不能救护，各皆酌拟，无所逃罪。此法一行，则盗贼来时，合村百姓鸣锣呐喊，互相守望，互相救护，即有凶狠之盗不可敌当，而看其来踪，尾其去路，尽力跟寻访缉，应亦无所逃。至于保甲之外，最重者莫如严责捕快与汛兵。盖内地之盗，捕快多有知情，外来之盗，塘兵且为通气。平时缉盗之捕快，皆宜分定乡村，某方失盗，罪在某捕快。而捕快之中，亦有奸良不一，能否不齐，又须每十人立一快头，如缉盗不获者，捕快与快头一同治罪，大抵盗情未有能欺捕快者。其塘兵之设，原以昼则盘诘，夜则巡防。伊等平日毫无所事，每昼则看牌赌钱，夜则饮酒酣睡，甚或乘空偷窃，出人不意，种种非为，又或伙众结强，唆使劫掠，阳防阴助，其恶不可胜言。必须严加号令，定为成法，使不得不留心尽力盘诘稽查，则盗贼既弭，而兵丁亦皆可用矣。谨具陈明，伏乞圣鉴。臣谨奏。

**朱批**：兵部、刑部、都察院各议具奏。

（《朱批谕旨》鄂尔泰奏折）

## 247　云南巡抚管云贵总督事鄂尔泰《奏呈滇黔督抚提镇并学政诸臣考语折》

雍正四年八月初六日

云南巡抚管云贵总督事臣鄂尔泰谨奏：今将滇黔督抚提镇并学政诸臣谨据所知开呈

御览。

兵部尚书、总督管巡抚事臣杨名时，立心制行，卓然不苟，有粹然醇儒气象，虽政治宽严，贵因地制宜，过于宽厚，微少节制。然自伊到任后，一切弊政苛条革除殆尽，百姓受安静之惠。凡事切久远之谋，聪明才智者，或亦未能施设。（**夹批**：朕不识杨名时，闻他君子人也。其吏治言不过中中，不肯实心用力，未免汉人风气。览那些奏光景，留心振作不似前矣。若果如此好，何可言这样人非不能？但恐其不为耳。）臣自到任后，凛遵圣谕，和衷同商办理，力学其长，时规其短，（**夹批**：自然，何消说得？真杨名时祕受也。）伊并无偏执，亦无游移。迄今半载，相得甚欢，洵属清正之臣，可以坐镇浮薄。

贵州抚臣何世璂，人品端方，操守廉介。（**夹批**：卓然有操。）久蒙圣鉴，犹恐其见事迟缓，或致因循。及到任后，一切要务，臣每与熟商，见其议论行事恺切周详，知黔省政治宜先威后惠，以严济宽，颇通经术，并无迂腐。（**夹批**：此朕严谕之所效也，非朕之功。）再略经历练，于地方必能整理。（**夹批**：是。好的。）

云南学政臣蔡嵩，取士甚公，衡文亦明，兼能勤于训迪，勉以品行，并不护庇生员，虚博名誉，滇省士习赖以少振。若蒙圣恩再留一任，于刑名、钱谷均有裨益。（**夹批**：今岁请留者直省颇多，朕亦有此意。蔡嵩乃朕犹识用之人，未曾有人专奏。朕以其心田好，不料其有此一番本领，但不知吏治之任亦可用否？）

云南提督臣郝玉麟，才具明敏，办事老练，宽严之间亦能调剂。自撤兵回任，愈加勉力。（**夹批**：闻得其心好，朕未见此人。）

贵州调任提督臣马会伯，为人安详，行事平易。虽在任未久，而营伍、军器俱较前整齐，声名颇著。（**夹批**：朕观此人与耳中所闻皆好，不知如何？朕看好，只是不帖然。）

贵州新任提督臣杨天纵，深熟彝情，留心民瘼。能施惠，亦能宣威；能推诚，亦能用术。黔省苗民杂处，洵属人地相宜。（**夹批**：此人来陛见时正在服内，景山匆匆一见，朕甚轻视之，后在在闻此人着实好，朕错看矣。）

云南曲寻镇总兵官臣刘起元，人甚明白，兼有气骨，自到任后实力办事，并无瞻顾因循。据臣愚见，将来可以独任。（**夹批**：好的！好的！一见令人可爱之人。此人性可用，在先高其倬后到问及，乃武臣中出色人物。）

云南临元镇总兵官臣孙弘本，存心忠厚，办事谨慎，振作处不如杨天纵，而整饬军伍亦必能安妥。（**夹批**：是。所论与高其倬同，李卫亦如是论。）

云南楚姚镇总兵官臣南天培，现丁母忧。为人质直，居官勤慎，在任三载，军民相安。臣业同杨名时、郝玉麟恳请留任，恭候圣旨。（**夹批**：此人来陛见，朕亦在服中，亦轻忽了。已有旨矣。）

云南开化镇总兵官臣南天祥，系南天培胞弟，现丁母忧。明白通达，才具可堪料理，但颇有习气，诚实处不如南天培。（**夹批**：好风采，人十成明白，习气乃少年未谙之使然，着实教导他。此人朕甚爱之。）

云南永北镇总兵官臣柳时昌，直率简朴，形状似粗，然能实心整饬，毫无苟且通融，江外极边可堪作镇。（**夹批**：好心肠，一武夫，可备不需之材。）

原任贵州大定镇总兵官臣丁士杰，臣向与同班侍卫，爱其弓马，知其才具，不甚重其人。前赴任过黔，访其政声，闻整顿营伍，补造军装，努力向上，颇称好总兵。（**夹批**：好的。着实好！但恐胆量不及耳，出身差些。）

臣尔泰谨奏。

（《雍正朝汉文朱批奏折汇编》第七辑，第842～843页）

## 248  云南巡抚管云贵总督事鄂尔泰《奏呈 云贵知府以下官员考语折》

雍正四年八月初六日

云南巡抚管云贵总督事臣鄂尔泰谨奏：谨将云贵知府以下官员据臣所知，开呈御览。

云南临安府知府栗尔璋，陕西人，由翰林补授，操守谨饬，办事勤慎，但才具迁缓，不能肆应。（**夹批**：是。朕亦如是观。）

广南府知府潘允敏，江南人，由翰林补授，才具优长，诸事可办，现在操守、声名俱好。但为人不纯，恐有改易。（**夹批**：多人但嘉之，不知如何？朕看只是不对。）

澄江府知府柳正芳，河南岁贡，年老才平，但小心谨慎，事简可以供职。

广西府知府周埰，镶红旗监生，办事勤慎，操守亦谨，但无大识见，循分供职。

元江府知府迟维玺，正白旗监生，颇有才干，办事明白，但局量小，不能开爽。

开化府知府佟世佑，正蓝旗监生，薄有才具，能取名誉，但年少孟浪，不知条理，亏空仓谷，现在勒追。

武定府知府吴文炎，顺天进士，现给咨赴部引见，人虽谨厚，才具平庸。

鹤庆府知府白允，（**夹批**：少年中平人。）镶白旗监生，为人忠厚，亦能办事，可以称职。

永北府知府王广益，江南岁贡，操守谨慎，办事明白，现已丁忧。

姚安府知府杨辉祖，正黄旗举人，少年初任，不谙吏治，然操守谨饬，可以开导用之。（**夹批**：此人虽非大材，光景还将就。）

曲靖府知府宋谔，江南荫生，到任未久，人甚明白体面，稍经历练便属贤员。

大理府知府陈克复，浙江监生，到任未久，才具明爽，办事有余，但恐有习气，当进以诚实。（**夹批**：此人朕记恍惚似陈奕禧子。若是，此人少年递似有骨气。朕亦恐他自用聪明些，教导也。）

昆阳州知州臧珊，山东监生，办事明白，留心地方，预为开浚海口，水发无灾，颇称尽职。

云南县知县张汉，四川副榜，操守端正，办事勤敏，现有罚俸未完，将来可以保用。

河西县知县姚淮，江南监生，老成谨慎，实心办事，虽才力未充，于地方有济。

原任江川县丁忧知县王元烈，山东举人，系题留管厂之员，人明白体面，努力办事，现委查铜厂，陋弊一清，将来服满，紧要州县皆能胜任。

贵州贵阳府知府郑锡爵，山西进士，操守廉介，办事勤慎。虽肆应之才不足，而根本之计有余。

镇远府知府李梦昺，山西进士，才守中平，居官安静。

镇宁州知州朱齐年，顺天岁贡，才长守洁，声名甚著，足称循吏。（**夹批**：好的。此人传来，可理。）

普安州知州洪奕隆，广东监生，才堪任使，守亦有余，地方甚相安。

以上知府知州知县共二十员。臣尔泰谨奏。

（《雍正朝汉文朱批奏折汇编》第七辑，第844~845页）

## 249　云南巡抚管云贵总督事鄂尔泰《奏呈云贵副将参游等官考语折》

*雍正四年八月初六日*

云南巡抚管云贵总督事臣鄂尔泰谨奏：谨将云贵副将参游等官，谨据所知开呈御览。

督标中军副将陈清，陕西人，技艺纯熟，为人直率，实心办事，甚顾行止，现委署永顺镇印务。据臣所见，将来可任总兵。

元江协副将张应宗，山西人，技艺优娴，人材精悍，熟谙彝情，有干济才。臣经委署临元镇印务总兵，可堪称职。

援剿左协副将苏应选，河南人，技艺娴熟，操守谨饬，存心甚好，训练甚勤。臣现委署开化镇印务，但才具稍软。

援剿右协副将郭寿域，山西人，军前五年，颇著勤劳，为人质实，办事详慎，但弓马平常，器局亦小。

广南营参将段宗岳，直隶人，弓马娴熟，人材强壮，留心彝情，营伍整饬，业经臣会题腾越协副将员缺。

云南城守营参将姚起龙，云南人，虽弓马平庸，人甚老练，钱粮、营伍俱能调剂。

武定营参将杨洪，陕西人，蓝翎侍卫，人材精壮，操练甚好，但弓力虽劲，犹欠熟习，恐无事，或便安逸。臣业经申饬，将来必能长进。

新嶍营参将曹登云，陕西人，弓马、人材中等，但颇具血性，实心效职，地方可以料理。

景蒙营参将李登科，陕西人，汉仗、弓马俱优，人亦勤谨体面，但无制驭才，恐难任要地。

提标中军参将刘宗魁，山西人，曾出兵叉木多，人材、技艺俱循常供职之员。

永北镇中营游击王日清，开化府武举人，材精壮，弓马熟健，粮饷清楚，操练勤慎，曾出兵西藏，驻扎类五齐，功加五等。臣业经会题广南营参将员缺，给咨赴部引见。

督标前营游击杨国华，云南人，深熟彝情，才堪干济，系好将材。前剿捕鲁魁，诱擒土州刀光焕，现拿解镇沅土府刀瀚，俱能勾当。缘前督臣高其倬保题游击时，委留威远料理营房，未经咨送引见，虽已补授，尚未给有部札，故臣今次未便保题。合并声明。

贵州黎平协副将刘业浚，直隶人，进士，侍卫，系军政卓异之员，技艺纯熟，训练严整，询以地方，人甚明晰，臣心器之。及长寨之役，提臣马会伯委为总统，初甚踊跃，后见顽苗横抗，遂生畏葸，欲更改原议，退让苗寨，苟且了事。据臣看得刘业浚坐论有余，临事不足，断难大用。但平日声名颇好，在黔犹属贤员。臣当激励开示，以观后效。如再无实心实事，即据实题参，以为有才无行者戒。

镇远协副将张禹谟，江南人，系世袭一等阿达哈哈番，弓马、操练俱优，人亦努力，但器局琐小，止堪供职。

都匀营参将赵文英，威宁府人，熟谙彝情，历练营伍，虽人系中材，长于差委。现领兵长寨，亦有微效。

贵阳营游击官禄，直隶人，榜眼，侍卫，系石礼哈奏请补用之员，材技甚优，人亦去得。长寨之役，首夺谷隆险关，攻取要害，苗众披靡，出力最多。据石礼哈、马会伯札称："仲苗凶恶，定广协实关紧要，必得干才方能弹压，新授副将马世龙恐不谙彝情，难于调度，若合词恳请圣恩，即以官禄超补，将马世龙于两省出缺另补，于地方大有裨益。"等语。会商到臣。臣以官禄初效勤劳，越等题升，有违定例，未便会稿。见覆，在官禄才具则实可称斯职。合并声明。

威宁镇中营游击哈元生，直隶人，弓马娴熟，营伍整齐，实心办事，官声颇好，将来大有长进。

镇远协左营游击韩勋，陕西人，系侍卫特用之员，人材、弓马甚优，行止体面，营伍整肃，再加历练，少进深沉，将来或可大用。

以上副将、参将、游击共十八员。臣尔泰谨奏。

## 250　云南巡抚管云贵总督事鄂尔泰《奏呈准咨奉旨预行拣选同知、知州、知县折》

雍正四年八月初六日

云南巡抚管云贵总督事臣鄂尔泰谨奏：谨将准咨奉旨预行拣选同知、知州、知县等共十员开呈御览。

开化府同知丁栋成，浙江监生，明白敏练，有理繁治剧之才，进藏留藏，颇著勤劳，业于调取兵马事案内军功议叙副使道。

威远抚彝同知刘洪度，湖广俊秀，才具深沉果敢，办事不辞劳怨。（**夹批**：不料其能如此。）

大理府同知佟世荫，正蓝旗监生，熟悉彝情，留心利弊，前署理威远，颇能干济。

蒙化府同知罗得彦，直隶岁贡，心小政勤，才堪驱策。

马龙州知州黄士杰，福建岁贡，洁己奉公，兼能调剂地方，大有起色。

嵩明州知州佟世荫，正蓝旗监生，开爽练达，才具甚优。

新兴州知州吴士鲲，江南监生，人顾行止，办事精细。

广通县知县郭伦，直隶举人，立身以正，断事持平。

楚雄县知县夏治源，湖广进士，持身循谨，办事干练。

通海县知县顾济美，江南岁贡，少年老成，实心供职，委管临安钱局，出入清楚。

（**夹批**：清秀人，少年些。）

以上十员，除陆续给咨赴部引见外，臣尔泰谨奏。

（《雍正朝汉文朱批奏折汇编》第七辑，第848页）

## 251　云南巡抚管云贵总督事鄂尔泰《奏请将驻防叉市多官兵应先撤回缘由折》

雍正四年八月初六日

云南巡抚管云贵总督事臣鄂尔泰谨奏：为请旨事。

案准兵部咨："议政大臣会议叉木多乃通藏要路，留驻兵丁，特为藏地扬威，有事易于救援，故暂将云南兵一千名驻扎叉木多。今藏地无事，青海事亦完毕，防守各省要地，应令各省官兵驻防。但现经云南提督郝玉麟、四川总兵周瑛会勘两省地界，俟分定后，叉木多地方若归川省，则应将川省官兵派拨更换，若归云南，或将现驻之兵暂留，或另派官兵更换，行令署总督岳钟琪、总督高其倬详加确商，定议具题等因。奉旨：依议。"钦遵在案。嗣准川陕督臣岳钟琪奏请叉木多照旧听胡图克兔管理，凡叉木多以外洛笼宗等处一切部落，概归达赖喇嘛管辖。

臣查叉木多地方既不归滇，亦不归川，云南现驻官兵似应撤回。随咨商川陕督臣岳钟琪，续准咨覆，现今钦差前往查勘地界，俟到叉木多时，仍令驻防官兵接替护送，俟钦差回日，请旨定夺等因。今准部咨，叉木多等处给达赖喇嘛及胡图克兔管辖，其余应归蜀归滇者，亦经分定。臣已委员前往，会同蜀员清查界址等项。而叉木多所驻官兵似属无益，应俟钦差藏回之日卷撤回滇，以省繁费。

再中甸所驻官兵，原为叉木多之声援，叉木多既撤兵，中甸又非进藏大路，若仍驻扎中甸更替委调，既多往返之费，复需犒赏之赀，且中甸天气寒冷，不能种植，人多疾病，似应于中甸附近之喇普、为西等处择一和畅可居之地，另设一营，为久远计，不惟可专弹压巡防，在各兵久居斯土，操演哨巡之余，尚可开垦耕种，以裕其食，似不无裨益。

除俟委员勘明界址之日，商定安营处所并官兵作何裁减抽调，另疏具题请旨遵行外，所有驻防叉木多官兵应先撤回缘由，臣谨会同管抚事督臣杨名时、提臣郝玉麟合词具奏，伏乞圣主批示遵行。谨奏。

**朱批：** 此奏未到已有旨矣。料理筹画甚善。流土考成以专职守之奏折留中，发部议。

（《雍正朝汉文朱批奏折汇编》第七辑，第 853~854 页）

## 252 云南巡抚管云贵总督事鄂尔泰《恭谢圣恩折》
### 雍正四年九月十九日

云南巡抚管云贵总督事臣鄂尔泰谨奏：为恭谢圣恩事。

雍正四年八月初十日，臣赍折家奴蒙恩赏给驿马、银两，并捧御赐臣珍器六件、果干一匣到滇。臣随郊迎至署，恭设香案，望阙叩头领受讫。及本月二十八日，臣赍折家奴复蒙恩赏给驿马并捧御赐臣纱一箱、磁器二箱到滇。臣随郊迎至署，恭设香案，望阙叩头领受讫。敬启折扣，恭悉圣躬甚安，自入夏来更好，臣无任欢忭，遍告属僚。

盖一心独运，万几劳虑，虑有不格之豚鱼，隐施曲成之造化，固人所共见，而臣独深知者，乃复轸念臣愚，询及奴仆，勉以节养，儆以背负，闻臣勤瘁，则屡忧怜，知臣健旺，则致忻悦，（**夹批：**朕实实如此，上天鉴之。）并着将臣八字便呈御览。捧诵累日，浃骨镂心，觉感激之私惘，并忘而瞻依之中诚倍切，惟圣人能造命，臣固自信臣命之非凡造也。（**夹批：**朕因尔少病，留心看看，竟大寿八字，朕之心病已全愈矣。）其各条朱批，洞彻精微，一归平等，如桶脱底，如环无端。（**夹批**：原本平等，打破桶环方无碍。）即此是学臣更不须觅见自了，法不了之了，一了百了，胥在乎此？设于此有不尊，是无人理；设于此犹不亲，是无天理。狗子也有佛性，忍自不如狗子乎？臣知愧，臣知勉矣。（**夹批**：不尽之事，到实尽头自然会得。）

伏念臣少习儒书，颇穷性旨，虽有为寄象，未识真如而无着生，心时参常住，知忠孝之通天，思勇决以立命，顾以钝根下质，振拔殊难，若不时时勤惕，驱之使前，则此心一放，精力日减，神智不生，渐就堕落，百不能为，将使天下后世谓鄂尔泰滥受殊知，不堪重寄，自贻陨越，有伤圣明，则虽骨化形销，痛心无已，天高地下，生生世世，其何以自处？言念及此，臣实不敢暇逸。臣并不知辛苦，心之所安乐境，斯在庄敬日强。前言足据，即性分空明，（**夹批**：性虽云空明，要在实落处得。）亦未尝不须猛力耳！

至于怡亲王，忠敬性成，诚直天鉴，勤慎廉明，犹其绪余，仿诸史册贤王，实无有伦比，（**夹批**：实在真贤王。）内外臣工所共当忻幸，所共当效法。况臣奉旨结亲，更有何疑虑？嗣后，务当互相勉励，合德同心，以期仰副天语。夫疑似影像之怀，人臣所深戒；股肱心膂之义，大吏所当知。督臣高其倬端正和平，臣所愿学，但微少明决，犹恐为下所蔽。（**夹批**：卿实奇男子也！朕之庆幸实难笔谕。）臣前于镇远相见时，力攻其短，伊已然诺。（**夹批**：朕今日实以卿为第一也！朕先少恐尔为下所蔽，今既能出之于口，朕不虑矣。何快如之？）嗣后亦当时通音问，彼此归谏，期作完人，以酬圣主知遇之恩。

臣自敬奉朱批"若稍存慰朕之意，亦属欺隐"之宝训，念念自反，事事类推，惟有实际凛体，以毋负我慈父，以毋忤我严师而已。

谨此缮折恭谢圣恩。臣谨奏。

**朱批**：朕实竭力与诸卿共勉，以仰答我大慈大恩皇考之念定矣。

（《朱批谕旨》鄂尔泰奏折）

## 253　云南巡抚管云贵总督事鄂尔泰《筹酌东川、乌蒙事宜折》

### 雍正四年九月十九日

云南巡抚管云贵总督事臣鄂尔泰谨奏：为钦遵圣谕事。

窃以东川归滇，其乌蒙事宜，前荷圣谕："与岳钟琪会同办理。"钦遵在案。八月二十八日，赍折家奴回，敬启东川一折，复荷朱批："是当之极！卿与岳钟琪商酌，不烦朕谕也。钦此。"臣自初奉圣谕，念东川新附，一切先须安顿，各有定规，方可相机行事。随经密委各员前往踏勘其形势、田土、营汛、矿厂，俱经禀覆，粗具节目。臣前拟以援剿左协全营官兵移驻东川，已经陈明，俟亲加查勘，即当题请移营。待移营事定，应先将巧家等六营地方凡属顽梗滋扰者，或须擒拿，或令投献，悉为归辖流官。（**夹批**：是极！密之。徐徐斟酌为之，此事急不得。）其一切土目尽行更撤，待六营既靖，党羽已除，然后计及乌蒙。但乌蒙必须征剿，断难诱擒。云贵官军合攻其三面，川省汛营截其去路，探穴寻鼠，谅无所逃遁。但事须慎密，未便预为声张。故进取之期难以预定，临时关会势必不及。臣于九月初九日，谨遵圣谕，已详细具札，密致岳钟琪预相商酌，凡乌蒙必由大路以及旁斜曲径诸可通川者，是何地方，属何管辖，应饬何员作何防备，一一查算明确，一面密谕各员，一面密札覆臣，以便临期就近调度。在岳钟琪，久任边陲，一应机宜较臣稔悉，自能谋出万全，仰慰圣虑也。（**夹批**：岳钟琪已请身到成都就近料理凉山、普雄等事，朕已允其请。此一大事，全赖二卿协衷勉力为之也。）

再查川属之镇雄土府，接连乌蒙，其凶暴横肆与乌蒙土府无异，若不改土归流，三省交界均受其扰。或先制乌蒙，徐图镇雄；或一举两就，出其不意；或令二土府互相吞并，然后剪除。统容臣亲历相度后稍有定算，再行详酌。至于东川原驻官兵，因循已久，必不能制土夷，或撤归川营，或应行裁减，俟臣具题，听候部议，并俟岳钟琪札覆。其援剿左协现在将弁，虽俱能称职，但新归之地，诸事未定，非有控制经营之才不能干济，亦须拣选调补，斯可胜任。据臣试看，督标前营游击杨国华，干练通达，兼能详慎。马龙州知州黄士杰，操守才具俱优，实心任事。若蒙圣恩将黄士杰升补东川知府，（**夹批**：照请谕部矣。）将杨国华调补东川游击，有该副将缺出，即着升补。（**夹批**：已以参将衔用之矣。有当题缺出，具题来。如现任者不及杨国华，亦可调用，则不必待出缺。）俾臣得收臂指之用，该员各效驱策之能。一年之内，不但六营可定，乌蒙可图，而田地、矿厂次第清理，即国赋可增，民生攸赖矣。伏乞圣主睿鉴施行。臣谨奏。

**朱批**：欣悦览之。

（《朱批谕旨》鄂尔泰奏折）

## 254　云南巡抚管云贵总督事鄂尔泰《奏报剪除夷官，清查田土，以增租赋，以靖地方折》

雍正四年九月十九日

云南巡抚管云贵总督事臣鄂尔泰谨奏：为剪除夷官，清查田土，以增租赋，以靖地方事。

窃以苗猓逞凶皆由土司，土司肆虐并无官法，恃有土官土目之名，行其相杀相劫之计，汉民被其摧残，夷人受其荼毒。此边疆大害，必当剪除者也。

臣受恩深重，职任封疆，日夜筹思，若不尽改土归流，将富强横暴者渐次擒拿，懦弱昏庸者渐次改置，纵使田赋、兵刑尽心料理，大端终无头绪。稍有瞻顾，必不敢行。稍有懈怠，必不能行。不敢与不能之心，必致负君父而累官民。（**夹批**：即此二句，上天鉴之矣。）故以臣愚昧，统计滇黔，必以此为第一要务。然改归之法，计擒为上策，兵剿为下策；令自投献为上策，勒令投献为下策。（**夹批**：务有名问罪为要。）

前镇沅土府刀翰，沾益土州安于蕃，经臣拿禁题参后，随分委干员，将各田亩、户口、银谷数目逐细清查。缘土州安于蕃地土更广，私庄尤多，清册尚未造报，现据游击杨国华、威远同知刘洪度造报镇沅土府清册前来，查该土府每岁额征米一百石，今每岁应纳米一千二百一十二石零，每岁额征银三十六两，今每岁应纳银二千三百四十八两零。是其征之私橐者不啻百数十倍，而输之仓库者十不及一二，百不及二三，由此类推，又何可胜计？

再查附近镇沅之者乐甸地方，与元江、新平、景东接壤，四面皆邻汉土，一线紧逼哀牢，素为野贼出没门户，其江形山势，尤为险阻，且当按版各井驮盐要道，原系世袭土长官司管辖。该长官司刀联斗昏庸乖戾，受汉奸把目主使，为害地方，民夷怨恨，若不一并改流，终难善后。臣就告发各件，即委杨国华同刘洪度，止带兵一百名，径至者乐甸质审案拟，相机行事。而刀联斗自知罪无可逃，随即出迎，投献印信、号纸，但求免死，情愿归流。（**夹批**：好！）据此情状，犹有可原。除俟臣题参改土归流外，仰恳圣恩，但收其田赋，稽其户口，仍量予养赡，授以职衔，冠带终身，以示鼓励。（**夹批**：具题时当将此意入题，即如此议。好！）则强不如安于蕃刀瀚，势不如刀联斗者，皆将遵法输诚，不烦威力，而边地粮饷亦不无小补矣。（**夹批**：岂云小补？）

至于黔省土司，与滇省异，一切凶顽半出寨目，因地制宜，更须别有调度。臣已面与新提臣杨天纵详细密商，并将各要件逐一开单，交付查访，以便会办。务期两省边方永远宁谧，仰副圣怀，而心长力短，时切惶悚，伏乞圣主训示遵行。臣谨奏。

**朱批**：朕中心嘉悦，竟至于感矣！有何可谕？勉之！

（《朱批谕旨》鄂尔泰奏折）

## 255　云南巡抚管云贵总督事鄂尔泰《报明铜盐事宜折》
### 雍正四年九月十九日

云南巡抚管云贵总督事臣鄂尔泰谨奏：为报明铜盐事。

窃臣到任后清查盐课，据署盐道杨䛒报出雍正三年分额外沙卤盐一百余万斤，并石屏等店应节省银约二千两，当经折奏，入奏销册造报在案。今查自正月起，截至八月终止，所收过沙卤盐共二百三十三万八千五百斤，应获课银四万五千一百六十八两零，除扣还薪本银二万一千六十八两零外，该正额赢余银六千八百两零，该额外赢余银一万七千二百九十九两零。再九、十、冬、腊四个月，仍该收盐一百二十余万，该获赢余银一万二千余两。臣料算白盐沙卤一项，但用心调剂，不时稽查，每岁必可得余盐三百五六十万，有增无减。其各地各井一应收盐、发盐、脚费、店费以及秤头盐、工食费等件，彻底清楚，亦仍可节省，亦仍可加添。总须立定程规，不宽不刻。（**夹批：此四字包罗此事矣。**）俾循分中材皆可以遵守，庶行之永远，帮饷有济也。

至于矿厂，原系自然之利，但属可开之地，俱有益无损。查云南各厂课岁额共不过十万两，而每有亏缺，犹须移抵。在该管官吏亦非尽不肖，非尽无才，实因仍聊且之习有以中之。臣今数月来，已将滇黔二省已开、未开、已报、未报各矿厂明查密访，粗知情事，犹未敢迫速，激成弊端。统俟勘验确实，逐渐料理，陆续奏报外，查路南州大龙井铜厂，前于春季内办获铜六万余斤，已经臣折报，兹据粮道张允随禀单，自四月起，截至八月终止，共抽收课铜、买收余铜又办获铜五十八万八百余斤，合春季六万余斤，共办获铜六十四万八百余斤，应获息银约共二万二千余两，再核至年终，铜银合算，仍应获息银一万一千余两。是就此一厂，今岁已获息三万余两，各厂虽衰旺不同，多寡难定，然竭力清剔，俱不无小补。

合并报明，伏乞圣主睿鉴。臣谨奏。

**朱批**：*卿，朕之奇臣也！朕实实欣幸之至。*

（《朱批谕旨》鄂尔泰奏折）

## 256　云南巡抚管云贵总督事鄂尔泰《恭报秋收并米粮价值折》
### 雍正四年九月十九日

云南巡抚管云贵总督事臣鄂尔泰谨奏：为恭报秋收并米粮价值，仰纾圣怀事。

窃照滇省今岁自夏徂秋，各属雨泽调匀，两迤田亩高低不一，尽得栽插，谷穗秀发。今各府之早稻已获，晚稻现刈将半。云南、广南等十七府，通计收成俱有九分十分，惟楚雄、姚安二府，夏间得雨稍迟，止可八分收成。至于今岁荞麦，远近饱收，高可至四五尺，粒粒圆足，每一京石价不过五百钱，民间大得接济。目下省城米价，每京石卖银一两三钱，临安、大理等府每石约银一两二钱，其余各府州县有七八九钱至一两外者，较省城之价稍平，盖非兵民辐凑之故。其宁州、宜良、南宁、通海、太和等县，虽间遇山水骤冲，嵩明、弥勒、安宁、平夷、昆明等州县间有冰雹虫伤，然少者仅数亩数十亩，多者不过一二百亩，随经该州县勘验详报，酌动仓谷赈恤，俱不致失所。

至黔省，亦雨旸时若，高下田地皆得及时播种。据各属详报，早稻现在收获，晚谷俱结实，通省收成约计八九十分。省城米价，每市斗折仓斗一斗五升，每市斗价银九分，各属之市斗大小不一，其价亦高下不齐，以仓斗计算，每斗不过四分以至六七分，若俟收获完日，其价便可平减。

似此年丰物阜，比户盈宁，实由我皇上宵旰乾惕、至诚感召之所致。臣不胜庆幸，不胜感切。谨缮折奏闻，伏乞圣鉴。臣谨奏。

**朱批**：卿总督滇黔，上苍自然赐此昭应也。深慰朕怀。

（《朱批谕旨》鄂尔泰奏折）

## 257 云南巡抚管云贵总督事鄂尔泰《奏报遵旨定与安南疆界折》
### 雍正四年九月十九日

云南巡抚管云贵总督事臣鄂尔泰谨奏：为遵旨定界事。

雍正四年六月二十日，领到钦赐安南国王敕谕一道。臣随委员赍交护开化镇副将苏应选，遴委干员转赍安南，并饬开化府知府佟世佑与原勘之广南府知府潘允敏同至铅厂山下，候安南遣员到日，公同定界。去后，至九月初一日，准有该国王公文。臣观其情词，仍有无厌之望。谨将伊原文并臣覆咨稿另折抄录，恭呈御览外，念此小腆，性既阴柔，情复贪鄙，总以侵占之后因循已久，及一旦清查，转复犹预。是不但不知义理，并亦不谙利害。今以所侵一百二十里之地，给以八十里，清还四十里，天恩至浩大矣。乃复觖望，端不可开，渐不可长。（**夹批**：是。）若复待其差员，然后定界，伊必不能决断，反于事无益。臣已遵旨饬文武各员，速于铅厂山下立界设关，不许少施凌辱，不许随带兵丁，使彼得托词借口。而规模务须壮丽，以属观瞻；工程务须坚固，以垂久远。（**夹批**：观此，伊甚不晓事矣。如此举行，观其光景者，有名得理可为者。属员奉行得人为要。）臣料安南王虽复愚顽，必不敢妄有举动。倘已悉圣谕，仍复执迷，势不得不声罪致讨，并收都龙，尽复旧地，并扬言直取安南，以观其变。如该国王深自悔惧，恳恩乞怜，仰请圣主仍宽其罪、复其地，以慰彝藩。（**夹批**：临期应如何谕旨，密奏以闻。）盖交阯懦弱，剪灭非难。但黑子弹丸，即尽有其地，亦无补国家，用施羁縻，终为长策。臣料安南王虽极愚顽，终不敢妄有举动，然不敢不防未然。一切事机已密，交开化镇臣南天祥，静听照会，必不致有烦圣虑也。谨据奏闻，伏乞训示施行。臣尔泰谨奏。

**朱批**：想卿自然筹画万全，合理而举行者。但南天祥聪明有余，汉伏亦好，恐年轻未谙，一一详悉，预给伊主见为要。凡事不可令其自专，而为听卿指挥方好。

（《史料旬刊》第一册上，第 122 ~ 124 页）

## 258　云南巡抚管云贵总督事鄂尔泰《奏报奉到圣谕谢恩折》
### 雍正四年十一月十五日

　　云南巡抚管云贵总督事臣鄂尔泰谨奏：为恭谢圣恩事。

　　雍正四年九月二十日，臣赍折家奴蒙恩赏给驿马，并赍回钦赐臣御用既济丹一瓶，并方湖笔五匣、佛手柑一篓、蜜荔枝二瓶到滇。臣随郊迎至署，恭设香案，望阙叩头谢恩祗领讫。续于十月初二日，云南府知府袁安煜到任，口传圣谕："汝到云南，下旨与总督鄂尔泰，闻得伊些须小事，每办至二三更天，若是劳坏了时，不是欲报朕恩，反为负朕矣。嗣后但办大事，断不可如此。钦此。"臣既捧诵朱批，复跪聆慈训，感激踊跃，非口所能述。而荷蒙圣鉴，宛在心目，形之欣悦，重以庆幸。敬绎"一德一心之义，君臣期共勉之"之旨，心动神依，不敢复作三代以下。想臣复何言，实难以自宽也。

　　伏念边方大事，惟赋与兵弼，以刑名期于无坏，凡诸琐屑，皆所分寄。若使各已就绪，自应持其大纲，示以镇静，以驭群材。今于尚无条理时，倘不亟加整饬，破其因循，虽托言知体，实无以济用。况督抚所谓小事，至府县则为大事，府县所谓小事，至本家本人则为莫大之事，稍有疏忽，贻累匪浅。（夹批：此论可以警省愚顽而令贪夫廉、懦夫立，实朕之本心至愿也。一德同心，见于今日，朕之庆幸欢欣实难笔谕。卿既以此心行之，朕不系念矣。）臣每念及此，实不敢少自懈怠，以昧天良。至于堕官守、辱名器，又其余事矣。

　　臣自八月以来精神渐长，肌肉渐生，旧疾顿除，日益强壮。（夹批：上苍自然默赐、助佑为善，日强精力，必倍增也。）敬择吉于十月初四日，服御赐既济丹，迄今逾月，大有功效。（夹批：此方实佳，若与此药相对，朕又添一重宽念矣。仍与秋石兼用作引，不尤当乎！）但臣旧服药方有人参、鹿茸，无金鱼鳔，今仍以参汤送之，亦于方药无碍。臣仰窥圣虑，见臣羸瘦，若恐不胜烦劳，一旦残废，不能终职者。臣深受殊恩无有伦比，不能留此身，即是背负。（夹批：即此一语，卿必有可自信之理，非虚文慰朕之心，朕见得透实，不系念矣。但亦要少遵朕谕，应节养者节养，岂不愈妙？朕之勤政，谏劝者甚多。但朕精神实不觉亏减，故敢踊跃任劳。卿总以自己力量酌量就是，但不可勉强耳。）以臣自揣，虽不能无等等相，亦必能得寿者相，以了此心意也。恳乞圣慈勿以臣身为念，庶臣心稍安。

　　谨此缮折恭谢圣恩。臣谨奏。

　　**朱批：**又系灯下率笔，字迹更属可笑也。

　　　　　　　　　　　　　　　　　　　　　　（《朱批谕旨》鄂尔泰奏折）

## 259 云南巡抚管云贵总督事鄂尔泰《敬陈滇黔事宜折》

雍正四年十一月十五日

云南巡抚管云贵总督事臣鄂尔泰谨奏：为恭谢圣恩，敬陈愚悃事。

雍正四年十月二十二日，臣赍折家奴赍回御赐臣人参八斤、哈密瓜二个抵贵阳省城。臣随郊迎至贡院，恭设香案，望阙叩头谢恩祗领讫。敬启朱批："卿此心此行，不但当代督抚闻之可愧，实可为万代封疆大臣之法程。朕实嘉赖焉。勉之！上苍照察，再无不倍增福寿子孙荣昌之理。再两江非卿不能整理，如朕之意，云贵一切事宜俟料理有头绪时，还向卿要一可代之人来两江，与朕出此一大力。可留心，但诸务不可因此旨促迫为之。常德寿可胜抚任否？杨名时，朕原欲调进大用，今览卿所奏，外任亦属紧要。卿意如何？钦此。"臣伏读之下，感极愧生。念臣身荷殊恩，至矣！尽矣！心实无已，行多不逮，业业兢兢，时恐陨越。上苍照察，臣实不敢自欺。

至于两江重任，原非臣愚所能胜。然誓欲酬恩，难易非所计，亦何敢固辞？但云贵极边，关系要紧，一切事宜尚未有头绪，臣即竭蹶料理，亦必须时日。（**夹批：自然。**）兹蒙圣谕，不敢不尽言之。

一、夷情之无制也。查云南土官多半强豪，所属苗众悉听其指使，残暴横肆，无所不为。其土官懦弱者，凶恶把目为害尤甚，不但目无府州，亦并心无督抚。及至事大经官，或欲申理，夷等暗行贿赂，捏详结案，上司亦不深求，以为镇静，而刁抗不法、任拘不到者又复不可奈何，隐忍了事。贵州土司单弱，不能管辖，故苗患更大。平日烧杀劫掳，拿白放黑，以为生计。有径至城、汛捆人子女，明说某处勒令取赎者，而本家不得已哀赎，地方文武亦视为故常，隐忍了事。至于或经控告，凶犯百无一获，而原告原报并干证人等反拖累至死。旧案俱在，臣深耻之。若不及此清理，约定规程，即使拿几土官、杀几苗首，亦不过急则治其标，本病未除，恐终难宁帖。

一、军伍之不振也。云南兵丁不减内地，即贵州兵弱，亦犹胜江南。奈武员因循成习，惟事逢迎，群聚省城，钻营朋比。有累升至副参而未一到营者，营武何赖？臣受事后，首经严示通饬，非奉文调不许赴省，今此风已熄。而盔甲、帐房、锣锅、斧橛等项，大半不备，即火枪、弓刀、操练必需者亦多残缺。至于空粮、伙粮种种名色，倒马、朋马种种勒侵，相沿已久，视为常例，即有努力自爱之员，亦未免避嫌从众。虽经臣确访严饬，宽其既往，勉其将来，业据各属陆续禀报，军器俱现修整，粮马俱现顶补，然犹未敢深信。臣自滇赴黔，已经由曲寻镇援剿左协、寻沾营，过安笼镇属安南营、盘江营、普安营至安顺提标，抵贵阳营省城，俟审理事毕，拟由黔西协、大定协、威宁镇抵东川府，再回滇省。仍拟明岁亲历云南各标协营，查勘军装，考验兵马，则既可以知营伍虚实，以便经营，又可以知地方形势，以资调度，庶胸有定见，而事免欺朦矣。（**夹批：上**

苍自鉴察卿此衷也。）

一、地利之未尽也。云贵两省虽地少山多，然水旱均平，荒年甚少，且矿厂、盐井出产颇多，何至不如江南一府？计每年协饷共需数十万两，为百年计，窃有隐忧。臣查云南盐课，实李卫之功，虽尚有疏漏，实力有不能。银铜各厂每至缺额，仍须羡余抵补，臣料断不至此！贵州亦有矿厂，兼多砂铅，欲私开则明有官禁，欲官开又难于私侵，因循苟且，大半中止。至于盐井，原属地脉，流滇通蜀，不应外黔。今采访盐井，共得数处，现煎试一井，已有微效。托赖圣仁，山效其灵，地呈其实，或可以得济民食也。云贵荒地甚多，议者谓宜开垦，不知利之所在，人争趋之。不禁其开垦而不来开垦者，缘荒地多近苗界，实虑苗众之抢割。若果土司遵法，夷人畏伏，将不招而来者自众。故臣必以制苗为先务，而尤以练兵制苗为急务，诸事不妨迟。但心不可懈，不可促迫为之。臣当时凛慈训。

一、水陆之不讲也。云贵远居天末，必须商贾流通，庶地方渐有生色。今水路不通，陆路甚险，往来贸易者非肩挑即马载，费本既多，获息甚微，以致裹足不前，诸物艰贵。臣查湖南水路直达贵州镇远府，由镇远而施秉，由施秉抵黄平州界，虽中有阻碍，臣今现已开通黄平州地方，虽山高水陡，不能行舟，然不过一二站。若由重安江溯源而上，渐次开浚，亦原有河路。自贵阳而南，水路难通，然开平旱路使可行车，犹人力所能为。况云南金沙江原通蜀粤，东川府牛栏江直通四川，贵州永宁州、黎平府可通川楚，疏决导引，纵一时难措，而日积月累，未始不可以小济。臣自数月来，通饬细查，粗悉大概，虽自度才力知必不能，然必欲经始，以待将来。（**夹批**：见处信得，及便动数十万帑金何妨？朕不惜此等之费也。）即迟至十年二十年，但能成事，实云贵永远之利也。

以上四条，撮举大要，节目繁多，不敢琐渎。臣不自揣，思欲镂肝剖胆，略定规模，使后来胜臣者可以推广，即不及臣者亦可以依循。斯臣力既竭，臣心稍慰。仰恳圣恩，两江另简贤才，留臣三五年，俾得详筹缓理，庶几可有头绪。（**夹批**：朕意原俟两三年之外，其可代之人当徐为之留心，临期朕自有旨询问。两江实不得其人，只得暂时姑延耳。甘肃布政使司钟保，可知此人之可否？）可代之人，臣现无所知，亦不敢妄举，敬当留心。

至于杨名时，诚实端正，内外如一，抚绥之任有余，但营务军机不能料理，且年近七旬，渐多遗忘，觉察防范处亦微少精明。若与臣同事，可以共济，缘伊固虚心，臣能直告也。据臣愚见，内任实堪大用，外任或难总理。（**夹批**：实实画出此人矣。）常德寿存心甚好，人亦明晰，小省巡抚可以胜任，但识见尚未通达，犹少果断。臣受恩深重，万难报称。若稍存顾忌，即是背负，稍有狥隐，即同欺罔。（**夹批**：信得及。信得及。朕实不可以自信者，可信卿也，上苍鉴之。朕临御四载，亦只得卿与怡亲王二人耳。勉之一字，朕皆不忍下笔矣。）谨据实直陈，恭谢圣恩，伏乞圣主睿鉴施行。臣谨奏。

（《朱批谕旨》鄂尔泰奏折）

## 260　云南巡抚管云贵总督事鄂尔泰《酌筹改土归流折》

雍正四年十一月十五日

云南巡抚管云贵总督事臣鄂尔泰谨奏：为钦奉上谕事。

窃臣于九月十九日，以乌蒙事折奏后，嗣于十月十八日，接部咨，以川督臣岳钟琪特参土府一疏，复蒙圣旨俞允，各委文武大员会审。臣随于途次，遴委曲寻镇总兵官刘起元并粮储道张允随前赴东川，且密嘱刘起元止随带健丁百人，余选精骑在营静候，俟川员到日，会商妥确，相机行事。去后，因复札致岳钟琪，与之相商，务期共体圣意，谋出万全。及十一月初十日，臣由长寨回黔省，岳钟琪专差札致到臣，其所议论与臣前札意相同。（**夹批**：相同甚好！因事情重大，又有凉山进剿之役，已命岳钟琪来川就近料理。）且以远在秦省，此中因事制宜，须臣筹画预定。臣亦窃揣，远近悬殊，何敢逶逊？臣之初意，以东川新属，民志未齐，待移营之后诸务俱就，然后计及乌蒙，一举可定。今岳钟琪既经题请奉旨会审，自难刻缓。在土府禄万钟，痴蠢小儿，招缚殊易，而伊叔禄鼎坤跳梁巨恶，就擒稍难，必将两凶一齐拘到，则改土归流庶能有济。正恐以疑畏之心生骄悍之计，则文告不从，武功须预，且乌蒙、镇雄地连唇齿，乘机因便，并当剪除。随经札覆岳钟琪外，臣复密令干员设法诱致，俟亲到川东日，觇其动静，察其情形，不劳师不动众，上也。（**夹批**：若是如此，妙不可言。朕意，恐其预觉也。）一鼓就擒，无需时日，亦不失为中策。此外仍有广西泗城土府逞顽肆虐，势埒罪均。大凡四省劫杀之案，多由三郡酋虏诸凶，总以逼近临疆，沿成恶习，杀人掳人，越境以逃，缉人拿人，隔省无法，幸而擒获，偿牛偿马，视人命为泛常，一或潜踪，移咨移关，目官府为故事。凡此，卷牍丛集如山，故三土府不除，则四省界难靖。臣意，先将乌蒙、镇雄两府俱定，即当移致广西督、提诸臣会审合剿，改土归流。伏乞圣主密颁谕旨，俾令先事预谋，同心协力，则云贵川粤边疆宁谧，而民皆安堵，地皆乐土矣。臣谨奏。

**朱批**：所论甚是，已密谕韩良辅矣。陈时夏有母在家，欲告假接其母同赴任所，朕许命地方官送来，可以不用伊亲往，伊深感情愿。尔可与杨名时委一微员，同陈时夏之弟一路用心照看，好好送至苏州。可命乘驿前去，尔等亦帮助费用，令其如意。即伊家中亦为之安顿妥协，不可令其母系念。尔等并时常照看。将此亦谕杨名时知之。再起身日期不可催迫，迟早取伊母之便。有年纪人，路上着好生照料，随便歇息行走，不必因乘驿定限。特谕！

（《朱批谕旨》鄂尔泰奏折）

## 261　云南巡抚管云贵总督事鄂尔泰《敬陈用人行政折》
### 雍正四年十一月十五日

　　云南巡抚管云贵总督事臣鄂尔泰谨奏：为钦遵圣训事。

　　窃臣敬陈所知一折，荷蒙朱批："治天下惟以用人为本，其余皆枝叶事耳。览汝所论之文武大吏以至于微弁，就朕所知者，甚合朕意。但朕不过就目前之所见，断不能保其后也。览卿之奏，非大公不能如是，非注意留神为国家得人不能如是，非虚明觉照不能如是。朕实嘉之。但所见如是，仍必明试以功，临事经验，方可信任。即经历几事，亦只可信其已往，尤当留意观其将来，万不可信其必不改移也。上智之资从古难得。朕前批谕田文镜，言用人之难有两句，可信者非人何求，不可信者非人而何，不明此理，不可以言用人也。朕实以此法用人，卿等当法之，则永不被人愚矣。卿等封疆之任，古诸侯也，阖省窥伺，投其所好，百计千方掩其不善而著其善，粉饰欺隐何所不至。惟才之一字，不能假借也。凡有材具之员，当惜之，教之。朕意，虽魑魅魍魉亦不能逃我范围，何惧之有？及至教而不听，有真凭实据时，处之以法，乃伊自取也，何碍乎？卿等封疆大臣，只以留神用才为要，庸碌安分、洁己沽名之人，驾驭虽然省力，唯恐误事。但用才情之人，要费心力，方可操纵。若无能大员，转不如用忠厚老成人，然亦不过得中医之法耳，究非尽人力、听天之道也。灯下随手写来，卿可以意会之。钦此。"

　　臣身受殊，知不忍自弃，虽为国家得人之义，未敢忘公，而虚明觉照之诚实难斯信。捧诵天语，内顾惊惭。臣独何心，敢不益自奋励，凛体终身？至于明试以功，临事经验，信其已往，观其将来，杜窥伺欺饰之源，别庸碌才情之用，敬绎实训，目朗心开。此固经权之极，则政事之要枢，觉因材器使之论，犹属后起，未为先觉也。恭惟我皇上至诚至明，无偏无倚，如日在天中，魑魅魍魉无所逃遁，而寸木小草均被栽培。若或自避阳和，何由曲施化育？人皆自取，天本无心，大小臣工群知审所自处矣。臣念可信不可信，原俱在人，而能用不能用，则实由己。忠厚老成而累无材具者，可信而不可用；聪明才智而动出范围者，可用而不可信。（**夹批**：实可开拓人之胸襟。）朝廷设官分职，原以济事，非为众人藏身地。但能济事，俱属可用，虽小人亦当惜之，教之。但不能济事，俱属无用，即善人亦当移之，置之。臣尝对属僚言"贪官之弊易除，清官之弊难除"，实缘贪官坏事，人皆怨恨，乐于改正；清官误事，人犹信重，碍即更张也。但有守有才者实难多得，而有才无守之人，驾御稍疏，即不用于正，惟能动其良心，制其邪心，使彼熟知利害，渐爱身名，然后可以济事。臣自揣不逮，当努力勉之。

　　贵州抚臣何世璂，自奉严谕，感激欢幸，形诸词色，自谓切中病痛，如见肺腑，虽父师之教不能如是，（**夹批**：近奏数事，非向日之肚肠矣。与卿共事者，但具人心，若不愧奋，亦天地间之弃物也。）益自勤惕，加意整理，此天性纯厚必能不负圣恩者。（**夹**

批：是。）云南学臣蔡嵩，心地平实，不务虚名，于学政颇能尽职。（**夹批**：公之极，朕原欲试看，用者亦取他良心。）但年已六十八，出仕最晚，未经历练，吏治之任恐不相宜。四川抚臣法敏，有心向上，才具可用，但识见尚未坚定，微少实力。（**夹批**：卿之识人实越常人。）臣已敬录圣谕，附札邮寄。臣弟鄂尔奇，荷蒙圣恩补授工部侍郎，业具疏奏谢外，窃尔奇少有志气，才具亦不甚庸，但每多偏执，时有疏略。目今清查案件可无瞻狥，日久调剂事宜难免错误，虞衡繁剧之地，恐未能胜任。恳祈圣慈，时加训饬，庶几可有成就。（**夹批**：可谓令人悦目爽神之论。朕即未存训饬玉成之心，然以卿之弟，朕览此奏，亦不忍不留意教导成就也。不必为之挂念。）至于黎平府知府马骏，系刘业浚亲戚，矫饰小人，才更庸弱。（**夹批**：是。）前任曲靖府亦毫无政声，（**夹批**：是。）今已在任病故，臣缘地方紧要，业经会题，请旨将楚雄府知府张广泗调补。（**夹批**：题到自另有旨。）其大理府知府陈克复，即系陈奕禧之孙。合并覆奏。

臣屡荷恩纶，比儗逾分，一言一字，熟会深思。敬念我慈父午夜披览，（**夹批**：朕堕泪披览。）时心驰神依，无以自解。臣复何言，惟益努力勉之而已。（**夹批**：不必多此一番葛藤，朕亦如是。）臣谨奏。

（《朱批谕旨》鄂尔泰奏折）

## 262 云南巡抚事务杨名时《奏报奉到御〈魏征十思疏〉一卷谢恩折》

雍正四年十二月十八日

云南巡抚事务臣杨名时谨奏：为恭谢天恩事。

臣衙门赍折承差回滇，捧到皇上赐臣御书《魏征十思疏》一卷。臣恭设香案，望阙叩头谢恩祇领。盥手捧擎，敛容瞻瞩，仰见龙文璀璨，凤藻骞腾，挥毫焕云汉之章，振腕挟风雷之势，神随机运，法与心融，于游艺而揭箴铭，睿思宏远，因选言而垂法戒，宸翰昭回，唯天纵乃兼擅乎多能，抑好学斯倍臻乎神妙。臣叨蒙宠锡，沾被恩荣，朝夕常悬恍觌光华于紫极对扬，时凛俨承，提命于彤廷。臣不胜感激瞻依之至，为此缮折陈谢。谨奏。

**朱批**：观尔于讲论文字之章奏，便觉精神焕发。殊不思吏治乃一篇真文章也，若徒务纸上空言，而于致君泽民毫无实济，圣门之所谓学岂若是欤？失之毫厘，谬以千里，不可不审也。

（《朱批谕旨》杨名时奏折）

## 263　云南巡抚事务杨名时《恭报滇省地方情形折》
### 雍正四年十二月十八日

云南巡抚事务臣杨名时谨奏：为恭报地方情形事。

臣查滇南于冬至前数日，省城得雪半寸许，各州县报得雪二三寸不等，可卜来年丰稔，虫不为灾。前蒙朱批谕旨："蓄积乃第一要务，在边境尤当加意讲求。钦此。"臣饬各官，趁此丰收，发价平买米谷，务令仓储充实，仰慰皇上轸念边方至意。（**夹批**：实力奉行，方期成效。积德、作孽惟在诚与伪之间，当察识而扩充之也。）又原驻察木多鹤丽镇总兵臣张耀祖据报撤师回滇，臣委官整备船只及沿途供应糇粮，并赍解银两，俾均沾皇上犒赍弘仁，欢欣凯旋。（**夹批**：士卒久劳塞外，今得归休，览奏，曷胜欣悦！）臣谨奏。

**朱批**：览。

（《朱批谕旨》杨名时奏折）

## 264　云南巡抚管云贵总督事鄂尔泰《奉旨补授<br>云贵总督加兵部尚书衔谢恩折》
### 雍正四年十二月二十一日

云南巡抚管云贵总督事臣鄂尔泰谨奏：为恭谢大恩事。

雍正四年十一月二十日，臣进献土物家奴回抵贵阳，荷蒙圣恩赏收，并御赐臣貂皮五十张。本月二十四日，管抚臣杨名时承差复赍回钦赐墨刻御书《魏征十思疏》一幅到臣。及二十五日，臣自贵阳起程，至二十七日，于清镇县属镇西卫地方，臣赍折家奴蒙恩赏给驿马，赍回御赐臣貂尾冠一顶、袍缎九联、鹿尾驴肉一篓、哈密瓜二个到臣。计在黔一月，四奉恩赐，荣幸已极。臣随于各日跪迎至署，恭设香案，望阙叩头谢恩祗领讫。谨启折扣，敬诵朱批，何蒙圣主矜奖过分，比儗逾伦，望希大寿，勉作奇臣，至有中心嘉悦，竟至于感之谕。（**夹批**：上苍鉴之，此一字在卿自不敢当，而在朕必不可少，若不然再不能感。）臣跪捧之下，惶悚无地，口不能语，心不能安。及读至"朕实竭力与诸卿共勉，以仰答我大慈大恩皇考之念定矣"二十三字，不禁痛泪填膺，不能仰视。（**夹批**：上天之赐卿于朕也。凡卿之奏折到来，朕多有与廷臣观者，朕亦将谕卿之旨谕伊等知，不过勉勉其效法耳。）

伏念我圣主临御以来，事事遵承圣祖言，言必称天，参赞化育，惟天下至诚。臣等亲际唐虞，不能许身稷契，已深惭愧，顾复何心甘汉唐贤臣之不如？勤勤勉勉，只所以自尽，实不能仰副万一。乃屡荷殊褒，扪心滋惧，敢不益思奋扬，以竭绵力？续接家信，知于十月二十六日，钦奉特旨，补授臣云贵总督，加兵部尚书衔，兹于十二月十八日，已准部咨行知。臣随恭设香案，望阙叩头恭谢天恩，另疏奏谢外，窃臣之受恩至矣！尽矣！内外臣工无有如臣者，（**夹批**：卿以受恩而言此九字，朕则用此九字也。）臣复何言？惟有必诚必敬，矢勤矢慎，时时问心，勿自昧天良已耳。谨此缮折赍奏，伏乞圣主睿鉴。（**夹批**：览。）

再乌蒙、镇雄事，须臣自调度，约算半月内可定。（**夹批**：奇。）臣拟于除夕回省，朝贺元旦令节，再往沾益州适中之地就近料理，统俟事毕回署日具疏题报。

合并声明。臣谨奏。

**朱批**：是。

（《朱批谕旨》鄂尔泰奏折）

## 265　云贵总督鄂尔泰《筹酌乌蒙事宜折》
### 雍正四年十二月二十一日

云贵总督臣鄂尔泰谨奏：为钦遵圣谕事。

窃臣乌蒙、镇雄折内，荷蒙朱批："徐徐斟酌为之。此事急不得。岳钟琪已请身到成都就近料理凉山、普雄等事，朕已允其请。此一大事，全赖二卿协衷，勉力为之也。钦此。"伏念臣身受殊知，叨膺重寄，边方大事敢不谨慎？但事在审机，法惟遵制，若机无可乘，原不妨迟缓，倘事有可图，则务宜神速。如乌蒙土府一案，既经川督臣岳钟琪题参革职，奉旨各委大员会审，则禄万钟等出而听审，自应按罪定招。抗不赴审，即应遣兵擒剿，名正言顺，不待再计者也。

臣自接准部咨，访查乌蒙旧事，康熙五十三年曾奉钦差侍郎噶敏图会同云贵督抚诸臣齐集毕节县提审各案，土府禄鼎乾抗不赴质，坐待两月余，不得已令流官入乌作当，换出禄鼎乾。及至到案，并无严讯一语，亲供一词，遽尔完结遣回，换出流官。（**夹批**：此朕确知者。）从此凶焰益炽，而至今主文刘建隆犹有不敢正视乌蒙之语。查乌蒙兵马共不及一万，所恃者惟标刀、弓弩，大炮止二座，鸟枪不过三百杆，渠魁止禄鼎坤，握其大势，又与禄万钟母子不和，而禄万钟年才十五，一听刘建隆主使，毫无知识，但得禄鼎坤，其余俱可应手。料川省委员必不能拘提到案。因先示以不可犯，次示以不忍杀，随于赴黔之便，沿途酌派官兵并各土兵，俱令各在营候调，声言乌蒙少抗即拟进剿，一面密檄署东川府黄士杰密差干役入乌打探，并觅熟识土目之人前去开导，晓以利害，明告臣举动，一面委总兵官刘起元、粮道张允随先赴东川料理一切，候川省委员到日，再赴威宁会审，并移知川省督、提诸臣。去后，续据黄士杰呈送禄万钟、禄鼎坤详文，俱称乌蒙与东川紧连，去滇省不过六百里，情愿照例拨归云南等语。臣随以乌蒙原属川辖，今欲归云南，事关题达，仰候酌夺。

至于奉旨会审之件，本部院与川督部院事同一体，顺则蒙福，抗则遭祸等语传示。去后，续禄万钟为刘建隆唆使，以川省委员松茂道李世倬、永宁协副将张瑛至今并无音信，亦无知照。（**夹批：此语无凭。张瑛岁底来京引见，朕尚将其条奏发于汝二人，岂有委此事之理？张瑛庸常无知，乃孟浪俗人也。**）前所委叙永厅同知杜士秀、建武营游击许绵正并千、把、典史共五员，牌内止提达木一人，并无禄万钟、禄鼎坤等，且无革职摘印拘审字样，遂得借口支吾不前。而禄鼎坤狡黠，自领数十头目并土兵数百人前来江界，差头目请黄士杰会话。黄士杰禀明总兵、粮道，带领数人亲往江界，谕以顺逆，晓以祸福。禄鼎坤见并无一兵，感泣畏服，遂率伊二子并各头目随至东川，并剃头改服，以明输诚之意。及臣本月十三日抵东川前一日，禄鼎坤父子迎至百里外，匍匐道左，情词哀切。随行至郡，臣各赏给缎匹、银牌，面加饬谕，并委为土守备，令随同游击张鹤前去土府招唤禄万钟等。及十九日，据土府禄万钟详称："钦奉天旨革职，宪牌提审，未蒙两省宪员知照在于何处何日临审，恳恩宽限，俟将案内提审人犯催齐，亲领赴辕。"等语。至二十日亥刻，又据张鹤、禄鼎坤各禀报："禄万钟母子并无异词，奈被刘建隆、杨阿台等，协同镇雄范掌案、纽纽巴等唆拨挟制，断不肯令出去，非先擒此数人不能了事。"等语。臣随酌拨官兵，当夜檄行去讫。

该臣看得，禄鼎坤既经投到乌蒙，大势已无能为，虽遣官兵直抵土府，料亦不敢抗拒，大约半月内俱可平定乌蒙。改流目下不难，乌蒙改流后镇雄改流更易。（**夹批：甚是！甚是！**）但所虑者，一经改流，善后事宜大须调剂。岳钟琪驻扎陕省，鞭长不及。即川省抚、提二臣恐闻见不确，亦难遥度。（**夹批：岳钟琪已奏令张玉领兵听卿节制调用，亦恐有迟误之意。卿应如是相机而行者也。**）若照前东川旧例，合乌、雄两府现在钱粮，不及三百两，而设官安营，岁需费帑银数万，有名无实，终于无补。况恩威宽猛之间少有未协，犹恐滋后患。臣受恩至重，循分尽职不足以图报，此疆尔界不敢稍存分别，稍蓄嫌疑。（**夹批：有何嫌疑？岳钟琪已奏从滇料理为便。**）谨据实陈明，伏乞圣主睿鉴，或准两土府改归云南，俾臣就近料理；或俟乌蒙事定，仍隶四川。（**夹批：自然就近归滇为是。题到有旨，卿只管奉此旨筹画料理。**）臣但加意钤制，迅赐训示，以便预先筹画，有所遵循。（**夹批：事已如此，出乎望外，定局矣，还用何商酌？**）至于川省诸臣，相隔辽远，不能逐一同商，恐失事机，所委大员至今未到，亦不能待。

合并声明。臣谨奏。

**朱批：** 为此一事，朕不能释怀。万不料其如此完结，实非人力，朕惟以手加额，心叩苍穹，我圣祖君父在天之灵赐佑耳。此事岂不用张弓持矢所能了者。国家祥瑞之事，卿之奇功也。朕之庆喜，笔难书谕。

（《朱批谕旨》鄂尔泰奏折）

## 266　云贵总督鄂尔泰《奏请将黔抚何世琪仍留黔省折》
### 雍正四年十二月二十一日

云贵总督臣鄂尔泰谨奏：为据实奏闻事。

窃臣家奴赍折抵黔，内奉朱批："何世瑮恐有书生迂习，未知可能料理黔省，正在振作之任否？据实奏闻，朕意欲易之。钦此。"

伏念黔省吏治因循委靡，由来已久，隐田荒土从未一清，矿厂铜银谁经亲验，而烧杀劫掳之案毫不关心，恶夷奸蠹之防动则束手，非有振作之才难堪料理之任，诚如圣虑洞烛无遗。但振作料理虽须放胆，原出自小心，必谋终有成，然后始事斯举庶等画万全可行久远。若稍涉孟浪，惟计目前，将兴一利，利未就而弊先伏，除一弊，弊未革而害更大，非所以尽臣职、酬主恩也。何世瑮人品操守无庸再渎，虽过于拘谨，不无犹豫，然警惕之所致，非瞻顾所从来。臣驻黔逾月，一切官方民事无不悉商熟议，见其实心实力，（夹批：但能此四字，何事而不可任？）勤瘁干办，而知人解事亦出杨名时上。据臣愚见，仍请留黔，俾臣得同心协力，依次料理，一二年后将有规模。至于军务苗情、邻省野夷等件，臣当加意总理，断不敢以远在滇省，少有诿卸也。

谨据实奏闻，伏乞圣主睿鉴。臣谨奏。

**朱批：** 览卿此奏，朕放心矣。

（《朱批谕旨》鄂尔泰奏折）

## 267　云贵总督鄂尔泰《奏报奉旨料理陈时夏母赴苏州折》
### 雍正四年十二月二十一日

云贵总督臣鄂尔泰谨奏：为钦遵圣谕事。

窃臣进贡家奴抵黔，钦奉朱谕："陈时夏有母在家，欲告假接其母同赴任所，朕许命地方官送来，可以不用伊亲往，伊深感情愿。尔可与杨名时委一微员，同陈时夏之弟一路用心照看，好好送至苏州。可命乘驿前去，尔等亦帮助费用，令其如意。即伊家中亦为之安顿妥协，不可令其母系念，尔等并时常照看。将此亦谕杨名时知之。再起身日期不可催迫，迟早取伊母之便。有年纪人，路上着好生照料，随便歇息行走，不必因乘驿定限。特谕！钦此。"臣随敬录朱谕赍送杨名时，并札嘱预先料理外，恭惟圣主曲体下情，无所不至，用其子并念其母，慰其心更恤其家，身受者虽难安，见闻者增感。而臣伏读数四，泣下沾襟。

重念臣父家居十五年，时臣弟兄俱幼，臣母拮据倍常，迨婚嫁事毕，穷乏益甚。续臣袭世职，充侍卫，臣父谢世，臣母甘旨不能继，怜臣最笃，望臣最切。及雍正元年，臣叠荷殊恩，而臣母已先三月见背。故自任江苏，擢云南，臣富贵已极，而饮食服御亦未敢稍事华美者，痛念臣母不及待恩荣，不忍令妻子过分受享也。兹奉恩谕照看陈时夏之母，泪从中来，不能自止。慈父之前毫无忌讳，不禁琐屑陈之。（夹批：朕实落泪览之。卿真良臣也。孰能居此心，孰肯言此语？即此一语，卿九祖逍遥极乐矣。朕何幸如之。）俟臣回署，当亲至其家，面候伊母，待伊母如母，一切料理妥协，差员并家人护送，以仰体圣慈垂怜署抚臣陈时夏之至意。

谨具奏闻，伏乞睿鉴。臣谨奏。

（《朱批谕旨》鄂尔泰奏折）

## 268　云贵总督鄂尔泰《敬陈东川事宜折》
### 雍正四年十二月二十一日

云贵总督臣鄂尔泰谨奏：为敬陈东川事宜事。

臣自长寨事竣，于十一月二十五日由贵阳府起程，过威宁镇，至东川府，此三百六十里内人烟俱寂，鸡犬无闻，惟隔三十里有塘兵二三名，茅屋数间，而入山处古木参天，远山处平畴万顷，取用尽属良材，垦治皆为美产。然而田皆蒿莱，地尽荆棘，耕种不施，渔樵绝迹者，则以地近凶夷，徒赍粮以资寇盗，故民不肯为，官不敢问。而近城数十里内肥饶之土亦半抛荒，虽借口乌雄之侵扰，实地方有司之不用心也。臣住威宁两日，查勘一切，见西北康家海子一带一片积水，长可百余里，细询土人，俱称明季原曾开田，旧有河三道，后因河身淤塞无处泄水，故废弃至今。臣随寻看河身，三道河形仍在，缘下三十里为白石崖所阻，故尔涨漫。查白石崖傍有土山可以开挖通流，约略工价不过三千两，倘得成熟，可出米数万石。较稻田坝、八仙海子更属近便。臣已面委文武各员逐细勘估，拟于明春捐价兴工。

及十二月十三日抵东川，虽城垣倾圮，人户萧条，然而观其山川，察其形势，按其疆亩，稽其厂地，固其膏腴之府，物产之区也。坡坂宜荞，原隰宜稻，田高水活，旱涝无恐。缘归流之后仍属六营盘踞，诸目逞凶，岁遇秋收，辄行抢割，故改土三十年，仍然为土所有。而文武官员离省二千里，长寓省城，每于终岁，文来收租，武来散饷，此外皆不复问。自圣主御极以来，各加整饬，虽文员到署，武职到营，而因循畏缩，锢习难返，垦田开矿之议从未与闻。今臣所至之处，宣扬圣德，播告天威，土府虽尚未除，而道路所经无不惕栗，凡于官弁兵丁申之以训词，给之以奖赏，并传谕六营长诸头目，赐以银牌、牛、酒，无不踊跃帖服，惟命是从。随复按籍稽查，逐款清理。

据东川定额，岁赋不及四百两，并无秋粮。设兵一千名，岁需米三千五百余石，每石议定折银一两六钱四分，系于成都藩库请领。今既归滇，来年春季即该滇省放给，而现在仓储并无米石。臣查得旧有官庄一十九处，每年纳租米一千四百余京石，系文武各员私收之项，今应归公。又查得旧有禄氏庄三处，共十三村，每岁约有租四百余石，禄氏原系献土之妇，今禄氏身后无嗣，亦应归公。查此二项，通共可得租米二千石，现在可充军糈。

再合郡隐漏田亩甚多，应趁此逐一清丈，按亩升增，每岁兵粮量可资给，不须更虑。至于抛荒地土，半属良田，通计开垦不下数十万亩，一时难以招募，且开垦定例六年后升科，亦缓不济事。臣现已置买耕牛，捐造农器，拟于者海、漫海等处盖房百余间，先垦田万余亩，雇工分种，明岁秋收即可得粮二万石，除添放兵米外，用备修理，接济厂民，诸事可以调剂。

查东川矿厂颇多，前川省未开，亦以米粮艰难之故。现在汤丹一厂，臣已采试，矿苗甚旺，就目前核算，岁课将及万金。此外如革树等厂凡十余处，待米粮足用，通行开采，虽或衰旺不一，皆不无小补。

再东川地方辽阔，营长、伙目侵占田亩，私派钱粮，甚至纵夷劫杀，绑掳平民，非一知府、一经历所能遍理。查巧家一营，逼近乌蒙，去府窵远，历遭乌酋残踏，似应设立一县，将马书、弩革、米粮坝、以扯汛等处归并管辖。者海地方素通乌蒙，暗行不法，应将县典史移驻者海，将革舍、阿固、伙红等处归并管辖。夕补地方亦难府治，百里山深箐险，应设巡检一员，将五龙、卑七、法戛等处归并管辖。则补地方远在江外，应设巡检一员，将阿木、可徂、普毛杉、木箐等处归并管辖。如此，则凡紧要地方俱有职员分理，垦田开矿协办有人，而营长、伙目改立乡约、保长，一体编甲，将稽查既严，渐染亦易，二三年后东川将为乐土矣。

至于东川营制，臣前议请移援剿左协驻防，原为东川一府计。今若得乌蒙改流，则东川、乌蒙、镇雄三府必应设一镇，东川又可不必安协。容俟乌蒙事定，合拨兵数，通算粮饷，必银米不至大增，然后可以定议。臣现同曲寻镇总兵臣刘起元详细筹画，应并东川府一切续议事宜，再行请旨。合先陈明，谨缮折具奏，伏乞圣主睿鉴施行。（**夹批：有何可谕？妥协之至。**）臣谨奏。

朱批：览此奏，甚为嘉奖赏悦。——从至诚三昧中料理之事，朕实不知如何待卿而方于此心不负？但实怜卿心血，于意不忍耳。

（《朱批谕旨》鄂尔泰奏折）

## 269　云贵总督鄂尔泰《奏报料理奔子栏等处归滇事宜折》
### 雍正四年十二月二十一日

云贵总督臣鄂尔泰谨奏：为奏闻事。

窃照阿墩子、奔子栏、其宗、喇普、为西等处，缘贴近滇省，应归滇省管辖。经云南提臣郝玉麟、四川提臣周瑛会勘，定拟咨商川督臣岳钟琪、前督臣高其倬详议具题，业经奉旨："依议。"钦遵在案。臣准部咨，随檄委中旬办事原任剑川州知州杨正辅、驻防阿墩子曲寻镇游击顾纯祖，候同川省委员清勘界址，交割钱粮，并移知川督抚臣。去后，续据委员禀报，略称："阿墩子、其宗、喇普、为西等处头人俱无异说，独奔子栏素与中旬不和，恐归滇之后受中旬营官钤制。而头人敦住扎什者，旧系巴塘所属，号为小神翁，遂造为浮言，译出番信，称不愿归滇，以蛊惑众听，并投诉各署。"等语。臣念受降外夷，原以示羁縻，既与中旬不和，自不应令中旬营官管辖，致生事端。但奔子栏既经归滇，又不应仍令巴塘营官管辖，以滋混乱。查巴塘原有三营官，若拨一员属滇，奔子栏地方仍令照旧管辖，庶几两便。随札商提臣移咨川省，并檄知委员，着令晓谕安慰。去后，嗣又据委员详报，鹤丽镇臣张耀祖咨呈大略，谓川省委员已到，正调齐阿墩子各处头人会同勘界，割归滇省，而敦住扎什独不遵奉，复再三开示归滇之后并不令中旬营官管辖，仍拨巴塘营官来滇管辖，伊始终抗拗，且率领数百人并马匹、器械等集聚喇嘛寺，名为会议，势甚枭张。而其宗、喇普等处又各具番信，急欲归滇，恐受敦住扎什之害，请兵防护。

查四川提督给有番民信牌，有不愿归滇，代为再奏之语，故敦住扎什恃以狂悖。钦差大人来时亦曾面言，巴塘营官差人到洛笼宗行营投递番信，有不愿归云南受中旬营官管辖的话，川省委员见势不能清交，已俱回省请示等语。而提臣郝玉麟并称："川提督咨文内明知昌波、奔子栏二处应归滇省，而进呈御览之册又造入川省巴塘项下，并未注明应割分滇省字样，以亲勘同议之事自相矛盾，甚不可解。据此，则前此之给牌情节显然。"等语。

臣接准川提臣周瑛咨，与郝玉麟咨札无异。窃思奔子栏等处既皆内附，则归滇归川均属一体。维圣主轸念边方，原使各图宁谧，而大臣仰体睿虑，讵敢作意区分？即番夷各怀己私，但知此疆彼界在权衡，应知大体，何得朝四暮三？乃尔持疑不定，至今交割未清。况或蜀或滇，岂可令头人自主？而孰远孰近，又早为属吏通知？惟上议既定，则下情自安。（**夹批：朕亦如此谕矣。**）在滇省不必相强，而川省则宜早图。臣意，但将敦住扎什调回四川省城，分拨巴塘营官一员属滇，着管辖奔子栏等处，则交割等事立可清楚。（**夹批：是极！当极！未曾想及此不即不离之料理。**）业经移咨川省督、提诸臣，并详札恳致，俟咨覆到日，自有妥议。

缘钦差鄂奇等回京覆陈情事，恐萦圣怀，先此奏闻。臣谨奏。

**朱批**：郝玉麟将此情由奏到，即诘问周瑛，但支吾乱道，毫无定见，平常人也。已谕岳钟琪，将敦住扎什调回川省。已议定之事，岂可任其自主？虽如此谕去，恐非奔子栏部落之情愿，或少生事端。今览卿此奏，朕毫不系念矣。

（《朱批谕旨》鄂尔泰奏折）

## 270  云贵总督鄂尔泰《奏报遵旨与安南定界后边关帖服折》
### 雍正四年十二月二十一日

云贵总督臣鄂尔泰谨奏：为遵旨定界，边关帖服事。

窃以安南国王前蒙圣旨，颁敕书一道，给以八十里地，于铅厂山下立界。臣随遵旨委员设关立界，九月十九日折报情形在案。荷蒙朱批："观此，伊甚不晓事矣。如此举行，观其光景者，有名得理可为者，属员奉行得人为要，临期应如何谕旨，密奏以闻。想卿自然筹画万全，合理而举行者。但南天祥聪明有余，汉仗亦好，恐年轻未谙，一一详悉，预给伊主见为要。凡事不可令其自专，而为听卿指挥方好。钦此。"臣跪讽之下，仰见圣虑周详，千筹万画总归一理。

安南国王唯其不通理，故不能晓事，今既奉敕谕宣示于上，臣复以咨文开导于下，彼即痴愚，亦当悔惧。故自建关之始以迄落成之日，臣止委知府潘允敏一员，带领夫役工匠前往监造，量拨兵四十名驻防关口，于阿空、隘棚、牛把黑、通事四寨，各安兵十名，以备稽查，此外并不许带一弁，神领一兵丁。而彼则始而畏疑，聚集五千人在都龙关，又将马郎坡所设营盘撤回，添设兵卒，带枪炮于铅厂山对面屯扎，增置卡房。而臣唯密嘱南天祥等简练精兵，在镇静候，任其枭张，声色不动。谕潘允敏，择吉于八月初一日，竖奉旨立界建关，大旗鼓吹升炮，动土开工，刊刻大石壁碑，书"大清雍正四年五月初四日，钦奉圣旨于铅厂山立界，凡河水上流以内村寨俱系中土，外彝不得越境侵扰"。又于各寨迳路立碑六通，各书"钦奉圣旨于铅厂河一带立界建关，凡客商来往，俱由关口，不得私从山迳小路出入。如敢故违，把守兵役捆拿解究不贷"。伊见名正言顺，且并无一兵，无所借口，胆落智穷，遂渐次解散。其建关之地距河岸一百零三丈，关墙高一丈六尺，厚八尺，正面及左右共长十三丈。关楼三间，高二丈八尺，入深如之。墙尽处接连木城，达左右山顶，各设瞭房一间，烟墩一座。墙上竖棋一杆，炮台四座。关前十二丈竖立界牌一座，高一丈二尺，书"敕建云南省开化府"，界旁列臣等官衔。关界既立，中外截然。至十月初十日告竣，至今不敢过问。虽前此有"专员赴阙，上达天聪，求伸抑郁"之语，料亦不敢妄渎，或复多事矣。

至于规模既定，其各扼要口隘，自应增立塘汛。臣已照会南天祥，亲往踏勘，于十二月初三日起程，务期筹画万全，为永远宁谧之计，以无烦圣虑。臣尔泰谨奏。

**朱批**：此事更奇料理矣，亦出朕之望外。大笑览之。但此事朕尚不敢信。

（《史料旬刊》第一册上，第128～130页）

## 271 云贵总督鄂尔泰《奉到貂冠、龙袍等物谢恩折》
### 雍正五年正月二十五日

云贵总督臣鄂尔泰谨奏：为恭谢圣恩事。

雍正五年正月十七日，臣家奴蒙恩赏给驿马，赍回钦赐臣貂冠一顶、四团龙补服一领、龙袍一袭、御书福字一幅、对联一幅，并苹果、文旦、甜橙、广橙、福橘三箱，哈密瓜二个，鹿尾、鹿肉、树鸡、关东鱼四篓，汤羊一只到滇。臣随率同在省文武官员郊迎至署，恭设香案，望阙叩头谢恩祗领讫。敬启恭请圣安一折，荷蒙朱批："朕恭甚安，今岁更觉健旺，皆皇考在天之灵赐佑之所致。冬至前后三天，大雪盈尺，朕甚欣幸，特谕，以慰卿怀。钦此。"及遍诵朱批，望臣最切，勉臣甚至，数复之余，不能仰视。伏惟圣祖之默佑，实皇天之照鉴，而至诚之感通。千里万里，有如响应，若贤若愚，均被钧陶。此则圣主之所独契，而凡具心性者之所知奋知愧，而且感且泣者也。

念臣身遭异数，无有伦比，午夜扪心，实惭不称。乃复邀殊典，赐龙补、龙袍，跪捧之下，益深惶悚。自顾何人，敢当兹非分？谨什袭供奉，并御书、各珍器永为传家世宝，俾子子孙孙共睹宠光，各思捐麋，以补臣之不逮。（**夹批**：览卿奏谢，知道了。）至于臣激切微忱，瞻依寸心，感颂之词，实不能著一语。惟有凛遵慈训，加意调摄，乘时节养，保此肉躯，竭此血诚，以仰副慈父委任期望、矜恤怜悯之至意。（**夹批**：君臣之情必至如此方是。其感而不应者，朕实不解。勉之！勉之！以副朕意。）更祈圣躬少就眠豫，勿过于任劳。臣读至"又系灯下字，堕泪披览"等字，（**夹批**：不妨，莫为朕过虑，实实从容料理，精神、饮食实加倍矣。灯下字之谕，以日间亦实无眠。朕立志以勤先，天下凡大小臣工奏折悉皆手批，外人亦不信。至于日间廷臣之面奏、折奏者甚繁，心绪亦不静，不如灯下可得如意。大概外来奏折，晚批者十居八九，此折亦系灯下所批。朕从幼夜间精神更好，非出勉强也。朕再不忍欺卿，可释此念一些，不必为朕忧心。）气咽涕垂，无以自处，此生此世实不能答报涓埃矣。除缮疏奏谢外，谨缮折赍奏，恭谢圣恩，伏乞圣主睿鉴施行。臣谨奏。

**朱批：**览。

（《朱批谕旨》鄂尔泰奏折）

## 272 云贵总督鄂尔泰《恭报雨雪折》
### 雍正五年正月二十五日

云贵总督臣鄂尔泰谨奏：为恭报雨雪事。

窃以滇城气候四时相近，伏不言暑，腊不知寒，三冬之雪尤不多得。仰赖我圣主轸念民依，远迩一视，躬耕祈谷，报稷劝农，以先天下，达于海寓，仁孝诚敬，上天鉴之，自郊畿之近，讫万里之遥，无不丕应，如响随声。今京师大雪盈尺，而滇中之雪亦前所希有。冬至前后，时气甚正，水能结冰。自二十二、二十三日为始，前后雪约可数寸，城外较大各郡县所报不一，大概得雪处多。十二月初十日，雪势尤溥，遍及滇黔。是日，臣正由威宁行八十里至黑石头地方驻扎，帐房次早布帏乍启，雪盈半尺，询之滇省，亦复不减。总计数月以来，天气虽多晴和，而风雨惟时，可称调顺。正月二十三日，春膏竟日，田畴沾足。现在蚕豆已收，麦苗尽茂，不独夏熟可望丰登，即秋成亦应占大有。谨附折奏，仰纾圣怀。臣谨奏。

**朱批：**深慰朕远念。卿具此丹诚，再无不感格上苍垂鉴、圣祖慈佑之理。都中今春雨雪亦邀数次，浩荡之恩泽矣。

（《朱批谕旨》鄂尔泰奏折）

## 273 云贵总督鄂尔泰《奏报奉旨就候补通判管旃折开内容议奏折》
### 雍正五年正月二十五日

云贵总督臣鄂尔泰谨奏：为覆奏事。

窃候补通判臣管旃一折，荷蒙颁发到臣。捧诵朱批："此条奏内，除勾去一条，或有可采择之处，发来卿看。钦此。"臣谨据愚见，备悉陈之。

一、汉奸宜禁一条。查边境逞凶，莫如顽苗，而顽苗肆恶，专仗汉奸，此两省文武所共知。而臣于长寨一案，已痛切言之，尽法处之。但苗之族类甚繁，凡黔、粤、四川边界，所在皆有。今安设营汛，兵苗错处之地，虽不能禁汉民之不相往来，而劫杀之风自可少息。其余无营汛之寨，专属苗夷聚处，原不应许汉民杂居，多借贸易之名，巧为勾通之计，自宜严行禁止，立为条约，遍告汉夷，夷民毋得容留汉民，毋得擅入。况保甲之法已行，则乡保、头人自应稽查地方，邻佑自应首告，使皆各有责成，违者并坐。而流官、土司亦各定考成。旧议，以拿获川贩十五名，准予纪录一次。夫川贩汉奸潜匿凶寨，非动官兵难以擒拿，又各分巢穴，并非聚集一处，则以一时获十五名，此最难之事。即或前后合算，能拿获者或不止十五名，然多由外结，并不报部。故虽有鼓励之典，而踊跃效力之员甚少。臣请嗣后，凡有擒获川贩汉奸，审明实有通同苗夷劫杀案件，每擒获一起，即加纪录一次，一切劫杀等事俱不得外结。有能告首川贩汉奸情实罪当者，其应加纪录之官，每获一人，赏出首人银五两，但不得挟仇射利，如虚，反坐。将不待三年，而川贩汉奸或可绝迹矣。（**夹批**：甚合情理。诸苗事宜料理有头绪时，不论何事，内附便题来。）

一、药箭宜禁一条。臣查凶苗所恃，惟有凶器。臣自亲行长寨，已将定广各寨凶器查缴无余，仿行通省，自可渐及。但查内地熟苗收缴颇易，边地生苗查缴甚难。若尽收熟苗之器械，或转受生苗之摧残，则外侮之来，反无以抵御，又不可不慎。今拟严定规条，通行各属，一切兵器只许收藏在家，以防盗贼，凡白昼出门者概不许携带。其有万不得已事，必欲夜行携带兵器者，先通知乡保、头人，告以欲往某处，携带何器，何时回家，乡约给以图书、号票，所过共几塘汛，则给以几号票，每一塘汛盘验放行，收票登簿，每月终，乡保至塘汛查对，凡有白昼擅带兵器及夜行无号票带兵器者，塘汛擒获，即行禀报，以盗贼论。倘有不行禀报者，即一同治罪。如此，则兵器虽不收缴，与收缴同。但须文武各员奉行严明，庶能有济。（**夹批**：此亦无可奈何之一着耳。繁难！）至于箭药，多自川粤来。现已严示，并密访饬拿。其拿白放黑之说，臣自受事后，即行严禁，犯者惩以重法。今此风虽少减，尚未能尽净，总俟凶恶土司、土目尽情惩创，一归法度后，则此患可绝。若不治其本，纵时加剪伐，恐旋除旋长，终非远计也。

一、仓贮宜谷一条。臣查积贮之法，谷原胜米。然实心任事，存乎其人，不但存七粜三可以长行，即青黄不接之时减价多粜，俟秋成买补，既可推陈纳新，并可岁增余息，则仓廪日盈，灾荒无虑，岂不更善？然每见一经官粜，则徒饱吏胥，民不沾惠，轻斗粜出，重斗籴入。官减价而民未受减价之利，官买谷而民实受买谷之害。此弊江浙为甚，云贵亦然。（**夹批**：直省皆然。）臣自莅滇以来，凡银折、印借、民欠、势压等弊皆渐次禁止，其有亏短，各属尽勒限完补，逾限不完者，即指名题参。今已各知警惕，努力急公。至于米应易谷，虽经通行，现在犹未能画一。应俟各仓清楚后，少待秋成，则一转移间，粮务可以就绪矣。

一、黔省鼓铸一条。臣查黔省地方地瘠民贫，故分毫出入必须较量。轻戥潮银所在通行，若换制钱，必先加戥折色，甚以为苦。况凶苗杂错，见财即杀人，往来行客尤未便带钱，故鼓铸之议不果行。至于黔省产铜原不止威宁一府，即不须运云南铜亦可以供铸。但开采矿厂，动聚千万人，油米等项定须预筹。若少不接济，则商无多息，民累贵食，一旦封闭，而众无所归，则结伙为盗，入寨为奸，诚不可不慎也。据臣愚见，必先开垦田亩，多积稻粮，则油米价贱，开采不难。而铜课既多，钱本不重，然后开局鼓铸，官私通行，则钱可当银，民自乐利，庶几可以行远。为现今计，似犹未敢轻议也。（**夹批**：便价贱，聚集人众，亦当详审而为之。）

一、书办拟批宜行禁止一条。查书办拟批原系锢习，缘上下文移非吏不谙，是否定例非吏不熟，故官不亲理，固全凭乎吏，官即亲理，亦半恃乎吏。江浙固甚，黔省亦未能尽除。殊不知吏等办事，则识见原卑。吏等见利则眼孔甚小，但知惟利是图，则亦何事非弊？纵有精明之官能自作主，而蠹胥奸巧，窥官之意指，乘官之懈怠，援例揆情，言之确凿，鲜有不为所愚者。该通判不准书办拟批之请，固亦清弊之一端。但官无识力，或少精勤，则内幕代劳之说，其弊实与书办拟批等。此诚居官之大戒，尤宜痛惩者也。总之，事无巨细，务宜亲看，查例查案，原应分任，或平或反，断须自主。（**夹批**：能此者几几？）惟据理按律，竭力尽心，俾胸中不执一成见，自权度不至于大差。至于才具庸惰，原不能自办，操守贪鄙，原不肯公办者，其弊又不止于衙书买缺、家人卖票矣。（**夹批**：是极。通极。总之，有治人，无治法。）

谨据愚见，逐条覆奏，伏乞圣主睿鉴施行。臣谨奏。

**朱批**：览。

（《朱批谕旨》鄂尔泰奏折）

# 274　云贵总督鄂尔泰《奏报进兵乌蒙及乌蒙、镇雄两土府现在情形折》

### 雍正五年正月二十五日

云贵总督臣鄂尔泰谨奏：为钦遵圣谕事。

窃乌蒙一事，臣于雍正四年十二月二十一日再经折奏，自臣委游击张鹤与投诚土弁禄鼎坤前往乌蒙，谕革职土府禄万钟赴审。去后，续据抄呈，禄万钟奉有川督臣岳钟琪印牌，调乌蒙土兵五千名协剿凉山，效力赎罪，求宽期赴审。随据威宁镇总兵臣孙士魁、游击哈元生、知府杨永斌称，四川永宁千总孟如林云奉川督臣印牌，准调土兵效力赎罪是实。

窃按改流之事，臣初意原欲缓图，缘岳钟琪既将禄万钟等请旨革职，与臣会审，复札致到臣，谓将来抗不服拘，嘱为运筹，预定共图厥成。则系奉旨钦件，又自不容少缓。为川省计，惟有密檄营汛，各路预防，一面密咨会臣，一面委员直至乌蒙摘印提审。如或顺来，则按罪定拟，倘行抗违，则合兵擒剿。国体所关，名正言顺，似无庸再计。臣愚，两月以来，仰赖圣主仁威，招致禄鼎坤来归，宣慰夷众，涣散夷兵，即土府母子亦屡欲投献，事已垂成。乃禄万钟忽接该总督拨兵印牌，见无革职会审字样，而乌蒙主文刘建隆、杨阿台等，镇雄范掌案、纽纽巴等遂有革职，并无明文提审，亦无员到，我们自属四川等语。臣料岳钟琪此举维系掉虎离山，欲先夺其巢穴，以便改流之计。殊不思禄万钟即出界，刘建隆、杨阿台必不肯出界，即便刘建隆等一同出界，遵调效力，则既许以赎罪，势难再行问罪。若竟行宽免，是特参革职、请旨会审之案难以了结。如仍行究治，则失信于夷人，所关更大。臣虽未准移知，不敢不愈加慎重，以谋万全。随一面将办事情形备细移知川省诸臣，并切札飞递，一面密交总兵刘起元并各将弁，俱限于十二月二十五日各自营起程，二十七日各驻扎所指汛地，相机行事，径取土府。臣随东川起程，于本月二十九日回署，示以缓势，以安夷心。

续据各员禀报，自臣回署之后，汉奸刘建隆、杨阿台等每日计议，整点夷兵，潜窥内地，且有镇雄之范掌案、纽纽巴等前往协助，带领二千余人来攻鲁甸，又有一千余人围绕后山，欲杀归滇之禄鼎坤，以坚众志。时左协游击张鹤已驻鲁甸，随分拨弁兵，与禄鼎坤带领土兵三千余人，由山坳往迎。夷贼闻四山炮声齐起，知官兵已到，众始溃散。总兵臣刘起元亦抵鲁甸，檄令游击张鹤及威宁游击哈元生、知府杨永斌等，一面整兵，一面招抚，直进乌蒙。而乌蒙各寨头目等沿途投诚者前后已三千余户，相约剃头者无算，各为宣扬圣德，播告天威，给以安插告示，赏以银牌、绸缎、布匹、羊酒等物，一时欢声雷动。贼等见大势已去，计无所施，而乌蒙之刘建隆、杨阿台，镇雄之范掌案、纽纽巴等，遂将万钟母子簇拥上马，并男妇数百名口、马匹、财物尽行搬运而去，又逼勒乌民相随从行，有行不数里或数十里逃回者甚众。是时，游击张鹤、哈元生，知府杨永斌等既驻扎土府，随将乌蒙仓库钱粮、户口、什物等件眼同禄鼎坤逐一查勘，只余枪炮、弩弓等件，并无多物。当即封固，仍交看管。而总兵刘起元亦于正月初二日带兵抵乌，随分拨兵丁跟踪禄万钟等去路。

续据寻沾营守备朱廷贵并禄鼎坤等行至戈奎河，拿获李三、阿固二人，手持汉夷两书，称系镇雄土府陇庆侯与禄万钟书，内有"云贵即有毒意，岳公爷自为作主，我们自然来盐井渡相会"等语，于是各将于老李渡、盐井渡、米铁、女白迭、大关屯等处分兵追擒。据报，获有刘建隆妻女等共八人，业交威宁府收禁。

臣看得乌蒙、镇雄互相朋比，唇齿为奸。今乌蒙已遁，土府一空，土地人民尽皆内附，势如釜鱼笼雀，安所脱逃？而镇雄怙恶不悛，土府陇庆侯年才十五，皆由范掌案、纽纽巴等为之主使，又有胞叔陇联星为之养奸。臣于进兵乌蒙时，即令取道镇雄，以慑其胆，又密令威宁镇臣孙士魁、知府杨永斌诱致联星。联星自知服罪，归命军前，愿求效力，两土府山川形势俱能熟谙，不独为镇雄前导，并愿为乌蒙前驱。臣以镇雄之有联星，亦犹乌蒙之有鼎坤，姑令善为羁縻，镇雄之势又已分其大半。复严饬各将并密致提臣杨天纵调拨健兵，一同会剿。俟庆侯擒获，则万钟愈孤，即奔命入川，实自投罗网。檄札才行，后于正月十四日接到岳钟琪来札，具言给牌之意，原以乌蒙负凉山为隅，故特差员假调兵为名，借以踏勘其通凉山之路，凉山平则后路绝。不妨少待，俟凉山事竣，即订期并进，先夺其巢穴等语。十八日，又接来咨，已令遵义协副将张玉带领官兵一千五百名前来听候调遣。川抚臣马会伯来札，亦称共调汉土兵三千名前来等语。总俟川省官兵一到，或授意诱擒，或勒兵立剿。维今之计，须先制陇庆侯及禄万钟，以乌蒙已穷，镇雄未艾，先难后易，一举两得，料此二凶皆可计日成擒，无烦圣虑。在臣与岳钟琪凛遵"和衷办理，务出万全"之明谕，两地一心，原无同异，缘岳钟琪远驻陕省，难知虚实，不得不少有迟回。臣以身经其地，亲见事机，不敢不勉效神速，总期宁谧边方，何分彼此疆界。

谨将现在情事据实奏闻，伏乞圣主睿鉴施行。谨奏。

**朱批：**所奏知道了。禄万钟已投到川省，岳钟琪即奏闻，欲问罪正法，改土归流。朕已批审明之案，一面奏闻，一面解送与卿，明白云贵未了案件后，方可定拟。连奏有二折，待回缴时将朕批谕随便发来，卿可密观，便知朕办事之道理矣。此事在岳钟琪略务巧些。彼意以凉山、冕山之事不就，乌蒙未能轻了，见卿调拨神速，似少有怪意。但皆存为国效力之心，即便争功，亦属快事，朕亦欣悦嘉之耳。内外大臣但患不争功也。戏笔！

（《朱批谕旨》鄂尔泰奏折）

## 275  吏部尚书以总督管理云南巡抚事务杨名时《沥陈误将密批谕旨载入题本情形折》
### 雍正五年正月二十五日

吏部尚书以总督管理云南巡抚事务臣杨名时谨奏：为凛奉严纶，沥陈下悃事。

臣接准部咨，内开：内阁交出户部议覆臣为滇省未完盐课一本，奉有谕旨。臣伏读之下，惭惶悚惧，寝处靡宁。伏念臣才识谫劣，遇事每多不谙。兹因清查盐课具本，缘此项欠课，经前督臣高其倬于查参事案内审明折奏，于雍正二年十月内咨行在案。迨承追盐课，二年限届，该司道查案详题，臣一时冒昧，惟恐有干朦胧混奏之愆，（**夹批：**心有所恐惧，则不得其正，此之谓也。）将密批谕旨遂尔照案载入本中。此实臣迷谬所致，非敢有别情也。（**夹批：** 似此等微文隐刺，寓春秋之意于朕前，讵人臣有谏无讪之义乎？）今臣恭绎纶言，凡折奏经批示发回者，不过据一己之见，即便批发，仰见圣衷至虚至公，不执成见。臣浅陋，不能窥测，抱愧实深。至臣积岁以来受恩逾分，（**夹批：** 辜负两朝高厚神明，早鉴知矣。积岁云者，汝意为平常事，故作此口头语耳。）日怀惴栗，叩乞皇上严赐惩处，俾臣心得以稍安，自此益加奋励，力盖前愆，（**夹批：** 瘅恶别愿，国家自有定宪。惩处二字，亦不能私擅，岂尔所得求请者？殊为玩视！）庶有以仰报高深于万一也。臣谨奏。

**朱批：** 览。

（《朱批谕旨》杨名时奏折）

## 276　云贵总督鄂尔泰《奏报镇沅夷猓放火焚烧府衙情形折》
### 雍正五年二月初十日

云贵总督臣鄂尔泰谨奏：为奏闻事。

雍正五年正月二十六日，据者乐甸办事游击杨国华报称："雍正五年正月十九日，据塘兵报称，镇沅夷猓不知何故鼓噪，突于正月十七日四更时候，聚众数百人，将衙门放火焚烧，威远同知刘洪度已被害，防汛兵少不能弹压，乞发官兵星速前来，免致猖獗。"等语。又据附近文武各员报同前事，臣随一面移咨提臣郝玉麟，一面飞调元江协副将张应宗、新嶍营参将曹登云、景蒙营参将李登科各领官兵星速前往，并照会临元镇总兵官孙弘本酌带本标官兵，亲赴镇沅确查起衅实情，相机剿抚。去后，又据景蒙营参将李登科禀称："据普威营分防把总何遇奇报称，正月二十三日，据镇沅各夷等诉称，镇沅府地方自雍正四年六月改土归流，百姓无不倾心悦服。不意刘太爷家人踢打人民，苛索银两，今日要草料，明日要柴薪，终朝苦打，每日谢银三四五钱不等，哀求才罢。故此，我们急了，才将衙门焚烧，并无别念，恳祈转报，赏行安抚等因。卑职已发示晓谕，再相机行事。"等语。

臣等查得，镇沅土府自改土归流已经八月，夷民帖服，并无异议，即刀瀚亲支凶恶头目心怀不甘，亦未露形迹。至威远猓黑一种，从不耕种，兼无房舍栖止，专以打牲劫掠为生，现有命案，檄令缉拿。岁内已据刘洪度报明，杀死猓黑一名，拿获五名，于镇沅府监禁在案。此案事由，或有以激变，或相约复仇，俱未可定。除俟文武委员确查起衅情由并不法罪状具报到日，另疏题报外，合先缮折，差督标千总裴弘道、（**夹批：** 裴弘道汉仗平常，人甚明白。伊自奏年已将满，若有可取，具题留用，若不及则已。）抚标把总常文芳赍驰奏闻，伏乞皇上睿鉴。臣谨奏。

**朱批**：据理而论，激、复二种情由皆有。朕前有旨，着严苗猓、黎夷之处分。岳钟琪奏折内已两次批谕：改土归流固系美事，然必委用得人，不令野愚、小民有避溺投火之想，方保永安长治。如谓兵威震慑之时视如禽兽，任意凌虐苛求，若令一思故主，所关甚巨等语矣。观此，刘洪度必有自取死之道，但伤及许多兵民，朕心深为恻然。当此振作之初，必酌中料理，疏而不漏方好。全赖卿措置得宜，料卿自无过不及之虑也。题到自有旨。乌蒙、镇雄一奏折留中。此事岳钟琪少务巧些，朕不甚取。此事俟题到，自另有旨。如川员畏难隐讳之处，当移知岳钟琪，不可回护。哈元生前取仲苗，赫赫有名，今乌蒙所效之力实出格外，具疏时可一一申明。若有副将缺或参将缺，当引旨题用。此番进取乌蒙，官弁俱甚属可嘉，题到，朕自加恩议叙。禄鼎坤不料如此改面革心，非但赎罪，兼当论功。可着实设法安插，令出望外，以劝将来。事虽就绪，善后务要得人，卿详细慎重筹画可也。闻杨国华人亦甚去得，未知果否？

（《朱批谕旨》鄂尔泰奏折）

## 277　云贵总督鄂尔泰《奏报乌蒙、镇雄土夷与官兵接仗情形并筹酌作何完结折》

雍正五年二月初十日

云贵总督臣鄂尔泰谨奏：为钦遵圣谕事。

窃以乌蒙一事，臣于雍正五年正月二十五日据实折奏。自禄万钟潜逃，镇雄土府协助，臣料非以兵威不能伏制，随经申饬官兵四路分布，一面追擒万钟，一面堵截镇雄。而两凶怙恶不悛，安设彝兵，各路埋伏。据威宁总兵臣孙士魁报称，游击哈元生差有千总马图、张元文、范玉岚，把总徐光显等，同探得有彝兵五六千人驻扎老李渡，分守各隘口，横行抢劫。据曲靖镇总兵臣刘起元报称，有把总吴启周带领汉土官兵前往老李渡侦探踪迹，至熊魁地方，遇有白女迭乌贼千余人潜伏劫抢，将土兵尽行冲散，官兵带伤三人，把总吴启周收集官兵，在老李渡驻扎，以候应援。于是，东川候补游击刘昆等星夜前进，追赶至倒江三湾，又有乌贼千余人放弩箭、擂石，邀截要路，官兵攻打前进，至义子村下营，有头人达智、长寿等率领属彝来军前投顺，听得对岸高山石穴中乌贼呐喊摇旗，有对敌之状。据头人等禀称，地名坡底罗坉，甚险要，有乌贼陈名哲勾结附近村彝潜伏拦截。游击刘昆乃遣令东川土目禄世豪、禄天钟、禄承爵、阿姆莱等带领土兵由后山捣其巢穴，汉兵约于前山接应。是夜戌时攻开深箐，贼皆逃散，拿获男妇二十九名口，牛三十只，马二十八匹。过熊魁，至深溪下营，遥见对山树旗掌号，枪炮之声不断，彝贼出没往来，势焰甚炽。时值暮夜，层崖绝壁，路径不熟，恐致疏虞，乃于对山施放大炮，作攻击状，先声远震，贼一夜遁去。次早尾后追捕，皆逃入白女迭险坉中。有老李渡、洗马溪头人阿业等率领彝众来投，愿为向导，于是前抵黄水河。河岸原有索桥，乌贼砍断，兵马乃涉水径渡。乌贼前来冲营，将土目禄世豪部彝斫伤三人，又在山头暗放弩箭，官兵枪炮齐攻，贼皆逃遁，遂直抵白女迭之前山下营。威宁游击哈元生带领官兵直抵白女迭后，路见有乌贼数千人，遮满山头，在发乌关扎木城堵截，不容前进。官兵乃即于关口枪炮齐发，山谷震动，乌贼彻夜营火满山。自发乌关路左一带，有三大山口，山形连合二十余里，俱系崇山密箐，峭壁悬崖，一望罗列，为白女迭之外护，于是相的山梁可以暂驻，即于次日卯时，量留官兵守定营盘，防范埋伏，堵御后尾，其余分作四路前进。一路千总陈万策、革职游击贺元吉等由第二山口登岭直上，一路千总李启唐等由路左第三山口登岭直上，一路把总燕仕科等由路左第四山口登岭直上，均作犄角之势，而哈元生则带领把总姚宅中、候补守备熊权等向发乌关直上。群贼于各山堵截，枪炮、擂石、弩弓、药箭逞凶拒敌，自朝至午不退，其第四山口左营兵丁王正乾及彝兵一名俱被打伤，贼势猖獗甚紧。哈元生等上至半岭，奋力争先，督兵直进，将发乌关立破，炮打死彝贼七人，仆地带伤逃窜者无算，遗下鸟枪、弩弓，仓皇奔命。复追赶二十余里，俱匿入深箐大林。天气将晚，未便穷追，即在白女迭巢穴择地下营。次日搜箐，获有白女迭头人一名墨帕并家人、马六匹、牛二十五条。乃镇雄土府陇庆侯乘官兵攻发乌关时，使头目洛泽等暗藏彝贼哨，聚土贼向营盘后尾攻击，赖官兵预防，旋复逃散。时游击刘昆传集向导，按山历问，有瓮铁地系乌贼白女迭所居，山有五叠，极其陡险，乌贼施放擂石，险峻难上。刘昆率领把总孔方、罗长生等带枪手官兵暗上山巅炮杀贼二人，标杀贼一人，又杀死放擂石贼一人，抵阿木直巢穴。值哈元生亦进地会和，复生擒乌贼者哺等，斩首三人，土兵亦杀贼二人，其贼首白女迭阿木直等俱皆逃窜。游击哈元生又带兵攻葫芦地，奋勇夺关，直冲而上，箭中一人，立斩其首。千总李启唐兵丁二名被弩石打伤，越一日殒命。带伤者二十余人，杀死贼三十余人，生擒贼十余人，擒获彝妇大小二百余人，牛马、枪弩无算。自午攻至酉时，遂夺其地。

毕赤营游击吴朝应、大定协署游击事守备何廷凤等将抵镇雄，闻镇雄土府陇庆侯母子与禄万钟约在盐井渡相会，定议欲逃至木甲寨藏匿。吴朝应等星夜赶至盐井渡，分兵把路，邀截堵御，禄氏母子又复先遁。守备朱廷贵及禄鼎坤等直追至镇雄，有生员胡国臣等九人并镇雄土兵数百人迎接界外，称："陇庆侯与伊母禄氏同主文王之瑜、胡掌案、雷主文、周维藩、胡阿备、王票儿、王双庇等带领兵马多人先后脱逃，府衙、仓库一空，其禄万钟则系镇雄范掌案、纽纽巴等接到白水江，原欲藏在木甲寨，见吴游击领兵前来，土母禄氏同王主文、王双庇等见势头不好，送他们出盐井渡，走筠连县，再看局势。"等语。朱廷贵与禄鼎坤随令千总王玺、百总林钟瑞将府衙、仓库凭客民陈参元等眼同封固。游击张崔亦到镇雄，同宣圣主仁威，严饬兵丁秋毫无犯，镇雄百姓渐次归来，各皆安集。

自禄万钟等逃后，陇庆侯等协助滇黔各官登高涉险，攻关搜箐，凡贼巢窟，无不深入，而川省将裨并不一通闻问。臣料两土府智穷势迫，非投川无路，屡经密檄川员，兼致手札，详道情事，并嘱以在滇务应严逼，在川不妨宽收，总期成事，勿分彼此大意。而川员亦竟无覆信。直至游击张崔密委守备马似龙、把总萧朝贵等沿途侦探，知土府陇庆侯带领人马于正月十七日，已潜投四川遵义协副将张玉行营，马似龙等随追过镇雄至古芒部，径到张玉行营面禀镇雄勾通乌蒙及官兵追擒，务祈摘印拘犯等情由。始据张玉称："陇庆侯于正月十七日在札西来见，已随带营内，其母禄氏同主文王之瑜、土巡捕蔡玉并胡阿备、王阿租、王票儿、李芳父子俱现在行营，并雷掌案、周维藩及土府印信都在我。"等语。而臣于二月初一日接副将张玉于正月十二日由永宁起程，报明日期一禀，系二十日封发，并未言及庆侯等到营事。又据威宁总兵臣孙士魁报称："正月二十四日，张玉到镇雄府，亲至张崔行营，面言陇庆侯印信于二十三日晚已摘取送赴成都，禄万钟于正月十二日逃至豆沙坝，遇着四川守备胡璡、千总夏成贤，十七日同到筠连县，送往成都。"等语。至二月初五日，臣接有张玉无印信手禀，与张崔、马似龙所禀无异，又称禄万钟于正月初七日遇川督臣委员胡璡，送至豆沙坝相近之黎山暂住，于十二日赴省，陇庆侯于正月二十二日具呈，情愿献土归流，并呈缴印信等语。而总兵臣刘起元等久驻军前，专候川员覆信，直至二月初六日各员来禀，仍未接川员只字。

臣窃念乌蒙、镇雄积恶累世，荼毒边疆，无敢过问，今仰赖圣天子神威，两府既定，二凶就擒，改土设流实无难事，但善后之图尤不可不慎重。在川督抚两臣戮力同心，与臣无异，而奉委之员始而畏难，继而隐讳，以早获之禄万钟匿不通知，一任官军深入，并不会合接应，倘有失事，臣罪奚辞？及臣已知备细，又将禄万钟径解成都，以缓时日。窃恐会审结案之期犹需数月，而改土归流之事未能即定也。正在缮折间，适接川督臣岳钟琪覆札，内称："据差员报称，禄万钟见云贵官兵入境，乃竟带领土兵私至小关潜藏，复至大关，拥兵居住。今差员等谕以利害，而禄万钟又见各路官兵云集，自知计穷势迫，愿随差员等来川投审，已于正月十二日起身前来。向令早为投到，自应将参案审理归结。乃始则观望不出，继以官兵入境，拥兵潜住，是其怙险抗拒，罪已不宥。此时若以该犯先发两省委员审理，恐案犯未齐，辗转悬案，且停留长智，或致迟误机宜。莫如将其违旨抗拘之罪具疏会参，请旨改土归流，从重归结，似属直捷。所有各路官兵仍可驻扎，统俟定议作何安设文武，流官应归何省管辖，并将镇雄从前不结各案乘此兵威，应作何料理，一并完竣，始可撤兵也。再镇雄之事应作何乘势相图，谅鸿才已有成算。昨接教言，业饬知领兵官并委叙永杜同知前往，听候指挥矣。"等语到臣。臣数接岳钟琪覆札，实系同心，毫无异见，虽尚未知镇雄已归消息，而均请改流，已有成议。除檄行两省委员将两土府土地、人民详细查勘，加意安抚，俟会同详议到日，臣等再会商妥议，合疏具题外，谨据实奏闻，伏乞圣主睿鉴施行。臣尔泰谨奏。

## 278 云贵总督鄂尔泰《奏请赴京庆祝万寿折》

### 雍正五年三月十二日

云贵总督臣鄂尔泰谨奏：为恭谢圣恩并陈愚悃事。

雍正五年三月初一日，臣赍折家奴蒙恩赏给驿马，赍回御赐臣松糕一匣，茶糕一匣，酥食一匣，熏猪、风羊肉一篓抵滇。臣随郊迎至署，恭设香案，望阙叩头谢恩祗领讫。谨启折扣，荷蒙朱批："朕恭甚安。自去冬以来，外缘顺序，身体更觉好。都中内外情形，一切平静。卿好么？钦此。"恭惟我皇上圣敬日跻，乾行不息，本忧勤惕厉之思，为仁育义正之治，内外平静，远迩攸同，都中情形自可想见。独念万几就理，圣躬过劳，万里臣心时切微虑。兹屡奉朱批"健旺安好"，实不胜欢忭，此固上瑞所从来诸祥之符验也。及遍诵朱批，臣不敢卒读，不能仰视，惟有对天指日，矢此血诚以自勉，悖负感谢谦抑之词，亦并不能著一语。更念臣自觐天颜，已逾一载，回忆陛辞之日，我慈父眷顾矜怜，时宛在心目，俯首泪垂。

现今地方事务，止镇沅、威远尚未宁帖，乌蒙、镇雄正须料理，计迟至四月俱可完毕。此外田亩、矿厂各件，业已选委分理，汇报总核，亦可无误。恳请圣恩，伏鉴愚悃，准臣于八月末旬起程，于十月中旬抵京，俾得随在廷诸臣庆祝万寿，并面陈一切，恭聆圣训，则依恋私忧得以稍申，而封疆重寄亦知所自效矣。伏乞圣主睿鉴，俞允施行。臣谨奏。

**朱批：**今岁万寿节，朕不受礼。地方事务虽少就绪，正资料理。卿之欲来见朕，朕知发乎至诚，非具套文之可比，而朕亦实想卿。凡诸外用大臣陛辞，朕不忍别至于落泪者，惟卿一人耳。况我君臣年纪，他日欢聚有日，当权轻重而为之，不必作儿女态。可静心治理地方，今岁不必来。

（《朱批谕旨》鄂尔泰奏折）

## 279 云贵总督鄂尔泰《奏陈东川、乌蒙、
## 镇雄安镇设营并添设州县折》

### 雍正五年三月十二日

云贵总督臣鄂尔泰谨奏：为钦遵圣谕事。

窃土府一案，于雍正四年十二月二十一日折内蒙荷朱批："为此一事，朕不能释怀。万不料其如此完结，实非人力。朕惟以手加额，心叩苍穹，我圣祖、君父在天之灵赐佑

耳。此事岂不用张弓持矢所能了者。国家祥瑞之事，卿之奇功也。朕之庆喜，笔难书谕。"又奉朱批："岳钟琪已奏，从滇料理为便，自然就近归滇为是。题到有旨，卿只管奉此旨筹画料理。钦此。"臣伏念乌蒙、镇雄两土府扰害边疆，为患三省，数千百年来，稔恶已久，今仰赖圣天子大知大孝，诚无不动感？而遂通邀苍穹之鉴，慰圣祖之灵，使两土府闻风授首，汉土腾欢。计滇黔进兵之期在上年十二月二十七日，而得乌蒙土府在是月二十九日，禄万钟等之投川员在正月初七日，得镇雄土府在正月十四日，陇庆侯等之归川营在正月十七日，两旬之内二酋同归，实非人力所能为，臣何敢冒功？所惜汉奸、恶目人等恶贯已盈，自绝于天，不能见几于早，既已蹈苗民逆命之罪，岂能免防风后至之诛？故虽献土归印，难赎前愆。若不将两地汉奸、恶目人等尽法惩治，并土府等移置内地，绝其根株，则虽改土归流，而余风未殄，终贻后患。

至于改流之后，据臣愚见，东川、乌、雄三府应总设一镇，以资控制。东川现有一营，镇雄应添设一营，以资声援。乌蒙仍设知府一员，鲁甸地方添设一县，镇雄府应改设一州，归并乌蒙府属。其安镇设营所需官兵粮饷，臣现在筹画，抽减那凑，亦所增无多，统俟奉旨到日，一一详议，具疏题请。臣务当尽力料理，俾得一劳永逸，以仰纾圣虑。除将两土府底定情由另疏报明外，谨具奏闻。臣谨奏。

**朱批：** 筹画甚是妥协。今滇黔数处改土归流，新定苗夷正资弹压。乌蒙、镇雄等处扩地甚广，应添兵处，不可惜此小费，当谋一劳永逸，万不可将就从事。俟归化日久，一切如内地一般时，再议减撤，未为不可。当知朕意，料理可也。

（《朱批谕旨》鄂尔泰奏折）

## 280　云贵总督鄂尔泰《奉旨议覆四川永宁协副将张瑛条奏折》
### 雍正五年三月十二日

云贵总督臣鄂尔泰谨奏：为覆奏事。

窃四川永宁协副将张瑛三折，荷蒙颁发到臣。捧诵朱批："此系张瑛条奏之三折。朕观此人愚俗蠢夫，但向日声名甚好，亦不可以人废言。尔等现今整理乌蒙之事，或有可采处，发来卿看，岳钟琪亦照样发去矣。有可采处取用，若无用之论，不必逐款回奏。钦此。"臣谨据愚见，敬陈大略。

一、各营盔甲宜亟补造一条。臣查营伍器械，除盔甲外，火枪、刀箭尤为紧要，旗帜、帐房、锣锅等项皆当齐备。边方承平日久，一切废弛，军装不整，诚如该将所虑，但据称饷乾既不敢扣，公费又无赢余，欲请补造，束手无策等语。臣查标营公费原可腾那，倒毙马价亦有余剩，若提镇不受礼节，将弁不肆侵分，补造军装无不足用。如必请动正项或又寻别项，恐弊将百出，后且难继。况一切军器，原取坚锐，并以壮观，近见所造盔甲、枪刀等件多不堪用，有名无实，将欲谁欺？应如该将所请，敕谕总督、提镇，设法努力补造完整，以儆废弛者也。（**夹批**：通谕，不如朕随便而谕于事得实益。）

一、已归流之土民宜从国制一条。据称归流百姓仍听土目管辖，席其椎髻裹毡之旧，宜令剃头改装，分设里长、甲首，令百姓轮流充当，土目俱迁腹地等语。臣自长寨之役，凡各寨投诚，前后剃头者已数千人，及乌蒙之役，各土兵情愿剃头者又数千人，率皆出自本心，并非有所逼勒。若强令遵依，各不情愿，将恶猓、凶苗与齐民无别，恐为齐民害。至于既经归流，则把目、伙头之名自应改为里长、甲首，但必将土目俱迁腹地，令百姓轮管，夷民恐两不相习，转难宁帖。臣愚以为，抚夷之法，须以汉化夷，以夷治夷。即如土官，类多残刻，而夷民畏服并无异志者，此正可以转移之一机。但使流官大破因循苟且之习，力存委曲开导之意，则积久渐入，知尊知亲，生杀惟命，（**夹批**：甚是！）而形迹名目之间俱无庸置议矣。

一、永宁、乌蒙宜酌量归并一条。臣查贵州永宁县系威宁府属，为黔蜀交界之地，两省边境所关，当日设县之意，原以两省声息可通，犬牙相制。若以此县归川，则直至毕节县方有黔员，势必另立一县与川接壤，以清界限。此不独城池、学校、衙署、仓库皆须另建，即防汛亦须另增。似不若仍旧之为便也。至于乌蒙土府，亦不应归并威宁。（**夹批**：好。）臣恭候圣旨，无庸另议。

一、东川府宜及时振作，以图久远一条。查此条内应行诸件，臣已于东川事宜折内详细陈奏，统俟乌蒙、镇雄会勘之后，再通计合算，逐一确议，分析条款，具疏请旨。（**夹批**：览。）

一、乌蒙、阿底构怨，土府万钟应留一折。臣看张瑛此奏，严于阿底，恕于乌蒙，请宽禄万钟，不及刘建隆等，颇有私心，未是公论。前岳钟琪委伊会审，移咨到臣，续准咨移复改委张玉，送伊赴京引见。料闻其议论，知其无能为也。查前乌蒙土官曾抢阿底土官之女，从此结仇，互相劫掠，威宁不能禁，阿底、川省亦不能制，乌蒙所谓排解二字，正所以驱之斗耳。臣前过威宁，酌调阿底土兵时，禄在中等踊跃争趋，相率剃头改装者甚众。今乌蒙既定，诚恐在中等欲乘此复仇，横肆劫掠，随已通饬文武官员严行禁约，谅皆遵依，不敢妄动。其归流地方仍系土目收纳、提调之处，自应改正，但非止阿底一区，亦须缓理。其禄鼎坤系土府嫡派，纵恣狡黠，夷目惮畏，实属乌蒙渠魁，欲谋土府，亦属实情。臣悉此情节，故先设法诱致，以贼拿贼，而乌蒙遂不能支，此人终不可留，以贻后患。臣意，欲俟设官安营一切事定，然后乘其有犯，一并擒除。谅同腐鼠，亦必无所逃遁。至于禄万钟，童稚无知，原不必律以重法。而刘建隆主文三世，一手把持，恶目杨阿台、白女迭等俱其党羽，一听指使，残毒汉夷，贿赂官司，无所不至。若不将土府安插内地，将恶类案拟明刑，即改土归流，犹难善后。（**夹批**：公当之论。朕亦觉此光景，谕岳钟琪者已数次矣。）该将乃请将禄万钟革职暂留，俾仍约束土人，是谁贻祸害？川员姑息，类多此意。岳钟琪自有定见，决不为所摇惑也。伏候圣裁。

一、黎州等处猓蛮一折。臣查制伏猓蛮，须用雕擒之法。前于长寨案内业经条议请旨，镇臣赵儒如果能权宜，自应任其调度，免致掣肘，以待成功。至该将所称先之以宽大禁约，汛防官兵等不得希图小利，启衅生隙，庶猓蛮滋事无以借口等语，此实系边省通弊。治夷要务，四省大吏皆当勤勤体察，严饬属员，奉为枢机者也。（**夹批：原当如是者。**）

以上各条，谨据臣愚见，分析覆奏，伏乞圣主睿鉴。其松潘城池、商茶二条，臣不深知情形，未便妄议。合并声明。臣谨奏。

**朱批：**览。

（《朱批谕旨》鄂尔泰奏折）

## 281　云贵总督鄂尔泰《遵旨议奏候补通判程廷伟条奏积谷、垦荒事宜折》

雍正五年三月十二日

云贵总督臣鄂尔泰谨奏：为覆旨事。

窃候补通判程廷伟一折，荷蒙颁发到臣。捧诵朱批："此折所奏，或于地方事宜有益否，发来卿看，酌用。钦此。"

臣按积谷一条，据称："瑞州府所属高安、上高、新昌三县地方褊小，民鲜盖藏，请于三邑常平仓外近水乡村各设社仓，于库内支银三千两，买谷存贮，俟来岁夏初，照时价每石减五分粜济民食。所粜谷价，除归原项外，计得赢余若干，该县造册报府并布政司，转申巡抚，咨部存案。其赢余之银，俟秋收添买谷石，岁以为常。如此，不数年而仓有余谷，库无损帑。倘行之果有裨益，则凡产谷之处皆可通行，不仅瑞州一府。"等语。

臣查此法，行之江西等处，米谷出产最广，水路四通，客贩其众，库原有余帑，农原有余粟，贵粜贱籴，上下交济，用意本善，事属可行。（**夹批：所论甚是。**）但奉行不善，于地方无益。若通行他省，更有势不能者。臣愚以为欲行此事，在得其人，在因其地，在酌其时，请敬陈大略。凡州县官皆民父母，现银买米，谁不乐从？然官不亲买，必假于吏胥。发银之时，层层克减，收米之时，事事需索，是民间之米卖之民间者，恒得常价，卖之官府者什仅得八九，及夏初出粜，官减五分，吏胥不敢不减，而重戥轻升，百姓实不敢不依，虽大张告示严切晓谕百姓，亦唯有甘自隐忍，敢于告吏胥者百无一二。本官方自以减价粜谷，平斗便民，殊不知百姓受累已多，甚至串通客商，尽卖向外省，本地米价从此愈贵，累民更甚。此行之在得其人也。各地产谷多寡不同，水陆远近亦异，若或限以定额，各支库银数千，采买如常，毋论如滇黔二省每州县岁额多不及千百两，民间亦并无多谷，难以照行。即就江西一省论，恐亦难一例。臣前任江苏，深悉此弊。止可济以权宜，不可著为例额。此行之在因其地也。至于时有丰歉，岁无尽登，今于夏初之间以所买之谷减价粜出，据数报部，秋成买补。设岁一不熟，即使价增于前，亦复无谷可买，而仓储亏空，恐干参罚，自必报荒求宽。至来岁买补，部议不允，则官实受累，部议若允，则端不可开，均有未便。即半收半歉之岁，谷不能贱，而官必欲买补，甚至勒卖。而吏又狐假虎威，四路搜括，如同缉逋，民间有谷不敢不卖。（**夹批：朕亲政此数年看来，凡诸治道，惟在得人，实实有治人无治法。**）然而饔飧不继，势且无以自给。此行之在酌其时也。得其人，因其地，酌其时，庶几有益。不然，即存七粜三之例，法良意美，而或属员朦混，上司因循，将名为粜官米，名为买官米，实为不肖官吏掩饰亏空，捏称民欠之资，此弊各省皆然，云南尤甚。臣受事一年，已知备细。欲概行纠参，则一经革职，十无一完。臣以钱粮为重，又不敢不稍有顾虑。因严切开示，仍佯为不知，密嘱司道等勒限清还。除调顺宁府韩钟业经题参外，现今完米者十有六七，以银抵米，仍待买补者十有八九，俱限于闰三月内完抵。臣看此辈习染深重，终难振拔，拟于限满日通参，请旨一概解任，勒限完补。限内全完者酌量开复，逾限不完者革职治罪，庶于事有济，亦于法无损。但云南万里，铨官赴任动须半载，临时委署亦难得多人。（**夹批：是。俟人到，酌量举行。**）恳祈圣恩，于记名贤员内府、厅、州、县预命往十数员，着臣按缺委署，分别题补。（**夹批：是。拣选发来。**）则既无旷官，自无废事，又不止积谷一项可以清除，可以调剂矣。

又垦荒一条，据称："云南丽江，其地向为极边夷郡，地土寒薄，耕种惟宜杂粮，而夷民所食亦惟杂粮。凡平旷之处尽可广种，其沿江地方，如九河、石鼓、巨甸、塔城等处，其地稍暖，颇可种稻。"等语。臣惟垦荒之法，系民生第一要务，到处皆然，不独丽江。即以丽江论，亦不独九河、石鼓、巨甸、塔城等处。臣查丽江各里可开垦者，以阿那湾为第一，刺是坝为第二，吴烈里为第三，他如桥头、茨柯、河西、阿喜、树苗、托丁、南山等处，皆可开垦。但么些等夷不谙耕种，兼苦地寒，臣已饬丽江府元展成现在招垦，并教以作粪挽灰之法，目今渐有头绪。即推之他府、他省，荒田、荒地所在皆有，所以弃而不垦者，总缘荒芜田土非属在边隅，即并无水道，有田者不肯远种，无力者不能自种，且抛荒之地向原无业主，一经开垦，则群起相争，甚至伙众抢割，结讼不休，而地方官又并无条例可以约束，可以鼓舞。此荒田甚多而垦荒者甚少也。

在滇黔二省旷土尤多，如黔之威宁，地土较寒，不种稻谷，即杂粮亦少。臣经历其地查勘，城南有海子地方，若疏浚河道，可开田数万亩，计费不过三千两。臣回署后即札致抚臣何世璂，现已捐银一千两，臣再捐二千两便可足用。（**夹批：卿等急公，为地方捐助，虽是，然非长计，况力量亦有限。或应动正项，或即将卿等所议题明，如何鼓励捐助，方可。**）因威宁知府杨永斌现在军前协办粮务，尚未就理，俟河工告竣，亦用石灰暖土，竟令种稻，以视杂粮更为得济。如滇之东川，田畴尤属平衍，有蔓河、者海二处尤为沃壤。臣已捐发三千两，先买水牛一百头，盖房六百间，招民开垦，酌给牛种房屋，复给以现银，为半年食米之费，其自外州县来者，又给以盘费，为搬运行李之资，现今招集已有四百余户。续准管抚督臣杨名时亦捐三千两，司道以下各愿捐输，约计共有万金，二处开垦已可足用。但两省地广，力不能遍及，若止出示招垦，恐无力者终难应募。臣拟恳祈圣恩，略示鼓励，酌开捐款，庶边地渐少荒田，穷民皆有薄产，群知力田之荣，各为治生之计，滇黔两省永沐圣泽于无既矣。（**夹批**：甚好！具题来。）

除垦荒一件，臣当再加详议，会疏题请，敕部议覆外，（**夹批**：好。题到有旨。）谨缘覆奏，一并陈明，伏乞圣主睿鉴施行。臣谨奏。

**朱批**：览。

（《朱批谕旨》鄂尔泰奏折）

## 282　云贵总督鄂尔泰《报明镇沅夷贼勾通威远夷猓横逆，遣发官兵擒获情形折》

雍正五年三月十二日

云贵总督臣鄂尔泰谨奏：为报明夷猓横逆，遣发官兵擒获情形事。

窃照镇沅夷贼勾通威远猓黑，于本年正月十七日夜放火焚烧衙署，杀官劫课，纵囚作乱。臣据附近地方文武官禀报，即与提督臣郝玉麟各调遣官兵前往剿擒，并查起事情由。去后，一面檄行粮道拨运附近仓米以济军食，一面与管抚事督臣杨名时联衔奏报在案。据临元镇总兵官孙弘本、元江协副将张应宗、新嶍营参将曹登云、普威营参将邱名扬、景蒙营参将李登科、臣标升任游击杨国华、元江府知府迟维玺等陆续呈报："带领官兵、土练前往镇沅，贼人分布把住要隘，意在拒敌。据新府住民并差去打探之人回禀，系镇沅参革土府刀瀚族舍目把、衙蠹人等，或称署府刘洪度编粮苛刻，或称洪度家人勒索银钱，威逼寨民，致奸民同谋不轨，其为首者系刀西明等，纠合猓黑共千余人，放火劫杀等语。当即揭示各村寨，许附和夷民将主谋造意之人擒拿首报，准免其罪，并遣拨弁兵将威远、普洱、者乐一带凡通镇沅隘口严加堵截，毋令越界兔脱。屡次招谕投诚，乃各贼自知谋叛已成，又勾引邻境，协令同谋，而威远头人刀国相等不肯从逆，回书拒绝，到营出首，各贼益加猖獗。巡至营盘山后，见林中箐下有贼四五百人，各带器械在彼埋伏，即发弁兵前往邀堵。贼竟鸣角放炮，呐喊来迎，我兵放枪打死贼党三人，贼众始退，拿获逆目袁正纲等。把总洪朝望等行至优里山，有贼千余人拒敌，及被兵截散，当晚复来劫营，活拿叛贼余老二，供'同伙夷人有五百，窝泥有四百，猓黑有三百，大头猓猡有二百，摆夷有四百，领头是土官的老兄弟刀应才、圈猡的周猓猡、黄庄的张把司。我们山背后的猓猡原说到镇沅再齐些人，还要打者乐，出景东去'等语。各将查访既确，议以元江协副将张应宗带领官兵，由他郎界牌中路直冲其前，新嶍营官兵由哀牢、者乐横捣其左，景蒙营官兵出景谷，至抱母，径断其后，普威营官兵于威远各井分御其右，订期于二月十四日会同进兵，直抵旧府。众贼各皆逃散，惟革职土府刀瀚之子刀辅宸带领夷目刀沛等十数人迎接，随入土府。十五日，据刀沛等带领刀西明、刀西进赍部颁府印一颗来行营投献。提标游击曹士贵带领兵丁往御猛统、圈帖要隘，路获二人，搜出王吏目钤记一颗、关防一颗，随将府印交署镇沅府事、师宗州知州章元佐赴任受事，将要犯刀西侯等各设法拿获。有头人刀波幸、陶小保自首，献出盐课银二封，起出贼人皮甲二身、皮盔一顶、官兵鸟枪一杆、盐课银七十两、贼人收银簿一本，分出刀枪单一纸、把隘议单二纸。查阅贼簿，所抢盐课共重一百三十五斤，劫去发散各贼，数目开载甚明。又按簿搜追，于二十九日，差把总吴起鹏等拿获户猛寨伙贼陶小五等，共搜出课银八百五十七两四钱，左插刀九把，盔甲、器械、盐课、帐簿，俱交署府收贮。盐井大使沈大伦、王廷伯等各皆回井查点盐斤，渐次搜获，俟另册清报。先后投诚各夷民俱各安插，在逃各贼现在分兵追捕。"等情各到臣。

臣查云南鲁魁山接壤哀牢，向住各种猓贼，招出杨、方、普、李四姓贼目，授以土职，安插于元江、新平地方，管辖猓夷，日久弊生。其子弟、宗族倚土职之势，压制猓夷，反为讨保头钱之桩主，各占地方，抢杀相寻，官兵进剿，遁入威远土州及普洱等处，莫能追捕。先经前督臣高其倬拿获索保之马德，即行处死。至雍正元年，猓贼大头目方景明、普有才等率众作乱，当经发兵剿擒、处决、发落，尚有普有才脱逃未获，附和之猓夷亦未尽剿灭。虽设立普威营官兵控制，又将威远土州改土归流，而夷性狡悍，野贼之患仍未能消弭。臣于上年二月到任后，体察夷情，检阅旧案，随经宣布皇上德威，再四推诚开导。不意野贼白得愍不畏死，犹敢纠众行劫杨文魁等家，并杀死开厂者八人，俱经报参疏防职名在案。臣密令新平文武调遣兵练查拿，白得等先则逃避深山，继则执械拒捕，致被兵练放枪打倒，枭取首级，拿获窝主李毓芳并白得之伙盗，现禁省城审招。臣赴黔之后，又两次据报威远猓贼放火杀人。是以臣又令署镇沅府事、威远同知刘洪度查拿，已获猓黑五名，又杀死一名，故猓黑之衔恨洪度者由此也。

又按板、抱母二井，从前为野贼及土官、土棍所踞，不但无分厘归公，兼之野贼骚扰，商贩不前。嗣经前督臣高其倬驱逐整顿，商贩疏通，一年出盐四百余万斤，获息两万余两，以充兵饷。普洱一带又报出土井数处，向亦野贼阻挠，擅自取利，继被清查归公。刘洪度补授威远同知，剔厘盐弊，严禁土棍把持需索，故土目人等又不无衔怨。

至于镇沅一府，前未设有流官，土府刀瀚恃职肆横，凌虐夷民，滥行科派，擅责井兵，夺有夫之妇，占期亲之妹，种种不法。所以臣密委杨国华同刘洪度拿解赴省，特疏纠参，请旨革职发审，即委刘洪度往署府事，改土归流。洪度查田编赋，或立法过严，而刀瀚之族舍土目冀图报复，遂借此惑众，威逼寨民，勾结猓黑，公然蠢动。今虽倡乱要犯已获者共五十人，未获者止刀如珍、陶正纪等数人，招回夷民已三千余户，但临元镇辖一带地方各种猓贼不法已久，若不趁此擒剿，除暴安良，边境终难宁帖。臣现在严檄各领兵官，务捣巢穴，以尽根株，毋得仍存姑息，更贻后患。现获各犯与续获者，令解赴省，听臣与管抚事督臣杨名时亲加审讯，如系主谋巨恶，即行正法；逼协附从者，分别发落安插。除现另疏报明其一切善后事宜，并调遣过官兵、用过粮饷以及被贼伤死兵丁数目，俟查议会题，造册送部外，所有夷猓横逆，遣发官兵擒获情形，合先折奏，伏乞圣主睿鉴施行。臣谨奏。

**朱批**：此一事，未免当日料理不曾彻底之所致。朕前谕"凡改流之处，更当留意"者，正恐有此等复作之虞。今经此一事，乃转祸为祥，便地方微弁亦自知检束。孰肯舍性命而为非也？今既就绪，朕转喜此事之发露也。但伤如许人命，未免恻然于怀然，亦其自取无奈之举也。题到有旨。

夹片：十二日巳刻，臣缮折毕，正在封固拜赍间，适提标游击曹士贵、楚雄镇标守备施善元裹到，据称：本年初四日，在平寨地方拿获贼首刀如珍并妻女男妇共九口，已解赴临元总兵官孙弘本行营。查刀如珍与叶在皋、刀西明、刀廷贵等俱系首恶中之首恶，业俱经拿获，余贼谅无所逃遁。合并奏闻。臣谨再奏。

**朱批**：首恶尽获，可快之事。当审明严惩者。

（《朱批谕旨》鄂尔泰奏折）

## 283　云南总督鄂尔泰《奏请将鹤庆府通判移驻维西，剑川州添设州判一员驻扎中甸等事宜折》

雍正五年三月十二日

云南总督臣鄂尔泰谨奏：为奏明事。

窃照湖广所属之五开、铜鼓、平溪、清浪四卫，奉旨归黔管辖，原防四卫官兵应行撤回之处，臣已准署总督、都御使臣傅敏咨商会题，所有五开、铜鼓二卫自应将黔省黎平协官兵拨防。查黎平悬处彝薮，该协原设副将一员、守备一员、兵丁六百二十名，从前止一府一县，尚虑不足弹压，今加五开、铜鼓两卫，地方愈加辽阔，若止以从前之兵零星分布，未免顾此失彼。应于黎平协添设守备一员，分为左右两营，添兵三百八十名，以敷一千之数，分防五开、铜鼓各紧要地方。但应增兵丁无可抽拨之处，应请旨添设。其平溪、清浪二卫，必得大员驻扎，始有裨益。

查思州府地方昔与楚属接壤，原为黔之边地，今平溪、清浪既已归黔，则思州即系腹里，应将镇远协分防思州之游击、把总、兵丁移驻平溪卫防守。其清浪卫即于分防平溪官兵内拨防，思州府于镇远协内拨千总一员带兵防守。再平溪、清浪卫官无刑名之责，向俱移送沅州等州县审理。今改隶思州府管辖，应照五开、铜鼓改卫为县之例，将平溪、清浪二卫改为二县，一切刑名、钱谷各专责成，并各设典史一员，以供巡缉。至于卫学教授，应改为教谕，颁发知县教谕印信学记。臣咨商提臣杨天纵，批行按察司富贵，准咨覆详无异，已于本年二月十九日会疏具题在案。

又贵州安顺府东南四十余里有城，名安顺州，乃明朝土知州张洪烈改土归流之旧治，地方辽阔，人烟辐辏，向未设有职官。而衙蠹、土棍把持武断，窝藏奸犯，欺凌良懦，无所不为。臣前赴黔省访闻既确，随与提臣杨天纵面商，并嘱伊查覆。兹准覆称："细审其地形，势宜立一营，设守备一员、千总一员、把总二员、兵丁三百二十名驻扎安顺州，名为安顺营，提标坝阳等四汛归并管辖，守备、千把请另添设。其兵丁在坝阳等四汛原有三百二十名，可以分防，毋须议增。"咨请会题前来。（**夹批：应议增者，不可惜费。**）臣查其地汉彝杂处，更需文员协同料理。安顺府城内有道、府、县等官，应将安顺府经历移驻安顺州城内，兼以巡检职衔，稽查匪类，缉拿盗贼，则地方事务亦可无误。现拟缮疏会题。（**夹批：览。**）

又前督臣高其倬题请于中甸安设大营，兼设抚番清饷同知一员、经历一员、巡检二员，原以中甸可开鼓铸，可垦田土起见。臣咨访中甸，虽地方辽阔，然天气寒冷，不能种植，前所招佃民久已逃散，且铜厂息微，公私无益，业经题明封闭。查维西一带地气和暖，可种稻麦，况内接鹤丽镇剑川协之汛防，外通西藏，实系扼要之区。应于维西建立大营，设参将一员，驻兵四百名；中甸设守备一员，驻兵二百名；阿墩子等处分设千把并兵丁共四百名防守，止需添参将一员，其余官兵在鹤丽镇标、剑川协、援剿协抽调移驻。中甸同知、经历等官俱可不设，将鹤庆府通判移驻维西，剑川州添州判一员驻扎中甸，足可弹压料理。现在分案具题。（**夹批：好。**）

又交阯分界建关一案，据开化镇总兵官南天祥呈称："承准照会，亲往查勘，除久定之汛无庸更易外，立碑分界处共有九寨，悉皆层崖峭壁，密箐深林，宵小最易潜藏，非增兵不能弹压。应于本标三营内公拨官兵一百名，派出守备一员，轮流统率，驻扎铅厂河新立关内。其马街旧设把总一员，在汛兵丁一百名，乃在左营汛辖，今边界既展至铅厂河，则马街又属内地，应将原设马街汛弁兵移驻马鞍山，与铅厂河互相犄角，联络声援，俾得建威消萌。"等情。臣查交阯情形，现已平静，拨兵移汛，自应及时。例批布、按二司查议，俟覆到具题。

又武举向有随标旧例，后经停止。今据滇黔两省武举纷纷赴臣衙门具呈，咸称云南、贵州地属遐荒，武举并无恒业，进京盘费艰难，每遇会试之年，不免向隅而泣，恳复旧典。臣思武举亦在乡绅之列，殷实者少，贫乏者多，既不能上进，又无以资生，遂甘自废弃，多玩法妄行，为地方害，亦宜有以安置之。现将两省武举题请，仍准随标效力，量材录用，仰恳圣恩破例允准，于地方营伍似不无裨益。

以上数件，事关添设官兵，更易例制，相应具折奏明，伏乞圣主睿鉴施行。臣尔泰谨奏。

**朱批**：览。

（《雍正朝汉文朱批奏折汇编》第九辑，第232～234页）

## 284　吏部尚书以总督管理云南巡抚事务杨名时《奏报<br>俟新任抚臣朱纲到任后即起身赴京折》

### 雍正五年闰三月初八日

吏部尚书以总督管理云南巡抚事务臣杨名时谨奏：为钦奉上谕事。

臣准吏部咨开："奉旨：云南巡抚员缺着湖南布政使朱纲补授。朱纲到任后杨名时起身来京。钦此。"咨移到臣。臣闻命之下，不胜欣跃，望阙叩头谢恩。

窃臣忝任封疆，去京万里，我皇上御极之初，恭疏陈请入觐，未蒙俞允。幸今年十月万寿圣节，恭遇齐天大庆，臣欣忭情殷，冀随侍从班末，共效嵩呼。（**夹批**：朕以凉德践阼未久，有何深仁厚泽被及斯民而泰然受天下臣工之庆贺耶？尔等诸臣若毫无爱敬之诚，徒为虚文套语以相称颂，朕唯哂之而已，实不入目。）正拟缮折，恳吁圣慈，准臣诣阙行礼，今钦奉谕旨，令臣俟新任抚臣朱纲到任后来京。臣计瞻天之期伊迩，喜恋主微诚，从兹得遂一面将臣任内应行事宜上紧料理，催造奏销军需册卷，并稽查仓库钱粮，以俟交代。（**夹批**：此时方云上紧料理，则向日之怠忽不言可知矣！身任封疆之寄，年来所为何事？而于交代卸事时始催造稽查，纷纭未已，岂不大可胡卢耶？）臣翘首五云，观光志切，谨缮折恭谢天恩，伏乞睿鉴。谨奏。

**朱批**：一切事务明白之后，自然来面朕也。

（《朱批谕旨》杨名时奏折）

## 285　吏部尚书以总督管理云南巡抚事务杨名时《奏报<br>陈时夏母亲已自省城登程赴苏州折》

### 雍正五年闰三月初八日

吏部尚书以总督管理云南巡抚事务臣杨名时谨奏：为奏闻事。

督臣鄂尔泰恭传圣谕，令臣等委员送陈时夏母亲至苏州伊家内，亦为之照料妥协，无令其母系念。又谕："起身日期，一听其母之便，在路随意歇息行走，不必因乘驿定限。钦此。"仰见我皇上曲体臣下将母之情，爱护安全，备极周至。圣主教孝作忠，肫挚若此，为臣子者当何以酬答高深？臣等谨已资送盘缠，照管启行之事。于三月十九日，陈时夏母亲已自省城登程赴苏州，差委昆明县县丞张浩，同陈时夏之子陈万里一路小心照料，务俾高年适意。陈时夏之母叨沐殊恩，洵属人生希有之遇，缙绅莫不羡荣。缘遵旨办理事件，理合奏闻。谨奏。

**朱批：**朕加恩于陈时夏之母，不过推屋乌之爱耳。初未尝思及缙绅尽羡，以为奇荣也。若因赏一人咸以为荣而怀感，则罚一人必咸以为辱而怀怨，此即党比恶习，朕正欲力行涤除。尔乃宿学旧臣，何亦出此鄙陋之言耶？朕于一切事，惟以真诚接对天下臣民，胸中从不少存丝毫沽名避谤之心，上苍可鉴。朕既擢用陈时夏，欲其宣力以报朝廷，自不忍令伊垂白之母暌违数千里外，两相悬切。前据陈时夏面奏，愿迎养任所，朕准其请，又岂忍令八旬老妪间关跋涉，不获安全？是以谕尔等周旋照顾，此朕之本意。今阅汝奏，生出无限文章，殊为画蛇添足，翻使朕有遗憾前举之心，且将来施恩于臣下，更不得不大费一番踌躇也。特谕！

（《朱批谕旨》杨名时奏折）

## 286　吏部尚书以总督管理云南巡抚事务杨名时《恭鸣谢悃折》
### 雍正五年闰三月初八日

吏部尚书以总督管理云南巡抚事务臣杨名时谨奏：为圣诲严明，臣心凛惕，恭鸣谢悃，恳祈睿鉴事。

臣蒙恩赐御书《魏征十思疏》，具折恭谢。臣家人于三月十五日赍捧回滇，钦奉朱批，跪读之下，心骨俱悚，恍如面对天颜，亲聆诫饬，言言痛切，字字深警，虽晨钟醒寐，道铎发蒙，未足为喻也。自此于致君泽民之道，务期勤求熟讲，虽庸材下质，不足与于圣学高深，而服膺至教之余，渐知向往，获免罪戾，莫非我皇上矜宥生成，提撕警觉之所致也。臣不胜感激恳切之至，谨具折恭谢圣恩，伏乞皇上俯垂慈照。谨奏。

**朱批：**此奏若出于至诚，所谓失之东隅收之桑榆，未为晚也，否则仍属无益耳。将此数折批谕与鄂尔泰看。

（《朱批谕旨》杨名时奏折）

## 287 吏部尚书以总督管理云南巡抚事务杨名时《恭陈滇省事宜折》
### 雍正五年闰三月初八日

吏部尚书以总督管理云南巡抚事务臣杨名时谨奏：为恭陈滇省事宜，仰祈睿鉴事。

窃照镇沅彝贼勾通威远猓黑，于本年正月十七日夜焚烧府衙，杀官劫课，纵囚作乱，随即发兵剿捕，业经督臣鄂尔泰会同臣联衔折奏。嗣据临元镇臣孙弘本、元江协副将张应宗等所报，计共擒获倡乱要犯已伍拾余人、猓贼奸细及助恶凶犯已百余人，招回彝民三千余户，追获盐课共三千八百余两，大局粗定，经督臣鄂尔泰会同臣题报在案。唯是附近威远一带猓黑，平日专以劫杀营生，今大兵追捕，逃匿险箐，猝难尽得。又临元总兵所辖一带边境，逼近哀牢，猓贼出没不靖，现饬领兵各官乘此瘴气未盛，竭力搜捕。臣署中所制寸金丹、滑石饼皆疗瘴见效之药，前年征新平方、普猓贼及去年攻长寨恶苗，给发军中，凡中瘴者服之，全活甚众。今发与各营，或千枚，或数百枚，以备急需。务期跟踪跴缉，捣穴锄凶，永除民害。

至同知刘洪度，前几年俱在口外，办理军需甚属谙练，由石屏州调补师宗，旋题升威远同知，委署镇沅府事，清厘盐务，查拿伤人猓黑，实心办公，今因刀族报仇，勾通附近盐井一带猓黑作叛，以至被害，臣等不胜痛愤。（**夹批：刘洪度未知是科甲否？若非科甲，何愤之有？**）疏于防范，变生意外，致失一敏干之员，咎固难辞，悔亦莫及，唯有益谨边防，以图善后，期盖前愆耳。（**夹批：鄂尔泰自有料理道理。**）

东川府漫海一带招民垦田，据知府黄士杰报称，盖造房屋，给与牛种，远人源源而来，已有四分工程。其者海一带人户稀少，俟漫海工竣，并力开垦，逐渐增添。东川三月内雨雪甚为沾足，麦豆得之郁葱肥茂。曲寻镇臣刘起元、永昌道贾扩基已赴永宁县，会同川员审理乌蒙禄万钟等案件，俟有成议，仰请睿裁。

云南省城及迤东、迤西三月上中下旬各皆屡得雨雪，土脉滋润。蚕豆目下登场入市，二麦转盼丰收。

所有地方情形，理合恭报，伏乞圣鉴。臣谨奏。

**朱批**：览。

（《雍正朝汉文朱批奏折汇编》第九辑，第 407～408 页）

## 288 吏部尚书以总督管理云南巡抚事务杨名时
### 《奏报凛奉严纶恭陈忱悃折》
### 雍正五年闰三月二十一日

吏部尚书以总督管理云南巡抚事务臣杨名时谨奏：为凛奉严纶，臣心警惕，恭陈忱恫，仰祈睿慈垂鉴事。

窃臣因滇省未完盐课，照前督臣高其倬咨开，朱批"原案具题，奉旨交部严察议奏"。臣准到部咨，随缮折陈奏。闰三月十五日，臣标赍折把总回滇。臣启匣，敬读朱批，训谕严切，臣不胜悚惶惭惧。

伏念臣一介庸迂，蒙圣祖仁皇帝由词林历擢至滇抚，抵任二载，恭遇我皇上龙飞御极，蒙恩久任，复躐陟夏卿铨部，仍令管理封疆，宠赍便蕃，恩施优渥，罕有伦比。（**夹批**：以四载为久任，尔意不过谓朕用人轻于去留耳？于他人轻为去留，于诈伪不实之杨名时独姑容至今，是诚朕之过也。）臣昂首云霄，扪衷自省，虽捐糜顶踵，讵能酬报万一？唯有矢公竭诚，兢业黾逭，（**夹批**：科甲何事？）仰体圣上爱恤兵民之心，期宣圣朝怀保绥和之化。（朱批：朋庇何政？）第才具短拙，（**夹批**：朋党掣肘故耳。）一切政治，虽己见所及，每有不能办理敏速，筹虑周详之处，（**夹批**：无非私意填胸。）自憾力不从心，（**夹批**：非力不从心，乃心不用力。）不足以称副重职。上则愧对至人，下且莫酬夙志。（朱批：如尔此语，则误用之咎归之君上矣。岂臣子所忍言者？）幽独耿耿，有不敢自讳饰于君父之前者。我皇上聪明睿智，无微不彻，（**朱批**：惟惭不能早为洞彻耳。）臣之心术行事，总不能稍遁于当阳之离照也。伏惟圣谕严明谆切，无非矜全觉悟之至意。臣虽昆虫草木，亦当闻雷声而启蛰，感春气而萌芽，宁忍自外人伦，甘心暴弃，为盛世废材？自兹以往，只有痛自刻励，以求无负我皇上不倦之教思，生成之大德已尔。臣不胜恳切依恋之至，恭缮折陈谢，伏乞睿鉴。谨奏。

**朱批**：非朕乐为苛细也，因尔等之春秋，每于字句中寓褒贬之义，朕故于尔之章奏，留意剖析，而不少略焉。若因鉴照精严，不得逞其伎俩，遂生怨尤，则悖逆之罪更不可逭矣。

（《朱批谕旨》杨名时奏折）

## 289　云贵总督鄂尔泰《据实陈明与岳钟琪处理乌蒙、镇雄事务情形折》

雍正五年闰三月二十六日

云贵总督臣鄂尔泰谨奏：为据实陈明，仰祈圣鉴事。

雍正五年闰三月初五日，赍到臣奏乌蒙一折，钦奉朱批："所奏知道了。禄万钟已投到川省，岳钟琪即奏闻，欲问罪正法，改土归流。朕已批谕审明定案，一面奏闻，一面解送与卿，明白云贵未了案件后方可定拟。连奏有二折，待回缴时将朕批谕随便发来，卿可密观，便知朕办事之道理矣。此事在岳钟琪略务巧些，彼意以凉山、冕山之事不就，乌蒙未能轻了，见卿调拨神速，似少有怪意。但皆存为国效力之心，即便争功，亦属快事，朕亦欣悦嘉之耳。内外大臣但患不争功也。戏笔。钦此。"又于本月十九日赍到臣奏折内乌蒙、镇雄一折，复钦奉朱批："乌蒙、镇雄一奏折留中。此事岳钟琪少务巧些，朕不甚取。此事俟题到，自另有旨。如川员畏难隐讳之处，当移知岳钟琪，不可回护。哈元生前取仲苗，赫赫有名，今乌蒙所效之力实出格外，具疏时可一一申明。若有副将缺或参将缺，当引旨题用。此番进取乌蒙，官弁俱甚属可嘉，题到，朕自加恩议叙。禄鼎坤不料如此改面革心，非但赎罪，兼当论功。可着实设法安插，令出望外，以劝将来。事虽就绪，善后务要得人，卿详细慎重筹画可也。闻杨国华人亦甚去得，未知果否？钦此。"臣跪诵之下，仰见我圣主用人办事，顺应曲成，执中行权，一归时措。读至"即便争功亦欣悦嘉之句"，不胜感切。读至"内外大臣但患不争功"句，不禁汗下。及读至"戏笔"二字，不禁心折神悚，继以起舞，实不能窥测高深，若正为臣更进一解也。

窃两土府之役，岳钟琪难于乌蒙、镇雄未暇及，慎重缓图是其本意。臣以预筹数月，亲见情形，不敢坐失事机，遂尔进取。虽事迥不侔，然心应无二。（夹批：总之，天下之理，一公则无事而非是，一私则无往而非不是。所以根本学问，常人之所难知难能者。）而岳钟琪初闻禄鼎坤业已归滇，禄万钟母子又将投献，惑于浮言，遂有调兵赎罪之牌檄，既而乌蒙已获，镇雄随破，云贵官兵分驻土府，出示安民，大局粗定，而川员犹敛息潜踪，坐观成败。迨至白女迷等拥兵拒敌，哈元生等连攻险关，直捣巢穴，军前文武皆知两土府奔川的信，而张玉、王刚等始进驻镇雄，龙有印等始请守大关。（夹批：此事岳钟琪亦为之代辩，然朕已了了胸中矣。）臣经将川员情状备细移知，岳钟琪亦以为不可解，已经申饬，见覆。前闻岳钟琪将亲至叙府，臣即飞札邮递，谓何日抵叙，祈即示知，当亲赴交界，以图会晤，并面商一切。而岳钟琪并未覆知可否，径回成都。凡此举动，多有隔碍。（夹批：岳钟琪或错解朕"文咨往来，将来必有两不便"之旨，因有此不覆，亦未可知，但朕尚见不的确。）其余琐屑不敢渎陈。但念两府既定，现议改流，善后之谋，所关甚巨，实有不敢瞻顾、不容缄默者。（夹批：只管自己独任料理。卿等皆朕倚任之人，会商、独办皆可相事之缓急而为之。）

臣前委总兵官刘起元、永昌道贾扩基会审各案，早已抵永宁。兹据呈禀，川省仍委副将张瑛同李世倬会审。据张瑛面言，止审参案六件，余俱不必根究。（夹批：此何言欤？众犯到滇，卿酌量，应究者根究，是。）将来以镇雄属川，乌蒙属滇，乌蒙所属之大关地一带仍割归川省，岳公亦是此意等语。（夹批：争！奈朕非此意何？）臣前接岳钟琪来札，原主此议。

窃查乌、镇两府唇齿相依，镇雄汉多夷少，田地成熟，民能活计。乌蒙所属，止大关地等处夷知耕种，犹易约束，独土府附近地方从不务农，惟以劫掠为事，所需盐米皆取资于镇雄及大关地等处。今若将两府各属，又将一府中分，将来呼应不灵，最难调剂，又不如仍归川省画一料理之为便。业经切嘱委员，秉公审议，并将此意札复岳钟琪，烦妥酌覆知。（**夹批**：此奉朕意而行，应如是者。）臣务当详细慎重，断不敢少有将就也。

至于臣身受殊恩，无有伦比，服膺惟诚惟敬之旨，时凛"上苍鉴察"四字，凡于封疆要务，惟知一遵训示，竭力尽心，能与不能，俱不遑计，不但无（**夹批**：有。）功，不但不敢争功，即或存一（**夹批**：不。）立功之心，已是负我慈父。天良难昧，人事何尤？岳钟琪即怪臣，臣固应自愧自反也。（**夹批**：在伊亦未必怪，在卿有何可愧？卿只可尽卿之心，岳钟琪只可尽伊之心。少存私意者，不能逃朕之觉照。卿之赤忠，上苍自然洞鉴，而卿诚之一字，实内外大臣所难能者。勉之！）除哈元生等效力处另折覆奏外，谨将始末大要据实陈明，伏乞圣主睿鉴。谨奏。

**朱批**：览。

（《朱批谕旨》鄂尔泰奏折）

## 290 云贵总督鄂尔泰《奏覆以哈元生升补寻沽营参将等事宜折》
### 雍正五年闰三月二十六日

云贵总督臣鄂尔泰谨奏：为覆奏事。

窃乌蒙之役，臣前赴黔省密调官兵，见威宁镇标中军游击哈元生人材雄壮，技艺纯熟，询以军机，颇具胆略。臣将赴东川，遂委令总统进取乌蒙，并给以马匹、绸缎，以示鼓励。哈元生以舍副将、参将独奉委用，奋激异常。及至路过险隘，贼众拒敌，哈元生率领候补守备熊权等身冒矢石，连破险关，群凶丧胆，两府潜奔，此番效力，实属首功。荷蒙朱批"若有副将缺或参将缺，当引旨题用"，仰见圣主奖励军官之至意，臣敬当凛遵。

查贵州定广协副将员缺紧要，非材不称。云南寻沽营参将苏大有，随总兵张耀祖久驻军前，甫经回汛。臣看得汉仗精悍，办事直爽，论剿论抚，颇识机宜，两省参将无出其右者。恳请圣恩，将苏大有升补定广协副将，其寻沽营参将员缺，即以哈元生升补。俾臣得就近开导，进以详慎，将来大可成就。（**夹批**：甚好。）

至于前取仲苗，首当论功者，系贵阳营游击官禄，臣业经保题，请补长寨营参将。土目禄鼎坤现虽改面，终难革心，但既经诱致，应且羁縻。（**夹批**：此折因有禄鼎坤之论，未便发部，可具题来。）臣拟于事定后，请旨加赐官衔，厚给田土，令出望外，将伊母子仍安插乌蒙，着伊在臣标行走，渐次化导，以勉将来。（**夹批**：禄鼎坤如不能革心，伊母子或仍安插乌蒙，或调内地，加以殊恩处，卿详悉再议奏闻。）

至于赍折千总裴弘道，虽汉仗平常，弓马仅可，然人甚明白，差使勤谨，守备犹堪供职，且以边省末弁，得觐天颜，更蒙赏赐，即伊福分，俟年满咨部时，臣当遵旨题请留用。（**夹批**：好。）

合并声明。谨具覆奏，伏乞圣主睿鉴施行。臣谨奏。

**朱批**：览。

（《朱批谕旨》鄂尔泰奏折）

## 291 云贵总督鄂尔泰《陈明镇沅等事宜折》
### 雍正五年闰三月二十六日

云贵总督臣鄂尔泰谨奏：为陈明镇沅等事。

窃镇沅一案，臣于雍正五年二月初十日及三月十二日，两经缮折奏闻，并具疏题报在案。今于闰三月十九日，赍折千总回滇，敬启折扣，荷蒙朱批："据理而论，激、复二种情由皆有。朕前有旨，著严苗猓、黎夷之处分。岳钟琪奏折内已两次批谕，改土归流固系美事，然必委用得人，不令野愚小民有避溺投火之想，方保永安长治。如谓兵威震慑之时，视如禽兽，任意凌虐苛求，若令一思故主，所关甚巨等语矣。观此，刘洪度必有自取死之道，但伤及许多兵民，朕心深为恻然。当此振作之初，必酌中料理，疏而不漏方好。全赖卿措置得宜，料卿自无过不及之虑也。题到自有旨。钦此。"臣跪讽再四，仰见我圣主明并日月，无远不烛，无微不照。严处分则事后知警慎，改流则几先预筹。委用得人，乃图治之本。计免思故主，实抚夷之要机；不令避溺投火，此仁暴所由分。期于疏而不漏，则知仁之兼用，本恻然之心，布振作之化，措置得宜，无过不及，归于一中。大哉王言！非大智时中，孰能几此？臣虽至愚，敢不铭心镂骨，字字身体？

伏查边方夷猓，劫杀为生，纵则啸聚，擒则遁藏，本无能为，实不易治。（**夹批**：二句该之矣。）而大小文武官弁，或瞻顾考成，或托言宽大。弱者不能治强者，唌之；暗者不能抚明者，弃之。故每杀人劫寨，匿不报闻，或诱致二三人捏报了事，（**夹批**：最可恶者此辈也！）以致汉奸、土霸从中唆使，谓官军伎俩如此，莫可谁何？事变不过招安，事定依然安插，益肆猖狂，明相勾结。此顽梗之来由也。

临安镇属之镇沅、威远、元江、新平、普洱、茶山等处猓黑、苦葱、摆夷、窝泥、大头猓猡之类，夷种不一，出没哀牢、鲁魁之间，为害地方，尤非一日。虽经高其倬、杨天纵等大加惩治，较前稍戢，然而招出杨、方、普、李四贼，授以土职，计图以贼制贼，殊不知始犹潜踪外地，近则流布内境，诸凶之余孽未尽，四姓之党羽日蕃，既不能禁其来，复谁能驱之去？（**夹批**：此一事即可为诸改流之戒。）且威远土州刀光焕等既经改流，反居省会，夷人情恋故主，消息时通，往来不绝，四方杂处之区，何从稽察？臣每念及此，辄中夜坐起，窃有殷忧故情可从宽，不妨给还原土。事应执法，必须流徙他方。臣拟于审结土司各案后，具疏题请，将刀光焕、高德厚、刀瀚、安于蕃等及从前监禁各土目等尽迁置内省，除云、贵、川、粤、湖南五省外，余省皆可安插。（**夹批**：甚是。）此地方之情势也。（**夹批**：善后事宜，原未详慎，朕前已曾切谕及。至高其倬、李卫来，皆言措置妥当，所以朕未谕卿。卿到任，未办之事已料理无暇，即于办成之事略后一步，朕自谅之。虽然有此一事，实可为诸事敬慎之法则。但可惜刘洪度一员好官，昨杨名时亦甚惜此人。卿可将伊好处入题，朕自加恩。）

刘洪度本任威远，署事镇沅，努力急公，颇称廉干。缘野贼、猓黑杀劫一案，刘洪度亲率兵练四处擒捕，已获五人。又因镇沅土目、土役旧有百余人，皆白占夷民田地，既令纳课，复令上租。刘洪度欲撤还夷民，各令输赋，土目等屡求不允，从此衔恨。及至岁底，见刘洪度由威远解盐课回署，欲于开印后解交司库，随捏造浮言，煽惑夷众，谓知府要将民田尽数入官，有愿领种者，每一石种田，先交价银二十四两，定限于开印日完纳，当堂亲收，违者重处。由是勾通衙役，结连猓贼，遂于正月十七日夜，刘洪度被害。臣等密加查访，并无激变情事。兹解犯来省，严讯确供，刀如珍、叶在皋等俱直认不讳。窃念刘洪度，或过于严切，更忽于防闲，凡事不密则害成，即其自取死之道。（**夹批**：若如此情理，皆属可悯、可惜。但据事而言，未免忠而欠谋。既如此做，若众人衔恨而不觉，愚也。若觉而不防，庸也。若防而力不能胜，又未禀详上司，乃不自度量也。朕前谕必有自取，此非自取而何？卿论与朕意同。）

今虽首恶、群凶尽已擒获，现在审拟，分别正法，镇沅业已平定，而猓黑伙贼犹须多擒，以安良懦。臣更差持令箭严督官军，务尽根株，毋贻后患，料四月内俱可完结。此逆案之始末也。

至于臣自到任至今，威远、新平一带劫掳时闻，原未宁帖，如张义登、马亦凤等穷凶极恶，设法擒拿，立经杖毙。数年旧案，完结者亦数件，其余命盗不能结者尚多。所以未经奏闻者，非敢隐讳，实不自揣，欲将一切恶类尽皆剪除，一切案件尽皆清楚，使野夷知法畏威，惟命是听，然后示以宽仁，结以恩惠，以图永远，再达圣听。无奈智短才疏，猝难就绪，筹画不周，防维不密，致该管地方仍有镇沅一事，惶愧伏地，罪无所辞。（**夹批**：前谕已备。）即圣恩宽宥，臣实难以自处。惟当尽心措置，勉希得宜，以期仰纾圣虑已耳。

镇威夷民现已复业，无误耕种。盐课现追获四千二百余两，所少无多，可以弥补其府、厅、县缺。臣已会商保题，请以嵩明州知州佟世荫补授镇沅知府，以师宗州知州章元佐补授威远同知，以候补举人宫尔劝补授者乐甸新设知县。（**夹批**：具题来。）

合并声明。谨具折奏，伏乞圣主睿鉴施行。臣谨奏。

**朱批**：览。

（《朱批谕旨》鄂尔泰奏折）

## 292 云贵总督鄂尔泰《奏闻盐道刘业长不但
## 杨酬不如，较李卫似更觉详慎折》

雍正五年闰三月二十六日

云贵总督臣鄂尔泰谨奏：为奏闻事。

窃滇省钱粮半出盐课，臣自到任后，虽极力稽查，尽心调剂，然一人耳目殊难遍及，盐道一官实最关紧要。荷蒙圣恩将湖广粮道刘业长调补该道，于去年十月任事，迄今已逾半载。臣不时接见，将一切利弊情形反覆商论，刘业长俱能领会，俱能料理。为人直爽，办事精细，并无瞻顾，亦无刻薄。据臣愚见，不但杨酬不如，较李卫似更觉详慎。现在盐课一事，臣可以放心，可以省力。不胜欣幸，附折奏闻。臣谨奏。

**朱批：** 欣悦览之。此人李卫所荐，朕未料其能如此。

（《朱批谕旨》鄂尔泰奏折）

## 293 云贵总督鄂尔泰《报明滇省厂务情形折》

雍正五年闰三月二十六日

云贵总督臣鄂尔泰谨奏：为报明厂务情形事。

窃照滇省各厂，臣自到任后，调剂稽查已逾一载，近来略有头绪，渐次兴旺。查雍正三年，各银厂缺额银共一万三千五百余两零，今核算雍正四年分各银厂应完额课银六万六千四百余两零，内据报收过课银六万一千四百余两，较之雍正三年分少缺额银八千四百九十余两。又查各铜厂，雍正三年分报获余息银一万七千九百六十两零，今核算雍正四年分，除完额课银九千六百二十五两零外，报获余息银四万七千两零，较之雍正三年分多获息银二万九千余两。臣约计各厂将来额课必不亏短，余息或犹可增益。

再查新归滇属之东川府，有汤丹、普毛二厂，出铜颇旺，川省旧曾开采，臣经委知府黄士杰管理，并发银接济。兹据呈报，汤丹厂自去年九月初九日起，至今年二月终止，除工本食用外，办获净息银五千三百四十余两。其普毛厂离府辽远，油米、驮脚俱贵，自去年十一月起，至年终止，合计办获银铜虽已报息五百余两，尚未至大效，现在督令该府竭力调剂。此外，府属地方仍有银铜厂二三处，亦现令采试，约算每年厂息，即以充东川营兵饷，或可以敷用。除滇省旧厂应听抚臣届期奏销，东川新厂俟陆续报部外，所有厂务情形，合先缮折奏闻。臣谨奏。

**朱批：** 卿料理自然妥协者。

（《朱批谕旨》鄂尔泰奏折）

## 294　云南总督鄂尔泰《奏报明安南情形折》
### 雍正五年闰三月二十六日

云南总督臣鄂尔泰谨奏：为报明安南事。

窃臣于雍正四年十二月二十一日具奏安南立界一折，荷蒙朱批："此事更奇料理矣，亦出朕之望外。大笑览之。但此事朕尚不敢信。钦此。"嗣后，开化镇总兵官南天祥亲往关界查勘回报，其应安营移汛之处，臣于雍正五年三月二十三日会题请旨在案。兹于闰三月初九日，准到安南国王公文一角，具有奏本一通。臣启视公文，略云："奉领到敕谕，定于铅厂山小河立界。本国捧读之余，皇皇在念，自思覆盆之下，常迟两曜之照临，凡事之端多屈，先言之易入理，当申辨求以自明，枉受侵越内地之名。失此四十里之地，甚为屈抑，情不能堪，仍已历叙情由，具本陈奏，渎于天听。"等语。

臣查安南国王质本庸愚，心多迷惑，优柔寡断，贪鄙无能，且闻诸陪臣争持国柄，事难自主，故前奉圣旨立即定界设关，以绝其妄念，料伊不敢侵犯，并冀或能醒悟也。兹阅来文，嗔痴如故。敬诵"尚不敢信"之明谕，灼见如神，几先万里，臣不禁心胸顿豁，知勉知惭。本应据文赍达，伏候圣裁，但念事属外藩，国体攸关，臣若冒昧代奏，则一经到部，势难宽贷，将必问罪兴师，又非得已。因再四筹思，复反覆开导，晓以天冠地履之义，示以君令臣行之文，就其说，剖晰疆界之由，开其心，申明利害之大，备悉咨复，并原本移回，谨将公文原稿及臣覆咨另录二折，恭呈御览。若此咨去后能自悔罪陈情，应毋庸置论。倘仍不知悛改，狂悖如前，臣当一面代奏，一面整兵，恭请圣旨，直取安南。谅此懦弱小丑，自不难扑灭。如或智穷势迫，畏罪乞怜，仍当恳请圣恩俯从宽宥。盖遐荒瘴疠，即收入版图，亦难以经画，而德威兼施，怀畏交至，不独为远人之炯戒，益且仰圣朝之宽弘矣。

谨此具折，伏乞圣主睿鉴训示遵行。臣尔泰谨奏。

**朱批**：此事朕详慎思维，须朕谕一饬，似与事有益。命大学士另有谕卿之旨，卿可斟酌行之。

（《史料旬刊》第一册上，第132~133页）

## 295　云贵总督鄂尔泰《奉到钦赐御用冠等物谢恩折》
### 雍正五年五月初十日

云贵总督臣鄂尔泰谨奏：为恭谢圣恩事。

雍正五年四月二十日，臣赍折家奴蒙恩赏给驿马，赍回钦赐臣御用冠一顶并茶糕一匣、松糕一匣、香瓜干耿饼一匣、酥食一匣抵滇。臣随郊迎至署，恭设香案，望阙叩头谢恩祗领讫。敬启折扣，荷蒙朱批："今岁万寿节，朕不受礼。地方事务虽少就绪，正资料理。卿之欲来见朕，朕知发乎至诚，非具套文之可比，而朕亦实想卿。诸凡外用大臣陛辞，朕不忍别，至于落泪者惟卿一人耳。况我君臣年纪，他日欢聚有日，当权轻重而为之。不必作儿女态，可静心治理地方，今岁不必来。钦此。"臣跪讽数四，自念遭逢虽义属君臣，实恩同父子，泪从中来，不禁复作儿女态。臣有何言？时当内省，无论于地方事务，稍存苟且，稍涉乖张，目视手指，罪不容诛，但此心少懈，即是悖负，神明鉴之，生难幸免，故未敢仅以清勤自效，便称尽职，与二三庸众人较优劣也。至于当权轻重，固事理之要枢，亦经纶之极则。臣务时时身体，虚心实力，黾勉步趋，虽万里之外，常如亲聆慈训已耳。仅此缮折恭谢圣恩，伏乞圣主睿鉴。臣谨奏。

**朱批**：朕每念及交卿办理倚任之事，思卿之劳，实令至于不忍。凡卿一切料理、奏对，朕实心动览之。朕亦不多谕，惟秉一诚，默祝上苍后土、圣祖神明令我鄂尔泰多福多寿多男子平安如意耳。量精神力量为之第一，不可勉强。

（《朱批谕旨》鄂尔泰奏折）

## 296 云贵总督鄂尔泰《恭报豆麦收成分数折》
### 雍正五年五月初十日

云贵总督臣鄂尔泰谨奏：为恭报豆麦收成分数事。

窃照闾阎之休戚，先卜之岁年，而苗猓之顽良，率由乎丰歉。仰赖我圣主轸念民依，虑周遐迩，劝农祈谷，一本敬诚，固应感天和，不遗万里，均叨福荫者也。臣行据云南布政使常德寿详称，云南等府、州、县所属地方，本年豆麦收成俱有八九分不等；据署贵州布政司事、按察使富贵详称，贵阳等府所属，自春入夏雨水调匀，通查各属收成，约有七八九分不等。各等情前来，相应奏报。

再云南地方春熟既登，夏苗尤盛，雨泽沾足，阴晴惟时。臣亲往课农，周行郊野，一望青葱，遍经栽插，地无隙壤，畦无余秧。据父老咸称，十来年不曾种之田亩俱已种完，今岁秋收，至少亦是十分等语，而各属呈报复大约相同。臣目击欢呼情状，将谓大有可期，不胜庆幸，无任感激。合并附奏，仰纾圣怀。臣谨奏。

**朱批**：实慰朕怀。今岁春收，直省可称大有。近日都中左近雨水甚属调匀，各省奏报似亦皆然。但今夏令或恐有雨水过多之处。总在天恩之赐，亦不敢预料。

（《朱批谕旨》鄂尔泰奏折）

## 297 云贵总督鄂尔泰《奏报审理乌蒙、镇雄一案及筹画善后事宜折》
雍正五年五月初十日

  云贵总督臣鄂尔泰谨奏：为钦遵圣谕事。

  窃乌蒙、镇雄一案，四月二十四日，接奉三月十二日折内，荷蒙朱批："筹画甚是妥协。今滇黔数处改土归流，新定苗夷正资弹压，乌蒙、镇雄等处扩地甚广，应添兵处不可惜此小费，当谋一劳永逸，万不可将就从事。日后归化日久，一切如内地一般时，再议减撤，未为不可。当知朕意，料理可也。钦此。"四月二十一日，接准部咨，知部覆川陕督臣岳钟琪特参玩愒一疏："于闰三月初七日，奉旨征缴乌蒙，捣其巢穴，系云贵官兵奋勇，总督鄂尔泰调度之功。然非川陕总督岳钟琪将冕山、凉山等处不法之番夷悉行剿抚，去其犄角之势，则云贵官兵亦不能成功如此之速。白女迭、禄未甲敢于抗拒官兵，甚属可恶。鄂尔泰屡次差遣禄鼎坤招抚禄万钟，而禄万钟不肯就抚，及至势穷力竭，又至岳钟琪军前投到，欲以巧脱重罪，甚属狡诈。部议将禄万钟解往云贵质审，所议甚是。白女迭、禄未甲擒获之时，亦着解往云南质审。余依议。钦此。"又部覆岳钟琪请旨改土归流，以安边氓一疏，同日奉旨："陇庆侯向与禄万钟勾通作恶，今复唆使逃匿，法难宽宥。部议解送云南审明题结，甚是。镇雄地方改土为流，即交与云南附近管辖。钦此。"

  臣伏念两土府情事早在圣明洞鉴之中，无庸臣愚再渎。其会审一事，总兵刘起元、永昌道贾扩基等拘齐所辖应解各犯前赴永宁，候同川员会审。岳钟琪荷蒙圣谕，遵将禄万钟、陇庆侯等亦发至永宁候审。所有已到各犯现在陆续勘问。兹据详称，禄万钟、陇庆侯皆童幼无知，势难自主。万钟母子初欲投献是实，皆由刘建隆内而与白女迭、禄未甲、陈明哲、阿母直等诡计延缓，点集夷兵先攻鲁甸，后敌官军，外复勾通镇雄王之瑜、范掌案、纽纽巴等设伏劫营，拥兵守险，并勒令两土府母子先后逃窜，计穷投川。现据已审之乌蒙案犯禄万钟、禄鼎坤、汪一清、刘建隆、杨阿台、白女迭、禄未甲、阿母直、陈明哲等，镇雄案犯陇庆侯、王之瑜、范掌案、纽纽巴、戛虐木、奈八十、阿固、吕林、施额、洛泽、雷主文、胡掌案、胡阿备、王之珏、周维蕃、王骂拍等，悉令三面对质，所有抗拒官兵、勾通作恶、唆使逃匿等情，皆历历供认，无能隐讳。尚有白迫等二十余人未经到案。查白迫系倡首抗拒之人，前随禄万钟母子投川，今亦现在催提，俟到日再审。至于禄万钟等逃窜之后，当经各员查勘，土署一空。臣密令各员四处察访，随据文武各员陆续查明禀报，有就近窝顿者，有远寄贼巢者，有点交川员者，有运藏叙府者。其就近窝顿与远寄贼巢等项，差役起出，逐件查明，令乡保等封贮公所。其点交川员与运藏叙府财物，亦随檄知川员确查详报。（**夹批**：搜察财物一事，微细者可以不必深究，从宽一步是。）

  再查乌夷所重，有马蹄印一颗，凡属要件，必用此为凭记。经臣密令驻乌之副将郭寿域、游击张鹤严追，看库机固李和尚之家搜得马蹄印一颗、夷字册一本，又从夷目知智家搜得夷字册二本，皆经饬发，译出查对，俟搜获完毕，另造清册，缮呈御览。（**夹批**：知道了。）其镇雄，所有据川省署事同知杜士秀及副将张玉等亦各报有器物等册并王之瑜等铅锡货物，较之乌蒙则多寡悬殊。统容将钦件六案并两府历年劫杀不结之案一并会审确拟，招详到日，除将一切轻罪人犯发落开释外，其要犯禄万钟、陇庆侯及汉奸恶目人等，俟臣赴安笼与粤抚臣韩良辅等会商事竣，当驻扎乌镇适中之地，一面亲审各犯，一面料理两府事宜。凡应抚恤汉夷、安插酋目及增设营汛、造盖衙署、清理钱粮、编查户口等事，俱为就近详酌，一并具疏请旨。（**夹批**：是。）

至于乌、雄与东川三属，应统设一镇，驻扎乌蒙府。镇雄改州，应另设一营，臣前已奏请。计援剿左协可以减撤，相应移驻外，仍须添兵一千六七百名。

再查贵州威宁一镇，原为逼近乌蒙而设，今两土府既议设流，若将威宁镇移驻乌蒙，威宁府改设一营，仍将所裁援剿左协兵数归并，所有不足，再议添设，改为威宁乌雄镇，仍隶贵州省，似更属妥协。臣缘事关重大，不敢稍执成见，合再陈明，恭请圣训。（**夹批**：料理自然得中，其题时自有旨。）

至新定地方，流官最关紧要，自应拣调贤员，责成专理。但镇雄地方交与云南管辖，已奉谕旨。乌蒙应归何省，尚未准部咨，例难具疏，未便题请。恳祈圣恩，或于记名人员内拣授，或命臣于两省属员内题补，敕部行知，以便遵照。（**夹批**：乌蒙属滇，朕只谓前已有旨，是以后未言及。昨岳钟琪题留一理事同知，详察方知未曾明谕，已降旨属云南管辖，卿可一并委员料理。至于拣调各员，卿可于两省内拣选题补。即有记名人员，亦不过观其言谈、相貌，若不谙地方事，务便贤员，亦属无益。卿一面题补，朕若得人，亦多发来滇，命卿试用。如此，则新旧之缺皆不乏员矣。）其余"应添兵处不可惜此小费，当谋一劳永逸，万不可将就从事"，臣当一遵圣训，慎重料理，应费者不可省，应省者不可费。臣兼军务粮饷之责，固不敢少有孟浪也，伏乞圣主睿鉴施行。臣谨奏。

**朱批**：览。

（《朱批谕旨》鄂尔泰奏折）

## 298　云贵总督鄂尔泰《奏明镇沅叛逆首恶正法缘由折》
### 雍正五年五月初十日

云贵总督臣鄂尔泰谨奏：为奏明事。

窃臣报明镇沅情形一折，荷蒙朱批："此一事，未免当日料理不曾彻底之所致。朕前谕，凡改流之处，更当留意者，正恐有此等复作之虞。今经此一事，乃转祸为祥，便地方微员亦自知检束。孰肯舍性命而为非也。今既就绪，朕转喜此事之发露也。但伤如许人命，未免恻然于怀然，亦其自取无奈之举也。题到有旨。钦此。"又折片朱批："首恶尽获，可快之事，当审明严惩者。钦此。"臣跪诵之下，仰见我圣主如天之仁、如日之明，喜此事之发露，转可就绪，则此事之外犹有未及发露者，更敢不留意？

伏念镇沅改流，臣原不曾料理彻底。（夹批：无暇。）若经此一事，再不彻底料理，仍复苟安，恐威远、普洱、元江、新平之间终难以宁帖。将裨半属庸才，不知远计，见事已就绪，臣愈加严切，并及其余因循习重，俱有难色。臣惟当及此努力，先猛后宽，时防复作之虞，以期仰纾圣虑已耳。（夹批：且猛做去。宽之一字，乃上天之恩，若宽容时得有可宽之日，乃尔我君臣之大福、天地神明之殊恩也。只此二字之苦，圣祖鉴之。含泪笔。）兹解到凶犯百余人，业经司道审讯，据刀如珍等各供造意谋叛、劫帑杀官并汉民、衙役人等，原欲勾连威远、者乐甸诸夷目，重为土官，不听设流辖制，因者乐甸旧土官刀联斗、威远大头目等不肯从逆，各经拒绝，遂聚众据险，希图招安。后见官兵进剿，不肯招抚，首恶等四路焚杀，协从千余人分把隘口，两次拒敌打仗各情由，俱各供认情实。缘在军营夹讯受伤，旋报在监身故者计有七名，内刀如珍等亦报负伤沉重。臣恐首恶或再瘐毙，不能明正厥辜，即于四月二十六日，吊提刀如珍、刀廷贵、陶波公、刀西明、刀西侯、陶国贵等六犯，亲加审讯，恭请王命旗牌，押赴市曹，先行处斩，（夹批：料理甚是。）并将同下手杀官、已在监身故之叶在皋枭首，同各首级解发镇沅，悬挂示众讫。其余各犯内，必不可留者仍有三十余犯，现并亲审，分别定拟，具题请旨正法、发落。（夹批：不可留之人，即一人亦不可疏纵，若不应正法，即一命亦当详慎。盖千人、百人、一人，皆同一命耳，不可就数目而论多寡。此等处须用广大识见料理者。）无奈之举，臣实自伤自惩也。（夹批：有何可自惩？但此等事，若不以伤字办理，则不是矣。朕亦如是。）

所有臣先将叛逆首恶正法缘由，理合奏明，伏乞圣主睿鉴。臣谨奏。

**朱批**：览。

（《朱批谕旨》鄂尔泰奏折）

## 299 云贵总督鄂尔泰《奏报铜矿大旺，工本不敷，恳恩通那，以资调剂折》
### 雍正五年五月初十日

云贵总督臣鄂尔泰谨奏：为铜矿大旺，工本不敷，恳恩通那，以资调剂事。

窃照滇省铜厂二八抽课，余铜归官采买，以供鼓铸，奉有成例。查每岁额课银止九千六百二十五两零，每岁所获余息银约一万七八千两不等。计所办铜斤，除供鼓铸一百余万斤外，多不过二三十万斤。从前收铜工本俱用铸局买铜银两，办铜既无多，故买铜工本足用。臣自去岁抵任后，督率清查，细心调剂，厂务渐有头绪。雍正四年分办获铜斤余息银已四万七千两零，业经奏明在案。今岁闰三月以来，仰赖圣主福庇，山祇效灵，铜矿增盛倍常，数十年来所未有，即就现在核算，五年分铜斤可办获三百数十余万，合计应获余息银不下十数万两。但铜多本少，收买不敷，厂客如有积铜，薪米即难接济，若不早为筹画，临时更费周章。相应恳祈圣恩，俯准于盐务赢余银内酌借五六万两，发价收铜，卖价还项，一转移间，似于厂务大有裨益。

再运销之法，以速为利。查江浙、湖广办铜诸省，缘采买洋铜每至误运，关系鼓铸匪轻。臣前任江苏，深知其故。若令各省委员赍银赴滇，买铜起运，合算铜价每百斤九两二钱，加以脚费等项，运至汉口，运至镇江，每百斤不过需银十三两上下。如各省委员恐来滇多费，雇驮脚稍难，即臣委滇员运赴汉口，运赴镇江，令各委员领铜交价，所需亦不过此数。（**夹批**：孰肯如此料理？观此而不庆快者，殊非人情。）但沿路关税得免抽收，始不致赔累，不致迟延。在各省获铜供铸，克副考成。在滇省获银充饷，无虑壅滞。以有易无，或亦两益之事也。缘系钱粮重务，是否可行，臣未敢冒昧，合并陈请，伏候圣主睿鉴，批示遵行。臣谨奏。

**朱批**：有旨谕部议行。

（《朱批谕旨》鄂尔泰奏折）

## 300　云贵总督鄂尔泰《议覆滇省盐井事宜并酌定章程折》
### 雍正五年五月初十日

云贵总督臣鄂尔泰谨奏：为遵旨议覆事。

窃臣酌减盐价、议增薪本一疏，部覆：奉旨，着臣："查明盐斤内所增银两，核算明白，抵补减价增薪之数，定议奏闻。钦此。"钦遵。移咨到臣。臣随檄行司道议详，并传商盐道刘业长，逐年逐项细加核算。查看得滇省盐政，黑、白、琅、云等九井，每年额办课银一十六万八千一百四十五两七钱零。自雍正元年始，至雍正四年止，或清查陋规，或新开盐井，或收买沙卤，以及办获盐息、聚零合总、零星节省积余等项，所增银两俱按年入于正项额外赢余册内，共计银四十万五千五十一两四钱七分零。此外又有新开之只旧、草溪井、丽江土井、按板、抱母、恩耕、香盐等井，三项共办出银七万四千五百三两五钱五分五厘零。合之历年正项额外赢余，统计共银四十七万九千五百五十五两二分六厘零。此云南近年清查盐税，增银之总数也。

至于正项额外赢余，每年所获虽有赢缩多寡之不齐，然逐细清理，谅可有增无减。但赢余项下，凡可以必得者，俱应定为正课。缘正课分数，官有考成，赢余亏短，例无参处。若不查核定额，恐日久弊生，或不肖之员以多报少，蒙蔽侵欺，实不可不虑。查正项赢余内，黑井之新井岁煎盐一百万斤，可获银一万七千两；白井之正额沙卤盐，岁煎一百一十五万九千斤，可获银一万二百两六钱八分；又白井不帮黑井之加增，岁煎盐二十五万斤，可获银四千两；额外赢余内，阿陋井之改板井，岁煎盐一十四万一千六百斤，可获银九百两六钱四分九厘零。以上均可必得，均应定为正课。

再按板、抱母、恩耕、香盐等井，岁煎盐四百五十七万二千六百一十八斤，计获课银二万一千三百一十二两六钱九分，原系题明就近动放新设普威营官兵奉饷之需，但井地煎出盐斤、运销卖价均需时日，势不能计月而获，而兵饷按季支领，复不容迟误。若以本年之课放本年之饷，不但难以应办，仍须向司库借支，且收课、放饷俱归一处办理，设或侵那，最易影射，亦难于稽查。应请照各镇协营事例，将普威营兵饷仍归司库动放，该井盐课，令其批解道库，移司充饷，一转移间，庶课饷两无岐误。其普洱之黑磨井，岁办课银三百六十三两五钱零；元江府属之猛野、磨铺井，岁认课银二百三两，原题归入按板、抱母等井项下，为添助创设之费。今抱母等井盐课既议解道库，则此二小井亦应定为正课。以上各项，所有每年造入正项额外赢余项下，今定为正课银两，暨按板、抱母、恩耕、香盐、磨黑、猛野等井盐课并只旧、草溪井，题请岁增课银三千八百三两四钱零，共改定正课银五万七千七百八十三两九钱零，请自雍正五年为始，统入旧额盐课一十六万八千一百四十五两七钱零考成实征册内奏报，岁计额课银二十二万五千九百二十九两六钱零。此外，每年多收额外沙卤等项赢余银内，请照原题，将一万九千四两五钱二分零抵补减价增薪之数，每年仍有正项额外赢余银六万一千五百余两。应照原议，留抵银厂亏缺并应办地方紧要公事，仍于年终造册报销。如此，则章程定而弊端清，于课于饷，庶均有裨益矣。

再查丽江土井岁办课息银二千五百余两，该井出息尚不止此数。云龙井、景东井俱尚有隐匿，白井沙卤盐犹可多收，按板、抱母等井杂费仍可裁减。臣与刘业长熟计，大约滇省盐务，连正课赢余合算，每年可增至三十万，拟于明岁请将正课再增至二十六万两，仅留赢余项下银四万两，备办地方公事，亦无不足用。

除具疏题覆外，合将原委详细陈明，伏乞圣主睿鉴。臣谨奏。

**朱批**：通盘全是，有何可讲？欣悦嘉赏览之。

（《朱批谕旨》鄂尔泰奏折）

## 301　云南总督鄂尔泰《奏陈川滇于奔子栏立界事宜及密探安南动静折》

### 雍正五年五月初十日

云南总督臣鄂尔泰谨奏：为奏闻事。

窃阿墩子、奔子栏等处交割地界一件，经臣于雍正四年十二月二十一日折奏，荷蒙朱批："郝玉麟将此情由奏到，即诘问周瑛，但支吾乱道，毫无定见，平常人也。已谕岳钟琪，将敦住折什调回川来，已议定之事，岂可任其自主？虽如此谕去，恐非奔子栏部落之情愿，而少生小事。今览卿此奏，朕毫不系念矣。钦此。"臣随切谕中甸办事原任剑川知州杨正辅、驻防阿墩子曲寻镇标游击顾纯组，令其静候川员，遵旨行事。据报，川员未到之先，番彝仍执前说，不时带领兵马往来窥探，且有不依撤回敦住折什之语。臣唯严饬该员示以镇静，并札致提臣郝玉麟，以凡遇边疆事，当分别内外，外患不靖则刻不容宽，内地未清却不妨少待。彼番彝愚人，既已内向，则归滇归川均属一体，只须开导详明，自然允服等语。及川员到后，又有头人处迥等投递番信，禀称："既经的确，奉旨以奔子栏等处归云南，我百姓们都是一般。但有冲都、白赖展以下土噶以上等地方，原俱系奔子栏所管，今奔子栏既归云南，则冲都、自赖展等处俱应归云南，一同纳粮当差。"等情。纷纷禀报。臣料此举，又系敦住折什之拨弄，总欲不照原议，以便仍得借口也。随饬滇员与川员婉商，明白开谕，务凛遵圣旨，悉依原议，不可少为摇惑。去后，兹据该员等详禀，会同川员悉心相商，业将敦住折什拿回成都，拨过巴塘营官一名罗藏洛竹来滇办理，各皆分界立石，交割俱清。番彝允服，并无异议，并造册取结前来。

钦惟我圣主坐照如神，几先万里，即番彝无知，亦复谁能玩愒！今事已归结，合先奏闻。（**夹批**：好。）

其安南国本章移回之后，臣即密差前往探听动静，并明檄开化镇臣南天祥整兵预备。料伊即不能悔悟，亦定不敢抗违，谅可勿烦圣虑也。至安南虽经展界，镇兵原足弹，若遽尔添兵，或反致生事。（**夹批**：是。）

合并声明。臣尔泰谨奏。

**朱批**：览。

（《史料旬刊》第一册上，第 138～139 页）

## 302 署理云南巡抚杨名时《恭报夏熟收成丰稔、秧苗栽插普遍折》
### 雍正五年六月十七日

署理云南巡抚臣杨名时谨奏：为恭报夏熟收成丰稔、秧苗栽插普遍，仰慰圣怀事。

臣查滇省两迤诸郡，春夏以来晴雨调和，豆麦俱获丰收，虽分数略有参差，大约不出八分九分，亦有满收之处。又据各府报称，四五月甘霖屡沛，禾苗早得栽插，高原坡阪处处都遍，秋成丰穰可期。山地所种之荞麦时得雨润，自六月杪以至七月，渐次收割登场，民间可赖其先时接济。臣等郊行劝农，（**朱批**：类此之举实可沽名，是汝优为之事。）见田家欣欣力作，父老村童触目皆熙恬景象，咸相忘于帝力，何有中矣。（**朱批**：朕不务名，百姓不识不知，不亦宜乎？朕惟于敬天法祖，夙夜警惕耳。至于悠悠物论，从不计及也。）我皇上念切苍生，边陲万里之远如在几牖，重民食而核仓困，裕边饷而筹储蓄，训谕谆谆，周详切至。臣等惟有恪遵力勉，以期尺寸裨补，敬迓天和，上纾宵旰。（**夹批**：臣等二字，可谓犹有自知之明。若以杨名时之诈伪，而欲敬迓天和、感应之理，不协矣！年来云省丰稔，幸赖鄂尔泰、李卫之忠诚所召致耳，实与杨名时无涉。乃大言不惭，云有尺寸之补，清夜扪心，宁不赧然？）谨缮折恭报，伏乞睿鉴。谨奏。

**朱批**：览奏，为汝抱愧良多。

（《朱批谕旨》杨名时奏折）

## 303　署理云南巡抚杨名时《恭报办理铜盐课项折》
### 雍正五年六月十七日

署理云南巡抚臣杨名时谨奏：为恭报办理铜盐课项，仰祈睿鉴事。（**朱批**：杨名时犹觍然人面，言及铜盐课耶？）

臣查滇省盐课及银铜厂课攸关兵饷，盐政历年以来遵旨清厘，章程渐备，盐道刘业长（**夹批**：恐未必如杨名时所荐之科甲中人物。）自雍正四年十月到任，于盐务甚为明晰，操守廉洁，可称尽职之员。银铜二厂，臣自康熙六十年正月到巡抚任后，见银厂自五十八九年，约各缺额课三万数千余两，铜厂则获有余利。银课现亏，若私收铜利，此心何以自安？臣自此绝不取厂规。（**夹批**：可谓冰清玉洁。）劝勉各官实心办课，（**夹批**：劝勉者何官？所办者何事？亦不过焦头烂额之功耳，何足沾沾自诩。）若有缺额，以臣衙门盐规等银两捐掇补足。臣共捐补节年缺课银二万五千一百八十两，系臣整饬盐务之始。自雍正元年，臣等遵旨查奏铜盐，议以盐规归公银两内拨补银厂缺课，奉旨准行。（**夹批**：非李卫来滇，杨名时能如此料理乎？掠他人之美以为己功，鬼神之所恶也。慎之！）粮道张允随历年管理厂务，调剂得宜，力除厂弊，银厂缺课渐少。（**夹批**：此亦岂杨名时所荐科甲中之人乎？）又各铜厂课息，于遵旨查奏铜斤案内，奏明每年可办获铜一百余万斤，约可获息银二万余两。雍正四年分铜矿颇旺，办获铜二百一十五万斤，息可倍增。今年又幸铜矿更旺，又可逾于常额，以少资边饷。（**夹批**：凡此皆鄂尔泰清厘积弊之效，公然自认而不怍，即云年迈昏愦，亦何至于此？）兹届雍正四年分各项钱粮奏销之期，谨将办足情形据实奏闻，（**夹批**：殊为可笑。）伏乞睿鉴。臣谨奏。

　　**朱批**：披阅之间诡谩盈纸，殊无怩怩不解，具何等面皮也！

（《朱批谕旨》杨名时奏折）

## 304　云贵总督鄂尔泰《恭请圣安折》
### 雍正五年六月二十七日

　　云贵总督臣鄂尔泰谨奏：恭请皇上圣安。

　　**朱批**：朕躬甚安，卿好么？来往人，朕备细访问，知卿精神起居甚好，实如获珍宝之喜。但诸凡量力而为之，万不可过强。

（《朱批谕旨》鄂尔泰奏折）

## 305　云贵总督鄂尔泰《奏谢御赐丹锭等物并褒嘉祖父折》
### 雍正五年六月二十七日

　　云贵总督臣鄂尔泰谨奏：为恭谢圣恩事。

　　雍正五年六月初七日，臣家奴蒙恩赏给驿马，赍回御赐臣丹锭九封、贡茶四瓶、香囊四匣、锦扇四匣、扇器香一盒抵贵州安笼镇。臣随郊迎至行署，恭设香案，望阙叩头谢恩祗领讫。敬启折扣，跪诵朱批："赏罚非可私冒，膺不可得此一事，即可为诸改流之戒，此一事实可为诸事敬慎之法则。一公则无事而非是，一私则无往而非不是。"（**夹批**：但知此何时而非坦荡之景，真极乐界也。）煌煌宝训，动魄惊心，臣敢不字字凛体，事事反求？至于怜臣之心，恕臣之过，期臣立功，勉臣以一诚，上圣如天，天不可以言感臣，惟有自重自爱，（**夹批**：勉之！勉之！）勿负天心之曲成已耳。

　　臣弟鄂礼供职二十余年，前经降调，臣严札切责，伊惶愧无地，不敢有饰词。兹蒙恩谕"鄂礼，前朕未审其人，罜误降调时，朕亦忘记名字。昨补用时见其人甚可取，卿之祖父必有积德处，若无可取，或蹈愆尤，朕再无因卿之亲戚而瞻顾姑容也。加意教导他。卿这弟如何？朕观，似在鄂尔奇之上。钦此。"窃臣弟鄂礼存心忠厚，亦颇明晰，策励用之，部司尚可办事，但无卓识，难有定力，虽为人平易处比鄂尔奇较优，然鄂尔奇多偏，鄂礼少软，过犹不及，均未成就。（**夹批**：甚是。甚是。公当之极。昨差江南，请训旨时稍露不及，然忠厚存心，老成人也。）臣当不时教导，俾各自奋勉，以仰副圣主任

— 264 —

材使器、因物付物之至意。

至臣祖父，何敢当积德？但自高曾以来，从无临阵不勇、见财苟得。臣父鄂拜平生耿介，义理自持，居官四十年，祖业之外未曾长尺寸，通旗所知，富宁安尤所亲见。钦荷天语，谓臣祖父必有积德处，祖父有知，且感且泣。臣等若复稍有不肖，不独背负殊恩，上苍鉴察，逆子辱孙，类同狗彘，其何以见先臣于地下？言念及此，痛泪沾衣。臣即无良，实有所不敢，有所不忍也。谨此缮折恭谢圣恩，伏乞圣主睿鉴。臣谨奏。

**朱批：**览。

（《朱批谕旨》鄂尔泰奏折）

## 306  云贵总督鄂尔泰《议覆奉到发来"朱批岳钟琪十二折"折》
### 雍正五年六月二十七日

云贵总督臣鄂尔泰谨奏：为覆奏事。

窃雍正五年六月初七日，臣据实陈明一折，荷蒙朱批训示谆切，复蒙颁发朱批岳钟琪十二折到臣。臣伏读累日，分绎合参，仰窥我圣主经正权通，万殊一贯，辨公私之隐，洞是非之微，义理从心，造化在手。大公至正四字，惟皇上足以当之。（**夹批：**此二字，朕实可以对越上帝。）此盖虚明之所生，诚敬之所集，非可以袭取得也。至于"务慎急，先虑周善后，物无遁情，语无泛字，俾竣事之日早定"，于受命之初，以臣愚钝，知解实难，谨据管测条覆，以自庆臣等之遭逢，并以志私心之奋勉，敬陈于左。

一、正月二十九日二折。臣看岳钟琪委员提审于前，遣兵应援于后，预谋安抚，先防扰累，知禄鼎坤之狡猾，恐其潜踞滋蔓，皆伊历练慎重处。其委员并未入乌，援兵并未露面，岳钟琪实远不及知。至于禄万钟既参，且请赴叙府亲理，止欲改土归结，不将参案委审，则不无姑息。伏读朱批，于"委员审理，未免迁延"等语，则以前案亦要审明方是；于"将禄万钟题参改流"等语，则以仍严解送鄂尔泰处，以便合一归结，改归云南；于"禄鼎坤狡猾内应"等语，则以未必有此举，宁可防其意外。臣初读倾折，再读抃舞，知乌蒙之事如此轻易完结者，实圣谟之默运，有以顺应而曲成。臣即急亦不能，即深知灼见亦不能。（**夹批：**此语朕有深意，不可在盲句上会。）乃据岳钟琪之奏，蒙要赐臣功之旨，伊称深服臣，臣益难以自安矣。至称天全二土司罪恶多端，既经访确，自应惩治。若身为大臣而贪其小利，明知贻害而不计远图，罪不容诛，终难漏网。但知料理难，知斟酌更难。臣等当凡百熟虑，举一详推可也。

一、二月十二日二折。臣看折内大意，乌夷既倾心归附，川员业经安抚，而云贵兵马乃深入大关，以致伤亡官兵，似属自取。及编查户口，已逐一安置，而云贵官兵尚驻扎乌蒙之内，更似多事。又乌蒙、镇雄既先后具呈，情愿缴印献土，一并带至叙州府酌议安置，是云贵原无容挽越，并不用臣会办也。伏读朱批"总在云贵画一归结好。看此光景，若咨文会商，则将来彼此必有不便处"，圣鉴如神，（**夹批**：事情了然，有何神鉴?）臣惟当自慎。至于"严饬官弁毋得贪小利以误事，比引从前，率皆少示威，而终止水火之譬，实切惊心。委用得人，谁能过信?"臣前蒙朱谕，不敢暂忘。大抵才智之弊，莫大于邀功，庸鄙之私，莫甚于贪利。惩斯二者，则何念非公，何事非实?凡属臣工，皆当交相惕励者也。其严捕奸民、逃人，臣已密檄通饬，悬立赏格。如拿获董起弼等，各给银三百两，职官记功。仍当不时留心，并设法究问。（**夹批**：董起弼光景不在内地矣。然正可借此稽查匪类。）

一、二月二十二日二折。臣看折内，岳钟琪以两土府俱幼稚无知，请原情略法，将公用银两于四川省城置买房屋、庄田，分给安插，情词恳切。臣查两土府各有资财，即便安插，亦不须动公用，且禄万钟两次参案，又何以了结?伏读朱批"以此二事，宜于云贵归结，前已有谕"，云贵、四川皆与其故土相近，内省安置，或京师、山西、河南等处相宜，则知川省之不可留，而党羽勾连之，或能贻患也。以各案明白后自然从宽发落，则知汉奸、恶目之并应究治，而先宽土府之未便明告也。以冕山、普雄得以成功，夺其屏障，所以从容就绪，则知二事之完结，亦岳钟琪先事之功，并非臣力之自能料理也。三复绅绎，敬念睿虑周详并曲全，臣愚，至意安得不感切忻幸?而训谕谆恳，反覆告诫者，总不外勤抚驭、严勒索数事，至仁如天，万物一视，于此而敢不凛慎?是自残同类矣。其乌蒙、大关地所有藏蓄等项，三省所共知。臣前委员会勘，业经川员查点封贮，云不必再查，亦不告知件数。后闻有归滇之信，复因臣严饬，兼委文武遍查，始陆续详报。今已四处查清，现在造册。伏读朱批，以"此细事不必细究"，臣正恐不肖员弁以为细事，或误大事，宁可备细查报，请旨遵行，断不可避怨市恩，令一二人获利也。（**夹批**：亦使得，但恐无知之人妄生议论耳。查明白，自有料理。）

一、三月初九、二十五等日三折。臣看岳钟琪自蒙朱谕后，仰体圣主大公至正之心，凛遵归并管辖之旨，一切咨札并无嫌猜，俾臣得尽力料理，渐有头绪。此即伊之赤忠，应服伊之虚公也。（**夹批**：岳钟琪但少有人我，心不净。）至谓臣出其不意发兵捣巢，不知土府之役。臣实明示以意，使夷酋先自度量，云贵能否攻剿，乌镇能否拒敌，然后速我进路，留伊去路，故智穷势迫，相率投川。臣前密札刘起元、张玉等，已明言之。是臣初意，原不在构兵，禄万钟等徒自取祸耳。今事已底定，善后须周。伏读朱批"不可因归并云贵，应办者推诿，总赖二卿悉心筹画"，褒嘉逾分，悚仄倍常，若复稍蓄私心，其谁能逃洞鉴?义应报国，实则所以自为矣。其九姓土司覆折，钦奉圣训，以"未有尽行改流之理。以如易改之处，必不敢为，大不法之事。以向来安分土官，便情愿具呈改流者，亦当不听，慰留之"。臣跪诵至此，实不禁起舞，益信大公至正四字，非臣等之私言，天下后世，无贤愚善恶，皆应感颂我皇上，而无异论者也。（**夹批**：因岳钟琪少露错会朕意之景，所以有此谕，亦自然应当之理。）

一、闰三月十一日三折。据岳钟琪具覆，张玉情词似属可用之员。臣前所奏，系就事言事，并未审其人。在张玉等，彼时以事属川省，臣不过协办，料未便破面。续经臣通咨严饬，遂复悔惧，并明告滇省委员以无可奈何之意。窃念习染难除，何止张玉一人？总缘庸人鄙见，且以回护本省为义气，而不知耽延公务之大为悖负也。土府安插内地，即属格外洪仁，此边境久远之谋，亦酋长身家之计。事情明白后，臣当定议请旨。（**夹批：是。**）其大关册籍等事，臣已详前折，无庸再渎。臣谨按"以人事君者，人臣之大义"，凡属备位，皆应惜材，况陕督臣岳钟琪效命边塞，有功国家，扪心自揣，能如伊者何事？若或不知爱敬，稍有嫉嫌，即是显背君父，膜视封疆。岳钟琪，臣多不及，即便互有短长，亦必不当少存嗔怪也。各尽各心，公办公事。（**夹批：此不待卿言，朕知卿肺腑之主也。**）

敬体慈训，并摅愚诚，谨缮折覆奏，伏乞圣主睿鉴。臣谨奏。

**朱批：** 览。

（《朱批谕旨》鄂尔泰奏折）

## 307　云南总督鄂尔泰《议覆安南情形并酌筹边境驻防折》
雍正五年六月二十七日

云南总督臣鄂尔泰谨奏：为遵旨覆奏事。

雍正五年六月初七日，臣赍折家奴回抵安笼，赍到钦颁安南国王敕书三道。所有臣报明安南一折，荷蒙朱批："此事朕详慎思维，须朕谕一敕，似与事有益。命大学士另有谕卿之旨，卿可斟酌行之。钦此。"复接大学士马齐等手札，敬启上谕一道，内开："雍正五年四月二十六日，大学士马齐、富宁安、朱轼、张廷玉面奉上谕：安南国王定界一事，朕已加恩别议立界。该国王不知感激，又复具本从广东、云南二省总督处求为题达。虽伊等未曾代陈朕前，而该国王仍然辩诉之意，已见大概。伊愚昧无知，朕当颁敕谕再行开示。可缮写朕旨，发与总督鄂尔泰，着鄂尔泰阅看，酌量赍发，谕该国王知悉。若鄂尔泰另有所见，亦着具奏，请旨再颁。昨鄂尔泰奏称，已移咨文开导该国王前去。若该督咨文到日，该国王已遵奉施行，则敕谕不必再行颁发，仍即恭缴，一切事宜，鄂尔泰就近酌量妥贴行之。钦此。"钦遵。

臣看得安南国王人本痴愚，兼多惶惑，以为既邀圣恩别议立界，自可悉如所请，因不惮再三妄渎。虽经臣移文开导，或复转念，若竟遵奉无辞，是侵占内地是实，又恐获罪。据臣愚见，该国王不知悔悟，仍将辩诉，犹未可定。兹复荷颁赐敕谕，谆切开示，既无可置辩之辞，业已销畏疑之虑。但有血气，自应感激，诚与事有益。臣敬讽敕书三道，仰见我圣主矜全之意，抚恤之怀，一视同仁，如天覆冒于此而有不格，是则豚鱼之弗若矣。臣谨奉尤简约者一道，理本大中，词无旁及，（**朱批**：甚好！朕意，亦常用简文者。）愚者易晓，疑者无猜。随于初八日，遴员专赍，并咨会该国王，照会开化镇臣遴员转赍去讫。待其悔悟，自当奏闻，即复辩诉，亦应转奏。所有敕书二道，相应恭缴内阁。

至本月初九日，复准兵部咨，奉旨："新立边界地方，自应增兵弹压。鄂尔泰所奏甚是。但只设兵百名，恐尚未必敷用。着行文询问鄂尔泰，若此地不便多设兵丁，恐安南王疑惧，则照所请设立百名，若因三营官兵不便多拨，故止请百名之数，则不妨再增百名，招募充补。着鄂尔泰酌量，定议具奏。该部知道。钦此。"窃念外藩边界地方，固应重兵弹压。但初当定界设关，伊方心怀疑惧，若开化遽于关内添兵，安南必将于关外增汛，彼此相防，或反致滋事。臣料该国弁目必不敢稍有侵犯，即或须遣调镇标官兵，可以朝发夕至，似毋庸多拨，故酌议将旧驻马街兵一百名，移驻马鞍山，（**夹批**：是。）又于三营内请添拨一百名，驻扎铅厂河，与马鞍山互相联络，以备巡探声援之用。非因三营官兵不便多拨，故止请百名之数。至于日久事定，转须议增，该镇三营内尽可敷抽拨，亦毋庸招募充补。除具疏题覆外，谨缮折奏，并缴朱批臣折一扣、咨稿二扣及阿克敦折扣原柬一封，伏乞圣主睿鉴施行。臣尔泰谨奏。

**朱批**：览。

（《史料旬刊》第一册上，第140~142页）

# 308　湖南布政使今升云南巡抚朱纲《奏报奉旨补受云南巡抚谢恩折》

### 雍正五年三月二十二日

湖南布政使今升云南巡抚臣朱纲谨奏：为恭谢天恩事。

窃臣于雍正五年三月十三日，奉到特旨，将臣补授云南巡抚。臣闻命自天，惶悚无地，随恭设香案，望阙叩头谢恩。

伏思臣蒙圣祖仁皇帝豢养拔擢，由兵部主事历升至河南按察使。恭逢皇上御极，臣涓埃未效，即于雍正元年五月内，蒙特简湖北藩司，到任甫及四月，又调补湖南藩司，旋因湖北任内解贵州饷银，解官携带铅法马一案，经部议革职，荷蒙圣恩特赐矜全；又因湖南童石安等展限臬司何锡禄私夹禀折一案，经督臣将臣一并题参，部议一例革职，交巡抚提问，又蒙皇上明见万里，暂停臣之处分，将此案改交督臣审讯。今虽审明题覆，臣实不知私夹禀折情由，臣之心迹得明，然尚有疏忽之咎，静候处分，何敢希冀超迁？乃恭蒙特恩补授云南巡抚，臣闻命之下，惶悚涕零，免冠叩首，不惟臣粉身难报，实属梦想不及。伏思巡抚乃封疆大吏，臣膺兹重任，时切兢兢。所最幸者，皇上准臣陛见，俟新任布政使漆绍文到任后，臣交代明白，遵旨赴京，恭聆圣训，得有遵循，然后赴云南，到任实心任事，力图报效。业经抚臣布兰泰代题谢恩外，臣谨将感激愚衷再具折奏谢天恩。谨奏。

**朱批**：奏词剀切，朕甚欣悦。尔来见朕，自然备悉，但期他日永久毋忘此奏之真诚。

（《朱批谕旨》朱纲奏折）

## 309　云南巡抚朱纲《敬陈调整州县官承审案件文报扣限折》
### 雍正五年八月初八日

云南巡抚臣朱纲谨奏：为敬陈管见事。

窃查定例，州县官承审命案，以报官之日起扣限六个月；承审盗案，以获贼之日起扣限一年，均无庸议外，惟是奉部查审事件，俱以督抚准咨之日起扣限四个月，咨题不于州县奉文之日扣算。但思督抚将部文行司，由司而府，由府而州县，凡附近省城者得以早行接到，其路远州县，由铺递转送到彼，竟有迟至二十余日以及三四十日不等者，一届限满未覆，将州县不分远近一例参处，并无分别，似未为均平。可否将州县离省之远近，分别里数，酌定程限，各以州县奉文之日起，仍照旧例扣限四个月。咨题各省督抚先将州县里数远近酌定，文到该衙门之程限，咨部备案，以杜捏饰迟延之弊。至行到部文，督抚与各该上司务于三日之内双羽飞行，不得延缓，庶各衙门案件皆上紧办理，而远近州县扣限均平，不致有偏枯之处矣。如或臣言可采，伏乞皇上敕部议覆施行。谨奏。

**朱批**：九卿议奏。

（《朱批谕旨》朱纲奏折）

## 310　云贵总督鄂尔泰《奉到谕旨之祝愿语谢恩折》
### 雍正五年八月初十日

云贵总督臣鄂尔泰谨奏：为恭谢圣恩事。

雍正五年七月二十日，臣赍折家奴蒙恩赏给驿马，赍回御赐臣珊瑚珠一盘、记事折一袋、法琅匙箸饼盒一副、鼻烟洋器一具、莲心茶一瓶、佛手柑一篓抵滇。臣随郊迎至署，恭设香案，望阙叩头谢恩祗领讫。敬启折扣，荷蒙朱批："朕躬甚安。每岁夏令便觉少有不爽，总不似今年甚好。卿好么？朕每念及交卿办理倚任之事，思卿之劳，实令至于不忍。凡卿一切料理、奏对，朕实心动览之。朕亦不多谕，惟秉一诚，默祝上苍厚土、圣祖、神明令我鄂尔泰多福多寿多男子平安如意耳。量精神力量为之第一，不可勉强。钦此。"臣跪捧卒读，感痛失声，妻子惊看，莫知所以。

伏念我圣主万几就理直若行所无事，犹复日御勤政殿，虽溽暑不少辍，既办理一切，又命诸臣呈件代办，自强不息，纯亦不已天下万世有至尊而勤劳如此者乎？上苍厚土、圣祖、神明实鉴精诚，用申保佑，在圣躬之康强，逢吉固所自得，而内外大小臣工皆当知感知奋，自讼自惭者也。臣血气具存，心肝不昧，身膺殊知异数，秩晋八阶，荫叨四品，儒臣之荣，至于斯极！即使竭蹶效命，已难酬万一。乃屡荷圣慈奖许至此，期望至此，爱养至此，矜怜至此！臣不但念及身家实同狗彘，便私有性命亦难欺鬼神。敬缮及此，涕泪盈襟。此生此世，即欲作报恩，人且无能自了，又何敢堕落？自受事迄今，惟思勤以补拙，晓起夜眠，巨细皆亲理。而同官属吏谓臣羸瘦，时有劝词。殊不知尽得一分力，斯安得一分心，心之所安，即是乐境。强弱论形，达人所诚。臣今且精神健旺，疾病全消，无所云劳，渐能就逸。恳祈圣恩，毋为万里远臣虑也。

至于锡福自天，求福由己，上有皇天眷命万寿无疆之主，斯下有天寿平格保乂王家之臣。臣实非伦，当求自信。再臣自赴滇黔，连生二子，今已有五男，平安如意。钦奉御书，圣心即天心。臣惟当自为承受地耳，不揣冒昧，琐细陈奏，恭谢圣恩，伏乞圣主慈鉴。臣谨奏。

**朱批**：览卿奏谢，朕甚为欣悦。前朕之祝愿，实住大光明中出于一时至诚之笔。今多子之愿既应，其他上苍必赐如意也。朕实欣幸焉！

（《朱批谕旨》鄂尔泰奏折）

## 311 云贵总督鄂尔泰《报明开垦田地并查出隐射田土折》
### 雍正五年八月初十日

云贵总督臣鄂尔泰谨奏：为报明开垦田地并查出隐射田土，仰祈睿鉴事。

窃照各省有可垦之处，听民相度地宜自垦自报，奉有谕旨，著为定例。其无主影射田土，应清查，抵补屯军丁银，经署抚臣杨名时具题，部覆"奉旨依议"。钦遵在案。臣自上年二月到任后，即通行各属，劝民开垦，并查影射田土，抵补丁银。凡接见属员时，复又谆谆告诫，务期留心查劝，实力奉行，以副圣天子富民阜俗之至意。

嗣据昆明、罗次、寻甸、河阳、弥勒、云南、腾越等州县并广南、蒙化二府陆续申报，劝垦过民赋荒旱田地共四千七百五十三亩零，该夏税本折麦一十一石五斗一升五合，本折米一百二十石二斗七升四合，条编银七十一两四钱四分；又罗次、云南、定边三县劝垦过屯官马料荒旱田地共一千三百八十二亩零，该夏税本折麦三石二斗二升六合，秋粮本折米三十五石五斗六升五合，条编银二十九两八钱二分，俱雍正四年分之事，业经署抚臣杨名时与臣会疏题报讫。又晋宁、呈贡、昆阳、嵩明、宜良、富民、弥勒、赵州等州县申报，查出欺隐并自首抵补军丁民赋田地一千九百二十九亩零，税粮折征、条编二项共征银五十三两零。景东府夷民自首抵补军丁、未载《全书》额外田四百五十六段，税粮折征、差发二项，共征银一百四十三两零。按田亩论，"段"系土夷旧例，尚未及清查亩数。又昆明、禄丰、晋宁、呈贡、昆阳、易门、嵩明、宜良、罗次、富民、云南、赵州、浪穹、保山、腾越、蒙化、定远等府州县，查出欺隐并自首抵补军丁、屯官马料田地共九千二十四亩零，税粮折征、条编二项，共征银五百四两零，均于雍正四年田地粮银项下征收造报，俟各府州县清查抵补丁银，于下年奏销册内造报。近又据陆凉州查出影射田一千一百六十七亩零、地八百四十二亩，自首新垦田七千二百五十七亩零、地八千六百五十八亩，易门县清出民赋沐庄隐垦田六百六十二亩零，路南州民自首隐匿叛产田一十七亩零，通海县清出自首屯田二千一百二十七亩零、民田三十四亩五分，宁州查出自首影射民赋田一千五百九十四亩零，保山县民自首田二百五十七亩七分、屯田一十八亩，宾川州查出影射地九十四亩二分、田一百二十亩，宜良县查出影射田七千五百七十六亩、地八千八百七十八亩。以上各田地粮条，或应归入正额，或应摊抵丁银，现在行令查明，分别科则，造册申报。

又陆凉州向有臣标马厂一项，坐落海子内，虽例系夏秋二季牧放马匹，冬季收栏，然牧放时甚少。因附近居民侵占告争，前督臣高其倬委千总刘起贤查丈，招民开垦，科租给与老丁，然所收无几，现已无存。臣自到任，即委新兴州知州今准补开化府同知吴士鲲，嗣复行令现任陆凉州知州祖良范查造地亩，分别科则。内有变价新垦浮多一项，系借新垦为名，私自占种；又祭需一项，田地被贡生赵世基以教读为由，父子相传，私自收租；又有无粮田一项，亦系私种。此三项并无钱粮，虽非马厂，皆系欺隐，故均照马厂科租。又鱼箔一项，原系筑箔捕鱼办课，因阻水道，常淹没民田，百姓控告，将箔拆去，量拨海子余地帮补办课。今马厂尽行招垦，鱼课应行开除。至旱马厂一区，亦系官地，查其土宜可以种荞。今据祖良范开报查出田地数目，原任新兴州知州吴士鲲造报地三万一千五百六十一亩三分零，祖良范到任后，查出地三千三亩一分三厘零，内有未领荒地四百三十二亩六分零，俟有人承领课租；查出旱马厂地五千二百七十五亩七分四厘、田四百二十六亩八分零。以上实种田地通共三万九千八百三十四亩三分零，应征大小麦、荞、谷京斗租三千四十石九斗八升零，现在饬令造册详送，题报归公。又蒙自县有临元镇马场，始而有一二报垦纳粮之事，及远近居民渐次开挖，有称祖遗民田与叛产者，有称报垦与各祠庙香火田者，率皆粮少田多，各自隐占。臣访闻确实，于今春檄委广通县知县郭伦、通海县知县顾济美前往逐一清丈，除有粮田四千六百四十一亩零，有粮地四百二十五亩零，共丈出隐占熟田二万三百五十五亩零，熟地三万八百二十六亩零，现在行催册报。又丽江府民报首田亩，据该府元展成禀称，约有田三万余亩，现在清查册报，即于明岁科租，统应俟查明造册到日，会疏题报。

所有劝令开垦、查出影射田地通共一十三万八千余亩外，夷民自首田四百五十六段，合先具折奏闻。

再滇省文武衙门，大半各有官庄，臣业经密查，并檄饬各员据实开报，现已悉大略，俟各属报齐，行令藩司造册，详题归公。合并声明，伏乞圣主睿鉴。臣谨奏。

**朱批：**"可嘉之至"四字皆属多谕。

（《朱批谕旨》鄂尔泰奏折）

## 312　云贵总督鄂尔泰《奏覆广南府土官承袭情形并议请改流折》
### 雍正五年八月初十日

云贵总督臣鄂尔泰谨奏：为覆奏事。

七月二十日，颁到升任广南府经历吴启文一折，荷蒙朱批："吴启文条奏此一折，朕不达，卿可酌量斟别为之。钦此。"臣看折内，所称广南府土同知侬鹏及侬绳英妻抚幼严氏并土目陆顺达、陆尚安父子等情事，臣自到任后，即经访闻，随密饬各员各就所知密禀。当据粮储道张允随、广南府知府潘允敏等据实呈禀在案。

查该土同知侬鹏，系侬智高之后，从吴逆作乱，受其伪职，及王师平逆，侬鹏投顺，给以世袭土丞。其始从逆四川时，曾经抢掳遵义府民间女子濮氏为妾，后奉文稽查，发回原籍，嫁与张大为妻。及侬鹏身故无嗣，鹏妻禄氏听信土目龚胜等捏称濮氏原系怀孕而去，遂将濮氏并其后夫张大之子接回，认为侬氏之子，改名侬绳英，冒袭世职。后因不法拟绞，未议削土。绳英妻严氏遂滥鹰抚幼，管理土丞事，自此土官权柄俱归土目。其四大头目，曰内甲，曰总管，曰板栏，曰内兵。此四目把持线索，任意指挥。四目中，内甲又最权重，凡调拨土兵、发纵指使，皆系内甲。旧时内甲俱侬氏族人选用。康熙三十五六年，有陆尚贤与侬克昌争此内甲，劫杀连年，官兵攻剿不胜，后设计招抚，陆尚贤出降，一守备乘间击之，事得稍息，而侬、陆之仇至今不解。陆尚贤是现今板栏陆顺达之侄辈。始则陆顺达诱出尚贤，继而尚贤死后，顺达与其子陆尚安等互相济恶，更甚于尚贤。官府传唤，从不入城，即偶至城外禀事，亦必四路埋伏，势若临敌。其于村中恃强占夺，不遂其意，便肆烧抢。伊既盘踞险远瘴恶之处，急则竟入粤、陇藏匿，无从追踪。曾于五十六七年间，各头目遍起，土兵围城，几陷，攻杀相寻，逐年皆有。近虽稍知敛戢，不敢猖狂，然凶恶难化，终为后患。

臣念土官无权，权在土目，而土目巢穴又逼近陕、粤。缘粤夷未靖，陕夷有事，若不筹画万全，相机而动，即剪除土官，亦难以善后。先经大张告示，明书陆顺达、陆鲁、陆尚平、陆尚安等名，晓以改过从宽，怙恶必戮大意，复切谕广南文武，明示宽纵，密计擒拿。续奉清查边界，酌设游巡之旨。现议于广南要隘驻扎官兵，更替防汛，且泗城既定，粤夷丧胆，料不敢助恶。一俟陕阻事定，便当剿抚兼行，汉夷并用，务擒其渠魁，收其土地，为一劳永逸之计。凡臣屡次札檄，皆该经历所知闻，故其言之确凿也。

至于该土丞征取属夷钱谷，名曰年例，每年约得六千余两，色系七成上下，实计纹银四千余两，与吴启文所称八成吹丝银五六千两不等之数亦大概相符。此外，复不时需索夫役、牲畜，稍不如意，则箠楚拘囚，无所不至，皆有不愿服土司管辖之望。统俟擒获陆尚安父子时，一面参革土职，尽归流管辖，将向所入年例，再疏请圣恩酌为减少，以恤边夷。其余尽归公帑，银米各半输纳。庶按绪就理，一举可成，而广南边境得以宁谧矣。

谨备细陈覆，伏乞圣主睿鉴。臣谨奏。

**朱批**：览此奏，朕明悉矣。次第缓为之，卿自有斟酌道理。朕意，凡烟瘴之地，改流极宜详慎。

（《朱批谕旨》鄂尔泰奏折）

## 313　云贵总督鄂尔泰《奏请将滇省进藏官兵所借银两扣限由三年展至六年折》

雍正五年八月初十日

云贵总督臣鄂尔泰谨奏：为请旨事。

窃查云南提督臣郝玉麟于雍正元年十二月奉旨带兵前往中甸，雍正二年二月，又奉旨带兵赴察木多应援西藏，查拿逆党。在中甸起程时，值大雪封山，水冷草枯，前督臣高其倬会商署抚臣杨名时，每兵借给一年饷银。至雍正三年九月，提督臣郝玉麟遵旨查看里塘、巴塘地界，一路回署，仍酌留兵丁五百名驻扎察木多，弹压地方，至雍正四年十二月奉旨撤回。当自中甸进察木多时，缘奉有作速前进之谕旨，口内营马檄调不及，提臣郝玉麟将现在马匹搭配，分给兵丁驮载，不敷之马，雇觅夷马给兵驮载，每匹发银一十三两。雪深冰厚，番民之马倒毙甚多，又经重复雇募，以致各兵多有赔累。及抵察木多，存营之马，复遣差游巡逆贼罗卜藏丹津所属地方，招抚南称巴卡等二十七处番民。所到各地方，俱崇山峻岭，积雪数尺，而营马倒毙殆尽。迨至撤师，驮马所存无几。复又雇募，由巴塘、里塘草地跟随查勘地界进口，只在管理粮饷官处每兵权借银八两给付，自行雇觅驮载。

查康熙五十九年出征西藏兵丁回师驮载，于管理粮饷官处每兵借支银二十一两有零。察木多系进藏一半路程，每兵借银八两，未及前次一半，又各兵借支过年及回师盘费，前后通算，除病故废疾兵丁外，现在马步兵丁共借支过银五万七千二百四十八两零。今虽议定作一十二季除还，但照数分扣，各兵所支者无几，难资养瞻。据各兵联名恳诉，情词迫切，准提督臣郝玉麟咨会前来。

臣查康熙五十九年兵丁进征西藏时，除照例支给盐菜口粮，给与驮载马匹，并折给五个月裹带口粮，每石折银四十两七钱，制办一切行装费用，于司库内每兵借支半年饷银，与在藏借支之项，后蒙恩旨，俱准豁免。又节次护解粮饷兵丁，每名赏银十两，又给与驮载二兵三马，每匹折银四十两，亦经奏销在案。各兵往察木多擒拿逆党，援剿各路虽与进藏兵丁有间，然比护粮解饷，亦颇效勤劳。出口之日，每兵赏银四两，口粮、马匹并未折给，又未领支草料，仅此口粮盐菜，实不敷用。适提臣在省，臣详细询问，伊复备言行状，若照三年扣完，恐仍不免艰窘。相应据实请旨，准以六年扣完，庶兵丁不致苦累。至于量予减免，以示优恤，此出圣主特恩，非臣所敢置议也。谨缮折奏，伏乞睿鉴施行。臣谨奏。

**朱批：**此奏甚是，朕欣悦览之。卿若不奏，此事几乎疏忽。已有旨矣。加恩优恤，原朕之本意也。

（《朱批谕旨》鄂尔泰奏折）

## 314 云南总督鄂尔泰《敬陈安南情形折》
### 雍正五年八月初十日

云南总督臣鄂尔泰谨奏：为敬陈安南情形事。

雍正五年六月初七日，臣于贵州安笼镇奉到颁赐安南国王敕书，随于初八日，遴员赍往开化镇。据镇臣南天祥称："于六月十六日，选差左营千总唐定国赍赴铅厂关。据唐定国禀称，十八日抵关，随差管队王佐前往都龙隘口，令土目黄文绥迎接圣旨。伊云：'我国王行文，凡天朝公文不许擅接，奏过国王方可迎接，且总督发回我国本章，又行文申饬，所以我国王行文，凡云南公文一概不接。你们赍来圣旨，仍旧从广省大路走。若要我们迎接，俟奉国王回音方可。'等语。随将隘口堵塞，不许人进。"续又据南天祥禀称："六月二十三日，复差把总汤得新协同千总唐定国发有告示，再至都龙隘口，委曲开导，探实向背情形。如果负固执迷，飞报宪台裁夺。本职血气武夫，必欲直取都龙。（**夹批：使不得！使不得！**）其帷幄运筹，专恃指示。"等语到臣。臣随即札覆，以安南本章既经咨回，渠必不料复有敕书，今忽颁到，则土目不敢轻接，通知伊国王，亦不足怪，且此时伊国王尚未闻信，当计其往返程途，限以两月为期，如两月后竟不遣员迎接，或仍以粤省为辞，自当兴师问罪。（**夹批：亦不可。**）但恐末弁不识大体，乐于多事，须剀切谕明。（**夹批：只可备其横逆之应，不必轻举。明白谕之。**）谅兹小腆，必不敢自滋罪戾。我皇上御极以来，遐陬异域无不向风，况素称恭顺之臣，自然息事为上，不得已而用兵，实下策也。（**夹批：不但下策，不可！**）身为大臣，须共体此意。设该国竟不悛悔，亦犹未可轻举。俟将滇粤应进各路及彼国虚实强弱、险阻要隘并其防汛兵马数目与所习战，具详密侦探，一一报知，再行调度等语。去后，续南天祥覆称："据该土目禀恳，俟两月后国王信来，方敢修路迎接。"虽其情虚实未知，自当如期静待。（**夹批：便待两月不接旨，亦当另设法以静待。**）

臣查安南，汉交阯故郡，唐改为州，皆内附版图，至五代时始为土豪曲承美所据，继为土酋丁部所据，然亦止称州帅。宋平岭表，其子丁琏内附，始封为交阯郡王，自此李、陈、黎三姓递相篡夺。元始称国，封陈光昺为安南国王。明洪武因之，以封陈日煃。建文时，国相黎季犛大杀陈氏族自立，更姓名为胡一元。永乐朝自称陈氏甥，入贡。后成祖察其事，乃命英国公张辅为正将军，统师数万由广西进，黔国公沐晟为副将军，亦统师数万由云南进，所至皆克，系累其君长，扫清其境土，削其国号，改设三司，分为十五府三十六州，一百八十一县，一时耆老土民无不以内附为幸。只因善后无策，以致叛服不常。一土巡检黎利肆其枭张，辄复据其国土。正德以后，陈氏、莫氏与黎氏祸乱相寻，兵分势削，取乱侮亡，易如反掌。而竖子率师，庸臣聚讼，虽名为外臣，实则自帝其国，凡所进奏，皆用诡词饰说。（**夹批：其国来历朕皆不必谕，但据目前事情行是。**）虽明知矫诬，不复诘责，听其自为鱼肉，秦越相视，迄明之世，二姓分据，篡夺无休。本朝顺治十八年，黎氏入贡，仰赖国恩，世享王爵，得以安居。今所侵开化地土，不思清还，锡以大半，尚怀怨望。我圣主屡示怀柔，该国王终无悟悔。倘两月之后仍不迎接敕书，是抗逆显著，（**夹批：便抗逆，亦当问明方可举行。**）国体所关，何能隐忍？然情事重大，非数月期年可成，且动兵数万，即需饷百万，而得其地不足守，得其人不可用，断不敢好大喜功，稍或孟浪从事也。

臣详悉筹思，拟一面严饬开化备兵防范，一面将此事始末移咨广省督抚诸臣，并密札商嘱，著据臣咨，明檄安南，晓以利害，观其顺逆。若伊知悔惧，恭迎圣旨，具本陈情，即或有支饰，归怨云南，但可息事，臣亦甘受。倘接广省之文，依然违抗，则势非得已，亦不敢畏难。（**夹批：非畏难也。不得理也。**）务当竟灭其国，以为久远计。臣备查进兵之路有三：一由广西，一由广东，一由云南。广西之兵当分为三哨，凭祥州为中哨，龙州罗回洞为左哨，思明府思州为右哨，而又别设奇兵，另为一哨，则如归顺州等处是也。广东则钦州等处自为一哨，其乌雷山等处别为海哨。云南则开化为一哨，蒙自为一哨，而元江、广南等处亦各伏奇兵，自为一哨。合计形势，非数万兵不足调度。而云南临安属之大头猓猡，广西府之十三嶞及粤省土田州等处，诸彝兵尤须多用。其安南之邻邦，如老挝、占城等处，亦须檄令协应。适提臣郝玉磷正在省城会审镇沅余犯，臣与密商熟议，先嘱其密往开化、蒙自一带，亲勘各隘要路，审度形势，拟调臣标兵一千、提标兵一千并各镇协营兵八千，共成一万，预先准备，一旦需用，悉属提臣统率。其一切应用大小炮位及各种火器，并狮子、麒麟、衣服及藤牌火箭、喷筒等项，皆预饬整备。臣则另选精锐，并黔省健兵五千人，带领安笼镇总兵官蔡成贵，同至粤界调度进取。其两广酌调官兵，应听该督提诸臣选派。盖广西为通道，应以全军压境，云南为背道，应以偏师四攻，而广东则惟严加堵御，遥作声援。俟布置既定，当先发檄文，罗列罪状，明告以进兵日期，（**夹批**：筹画甚是精详，朕料用不着。）冀其悔惧。倘知技穷势迫，谢罪输诚，便令就都龙关画地中分，截立各界，然后班师。若更有违逆，则添兵选将，刻期并进，势将灭国改土，一仍汉唐之旧事，非得已，伊实有以自取矣。

伏念我圣主仁威远被，早及海隅日出，谅兹小丑终不敢有异志。但臣职任封疆，不敢不过虑，以备不虞。敬用备陈愚见，恳祈睿鉴裁示，并密谕广省诸臣，明檄诘询，暗差探听，庶先事而谋，临事无误。（**夹批**：使得。）再临元镇总兵臣孙弘本前奉谕旨，准予陛见。（**夹批**：孙弘本且不必来，料安南亦无事。孙弘本来时，先请旨，得旨再令动身。）今镇沅、威远事竣，理应起程。臣缘现有安南事，请复暂留，以备参酌。

合并声明。臣尔泰谨奏。

**朱批**：备其不虞之逆为则可，若进灭其国，以复汉唐旧制，朕不忍也。朕纵不为天下先，此事原发端在我。当日高其倬等举行此事，若先请而举，早无事矣。不应一面举行，原未奏闻，该国王表文到来，朕方知也。又因初次安南王所进呈表文甚觉无礼，又不便怪高其倬结此事实，因无奈曲从四十里铅厂河立界之请。便卿接任，亦出不得已之事。朕当日一见该国王奏章，即知此事必生衅端。接后，卿数次之奏，所以有出意之望之谕。朕再四筹画，不如特遣天使，申明事情大义，伊便少有不恭处，朕意亦当隐忍，再加详悉开导。伊若必执迷恋此尺寸疆土，况原系伊国数百年盘踞之地，论理论情，皆不应为之事，便将此数十里地界赐他，毫无损于国体，更表朕之仁政也！何妨乎？朕意定。此遣来使臣，若行云南之路，恐伊少距，与事无益，所以朕命到滇，将此事情节一一备悉问卿，令伊等从广西路往，到彼开示，方能无事。此际只可备，叩边之事，料不敢也。设万有此事，亦只可应，万不可举直取之事。朕生平乐天知足，苟无害于生民之事。朕不敢起好大喜功之念也。凡事小不忍则乱大谋。朕开殊恩，容其大过，伊若肆志放纵，另有不恭不法之事，方可告神明而行征讨。今即此立界之事，只可委曲善全。卿悉朕意，可遵旨如此行。此事只以善全为是。将此旨亦密录与郝玉麟、南天祥看，着他们察之。

## 315　云贵总督鄂尔泰《奉到恩赐食物及谕旨垂问谢恩折》
### 雍正五年九月十六日

　　云贵总督臣鄂尔泰谨奏：为恭谢圣恩事。

　　雍正五年八月三十日，臣赍折家奴蒙恩赏给驿马，赍回御赐臣嵌玻璃紫石夔龙盒砚一方、铜格水火双砚一盒、蜜荔枝二瓶抵滇；又于九月十四日，臣赍兵马钱粮册承差李灿回滇，复蒙颁赐臣钦定《诗经传说会纂》全部。臣随皆郊迎至署，恭设香案，望阙叩头谢恩祗领讫。敬启折扣，跪讽朱批："朕躬甚安，卿好么？来往人，朕备细访问，知卿精神、起居甚好，实如获珍宝之喜。但诸凡量力而为之，万不可过强。钦此。"及折内敬述天语："一公则无事而非是，一私则无往而非不是。"复蒙朱批："但知此何时而非坦荡之景，真极乐界也。钦此。"臣伏读之下，无可语言。爱臣淳笃，臣之慈父；勉臣深切，臣之严师。凡有天性，皆应悚心，臣敢不益自爱，重期为成人？但臣窃念我圣主万几亲理，日昃不暇，心周远迩，大小靡遗，尽在睿虑之中，总归至中之宰，而百官群牧曾不能仰赞万一，少纾圣怀，念圣主之勤劳，实臣工之罪戾。臣虽在万里，心切难安。况臣职司所寄，即竭蹶料理，亦止此两省，而两省诸事犹多未就绪，乃复屡荷圣慈谕臣量力，不可过强，臣更何以自解？至于臣年来精神实倍健旺，此来往人所共见。惟当念念存公，刻刻去私，常求坦荡之景，毋敢忘此极乐界也。为此缮折恭谢圣恩，伏乞圣主睿鉴。臣谨奏。

　　**朱批：**览卿奏谢，知道了。字字出于至诚，句句朕皆动容览阅。诸王大臣因朕五十大寿，恳请备宴，朕勉从之。此日微雪，一堂和气喜溢宫院。念卿在远省，未得入座，特留数种朕亲尝食物寄来卿食，此如同君臣对面宴会也。特谕！

（《朱批谕旨》鄂尔泰奏折）

## 316　云贵总督鄂尔泰《报明永北边界用兵协剿贼番折》
### 雍正五年九月十六日

　　云贵总督臣鄂尔泰谨奏：为报明永北边界用兵协剿贼番事。

　　窃永北府之滇蘽地方，与四川之腊汝窝地方边界相接。前据永北镇总兵柳时昌、中军游击徐成贞、永北知府冯光裕报称："六月初七日，据本镇标汛、滇蘽千总马胜称，据土舍阿腾龙报称，四川盐井卫有官兵调动，五所土兵探得系建昌总兵征剿腊汝窝。"等情。随据柳时昌一面令徐成贞派拨目兵添汛防守，一面飞报到臣。臣随切嘱柳时昌，并谆谕徐成贞、冯光裕，既系川省用兵，事同一体，所有一切要隘严加堵御，毋令脱逃，并将番贼各处巢穴密行侦探的确，预先挑选精健，以备策应，协同进剿，毋得少有疏缓。去后，续据柳时昌报称，六月十四日，接准四川建昌镇公文，移知前事。随着徐成贞并守备郑文焕率同千把等，带领健兵五百名前往蒗蕖驻扎。

查得蒗蕖东通腊汝窝大路一条，地名白窝，离蒗蕖一百二十里；东北通腊汝窝小路一条，地名岩底，离蒗蕖六十里；北通腊汝窝大路一条，地名茹卜戈，离蒗蕖八十里；又蒗蕖半路东南通腊汝窝大路一条，地名西番河，离蒗蕖一百二十里，西番河以外系蒗蕖地界，内通高、章二土司地界，各令弁兵分路前往，严加堵御，并行密探一切情形，以凭会剿。至七月初六日，川兵抵阿利村寨，逆番抗拒，不肯授首。滇兵四路堵塞，川兵乘势进攻，斩杀三十余人，余皆降伏。又捣什咱一村，生擒二十三名口，并剿杀多人，然后情愿献黑盐井，以求宥罪等情，于是两省各皆撤兵回营。事关边界用兵协剿贼番情事，理合陈明。臣谨奏。

**朱批**：如此不分彼此料理，封疆大臣毫不推诿瞻顾，何事不能办理也！嘉悦览之。

（《朱批谕旨》鄂尔泰奏折）

## 317　云贵总督鄂尔泰《奏报乘借兵威剿灭临元镇属威远、新平一带地方猓贼折》

雍正五年九月十六日

云贵总督臣鄂尔泰谨奏：为乘借兵威剿灭猓贼事。

窃临元镇属威远、新平一带地方猓贼猖獗，潜匿鲁魁、哀牢，出没江内江外，为害最凶，由来已久。虽从前屡经用兵，凶顽难以就擒，烟瘴难以深入，或反致代为支饰，互相容隐，已非一日，久在圣明洞鉴之中。

前以镇沅逞逆，因而威远猓贼扎铁匠、周大妹等乘机聚众打井劫寨，掳掠乡村，又有新平野贼李百叠等亦率众报仇抢杀。臣闻禀报，随严檄官弁，趁此兵威，前赴威远、新平二处协力擒剿，务尽根株，又遣臣标游击李化龙带领弁兵星往会擒。始而群凶啸聚，汹涌异常。及见官兵奋勇直前，有战必克，贼势溃解，四散奔逃，潜伏深箐，无从踪迹。其时正值盛暑，瘴疠熏蒸，官兵染瘴甚至病故者屡报到臣。臣思若不及此剿灭，又行撤兵，纵暂时安帖，后必猖狂，姑息之恩适所以养祸。因复差臣标守备席嘉旺，赍臣令箭，遍饬行营，谓"猓贼一日不除，官兵一日不撤，纵触锋冒瘴，宁死必前。能灭贼，死有余荣，不能杀贼，生有余辱"等语。去后，仰赖圣主仁威，将士奋励，冒险深入，搜箐搜山，于是杀斩过半，多所擒获。据临元镇总兵官孙宏本详报，各处地方所有猓贼，生擒解省者六十名。当场拒敌，枪炮伤死者九百四十一名，内斩首级三百八十四颗，拿获眷口安插者一百八十二名口。向来猓贼从未睹此兵威，从未经此大创，兹见官兵所到，抗拒尽行剿灭，投诚一概从宽，于是有威远凶贼黑老胖等奔赴行营，恳求免死。旋擒献贼首扎铁匠等，以求赎罪。而新平凶贼李百叠等亦来投诉，愿为良民。各皆从宽安插。其解到擒获人犯，现在审拟具题。从此威远、新平一带地方谅可安堵，纵有一二狡贼潜踪漏网，然渠魁尽获，终难逃匿。

再从宽安插之李百叠，实系新平贼首，既强悍横肆，且狡狯不测，有时一人数名，易于兔脱，复有时一名数人，难于雕擒。现在投诚之李百叠，即前经奏明枭取首级之白得也。姓李名白得，又名百叠，又名迫德，前经官兵追急，乃取贼中年貌近似之人，故令贼党指引，就前追杀，一时弁兵亦无从辨认，自此匿迹藏踪。今复乘机劫掳，被官兵穷追，势难别窜，乃哀恳求生，率党服罪。此贼不除，江外终难宁帖。臣令就计许降，不必惊破，暂行安插，以宽伙众。随密嘱孙宏本如法布置，务绝祸根。缘本内未便陈叙，合先声明。

至于此番官兵颇受艰苦，染瘴病故千总二员、把总二员、巡检一员，带伤把总二员，阵亡兵丁十三名，带伤身故兵丁三名，染瘴身故兵丁一百八十九名，阵亡土练六名，染瘴病故土练四十名，带伤土目、土练三十五名。臣每念此举，实切难安。欲图一劳永逸，势不能不出于此，固莫可如何。敬记臣前折内钦奉朱批："且猛做去。宽之一字，乃上天之恩，若宽容时，得有可宽之日，乃尔我君臣之大福、天地神明之殊恩也。只此二字之苦，圣祖鉴之。含泪笔。钦此。"又奉朱批："不可留之人，即一人亦不可疏纵。若不应正法，即一命亦当详慎。盖千人、百人、一人皆同一命耳，不可就数目而论多寡。此等处须用广大识见料理者。钦此。"臣卒读神伤，再读志豁。仰窥一人之苦心，俯觇群工之陋见，始知宽猛二字皆出自仁慈，详慎合中，斯克几广大。惟当谨遵宝训，事事凛体，愿学中庸之难能，不敢因循以自弃。

除将剿抚猓贼情形会疏报明外，谨缮折奏闻，伏乞圣主睿鉴施行。臣谨奏。

**朱批**：朕嘉悦之外余无可谕。题本上已有旨矣。

（《朱批谕旨》鄂尔泰奏折）

## 318　云南总督鄂尔泰《奏报安南慑服接受敕书折》
### 雍正五年九月十六日

云南总督臣鄂尔泰谨奏：为安南慑服接受敕书事。

窃雍正五年八月初十，臣将安南情形陈奏在案。续据开化镇总兵、游击、备弁等呈报，密侦该国于关内多掘坑阱，下插竹签，上覆浮土。而都龙一带有江西、湖广等人，向皆聚集开采铜厂，及往来贸易约有万人，急望天朝进兵，皆愿倒戈相向，合力前驱。镇臣南天祥因臣密嘱在先，不敢轻举。时着人宣布德威，静候接收。臣既移咨，并密札致两广督抚提及广东将军诸臣。去后，随嘱提臣郝玉磷轻骑减从，亲诣铅厂关巡视各要隘，游历几遍。该土目、土兵等知为提臣巡边，而铅厂内外并不见增添一兵，该国乃着人进内窥探。镇臣南天祥故听潜入，密委跟踪，禀报到臣。臣亦佯为不知，唯终日令各营将弁操演兵丁，洗枪试炮，尽作踊跃用兵之状。而提臣、镇臣反自开化皆同回省城，示以无用兵之意。随据开化镇标左营游击杨杞芳、右营游击王无党飞报前来。据防守铅厂关守备杨显珍、千总唐定国禀称："九月初二日，安南委有都指挥使陈德厚前来接旨，云该国王差三崎总督来接，因病复差陈德厚来接。守备杨显珍以三崎总督未曾亲来，不敢擅交，止将陈德厚领状及黄文绥禀揭。"呈送到臣。

臣看陈德厚领状，云："本年九月初一日亥时，奉见留守官，奉国王委差，迎领天朝圣旨与云贵总督公文，因此亲往铅厂山隘跪接迎领，迎回本国王交领是实。"又看黄文绥禀揭，云："本月初一日夜时，奉见总督官，迎译本国王回音，内云：奉天朝覆载为心，海涵其量，洪恩溥洽，大德怀柔，且本国王每存事大之心，靡忽畏天之敬，一心恭顺，始终弗渝。今闻天旨颁来，当委都指挥使陈德厚就交界处齐整，跪接迎领，速速迎回。本国王倘或拘泥，不许留住稽迟，则坚以跪接迎领为请。"臣据此情词，即令该镇饬知该备弁，但照常恭顺，备办仪仗龙亭，即交接领受，毋得稽迟。臣料该国王性虽庸鄙，岂不自量，仰荷圣主绥之以德，慑之以威，虽有聋聩，亦当警寤。故唯有静以制动，缓以代急，虚为其劳，实处其逸，故事不繁而自定。乃知睿虑所到，谁能出其范围？何有兹区区小腆也。除该国迎接敕书后另缮折报外，恐廑圣怀，先此奏闻。臣尔泰谨奏。

**朱批：**览奏，朕深为慰悦。观此光景，钦差亦可不必遣也。总在卿酌量为之。

（《史料旬刊》第一册上，第 233～234 页）

## 319　署理云南巡抚杨名时《奏报滇省秋成丰稔折》
### 雍正五年九月二十日

署理云南巡抚臣杨名时谨奏：为滇省秋成丰稔，仰慰圣怀事。

钦惟我皇上仁育万方，孝先天下，耕耤重农，自九州以及边徼莫不奉行恐后。兹当万宝告成之日，庆集丰穰，东西两迤各郡高原下隰百谷齐登，为数年来所罕见。又双穗两岐及三穗四穗者生于耤田民田，自省城及大理、永昌诸郡相接详报。而临安府、建水州已经收获之禾，其根复生苗，吐穗结实，竟得两熟，尤为从来未有。八月以至霜降节中，天气晴明，场功计日可毕。皆我皇上敬天勤民，召和锡福之所致也。理合缮折奏闻。臣谨奏。

**朱批**：感召天和，非朕薄德可几，实由鄂尔泰忠诚昭格之所致也。

（《朱批谕旨》杨名时奏折）

## 320 署理云南巡抚杨名时《奏谢圣诲开谕折》
### 雍正五年九月二十日

署理云南巡抚臣杨名时谨奏：为钦承圣诲开谕，微臣感激难名，恭陈谢悃，恳祈睿鉴事。

窃臣前具折奏谢恩赐御书《魏征十思疏》，蒙皇上朱批，以吏治勉臣，臣不胜感愧，（**夹批**：不愧洵非人面，感则又非人情。即此感之一字，非诈伪而何？）当即恭折奏谢。伏蒙皇上朱批："此奏若出于至诚，所谓失之东隅收之桑榆，未为晚也，否则仍属无益耳。将此数折批谕与鄂尔泰看。钦此。"臣捧读叩头，仰见我皇上天地父母之心，淳诚剀切，劝勉诚饬，所以望臣者至矣。臣即甘于暴弃，亦何忍自外生成？抚夷循省，寤寐难安，没世矢感。至于臣才庸智短，罪戾实多，欺伪巧诈，（**夹批**：察言如是，观色亦然。诈言既不能惑朕之耳，伪色岂能诳朕之目耶？）不但不敢有，抑且不能为。倘得仰观天颜，自必难逃圣鉴。臣惟有凛佩纶言，时时存省，以期克副至教于万一耳。所有数折，已遵旨敬捧与鄂尔泰恭阅。

再臣前次奏折，系交赍奏销盐课本章承差苏晴捧进，因该差未曾声说明白，只称系用火牌，致蒙扣发，（**夹批**：因推卸小过而多此烦渎，殊失大臣之体。）将御批之折由兵部转发，于九月十五日到臣。理合一并奏明。臣谨奏。

**朱批**：览。

（《朱批谕旨》杨名时奏折）

## 321 署理云南巡抚杨名时《沥陈下悃折》
### 雍正五年九月二十日

署理云南巡抚臣杨名时谨奏：为沥陈下悃，仰吁圣慈垂鉴事。

窃臣折奏刘业长尽心盐务、稽察周详，张允随调剂厂务、弊除课裕，奉朱批："恐未必如杨名时所荐之科甲中人物。钦此。"臣捧读之下，不胜悚惧。念臣赋性迂拙，平日寡交，凛遵明旨，兢兢自守，惟恐犯朋党之戒，致悖群而不党、周而不比之训。（**夹批**：试迈躬内省，忍书此语以陈于君父之前乎？是即大欺大伪大巧大诈，负朕期望，自弃自外，莫斯为甚！）在仕途数十年，自同僚以及属员，从不敢分别出身，有心异视。每见科甲中颇多匪流，异途中不少才俊，我皇上因材器使，立贤无方，何尝有分门别类之见？即如近代先儒，无过程朱程子，不应科目。朱子论科举之弊，尝云"且令士子读些书，三十年后恐有人出"，意亦欲暂停科目也。（**夹批**：昧心悖理之言冲口而出，实不胜分析指摘也。）臣于人从不敢因其科目而重之，因其非科目而轻之。但自愧无知人之明，并乏驭人之术，（**夹批**：知人不难，公则明矣。驭人亦易，诚即术也。但非欺伪巧诈辈所能窥测于万一。）每为人所欺蔽，遂致事近欺蒙。（**夹批**：若然，则昏愚之至，全无自知之明，是所谓中人以下不可以语上也。朕日前训谕，殊属可惜。）臣实自讼自悔，实不敢先存成见，怀挟私心，伏求皇上怜察。

再办银铜厂务之事，臣虽自将缺课垫补足额，然经理无能，计出至拙至下。若李卫于办理盐课实为干济，臣自知远不能及，此皆人所共知。（**夹批**：因人所共知，天下始服朕旨为公论。未闻己不正而能正人者）第臣性鲁拙，见李卫气质不好处，每直言相劝相规，尽臣之心，实欲其去小疵而成大醇，无负我皇上玉成至意。（**夹批**：先攻自疵良己，然后往治他疵，则人惟恐其莫我治矣。）李卫谅臣（朱笔改为汝）与否，臣（朱笔改为朕）亦不计（朱笔改为知）。臣（朱笔改为李卫）若稍有私意芥蒂，何以仰对圣君？臣蒙恩反覆开谕，辄敢琐琐（**夹批**：琐琐何妨？其奈无一字之实，故觉可厌耳！）自陈，上渎天听？伏乞圣慈照察，臣不胜屏营战栗之至。臣谨奏。

**朱批**：览。

（《朱批谕旨》杨名时奏折）

## 322　云南巡抚朱纲《奏报屡蒙召对谢恩折》
### 雍正五年九月二十六日

云南巡抚臣朱纲谨奏。

窃臣以愚陋庸才，涓埃未效，荷蒙皇上特简云南巡抚。臣每念边疆重地，难以胜任，日夕悚惶。所万幸者，到京之后屡蒙召对，跪聆圣谕，广大精微，开臣之茅塞，长臣之见识，臣从此有所遵循，得以勉励成人，莫非我皇上圣恩之所造就也。至臣身在途中，无一日不默识圣训。因思臣一到云南即有会审之事，兼之刑名、钱谷，恐有堆积之案牍急须料理，且至彼路远，日久惟恐或有疏漏，是以即于途间，昼则敬思，夜则恭录，谨于贵州地方遣家人赍折，恭呈御览，又将臣湖南藩司任内钦奉朱批原折三件恭缴。合并奏明。谨奏。

**朱批**：所录训旨一折留中细阅。

（《朱批谕旨》朱纲奏折）

## 323　云南巡抚朱纲《谨将恭聆皇上圣训敬录进呈》
### 雍正五年九月二十六日

云南巡抚臣朱纲谨将恭聆皇上圣训敬录进呈。

朕前在藩邸，深蒙圣祖慈爱，嘉予诚孝，然并无希冀登大宝之心。及恭荷圣祖付托之重，骤膺天命，初御极时，诸臣**俱**（朱笔改为多）未认识，**而**（此一字为朱笔加添）朕费无限苦心**简选**（朱笔改为鉴别）人才，办事自朝至夜，刻无停息，惟以天下大计为重。此身亦不爱惜，每于静时，敬思圣祖，乃出于孺慕之诚，至今**不忘**（朱笔改为未尝少间），非因于**子臣之**（此三字为朱笔加添），理应尽孝道，故勉强为之**也**。**赐臣眼镜之便谕云**（此九字为朱笔加添）：朕之两目**力**（此一字为朱笔加添），原不似如今**这样明亮**（朱笔改为精明），是圣祖升遐之**后，朕尽力痛哭，哭好了的**（朱笔改为时，因痛哭出涕，较少时反觉倍好，似此，人言哭多伤目之论未确。）彼时朕在**此处**（朱笔改为养心殿）办理政事，坐卧**此处**（此二字为朱笔加添），不离者三年。而三年之内，每遇暑天，未有如此殿之凉者，想亦感应之理也。

朕曾蒙圣祖慈训"戒急用忍"，故殿中匾额即用此四字，仍敬书上谕二字于上。朕东暖阁匾额取"惟仁"二字，对联云：诸恶不忍作，众善必乐为。西暖阁匾额取"为君难"三字，对联云：原以一人治天下，不以天下奉一人。尔系远方外吏，初来见朕，故特谕知之。

朕简用尔等督抚，第一要留心民瘼，如有水旱灾荒，断不可粉饰。雍正元年山西荒旱，巡抚德音隐匿不报，朕屡加询问，坚云无灾，及田文镜自山西回京，将情形密奏，朕几至泪下，随速饬赈济，闻全活灾黎不下七八十万人。后田文镜到河南，时值二月，无雨，田文镜即具折奏闻，忧民之心备见折内。朕随于宫中祈祷，次日即普得甘霖，河南二麦仍然丰收。可见诚能感格。尔督抚果实心爱民，亦自必感召天和。如遇灾伤，万勿隐讳，更须预为筹画，善为民计。灾民不比乞丐，若听其饥饿，展转沟壑，**则系**（此二字为朱笔加添）尔等罪孽，**甚重**（朱笔改为也恐）天谴，**亦必**（此二字为朱笔加添）难逃也。慎之！勉之！

朕廑念民间疾苦，每闻有被水之处，恐百姓庐舍田禾骤遭水患，或致流离失所，即发帑金赈济，以恤民艰。尔督抚须知未雨绸缪，讲求水利，应疏浚者疏浚，应防护者防护，消患于未萌，使近水民田不致频被淹没，穷民得以多收籽粒，方为仰体怀保斯民之意也。朕遇祭祀之期，必**倍加**（朱笔改为竭尽）诚敬，故每祭皆**无风雨**（朱笔改为遇晴明，一天和气），朕得展虔祀之心。曾有一次，致祭时，正值望雨甚殷，祭后甘霖随降。自尔到京，朕命尔随祭二次，天气晴和，尔已恭瞻感应矣。总之神明之道，体物不遗。尔等地方官如不敬神明，亦恐致水旱之灾，不可不知勉也。朕思治益求治，安益求安，此言殊有至理。惟于治安之时，方可兴行教化，敦厚风俗。若到不安不治，再求治安，**难**（朱笔改为迟）矣。况今天下升平，士民乐业，皆圣祖睿谟广运、深仁厚泽所致，朕何敢不朝乾夕惕，仰**答**（朱笔改为承）圣祖在天之心。是以于裁览章疏之外，又**添有**（朱笔改为复有内外）群臣奏折，皆随阅随批。若遇军机要务，**更加**（朱笔改为咸一一与廷臣商酌），详细批明，尚多有于折内旁注者。从前缴回折子，尔看堆积甚多，莫不朱批满纸，可见初政较今更繁。朕今虽照常办理，然竟有要办事。而无事可办之时，朕之不少图眠逸**者**（此一字为朱笔加添）。如此，尔等督抚身任封疆之责，朕又岂肯任其贪图逸乐？务宜勉励为之，无为溺职之巡抚，有负朕简用之恩也。

国家大计所重者莫过于武备。朕看汉、唐、宋以来，武备一至废弛，其国事即不可问。尔督抚宜留心营伍，训练将弁，仍当念兵丁之甘苦，察技勇之优劣，进止有成法，甲械贵整齐，火器、弓马皆操演精熟，庶有备无患也。

朕念开垦一事，于民最为有益。云南现有开垦事例，务须实心奉行。即各省中如能将荒地开垦成熟，则将来民因其利，多有依赖。若听其荒芜不治，民鲜耕种之田，野多草莱之地，殊负朕爱民之心，甚为可惜也。

朕治天下，不得不分任督抚。尔督抚全在察吏安民，大抵要贪夫廉**尚**（此一字为朱笔加添）易，要懦夫立**甚**（此一字为朱笔加添）难。尔督抚宜整饬吏治，不可姑息劣员，以**紊官方而**（此四字为朱笔加添）贻民害。**倘**（朱笔改为须）得好知府相为助理，则州县自皆知勉励，若百姓爱戴州县，即与爱戴尔督抚无异。朕思天下人才甚众，如各省督抚俱得其人，知府等皆能仰体，同心并力，实在爱民，期于数年之间，家给人足，无一夫不获，方慰朕怀，**此非人力所不能之事**（此九字为朱笔加添）也，共宜勉之。尔督抚大吏，当留心教导属官，**看**（朱笔改为为要）州县中有初任不谙练者，有中材可以勉励者，俱随时训诲，如教**导出**（朱笔改为训得）一个人来，便是**与**（此一字为朱笔加添）国家**添**（此一字为朱笔加添）一人才**矣**（此一字为朱笔加添）。仍应谕各州县官，于平日修整仓廒、经理田亩时，与田间父老劝课农桑，咨访问答，则不惟民情洞晓，即有奸顽，亦可感化，方不愧为民父母之义也。

君臣贵一德一心，朕从不预先防人之欺。有欺饰者，**任其巧诈，昭昭在上，朕无欺人之心，彼欺朕者**（此十八字为朱笔加添），自必败露，**然后**（此二字为朱笔删出）治以国典，**庶乎可望无欺**（朱笔改为亦彼自有以取之耳）。尔督抚见属员时，**虽**（朱笔改为万）不可亲信人言，**但**（此一字为朱笔加添）亦不可预定不信**之念**（此二字为朱笔加添），要在开诚以待属员，仍随事体验属员**之真伪**（此三字为朱笔加添），自不能欺也。地方若有应禁之事，**务**（此一字为朱笔加添）要令行禁止**方好**（此二字为朱笔删除）。古人云："火烈，民望而畏之，鲜有犯者；水弱，民狎而玩之，人多蹈溺。"此非**言**（此一字为朱笔加添）用宽之难，**而**（朱笔改为正言）用严之难也。如宰杀耕牛，是必应禁**的**（朱笔改为者）。尚有谓菜牛不能耕地，止可屠宰者，此言殊不足信。如教以耕地，**调理**（朱笔改为驯）精熟，焉有不能耕地之牛？又如赌博，最为恶习，自应严禁。**自**（朱笔改为其他禁约如）地方中或**何事**（朱笔改为有）难以禁止**之隐情**（此三字为朱笔加添），及禁而不便于民者，即应将情由据实奏明，不可听属员阳奉阴违也。

朕闻人言巡抚陈时夏**将小事留心**（朱笔改为专留心小事，殊不得体）。夫大事不留心，止留心小事，便失为政之体。若将大事办理，兼留心小事，更见周详，有何不可？况近阅鄂尔泰**所奏**："督抚之小事即知府之大事，知府之小事即州县之大事，州县之小事即百姓之大事"，**所奏**（朱笔改为此论）甚是。既为民之父母，安可不为留心？朕谓圣人统言"智仁勇"，乃一贯之义。如遇有益于民，应行之善政，见得透彻，即毅然行之，则是勇。以行其智勇，以全其仁智、仁勇，未尝非一事。若将**勇字单看**（朱笔改为三字错会），**便是**（朱笔改为恐涉于）匹夫之勇、**妇人之仁、奸徒之智，反**（此九字为朱笔加添）将圣人之言**勇看小**（朱笔改为误解）矣。

尔督抚到京，**不**（朱笔改为何）必有心回避在朝大臣？**如**（朱笔改为乘此相遇）将内外政治、地方情形彼此讲论，**未尝无益**（朱笔改为正为有益之事）。若尔等**各**（朱笔改为心）秉公忠，力绝私党，**何必**（朱笔改为岂在形迹之间？倘）在朝回避？如**外远行迹**（朱笔改为外似疏远），仍于暗中私书嘱托，祖护瞻狗，**则**（朱笔改为何益之有？乃）深负国恩、**巧诈之徒也**（此五字为朱笔加添）**矣**（此一字为朱笔删除）。

**朱批：**览。

（《朱批谕旨》朱纲奏折）

# 324  云南巡抚朱纲《奏报至京赴滇沿途所见地方情形折》
### 雍正五年九月二十六日

云南巡抚臣朱纲谨奏。

窃臣蒙皇上殊恩，每日得跪依皇上膝前恭聆君师教诲，刻腑铭心。陛辞之日，下情依恋，不啻婴儿之念父母，须臾未能去怀也。臣至云南时，当于督臣鄂尔泰互相砥砺，共矢公忠，以期勉图报效。谨先将沿途所见地方情形奏闻。

臣过直隶地方，见秋成皆好，米价亦平。河南秋成倍好，民皆乐业。湖广高田俱各丰收，虽夏间被水之处颇多，幸蒙我皇上开恩赈济，又蠲免钱粮，一路男妇老幼颂皇上天恩者载道。现今督抚查赈抚绥，可慰圣怀。臣留心问荆襄以至常德米价，皆云四川大熟，川米已下湖广，目今荆襄米价每石八九钱不等，常德府米价更平，民心甚安。又臣在京时，奏请将湖南省城内善化县裁汰，归并长沙县一事，恭蒙圣谕，令臣说与王国栋，可行可止，斟酌具奏。钦此。臣已敬述与湖南抚臣王国栋矣。伏乞皇上睿鉴。谨奏。

**朱批**：览所奏，自直隶至豫楚一路民情安帖，米价平减，深慰朕怀。几务偶暇，将尔所录训旨已备阅也。朕因求治心切，未免词句繁多，尔能一一记忆不忘，足见留心。其少有差误处，悉已删改。尔其敬守，凛承毋怠。

（《朱批谕旨》朱纲奏折）

## 325 云贵总督鄂尔泰《奉到新授云南按察使张允随赍捧钦赐臣御书扁对谢恩折》

雍正五年十月初八日

云贵总督臣鄂尔泰谨奏：为恭谢天恩事。

雍正五年十月初一日，新授云南按察使张允随赴任回省，赍捧钦赐臣御书扁对"诚悃宣猷"四字，"体国公忠股肱膺重寄宪邦文武栋梁得纯臣"十八字，并钩刻撰铜，共二十二字到臣。臣随郊迎至署，恭设香案，望阙叩头谢恩讫。祗领之下，瞻诵之余，觉感激之私与惊惭而交集，抑忻幸之至转恐惧以弥深，颎首无言，仰天流涕。

钦惟我皇上至诚致化，大知用中，念为君实难，朝乾夕惕，愿臣工堪寄股肱，悉宪邦匪易，谆诲曲成，期文武克充栋梁，维天心之默运。虽窃比管窥，凛圣谕之频颁，应群开茅塞，况反诚为伪，反公为私，反忠为奸，反纯为诈，但蹈其辙，固王道所必诛。而离伪未即是诚，离私未即是公，离奸未即是忠，离诈未即是纯，纵涉其途，特圣功所与进。臣尔泰不甘自弃，情知亦步亦趋未能自强，实恐忽前忽却，期匪躬而体国政，多未平矣，摅悃以宣猷，民犹不信。钦承宝训，惟当力辨。几希仰睹龙文，弗敢少宽一息。问此心是欺是慊，天鉴在兹，论有事谋身谋家，人言可畏。除具疏奏谢外，谨缮折恭谢圣恩，伏乞圣主睿鉴，臣尔泰无任激切悚仄之至。谨奏。

**朱批**：览卿奏谢，知道了。

（《朱批谕旨》鄂尔泰奏折）

## 326　云贵总督鄂尔泰《奏覆按察使张允随回滇所传圣谕折》

**雍正五年十月初八日**

云贵总督臣鄂尔泰谨奏：为钦奉圣谕事。

窃雍正五年十月初一日，按察使张允随回滇，臣备细询问，知圣躬康悦，行健日强。复传谕旨："你回去对鄂尔泰说，朕入秋以来精神愈好。你说与他知道，他愈加喜欢。钦此。"臣跪聆之下，恍如亲闻天语，忻幸无似，瞻依倍切。又传奉圣谕："鄂尔泰奏称铜厂甚旺，请将铜运到湖广、江南卖与各省采买的官员。狠好！再着他将铸的钱多运些到湖广行销，只要国宝行销流通，即费些运脚，亦属有限，即每串折几分，亦不妨开销。朕意，运钱比运铜还好。（**夹批**：此一句他记错了。）你回去即传旨与鄂尔泰。钦此。"

窃惟运钱运铜虽可以并行，然运铜则省饷增益，运钱则国宝流通，体势所关，轻重悬殊。前此滇省之钱必量数鼓铸，就近运行者，皆以山路险阻，运载艰难，流行远则需费多，需费多则亏折易，亏折易则报销难，故司鼓铸者皆不敢求行远而鹜多。今我圣主规其远大，略其锱铢，以多运为重，微折为轻，流通为重，开销为轻，此实经世之良法，非蠡测管窥之见所能仿佛规画者也。

臣查滇省钱局共三十六炉，每年共铸正钱一十三万四千七百八十四串，内除匠役、工食、标营兵饷搭放各项钱七万一千九百九十五串零，尚存钱六万二千七百八十余串。臣前原题内请将倭铅节省银两作每年运费，约运钱四万串赴外省行销外，尚存二万二千余串，现拟设法脚费，将此项存钱亦运外省行销。此外，添铸补运，买钱转运，仍可以调剂。臣当详细筹算。（**夹批**：是。）

再黔省向无钱局，今查得威宁府现出铜厂，而镇雄亦产铜铅，现俱檄令开采，将来铜斤尽可供用，且齐家湾、马鬃岭堆积倭铅，皆与毕节县相近，拟请于毕节县地方开设一局，将各厂所出铜铅照滇省例，委员收买，运供鼓铸，不惟脚价较省，而所铸钱文发运川楚亦属近便。（**夹批**：甚好。）至于倭铅、炭斤二项，原俱有节省，但须钱文厚重、轮廓完好，可以经久，自易于行销。（**夹批**：总以部颁式样为准，不可过厚。）果能尽心料理，办官事如家事，亦必不至亏折。威宁府知府杨永斌因会审乌蒙案，现在滇省，臣已令与管理钱局丽江府知府元展成会商妥议，并估价开局。一切房、库、炉、卡等费，约不过二千金，俟估定详报，臣再加核酌，具疏请旨外，合先覆奏。

再运铜一案，一应驮脚等项，臣早经委办，所需二百七十万铜数俱可于明年三四月内到汉口，五六月内到镇江，断不至迟误。发运之外所余铜斤，仍足供两省鼓铸，亦不费周章。（**夹批**：欣悦览之。）

合并声明，统祈圣鉴。臣谨奏。

（《朱批谕旨》鄂尔泰奏折）

## 327　云贵总督鄂尔泰《奏明酌均公件、耗羡折》

雍正五年十月初八日

云贵总督臣鄂尔泰谨奏：为奏明酌均公件耗羡，以昭画一事。

窃惟滇居边末，赋少事繁，通省民、屯额赋每年仅征银一十九万余两，秋粮止二十余万石，各属条粮、秋粮、火耗，除起解司道二库平奏款费之外，余剩无几，而衙役工食等项原无额设，俱系自给，故从前各府、州、县薪水日用以及夫马并一切公事，俱派民间办应，官派一分，衙役数倍之，地方乡保又数倍之，群蠹分肥，每年私派不下三四十万，小民困苦异常。此滇省向来之陋弊也。迨杨名时到任，于康熙六十一年间，将各属公事，核其应需者，每年照粮均派，随正完纳，勒石晓谕，名曰"公件银两"，此外不许再加派扰，使小民知有定额，不受书役之苛索。在有田之百姓，因向有隐射，或侵占无粮之田，亦乐于完纳。数年以来，百姓安之，已视同正额。但各属粮额多寡不一，在当日酌定亦仍有不均。臣再四思维，若将此公件银两概行革除，滇省火耗无几，各项公事难以办应，转恐不肖有司复开私派之渐。若照旧听其自收自用，弊端百出，实无以善后。因檄令各属造册呈送，即按所送册内款目，面与司道逐一细核，有必需者，斟酌议留办公，余各尽行裁去，节省办理。

查通省粮条火耗，除去解费，约余银一万三千八百一十四两零；税秋羡余，除去道款，约余银一万四千九百二两零；公件银一十一万四千六百四两零，内除寻甸、路南、顺宁、和曲、禄劝等府州摊丁盐课共银三千三百三两零，实该公件银一十一万一千三百一两零。各项共银一十四万十七两零。除永北府并永平县原未定有公件外，昆明等五十五州县并广南、元江、开化、顺宁、鹤庆、蒙化、景东、丽江等八府，共留办公银二万二百七十七两零。养廉银内，除元江一府，其广南、昆明等六十二府州县共给银四万五千二百三十六两零，所留养廉银，准其按月扣留应用，如无动用，仍存留移交，不得别用，倘有那移亏空，与正项钱粮一例参追。实应解司库银七万四千五百四两零，此外尚有黑井提举司每年应送督、抚、布、按节礼银一千六百八十两，白井提举司应送节礼银八百两，琅井提举司应送节礼银一千二百一十六两，仍应照旧起解。通共该解司库银七万八千二百两零。

至各属公项中，如督抚两院与布政司、粮盐二道衙门，俱有养廉节礼一项，应俱裁革。云南、曲靖、大理、永昌、楚雄、元江六府向有税规，普洱通判有征收秋粮羡余可以养廉，均无庸议给。其临安、澄江、广西、姚安、武定等五府及按察司、永昌道衙门别无养廉，全赖节礼为日用盘费、幕宾束修之需，应于解司公项内每年议给按察司银四千两，永昌道银三千两，临安等五府银各八百两，共银四千两，按季赴布政司库请领。又云南、曲靖、临安、开化、大理五府同知、通判各二员，永昌、永北、楚雄、武定四府同知各一员，澄江、广西、鹤庆、顺宁四府通判各一员，俱属冷署，亦别无养廉，每员应量给银四百两，共银七千二百两。以上司、道、府、厅共该养廉银一万八千二百两，俱令按季赴司请领。臣通盘计算，省中各项公费，有纸张、役食、修理、资助并赍奏、颜料、兵丁犒赏、部办饭食以及三年文武科场等项，每年应需银二万两，尚节省银四万两，应请归公充饷。如此，庶通省公事无误，而各属养廉有资矣。但公件名色既条例所无，亦别省所未有，臣未便详叙，拟将归公银四万两作为火耗羡余并各衙门节礼等项题报充饷。

再滇省田地欺隐者已陆续清出，未清者现在委员勘丈，又开例招垦，钱粮自必渐增。如各府州县所得耗羡可以办公养廉，则所征公件一项仍应渐次裁减。合并声明。除将公费并各官养廉银两数目另开清折恭呈御览外，伏乞圣主睿鉴，批示遵行。臣谨奏。

**朱批**：料理甚属妥协，大概川省亦然。近者，岳钟琪请将一切杂派供给尽行裁革，只存加三火耗，均与通省属员为养廉，百姓亦甚乐从。料理虽是妥协，但加三犹须核酌，所以于恩减浙省钱粮之谕旨内亦曾略带数句。滇省如此筹画，可谓尽善，但各员养廉似少不足。从前此事原系杨名时沽名钓誉之举，不计可行与否，暂沽一时之名，而又纵容属员设法巧取，置之不问，以取悦于属员，令感其宽厚，毫无实心惠民之处，乃大巧大诈之作用耳。今既如此，只得就此公平料理也。将此谕与杨名时、朱纲看。

计开给各官养廉数。（**朱批**：若即以此数，恐不敷用。）

按察司给银四千两。

永昌道给银三千两。

广南、开化、景东、鹤庆、蒙化、丽江、顺宁，以上七府各给银一千两。

临安、澄江、广西、姚安、武定，以上五府各给银八百两。

云南、曲靖、临安、大理、永昌、楚雄、开化、永北、武定，以上九府同知各一员，各给银四百两。

澄江、广西、鹤庆、顺宁、开化、云南、曲靖、临安、大理，以上九府通判各一员，各给银四百两。

昆明县给银一千两。

太和县给银九百两。

沾益州给银七百三两四钱五分。

安宁、晋宁、昆阳、嵩明、陆凉、罗平、寻甸、师宗、弥勒、建水、石屏、阿迷、宁州、新兴、赵州、宾川、腾越、剑川、镇南、云州、姚州、和曲、邓川、易门、禄丰、呈贡、宜良、罗次、富民、南宁、平彝、通海、河曲、嶍峨、蒙自、新平、河阳、江川、云南、保山、浪穹、楚雄、广通、定远、大姚、元谋，以上二十三州二十三县各给银七百两。

马龙州给银六百九十八两二钱八分。

路南州给银六百六十两九钱八分二厘。

云龙州给银五百二十六两六钱七分。

南安州给银五百二十六两七钱一分六厘。

禄劝州给银五百七十两二钱九分。

定边县给银四百四十九两八钱八分。

留给各属办公银二万二百七十七两。

留办省中各项公事银二万两。

节省归公银四万两。

**朱批**：但此归公四万未知做何用？朕未解。若归帑项，如何使得？若为本省旧例之公用尚可，若公用有余，各员养廉仍当加增方协。

（《朱批谕旨》鄂尔泰奏折。各官养廉数，《朱批谕旨》原无，据《雍正朝汉文朱批奏折汇编》第十辑，第 783～784 页补）

## 328 云贵总督鄂尔泰《奏报查出官庄田地，报明归公，以除隐漏折》
### 雍正五年十月初八日

云贵总督臣鄂尔泰谨奏：为查出官庄田地，报明归公，以除隐漏事。

窃照官有禄以养廉，民借田以办赋。凡地方田亩，惟民可得而有，官不得而据也。滇省文武衙门大半有官庄名色，或系勋庄清出，或系叛产归公，或无主田地，文武衙门招佃开垦，因而收租收息，视为定额，前官传之后官，私相授受，匿不报闻，而夷民得以借口欺隐田粮，官不能清理，亦不敢清理，陋弊因仍，由来已久。

臣于去冬查访既确，随檄行各员据实开报。去后，除云南等府、昆明等州县各覆称并无官庄外，据粮储道、元江、广西、澄江、大理、永北、永昌、蒙化、丽江、楚雄、顺宁、景东等府，并安宁、易门、陆凉、平夷、河阳、路南、弥勒、建水、宁州、新平、阿迷、赵州、邓川、宾川、保山、永平、腾越、南安、云州、和曲、元谋、大姚等州县陆续报到，官庄田地每年收得租米、谷、麦、荞、豆共一万七千三百六十七石四斗四升二合九勺，内除上纳条丁秋粮费用之外，尚余米、谷、麦、豆八千五百七石七斗七升七合零。又据曲寻、永顺、永北三镇并腾越协副将段宗岳、臣标中军副将陈清、永北镇左营游击张翰彬、守备刘化龙各报到官庄田地，除完条粮，年收租谷、麦、豆共一千四百二石七斗五升。又据东川府报称，查出已故禄氏养瞻并文武官庄田共一万五千二百七十二亩，年收租谷四千六百八十余石。再臣标五营有沿海边界开垦老丁田地并各处草场脚下丈出新淤自报田地，共二千五百三十六亩三分零，年收租谷一千五百七十八石五斗零，向为恤养老丁之用，其实需用无多。

查臣衙门另有菜地数块可以分赡，老丁田地租谷相应归公。又臣标陆凉州马场年可收大小麦、荞、谷租三千四十石九斗零，业经折报。以上共米、谷、麦、豆、荞一万九千二百一十八石零，又租银一百二十九两，统应归公，汇入年例奏销册内达部。至开化、武定、姚安、寻甸、马龙、罗平、姚州、镇南、定远、定边等十府州县，俱报有官庄，因数目开造不符，业经发换，俟到日一并檄发藩司造册详题，其有终不具报或所报不实者，仍当查清，以示画一。

所有现在查出官庄田地缘由，合先奏报，伏乞圣主睿鉴。臣谨奏。

**朱批：** 向闻滇省镇臣甚苦，毫无出息。此等营中官庄地亩，应赐与营标为养廉者，卿当斟酌之。

（《朱批谕旨》鄂尔泰奏折）

## 329　云南总督鄂尔泰《奏谢以顾济美补授绍兴府知府折》
### 雍正五年十月初八日

云南总督臣鄂尔泰谨奏：为恭谢圣恩事。

窃雍正五年九月初七日，接准部文："钦奉上谕：绍兴府知府着顾济美补授，其嵩明州知州员缺，着鄂尔泰于两省人员内酌量题补。钦此。"臣钦遵，于九月十三日，请以禄丰县知县安鼎和补授嵩明州知州具题在案。续据顾济美禀称："于七月十七日引见，叨蒙天恩，准补嵩明州知州缺，因奏请给假省亲，随荷圣慈念有八旬老母，不忍令远宦万里，就近升补浙江绍兴府知府，面谕吏部大人作札知会，并着济美具禀。"等语。至九月二十一日，复接管吏部事臣朱轼查郎阿、沈近思公札，内称"顾济美七月内到部，带领引见，圣意甚喜，原欲以云南缺补用，因该员奏称家有老母，特加轸恤，就近补授绍兴知府。至嵩明州题补之处，业已行文知会。"等语到臣。

臣伏念克家为子，当以孝作忠，服命称臣，应以忠作孝，固大义之所在，亦至性之具存。是果能忠于职事，即所以孝于父母，定省饴养之节，犹其小焉者也。顾济美以边末微员于对越，天威之下敢于冒昧陈情，不能自已。（**夹批：** 原系告假省亲，并未希冀诡避也。）而我圣主触发乎肫仁达孝之思，立见于锡类推恩之典，谁非人子，能不动心属在？臣愚，尤深感痛。若顾济美有生之年或复少懈酬恩之志，是诚天性无亲人性，有恶豚鱼之弗若苗彝之所羞矣。除札覆朱轼等外，谨此恭谢圣恩，臣尔泰曷胜激切屏营之至。谨奏。

**朱批：** 览。

（《雍正朝汉文朱批奏折汇编》第十辑，第 773～774 页）

## 330　云南巡抚朱纲《奏报到任日期并恭传皇上密旨与督臣鄂尔泰折》
### 雍正五年十月二十四日

云南巡抚臣朱纲谨奏。

窃臣于十月十七日至云南省城，见督臣鄂尔泰，恭请圣安，随将臣在京陛辞时面奉谕旨敬谨传述。臣又至督臣衙门内恭传皇上密旨："富贵到云南布政使任时，尔与总督鄂尔泰留心，看伊居官办事如何，做得外官与否？各自据实密奏。"鄂尔泰已钦遵祗领。

臣连日以来与督臣议论吏治，商酌公事，见督臣心纯守正，识见弘远，办事公忠，凡有益国家之事莫不尽心竭力为之，实可媲美于古之名臣，臣自愧弗如。（**夹批**：朕予汝弗如也，虽然果能如其居心，则必能如其行事也。为人臣之道，惟以端本为要，根本既固，枝叶自荣茂矣。端本之道惟一诚耳。勉之！勉之！）然臣自恭聆圣训以来，每于人所不知而臣所独知之处，加意勉励，臣不敢不常以督臣为法也。所有应行事宜，容臣陆续陈奏外，谨先将到任日期缮折陈明。谨奏。

**朱批**：览。

（《朱批谕旨》朱纲奏折）

## 331　云南巡抚朱纲《奏报已将杨名时姑容、苟且、
## 溺职等情胪列题参等事宜折》
### 雍正五年十一月初十日

云南巡抚臣朱纲谨奏。

窃臣到任后，留心检查案卷，知杨名时立心狥隐，诸事废弛，臣是以将杨名时姑容、苟且、溺职等情胪列题参，请旨将杨名时革职留滇，庶属员无所瞻顾，臣易于访查清楚，并将常德寿违例那移、滥借藩库不清等事附参。皇上圣明，自有睿鉴。凡臣疏内所参，俱系就臣巡抚衙门查出确据者，悉与会审之事无涉。其会审之案，臣与黄炳另行会奏。（**夹批**：放胆秉公为之，毫勿顾虑，但不可稍涉诬捏之迹。一言一事，苟将其本有者、隐漏之虚无者指实之，则怀奸负名之人反借以为口实，谓朕为苛察，谓汝为迎合，致令贤臣冤陷云云，横造此等妄语以相加矣。此事殊关我君臣天下后世之评论，秉公慎为之可也。）

至于臣在京时恭蒙皇上密谕："富贵到云南布政使任时，尔与总督鄂尔泰留心，看伊居官办事如何，做得外官与否？各自据实密奏。钦此。"臣已密为传谕督臣鄂尔泰，听其自行钦遵覆奏。臣与富贵共事之日无多，然看其为人耿直，心地诚实，办事勤谨，此臣

所可信者。但知富贵不识汉字，藩司衙门一切批详文移与钱粮册籍皆系汉字，而且头绪纷繁，悉费稽察，惟恐日久或被吏胥欺朦，致有贻误，则可惜国家之人才矣。（**夹批：鄂尔泰亦奏称不宜于外任。**）臣是以据实具奏，伏乞皇上圣裁。（**夹批：所奏公当，已有旨矣。**）或将富贵内用，特简谙练钱粮之藩司来滇经理，则与国计民生均有裨益。臣素知赵弘恩居官干练，才守兼优。近见邸报，皇上已授赵弘恩为湖北守道。但此缺虽属紧要，未如滇藩之重。湖北去滇不远，仰肯皇上命赵弘恩星驰赴滇，署理藩司事务，照试俸三年之例，如三年内藩库清楚，银税铜锡等项皆能筹画，著有成效，督抚会题实授，则赵弘恩自必益加鼓励，而臣与督臣亦皆赞理得人矣。谨奏。

**朱批**：藩司之缺将张允随补用。赵弘本亦系干练才守兼优之员，将伊用为臬司，则两司均得胜任者矣。

（《朱批谕旨》朱纲奏折）

### 332　云南巡抚朱纲《奏明照例存护卫敕印随丁等情形折》
#### 雍正五年十一月初十日

云南巡抚臣朱纲谨奏。

窃查臣巡抚衙门从前历任抚臣俱有护卫敕印随丁一百名，咨明兵部食粮。臣因初到滇省，诸事未谙，随与督臣面商。据鄂尔泰云："总督衙门例有随丁一百名，巡抚衙门例应随丁八十名，盖因边徼蛮方不比内地，此随丁粮内尚有赏赐俸满千总与恩恤幼丁之用。"臣现照督臣所言，照例存随丁八十名。（**夹批：鄂尔泰所见谅必公当，照例而行可也。**）但臣识见浅陋，谨将情由奏明。又滇省十月二十八九日连得细雨，沾濡一昼。（**夹批：直隶、河南、山东等省皆得盈尺瑞雪，其余省分尚未见奏报。览此奏，深慰朕怀。**）夜闻土人欢喜，谓明年春熟可望。至三十日黎明，万寿圣节，群臣拜祝之时，天气开霁晴明，舆情莫不欢忭。合并奏闻。谨奏。

**朱批**：览。

（《朱批谕旨》朱纲奏折）

### 333　云南总督鄂尔泰《奏谢奉旨加二级并陈普洱边务善后折》
#### 雍正六年二月初十日

云南总督臣鄂尔泰谨奏：为恭谢圣恩，敬陈愚悃事。

雍正六年正月二十六日，准兵部咨："为议叙威远一案，奉旨着加臣二级。"等因到臣。除缮疏恭谢外，臣祇承之下，愈增惶悚。

先是，正月十九日臣前具"进剿窝泥"一折，荷蒙朱批："闻得滇省此等种类甚多，无奈要费卿一番心力也。虽无能为地方大害，未免可厌。此等事推诿不得的，随出随办。一劳永逸之举，不可少惮烦劳也。此等用命将士，事毕必题请议叙方是。钦此。"窃查滇南凶猓原不止威远，新平近接鲁魁，哀牢远连茶山、孟养，绵亘数千里，直抵江外，种类不齐，顽悍则一，而六茶山尤系久叛之区，从无数年宁贴，目前虽无大害，日久将为隐忧。总因从来将弁畏其凶焰，不敢深入，内则莫窥其巢穴，外则不熟其路径，故来不知踪，去无由迹，以致未事不能防御于先，既事不能追擒于后。而封疆大吏智识浅鄙者固不能远见，其瞻顾粉饰者反每多支词。此贼风之所以日肆猖獗，而莫知所底止者也。

臣受恩深重，无有伦比，实不敢辞难，并非敢好事。能与不能限于才力，而良心则不敢昧，请敬陈其概，仰候圣鉴。

即如臣所称，孟养地方已令各将冒险突入，驻扎其中，遍搜各寨，经臣于正月初八日奏闻在案。考之此地，与老挝国、蟒国、缅国等处，自元、明以来皆设立土司，各有专辖，尽属内附。至正德初，孟养土司刀宾玉势渐削弱，不能安辑群彝，其部酋思任作乱，遂略取孟养，由此屠腾冲，据潞江。正统四年，乃遣黔国公沐晟、左都督方政、右都督沐昂率师征之不克，复遣兵部尚书王骥提督戎务，以定西伯蒋贵充总兵官，率京营、湖广、广西、川贵兵一十二万，直抵上江，未及孟养，思任已走缅甸，王骥乃许割孟养地赐缅甸，购思任，缅甸斩思任首送，骥遂奏凯论功。当时议者即以孟养宜设流官，不应畀缅甸。不数年，思任子思机果复据孟养为乱。正统十三年，仍命王骥总督军务，率土、汉兵一十三万讨之。师逾孟养，思机败，竟失所在，乃立石金沙江为界，班师而旋，亦不于孟养议设流官。未几，思任之子思禄复据孟养自立。故贻祸至今，并流毒内地，终无已时。

臣每观明代此等事，辄为叹息。凡为大臣者不能筹画万全，设法剿抚，动辄提师数万，支饷数省，预为张大其事，以邀事定功赏，乃又旋服旋叛，究不能为久长计，臣深耻之。故每遇边事，访之众议，佥欲多调官兵，多拨粮饷，甚至历举往事，以为规鉴，并以危言动臣，以示老成爱护之意。臣皆不以为然。盖圣明在上，原不须顾虑，而兵不在多，审机为要。昔诸葛亮云："战欲奇，谋欲密，众欲静，心欲一。"又云："善师者不阵，善阵者不战。"臣尝以为至言。夫承平之世，即偶有蠢动，原非敌国对垒者比。一旅偏师，乘机握要，即可制胜，并毋庸多兵。况极盛之时，尤当思患预防，则力半功倍，可谋久远。彼讳言有事，以为解事，苟且了事；以为能事者，窥其隐微，皆半无忠爱之诚者也。（**夹批：存此心而不蒙上苍验察赐佑，无是理也。**）

臣自受事滇黔，见废弛已久，猝难振拔，每接见僚属，必恺切宣示圣主推诚布公、仁育义正之至意，以各动其良心。言之感痛，臣每涕流，而闻者亦半多泣下。故自年余以来，有司渐知奋勉，将士亦多能用命。然边疆大概虽幸粗安，而求所以谋远久者，臣尚无一可信。今屡荷圣恩，复赏给世袭阿达哈哈番，又复加二级，扪心自问，寝食难安。

现在孟养、攸乐、橄榄坝、九龙江等处，各将皆已深入。臣必欲将六茶山千余里地尽行查勘，安设营防。已嘱提臣郝玉麟亲往相度，臣详细与之密商，务期将各巢穴尽行搜遍，将各要隘尽行查明。不论江内江外，其逼近外国，应示羁縻之地，仍着落车里土司，以备藩篱。凡应安营设汛，并可建立州、县之处，一一斟酌妥确，以为一劳永逸之举。庶滇省边彝可永无后患，而臣职稍尽，臣心稍安。（**夹批**：好！趁此一番振作，务图一劳永逸之举。但善后事宜，全在文武员弁得人候选委之，若不得其人，宁缓事以待，必预备有人，方可举行，不然，好事亦被酿成妄举矣。料卿委用者，不得错误也。）除俟郝玉麟查勘回日，详议细陈外，谨此缮折，恭谢圣恩，并陈愚悃。伏乞圣主睿鉴。谨奏。

**朱批**：览。

（《雍正朝汉文朱批奏折汇编》第十一辑，第657~659页）

## 334 云贵总督鄂尔泰《奏报茶山首凶刀正彦就擒折》
### 雍正六年三月二十八日

云贵总督臣鄂尔泰谨奏：为首凶就擒，外域效命事。

窃茶山一案，臣于正月初八日具有窝泥既靖一折，荷蒙朱批："凡卿所办之事，朕实至无一言可谕矣。在廷诸臣皆与观之，人人心悦诚服，贺朕之福庆，国家得人，朕亦惟以手加额，感上苍、圣祖赐朕之贤良辅佐耳。卿如此居心行事，不但得卿一人之力，劝勉属员，得通省文武官员之力，且凡见闻臣工实亦莫不奋励，国家得力处多矣。大臣习尚一整，我朝之福洵不可限量，卿功实大。凡封疆大臣，能保全名禄者即为上上人物矣，不但孰能如此，且亦孰肯如此？此人情分明眼前者，天祖自然照察。朕庆悦之怀，实难笔谕。勉之一字，朕皆不忍书矣。嘉之一字，实亦有负卿之心也。特谕！钦此。"臣跪诵之下，悚仄无似。

念臣凡所办之事，一皆仰承圣训，凛体钦遵。能不能，限于才；肯不肯，视乎心。才有不能，应邀鉴原；心有不肯，何殊欺罔？臣每以此自儆，即以此劝属。近日文武各员多有以不能济事、不能图功为耻者，此我圣主至仁之所化，至诚之所通，固血气之具存，亦羞恶之克充也。臣受恩深重，无能报称，所可以自信者只此一心，不但无功，亦何功可言？伏读"勉之一字，皆不忍书；嘉之一字，实有负卿之心"之谕，感痛由衷，无以自解。彼思随习尚保名禄，自以为得计者，岂独不能为国，实并不能自为，殊可怪叹，又殊可怜悯！臣愿与天下封疆大吏并内外大小臣工各相劝勉，共慎之，凛之。

至茶山叛逆，原起于版目刀正彦。查刀正彦倚恃江外，横行边境，号令群贼，劫害商民，始欲计图宣慰，后致杀伤官兵。总因逼近外域，素通诸夷，故积恶频年，无敢过问。若此贼不除，车里终难控制。经臣于窝泥既靖后，随严饬军前，务期擒获，并令檄知蟒子、老挝等国及孟艮、卡高、花脸诸外域，凡接界地方不得纵令逃遁。适据总兵官孙宏本等报称："守备张秉毅等访得刀正彦家口逃匿稿缅山内，离九龙江八十里，随差汉、土兵潜往，擒获正彦之妾并妾所生女二口、使女二口、小使一名，并金银器物等件，随皆看守行营，严讯刀正彦踪迹，俱供不知等语。及提臣郝玉麟亲到军前，复严饬捕缉，查勘六茶山各地方，直抵九龙江、橄榄坝等处，沿途犒赏兵民，导扬圣德，宣示天威。（夹批：郝玉麟前奏只带弁兵二百余人行走踏勘，甚属轻率，朕已批谕矣。向后凡大员巡查新定地方，务以持重为要。可谕令属员知之。）派令署景蒙营参将祝希尧及千把等分布各外国要隘，协力严缉。诸外国皆遵奉惟谨，并据呈覆，有但遇刀正彦及诸犯，即当擒献，不敢纵匿等语。以致刀正彦无路可逃，无党可援，复回内地之猛腊地方潜避。于是各将弁探知的确，密会克期四面围捕。三月二十一日，据孙宏本等报称，千总陈安邦等于三月初四日已生擒刀正彦并伊子二名、义子一名、随从五名，共九人，着祝希尧押解行营。"等因到臣。

臣查丑类党羽俱经孙宏本、张应宗、邱名扬等节次擒获，搜捕殆尽，除已经枭示及分别安插外，现将八十余犯解省发审。首恶既擒，群夷向顺。而刀正彦所辖各地方延袤数千里，江内六茶山地方，如倚邦、攸乐之属，以及孟养、九龙江、橄榄坝等处俱属要地，延袤千有余里，险峻处固多，肥饶处亦不少，且产茶之外，盐井、厂务皆可整理。乘此划定界限，建立城垣，安设文武，既可固边疆之藩篱，并可成遐荒之乐土。其一切布置，俟郝玉麟查勘回省，臣与面商妥议，具疏请旨外，所有擒获刀正彦缘由，合先奏闻，伏乞圣主睿鉴。臣谨奏。

**朱批：** 嘉悦览之。此役如此完结顺速，出朕望外，在事官兵破格效力矣。但闻该地方烟瘴甚盛，向后应如何料理也？

（《朱批谕旨》鄂尔泰奏折）

## 335　云贵总督鄂尔泰《报明盐务零星银两拨充公用折》
### 雍正六年三月二十八日

云贵总督臣鄂尔泰谨奏：为报明盐务零星银两拨充公用事。

窃照滇省盐务事宜，臣饬盐道刘业长遵循办理，业将增盐加课并正项、额外赢余各款汇疏题报在案。但盐务内尚有零星节省、闰月公费以及积余秤头并拨销、锯削等项，仍有溢出羡余，亦应查核。前据刘业长详称："自雍正四年十月初二日到任起，至五年十二月终止，所有前项溢出羡余汇存银一万一百九十五两零现贮道库。此项银两，虽非每年必有之项，然既有羡余，丝毫何敢隐匿？详请留为公用。"等情。

臣查现在进藏案内需用各项银两，俱须随军押解、支放，所委府、州、县等官置办行装、帮给盘费各项并押解粮饷、支放文武官、备带番夷赏号，俱未便作正开销，而又别无捐款，原拟于备公银内动发，而本年分备公银两尚未征解。臣因与抚臣朱纲面商，饬令刘业长将此溢出银两解交司库，先放给押运官赏银、盘费并买备赏号什物讫。所有刘业长报出羡余，酌充公用缘由，相应奏闻。

再此项溢出银两虽未便定数，然系每年必有之项。盐道衙门原有额给养廉银五千两，即此报出一万两外仍有数千两余剩。臣未敢苛算，俾刘业长得以宽裕料理。

合并陈明，伏乞圣主睿鉴。臣谨奏。

**朱批**：览。闻得刘业长甚好，果然否？

（《朱批谕旨》鄂尔泰奏折）

## 336　云南总督鄂尔泰《奏议办理军需物品事宜折》
### 雍正六年三月二十八日

云南总督臣鄂尔泰谨奏：为奏明事。

雍正六年三月二十一日，准户部咨："陕督岳钟琪条奏敬陈利兵节费等事。和硕怡亲王等议覆，俱应如该督岳钟琪所奏，行文知会查郎阿、周开捷、周瑛并云贵总督鄂尔泰、四川巡抚宪德一例办理等因，面奉谕旨：'依议，着速行文。钦此。'"粘单移咨到臣，随行领兵各官知照在案。

窃照粮运随营，此行军妥计，调剂变通，总归期于无误，各省事宜恐亦有难于画一者。臣按岳钟琪奏称："酌减运夫，以粮驮交兵牵带，每骡十头给夫一名，以备揭轊。装卸粮饷事务，委道府各一员总理，并委州县十员、杂职十员，随营支给。"等语。查此次三省合兵进藏，于未会兵时，各程途地方不一，办理军需、粮务均须因地制宜。如云南兵粮，鹤庆、剑川二仓存米已足支放，臣先行令于鹤、剑二仓运赴中甸米八千石，内转运阿墩子米四千石，又于中甸径运察木多米一千石，于阿墩子转运察木多米一千石，以资接济，业经奏明。雇募猓猔人夫包运，已报陆续运完，并未买马雇夫，派委官兵押护，另给马价、工费、口粮。其进藏官兵口粮，遵照原准部文计给一年之数，于鹤、剑二仓裹带十日，中甸裹带十日，阿墩子裹带四十日，折给六个月口粮银两，随军支放，并饬令总理官采买接济。再四个月口粮，部议行令川省运送。则运粮一项，云南似无庸照陕例议行，且查进藏之兵，每二兵已议给驮马三匹，若再每兵交给牵带驮粮骡一头，又马兵原各骑本马一匹，则是二兵共有马骡七匹，虽将驮粮之骡每十头拨夫一名，早晚揭鞴，而喂养照看，一人不能兼顾，仍恐多致疲倒。况遇对敌时，守者自可扎营护粮，若遇官兵速进时，驮运必不能随军齐到。据臣愚见，或在前预备，或随后支应，仍须并行，庶可全粮不离兵之议。今滇兵之驮马俱经拨给，有未足数者已给银买补，其另买骡头驮粮之处，亦无庸照行。至经管粮饷之文武各官，云南早已派调起程，尽可足用，更无庸添委。

又岳钟琪奏称"驮运骡头设有病乏，将所驮之粮散与兵丁驮马带运，并兵丁裹带二月行粮进藏，程途约需三月有余，此行粮支完之日，即以骡驮之粮散给一月口粮，令各兵自行裹带，倘驮马病乏卸粮，余骡可以代用"等语，实属周详。现行滇省军前文武一体遵照。

再滇省至藏路途甚远，水草艰难。康熙五十九年，进藏骑驮马匹倒毙殆尽，兵丁骑马于回营汇报开，除请银买补，驮马止准倒毙，不准买补。雍正二年，提督臣郝玉麟带兵驻扎察木多，各兵骑马准予倒毙，即在军前请银买补，而驮马亦止准倒毙，未曾发银买补，俱系兵丁借银买备，以故多有赔累。此次出师，兵丁借支，奉文停止，如马匹倒毙不准买补，各兵仍不免艰难，是以臣奏请一例动银购买。

又滇省向不产马，营马价值本与各省较贵，所以四川营马历来定额每匹止八两，云南营马历来定额每匹二十一两八钱。前次进藏案内，各镇营每马只支银十五两，而在口外买补，每匹原自十四五两以至十七八九两有零，驻扎察木多案内，每匹只支十三两者系雇驮之马，买补营马之价，故奏销册内俱登注滇省马价二十余两，不敷之银系各官捐补，报部有案，原非以远近而分别多寡。是以此次进藏摘调营马，臣酌中，援照康熙五十九年进藏摘马之价，每匹议定十五两，奏请发给，一面即令藩司按数发银，令各分头购买，其有不敷，仍应视缓急，再设法腾那。

兹于三月二十二日，准户部咨："拨饷事外，抄折一件，所有臣军需前折，奉旨着怡亲王等参酌，据议覆，行文岳钟琪并臣商酌。"等因到臣。除俟准到部咨，另疏具题外，合将缘由先行一并奏明，仰祈圣主睿鉴。臣尔泰谨奏。

**朱批：** 所议是。将此奏已录存案矣。

（《雍正朝汉文朱批奏折汇编》第十二辑，第80～82页）

## 337 云南总督鄂尔泰《奏陈调剂捐例事宜折》
### 雍正六年三月二十八日

云南总督臣鄂尔泰谨奏：为调剂捐例，以裕帑课，以筹边务事。

窃滇黔两省疆域辽阔不让中邦，而萧索疲敝难言乐土者，则以水陆不通，货财不殖，城郭不完，盗贼不戢，而调剂之术未讲也。臣前请垦荒一疏，原欲俟捐项充足，将两省要务，如疏浚水利、凿通河道、建造城垣、开修官路等件，皆可次第举行，并非仅为垦荒计。今自蒙恩允准，部咨通行已经数月，而合计两省捐项，各不过三四万两。揆厥情由，总因道路辽远，跋涉维艰，捐纳人员多系富家子弟，既不肯亲行，欲转托人，又恐多有遗误，甚至有伪造实收者，不独功名、赀财两无着落，或反被光棍索诈者有之，以故畏难观望，率皆裹足不前也。臣意，若不略为变通，及早料理，则虽开事例，似终于事无济。

查向来每开事例，江南人居其半，而商家尤多。即从前云南收捐，亦原不靠本省，皆有人在京并近省收揽，但多半肥己，充公者少，故弊端滋大。今臣拟差委信实的当人，携带实收前往扬州一路，凡有应捐者，一面交纳银两，一面付给实收，则人情踊跃捐者必多。（**夹批**：极好之请。但此差委之人难得也。）其所收银两陆续解回滇省，一水之便，可以直抵镇远，由镇远起旱，则皆系臣所属。但钱粮关系重大，沿途必须拨兵护送，所拨护送之兵仍酌给些许犒赏，庶更妥便，且正项之外，折算盘缠、脚费，令其并纳，亦人人情愿事，合计羡余，除去解费、实用等项，犹可得加二，增入正项。如此，则不但浚水、通河、建城、开路诸件皆可资办，即于现在军需亦不无裨益，是或酌盈剂虚之一端也。臣现即差委前往试行，俟有成效，另当据实折奏。合先陈明。

再三月二十三日，据贵州布政司赫胜额禀称："前为开垦事具有请旨一折，荷蒙朱批：'此非汝料理之事，亦非汝能料理之事。当一一禀明督臣，听其指示而行方是，或将鄂尔泰料理之后随便奏闻尚可。似此越分请旨，大不是了。谨慎要紧。戒之！慎之！将此谕录与鄂尔泰知道。'钦此。"（**夹批**：朕向来深恶欺诈负恩者。赫胜额前署县，冒销老帑银两一事过小，况直省处处人人皆然者。但既经朕许检举赦罪之旨，即当分明剖露，不然，命往来黔，将亦当密奏乞恩。而由隐忍不首，今经参奏出，是何理也？在赫胜额，人品、才料一涉欺字，真废物也。况朕之恩在，他忍乎？观此等下流之辈，觉令人心寒发指。）钦遵，录呈到臣。

窃收捐公费一项，臣原定议加：一、每百两收银十两，以三两留为奏销饭食、册费及本省管事书吏人等一切纸张、笔墨、食用之需，尽足敷用，其余七两存贮司库，遇有本省紧要公事，详明动用，仍报部查核，业经汇款具题，并知照两省在案。今据赫胜额所奏，亦系每百两外加十两之数，但称于六分内以二三分为各费，余者入公，则入公者少，外费者稍浮。（**夹批**：此乃其奏，随笔之批论，伊论何足为凭？）臣已饬令两省画一，照所题遵行矣。

至于赫胜额，心肝、才具俱甚开爽，但未曾历练，办事尚粗。兹蒙圣训，伊自当悚惕奋勉，臣更当不时引导，俾有长进。

合并陈明，伏乞圣主睿鉴，批示施行。臣尔泰谨奏。

**朱批：** 览。元江府普洱通判张世祜，何如人也？

（《雍正朝汉文朱批奏折汇编》第十二辑，第 85~86 页）

## 338　云南总督鄂尔泰《奏陈刑部侍郎黄炳等才具折》
### 雍正六年三月二十八日

云南总督臣鄂尔泰谨奏：为敬陈所知，以备采择事。

窃刑部侍郎臣黄炳、副都御使臣杭奕禄、内阁学士臣任兰枝，前奉钦差来滇，各住百有余日。臣于公务之暇每与接谈，并于无心处留意观听。据臣看得，黄炳才具精明，亦甚详细，外省一切事件皆有经历，虽不无气质之偏，然强干处正，足以济事，略无瞻顾处，亦可以率属。（**夹批：** 黄炳小聪明。如此处□□将来，假的，平常小人也。伊父亦然。初见时原大有可取，当日朕未多见待，亦十成，赏鉴既重，后一派□肠。而加向后一味随波逐流，并无主见，况又贪，不相干之人。他见卿，自然全分精神，隐其恶而张其能也。此朕深试看过，灼知之人，不但率属，自己而不能者。所以，人必待共事，方能察其隐微。）杭奕禄才具开爽，识见亦不卑，文理足供办事，若更进以坚定，可成大器。（**夹批：** 此人聪明，识见仅可用。只以不定二字，全难信矣。不能定者，一言一事总用聪明，处处弄巧成拙，而自不知改悔，只可部院中将就指授所用之，才非大器也。）任兰枝质实安静，心地亦甚明晰，但少历练，才具微平缓，似难胜要任。（**夹批：** 忠厚老实人。所论甚是。）相应就臣所知，缮折备陈，伏乞圣主睿鉴。臣尔泰谨奏。

**朱批：** 览。

（《雍正朝汉文朱批奏折汇编》第十二辑，第 86~87 页）

## 339　云南总督鄂尔泰《奏覆安宁州知州姚应鹤人品、才守折》
### 雍正六年三月二十八日

云南总督臣鄂尔泰谨奏：为覆奏事。

雍正六年三月十二日赍到折扣内，奉朱批："朕躬甚安。卿好么？闻得安宁知州姚应鹤学问人品俱好，才守兼优之员，果否？此人年纪多少？钦此。"除另缮折恭谢圣恩外，窃臣看得宁州知州姚应鹤，实年五十一岁，系镶红旗汉军举人，学问无足取，人品中等，操守谨饬，才具明晰，虽无大过人处，然努力办事，颇有向上之志，但气甚促，亦少识见。据臣愚见，同知可以优为，小府分知府可以胜任，似非大材。再安宁州系云南府属，宁州系临安府属。姚应鹤任宁州未及二载。安宁州知州吕国祚系循分供职之员。合并陈明，伏乞圣主睿鉴。臣尔泰谨奏。

**朱批**：览。

（《雍正朝汉文朱批奏折汇编》第十二辑，第 87 页）

## 340　云南总督鄂尔泰《奏报钦差杭奕禄等自滇起程前往安南折》
雍正六年三月二十八日

云南总督臣鄂尔泰谨奏：为奏闻事。

雍正六年三月十一日，兵部笔帖式噶尔弼赍奉敕谕一道到滇。臣等恭迎祗领，随公同商酌，安南国奉到知会，感激天恩，自必倍加欢庆，处备礼仪到界迎接。臣杭奕禄等起程，宜稍缓数日，令其预备，免致到界等候。因择于三月二十一日恭赍敕谕自滇起身，由广南府、白色一路抵广西思明府南陵关界前往安南。所有奉到敕谕及起程日期，相应合词奏闻。臣鄂尔泰等谨奏。

**朱批**：好。

（《雍正朝汉文朱批奏折汇编》第十二辑，第 88 页）

## 341　云贵总督鄂尔泰《奏谢恩赏〈皇舆图〉及御制瓷器等物谢恩折》
雍正六年四月二十六日

云贵总督臣鄂尔泰谨奏：为恭谢圣恩事。

雍正六年四月十八日，臣赍折家奴蒙恩赏给驿马，赍回颁赐臣《皇舆图》十卷，御制瓷器一箱共二十件，哈密瓜干、香瓜干共一匣，乳饼一匣抵滇。臣随郊迎至署，恭设香案，望阙叩头谢恩祗领讫。

窃念臣叨荷殊知无可比拟，感颂之词莫能出口。伏读"不念及卿，尚当念及何人？"之谕，泪下如雨，不能仰视。此即凡有血气者，皆应闻之激切，况臣天性具在，将何以自处？"公忠纯诚"之训，惟当镂骨铭心，此生此世誓不负我慈父也。（**夹批**：览卿奏谢矣。）

再接臣兄鄂临泰家信，知臣胞侄鄂昌蒙恩特授户部主事。（**夹批**：广众之人尚赖卿代

— 301 —

朕鼓舞教导，以培养人材，况卿弟兄子侄，岂有不加意训诲，令竭诚报朕之理？朕原求得人而用，非私卿亲戚有所偏向也。设如用而不是者，必系不听卿训导之子侄，负朕恩用之下流，亦必倍加惩治也。总之，朕用人惟一大公，遇大臣之子侄，每多喜用者，皆此意也。卿可知之。）臣家一门兄弟子女均邀异数，不独臣等竭力致身，实难仰报万一，即臣之祖宗父母九泉有知，亦当图报于生生世世矣。

缘例不具本，谨此附折恭谢圣恩，伏乞圣主睿鉴。臣谨奏。

**朱批：**览。

（《朱批谕旨》鄂尔泰奏折）

## 342　云贵总督鄂尔泰《奏报分兵进剿米贴情形折》
### 雍正六年四月二十六日

云贵总督臣鄂尔泰谨奏：为报明分兵进剿米贴情形事。

雍正六年四月十八日，赍回臣前折内钦奉朱谕："祖秉圭奏乌蒙之变，副将郭寿域被害事。乌蒙弹压之兵为数原少，此事卿所办少觉轻忽，但郭寿域举动甚属孟浪。似此等新定地方，朕屡屡有旨不可惜费，善后之策得人为要，想卿自有调度料理，向后须更当慎重。前数折，皆十九日批谕者。祖秉圭二十日方奏到，此系续批之谕。钦此。"

窃米贴逆贼谋害官兵，臣调遣总兵官张耀祖等领兵前往乌蒙会同进剿，随经具折奏明，并具疏题报在案。前自乌蒙平定以后，臣酌留官兵于乌蒙府、鲁甸、大关、盐井渡、八仙海等处驻扎弹压，一年以来，夷民安堵，并无蠢动。念米贴地方逼处金沙江，接连凉山、巴补一带川夷，故令副将郭寿域乘提质陆氏之便亲往查勘，意谓郭寿域屡经出师，著有劳绩，自谙军务。初不料其毫无机谋，并无防备，反中贼人之计，以致殒命损兵。在郭寿域之孟浪，实由于臣之轻忽。自闻报至今，惶愧愤恨，寝食难安，惟当凛遵圣训，诸凡慎重料理，以图宁谧，并无可以自解也。

四月初二日，据张耀祖等报称："滇黔官兵到乌会集，相度情形，应作三路分兵会剿：中路官兵于三月二十四日，同右路之兵自乌蒙起程至大关，分路由羊泥至耶鱼库，与左路之兵会合；左路自乌起程，由酒鱼河至耶鱼库，与中路之兵会合；张耀祖带领左路官兵，先令守备王五采等于三月二十二日前往开路，耀祖于二十五日起程前进，调遣各路官兵，俱于米贴合攻井底地，直捣贼巢；右路由大关、豆沙坝、正溪、门坎山直抄井底地之后，道路险远，派参将哈元生统领官兵于三月二十四日起程进剿，并设援兵及沿途安台护粮之兵，俾声势联络，以便长驱直入。威宁镇总兵孙士魁带领官兵驻扎乌蒙，兼安左路进兵台站，游击张崔等带兵分驻抵补等处防御。"等情。四月初八日，据总兵孙士魁报称："三月二十七日，有乌蒙头人切黑苏家之子名皮歪赴营首报，米贴猓贼白驹格沮之家人在逃他家。"随令擒解讯供，陆氏与立之户吞都在井底坉商议，急则往拖跌、白达坉去，米贴贼约有二千余人。四月十一日，又据张耀祖报称："统兵由左路前进，随遣守备王五采等带领官兵为前锋，先夺险要关口，本职带领官兵策应进剿，沿途皆有夷贼哨探守险，官兵奋勇疾驱追赶，夷贼骤不及备，险要处所皆为我兵占踞。三月二十八日，至地名黑铁关山梁上扎营，离米贴三十余里，于下营之后，遥见米贴寨上放火将房屋烧毁。据巡哨兵丁拿获米贴苗民三名到营，讯及陆氏，云已奔往井底去，又云有夷兵在大关来路各处堵御官兵。这一条路，米贴以为险峻难行，料官兵不能前来，是以未曾堵御。"等语。令随行之乌蒙汉把杨寿长前往各寨传谕招抚，又令你不期、羊呢二家差夷人二名前往大关、米贴暗行打探。于二十九日，汉把杨寿长带到苗民寨头一十三名，恳请给示安住，随于三十日起身，前过耶鱼库关口扎营哨探，张耀祖亦于三十日至黑铁关山梁扎营。至寸金关，离米贴十里，贼众把守甚力，官兵直上攻打，贼众弃关退守巴上擂石台，官兵直追至米贴。四月初一日，俱至米贴扎营，贼已逃去，房屋俱烧毁。随差人搜箐，捉获妇人二口，讯供"陆氏同贼首立之户吞逃往井底坉，带有贼兵数千，沿途守险"等语。中路游击卜万年、康世显带领官兵亦于初一日到米贴会同扎营，擒获贼阿母鸡之弟水牛阿格、水牛几几二名，该游击等将水牛阿格斩首悬示，严讯水牛几几，追问贼踪，据称逃往井底坉，聚众数千是实，与前妇女所供无异，俟分遣官兵踹探路径，另行捣巢擒剿等情。四月十三四两日，又据该镇报称："初二日晚，差人搜箐，擒获土人一名，讯得陆氏同贼首立之户吞逃往井底，欲奔坉上，而坉上猓贼俱说'你们犯下的罪，来连累我们'，坚拒不容上坉，遂踞住巴上擂石台。本职因遣兵从后山攀藤附葛而上，枪炮齐施，杀伤夷贼六十二名，堕江死者不知其数，余贼弃关滚箐而逃。即于初三日，遣前锋守备马似龙、王五采带汉土夷兵，由正路飞攻井底，遣游击卜万年、康世显领汉土官兵，由偏路飞攻井底。四月初八日酉刻，据报，右路参将哈元生，中左路游击卜万年、康世显，守备马似龙、王五采等率中左右三路之兵会合，于四月初七日，一日连破三坉，官兵奋勇，于酉时直捣门坎坉贼巢，夷贼首尾不能兼顾，贼众溃散。闻陆氏同贼首人等藏匿坉上寨子内，官兵重重围困，谅立可擒拿。"各缘由到臣。据此，俱经檄饬，务将逆贼悉行剿灭，毋得少有姑息，即逃窜山箐贼党，亦细加搜擒，以尽根株，毋贻后患去讫。

窃念乌蒙、建昌之交金沙江内外，夷猓盘踞，不听约束，为害地方已久。闻建昌镇离城二十里，即系野夷，时掳掠至近地，兵丁无敢远出樵采者，而米贴陆氏占夺江外坉寨，川土司亦不敢过问。今即平靖米贴，安设官兵，若由江外直达建昌一路，川省并无营汛，俾声势可通，渐次化导，恐此猓终难服制，此地终难宁帖。臣不自揣，已据愚见，札商建昌镇臣赵儒，嘱令覆信，以便再商川督、抚、提诸臣，酌议可否。（**夹批**：甚是。可与岳钟琪详悉商酌料理奏闻。）

至米贴地方，系乌蒙之一隅，陆氏谋逆，各处并无附从，原俱安静。合并陈明。

除俟擒获凶首、剿尽党羽另行奏报外，合将破地杀贼情形先行奏闻，伏乞圣主睿鉴，训示施行。臣谨奏。

**朱批**：深慰朕怀。朕始初闻报，未料事止于此，恐乌蒙、镇雄、凉山一带俱各蠢动，又大费一番周折也。祖秉圭、黄廷桂所奏孟浪，不晓事矣。

（《朱批谕旨》鄂尔泰奏折）

# 343  云贵总督鄂尔泰《奏报滇省春熟分数折》
## 雍正六年四月二十六日

云贵总督臣鄂尔泰谨奏：为恭报春熟事。

雍正六年四月十八日，臣赍折家奴回滇，敬启恭请圣安一折，荷蒙朱批："朕躬甚安，精神愈觉健旺，实皆天地神明、圣祖君父慈恩锡佑之所致。直隶入春以来雨泽甚属均调，直省奏报皆然，但未敢料其向后若何也。卿好么？钦此。"臣跪诵之下，不胜欢忭，又不胜感悚。仰惟我皇上以上圣之睿知，本至诚之明通，日理万机，原只物来顺应，精神愈觉健旺，此庄敬之所以日强也。而勤念民依，时廑宵旰，伏读"未敢料"三字，心动神依，不复能出一语。天地申佑，应忻付托。圣祖垂慈，应深怜痛。臣念及此，顿忘忌讳，惭惶奋勉，惟当终身以之，更无可言。（**夹批**：有何可忌讳？朕所赖者实天地圣祖之慈佑，即一饮一食一言一行亦不敢存已能之念，实皆默赐之所致。朕向在藩邸即存此念，左右之人所共知者凡百。只仰赖天地神明，乃为人之第一良策。）

至滇省各属去冬瑞雪盈尺，方春风日晴和。臣偶郊行，远望豆麦青黄如绣，询之父老，皆谓丰征。随檄行藩司，饬查通省收成分数。去后，今据云南布政使张允随详称："行据云南等二十府、昆明等五十六州县并东川、乌蒙、镇雄、镇沅、宣威、恩乐等府州县咸称，所属地方田地高低不一，今年豆麦收成均有十分九分，兼且豆粒大而麦穗长，较之往年实为加倍。"此皆仰赖皇上诚敬积中，仁恩远庇，感召天和之所致也。（**夹批**：欣悦之甚，以手加额览之。得卿如此总督，地方必蒙上天鉴察赐佑，朕可力保此理之常，无可奇者。近因用田文镜为河东总督，有旨谕部发抄时，卿自得知。谕中甚详，愈期共勉之。）

除黔省收成分数俟详到另报外，所有滇省春熟分数，合先奏报，伏乞皇上睿鉴。臣谨奏。

**朱批**：实慰朕怀。

（《朱批谕旨》鄂尔泰奏折）

## 344 云贵总督鄂尔泰《奏报查明原鹤丽镇总兵官 赵坤侵蚀钱粮情由折》

### 雍正六年四月二十六日

云贵总督臣鄂尔泰谨奏：为请旨事。

雍正五年十二月十七日，准兵部咨："云南鹤丽镇总兵官张耀祖奏前任镇臣侵蚀国帑、遗累兵丁一折，奉旨：'张耀祖将赵坤侵蚀银两据实陈奏，不狗情面，可嘉。着交部议叙。赵坤于领兵进藏之时，指兵丁借饷之名侵蚀入己，又将正项钱粮私自那用，以致贻累营伍，赵坤殊玷大臣之体。及奉恩诏豁免兵借饷银之时，鄂尔泰未经察出，亦属疏忽。赵坤名下应追银九千四百四十六两，着照数追出，交与鄂尔泰，其应还库者，即行还库，应赏给出征兵丁者，即行赏给。倘进藏武弁内再有如赵坤之借名侵蚀钱粮者，着鄂尔泰查出奏闻，着追。该部知道。钦此。'"钦遵。移咨到臣。

臣查原案，赵坤借兵丁、马匹等项名色冒支银两，捏作兵借，混请豁免，又私自那用找支钱粮，虽俱雍正二年奏销之事，臣到任后未曾察出，疏忽之咎，实所难辞。但上年九月鹤丽镇总兵张耀祖到省见臣，曾云奉文行追鹤、剑驻藏各兵长支银七千八十四两零，请予免扣，将闲款拨补。臣以长支银两乃应追之项，无论有无闲款可以拨补，即有闲款，皆为公项，亦不应代为弥补，并诘其因何代兵请免缘由。据称，前任总兵赵坤与军前各官有代各兵借支银，未曾给兵，又将各兵找支折给本色银用去。雍正元年蒙圣恩豁免此项，各兵未沾实惠，今若扣本兵长支之银，诚恐滋事，故请免追，臣以出兵各官既有侵冒克扣，自应着落各官清追，以补兵欠。令其查确具报，以便参追。而张耀祖随辞回镇，即具折参奏。（**夹批：朕想此事卿必知张耀祖之奏而令其奏者，曾向怡亲王言过，若不加卿以疏忽之句，恐卿向下事便难于办理。未出朕之所料也。**）今阅其参折，既称所借军需银，赵坤用过以及分借各官共银五千五十两，除扣存外，尚侵蚀银四千三百二十两，理应查明分借各官，一体照追，方无含混，且找支银两赵坤如何用过四千五百两，亦未指明。赵坤既应追跟役长支银两，各官跟役岂无长支之项？因檄令该总兵赴省面询。去后，嗣据张耀祖到省，将各官分用数目、款项并应追长支银两开具清折，内称：一驻藏各官共借过银一万一千九百三十两零，内兵丁实领过银六千八百八十三两五钱，其五千五十两系各官分用，总兵赵坤用银二千两，游击李君贤用银八百两，守备张有义用银五百两，千总施善元、何元、李遇春，把总李成林、杨从林、孙成宗、陈尚义，各用银二百五十两，后系前任鹤丽中军游击今升曲寻总兵刘起元造册呈送转报。一、已故游击王之臣找领各兵折给银八千九百四十四两零，赵坤取四千五百两，令前任永北镇游击今升开化镇总兵南天祥交永北镇标千总今升武定营参将魏骞国往四川议叙使费。一、驻藏各官跟役长支不准折给银内，除赵坤之外，尚有游击夏因唐、李君贤，守备张有义，千把施善元等，共应追银八百三十五两零。臣复面询，与所禀相符。则是张耀祖先不将各官分用借支银两开明，又将各跟役长支统入兵丁项下，及奉行查，始行开出，均有不合矣。当据藩司详请行查定议。臣随移咨提臣郝玉麟，并行武定营参将魏羲国，开化、曲寻二总兵据实查覆。据曲寻镇总兵刘起元呈称："本职于鹤丽中军任内，曾据进藏兵丁云，借支雇觅乌喇牛马驮载军装银两，分厘未得。因彼时无人告发，无从察其真伪，所造之册乃据军前将备移来，钤印转送，及至旋师，查出侵隐邀免情节，不敢瞻徇，即经报明提督、总镇。"等语。据开化镇总兵南天祥呈称："议叙使费，缘川督年羹尧、川提岳钟琪索部费万金，前鹤丽总兵赵坤、原任永北镇总兵马会伯议令在事人员公同措办，鹤丽出银四千两，永北二千两，丽江土府一千两，付已故游击王之臣买备礼物及两镇差员盘费等项，去银二千两，余银五千两同礼物交永北千总魏羲国往川送礼造册。因鹤丽差役盘费使用又动银五百两，实交川提岳钟琪银四千五百两。其鹤丽镇所出银两系王之臣办理，是否动用兵丁找支银两，无从得其底里。丽江出银一千两，亦系王之臣经手。惟永北所出二千两，实系议叙人员公捐。"等情。据参将魏羲国呈称："奉差往川办理议叙功册，领银五千两，礼物三驮，俱王之臣备办。及到川，将礼物一分送岳提督。应送定西将军一分，因伊复进西藏，亦交岳提督收贮。随蒙吩咐，将功册造齐，同礼物一分呈投年羹尧处收讫。因路途遥远，员役往返盘费用银五百两，存银四千五百两，俱呈岳提督收讫，余与南天祥所覆相同。"准提臣郝玉麟咨称："前蒙圣恩补授鹤丽总兵，于雍正元年三月到任，随据游击刘起元造报出征兵丁在藏借支银两，钦奉恩诏豁免。册籍因系借支旧案，据册转报，原未允准，旋奉旨升授提督，带兵赴察木多驻扎。雍正二年四月，复据刘起元造册请免，升司李卫两次驳查，刘起元覆据原驻藏千把查称此项借欠系奉定西将军谕令，令总镇赵坤公同代借，接济兵丁，雇买牛马驮载，并非官借，李卫始准入册请免。嗣又据刘起元验报，奉造案册，询据标兵施瑞溥等供称未领借支等语。随饬领兵将备行查，据覆，有兵丁刁应魁等呈称实在借支，请提对质，若不提审，难成信案。因远居塞外，随移鹤丽镇，俟旋师，会同提究。雍正三年冬，奉旨撤师，张耀祖又带兵移驻察木多，四年岁暮，方撤师回营。比即咨催张耀祖，总无只字回覆，无有实据，是以未曾题参。今准咨查，始知张耀祖已经参奏。"等因各到臣。

臣细查各案，细阅各覆文。赵坤等于军前借支银五千五十两，既无兵借确据，明系官借冒销，除扣抵外，余应于各官名下分追还库。又议叙使费，用去各兵找领银四千五百两，应于议叙各官并行贿、受贿之官名下照追。跟役长支一项，亦应于随带跟役之各官弁名下着追，抵补兵欠。但欲直穷到底，在冒免钱粮之现任参将李君贤等自当治罪，而川陕督臣岳钟琪、湖北抚臣马会伯等，并据册混转之刘起元，知情不举之南天祥等，均应分别处分。第赵坤已蒙皇上隆恩宽免治罪，现在各员可否亦从宽免其议处，止于分用军需克银，以邀议叙。并未完跟役长支，各官名下照数分追，除抵各兵应扣还长支之银外，余俱还库，不应赏给兵丁。再事有由起，赵坤实系罪首，或仍照张耀祖参追之数，于赵坤名下全追，并分追应追各官，抵完兵欠。（**夹批**：此事应止将张耀祖参追之数着落赵坤名下追赔，其他不必究也。朕前旨，恐有如赵坤借名侵蚀、拖累兵丁之事，故有此谕。如其他，则非赵坤之可比矣。可遵旨办理题奏。）事关重大，臣未敢冒昧径题，合将查出情由先行奏明，仰请圣主鉴夺，批示遵行。臣谨奏。

**朱批**：此事预为折请者，甚是矣。

（《朱批谕旨》鄂尔泰奏折）

## 345 云贵总督鄂尔泰《奏报铜厂大旺，酌筹发卖、鼓铸情形折》
### 雍正六年四月二十六日

云贵总督臣鄂尔泰谨奏：为铜矿大旺等事。

窃照滇省各处铜厂较前增盛，经臣奏明，五年分铜斤可办获三百数十余万，请发价收铜，卖价还项。奉旨俞允，并准部咨，令将所产之铜自雍正五年四月起扣满一年，获铜若干，即行题明，以凭预定曾否足额等因。

今查各铜厂，自雍正五年正月起，至十二月终止，共办获铜四百万零，内除留本省鼓铸外，运赴湖广一百一十万零、江南一百六十万零，陆续雇脚发运，已将发完，又因广东洋铜缺少，需铜甚殷，不敢岐视，现议卖给铜二十万斤。此五年分办铜、运铜之数也。至六年分铜斤，现在督催上紧办理，但总数难以预定，且滇处天末，驮脚无多，本省运盐、运米、运钱皆所必需，若接连雇运，不但恐有迟误，兼恐属员奉行不善，或致滋扰。应请将雍正六年所办铜斤，俟年终核定确数，除留滇省鼓铸外，余铜若干，咨明户部，于雍正七年分陆续雇觅驮脚运赴湖广、江南，卖给承办之员，转运京局，以供八年鼓铸。而七年分办出之铜，则于八年分发运，以供九年京局之用。似此递年办运，在铜数既得清楚，而辇运亦可从容。至七年分吴楚应办铜斤，暂听其自行采买，办此一年以后，每年俱有滇铜接济矣。况现今各省奉文收买黄铜器皿，七年分京局鼓铸，谅可无误。除另疏具题外，合缮折奏，伏乞圣主睿鉴，俞允施行。臣谨奏。

**朱批**：甚是。题到有旨。

（《朱批谕旨》鄂尔泰奏折）

## 346 云南总督鄂尔泰《敕谕下颁安南国王折》
雍正六年四月二十六日

云南总督臣鄂尔泰谨奏：为覆奏事。

雍正六年四月十八日，臣敬覆安南一折，荷蒙朱批："该国王奏到，所颁之谕，卿若遵旨，已令杭奕禄等赴安南，则不必言矣。卿若将朕旨暂留，另有所奏，俟卿奏到，再另详议，有旨。卿若暂停杭奕禄之往，候此折之回。朕先只见示恩与外国之一边，而实未念及卿所奏日后之干系。卿身任封疆，深悉地方情形者，非朕万里之外、九重之上可比，便封章请旨，亦职任之当为。可暂留钦差在滇，具题陈情请旨，朕再斟酌。若题奏，如将所点之句当斟酌入本。钦此。"（**夹批**：朕之秉性，凡深知酌见之事，便金刚不能撼动分毫，如少信不及，再不敢固执己见。从善如转图，朕实能之。前者卿奏到，朕与怡亲王、张廷玉等密商，佥云不出朕之办理，应不必议。朕言，若他督抚自应如此主意，至于鄂尔泰，朕实自信不及处，可以信得他。如系将来无益，何可遗累？待人不努，朕另有密谕。俟其果以谓此举不甚妥协，朕自有宽转别办之道，因有此谕。后接卿之次奏，亦与王等观者，朕尚大发议论，此人不可信之太过，即如此事，朕即信鄂尔泰太过摇惑定见也，众皆大笑。朕凡事居心皆然，卿可知之。）

窃臣前于三月初三日，准兵部行文，随一面咨会广西，一面行知安南。及三月十一日，兵部笔帖式噶尔弼赍奉敕谕到滇，臣随与杭奕禄等酌商，择于三月二十一日起程，自滇由粤，前赴安南，业于三月初八日、三月二十八等日两经具折奏闻。

伏念臣封疆攸寄，彼此相防。我皇上天地为心，中外一视，在睿虑所及者远。臣愚所见者隘，故于未奉明旨之先，辄敢谬陈意见。今既敕谕下颁，远迩闻见，无论于目前情事并无干系，即便现有干系，亦当别图筹画，以备将来。（**夹批**：此论使不得。向后万不可主此意见。若明知不是，委曲将就，以图另事粉饰，不但大费周折，况已具之气量有限，令其□整。凡事尽力，只图万全方是。便停留陈情，乃大臣职任中应为者，何如愚昧妄诞也。若存此念，则大失君臣一德同心之道也。设如此事卿另有请旨陈情处，朕实倍加嘉悦也。卿可□之。）若更另有陈请，稍欲停留，臣即愚昧，亦何敢妄诞至此？况该国纵不知大义，依然血气之伦，敬奉殊纶，自必感激，自应愧悔。乘此划清边界，议定规条，使知恩不可再，威不可干，亦可以制群彝而示外域。乃圣主至诚至虚，一惟顺应，犹下询及臣，仍令斟酌，臣之感切倾折，实莫可言喻也。（**夹批**："敬慎公诚"四字，朕所力勉者。）

再臣前遵奉训谕一折，荷蒙朱批："览卿之奏矣。但虽如此立意，必待有机可动而举机者，天意也。朕凡事问天，仰赖圣祖默佑指示，方敢行也。如近日婆罗鼐奏到之数字，发来卿看。西藏之兵可不用乎此，便上苍使然者。朕诸凡不敢为天下先一句，一生得力，惟听天命，奉天时耳，断不敢自立主见也。钦此。"臣跪诵宝训，细观婆罗鼐等六折，并合安南、西藏两事前后之朱谕，敬绎详参，仰见圣人之举世，动合天心，无可无不可，惟因材而笃，不为天下先，此即所以先天下以无用为用。此用之所以至神。臣愿学未能，益当奋勉，偏倚障碍应渐消除，实不胜感切，实不胜倾折。谨缮折覆奏，伏乞圣主睿鉴。臣尔泰谨奏。

**朱批：** 览。

附：咨覆安南国王稿，缮呈御览：为咨覆事。

照得雍正五年十一月初十日，据开化南总镇呈称，贵国王差有工部侍郎阮仲意、翰林院侍制阮逢时于本月初六日到铅厂关外，备叙该国忧悃，恭迎敕书，龙亭仪仗咸如礼，随经赍受去讫等因。本部院随于十一日奉闻，倾又接贵国王肃柬，具述黄文绥土性蠢愚，不达事体，情词狂悖，诚有余辜，即差锁拿回国，以凭究治等语到本部院。念此土目小人，岂谙大体？一任矢口妄陈，并塞道路，未知兴戎出好，实式阶兹。若非本部院上体圣天子怀柔之意，下谅贵国王恭顺之心，饬开化镇严谕备弁等大度包荒，则一经兴问，何说以辞？故先移粤省达知，以敦邻谊。今贵国王除差员迎领外，复令械系该目，用示创惩，并述始末情繇，以申表暴，正所以保疆土、慎封守也。实明且断，无忝外藩。既恒凛臣心之罔替，自永沐圣朝之厚恩。所有接到敕书，应即上章称谢，但陈感激私情，必邀殊荣旌赏，宁不于前人有光，茅土增耀。至于侵越之事，由来已久，原非贵国王所能深悉。我皇上天地为心，远迩一视，海隅日出，莫不闻知。今且圣主不加谴诃，臣下又何须伸辨？而喋喋繁词，似反乖恭顺。其熟思详酌，具表陈情，本部院即当驰赍，上达天听，决不因该土目狂悖而少存芥蒂也。是用布覆。

**朱批：** 甚属妥协。

（《雍正朝汉文朱批奏折汇编》第十二辑，第292～294页）

## 347 福建巡抚朱纲《奏报在滇所得养廉银数等事宜折》

### 雍正六年五月初十日

福建巡抚臣朱纲谨奏。

臣于雍正五年十月十八日到云南巡抚任，于雍正六年三月十五日送印卸事，即于是日遵旨赴闽。计在任以至起行，共得养廉银七千七百两。臣面问督臣，据鄂尔泰云，所得养廉银两，督臣衙门与臣衙门无异，臣方敢于收受。沾皇上天恩，以为犒赏兵弁、幕宾束修、日用、薪水并赴闽盘缠等费。此外，到任贺礼，臣出示严禁，并未收受，不敢一字粉饰于君父之前。臣起行之日，滇人焚香送酒，钦遵圣谕，荣臣之行，督臣差家人送臣出境方回。皆我皇上天高地厚之殊恩，臣虽肝脑涂地亦难报称。谨将在滇始末据实奏明。臣今途次江西南昌府，恭进奏折，合并奏闻。谨奏。

**朱批：** 览。第一要着，以诚格天，乃为人受福之基。至于处事，但以公正二字自律，何事不办集耶？切勿有心卜度，以迎合朕意为务。朕意无他，惟望卿等诸凡合于是当而已。试观今日用朱纲之道，即可知朕用人行政之心也。用汝之由，信汝之故，在他人容或不知，汝自当知之。朕待封疆大臣不过如此，其他微末小吏岂有预蓄意见之理？一切秉公为之，尽去偏私，勉力效法鄂尔泰、田文镜之居心行事，朕自能鉴照。然秉公除私之道，究非一诚字断不能也。直省督抚中，将来能及此二人者，朕深有望于朱纲、王国栋，余则朕不敢期必。勉之！勉之！

（《朱批谕旨》朱纲奏折）

## 348　云贵总督鄂尔泰《奏报滇黔省豆麦收成分数、雨水情形折》
### 雍正六年五月二十一日

云贵总督臣鄂尔泰谨奏：为恭报黔省豆麦收成分数，仰祈睿鉴事。

窃照各省二麦收成丰歉，理合奏报。前行据云南布政使张允随呈报，滇省豆麦因上冬雨雪滋养，各属收成均有九分十分，且豆粒大而麦穗长，较之往年，实为加倍，臣业经具奏。今据贵州布政使赫胜额详称："各属地方自春入夏，雨泽时沛，民间布种油菜、豆麦、杂粮等项，惟开州、毕节县二处，据报收成六分，都匀、石阡二府，定番、广顺、普安三州，又普安、都匀、印江、永从、锦屏、永宁等六县，据报收成七分，其余各府、州、县俱报十分及八九分收成。"等情。臣复察访无异，所有黔省豆麦收成缘由，合再奏报。

至滇省，入夏以来，迤西地方雨水沾足，高低田土禾苗俱已栽插，迤东一带因未得大雨，不能存水，故低田皆已栽插，高田半未布秧。至五月初九日，迎请"福滇""益农"龙神二像到省，臣率同属僚恭迎供奉毕，随于初十日为始，斋戒七日，虔诚瞻礼，每日得雨数寸。及十五六等日，甘霖大沛，各处俱已沾足。是雨泽不致愆期，秋成可以预卜。皆我皇上诚敬格天、感召惟响之所致也。合并奏明，仰祈圣主睿鉴。臣谨奏。

**朱批：** 深慰朕怀。卿总督云贵两省，雨旸时若，朕可保也。天道至理，朕实信得及。但朕若不能尽君之道，卿亦无可奈何也。期共勉之，敬之！

（《朱批谕旨》鄂尔泰奏折）

## 349　云贵总督鄂尔泰《报明清出滇省影射等项田土数目折》
### 雍正六年五月二十一日

云贵总督臣鄂尔泰谨奏：为报明清出影射等项田土，仰祈睿鉴事。

窃臣自到任后，即遵旨通行各属，劝民开垦荒田荒地，清丈欺隐田土，分别升科输赋，并抵屯军丁银。因清丈一事未便于民，而地方各官遂借以诿卸。臣再四思维，若不清查，必多隐匿，若概丈量，必致滋扰。故行文各属，遍示乡村："以隐匿田地则遭衙蠹、里役之科派，无敢声言，受豪绅劣衿之需索有难申诉。其实能养家人己者正复无几，且一经官府查出，应追历年所收籽粒，田土入官，更应治罪。若果能遵示首报，准宽已往，给照输粮，永为子孙长久之业，除正赋外，计所余剩已多。倘仍前隐匿，并许旁人首报，即将田土给与首报之人。"通行晓谕，而远近民夷皆知有利无害。

始据各属陆续申详：首报、开垦、欺隐并清丈出田土为数甚多，除前已经奏报外，今又据陆凉、平夷、阿迷、蒙自、蒙化、保山、大姚、广西、宁州等府州县申报，民间自首欺隐荒熟田地共二十四万二千一亩五分零；昆明、易门、永北、元谋、永昌、楚雄、定远、宜良、石屏、通海、嶍峨、邓川、蒙化、保山、开化、丽江、安宁、晋宁、南宁、弥勒、宁州、新平、元江、云龙、永昌、永平等府州县申报，劝民开垦荒熟民屯田地共九万二千三百二十三亩零；蒙自、浪穹、宾川、镇沅、景东等府州县申报，清丈出新增影射荒熟民屯田地共八万八百七十七亩四分零。以上三项，通共田地四十一万五千二百二亩零，按上、中、下科则不等，共该秋粮、夏税米麦三千六百九十六石九斗零，条编银二千七百二十七两二分零。又据陆凉、建水、宁州、大姚、安宁等州县查出抵补军丁田地一万二千六百八十五亩五分零，该科夏税、秋粮米麦六百三十九石七升二合，条编谷折银四百二十八两六钱零，系应抵补屯军丁银之数。除现在分别入册给照，或汇并奏销，或分案题报外，其余现在清查应陆续具报。

至收捐开垦之项，除东川府属原多荒芜，先令招佃领银垦种，余恐借名开荒，即将隐匿成熟之田充数，致有冒领工费等弊，所以暂且从缓。当俟首报查丈既清，其实在抛荒者勘明顷亩，召佃发银，方无朦混。再各衙门官庄、马厂等项，已令藩司、粮道逐细清查，另行具报。所有清丈自首开垦田地四十余万亩数目，合先缮折奏明，伏乞圣主睿鉴。臣谨奏。

**朱批**：是当之极。嘉悦览之。

（《朱批谕旨》鄂尔泰奏折）

## 350 云贵总督鄂尔泰《奏报拿获米贴首恶陆氏等暨余党剿擒将尽折》
### 雍正六年五月二十一日

云贵总督臣鄂尔泰谨奏：为报明剿擒米贴逆贼，首恶已获，余党将尽事。

窃照米贴猓贼聚众拒捕，伤害官兵，臣委总兵官张耀祖等统领滇黔二省官兵，分为三路进剿，并咨川省督、抚、提诸臣调兵会擒。据张耀祖等呈报破地杀贼情形，经臣两次奏报在案。接准部咨，钦奉上谕："乌蒙、镇雄等处猓夷不法已经剿抚，今因该地方查拿禄永孝之妻，又有匪类余党私自啸聚，抗拒官兵，现在用兵擒拿，四川建昌、永宁等处亦派兵堵截，据杨天纵、祖秉圭、岳钟琪、宪德、黄廷桂等具奏前来。所有用兵事宜，俱着鄂尔泰节制调度。其四川建昌、永宁等处之兵，亦听鄂尔泰节制调度。钦此。"移咨到臣。随即移行钦遵。去后，四月二十六等日，据张耀祖呈据游击卜万年等报称："四月初四夜，至井底地扎营，猓贼即来劫营，自半夜以至天明，皆被兵丁枪炮打退，贼众退守门坎山，扎营四座。初五初六两日，职等攻地，猓贼数千守险，擂石、滚木如雨，我兵不得上地。初七日辰时，猓贼率众呐喊，从门坎山蜂拥前来拒敌。当令弁兵堵御门坎山右边冲口，职等率领官兵攀藤附葛，追杀贼众入箐。兵半渡河，贼众拼命拒敌，官兵齐上，枪炮俱发，打伤猓贼数十，各弃挡牌而逃，滚岩死者不计其数，奔入门坎山关，放滚木、擂石、弩箭。职等率官兵奋勇直上，抢至头层岩，复抢至二层岩。时已申刻，适参将哈元生从后而入，已登地上，竖其坐枪，官兵两下会合，分兵夹攻，打死贼众无数，贼方奔入箐内。"据哈元生报称："卑职由右路领官兵前进，四月初四日抵会溪扎营，有四川叙马营阿兴、土千户安永长报称：'陆氏住井底，他起意的头目叫毛脸固咱、水牛母鸡、扪车轨里，领兵杀人的叫屋基母机，离朱黑铁、目魁女女、阿六掞租现住吞都，与土千户德昌议事，德昌帮兵四枝去杀官兵。德昌手下领兵杀人头目叫黑际石、巴扯一别、固么儿木戛。今阿六掞租领夷人扎在溪落渡口，德昌统众，邀约去里密、吞姑列土舍等过河来阿妈太医地方，同米贴人会饮血酒，齐心煎熬毒药，贮附近营盘溪水内，人马饮之即死。'卑职初五日抵贼境大茅滩，初六在大险地遥望对山，老虎寨系吞都地、门坎山要路，连夜差弁兵上寨堵御。初七辰时抵蛇腰马、吞都、门坎山等地，观其山形凶恶，夷贼望见，即欲抵敌。卑职随收官兵，分为三路攻打，夷贼抵敌不住溃败，我兵奋勇争先，杀贼首数颗，其余四散，滚箐、投江不计其数。又于申时分，攻打门坎山，贼见我兵势重，亦各逃散，阵获夷贼二名。正在搜捕，值游击卜万年等攻打上地，会合收兵，提讯阵获夷贼梁嘉楷，供系德昌之主文，因德昌帮兵，劝阻不依，特来投奔，陆氏已同贼首立之户吞头目人等逃往牛角落寨去了。又问丁进忠，供系陆氏厨子，讯陆氏下落，供与梁嘉楷同。卑职查吞都地方之土司，德昌乃川省所属，敢与所管巴布夷猓尽帮助陆氏杀官夺印。正在分拨官兵擒拿，忽有把守五险地把总刘宽飞报，五险地夷贼与官兵对敌，卑职亲带弁兵前往攻打，从辰至未，牢不可破。随出奇兵抄此地要路，砍伐箐树，透其光亮，用炮攻打，连发二十余炮。卑职督兵从山腰冲断，方至山顶，夷贼滚箐，官兵获地，拿获陆氏之女么姑娘。卑职日破三地，各官兵无恙，汉夷无不鼓舞。初八九两日，带兵搜箐，擒获拒敌夷猓共二十五名，查系吞都井底逆夷，即在吞都正法，系米贴逆夷，解往米贴正法。有妇人、男娃共一百二十七名口，查半系陆氏奴婢，半系德昌部夷、妻奴，即赏给有功官弁为奴。"等情。又据鹤丽镇验报，据游击曹元文报称："带领官兵于四月十四日自井底起营，由小路搜剿沙址一带，行至拉香寨，见有贼踪，分头追擒，放枪打死猓贼二十余名，带伤滚箐者不计其数，活擒男妇四名口。"又据哈元生报，据守备马秉伦报称："四月初九日行至设以脉箐口，见有险地，猓贼于地上施放擂石，令官兵于地后攻打，开炮打死猓贼三名，又用炮攻开地栅，官兵直上，枪打死猓贼十数名，其余带伤滚箐。次日进箐，追踪至大石河坎，水深石大，猓贼堵有石木排栅，随用炮攻开，打死猓贼七名，余俱走箐。十二日过大石河四五里，遇贼在夹谷之内，身背挡牌，呐喊堵御，两山施放擂石。我兵齐进，炮打死猓贼六七名，枪打死十七名，余逃深箐。我兵阵亡二名，带箭伤六名，石伤二名。夷兵阵亡一名，带伤九名。有江边义子到营投诚，禀屋基母机已逃过江，躲避慕故痴寨，本职随发兵前往擒拿。三省官兵原系会剿，今我兵深入川界四五日程途，川兵并不知消息，已飞移永宁协移营至吞都，檄调建武等营官兵赴井底会剿。"等情。又据该镇报，据游击曹元文等报称："职等搜箐，四月二十日至巴上后箐，见竹木丛杂，微有脚踪，密令兵丁砍竹而行，又爬陡岩，攀藤而上。忽于密林拥出猓贼二百余人，执枪放弩。我兵用连环排枪打死猓贼三十余名，余贼跳岩而走，我兵亦跳岩直赶，砍死三十余名，又枪伤七十余名，生擒六名，拿获大小男女二十三名口，内砍死一名，系指拨众贼者。随令夷妇识认，系务基母机之弟务基母纽，是陆氏管军头人，将首悬示。本职于吞都，同哈元生擒获杀伤官兵兼又拒敌猓贼，斩过九名。行至井底扎营，差人围蹁，捉获猓贼十七名，当又斩首悬示。将搜箐，解到六名，并陆续擒获猓贼六名，又威宁镇自乌蒙盘获解回猓贼一名，共十三名，押赴杀伤官兵原处斩示。"又据把总陈瑞等禀称："搜至猴坐地，有猓贼四五百人把住陡岩，无路可上。令枪手在下施放，作爬岩之状，把总等攀藤绕道而上，至地放炮，猓贼跑窜，我兵鱼贯而上，枪伤刀砍者一百多人，坠岩死者二三十人，生擒贼首务基母甲，井底蓂所搜出大纛二面。各路官兵自进剿至今，斩杀猓贼一千余名，各箐、各路伤毙者无数。"等情。又据该镇报称："访得贼首母举者吕、本举阿固即毛脸，逃往羊泥箐内，羊泥之弟阿母及实心效力，曾获猓贼多人，故令把守要路，遣弁兵搜箐。母举者吕并背陆氏头人野鸡固跨、者博烹居带猓贼九名，妇女、孩子五十三名口，从羊泥箐逃出，母举者吕被羊泥兄弟打中一弩，把总胡朝相等赶上，会合将母举者吕并一干贼犯擒获。奔举阿固带猓贼十名逃至羊泥寨，羊泥欲诱入寨擒拿，此贼抽刀砍伤羊泥胁上，被羊泥所带埋伏之人用乱枪扎死，并将随带猓贼杀伤。"又据哈元生报称："据土千户安永长验报，四月十九日，有贼经过隘口，率夷兵堵截招安，随获夷猓男妇大小共一百四十五名口，又一伙抗不服招，率兵堵剿，杀死猓贼一十八名，扑水淹死者甚多，擒获五名，并男妇、娃子共六十一名，另行解审等情。又自四月二十四日至二十五日，官兵伏路搜箐，共拿解猓贼七十七名。本职审讯，俱系各贼首项下夷兵。又监禁之内，有应正法猓贼六名，俱伤害官兵之逆贼，于二十六日委游击曹元文等押至杀伤官兵原处斩示。内有三名，审系杀伤官兵，极其凶恶，郭副将之子郭邦兴、郭邦栋禀恳手刃，祭奠其父。"讫至五月十四日，又据该镇报称："五月初一日，据阿母及到行营禀称，有贼首水牛母鸡，于初一日五更到夷人支歪那租家要粮食，被我蹅着捆拿，追问陆氏下落，说在硐里藏着。随带人同去，陆氏果在硐中。随带贼四五名，被我上前捉获二名，滚箐三名。陆氏跟前还有女人三口，我将陆氏并随行妇女一并拿获，四山伏路官兵闻喊赶到，已将陆氏等交给官兵等语。随据曹元文等将犯妇陆氏、贼首水牛母鸡等解至行营收禁，俟差员起解。"等情。据永宁协副将张瑛先后呈报："查得井底夷目黑铁、勿箕女女等领夷兵四百前去相杀，奉檄行调，卑协带领官兵于四月二十日抵雷波箐口，派兵三百前往噶哈百足，会合建昌、沈许二游击，又兵一百名，由虎跳、那比二处沿江接应。卑协移兵于江干、溪落渡口驻扎，会合建昌一路官兵搜捕。又验报，官兵至阿路寨擒拿贼目阿路宾苴，捉获夷贼业果一名。过渡口地方，有阿妈太医并吞都土舍确里、密吞姑力等，乃陆氏亲戚，应派兵堵剿。又闻雷波土司地方有陆氏余党潜匿，已责令擒献以自明，如不从，即雷波亦属逆党，乘此会兵剿除。"又据哈元生报称："恶贼立之户吞并德昌逃于半个山地，官兵炮路已可打至贼巢，此地不日可破。又贼首务基母机已逃过江，川省黄螂司所管那古坝地方有猓猡摆渡，招呼猓贼过河，应着黄螂司擒献。"等情各到臣。

该臣查得，川属凉山地方紧连米贴，延袤千余里，原甚荒野，向多夷贼，从未睹兵威，吞都、沙马、雷波、黄螂等各土司又俱陆氏姻亲一带土夷，川省鞭长不及，故米贴猓贼恃有党援，敢于蠢动，吞都土司德昌即帮兵助恶，谋逆显著。是德昌一犯，实此案之渠魁。而雷波等土司隐匿逆贼，不行拿解，亦难姑宽。若不乘此大加惩创，然后示以抚恤，恐此滇蜀交界终难宁帖。今伤害官兵之贼或擒或剿，业已将尽，滇黔两省官兵俱至川界，臣现檄令军前各官，务将半个山地攻开，擒获德昌等各贼，一并解省审拟，以彰国宪。并行永宁协副将张瑛，严督各土司将贼擒献，如敢抗违，即会兵擒剿，以图静谧。

至于臣身受殊恩，职膺重寄，并不能谋出万全，先事预料，以致上厪圣虑，下滋口实，虽复仰仗天威，群凶屠灭，内顾自惭，实惶悚无地。（**夹批：有何可惭悚？幅员之广，属员之众，焉能处处、事事得人而用之？属员之是非，即卿等之是非，如卿等之是非，即朕之是非也，何能辞其责？至于功过平衡，朕可保分毫不爽，非计过忘功之主也。似此小疵，不必介意，但亦不可轻肆。随事敬慎用人，则是矣。**）兹奉到前折，敬诵朱批："朕前见各处奏报，恐乌蒙全处变动，甚为忧念，今览此奏，方少慰。但闻其巢穴甚属险峻，派往官兵不可迫令进取，相机度势而行可也。朕原屡次有谕新定地方，善后为要善后之策，得人为主，郭寿域朕未见其人，想必一敢勇武夫，如何委用？如此要任，大不是了。钦此。"臣有何辞，惟当凛遵慈训，小心慎重，相机度势，无论属滇、属川，务期竭蹶料理，详筹善后，不敢少有疏忽，少有推诿，以图一劳永逸已耳。

除俟续报到日缮疏具题外，所有已获首恶陆氏等及余党剿擒将尽情由，合先奏报，伏乞圣主睿鉴。臣谨奏。

**朱批**：欣悦览之。陆氏米贴之事，朕未料如此完结之速。在事官兵可嘉之至，题到朕自有恩旨。再雷波等助恶不法土司德昌等，据岳钟琪、宪德、黄廷桂一一奏闻，必当剿除。已有旨着提督黄廷桂亲往调度，相机剿抚矣。云贵兵弁，卿可训示伊等协力同心，以成此一劳永逸之功也。专候捷报。

（《朱批谕旨》鄂尔泰奏折）

## 351 云贵总督鄂尔泰《奏报署乌蒙府知府耿觐谟暗通夷人陷害官兵案未可尽信，候事定审拟折》

雍正六年五月二十一日

云贵总督臣鄂尔泰谨奏：为据实奏闻事。

窃臣前报米贴折内，荷蒙朱批："闻谭盛元回到乌蒙，同众兵大骂耿觐谟，声言郭寿域之陷皆伊等害之之语，其中情节，所当详察者。钦此。"臣查副将郭寿域将领兵前往米贴，恐不悉路径，向署府耿觐谟要熟谙夷地之人，耿觐谟曾委汉把谢天升随往，郭寿域诸凡信用，及至陆氏潜逃，勾连江外猓夷，乘夜劫营，官兵被害，而谢天升全身回乌，马匹、行李无失，若非与贼熟识，何以至此？故千总谭盛元等回兵抵乌时，声言官兵之陷害，皆谢天升之串通，谢天升之串通，即耿觐谟之指使，齐至府衙，将天升擒缚，立欲杀死，因耿觐谟呵斥其无礼，众益不平。时所调威宁镇官兵已到乌蒙，经游击颜文选排解，遂静候伸理。臣据威宁总兵孙士魁报到，随经札覆，并密令总兵张耀祖、参将哈元生详细查报，续据覆禀无异。

臣看耿觐谟平日才具老练，办事谨慎，从不敢孟浪乖张，以致决裂，故于乌蒙初定，暂委署理府事。然人甚苍滑，观望、推诿处则事所必有。若谓造意设谋，欲陷郭寿域，倘乌蒙全处变动，耿觐谟亦岂能幸免？论理论情，似未可尽信。况凡事自有官法，兵丁骄悍之习亦不可渐长，且现在用兵，又未便先审此事，以滋惶惑。是以臣暂置不问，惟密令将谢天升及前所获一二汉奸等监禁看守，候事定审讯。（**夹批**：断无此理！此显而易见者。前恐别有事故，若止此，则谭盛元之欲自掩其丑历然矣。候事毕

— 315 —

审理，甚是。）今米贴皆已扫靖，新调乌蒙知府陆世宣不日到任，应俟陆世宣任事后，即当檄调耿觐谟、谭盛元及兵丁头目，并提谢天升等犯来省，逐一亲讯，以定曲直。如果耿觐谟谋陷情实，当据实题参，治以重罪。即或以署事之员不久离任，诸事毫不关切，亦当分别参究。设或谭盛元等因为贼所暗谋，欲自掩其丑，借此耸听，臣当详细奏闻，斟酌处分。

合先缮折覆奏，伏乞圣主睿鉴。臣谨奏。

**朱批：** 览。

（《朱批谕旨》鄂尔泰奏折）

# 352　云贵总督鄂尔泰《奏报五年分办获铜息数目折》
## 雍正六年五月二十一日

云贵总督臣鄂尔泰谨奏：为报明五年分办获铜息，仰祈睿鉴事。

窃查雍正四年分，除铜课额银九千六百二十余两外，办获余息银四万五千八百二十余两零，较之三年分余息银仅多不及三万。今雍正五年分铜厂课息，例应于六年五月内奏销。

臣查该年分各厂办获铜四百一万三千余斤，除铜课额银一万八百余两，再扣还原本厂费并供铸耗铜外，实应获息银一十四万七千三百余两。又此项铜斤系按奏销定例，每百斤价银九两二钱合算，今运吴、楚铜斤卖银十三两，内除正价九两二钱并脚价银三两外，每百斤仍有节省银八钱，又应获银二万余两。是五年分所办之铜课额、余息，约共可获银十八万两。现在核造细册，具题送部。而运发吴、楚余银，应俟变价回日，另行报销。

再总理厂务并无额给公费，惟请领工本系库平，而收买铜斤则用寻常市平，每百两约余银一两零，历来以此为官役公费。今据总理厂务粮储道元展成报明，五年分约有平头银三千两。查铜厂既旺，用人更多，是以仍循旧例，留为总理厂务一切费用。至于各处各厂大小不一，条例各别，头绪甚多，稽查匪易。臣莅滇二年以来，既深悉其中情事，不敢以巡抚专政，稍有观望。而总理元展成（**夹批：** 闻得此人甚好。）实心实力，丝毫无欺，且才具足以干济，故得渐次调剂，少睹成效。此固视天年，亦视人力，在得人，不在立法，衰旺多寡，皆未可以为定例者也。（**夹批：** 自然。）合并陈明，伏乞圣主睿鉴。臣谨奏。

**朱批：** 览。

（《朱批谕旨》鄂尔泰奏折）

## 353 云南总督鄂尔泰《奏请以哈元生补授元江协副将及 以田玉补授寻沾营参将情由折》

雍正六年五月二十一日

云南总督臣鄂尔泰谨奏：为钦奉上谕事。

雍正六年四月二十八日，准兵部咨前事："奉旨：楚姚总兵官员缺，着元江副将张应宗补授。元江副将员缺，着鄂尔泰于邱名扬、哈元生、官禄三人内拣选一员题补。前因楚姚总兵缺出，朕令鄂尔泰题补者，盖以乌蒙、普雄、镇远等处年来用兵剿抚，副将内必有出众效力之员，鄂尔泰既委用深知，即当遵旨题补总兵官，以鼓励苗疆效力之官弁，且此系新附之地，关系紧要，若以他省之员补授，未必熟悉滇省事宜，故令就近保题，以收得人之效。乃鄂尔泰不行题补，请朕特简，不合。今朕只得就滇省副将中以所知之张应宗补授。至于其他效力之副将中，或有更出张应宗之上者，朕则无由知之也。大臣等奉旨题补官员，即当遵旨保题，不必以总兵系封疆大员，避嫌推卸。特行晓谕知之。该部知道。钦此。相应行文该督钦遵查照。"等因到臣。臣随钦遵，转行在案。

伏查张应宗人材精壮，技艺娴熟，才具亦甚明晰，兼解文义，滇省副将中并无有出其上者，现在可称总兵，前已经臣折奏。缘去岁威远之役，伊初多观望，后延至烟瘴时候，遂欲借口撤兵。今岁茶山之役，伊初甚努力，续因擒获多犯，谓可以了事，意不在首恶刀正彦。俱经臣严切檄谕，并咨札提臣郝玉麟，嘱令会饬，伊知臣意不可回，随复协力竣事。故前奉圣旨，未敢指名保题，并于分别副参等次案内注有习气未除，实心实力处犹待鞭策等语，咨部在案。兹蒙圣恩特授楚姚总兵官，伊自当感激奋勉，力图报效。人才难得，用长斯济。如张应宗者，即较之现任总兵亦无有不及。臣务当谆恳开导，有以成就之。至普威营参将邱名扬，人甚强干，临事努力，亦知贵用谋，尚未能老练。近进剿茶山，伊为首功。寻沾营参将哈元生，人材精悍，有勇有谋，前取乌蒙，近攻米贴，所向必克，诸将皆不如。长寨营参将官禄，颇有胆略，人亦明晰，近日该地方苗猓甚属安贴，多伊整顿调剂之力。

臣看三员皆可称副将，而哈元生为更优，相应以哈元生先题补元江协副将员缺；其寻沾营参将员缺，请以贵州卓异游击田玉补授，均属人地相宜。除具疏请旨外，合先缮折奏明，伏乞圣主睿鉴。臣尔泰谨奏。

**朱批**：甚好。朕非本心怪卿，实为卿将来易于举劾他人，不得议论之意。卿自然亦理会，但不敢认此一着耳。

## 354 云贵总督鄂尔泰《奏谢御赐密制各种丹锭等物折》
雍正六年六月十二日

云贵总督臣鄂尔泰谨奏：为恭谢圣恩事。

雍正六年五月二十九日，臣赍折家奴蒙恩赏给驿马，赍回御赐臣秘制各种丹锭二匣，人参、笋二匣，雨前六安蕊尖二瓶，雨前六安梅片二瓶抵滇。臣随郊迎至署，恭设香案，望阙叩头谢恩祗领讫。敬启折扣，荷蒙朱批："朕安。卿好么？今岁三四月，各省多患时证，幸皆数日即愈，总未伤人。比户如此，都中内外人等大概未有不病之人。京中自四月初五六至二十五六全解矣。此二十天内更换而病，大奇事也。朕为此甚是焦烦。而惟朕一人不病，精神如常。恐卿有所闻系念，特书谕，令卿放心。特谕！钦此。"

窃今岁三四月以来，闻湖广多时证，初患大头瘟，继变疟，或变痢，随复痊可，续渐及河南，渐及直隶。自四月末旬以至五月，贵州亦多时证，由镇远府以至安顺府、普安州，止少有不病之人，今已渐次减退，只云南一省无多病人。而广东运钱差回，闻粤省亦大概不免。至都中并多时证，臣近始闻知。然各省春熟，大半丰收，即直隶得雨少迟，闻二麦已皆登场，此固寒暑搏击，气候传染之所致，事所时有，不为怪异。（**夹批：**此妄传之言。直隶今岁雨旸之应时，实从来未有者，但恐秋令雨水过多耳。然近日光景，上天已赐全恩，似可无虑矣。初闻五月间江浙少雨，近闻亦皆沾足。江西似觉愆期，亦尚未奏闻。甘肃、两江稍有一二处雹灾。其他省今岁春秋皆蒙浩荡天恩矣，朕实庆幸焉。）

伏念我圣主覆载为怀，万物并育，虽日理万机，惟行所无事。而中外远迩，凡疾苦痛痒，何一不上厪天心？在圣躬安和，精神旺健，臣所能自信而虑周，万有动触焦烦，亦臣所深知。若或有一时一事不系念我慈父，岂复有人心者？臣有敢放心处，窃谓知天知圣，有不敢放心处，实系至性至情。兹跪诵朱谕，不胜欣忭，不胜感切，不禁涕泪之沾襟也。（**夹批：**卿心如此，不必览奏，而朕已洞晓者。）为此缮折，恭谢圣恩，伏乞圣主睿鉴。

再云南新定之镇沅府，于二、三、四月内，独摆夷一种多得暴病，不一二日毙命，内有见刘洪度愤击喊叫而毙命者，有见刘洪度怒骂惊悸而毙者。据土人咸称，此皆叛案伙从漏网之人，良懦夷民总无伤损。厥后并知府衙内吏役人等亦每见刘洪度现形，因此，合郡人民于景东府延请僧道，建醮七日，忏悔超度，在城文武亦同赴瞻礼，从此遂复平静。虽事属不经，而理有可验。（**夹批：**虽属不经，乃理气必有之事。应借此为立祠，以表其忠，亦可以神道设教顽夷。）合并奏闻。臣谨奏。

**朱批：**览。

（《朱批谕旨》鄂尔泰奏折）

## 355　云贵总督鄂尔泰《备陈车里设官安营情形折》

雍正六年六月十二日

云贵总督臣鄂尔泰谨奏：为钦奉圣谕，备陈愚知事。

窃臣前具首凶就擒、外域效命折内，荷蒙朱批："嘉悦览之，此役如此完结顺速，出朕望外，在事官兵破格效力矣。但闻该地方烟瘴甚盛，向后应如何料理也？钦此。"查车里等处地方，虽素称烟瘴，然闻烟瘴所聚，大率皆密林深箐、低洼蒸湿之区，其高敞平阔处所则半无烟瘴，即有，亦甚轻。如思茅、猛旺、整董、小猛养、小猛岜、六大茶山以及橄榄坝、九龙江各处，原俱有微瘴，犹未若元江府之甚，现在汉民商客来往贸易，并不以为害，且应设官、驻兵处所又并非密林深箐、低洼蒸湿之区，烟瘴之说似无足虑，亦向来传言之过也。（**夹批**：如此，好极矣。）今渠魁刀正彦已获，恶首麻布朋等尽缚，即前逃脱之要犯熊老二及克者老二父子等，近据禀报，亦皆或擒或斩，地方平靖，夷民皆愿内附。而车里宣慰司刀金宝自知年幼，不能约束，业经具呈，情愿将江内各版纳归流官管辖。其田土肥饶，其人民蕃庶，现据查造，已不下数万户口，而银厂、盐井少加调剂，即足充俸饷。及此设官安营，以图久远，实滇省大局所关，似无庸再计。（**夹批**：有何可讲？）至应设文武、官兵、府州、营汛，皆宜预先定议，庶得从容料理。

臣详查地方形势，普洱居中，镇沅、恩乐、威远居普洱之右，在西北一带，车里所属十二版纳并六大茶山居普洱之左，在东南一带，拟将普洱改为府治，设普洱知府一员、经历一员，扼要总理，将普威营改为普镇协，设副将一员、中军都司一员、守备二员、千总六员、把总十员、马步兵丁共二千二百名。副将一员、带千把四员、兵丁五百名，驻扎普洱，与知府同城，并分防通关哨，俾左右兼顾，可以举重驭轻。（**夹批**：甚是妥协。）思茅地方居民稠密，地土宽阔，为九龙江、橄榄坝、六茶山之咽喉，但紧连普洱仅百余里。拟将普洱通判移驻思茅，设巡检一员，安千总一员，带兵二百名，与通判同城，以联声势。橄榄坝地方南接蒙缅，东连蛮子、老挝诸国，为全郡之门户，最关紧要。拟立州治，设知州一员、吏目一员，安都司一员、千把二员、兵丁五百名，与知州同城，并分防慢达江，以资巡守。九龙江安千总一员，带兵一百名，驻扎防汛。倚邦、攸乐、猛乌三处各安把总一员，各带兵五十名驻扎防汛。镇沅府安守备一员、把总一员，带兵三百名，与知府同城驻扎，分汛防守。威远安守备一员，千把三员，带兵三百五十名，与同知同城驻扎，分汛防守。恩乐县安把总一员，带兵一百名，与知县同城驻扎，分汛防守。（**夹批**：亦皆甚好。兵数得中，甚合朕意。）以上共合官弁二十员，兵丁二千二百名之数。除普威营现有守备二员、千把共十二员、兵丁一千四百名外，应添副将一员、都司一员、千总二员、把总二员、马步兵丁八百名。查元江一协额设副将一员、守备一员、千总二员、把总四员、马步兵丁一千名，原以兼辖普威、镇沅，并控制车里等处之故。自另设普威营后，元江汛地已减去十之五六。今既议设普镇协，则元江协自应议裁，千把、兵丁亦应议减。臣拟于元江地方酌留把总三员、马步兵丁六百名，就近拨入临元镇标，不须另设将备，即令该镇左右两营游击轮流驻防，一年一换，庶彼此交代，更可免懈弛。其所裁元江协副将，即调补新设之普镇协副将。所裁两千一把、兵丁四百名，总拨入普镇协，计尚少都司一员、把总一员、兵丁四百名。除都司一缺拣选题补把总一缺，考拔添补外，其不足兵四百名。查提标四营额设兵四千名，内系马兵一千名、战兵三千，内并无守兵。缘从前于五营内分设大理城守一营，仅拨出守兵一千名，全留马、战兵存标，故不但与各镇协营马一步九、战守各半之制不合，即较之督标马二步八、战六守四之制亦尚属浮多。今拟将提标比照督标，以马二步八、战六守四核算，所余钱粮，尽足补此四百兵缺数，并无庸议添。其余应设巡检、盐大使并各处应分拨小汛，统俟查名妥议，于具疏时详叙。此拟设立协、府，安官驻兵之大概也。（**夹批**：是当之极！观此而不生欢喜心者，除非痴呆人耳。）

至于新辟之地，首重得人。敬记圣主"若不得其人，宁缓事以待。必预备有人，方可举行，不然好事亦被酿成妄举"之实训，时时凛体，深知其难。所有元江副将缺，臣已遵旨，请以参将哈元生补授，此人可以济事。（**夹批**：何消说得？）都司一缺，臣查云南城守营守备王先，明白强干，识字解事，前经委往长寨，近调攻法戛，俱能了当。拟即以王先请补授新设都司，可以称职。（**夹批**：好。）其裁缺之普威营参将、元江协守备二员，俱应另用。臣看守备孔绳圣，人系中才，宜酌量调补。（**夹批**：好的。）参将邱名扬，才具甚可用，堪任要地。查新嶍营参将一缺最关紧要，该参将曹登云虽复勤谨，实少才干，现因患病，臣已据详题，请准其休致，所出员缺，请即以邱名扬补用，洵属人地相宜。（**夹批**：甚是。）

至新设府州二官，尤宜慎选。滇省贤员内现多居要任，未便移调。臣再四筹思，难得其人。查镇沅府知府佟世荫，办事敏练，人亦老成。虽镇沅同属要地，现在诸务就绪，夷兵安堵，但得一廉介勤慎之员，即可资抚恤。拟请以佟世荫调补新设知府，所遗镇沅府缺，请以同知管黑盐井提举司高培升补；黑盐井提举司缺，请以陆凉州知州祖良范调补，似均可以胜任。（**夹批**：好。）新设知州一缺，查有丁忧留滇候补知州郭伦，才守兼优，人复平正，相应恳请圣恩，破格补授新设知州。（**夹批**：用知州亦不为破格，具题来。）俟服满之日，再准论俸，或两无违碍。除俟委员查勘造报到日，臣再详细定议，分疏具题，听候部议外，合先具折，恭请圣裁。（**夹批**：全是。题到有旨。）

再臣前折内有奉朱批："郝玉麟前奏只带弁兵二百余人行走踏勘，甚属轻率，朕已批谕矣。向后凡大员巡查新定地方，务以持重为要，可谕令属员知之。钦此。"钦遵。除敬录赍示郝玉麟钦遵外，臣当切谕属员，向后务各持重，以仰体圣慈。（**夹批**：是。）至老挝，亦当听其情愿，不必强者。仰见圣人举事，动合自然，臣当每事凛体，不敢少存意见。查外域输诚，原难以强致。近自擒刀正彦后，不独老挝一国，即孟艮、整迈等诸夷长皆有内附之意，情见乎词。而蟒国强大，与缅国等。昨据禀报，蟒国差土目二人到车里，将刀正彦前所呈送蟒王礼物尽数缴回，云不知刀正彦不是宣慰，应交给宣慰刀金宝等语。据此，蟒国即无内附之意，亦殊具恭顺之诚，来与不来，皆于边疆有益。但该镇协等识见不广，首以贡例为词，不合大体，转恐因此反致迟疑，（**夹批**：甚属可笑。）臣已详细密嘱，惟应示之宽大，不必更及其他，大约秋冬间始有的信。合并奏闻，统乞圣主睿鉴，批示遵行。臣谨奏。

**朱批**：嘉悦览之。

（《朱批谕旨》鄂尔泰奏折）

## 356　云贵总督鄂尔泰《奏报酌撤滇黔进剿米贴官兵及会兵擒剿川省不法蛮夷折》

雍正六年六月十二日

云贵总督臣鄂尔泰谨奏：为报明酌撤滇黔进剿米贴官兵，并川省蛮夷不法，会兵擒剿事。

窃照剿擒米贴逆贼首恶已获，余党将尽情由，臣于五月二十一日具折奏明。旋又据报拿获贼首立之户吞等，并川省各土司不将贼擒献，反纵蛮夷，拒捕杀兵，咨行会兵擒剿，亦经具疏题报在案。（**夹批**：此番进剿官兵可嘉可爱之至，已有旨从优议叙矣。其中破格效力者，卿当重加赏赐，越例题升，以鼓舞之。）六月初一日，又据鹤丽镇总兵张耀祖呈报："据参将哈元生呈称，守备马秉伦带兵往半个山一带搜箐，遇贼对敌，游击卜万年带兵前往堵截，因山形高峭，攀援无路，枪炮亦不能攻到。当令官兵扼其险要，后令向导、汉夷把目喊叫开导，散其党羽，随招出设以脉头人黑际等三名到营，讯供是土司德昌的百姓；又诱出巴补牛落等六名，细讯德昌踪迹，咸供不知。随一面稳住，使彼不防，一面勘的山势。惟右边岩嘴仅可容十余人攀援，率兵爬至岩嘴，见贼第一道排栅进路窄险，又有关门岩挡住，彼高我低，枪炮难到，只得令把总等领兵踏后山路径，搭梯而上。卜万年带官兵奋勇前进，抢至第一道排栅，夷贼拒敌，矢石如雨。率兵开打枪炮，复抢至二层排栅，有后山官兵亦攀援抢上后面山梁。两下正在夹攻，游击康世显、守备马似龙各带官兵亦同攀援，从后山而上接应，放炮打死猓贼多人，跌岩死者不计其数。卜万年复率兵抢抵三十六道岩梯，猓贼自知不能逃生，俱在地跪喊饶命，情愿投诚。随诱出大小夷贼一百五十五名，妇女一百四十六口，并摘取弩弓、长标、横刀。恐尚有岩孔藏匿党贼，又令细查。搜出交枪、大旗、号褂、战鼓、铜锣等项，有右协兵丁认得是副将郭寿域及兵丁随带军器。卑职查解报猓贼猡洒等三十七名，逐加详讯劫营杀官情由，俱认不讳。并唤川土司德昌主文梁嘉楷认识，据供都是当日跟随德昌过米贴杀官之人，应请正法。刑审德昌下落，据供从箐尾用索吊下逃去，止有他叔子，名叫阿虚，住安土司所管地方，就往他叔子家，去了也定不得等语。本职随檄令哈元生将半个山地解到猓贼猡洒等三十七名斩示，家口分赏官兵等情。又据永宁协副将张瑛验报，据阿兴土千户安永长报称，于落瓮口石岩擒获贼蛮阿铁一名，系吞都头目那里胞弟，妇人、大小男女娃子共八名口，交参将哈元生收审。檄派游击王谷宰等带官兵五百余员名前往门坎山阿兴、吞都等处驻扎会擒，卑协带兵八百名内，令守备高哲等分兵四百名前往吞姑力、雷波等处会捕，卑协带四百名驻扎溪落渡，分遣搜捕等情。又准四川提督臣黄廷桂咨准建昌镇咨，游击沈国卿带兵四百名前进洗米锅把守江口，游击许连科带兵六百名驻扎沙骂地方，以待两处应援。又据参将哈元生报称，卜万年等带兵搜至沙包子羊岩地，望见百十余人在地上扎排栅三四十处，竟有对敌之势。随令捕获巴补喊叫，据云是四川安、文二土司家百姓，除非二土司到才下来。又令喊叫，可知德昌往那里去。彼各藏身不应，不肯招出，应行攻取。随咨永宁协，严饬各员，带兵速赴会剿。准四川提标游击王谷宰等各领兵抵会溪安土司处驻扎，将擒获阿虚留营，根究德昌踪迹，移会到职。六月初三日，又据哈元生报称，捉获巴补内有一小子，名叫奔逊。据称'我去捡柴，见德昌在树下拿手刨一土坑，后又抓土盖着，不晓得是甚东西，第二日德昌就不见了，随遣把总邰士奇带奔逊引路前往，挖出土千户印信一颗，存俟旋师面交。副将郭寿域所失印信尚未追出。搜获猓妇一口，系门口川保之妻，名唤特麻，据供门口川保往江那边姐夫卑租家去躲藏，印是门口纽纽拿着。随咨永宁协，即着雷波土司严拿卑租，献出二犯，勒追印信，一并解报。又准四川提督黄廷桂咨，据永宁协验报，分派官兵于下江、上江一带搜捕凶贼，因雷波土司杨明义所属部落三千七百余户内，多因亲纳叛，中怀二意，随将该土司调至行营，勒要党恶，明义竟自潜逃，且纵部容纳凶首，所当剿除。查该土司地方辽阔，恳将木坪、瓦寺、金川、沃日等土兵再调一二千名，由峨边一路至太平墩驻扎等候，如杨明义将贼献出，尚可宽容，倘抗不解献，即一并扫除等因。又据哈元生报，准游击王谷宰、卜万年、康世显等联衔咨，开羊岩坨夷贼聚集负险，分遣官兵堵截坨之前后，带守备马似龙并千把总由中坨直上，贼众擂石、弩箭如雨，官兵枪炮齐发，打死贼众数十，滚岩死者不计其数。千把姚宅中等领汉土兵丁扳援直上悬岩百十余丈，连夺三处排栅，斩获、打死敌人数十，毕赤营兵一名被擂石伤手，四川把总李仕荣被贼箭伤口唇。率三省官兵连夜冒险攻击，我兵于五月十七日寅时齐上，连砍排栅数十余处，开夺险坨，贼众大败，擒获男女多人。随令酌留贼犯二三名，一并起解，其余逐加刑审，供招系干米贴劫营并又拒敌者，一并即在彼地正法讫。德昌等数贼俱在川地深藏，应听川员就近擒解。吞都地须兵弹压，兹川省游击王谷宰已带兵二百名前来，合守备师翰正之兵三百名，驻扎防范米贴一带，听张总镇酌留官兵弹压。逃过江之贼可计日就缚，无用我兵守候，请中、右二路汉土官兵一并撤回。"等情。

臣随檄令张耀祖，酌派裁调乌镇官兵驻米贴防御，余俱撤回。去后，六月初五日，据张耀祖报称："米贴逆贼擒斩已尽，惟助逆川土司德昌及屋基母机等逃匿彼界，已饬永宁协副将着落跟献德昌，派汉土官兵一千名，于噶哈、百足会擒屋基母机，兼饬令雷波沙骂土司协助擒拿。米贴一带地方已平，军务告竣，应即酌撤官兵。吞都地方，本职同哈元生移咨永宁协，调拨官兵五百名驻扎，哈元生已领滇黔官兵回至米贴，本职会同酌议。吞都既驻川兵，可以弹压。米贴应驻官兵，今留威宁兵四百名。左右两协兵五百名内，令游击康世显带兵四百名驻扎米贴，守备马似龙带兵三百驻扎屋基，不时由箐后至井底、门坎山，与川省吞都官兵会哨，巡查江岸。井底地安千总一员，带兵一百，与川兵声势联络。再令把总一员，兵一百名，于女不奎驻扎，则米贴、乌蒙官兵亦军声络绎，粮运不误。本职带领官兵于五月二十六日自米贴撤师回省，其余官兵，令陆续起程撤回。"等情。又准四川提督黄廷桂咨会，游击许连科等已各带兵进剿噶哈及慕故痴寨，擒拿屋基母机等贼首。又据张瑛呈称，雷波司杨明义不遵调度，致夷猓肆行，伤害制兵。行文勒献凶首，虽据伊母沙氏禀覆擒拿，并未解到，俟获德昌后，再会兵剿除。各等情到臣。

该臣查得，米贴逆贼自四月初旬起至五月中止，擒剿已尽，犯妇陆氏等业据解省，饬发按察司收审，未获者仅川省助恶土司德昌等数贼，逃顿各土司所辖地方。臣现移咨川省督、抚、提诸臣，饬令川员会兵剿擒，俟获日即解交滇黔驻扎官兵转解，勿使兔脱。总兵张耀祖于五月二十六日自米贴撤师回省，其余官兵亦陆续撤回，米贴之军务已经告竣。惟是米贴原议驻兵三百名，止足弹压本地。而井底一地，与川省之吞都地相连，应请增兵二百名，添防井底地并沿江一带渡口，所添兵丁饷乾等银，即以改拨两协兵丁余剩银两内动给，庶更觉严密。臣现在另疏具题请旨。

再吞都地实属夷薮，并请敕下川督、提诸臣，于吞都地添设一营，驻兵六百名，分拨塘汛，接连马湖等营，以通声势。至凉山、冕山抵建昌一路，野夷犷悍，终为边界忧，其间作何安营设汛之处，应听川督臣商酌措置。（夹批：将此奏情节可知会总督岳钟琪。）

所有酌撤滇黔官兵并令川员会兵擒剿不法蛮夷缘由，合再具折奏闻，仰乞圣主睿鉴施行。臣谨奏。

**朱批**：实可庆可喜之事也。前据川省督抚所奏，不似如此易于完结者。朕恐滇省官兵日久远入川界，粮饷费力，深为系念。今览此奏，如释重负，何快如之？已有旨矣。

（《朱批谕旨》鄂尔泰奏折）

## 357　云南总督鄂尔泰《奏报会剿广西思陵州渠魁王兴云等情形折》
### 雍正六年六月十二日

云南总督臣鄂尔泰谨奏：为据实奏闻事。

窃臣于五年六月前赴安笼会办土苗事宜，访知广西夷目多半凶顽，内有思陵州邓横等寨渠魁王兴运等，以大竹环门，深塘绕寨，器械毕备，自卫甚固，差役不敢窥探，官兵莫能拘捕，截路掳掠，横行劫杀，肆恶犹甚。因安笼总兵官蔡成贵曾任粤省参将，经备细询问，伊言之甚详，并送历年劫杀案册一本。臣随向原任抚臣韩良辅面商，土酋凶目原不能尽除，亦无尽除之理，乘此泗城改流，加意整顿。但将最恶最强如邓横寨王兴运者剪除一二，则其余不劳而自定。韩良辅亦以为然，云当料理。

臣访闻粤省曾勒兵招抚，着令填塘伐竹，尽缴军器。而邓横等寨支吾搪塞，依旧不悛，凡属渠魁，俱已潜避，止令妇人女子将废坏枪刀呈缴数十件，而文武官司惟取其甘结，遂尔毕事。至六年三月二十九日，据贵州安笼镇总兵官蔡成贵呈报，准广西提督田畯咨，凶目颜光色、颜光东盘踞于西隆州之八达寨，不服有司拘唤，近又勾结岑颠、岑扭大肆掳掠。（**夹批：**前田畯奏闻举行此事，朕怕恐其料理未必妥协，况抚臣又系阿克敦乎，此田畯一面举行，一面奏闻，一面知会孔毓珣之事。）除檄行思恩、泗城二协，安隆、上隆等营调拨官兵擒捕外，移会拨兵堵御缘由，臣随照会该镇，并行云南、广南营各调拨弁兵前往西隆州附近要隘堵御，协力擒拿在案。而广西抚、提并未有公文咨会到臣。兹闻粤省所委总统提标游击常显虎，带汉土兵三千余名前赴西隆驻扎，以凶目枪炮交加，迟疑观望，始而欲抚，继而欲剿，延挨两月，止攻破周邦附和之一小寨，拿获案犯岑颠一人。（**夹批：**所以不得其人，诸事不可举也。）而颜光色等小觑官兵，竟遣其子颜光应先赴营盘，诈称投顺。常显虎深信不疑，拨兵同恶子前往化海，而光色等又复扬言逃遁眢蓬寨内，及至搜擒，杳无踪迹。此盖狡设缓兵之计，以便筑炮台、掘陷坑、插枯签、围鹿角等事，整顿齐备，以逸待劳。（**夹批：**所以兵贵神速。似此容作准备，则用力数倍矣。）五月十三等日，官兵攻打弄高寨，被该寨杀伤兵丁，又乘夜劫营，杀伤土兵十一名，带伤者十余名。似此凶恶，固难一日姑容者也。

今六月初三日，又据总兵蔡成贵呈称："准两广总督孔毓珣照会，该恶目椎牛饮血，聚众猖獗。更有大炮六门、交鸟枪数百，将八达茅草房屋尽行拆毁，修做排栅，筑起炮台拒敌。已行思恩协、左右江镇拨添官兵，亲行统领，相机剿擒，应再堵御。"等情。臣复照会该镇，并行广南文武添拨弁兵协擒堵御在案。

又六月初八日，准四川提督臣黄廷桂咨，准陕督臣岳钟琪咨称："喇汝窝逆番屡行狂悖，去年整兵进剿，业已底定。今为日无几，复有余孽了马车，竟敢抢劫煽诱，冀逞故智，已照会建昌镇派拨汉土官兵，檄委洮岷协副将王刚一并统领，前往擒剿，请发兵防堵。"等因。臣立即照会永北镇酌拨官兵，于喇汝窝相通要路各山口严加防堵，并协力擒拿外，合并奏闻。伏乞圣主睿鉴。臣谨奏。

**朱批：**览。

（《朱批谕旨》鄂尔泰奏折）

## 358 云贵总督鄂尔泰《奏请恩免乌蒙案内土司禄鼎坤远徙折》

雍正六年六月十二日

云贵总督臣鄂尔泰谨奏：为请旨事。

窃乌蒙叛案内，有革职土司禄鼎坤者，系土府禄万钟之亲叔，向居鲁甸，本系渠魁，当臣调遣官兵进剿乌蒙时，先令东川府知府黄士杰前往化诲，禄鼎坤即带领二子及鲁甸头目等到索桥江边投见，黄士杰加以奖赏，毫无疑虑，随至东川见曲寻镇总兵官刘起元，给以外委守备，准其立功折罪。及臣亲抵东川，禄鼎坤在者海汛接见，跟至东城，臣面加奖赏，亦准效力录用、给牌，令其同游击张崔前往乌蒙，化导禄万钟母子归顺，鼎坤凛遵同往。因主文刘建隆、范掌案等抗顽，反遣沙六等督兵劫杀鲁甸，鼎坤亲率土兵攻击，败走，而刘建隆等又带领禄万钟母子逃往大关。鼎坤自备口粮，督领土兵三千直捣镇雄之胁，使其首尾莫顾，是以万钟等计穷势迫，投奔川营，且招抚乌蒙头目五十余人，各目部属百姓数千户，俱赴刘起元行营投诚，报明在案。在禄鼎坤，悔罪抒诚，功实足录。前审招时，臣因鼎坤素行凶悍，恐仍留鲁甸致贻后患，所以题请照新定之例，发往江宁安插。殆米贴陆氏等勾通川猓杀害官兵，鼎坤闻信，复具呈，愿将妻子搬移省城为质，调率土兵亲往擒逆，伊妻子等现俱到省。虽陆氏等旋已就擒，臣亦未准鼎坤前往，然观其实心努力，较怙恶不悛之土司大有不同，若不予以宽典，无以示信群夷。相应仰恳圣恩特降俞旨，免其远徙。臣当将伊同家口安插云南省城，并令在臣标效力行走，以便钤束。

再同案之白颇阿业亦随鼎坤到江边投诚，黄士杰恐地方空虚，令回乌蒙管辖。后陈明哲等抗违拒敌，阿业领伊母命，曾率土兵血战破围，此亦有功之夷人。因其兄禄白坡系叛案重犯，缘坐应流，并请免其发遣，以广皇仁。

可否俯准，伏乞圣主睿鉴，批示遵行。臣谨奏。

**朱批**：所奏甚是。禄鼎坤之远徙，原与朕意未洽，只为卿另有意见，在滇有不便处，所以未曾谕及。今留滇，不但示信群夷，将来或尚有得力处，可恩养之。伊近日之功，足可抵当年之过也。已有旨谕部。

（《朱批谕旨》鄂尔泰奏折）

## 359 云南总督鄂尔泰《奏覆盐驿道刘长业等官声折》

雍正六年六月十二日

云南总督臣鄂尔泰谨奏：为据实覆奏事。

窃臣前折内荷奉朱批："闻得刘业长好得狠。果然否？"又奉朱批："元江府普洱通判张世祐何如人也？钦此。"该臣看得云南盐驿道刘业长明白强干，办事有归着，而家道殷实，操守非所虑。论其才具，即繁剧之地亦可任两司，但性褊而气躁，不乐有胜己之人，（夹批：实有此秉性人。）犹非大器。元江府普洱通判张世祐，人颇明晰，亦觉老成，但凡事惟依旧规利，不肯兴弊，亦不能除。（夹批：有人在朕前荐他着实好，言有为有守者。当训导其不逮。）故自到任以来，无乖张废弛处，亦无实心努力处。据臣试看，系循分供职之员。相应据实覆奏，伏乞圣主睿鉴。臣尔泰谨奏。

**朱批：** 知州姚应鹤，有人言其学问人品具可用，有为有守之员，果否？

（《雍正朝汉文朱批奏折汇编》第十二辑，第 660~661 页）

## 360 云南总督鄂尔泰《奏报抽收商土税余银两数目折》
### 雍正六年六月十二日

云南总督臣鄂尔泰谨奏：为报明抽收商土税余事。

窃照雍正四年内，准户部咨，令："将该地方所有落地商税银征收正额之外，倘有赢余，尽数报部。"等因。行据前任云南布政使常德寿详覆："各府州县所报赢余无几，云南等六府商税从前原系约计之数，不无赢余，自应尽数充公，但若不委员代收，难以悬定额数。应将云南、曲靖、大理、永昌、楚雄、元江等六府征收税银，以雍正五年为始，委员代为抽收，一年之后多余若干，归公充饷。"等情。当经会疏题明，一面遴委各员抽收，按月据实尽收尽解，务无欺隐，以裕国课。今据布政使张允随报称："委员抽收之商税，内除正额，新增税规共银二万五百四十两零，并倾销、折耗、书役工食、平费等项外，云南府自五年三月初一日起，至六年二月终止，除闰，余银九千六百四十六两七钱二分；曲靖府自五年闰三月初一日起，至六年三月终止，除闰，余银五千三百二十五两四钱一分；大理府自五年闰三月初八日起，至六年三月初七日止，除闰，余银三千七百一十两六钱四分；永昌府自五年正月初一日起，至十二月终止，除闰，余银五千七百一十二两四分；楚雄府自五年三月初一日起，至六年二月终止，除闰，余银三千六百六十两五钱一分；元江府自五年闰三月十六日起，至六年四月十一日止，除闰，余银二千四百四十二两二钱三分。六府合算，计共赢余银三万五百零七两五钱五分。又各属落地土税，旧额征银止六千五百八十七两八钱零，大有隐匿。"

臣经严查密访，行令尽收尽解，尽数归公，倘仍隐匿不报，察出，定行参究。咨据该司指报，五年分，除正额外，各属报出税余，计共银一万五千五十四两八钱三分。以上二项，通共赢余银四万五千五百六十二两三钱八分。除现饬该司再加核实，造具细册详题外，所有抽收商土税余银两数目，合先具折奏闻。

再云南等六府向原无额给养廉，系奏明于商税赢余内各分给养廉，共银一万九千两，五年分尚未核定公件，故各员仍于税内支销，自六年为始，应一并充公。又查五年分各税，抽收报解尚有不实，仍须严饬，据实开报，庶可永为定额。

合并声明，伏乞圣主睿鉴。臣尔泰谨奏。

**朱批：** 好。

（《雍正朝汉文朱批奏折汇编》第十二辑，第 661 ~ 662 页）

## 361 云南总督鄂尔泰《奏覆酌均公件耗羡情由折》
### 雍正六年六月十二日

云南总督臣鄂尔泰谨奏：为覆奏酌匀公件耗羡，遵旨宽裕留给，以广圣恩事。

窃惟滇省赋少事繁，一切公事向俱派民间办应，经前抚臣杨名时饬令各属照粮均派，随征完纳，名曰"公件"。其实有不均，未能画一。臣因令各属造册呈送，逐一细核，将通省粮条、税秋、耗羡及核定公件并三井节礼等项，除去各属留办公事并酌给各员养廉银两以及省中各项公费应需银两外，尚节省银四万两。经具折奏请，荷蒙朱批："料理甚属妥协，大概川省亦然。近者岳钟琪亦奏请将一切杂派供给尽行裁革，只存加三火耗，均与通省属员为养廉，百姓亦甚乐从。料理虽甚妥协，但加三名色甚不雅观，所以目前思减浙省钱粮上谕内亦略带数句。滇省如此筹画，可谓尽善，但各员养廉似少不足。此亦杨名时沽名钓誉之举，不管可行与否，暂沽一时之名，而又纵容属员设法巧取，而又置之不闻，又取悦与属员，感其宽厚，毫无实心惠民利官之意，大巧大诈之作用耳。今既如此，只得就此公平料理也。将此谕与杨名时、朱纲看。钦此。"又公费养廉折内荷蒙朱批："但此归公四万，未知做何用，朕未解。若归帑项，如何使得？若为本省旧例之公用，尚可。如公用有余，各员养廉仍当加增方协。钦此。"臣即将朱批原折密付与朱纲、杨名时看讫。朱纲深以杨名时为冒昧，杨名时惟自认糊涂，更无一辞。臣复传同司道等官宣布圣恩，面加商酌，着将通省各属所得一切羡余尽数查明具报，应归公者归公，应留给者留给，庶不致牵混，以滋隐匿。今已报齐，经臣核算，计通省粮条、火耗，除去解费，实余银一万四千七百五十六两九钱九分八厘五毫；税秋羡余，除去道款，实余银一万五千五百五十五两三钱六分七厘；公件银复行酌定，除去摊丁盐课，实余银一十一万六千八百二两四钱九厘九毫。又据布政使张允随开报，每年正杂钱粮、平头羡余银八千四百余两；又个旧锡厂抽收锡斤并锡票税银等项，除报部额课七千一十五两外，每年约余银五千余两；又金厂除报部课金七十四两八分外，每年约余金五六十两不等；又找支马价，每年余银一千九百一十八两八钱；又溢额商税、牙帖、厂课等项，每年余银二千二百四两三钱一分零。

臣查布政使并无别项，自应将正、杂、平、羡余银八千四百余两存留作为该司养廉。至锡、金两厂羡余，每年约共银五千数百两。查各银厂每年俱有缺额，奏明于盐余内拨补足额。今应以厂补厂，将此锡、金二项羡余尽收尽抵，如有不敷，再以盐余拨补足额。找支、溢额银两项共四千一百二十余两，应归入公件之内，总作收除。又据粮储道元展成开报，每年税秋款费存银四千九百两，折征坐平银一千两，共五千九百两。查粮道只有此项，应仍存留，作为该道养廉，毋庸归公。又据各州县销盐地方续报出销盐羡余银一万二千二百二十两六钱八分二厘二毫，又黑、白、琅三井应送节礼归公银三千六百九十六两，仍应照旧起解。以上火耗、羡余、公件及布政司开报之找支溢额，各属报出之盐余并三井节礼，通共一十六万七千一百五十四两五钱七分二厘六毫，除存留各府州县办应本地方公事银三万五千三百四十八两三钱一分四厘四毫，酌给各官养廉银两内，布政司有平头羡余，粮道有款费平余，盐道有奏明养廉，镇沅府、威远同知、云龙州、恩乐县俱有盐余银两，普洱通判有征收秋粮羡余，可以养廉，均不议给外，云南等六府前因向有税规，未曾议给养廉，今税规俱已归公，亦应给与养廉。自按察司、永昌道、云南等府、昆阳等州、昆明等县及各府同知、通判并新设地方教、佐、杂职等官，共摊给养廉银一十万二千一百四十两，内除保山等九府州县有盐内养廉银三千五百两外，仍应给银九万八千六百四十两。又省中各项公费有纸张、役食、修理衙署、资助赍奏、颜料、差操、犒赏、部办饭食以及三年文武科场等项，每年应需银二万两，仍照原奏存留，尚余银一万三千一百六十六两二钱五分八厘二毫，应照盐余归公之例，存贮司库，应办地方紧要公事。在各官养廉既优裕足用，而存办公事亦宽绰有余，庶馈送之陋规可以永禁，而指派之旧弊不至复作矣。

再臣与抚臣衙门各有赏给盐余养廉银一万二千两，应得司款银三千余两，护印随征亲丁粮一百分，前抚臣朱纲曾照提督例酌减二十分，计每年共有养廉银一万七千两。臣除资助武职、赏劳兵丁及一切应用外，家口无多，尽足敷用。此外，如节规、税规等项并无收受。

合并陈明。除将公费存留并各官养廉银两数目另开清折恭呈御览外，伏乞圣主睿鉴，批示遵行。臣尔泰谨奏。

**朱批**：甚属公当。但总督所需甚繁，而巡抚养廉过多。西安巡抚养廉亦只万金，滇抚一万二千两足矣，其余五千金添为总督养廉之用，可遵旨行。此巡抚养廉必杨名时无耻之议也。

附：各官养廉银数，计开：
按察司给银五千两。
永昌道给银三千五百两。

云南府给银二千两。

曲靖、元江、大理、永昌、楚雄、广南、开化、顺宁，以上八府各给银一千六百两。

临安、鹤庆、丽江、东川、乌蒙，以上五府各给银一千四百两。

澄江、广西、永北、姚安、武定、景东同知、蒙化同知，以上七府各给银一千二百两。

云南、曲靖、临安、大理、永昌、楚雄、开化、永北、武定，以上九府同知各一员，各给银四百两。

云南、曲靖、澄江、广西、开化、大理、鹤庆、顺宁，以上八府通判各一员，各给银四百两。

昆明县给银一千二百两。

太和、安宁、嵩明、寻甸、建水、南宁、平彝、保山、楚雄、沾益、马龙，以上十一州县各给银一千两。

晋宁、昆阳、陆凉、罗平、师宗、弥勒、石屏、阿迷、宁州、新兴、赵州、宾川、邓川、腾越、剑川、镇南、和曲、云州、姚州、禄丰、河阳、云南、广通、路南、南安、禄劝、宣威、镇雄，以上二十八州县各给银九百两。

易门、呈贡、宜良、罗次、富民、通海、河西、嶍峨、蒙自、新平、江川、浪穹、定远、大姚、元谋、定边、永平、永善、会泽、乌蒙通判，以上一十九州县并乌蒙通判各给银八百两。

彝良州同、威信州判、中甸州判，以上新设州佐三员，各给银二百四十两。

母享巡检、鲁甸巡检、盐井渡巡检、者海典史、则补巡检、歹补巡检、猛班巡检，以上新设巡检、典史共七员，俱非同城，各给银一百六十两。

乌蒙经历、乌蒙知事、东川经历、威远经历、镇沅经历、东川教授、乌蒙教授、镇雄学正、永善教谕、乌蒙司狱、镇雄吏目、宣威吏目、永善典史、恩乐典史，以上新设佐杂、教职十四员，俱系同城，各给银一百两。

留给各属办公银三万五千三百四十八两三钱一分。

留办省中各项公事银二万两。

尚余银一万三千一百六十六两二钱五分零，以备紧要公事之用。

（《雍正朝汉文朱批奏折汇编》第十二辑，第663～667页）

## 362　云贵总督鄂尔泰《奏报添派官兵会剿川夷折》

### 雍正六年七月二十一日

云贵总督臣鄂尔泰谨奏：为奏报添派官兵会剿川夷事。

　　窃照米贴逆贼擒剿已尽，犯妇陆氏等业经解省发审，止助恶土司德昌等数贼逃遁川省各土司所辖地方，应川员会兵擒拿，并将不法蛮夷剿除，故酌量存留滇黔官兵分驻堵御，余俱撤回，经臣具疏题明在案。续据元江府知府迟维玺等审，据陆氏供："杀官杀兵，都是黄螂土司德昌同立之户吞、募期虐虐、屋基母机、水牛母鸡们做的事。印是募期虐虐送与小的，小的不要，他与募期阿破就背了投雷波司杨明义那里去了。"等语。申报前来。随将供出人犯照行建昌、永宁等镇协，按名擒拿解报。去后，七月初十日，据游击康世显验准四川游击许连科、鄂世威、沈国卿联衔报称："贼首屋基母机藏匿结觉寨内，奉文饬令擒拿。随于五月二十三日，在以密哥会商，三路分进，约于六月初六日齐集剿洗。三路官兵按期会合，适结觉双尺已遵建昌镇化诲，悔罪投诚，于初五日，擒出屋基母机之父阿加、弟怕虐至行营投献。初九日，据夷人阿太禀报，屋基母机在结觉后山高岩石洞之内，即遣发汉夷兵丁攻打上岩擒捉，乱枪刺死，枭下首级，怕虐跳岩而死，亦将首级割下。所有屋基母机首级并怕虐首级二颗，并伊父阿加、哇子阿果屋逆，合差目兵押解。"等情。呈报到臣。随将屋基母机、怕虐首级发按察司悬示，并令该司将阿加等收禁，并审。又据游击康世显验报，准四川提标游击王谷宰移开，审据犯属阿家供："德昌在大毛滩憨家地方。随拨派官兵前往围擒，于七月初六日，土司安永长同官兵将德昌弟兄二人拿获，所有帮兵拒敌与云南副将印信，俟审明另移，合先咨会。"等情。转报到臣。

　　七月十六日，准陕督臣岳钟琪咨："开准兵部咨内阁抄出，奉上谕：据岳钟琪、黄廷桂奏称，米贴逆夷陆氏已经擒获，余党搜捕指日可竣。其四川雷波土司杨明义，从前私遣部落帮助陆氏，今又劫夺粮运，伤害兵丁，并诱结附近结觉、阿路、阿照、平底等处苗蛮聚众妄行，罪恶显著。再吞都千户德昌私助陆氏土兵，与官兵公然对敌，甚为狂悖，均属不法，应请用兵剿除，以安辑苗地等语。乌蒙等处凶苗抗拒官兵，该督等遣兵进剿，今已悉就擒获。而杨明义等当陆氏潜匿之时，辄敢朋比隐藏，今又劫粮聚众，诚为法所难宥。但用兵关系紧要，必须武职大臣统辖方为妥协。着提督黄廷桂即带领会剿，米贴汉土官兵檄委将弁会期前往，仍饬副将张瑛严行防范，相机擒剿。着总兵张耀祖带领滇黔官兵分路堵截，使贼苗四面受敌，勿致窜逸。着总督岳钟琪、云南总督鄂尔泰饬总兵赵儒，于凉山相通阿路各处严加防范，再饬总兵张耀祖于各要路委弁巡辑，遇有逃逆，即行擒解。黄廷桂着赏银五千两，张耀祖着赏银五千两，为二人行军赏需之用，俱于四川司库内动用支给。此番用兵，系川省地方之事，进退机宜着张耀祖等听黄廷桂节制调遣。特谕。钦此。"移咨到臣，即经移行张耀祖等遵照去讫。

　　该臣查得，川省贼蛮猖獗，皆由土千户德昌帮兵助恶，雷波土司杨明义等私遣部落夺粮杀兵，勾连结觉等处苗夷肆行不法所致。前据永宁协副将张瑛报称："讯据杨明义部夷供，明义在营逃脱时，别确落叶等连夜往凉山调四千蛮兵到哩立格，闻明义已回才转去。"等语。是杨明义与部夷平日潜通凉山夷贼，私结党援，悖逆显著。续滇黔官兵已将米贴扫靖，张耀祖、哈元生分领官兵直入川界五六百里，攻捣巢穴，擒斩殆尽。而川省官兵并未杀一贼、拿一犯，且约定会合日期亦不能到，及经张瑛檄行查问，据报，游击许连科、沈国卿覆称贼蛮杀死塘丁，已将索桥砍断，并无渡处，欲转路前进。贼蛮截粮阻路，又有滚木擂石，且按壤、凉山路口繁多，即或至，彼兵单，亦是无益等语。臣屡见张瑛验报，大有奋愤之意。是川省官兵非得大臣统辖，实难望其济事者也。

兹伏读上谕："着提督黄廷桂带领调遣，着饬总兵赵儒于凉山相通阿路各处严加防范。"仰见睿照无遗，已握机要，以全力击小丑，何向不克？在臣初意，德昌巢穴业经破毁，即便逃匿，料不日就擒。止为杨明义一犯，川兵已有数千，足资攻剿，且乌蒙镇应设官兵，臣准部文后，即檄拨速往，足资防范。故于烟瘴正盛之时，官兵劳苦之后，除该镇额兵外，仍酌留官兵九百余员名分驻米贴、屋基，令于沿江隘口严加堵防，其余暂令撤回。若因凉山一带原未输诚，应乘此大举，以图久远宁谧，则谅非数月可以成功。臣原欲待至深秋烟瘴尽消，夷人稻谷将熟，随即选调将弁，添拨生力军，克期前进，三省合攻，务期竣事。前于七月初间，准川督提臣咨会，云、川省派汉土官兵八千余名，提臣黄廷桂拟亲领征剿，业经具奏。臣随密调附近汉土官兵，除乌蒙镇兵外，共三千名在营听候，计陆续起程，及至会齐则已八月尽矣。提督臣黄廷桂英锐慷爽，总兵臣张耀祖勇敢老成，同心协力，自必可能济事也。

抑臣更有陈者，苗蛮生性畏威而不怀德，由来已久，若不加惩治，转不妨姑容。但一动官军，则断难少纵，或大兵云集，势不可挡，彼则狡称投诚，遂予招抚，终难善后。据臣愚见，剿应先，抚佐之。即便准抚，亦必亲临其地，大张军威，擒其渠魁，宥其附从，庶知有可畏，然后知有可怀。倘中事而还，得半而止，夷情反覆，料不旋踵。如乌蒙之米贴，原未经攻剿，建昌之凉山，亦惟事招抚，故致有此举，即可为前鉴。臣本不谙军旅，未敢臆度。然凡有愚知，断不敢少有不尽之词，以负我圣主忠诚之训。

所有添派官兵会剿川夷情由，合并折奏，伏乞圣主睿鉴，训示施行。臣谨奏。

**朱批**：朕先未料米贴事完结如此之速，亦未知滇黔兵已撤之信，因有前谕。原为兵势众多，更易擒捕之意，后知张耀祖等撤兵，又有旨不必用滇黔官兵合剿矣。想后谕已到，卿等自然遵行，若少有疑虑。当令两省助力亦可，此在卿相度机宜而为之。观其形势，川省之兵力足可靖其余孽也。

（《朱批谕旨》鄂尔泰奏折）

## 363 云贵总督鄂尔泰《奏请照维西兵丁之例赏给移驻镇雄官兵搬迁银两折》

雍正六年七月二十一日

云贵总督臣鄂尔泰谨奏：为请旨事。

窃照乌蒙、镇雄改土归流，经臣请设镇营，将援剿左右两协官兵裁拨乌蒙，并将威宁一镇改营，所余官兵移驻镇雄。奉旨"依议"。钦遵在案。今据乌蒙镇总兵官刘起元以各兵安土重迁，请照迁拨新设维西营千把兵丁搬移赏给事例，一例议给。

臣查维西新营，系奉特旨："前往驻扎之兵，俱离本处移驻边远地方，伊等搬移家属等项不可念及节省钱粮，著甚丰裕，施恩前往。钦此。"钦遵。是以酌议千总每员赏银六十两，把总每员赏银四十两。到维西兵丁，每名赏银八两，家口十五岁以上，每名赏银三两，十五岁以下，每名赏银二两。到中甸奔子栏、阿墩子等处兵丁家口，又各递加赏给，原较从前两协官兵移驻景蒙营赏给之例，为甚丰裕。然维西一区虽处极边，而夷人归化既久，汉民俱各安堵，比之新辟乌蒙地方，既属荒凉，且连经进剿，疲敝愈甚，一切艰难，实有倍于维西者。相应恳祈圣恩，特降谕旨，准照迁往维西兵丁之例，着臣酌量远近，分别赏给，则官兵家口咸沐皇仁于无既矣。臣未敢擅便，恭折请旨，伏乞圣主睿鉴施行。臣谨奏。

**朱批**：所奏甚是。已有旨矣。

（《朱批谕旨》鄂尔泰奏折）

## 364　云贵总督鄂尔泰《奏谢恩赐钦定〈骈字类编〉等物折》
### 雍正六年八月初六日

云贵总督臣鄂尔泰谨奏：为恭谢圣恩事。

雍正六年七月二十四日，臣赍折家奴蒙恩赏给驿马，赍回御赐臣钦定《骈字类编》全部共二十二套，玲珑囊花牙球一盒，果干糊条共一匣，乳饼、酥食共一匣，莲心茶一瓶抵滇。臣随郊迎至署，恭设香案，望阙叩头谢恩祗领讫。敬启折扣，跪诵朱批"矜怜倍深，体恤备至"，伏读"属员之众，焉能处处事事得人而用之"等谕，伏读"非本心怪卿，实为卿将来易于举劾他人，不得议论之意"等谕，不禁泪下，莫能自解。窃念臣受恩深重，中外共知，即果系臣之小疵，亦可供人之议论。臣若不小心敬慎，时刻省惕，致多过愆，为他人议论，或更有忍心悖理之人，以得议论臣之故并私议论圣主用臣之误，则臣死不足以赎辜，为天下后世之罪人。每念及此，实寤寐难宽。"勉之！敬之！"之慈训，当事事理会，处处体认，断不敢少有轻肆，以自甘背负也。

至于川省会兵之役，沿江堵御，原有官兵足用。即雷波土司杨明义，不过一乳臭蛮童，努力进剿，立可就擒。独凉山、冕山贼蛮，直踞建昌、永北各边，通连喇汝窝、打箭炉一带，犷悍已久，断难施抚，若不用全力，期在必靖，终难一劳永逸。臣接准部咨，业立檄哈元生领兵先行，限于八月十五日到界。总兵张耀祖复添带该镇兵五百名，于八月初二日起程，限于八月内到界，一听川提臣黄廷桂调遣，并详细谆嘱，示以此举名系堵御，实须会剿，毋得因事属川省，少有推诿情事。（**夹批：不论遵前后二次之旨，皆可。**）"协力同心"四字，臣务当以身倡之，以仰副圣谕专候捷报之至意。而张耀祖、哈元生等叨蒙异数，荣幸无似，自必奋勉图功，料不敢少有岐视耳。

合并陈明，为此缮折恭谢圣恩，伏乞圣主睿鉴。臣谨奏。

**朱批：**览。

（《朱批谕旨》鄂尔泰奏折）

## 365　云南总督鄂尔泰《奏覆俟张广泗到任后，沈廷正再赴云南新任等事宜折》

雍正六年八月初六日

云南总督臣鄂尔泰谨奏：为钦奉上谕事。

雍正六年七月二十三日，准吏部咨："奉旨：云南巡抚员缺，着将贵州巡抚沈廷正调补，贵州巡抚员缺，着将贵州按察使张广泗补授，贵州按察使员缺，着将云南按察使赵弘本调补，云南按察使员缺，着将云南盐驿道刘业长补授，云南盐驿道员缺，着鄂尔泰题补。刘业长办理云南盐务甚为妥协，若可兼理，着鄂尔泰酌量具奏。该部知道。钦此。"同日，又准吏部咨开："奉上谕：据鄂尔泰奏称，黎平、镇远等处一带生苗近日闻风向化，皆思内附，现经委令张广泗前往招抚等语。张广泗既有化海生苗等事，其贵州巡抚事务，仍着沈廷正署理，令张广泗得以从容办理，俟张广泗到任后，沈廷正再赴云南新任。钦此。"钦遵，俱即移行遵照讫。七月二十四日，据云南布政使张允随详准盐驿道刘业长移称，有亲父刘绰于雍正六年四月二十二日在山东济南府历城县地方病故，业长于七月二十三日在任闻讣，例应丁忧等情。除具疏题报外，该臣查得贵州按察使张广泗前往都匀、黎平一带化海生苗，有应调拨官兵粮饷，非印信无以为凭，故前檄委时，经张广泗详请，将伊任内事务暂令贵东道杨永武代为办理，带印前去。今蒙特旨升授贵州巡抚，其巡抚事务仍着沈廷正署理，令张广泗得以从容办理。则是张广泗所带臬篆似未便遽送，若令调补贵州按察使赵弘本即赴新任，无有印信，难以办事。况新升云南按察使刘业长现已丁忧，云南臬司印信现无可交代，而盐驿道印务又急需委署。臣因赵弘本明白妥当，曾任盐政同知，熟悉盐务，是以暂令不必赴黔，仍办云臬司之事。并即委令暂署盐驿道事务，俟张广泗事竣回省接受巡抚印，再令赵弘本赴黔接受按察使印，实为两便。相应奏明。

至盐驿道缺系属紧要，臣查云南知府内，如东川府知府黄士杰，留心地方，实力办事，任东川二载，钱粮、地亩、铜厂诸务皆大有增益，而彝情亦甚贴服。如丽江府知府冯光裕，操守廉谨，办事详细，于钱粮之任相宜。此二员皆可胜盐驿道。若较论劳迹，自应黄士杰居先。但盐务俱有成规，犹易稽查，只须细心调剂，即能裕课便民。冯光裕才具尽堪以料理。惟滇省铜务，全赖干济，少有疏忽不能办，过于拘谨亦不能办。臣看黄士杰才力似可资料理。现今出有云南按察使缺，急需补授。前于臣报明粮道元展成办获铜息折内，荷蒙朱批："闻得此人着实好。钦此。"臣看元展成行止体面，才具优长，器局、心地皆可以有为。如邀圣恩将元展成升补云南按察使，仍兼理钱局、厂务，所遗粮道员缺，即以东川府知府黄士杰升补，将来接办铜厂事务。盐驿道员缺，臣现遵旨具疏，以丽江府知府冯光裕题补。如蒙俞允，则诸要缺均属人地相宜，而刑名、钱谷俱有裨益矣。

至于刘长业才具心地，经臣前折奏明，即以按察使兼理盐驿道，亦可以胜任。但伊向有吐血之症，兼有腿疾，不时发作，少遇烦劳便不能支持，是刘业长即不丁忧，亦难令兼任繁剧。伊年始四十三，乘此回籍，加意调养，俾得旧病消除，将来犹可得力。此外，两省司道，除贵州布政司鄂弥达、贵西道王廷琬臣尚未见其人。云南布政司张允随，才具明晰，办事稳细，无因循，亦无孟浪，将来仍有长进。贵州贵东道杨永斌，才具老练，熟悉彝情，臣屡经差委，皆办有条理，但微有苍滑习气，仍须驾驭用之。解任云南永昌道贾扩基，前两任道员，习染原重，自去年以来渐知改悔，臣前委会理乌蒙各件，近委办进藏军需，颇能着力料理。其才具原不庸暗，似犹非弃材。

合并陈明，伏乞圣主睿鉴，采择施行。臣尔泰谨奏。

**朱批**：所奏欣悦嘉览。已有旨矣。

（《雍正朝汉文朱批奏折汇编》第十三辑，第138~140页）

## 366 署理贵州巡抚事务云南巡抚沈廷正
## 《奉旨调补云南巡抚谢恩折》
### 雍正六年八月十二日

署理贵州巡抚事务云南巡抚臣沈廷正谨奏：为恭谢天恩事。

本年七月十七日，准吏部咨开，奉上谕："云南巡抚员缺，着贵州巡抚沈廷正调补。钦此。"臣恭设香案，望阙叩头谢恩。嗣于二十五日，复准到吏部咨开：本年六月二十二日，内阁交出奉上谕："据鄂尔泰奏称，黎平、镇远等处一带生苗近日闻风向化，皆思内附，现今委令张广泗前往招抚等语。张广泗既有化海生苗等事，其贵州巡抚事务，仍着沈廷正署理，俟张广泗到任后，沈廷正再赴云南新任。钦此。"臣即叩头谢恩，并备文飞檄新任抚臣张广泗。钦遵在案。窃臣昨蒙圣恩调补云南巡抚，自念才庸任重，倍切冰兢，随具疏恭谢天恩。兹复荷皇上洪恩，命臣署理黔抚印务，圣恩稠叠，有加无已，臣犬马私衷，感悚交集，惟有矢竭丹诚，益励精白，以图仰报高深于万一耳。除另疏奏谢外，臣谨缮折恭谢天恩。谨奏。

**朱批：**勉尽封疆职守，以仰副朕委任之意可也。

（《朱批谕旨》沈廷正奏折）

## 367　署理贵州巡抚事务云南巡抚沈廷正
### 《奉旨降一级从宽留任谢恩折》
#### 雍正六年八月十二日

署理贵州巡抚事务云南巡抚臣沈廷正谨奏：为恭谢天恩事。

本年七月十六日，准吏部咨开："为钦奉恩诏事：雍正六年五月初六日题，本月三十日奉旨：'依议。沈廷正着降一级从宽留任。沈廷正任内处分之案甚多，朕俱开恩宽宥者，因伊前任福建布政使任内，将通省钱粮仓谷未清之项彻底查明，据实陈奏。朕遣杨文乾、许容等前往确查，始将积年亏空尽行清理，实系沈廷正陈奏之力。朕彼时不将沈廷正之奏宣示于众者，因沈廷正现为闽省藩司，恐清查之员有所瞻顾牵制，且藩司专司通省钱粮，凡各属未清之项，或有干涉沈廷正之处，亦未可定。今杨文乾、许容等将各项清查归结，沈廷正已升黔抚，而福建藩司任内并无丝毫未清之项，实属不狗情面、实心办事之员，甚有功于闽省。则朕屡次加恩宽免之由，理应晓谕内外知之。钦此。'"移咨到臣。随恭设香案，望阙叩头谢恩。

窃臣一介庸愚，仰蒙皇上教育深恩，数年以来，凡臣前任内议处之案，屡荷圣慈宽宥，虽肝脑涂地，奚足上酬高厚？今臣又因前在陕西延安府知府任内失察甘泉县侵蚀老民银两一案，部议照例降一级调用。乃蒙皇上格外之恩，以臣前在福建布政司任内曾将钱粮仓谷查明，据实陈奏，特沛殊恩，将臣降一级从宽留任。臣跪读恩旨，不禁感愧无地。是今日之官，实皇上再赐之官。受恩愈重，图报益难，惟有倍加儆惕，竭尽驽骀，以期无负圣主屡次矜全之大德于万一耳。除具疏奏谢外，臣谨缮折，恭谢天恩。谨奏。

**朱批：**勉之！莫辜屡次擢用之恩，莫辱今日特降之旨。若稍随境迁移，自问怀惭，则常赉、傅鼐博，尔多皆可为前车之戒。试思昔日受知于朕、效力于朕处，较伊等厚薄轻重相去若何？不但臣子之谊当尽，数十年培养之恩当报，即以己身利害言之，亦宜倍加诚敬，期保克终。倘或职任有玷，致损朕之名声、颜面，而欲希冀袒护，私恩不可得也。存诸内者，竭力务一诚字。复以鄂尔泰之居心行事奉为准则而效法之，庶几可矣。

（《朱批谕旨》沈廷正奏折）

## 368 云贵总督鄂尔泰《奏谢御赐新花样纱等物及报云南地方事宜折》

### 雍正六年九月初三日

云贵总督臣鄂尔泰谨奏：为恭谢圣恩事。

雍正六年八月初十日，臣赍折家奴蒙恩赏给驿马，赍回御赐臣新花样纱五匹，蜜荔枝一瓶，人参、笋二匣抵滇。臣随郊迎至署，恭设香案，望阙叩头谢恩祗领讫。敬启折扣，伏读朱批，仰窥我圣主用人、行政如鉴如衡，大小短长各因其器，而敬天勤民时廑宵旰，万里之外共见共闻。臣每捧诵数四，辄不禁感极涕零，固不独为臣之一身受恩深重，自蓄激切之私诚已也。（**夹批**：览卿奏谢矣。）

今岁直隶各省春秋两熟，在天恩之浩荡，何莫非圣心之感通。而云南全省豆、麦、荞、稻遍处丰收，较去年尤盛。即剑川口外一带地方苦寒，素难望岁，今据驻扎各员并来往差弁咸称，自中甸直至阿墩子，俱有十分收成，因天气和暖，并王瓜、绿豆亦皆出产等语，且昆明、大理、临安等各处海田，向因雨泽沾足，海水即多涨漫，率以半收为十成。今岁潮水未上，田禾壮实，谷穗坚好下垂，即各处报称一年足抵三熟，农民欢庆，以为从来所未有。此固一人之精诚，畀百蛮以嘉惠，身非蚩氓，敢或忘帝力哉？（**夹批**：实慰朕怀。）

至于臣职任岩疆，心长力短，时恐陨越，上负殊知。乃二年以来，屡荷圣恩赏给世职，至头等阿达哈哈番，加至十二级，扪心自揣，倍深惭惧。兹复于八月二十八日，准兵部咨，米贴夷变，臣请议处一疏，奉旨："郭寿域乃一勇敢无术武员，只因轻视贼苗，被其诈诱，以致受害，非鄂尔泰调度之误。今已将逆贼渠魁擒获，地方悉行抚定，功过较之，有功无过，不必交部察议。钦此。钦遵。"等因。行知到臣。臣承奉之下，铭心镂骨，实莫可名言。

伏念苗猓边荒，犷悍日久，反覆靡定，若与性成，凡新抚之地，皆不能保其小无变动。惟应留心驾驭，冀其渐摩，并时刻防范。若知其必不能相安，反不如速令发露，及今惩治，免贻后患。然而条例所关，各不无瞻顾。故聪明者断不肯担承，才干者亦不免容隐，且谓在任不三五年，何必作十年计，以自取烦扰。凡此流辈，皆自以为解事知机，而殊不知挟私忘公，负恩旷职，实与贪污废弛者等，且尤倍甚者矣。在臣，矢竭血诚，原不敢少有顾虑，但非仰赖我圣主训诲谆详，使臣所自立，矜全备至，俾臣得以有为，则滇、黔、蜀、粤一切苗疆勾当，臣亦必不能任一事。人或以臣为好事，或复以臣为能事，皆不知天心之裁成鼓励，有以驱之使前而不自甘暴弃为也。（**夹批**：为人之道，只可尽此心，以对越天地神明，不愧衾影耳。至于物论，只可听之，若少回互瞻顾，则一步亦难动转矣。原不必介意者。）感极奋极，泪迸汗下，用敢摅心吐胆，琐屑备陈。谨缮折恭谢圣恩，伏乞圣主睿鉴。臣谨奏。

**朱批**：览。

（《朱批谕旨》鄂尔泰奏折）

## 369　云贵总督鄂尔泰《奏谢赏加总督养廉银两折》

### 雍正六年九月初三日

云贵总督臣鄂尔泰谨奏：为恭谢圣恩事。

窃照滇省粮条、税秋、耗羡及核定公件、节礼等银，臣遵旨将应给各官养廉并存留各属办公之项与司道均匀酌定，宽裕留给，并声明臣与抚臣衙门各有养廉银一万七千两，尽足敷用缘由，具折覆奏。荷蒙朱批："甚属公当。但总督所需甚繁，而巡抚养廉过多。西安巡抚养廉亦只万金，滇抚一万二千两足矣，其余五千金添为总督养廉之用，可遵旨行。此巡抚养廉必杨名时无耻之议也。钦此。"钦遵。臣随抄折檄行布政司，移行遵照在案。

伏念臣素守俭朴，原无奢费，且家口无多，养赡甚易，计一年上下，衣食、幕客、修金各项共不及六千两，其平常资助弁员、犒赏兵丁及些微捐贴，亦不过二三千金。缘二年以来，时有军务并查拿等事，一有调遣，须先行酌赏，以示鼓励，及事竣回师，凡奋勇效力弁兵给赏银两、马匹、绸缎等件，断不可少，且不宜轻。而各镇诸臣，凡奉委勤劳，臣仍各有帮助。故所得养廉，尽支尽用，略无存留。若仰赖天威，诸事渐次平定，即此一万七千两已属宽裕，仍有剩余。兹奉谕旨赏给五千两，为总督养廉之用，臣已行知布政司，将此五千两存留司库，如臣需用实繁，原有养廉不敷，再行支动。若无所需用，则留司充公，以备地方要务。臣为两省表帅，断不敢小意节省，亦不敢无端滥费，以虚縻圣赐也。

为此缮折恭谢圣恩，伏乞睿鉴。臣谨奏。

**朱批：**卿酌量为之。

（《朱批谕旨》鄂尔泰奏折）

## 370　云贵总督鄂尔泰《奏报会剿广西西隆州叛目
## 并斩颜光色情形折》

### 雍正六年九月初三日

云贵总督臣鄂尔泰谨奏：为报明会剿西隆叛目情形事。

窃照粤西八达寨土目颜光色等肆横不法，该省发兵擒捕，屡被杀伤，右江镇总兵官段宗岳移文安笼镇、广南营府拨发汉土官兵堵御会剿，安笼镇先去之官兵亦被杀伤。据该镇总兵官蔡成贵呈请添拨官兵，臣随咨会贵州提臣杨天纵就近拨发，并行云南广罗协、广南营府添拨官兵、土勇，多带大炮，令该协副将杨洪统领，飞往八达后路堵截，相机会剿；又照会曲寻镇拨兵，令游击顾纯祖统领前往，断贼粮道，饬安笼镇确查游击田昌友等是否贪功冒险，以致失事，即经奏报在案。八月初六日，据蔡成贵呈报："该镇带兵共三百五十名、土兵七百五十名，率领前进。八月初八日，准提臣杨天纵咨会，已檄调提标、安顺、长寨等营官兵七百九员名前去。据广南府知府贾秉臣、广南营参将冯鸾联衔报称，酌调土勇二千名，给委土目陆尚安、陆尚贵带领，复差千总高长生带兵监同督率。又据广南革职土同知侬绳英之子侬振裔情愿效力，职等复联衔给委，选带土勇二千名，酌遣把总王玉林带兵监同督率，俱往八达，统听右江镇调遣。"又于八月初十、十六等日，据广罗协副将杨洪报称："职协前后共调兵五百名，除千总黄士玠已领枪手二百名前往外，今职亲身带领千把杨文举、郭玉贵，兵三百名，又五嶍土兵三百名，炮八位，于八月初六日自广西府起程，前往粤境会剿。途次法白，据军前千总黄士玠禀称，八月初三日，侬振裔、陆顺达领土兵甫到八阳右江镇，遂于戌时传令会兵，丑时攻打。千总带兵，率广南土兵过河，攻至地边，而粤省官兵直至辰刻尚未下山，八达逆党蜂拥前来。千总与兵丁奋勇力敌，自午至申，伤毙兵丁一十四名，重伤者三名，伤死土兵二十六名。又准右江镇移开，据广南营把总王玉林到八阳面禀，云奉委监同侬振裔带领土兵前来听候调遣，初四早齐到八达山后扎营。本镇见得后路要紧，贼徒性悍，土兵先到，营垒未备，随传令各路汉土官兵分路攻进，又令广罗官兵二百名，同陆尚安土兵攻贼西边炮台，以分其势，俾广南土兵得以安营下寨。讵料贼多谲狯，先于深箐中埋伏数百人，候土兵扎营之际，突出齐攻，土兵不备，不能抵敌。本镇速令攻打西后山炮台之兵奋勇冲敌，伤死贼二十余名，救出汉土官兵过河，复于八阳山后屯扎。"等情。转报到臣。

臣闻报之下，实不胜愤恨。以么么小丑而屡挫官军，将士何颜？边疆何赖？况八达贼寨只五六百户，壮丁不过千人，若使粤员预有筹画，先安抚附近各寨，绝其党援，奋力速进，亦何至猖獗如此？敬诵臣折朱批："前田畯奏闻举行此事，朕即恐其料理未必妥协，况抚臣又系阿克敦乎！此田畯一面举行，一面奏闻，一面知会孔毓珣之事，所以不得其人，诸事不可举也。钦此。"臣看粤西诸臣，独孔毓珣可资料理，然而驻扎辽远，呼吸难通。臣若复避越俎之嫌，不身任协办，恐愈缓愈炽，反难擒制，因不得已明檄通饬，大意谓："土兵新到，尚未安营，即何得黑夜传令，骤督进攻？况以进攻为安营之计，尤所未闻，且此等埋伏皆不能料，是智短于贼，何以胜贼？今贵州汉土官兵令只听安笼镇调遣，广罗协汉土官兵令只听副将杨洪调遣，右江镇如有会合，应知会该镇协遣发，务须和衷妥商，然后进取。再粤贼狡狯，多设伏陷，应先侦探确实，四面布置，各于通达贼寨隘口十数里以外，断其粮路，一月以后，三省约齐，各离贼寨三二里以外扎营，计我军大炮可以打寨，贼寨枪弩不能到营，只用大炮环打，渐次逼近，看贼势不能支，再用鸟枪连环排进，仍用大炮打寨，用火箭烧房，并力齐攻，自可一举成功。若毫无定算，徒以躁气乘之，在官兵奋勇杀贼，虽死有余荣，而屡损军威，徒长贼志，将何所底止？总之，立于不败之地而后可以攻，料有必胜之势而后可以攻。机无可乘，不妨缓待，势料可图，务须神速。本部院职任邻封，谊同切肤，况皆属王事，何敢分彼此？倘嗣后仍敢畏缩，或复躁妄，军法具在，干系匪轻。"等语。除照行右江镇、安笼镇、广罗协遵照外，并咨会广西督、抚、提及云南抚、提。去后，复随差臣标把总李显解送火箭三千枝、火毒瓜炮二十二个、软挡牌一百面前赴军前，分交收用讫。

至八月二十四日，据蔡成贵报称："因闻八达附近夷寨誓死合党，若不解散，率难扑灭。本职于起程日即发牌示，分头招抚。八月初四日前抵八达，相度贼寨独踞山中，黔、粤营垒高扎山顶，官兵稍有举动，贼人皆知，预备匿形，以少应多，所以屡遭挫折。俟滇兵齐集，扼其后，黔兵分布，攻其前，使贼众四顾莫及，破之实属不难。初六日，据差通事带泥峒助贼头目抱表等八人到营投顺，并帮兵效力；又花贡各寨率众开路，当赏花红、牛、酒，给示免死，俱各悦服。初七日，光色、光东等到本职营盘山脚大呼饶命，本职恐土酋狡诈，枪炮逐去。初八日，伊等复率众前来，极口称冤，恳求伸雪，死亦甘心，且有情愿归黔不愿归粤等语，又将盗去马匹、遗失器械逐项投缴。本职思剿之止戮其身，抚之兼服其心。除其首从，徙其余党，惩劝并施，恩威兼济，虽粤民素多顽梗，借此亦可化导。倘阳奉阴违，以缓我师，则克期会剿，合寨诛戮，可谓杀之无怨，俟投到再报。"等情。

臣查颜光色等凶恶横肆，为粤害已久。今见滇黔兵势期在必剿，遂尔极口称冤，大呼饶命，又有愿隶黔不隶粤之语，此固计穷力尽，欲寻生路，而亦势不得不出此。随札覆蔡成贵，若果颜光色等自缚投见，即应受降，审问实情具报。如不自出，仅差夷众传禀，断不可轻信，务当神速取之，以完粤案。去后，适八月二十九日，据广南府知府贾秉臣、参将冯鸾禀称："据军前把总王玉林等禀报，本月二十二日，八达寨知官兵齐到，必欲屠寨，遂将颜光东杀死，颜光色业已脱逃，即夜又将颜光色杀死。"等情。（夹批：此言朕尚信不及。若果如此，又出朕之望外矣。）除再飞行该镇等确查公验，是否果系光色、光东，抑或顶替搪塞，并严拿凶恶，安抚附从，据实速报外，所有会剿情形及欲行投降、首凶就戮缘由，合再奏闻，伏乞圣主睿鉴。臣谨奏。

**朱批：** 专候捷音。广西一切吏治、营伍废弛不堪，朕欲将广西就近拨入云贵，命卿总督之。俟八达事毕，另发谕旨。郭铁甚好，卿与之商量料理，可望起色。田畯柔善平常，人不宜广西提督之任。张耀祖可胜此任否？若亦勉强，则滇省数总兵内孰可胜任？据卿所见奏来，朕再斟酌。

（《朱批谕旨》鄂尔泰奏折）

## 371　云贵总督鄂尔泰《奏报橄榄坝逆夷党恶不法缘由折》
雍正六年九月初三日

云贵总督臣鄂尔泰谨奏：为奏闻事。

雍正六年八月初八日，据驻防攸乐、茶山、普威营参将邱名扬禀称："车里之橄榄坝地方，向为巨恶刀正彦占踞。因指使窝泥劫杀客商，拒捕不法，蒙遣官兵擒剿逆夷，悉已授首，巨恶刀正彦亦经擒解，六茶山及各版纳夷民俱各安生业。忽有刀正彦向日管辖之摆夷暨缅寺和尚，于二十一日夜放火将客民草房烧毁，延烧刀正彦原住大楼，致伤看守兵丁、摆夷聚集多人。随飞行宣慰司刀金宝带领夷目星往，确查有无伤毙看守住楼兵丁，速报。卑职查各路要隘，俱经拨兵驻防。攸乐一处，外控九龙江、橄榄坝，内扼六大茶山、思茅等处，前刀正彦唆使窝泥拒敌，甫经输诚归附，此地最为紧要。橄榄坝逆夷不法，应须预备。一面飞调附近官兵、土练赴营听遣，一面整顿本营兵马，并分谕各茶山火头堵御防范去讫，六茶山地方俱各安帖宁静。"等情。

臣因驻扎思茅临元镇总兵官孙宏本先报赴省会商安设营汛等事，已经起程。恐刀金宝年幼，不能约束夷众，随即照会孙宏本带兵速由元江一带前往料理，又檄调永顺镇官兵五百名，由景东一路前赴普洱，会合提臣郝玉麟，复调本标官兵五百名，亦前赴普洱，会合统听孙宏本调遣，又拨顺云营兵前赴江底堵截，委元江府知府迟维玺带元江协兵一百名星赴军前，会同协办。去后，八月初十日，又据邱名扬禀报："七月二十四日清晨，据差探兵回报，有橄榄坝逆夷数百人，昨二十三日已到慢颏，要来攸乐打仗。卑职随拨精兵四路埋伏，先占地利，令各版纳头人严加堵御。本日辰刻，果有摆夷数百，各戴皮盔，身披棉被，手执梭镖、弓弩、枪刀等械，声言要替刀正彦报仇。卑职随令熟识夷语兵丁晓谕，宣布皇恩宪德。刀正彦作恶已久，今与你们除害，为何聚众不法？乃逆夷遂放枪弩，蜂拥前来。职即督率弁兵迎敌，枪炮齐施，打死贼人数十，贼尽败窜。"八月二十一日，又据邱名扬报称："据千总燕鸣春到营禀报，奉令差查，刀金宝亲向千总泣诉，云：'橄榄坝摆夷被大塔寺缅和尚及刀正彦心腹叭护叭瞻等煽惑逼胁，要我同反。我从前被刀正彦欺凌谋占，蒙各宪调遣官兵生擒逆恶，仍令我管理地方，岂肯听从逆等？惟有一心报效，断不敢稍怀二意。'八月十一日，逆夷聚集二三百到猛，又被燕鸣春打败，带伤逃去。九月初一日，又据邱名扬禀称，八月十八日，据千总燕鸣春探差回报，夷贼叭护叭瞻等又煽惑附近橄榄坝之猛遮、猛笼等摆夷同叛，口称要分路前来等语。卑职各于要隘处安设伏兵，严整备弁待敌。"各等情到臣。

臣查橄榄坝一带夷民，向为版目刀正彦所辖，正彦欲夺占宣慰世职，主使凶类肆行劫商害民。臣遣官兵擒剿，复敢堵路拒敌。臣令官、土兵数千直捣贼巢，斩获贼首，然后首恶、羽党相继就擒，群蛮归附，正彦旋亦被获，解省发审。现据供认前情不讳，且当镇沅夷变时，正彦接得刀如珍等手书，曾调窝泥五百前往助恶，因蟒子国恐被贻祸，差人喝阻，方始撤回，现据质审，亦伏首无词。是其造意谋叛，又不自今日矣。正彦占踞地方延袤数千里，险峻处甚多。臣恐余孽未尽，所以各处留兵驻防。而攸乐一山乃正彦号召窝泥起事之处，最为紧要，令参将邱名扬带领弁兵驻扎彼处，居中弹压，并委员往查各地方户口，议设流官营汛，不但各版纳夷民无不输服，即橄榄坝夷众亦并无异议。向使彼时夷心思变，则一二文员其何能为？只因大塔寺之缅和尚向为正彦主谋，叭护叭瞻等皆正彦亲信恶党，恐一设流官，伊等终难漏网，遂借称"流官到来，你们决无生路，我们也存住不得了"。缅和尚先率伙众逃避江外，叭护叭瞻等煽惑愚夷代主报仇，随聚众放火，堵路攻营，并逼胁宣慰，希图仍霸一方。夜郎自大，此夷贼故智，计固不出此。现虽宣慰司刀金宝并各版纳、六茶山夷众俱誓不从贼。然刀金宝人无能为，夷性犬羊，难保其必无反复。是以臣与提臣郝玉麟面商筹画，遣拨各路官兵前往会合，相机剿抚。今汉、土官兵添拨齐到，料此小丑不日可以扑灭。俟续报到日，另行奏报外，所有据报逆夷党恶不法缘由，合先奏闻，伏乞圣主睿鉴。臣谨奏。

**朱批**：知道了。新定地方，此等事固所不免。但于初定之际，有司料不敢营私，营伍亦自有准备。而伊等尚敢瞀不畏死，如此妄为，则将来善后事宜更当详慎者矣。云贵新定之处甚多，设兵弹压之举最要，不可省费。将应添设之兵数迁就办理，倘有此等小事，必本处兵弁足资任用方好。若用调拨协助，恐此辈奸匪或有同举报复之事，亦不可不预防者。若少涉周章，所关甚巨，必待镇静数年，朕方释念。至于古州、八万之举，张广泗既见不透，则此事少急骤矣。再有如此等应整理者，当缓一步，徐为之。云贵兵弁甚觉劳苦，朕心实为不忍，亦即有旨加恩，伊等着候旨行。再广西仅有似此应整理者，朕命卿总督时一概姑缓之，必待广西兵弁、营伍件件整理，事出万全时，方可动作。恐卿不知朕意，谓令卿作速料理也。特谕知之！

（《朱批谕旨》鄂尔泰奏折）

## 372　云南总督鄂尔泰《奏覆宁州知州姚应鹤官箴操守折》
### 雍正六年九月初三日

云南总督臣鄂尔泰谨奏：为覆奏事。

雍正六年八月初十日，赍到折扣内，奉朱批："知州姚应鹤，有人言其学问人品具可用，有为有守之员，果否？钦此。"

窃臣看得，云南宁州知州姚应鹤，年五十一岁，系镶红旗汉军举人，仅通文义，未可言学问人品，知自爱，尚少定力，而操守谨饬，才具明晰，到任二年以来，努力办事，颇有向上之志，但气局甚促，亦少识见，前任贵州普安县知县十余年，亦只寻常料理，无有过人处。据臣愚见，同知可以优为，小府分知府可以胜任，有为有守，似犹不足以当之。然保荐姚应鹤之人自必有深知确见，惟各据所知，臣亦未敢自是己见。相应请旨，或准令咨部引见，则一经圣鉴，即可定其终身矣。谨据实覆奏，伏乞圣主睿鉴。臣尔泰谨奏。

**朱批**：知道了。但此人经由田文镜、朱纶稻、迟维玺三人保荐，其余尚不足为凭。田文镜之保必有所据，况又保系伊内亲，再留心试看。既有向上之志，可时加训导之。

路远，不必令来引见。卿之观人，朕信得及。

（《雍正朝汉文朱批奏折汇编》第十三辑，第 352～353 页）

## 373 云贵总督鄂尔泰《奏报滇黔二省秋收分数折》

雍正六年十月二十日

云贵总督臣鄂尔泰谨奏：为恭报滇黔二省秋收分数，仰祈睿鉴事。

窃照各属收成丰歉，理应奏报。臣檄行云贵布政司确查详报，去后，今据云南布政使张允随详称："雍正六年自夏徂秋，各属雨水调匀，两迤高低田亩俱甚畅茂。行据云南、曲靖、临安、澄江、广南、广西、元江、开化、大理、永昌、鹤庆、楚雄、顺宁、蒙化、丽江、永北、武定、姚安、景东、东川、镇沅、乌蒙等府咸称，所属地方秋成分数俱有九分、十分。"又据贵州布政使鄂弥达详称："今岁自春入夏雨旸时若，高下田地均得及时播种，目下早稻已经收获，晚谷现俱秀实，通省收成，惟麻哈、黔西二州，安化一县据报止有六分，又广顺、开州、普安、永丰、平越、施秉、石阡、清溪、铜仁、平远、永宁、毕节等府州县据报止有七分，其余各府州县俱报十分、八九分收成。"各等情前来。

臣查贵州今岁春熟甚盛，五月以前雨水沾足，插蒔应时，六月内颇觉干旱，禾苗渐枯，后连得大雨，以蒸晒之余得沾润泽，水田转加倍发茂，收成俱有十分。独高阜田及新种地亩收成分数稍减，然亦不致歉薄。云南今岁实属丰年，据昆明等州县呈送瑞禾瑞谷，自一茎二穗以至七八穗不等，且于夏秋之交，省城荷池忽产并头莲二枝，红白各一，又产二色莲一枝，红白各半。臣同司道等往观，农民欢笑，皆谓可预卜大有。是瑞应嘉兆，亦未有如本年之盛者。此皆仰赖我皇上勤念民依，感召天和，有此屡丰之庆。（**夹批**：以手加额，欣悦览之。然此自然之理也。）臣等祗承之下，无任欣幸，益深悚惕。

再云南白入秋以后，省城传染时气，不数日即过，续渐及各郡，远近皆同。幸旋病旋愈，不致伤人。至八月二十后，遍及边境。因时多阴雨，兼以湿瘴，各军前兵丁患病者甚多。臣虔制丹丸，分送疗治，获痊可者亦甚众。自立冬后，今始渐次平复。时气流行，不遗荒僻，此亦云南不常有之事也。（**夹批**：今岁时气，自春徂秋流行几遍天下，从未之闻者。大概前后不一，皆染之轻、愈之速，各省奏报，只未闻滇省耳，不料至冬亦然，幸未伤人，即上天之恩矣。寄来平安丸、紫金锭，与时气甚合，各发二千，卿酌量赐与各军前备用。）合并奏闻，伏乞圣主睿鉴。臣谨奏。

**朱批**：览。

（《朱批谕旨》鄂尔泰奏折）

## 374 云贵总督鄂尔泰《奏报调遣官兵筹剿橄榄坝叛夷折》
### 雍正六年十月二十日

云贵总督臣鄂尔泰谨奏：为奏闻事。

窃照橄榄坝缅和尚与头人叭护叭瞻等向为恶目刀正彦之心腹，因见正彦被获，地方归流，借称代主报仇，煽惑愚夷，放火打仗，冀图仍霸一方。臣据参将邱名扬禀报，随即调遣官兵，立饬临元镇总兵官孙宏本前往相机剿抚去讫，业于九月初三日奏明在案。九月二十五日，据孙宏本、邱名扬并元江府知府迟维玺等各禀报，内称："逆夷等自前经击散之后，复于九月初九、初十等日，聚集一千余人，突拥至叭泥，意在阻拒水口，粮运屯扎山梁，倚恃枪炮、挡牌，欲来攻击。在营备弁等随率兵奋勇杀退，伤死贼人甚多，我兵亦阵亡三人，余贼仍屯聚江上，阻断隘口。因各路官兵尚未到齐，不便轻进，惟令各营严谨防备。"等情。

臣随飞檄各处将弁领兵速进，并备军器、药饵差送军前，及催趱粮运，速往接济。札谕行营文武，但严督守御，俟大兵齐集，然后进攻。又预备督抚两标兵五百名，提标兵六百名，开化、永北二镇各兵四百名，剑川协兵一百名，听候调遣。十月初一等日，又据军前各员报称："江上逆夷犹复聚结不散，且胁逼邻寨，挟制土司，每晚遥放枪炮以作声势，甚属猖獗。而参将邱名扬现患时疾，行营兵弁染病者甚多，请添拨官兵，以便进取。"等情。

臣查逆夷反复，原止橄榄坝一隅，其六茶山等处并未变动。今据报，续派官兵已于九月二十四日以后陆续齐到，以四千之众分路进剿，虽不难立破，但缅和尚、叭护叭瞻等遍行鼓惑，到处逼胁，兼挟制宣慰司刀金宝以威吓夷众，虽各处坚称誓不从贼，然夷性犬羊，未可深信，且地界紧连外域，关系甚巨。临元镇总兵官孙宏本虽知努力，然不识机宜，短于驾驭。伊驻扎该地方年余，并不能察夷情动静，及报橄榄坝啸聚，经臣面诘，犹力言无事，可但放心。臣已破面严饬。时提臣郝玉麟在省，亦亲闻知参将邱名扬以少应多，使贼不敢犯，有勇有谋，实可资指臂。前闻伊染病，臣彻夜不能寐，屡差弁役致送银两、参药等物亲往看视。今虽病已小愈，稍能行走，尚未堪驱驰。臣再四筹思，若不克期剿灭，恐致滋蔓。而得人实难，未敢轻任。提臣郝玉麟今春前往查勘地方，曾遍历各版纳，熟悉情形，非提臣再行亲往，相机剿抚，并查起事之由，加意安置，恐孙宏本不足恃，难以妥办。臣前经面商，已有成议，是以将前备之兵一面调发，限日到普洱等候，一面札致提臣率本标兵六百名急速起程，于普洱会合，统领前进，分遣调度讫。谅橄榄坝逆夷始初造意，原欲勾结各夷，群起作乱，今各处既未附和，独江坝一处，究何能为？料提臣到日，自能完事，似可无烦圣虑也。

合先缮折奏闻，伏乞圣主睿鉴。臣谨奏。

**朱批：**着郝玉麟前往，甚是。一到自然成功者，专候捷音。邱名扬想今大愈矣。

（《朱批谕旨》鄂尔泰奏折）

## 375　云贵总督鄂尔泰《奏报剿擒川省雷波土司杨明义等情形折》

雍正六年十月二十日

云贵总督臣鄂尔泰谨奏：为奏闻事。

窃照川省雷波土司杨明义私遣部落帮助米贴逆夷劫夺粮运，伤害兵丁，并诱结觉、阿路、阿照、平底等处苗蛮聚众妄行，钦奉谕旨发兵擒剿。臣随调拨滇黔汉土官兵三千名，令参将哈元生统领，星驰前往料理，并照会鹤丽镇总兵官张耀祖带该镇标兵五百名驰赴军前，统领滇黔官兵分路堵截、擒拿，业经奏明在案。七月二十一日，准四川提臣黄廷桂咨称："雷波等蛮勾通，跳梁不法，钦遵上谕，遣兵进剿。但自雷波以至结觉及阿照、阿路一带，地广山深，必须分路堵剿。今派官兵俱走谷堆会合，派滇黔官兵八百员名渡江，抵以密哥驻扎，二千余名渡江，由魁虐取路至阿驴交界阿路吗地方驻扎，以便堵截会剿。"等因。臣随飞行参将哈元生，就近酌派官兵八百员名前赴以密哥，断野低、密落贼苗逃遁之路，并令哈元生带汉土官兵二千余员名星赴阿驴交界驻扎，听候分遣。嗣准提臣黄廷桂陆续咨会："遣发官兵攻破平底夷寨二处，至地歪蹁探贼巢，沿山左右皆阿路恶夷，分兵进剿并剿洗阿路、觉觉、亨骂数处，随破遇红寨。至巴普猓贼，奔败过河，官兵后追，连破步奓、三黑、亨革、勺勒姑四处，又直捣阿照、哈都噜，狡夷已经逃避，由黑姑噜、达罗一路跟追，杨明义已逃往哈都噜地方，到簸箕坉，攻克九洞，剿杀贼苗无遗。又至北山箐沟并悟觉，直至波哈地方，杀贼甚多，又攻克野低、密落。"等因。

据武定营守备王廷标申报："九月初一日，奉令带弁兵攻打阿基初坉，擒剿噶哈，督令弁兵齐进，贼人逃散，捉获男妇。"等情。十月初四日，又准提臣黄廷桂咨会："滇黔官兵远来，粮运不易，而川省兵粮又跋涉维艰，倘不能接济滇黔，岂不反累军营？况渠魁卑租已获，杨明义潜藏深箐，偷延旦夕，仰仗天威，指日即可就擒。其特口寨、阿驴交界驻扎滇黔官兵无容留驻，均应撤回。除行哈参将外，相应备移。"等因。正在转行间，初六日，又准黄廷桂咨称："差员由拉密一路搜捕，杨明义复逃山箐，发兵围困，于九月十六日，在过桥转上深箐内拿获杨明义，羁禁行营。"十月初七日，据参将哈元生呈称："奉四川黄提督牌开，阿驴交界阿路吗地方，川省已派官兵堵截，况渠魁已获，滇黔官兵无庸留驻，仰职将原领官兵俱行撤回。卑职遵，于九月二十日先令游击张世杰带兵起身。卑职率游击卜万年自校头口起营至阿驴、猓古地方扎营。二十二日卯时起营，行有四五里，忽见四山蛮子约数千，披甲、挂弩、悬刀，环绕数十余层，竟来抵敌，将卑职同卜万年围困垓心。随唤阿驴讯问蛮子为何叛逆，回称并不知道。卑职带兵二百名，架大炮冲开，杀散贼蛮数十余层，抢上赤布岩，卜万年随后带兵奋勇登岩会合。查点官兵，有督标千总苏世爵，职标委署千总刘雄，把总张应举、马玉四员阵亡。四山贼蛮仍然环绕，卑职令阿驴叫喊，贼蛮答说是沙骂家人。卑职看来明系阿驴部落，阿驴难辞其责。二十三日，卑职带把总胡亮、兵丁二百名，用对子枪分打，杀死贼蛮无数。正在对敌，有台兵王应宗禀称：'二十二日，贼蛮将乌蒙府运到粮二十石尽行抢去，今日来围住小的们，幸遇兵到，始行奔散。'本日，有卑职差调游击张世杰到赤衣台会合，贼蛮仍然不退。二十四日，卑职等各带精兵，令游击卜万年、张世杰领兵埋伏左右箐内，卑职督兵中路，三下夹攻，贼蛮大败奔逃，因值大雾，不便追赶。查赤衣台系阿驴适中之地，运粮要路，卑职呈请鹤丽张总镇带兵过江，驻扎调度，以便进剿逆贼。其阵亡兵丁，查明另报。至带土兵五百名，染病多半，所存无几，不敷遣用，已呈请张总镇檄行威宁营府，飞调阿底等五目土兵、五百名汉兵。除调本营枪手五十名、威宁营兵二百名、毕赤营兵五十名，共汉土兵八百名，星夜前赴，以资遣用。再阿驴界连阿路吗、阿都沙骂一带，现有川兵临近驻扎，请咨四川提督饬令将弁就近堵剿。"等情。臣随飞行鹤丽镇总兵张耀祖，就近调拨官兵星往应援，并令该镇亲自过江调度，并咨川提臣黄廷桂发兵堵擒。因在臣标之禄鼎坤熟悉彼地情形，情愿前去效力。臣又行东蒙镇总兵刘起元、乌蒙府知府陆世宣在鲁甸等处调拨土兵一千一百名，令禄鼎坤管领，前赴军前，协助擒剿去讫。

该臣查得川省土司杨明义等向有凉山贼众听其指挥，因而勾结阿路等处苗蛮，恣行不法。今奉旨会兵擒剿，川提臣黄廷桂亲统大兵先攻克阿路等处，又剿灭雷波部落，首恶杨明义等旋亦就缚。似此调度迅速，纪律严明，各路官兵加倍奋勇，计不日可以竣事。惟是阿驴、阿路吗一带蛮夷忽又作变，聚众截路，杀伤官兵，断难宽纵，现移会兵扑灭。至于起事之由，据陆世宣禀报，据夷猓传说"因哈元生捉拿阿腻小土官，故贼蛮代主报仇"等语，或系哈元生债事，抑或另有别情。（夹批：便捉拿一小土官，即至如此横逆？此风岂可长也！亦不为债事。）业经行查，除俟查覆另行具奏外，所有咨会剿擒杨明义等情形及阿驴等处贼蛮擅行伤害官兵缘由，理合一并奏闻，伏乞圣主睿鉴。臣谨奏。

**朱批**：黄廷桂数次奏闻矣。此番黄廷桂诸凡调拨进取机宜，甚属可嘉。朕深为奖悦，庆用得人也。

（《朱批谕旨》鄂尔泰奏折）

## 376 云南总督鄂尔泰《奏报周瑛所称滇省进藏官兵马匹、口粮甚觉狼狈并非确论折》

雍正六年十月二十日

云南总督臣鄂尔泰谨奏：为钦奉圣谕事。

窃臣奏报西藏一折，荷蒙朱批："昨二十七日，查郎阿等奏到，已于七月二十九日抵藏，未用张弓只矢，一切事如意妥协矣。此皆仰赖天地神明之垂恩、圣祖天灵赐佑之所致，实非人力所能者。朕惟以手加额，倍加敬畏，深省于心，恐生放肆轻率之念，愈信敬诚感格之理也。特谕卿，共喜之。钦此。"臣跪诵之余，不胜欢忭感切。

伏念如此大事，未用张弓只矢，而一切妥协者，此实我皇上睿算无遗、先机预定之所致。乃时凛天地，动念圣祖，深省于心，倍加敬畏。臣读至"恐生放肆轻率之念，愈信敬诚感格之理"（夹批：实出朕之至诚之言。）之谕，不禁神钦气屏，悚仄久之。此固精一危微之实际，忧勤惕厉之深衷，并非寻常德性事功诸语可以谬置拟议者也。求诚致敬，戒肆防轻，随时随事，臣当终身勉之。

再察木多粮运，荷蒙朱批："此探听回禀之说不可全信。昨周瑛奏闻滇省兵弁马匹、口粮甚觉狼狈，不便前进。"等语。此二论只可待撤兵后，徐徐自得其情也。钦此。臣查探听之说原不可信，前据禀报时，随经批饬，有川省米运，断不至有误。但保滇省一切莫误，务令川省笑等语。因彼时川米尚未运到，滇省早运到米二千石贮察，故委员先有此禀。续据报称，川米已到，预备充足，即驻扎洛笼宗官兵亦称供支口粮足用，且甚干净等语。是川省办粮，原自有条理也。

至周瑛奏称"滇省官兵甚觉狼狈，不便前进"等语，似亦非确论。查南天祥等于五月二十九日内业经抵察，周瑛于六月十三日始到，滇省官兵并无迟缓，且此番出师，蒙圣恩优裕赏赍，臣亦量力各给盘费、马骡、衣服等物，以速其行，岂有初到半路便至狼狈之理？况由察进藏，马匹虽难保缺乏，然有例买补，口粮取自川省，更毋须筹算。滇兵非甚懦弱，有何不能前进？缘周瑛于郝玉麟少有嫌隙，而滇省将裨又素不满周瑛，以故各怀私意。殊不思以公心办公，则川滇皆公事，彼此皆公人，和衷共济，亦何事不了？若但存一点私，则私无是处，公亦无是处，究于身何益，于人何损？（夹批：实在公论。朕悉知者，周瑛素无诚见，原甚中平人也。）臣每捧诵训谕，详绎旁推，觉公私之辨别于毫厘，愈当深自警省，专任、分理，同期以公心办公，毋各怀私意可也。

合并陈明，伏乞圣主睿鉴。臣尔泰谨奏。

**朱批**：览。

（《雍正朝汉文朱批奏折汇编》第十三辑，第 700~702 页）

## 377　云南总督鄂尔泰《奏报云南督标前营游击
## 南天章恐不胜永宁营参将折》
### 雍正六年十月二十日

云南总督臣鄂尔泰谨奏：为据实奏闻事。

雍正六年九月十五日，准兵部咨开："雍正六年七月二十四日，奉旨：'广西永宁营参将着南天章补授。钦此。'合咨前去钦遵施行。"等因到臣。除随行遵照外，臣看得云南督标前营游击南天章弓马可观，亦通文理，但汉仗软弱，才具平缓，寻常料理营伍可以供职，若有剿抚事宜地方，难以干济。据臣试看，即就云南而论，南天章亦只可胜城守营、武定营参将之任，此外要缺皆不相宜。况广西猓獞凶顽，正资弹压，永宁营参将，臣恐其不能胜任。查南天章系从未引见之员，仰邀圣恩，或令其赴部引见，以人地相宜之缺调补，庶于营伍有益。相应据实奏闻，伏乞圣主睿鉴施行。臣尔泰谨奏。

**朱批**：此人朕不深知，因李宗膴之奏，又兼卿曾题调，朕想必系南天培之弟，亦未可知，因一时不得其人而用者。今已命卿总督广西，卿可酌量人地相宜者请调可也。将原保折一并发来卿看。卿之奏，朕嘉悦览焉。

（《雍正朝汉文朱批奏折汇编》第十三辑，第 702～703 页）

## 378　云贵总督鄂尔泰《奏谢御赐玻璃瓶等物折》
### 雍正六年十月二十日

云贵总督臣鄂尔泰谨奏：为恭谢圣恩事。

雍正六年九月二十八日，臣赍折家奴蒙恩赏给驿马，赍回御赐臣玻璃瓶四件，番八缎二联，重阳糕一匣，松仁糕、佛手糕、青果糕、梅苏糕各一匣，乳皮酥、乳饼共一匣，白石榴一篓抵滇。臣随郊迎至署，恭设香案，望阙叩头谢恩祗领讫。（**朱批：览卿奏谢矣。**）又十月十五日，臣标千总施弘远蒙恩赏给驿马，赍折回滇。臣恭迎入署，敬启折扣，伏读先后朱批，奖励矜怜，如闻天语，裁成指授，如对天颜。臣身居万里，心恋九重，敬念万寿令节不获与在廷诸臣同侍左右，共效趋跄。复以苗疆未靖，料理需时，又不敢具奏陈情，恭请陛见，瞻依之私日久倍切，恳祈圣慈垂鉴，臣于事竣之日驰驿赴京，俾得以跪觐慈颜，亲聆圣训。（**夹批：君臣欢会有日，二年之内何必动此念也！**）计往返不过五月，庶得少伸愚忱，而于地方事务亦不至迟误。为此缮折恭谢圣恩，伏乞圣主睿鉴，俞允施行。臣谨奏。

**朱批：** 览。

（《朱批谕旨》鄂尔泰奏折）

## 379 云贵总督鄂尔泰《奏覆办理粤西西隆州八达寨事宜情形折》
雍正六年十月二十日

云贵总督臣鄂尔泰谨奏：为钦奉圣谕事。

窃照粤西西隆州八达寨凶夷颜光色等肆横抗拒，屡伤官兵，及至大军齐集，计穷势迫，贼党将首恶颜光色、光东杀献请降，经臣节次折奏。因贼党恃险负固，仍行支延，不即投诚，臣行令该镇协等作速会兵进剿。据报，于八月二十八九两日，破圯烧寨，杀死贼众无算，倒戈投降及奔窜擒获之把事抱金等计共男妇一百八十余名口，逆贼已靖，贼巢尽毁。颜贼家属应听粤西文武协同缉捕，滇黔官兵俱于九月初四日撤回等情，臣已缮疏题报在案。

续于九月二十八日，赍到臣前报明粤西土目折内，荷蒙朱批："提督田畯又亲往矣。但广西兵将业已气馁，田畯亦系中材，料此事伊等未必能成功，卿当身任料理，有何分疆界之嫌疑也？贼众经此一番，必然气盛，诸凡不可轻视，所调进取将弁务令慎重从事可也。钦此。"及十月十五日，赍到臣折内，又蒙朱批："广西兵将既如此伎俩，卿当独任料理之，一切机宜，遵旨通饬行。钦此。"又据提塘抄录，知已经奉旨："广西八达寨狑苗素行不法，经田畯奏请拨兵剿抚，而筹画办理未能周详，派兵数少，所遣之员又非练达，以致贼狑闻信预先准备。近闻官兵屡攻不克，轻率先进，至伤官兵，朕心深为轸恻。向来广西营伍废弛，兵丁懦劣，而提督田畯才猷中平，总督孔毓珣相隔路远，难以办理。着将广西提督以下弁兵悉听鄂尔泰节制调度。其从前进剿狑苗被伤之弁兵，着该督抚优加赏恤，将来事竣之日，仍照例加恩。钦此。"

臣查颜光色等本系小丑，纵夜郎自大，实擒治不难。独以巢穴坚牢，器械锐利，粤省弁兵先有畏避之意，以故临阵不勇，益致猖狂。今虽仰仗天威，不旬日皆已屠灭，然逆贼家属早经逃匿，凶恶党羽多未擒获。为粤省计，正应趁此声势，搜除恶类，将附和余众加意安插，庶可惩一儆百而力半功倍。乃提臣田畯计不出此，于九月初四日抵八达，随于十一日回柳，仅留游击一员驻扎弹压。似此料理，殊属疏漏。臣查访颜贼之妻子家口现在粤属之底母八白寨，其附和党羽闻约聚数百人，现在粤属之马白寨。臣接准部文后，即当通饬将弁，并剀切示谕："有自来投诚者免死安插，其抗拒擒获者立行正法。"再咨商粤西抚臣，令该管州县将附近八达各寨遍行抚慰，严禁胥役，毋得借端恐吓，务示之以信，然后夷心可安。粤狚强悍，非诸苗比，并非仅兵威可以伏制也。

再贼党抱金等，总兵蔡成贵原不应带回安笼。因其畏法，先杀贼献首，旋即投诚，而呈词内又有粤员激变，不愿归粤之语。若解交粤省，反恐滋事。故暂准带回，现在发审，俟审详到日，或就黔地安插，或另迁徙别省，臣当酌议，会同粤抚臣请旨遵行。

至于安笼游击田昌友等，虽深抵贼寨，折损弁兵，但既奉军令，何敢退却？而两路粤兵不能前进，亦岂能预料？田昌友等似应无罪。而粤员按兵不动之语，实属卸过之词。右江镇总兵官段宗岳急欲灭贼，不量兵力，调度失宜，则诚有之。若谓其柔懦观望，尚不至此。即粤属游击常显虎领兵初到八达，被贼子诈诱，暗筑炮台，坚固巢穴，以致屡攻不克。是时总兵段宗岳尚未到营，兵少而弱，何能擒捕？是常显虎虽事无可办，亦情有可原。（夹批：孔毓珣之奏亦同。朕原料情理亦如是。）今既贼首已戮，贼寨已平，似可仰邀圣恩，均予宽免，以励后效。

除俟准到部文，钦遵料理外，所有此案情节，理合备细陈明，伏乞圣主睿鉴施行。臣谨奏。

**朱批**：今命卿兼督粤西，一概酌量合宜料理奏闻可也。

（《朱批谕旨》鄂尔泰奏折）

## 380　云贵总督鄂尔泰《奏报设法弥补无著之亏空以清积案折》
### 雍正六年十月二十日

云贵总督臣鄂尔泰谨奏：为设法弥补无著之亏空，以清积案，以实库帑事。

窃惟仓库钱粮最关紧要，臣自到任后，将所属亏空各案严饬承追，督催各官竭力催追，虽亦少有还补，终难如数全完，若不设法补苴，终致国帑虚悬。但其中有有著者，有无著者，自当分别追补，以期济公。

臣查云南通省新旧亏空共十五案内，除署永昌府事、参革同知梁衍祚，临安府参革知府王侗，云南府参革知府韩钟，广通县参革知县刘淑，元谋县参革知县徐鸣鸢，署武定府事、开化府参革知府佟世佑，元江府参革知府张嘉颖，以上七案，或有家产可以变补，或有借欠可以追偿，臣已分别勒限严追，其有应行咨追者，亦经分咨旗籍，照数完追。又顺宁府参革知府范溥名下亏空银钱、铜铅等项，已经题请，着落前任督臣高其倬、署抚臣杨名时、原任按察使江苣各名下分赔。其余现在查追，不致无著外，尚有镇南州参革监故知州陆应几，南安州参革知州王志正，新平县参革监故知县蹇王臣，宜良县参革知县申稼，呈贡县参革监故知县饶启心，昆阳州参革监故知州何大宠，马龙州参革监故知州许日藻，以上七案，亏空共计未完条丁、盐课等银九千二百五两二钱零，未完米一万六千六百一十六石零，折算该价银一万一千六百三十一两零，未完谷一万六千五百一十五石零，折算该价银五千七百八十两四钱零，通共该银二万六千六百一十七两五钱零。屡次移咨各原籍查追，据称并无产业可变，任所本身家属又已衣食不克，虽监禁严比，毫无设措，不过徒稽岁月，究于钱粮无补。臣筹之再四，必须早为设法弥补，庶不致仓库有亏。

查滇省欺隐田土内，如从前漏报勋庄、叛产等项，不自行首报，别案发觉审出，应令纳价，准为己业；又滇省各官蒙皇上洪恩，赏给养廉，已优裕足用，如有现任官委署他任者，其署任内养廉不应全给，现议扣留一半。以上二项俱有腾那，即以此二项代补远年无著亏空，陆续完报，约计两年便可全数通完。如是，则积案清楚，帑项亦不致虚悬矣。

缘系设法填抵亏空，未敢具本题请，理合缮折陈明，伏乞圣主批示遵行。臣谨奏。

**朱批**：有旨谕部，尽著宽免矣。如此，卿可少省心力。

（《朱批谕旨》鄂尔泰奏折）

## 381　云贵总督鄂尔泰《奏报查出官庄实余租息归公裕赋折》
### 雍正六年十月二十日

云贵总督臣鄂尔泰谨奏：为查出官庄实余租息，归公裕赋事。

窃照滇省文武衙门大半向有官庄，收租取息，匿不报闻。臣通行各员据实开报。先据粮储道、元江等府、安宁等州县报到官庄田地，并查出臣标五营向有开垦老丁田地及丈出新淤自报田地，又东川府查出已故禄氏养赡并文武官庄，经臣折奏声明，武定等十府州县俱有官庄，另报在案。除东川府之养赡官庄业同该府丈出田地汇疏题报外，今据武定、姚安、马龙、罗平、姚州、镇南、定远、定边等八府州县并永昌道，临安府，嵩明、石屏二州，禄丰，楚雄，广通等县陆续报有官庄田地，并查出抚标左右两营亦有新垦官庄，连前所报田地合算，计共十一万四千六百二十九亩零，该年收京斗米、谷、麦、荞、豆二万四千二百一十五石七斗零，银二千四百六十七两七分零。除完纳条丁、秋粮、公费并留给义学、束修、老丁、孤寡口粮外，实余京斗米、谷、麦、荞、豆一万二千九百二十九石四斗零，银一千九百六十八两六钱零，俱应归公。现饬藩司分析，造具清册，详题汇入奏销册内报销。内臣标陆凉州马场，臣于雍正四年到任后清查，本年分已收获租息银一千两，至雍正五年分彻底查清，年该豆麦变价银一千六百四十八两零，除完鱼课条粮外，实余银一千四百三十两，业经全数归公。今六年以后，应俱照五年收交。其各属官庄租息，俱于雍正六年为始，入册归公。至此外或仍有零星未报及已报而未及造册者，现催清查，造册另报。

　　再雍正五年十月内，臣查报官庄折内，荷蒙朱批："向闻滇省镇臣甚苦，毫无出息。此等营中官庄地亩，应赐与营标为养廉者，卿当斟酌之。钦此。"臣查滇省提镇诸臣，元年以前原俱丰裕，皆因多食空粮、收受规礼之故。自元年以后，渐次减少。臣到任之初，密查各镇亲丁粮，犹有加倍，公费粮犹有一百二三十分不等，经臣严檄通饬并恳切开导，二年以来，始无此陋弊。计提臣一年所入不及四千两，各镇一年所入不过二千余两，此外原别无出息。而贵州安笼镇臣蔡成贵，向来即无染指，清睿尤甚。是以臣于各镇诸臣，凡有调遣及各有事故，自二三百两以致千两，均酌行资助。在此等官庄地亩，属营中者，合计不及数百石谷米，即全数留给，亦无关钱粮。但上有私匿，下必多影射，于清查隐占一事不无干碍。故不若全数归公，使民间不得借口。仰荷圣慈垂念边镇之苦，据臣愚见，或于报明公件余剩归公银一万三千两内，每年各赐与数百两，添作养廉，则感切之余，自必愈知奋惕。是否可行，臣未敢擅便。合并陈明，伏乞圣主睿鉴。臣谨奏。

　　**朱批**：另有旨谕，内阁颁发。

　　　　　　　　　　　　　　　　　　　　　（《朱批谕旨》鄂尔泰奏折）

## 382　云贵总督鄂尔泰《奏报借动库项预收铅运售获息情由折》
### 雍正六年十月二十日

　　云贵总督臣鄂尔泰谨奏：为奏明借动库项预收铅运售获息情由，仰祈睿鉴事。

　　窃照滇省自雍正元年起，设炉四十七座，鼓铸制钱需用倭铅，因本地所产无几，购买艰难，故于黔省之丁头山、马鬃岭、齐家湾等处开采铅厂，委蒙化府同知前任晋宁州知州朱源淳前往采买，运滇供铸。其厂铅，每百斤黔省例抽课二十斤。滇省买价，每课铅百斤，丁头山议定银一两六钱，齐家湾议定银一两五钱，马鬃岭议定银一两四钱，照数解黔奏报，由来已久。迨雍正五年分，经臣题请减炉九座，止存三十六炉。用铅既少，又值滇之罗平州属卑浙、块泽二厂出铅颇旺，运局搭铸仅可敷用，遂将黔厂之铅停运。第马鬃岭等厂俱在僻壤，山路崎岖，难以通商，而开采小民又半系赤贫，苦无工本，不能久贮。每铅百斤，厂价已减至八九钱、一两不等，若不设法收买，势必星散。以有效之厂而坐视废弃，实属可惜。是以暂于司库借动盐余银两作工本、脚价，仍委朱源淳收买。除课铅照原定之价解黔报销外，余铅按时价收买，统运汉口卖给京商，所获余息尽数归公。自雍正五年二月起至九月止，共发过银二万两，收获铅二百万零。今已运过铅二十万，约计工本、脚价、盘费，每百斤共银三两五钱，而汉口之价，则系四两五钱，每百斤实获息银一两。尚存铅一百八十余万，现在陆续分路轸运通商。照前合算，除归还本脚之外，约共可获息银二万余两。此后即以息银动用，随厂内出铅多寡尽收尽运，无庸再发工本。其所获息银，俱于岁底奏报充公。

至滇省鼓铸，倭铅每百斤节省银一两，不在此数内，前已题明，仍留为运钱脚价之用，另于鼓铸案内报销。

再查齐家湾一厂，硐老山空，无人开采，而毕节地方新出鸡厂，可以抵补。臣现咨商贵州署抚臣沈廷正会题，所有鸡厂铅课，仍归黔省报销，余铅统令滇员买运，余息归公。庶办理得以画一，而于钱粮亦不无小补矣。

所有借动库项收铅办息原委，理合备细奏明，伏乞圣主睿鉴。臣谨奏。

**朱批**：好！谕部钞录存案矣。

（《朱批谕旨》鄂尔泰奏折）

## 383　云贵总督鄂尔泰《奏报阿驴地方苗人起事缘由及现在剿抚情形折》

### 雍正六年十一月初十日

云贵总督臣鄂尔泰谨奏：为奏闻事。

案照参将、新授云南元江协副将哈元生带兵前往阿驴交界阿路吗地方堵擒川省贼蛮，后奉四川提臣黄廷桂行令撤回，于雍正六年九月二十二日行至阿驴、猓古地方，忽有阿驴部落纠众数千拦阻打仗，杀伤弁兵，抢夺粮米。哈元生设伏夹攻，贼蛮始行败走。臣据申报，飞行鹤丽镇总兵张耀祖就近调拨官兵，星往应援，并令该镇亲自过江，调度会剿，并咨川省提臣发兵堵擒，一面调拨土兵，着令在臣标效力之禄鼎坤管领前往，协力擒剿，并查起事缘由。去后，臣随于十月二十日具折奏明。兹据鹤丽镇总兵官张耀祖、东蒙镇总兵官刘起元及军前各员陆续呈报，并准四川提臣黄廷桂咨会前来。

该臣查得阿驴地方远在金沙江外，界连川省沙骂等处，虽向属乌蒙所辖，久已不服管束，素称野夷。前哈元生领兵进剿米贴，追至江外，阿驴土官方就抚归诚。后哈元生奉调，复带兵赴江外阿路吗地方驻扎，堵擒雷波贼蛮，阿驴土官曾送牛羊、炒面以为犒军，并帮夷夫抬送军装，原极恭敬。哈元生亦经赏以银两、缎匹、花红等物，各皆领谢而去，并无动静。只缘哈元生将阿驴土官带于行营听用，其母疑有伤害之意，而头目等遂言"他将土官、土目都擒杀完了，那里饶得你我？好也做一出，不好也做一出"，随令部落夷蛮勾连亲戚，借称报仇，乘哈元生回兵之日，纠众数千，重重围住，行凶截杀。哈元生当贼众围困时，奋勇夺占山梁，率同官兵攻击二昼一夜，始将贼人杀退。即相度形势，择地于赤衣台下营，旋又攻打贼寨，搜获荞粮数百石，得以接济。复于十月十四、十九等日分兵搜剿。逆猓与官兵对敌，被官兵斩首多人，仆岩、投江死者不计其数，活擒二贼，又分路跟追，阿驴夷寨已腾空逃遁。查讯逆党去处，俱逃往阿都、阿不啰地方躲避。附近阿驴之拉金、者呢、阿都并沙骂所属夷目拖科、拖却等皆系阿驴姻亲，曾帮兵助恶，而拖科系阿驴妻父，拖却系阿驴姨夫，尤出死力。今新升肃州镇总兵王刚奉川提臣调遣，已带汉土官兵一千四百名，于十月初八日先到赤衣台，原调驻扎以密哥地方堵御之游击康世显带所领官兵沿江而下，守备马似龙带兵渡江而上，总兵张耀祖因溜筒江险远，在黄平寨大井坝打造大小船只，率本标兵、威宁营兵俱于十月十八日渡江，赴赤衣台会合，其余调拨滇黔汉土官兵皆计日可到。张耀祖等闻阿都夷目乏嗣，系接养沙骂土司之子为嗣，且系世代姻亲，阿都夷目倚新抚、沙骂土司之势，故敢容留逆党，已商同王刚，勒令沙骂土司速赴阿都，令伊子沮姑献出逆党，免其剿戮，否则立即进兵擒拿，以彰国法。十一月初九日，又准川提臣黄廷桂咨商，助恶现有川蛮，应否分地各剿等语。臣已札檄张耀祖，谓造意不自阿驴，毋得滥行屠戮，但歼其渠魁，应抚其余党，并就近与川提臣妥酌去讫。

窃查野夷不法，伤害官兵，固应会兵合剿，以示惩创。但念此事，阿驴土官既并无反复，亦何必拘留行营？即便留营听用，亦应先行晓谕，以安夷心。续即纠众围截，意不过为土官，又何难将阿驴立放？即令阿驴明白开示，以散群夷。况哈元生原带官兵二千一十四员名内，除分遣安台并患时气染瘴者约数百人，彼重我寡，尤当防备，更须权宜。乃哈元生奉檄回兵，并不慎重，以致阵亡千把四员、兵丁四十余名。虽据称"总因卑职进剿乌蒙、米贴杀贼过多，故贼蛮痛恨，特来报复"等语，而自恃勇敢，气高志满，遂致偾事误师，实哈元生有以启之衅也。臣于两省将裨，凡有寸功，皆不敢掩没，凡有大过，亦何敢姑息？自应据实题参，请旨革职，严加处分，以为轻肆者戒。至于哈元生，肝胆勇略，实属将材，前进取乌蒙，剿灭米贴，皆系首功，现奉谕旨造册议叙。合无将功赎罪，从宽留任，以励后效。此出自皇上格外隆施，非臣所敢擅请者也。

除俟事竣一并具题外，所有贼蛮起事缘由并现在剿抚情形，合再奏闻，伏乞圣主睿鉴。臣谨奏。

**朱批**：朕前已有谕旨，料卿必参奏者。以哈元生之任事，岂忍将此等事治罪也。况朕已用伊安笼总兵矣。题到之日，朕或令将功赎罪，或宽免处分，再斟酌，有旨。

（《朱批谕旨》鄂尔泰奏折）

## 384 云南总督鄂尔泰《密陈访察曾静案逆党奸民管见折》

### 雍正六年十一月初十日

云南总督臣鄂尔泰谨奏：为密陈等事。

雍正六年十一月初五日，钦奉朱谕："此系岳钟琪密奏之折，录来卿看。竟有如此可笑之事，如此可恨之人！虽系匪类逆言，览其言语，不为无因。似此，大清国皇帝做不得矣！还要教朕怎么样？朕思此人必系苗疆内汉奸，复通同海洋外寇，其党类必有。而此人光景，乃一忘命。料伊断不肯将实情伙逆除首，已着岳钟琪再加详细设法审问矣。但伊既有六省一呼之大言，其中必有同类暗藏，此数省之逆党当留心，遇事体察。如八达寨、米贴等处，曾究问及汉奸指示否？如已结乌蒙、镇雄等处，亦当复加留心访察可也。至于百姓、流离官吏刻薄之言，舆论果如此否？实未闻者。钦此。"臣敬诵朱谕，详看钞折，不胜发指，不胜心伤！

伏念我皇上御极六载，宵旰忧勤，凡系百姓生计，无不体恤周详，有关官吏常箴，莫不恺切开示。每奉上谕，谆谆恳恳，动数百千言，试问内外大小臣工有如此之尽心者乎？今虽海内百姓未必全登衽席，而流离愁苦之状实所未闻。虽天下官吏未必尽属循良，而贪污刻薄之风实以顿改。乃流言不绝，横议犹在。臣读至"还教朕怎么样"句，遥念圣衷，不禁泪堕沾襟，莫能自解也。

从来极盛之世亦不能无奸民。而边远之区，则半多藏贼党彼，匪类逆言何所不至？此犹毋足置论。至据供湖广、江西、广西、广东、云南、贵州六省一呼可定等语，（**夹批**：毫无影响，一派诈诱大言，可诘可笑之举。天道可畏，实令人毛骨悚然也。）按湖广全省虽多凶顽，然可以藏匿者止洞庭一湖，而近可通江，远不能入海，其岸上村落断难以聚众。江西民风俭朴，志气狭小，虽棚民一种类多强悍，然不为大患。广西之狼獞、云南之猓猡、贵州之苗狆，虽犷悍异常，时多横肆，然其性懒惰，尽恋巢穴，故烧杀抢掳只为本地害，而从无远出。彼云吴三桂一麾即起，乃云贵之明征。按吴三桂变乱，实因奸臣贼子早多从逆，故接连数省遂至猖獗，而各种蛮彝未闻有随至湖广者，此亦前事之验。今天下督抚提镇中并无逆臣，伊何从呼起？据臣拨度，张倬历指数省而并不及福建者，定系闽海之伙盗，潜踞于粤东之洋，出没于吴越各海口，散布党羽，暗招亡命，盐枭中有人，米贩中有人，私买硝磺者有人，各省江湖会场游行探听者有人。闻岳钟琪系牛羹尧之假子，见牛羹尧伏诛，料伊终不自安，而岳钟琪从前之情节，现在之心迹，又何从得知？故一闻三召不赴之传说，遂故为耸动之词，径约谋反，以观其动静。意谓岳钟琪若从，则川陕重地，兵马强壮，但一有变故，晋豫等数省只可西顾。伊等乘东南之虚，沿海骚动，可于中起事。即便岳钟琪不从，不过一死，且借此使各处匪类知，仍有谋反约反之人暗相固结，并以摇惑人心。奸贼阴谋料或不出此。初不知岳钟琪即便谋反，川陕两省亦并不能一呼而起。圣明在上，天下大势固了如指掌间也。在岳钟琪受恩深重，心可自信，更有何疑虑？若当张倬投书时，即延入密室，屏退左右，故作怨望之言，深示以信，并立速其去厚、赠其行，差心腹的当三人，一明令同去，二暗令尾踪，同去之一人谅必不回，尾踪之二人或可以得其着落，犹未可定。（**夹批**：朕亦如此谕岳钟琪。谁料岳钟琪如此一做，次日竟将张逆设法设誓诱问实。上天神明之恩，竟令伊得逆言一一说出，大奇异事！皆系湖南、江浙一起狂儒。现今特命杭奕禄等到湖南审理，一人未曾漏网，尽皆擒获。所获逆书，朕亦取来看过，其詈骂本朝，诬捏朕躬处，此字朕实不忍发来与卿看。俟此案审定后，朕有通谕天下之旨谕，至彼时，卿自然得知也。）

岳钟琪请将张倬解京敕审之处，沿途难免泄露，远近必致造言。据臣愚见，似断不可行。至于六省内料不无逆党，应请密谕督提诸臣留心访察，并不得少露行迹。如米贴、乌蒙、镇雄等处，臣已究问，并无汉奸指示。八达寨初定，尚未及备查，且两省苗寨虽不无汉奸出入，要皆唆使捆掳，希图贩卖男女取利分肥，非大奸大盗可比。臣前后已拿治数十人，此类近亦稀少。（**夹批**：此逆贼之辈，实朕不幸中之大幸事。惟以手加额，感谢上天神明，圣祖之垂佑所致，朕心庆幸而已。）更当遇事体察，以防恶党。其凡近海岸、通海口地方最关紧要，除广东、闽、浙应时刻防范外，江属之松江海、大小金山以内多系铁板沙海船，不能拢岸。东属之登州海非海洋要路，只须照常防备。如镇江之海口、瓜州之江口以及扬州之三江营，实系海洋之门户，匪党出没之区，虽大江以南有京口将军、八旗重镇，大江以北瓜州原设有水师一营，与京口遥作声援，然日久懈弛，巡防渐疏。而三江一营距瓜洲有百余里，江面水势汹涌，芦岸参错，凡聚伙私枭每于此乘风夺路，仅设有同知一员，巡兵百五十名，船小兵单，何能防缉？据臣管见，三江营地方应专设游击一员，合原有弁兵，共设四百余员名，增设巡船与各营，分界游巡，按期更换，庶私枭潜遁，宵小分逃，或亦海防之一助也。大抵陆地之顽民防察犹易，海洋之巨寇踪迹实难，故海贼之为患，无代无之。

臣智识短浅，兼少阅历，亦何敢冒昧？然至愚，万一之虑不敢不具陈，以备采择。为此缮折，并缴朱谕一道，伏乞圣主睿鉴。臣尔泰谨奏。

**朱批**：卿所论通盘大局，皆朕之所留意者。总言务本为要，上天慈佑。果能君君臣臣、兵兵民民，便有此等匪类，亦不过如此，自速其诛戮耳。至于外彝海洋，更闻风敛迹也。但恐朕谅怀不能耳！期共勉之。

（《雍正朝汉文朱批奏折汇编》第十三辑，第 915～917 页）

## 385 云南总督鄂尔泰《钦奉谕旨欲将广西就近拨入云贵，奏覆整顿广西吏治营伍及各镇总兵任用事宜折》

雍正六年十一月初十日

云南总督臣鄂尔泰谨奏：为钦奉圣谕事。

雍正六年十一月初一日，准兵部火牌驰赉，内庭发出黄匣一件，内奉朱谕："广西一切吏治、营伍废弛不堪，朕欲将广西就近拨入云贵，命卿总督之。尚未发旨，俟八达寨事毕，有旨。郭锳着实好，卿与之商酌料理，可望起色。田畯柔善，平常人，不宜此任。张耀祖可胜此任否？若亦勉强，滇省数总兵内孰可胜此任，据卿所见奏来，朕再斟酌。钦此。"本月初五日，赍回臣前折内，又奉朱批："广西似此应整理者尽有，朕命卿总督时，一概且不必即行，必待广西兵弁、营伍件件整理，事出万全时，方可动作。恐卿不知朕意，谓令卿作速料理也。特谕知之！钦此。"臣伏读之下，不胜惶悚。

自念叨荷殊恩，畀以云贵重任，虽复竭蹶奋励，不敢少懈，而三载以来，常怀陨越。广西重地，废弛日久。臣以耳目难周，窃恐更多疏略。今若圣旨已降，臣亦不敢固辞。抚臣郭锳既可与商酌料理，再得一精明干练之提臣和衷共事，臣惟总理大纲，分任条目，一二年内，吏治、营伍或可渐次改观。（**朱批**：早有旨矣。在卿勤诚，可以从容办理，勉为之。）至于粤狑强悍，亦复狡滑，与滇之猓猡异，与黔之狆苗亦异，若徒用威力，必转致生心。原应示以镇静，先以开导，勤施抚恤，使可以相安。精练弁兵，使知不能犯，由此渐归法度，并不须惩创，固所至愿。倘仍有恃险负固，敢于横肆等寨，则务择其最大最强者，用速机猛力屠灭一二寨，其余仍置之不问。如此数年，或始而革面，久而革心，广西良懦庶可以安枕矣。（**夹批**：所论是当之极。欣悦览之。至于烟瘴之处，万不可强用兵马。近者，八达寨伤损许多文武大员、兵弁，朕实实心神俱为之动愓，甚不值也。张溥来时，朕亦令有面谕。切记之！）敬诵圣训："应整理者且不必即行，必待事出万全，方可动作。"臣当随地随事细体旁推，固不仅为广西一省计也。

再云南鹤丽镇总兵张耀祖谙练营伍，经历阵战，训兵甚严而能济以宽惠。据臣所见，张耀祖似可胜广西提督之任。（**夹批**：前因未开田畯之故，待问卿再定此缺。续连接田畯、段宗岳之遗本，所以急急有旨，命张溥来署理，调用蔡成贵右江。今卿既言张耀祖可以胜任，俟张溥到来，二人中卿再酌量，速速奏闻。若张耀祖相宜，将王绍续开得。若软，不胜广东全省之任，即调用张溥于广东矣。张溥来时，朕亦曾密谕他。此人甚妥当，卿试看。）虽年力近衰，精神强旺，二三年内犹可以得力。其余两省总兵，如乌蒙总兵刘起元，才具明晰，举止安详。臣初以为大器，续于四年十二月内同往东川料理乌蒙事，臣欲克期进取，伊并不知就里，及闻岳钟琪牌调土兵五千名，臣突欲回省，扬言撤兵，伊亦不知虚实，直待臣已起行，伊送至半路，臣密告云，各路官兵业经飞调，俱限于二十五日齐赴所指汛地，二十七日进取，有迟时刻者，定按军法，务于岁内得乌蒙，总镇可速渡牛栏江，赴鲁甸调度，伊始知觉，大有难色。至二十八日，土酋已遁。二十九日，乌蒙遂平。向使彼时速遣精锐星夜擒追，禄万钟等随行不及三百人，亦何能逃入川省？据此，刘起元无大识见，且操守亦尚未坚定。臣前奏其可以独任，系臣错误。曲寻镇总兵孙士魁（**夹批**：小材料。）、永顺镇总兵霍升（**夹批**：中常人。），操守甚谨，训练甚勤，俱系好总兵。然孙士魁过于拘拳，霍升近于狭小，以资弹压有余，以资干济不足。楚姚镇总兵张应宗（**夹批**：此人朕着实赏之。）精悍明白，才殊可用。臣因其习气未除，少有观望，故时而奖励，时而诫饬，倘能从此实力上进，不在张耀祖下。开化镇总兵南天祥（**夹批：精彩人，尚欠历练。**），人材、技艺，诸镇中第一。但言多行少，不务诚实，故下至将弁，多不足其为人。臣因惜其才具，每倍加亲近，恺切劝导，伊亦深知敬畏，痛自贬责，然狃于积习，终无定力，只可驾驭用之。永北镇总兵柳时昌（**夹批：武夫耳。**），人甚直率，然过于粗莽，可以备用，难于取材。临元镇总兵孙弘本（**夹批：老成人。**），心地诚实，为人直朴，临事努力，时存尽职酬恩之念，臣甚重之。无奈限于才具，不识机宜。如威远猓黑、茶山窝尼两案指示之外，并不能少有变通，即指示之内，亦不能逐一领会。臣不得已，皆屡经严饬，而后克竣事。今橄榄坝小有反复，虽不难料理，恐终难妥协，故不得不嘱令提臣亲往。据臣所见，临元要区，为群贼出没之所，孙弘本恐人地不相宜。贵州安笼镇总兵蔡成贵，操守耿介，训练严明，实心效力，毫无瞻顾，惟嫌性急气傲，多与人不和，难称全省之任。以上各镇，皆就臣所试看，分晰开注，是否有当，未能自信。如蒙圣恩将张耀祖升授广西提督，则鹤丽镇缺亦属紧要，但地方安静，犹易控制。（**朱批：若用张耀祖于广西，照卿所请，孙弘本调用鹤丽。朕欲将邱名扬补授临元，卿意如何？**）相应仰恳圣恩，念孙弘本颇著勤劳，赐以嘉奖，调补鹤丽镇总兵，其临元镇缺，请以安笼镇蔡成贵调补，庶人地相宜，而严疆均有裨益矣。

至云南提臣郝玉麟（**朱批：此人可胜督提之任否？**），明白勤慎，亦复通达，近来更觉长进，全滇军务可资调度。贵州提臣杨天纵，精明老辣，善于用术，苗彝杂错之地，殊能干济。但年已七十三，长患目疾，畏风羞明，在寻常事件犹可以坐理，而考验弁兵、操演队伍，日久不出，恐难免懈弛。（**夹批：此人虽老，难得之提督也。着实好！若不致甚旷废，将就留用好。卿见张溥，若与粤西提督相宜。张耀祖备用贵州之任亦可。**）全黔重寄，臣不敢少有隐讳，合并陈明，统乞圣主睿鉴，并缴朱谕一道。臣尔泰谨奏。

**朱批**：嘉悦览之。

（《雍正朝汉文朱批奏折汇编》第十三辑，第918～921页）

# 386 云南总督鄂尔泰《奏覆李卫、石礼哈人品操守折》
## 雍正六年十二月初八日

云南总督臣鄂尔泰谨奏：为覆奏事。

窃惟因材使器，圣主之深衷；妒贤嫉能，人臣之大罪。既吹毛以求疵，谁同心而协力？况苛于责人，宽于责己，自处不过中人。而责人不为上智，情理难平，毁誉失实，未有不出此也。伏读朱谕石礼哈并朱批折扣合看原参一折，圣训谆详，矜惜备至，即伊父师之教，无如此恳切！于此而犹不警悟、有不改悔，是无人性，又何论臣节？

臣查石礼哈多躁进之心，无坚定之识，故不爱身名，有乖行止。然才具英爽，努力急公，殊可以济事。（夹批：石礼哈与杨文乾打斗，朕甚轻弃之。今调回，暂用之进取谆噶儿，事定，令协剿富尔丹。）内如买马、拜门生、差滇查访、小视总督等件，皆事所实有，其余未能深知。臣前赴京陛见时，李卫曾面告臣切嘱防备。臣云："人须自防，何用防人？我能好，他必不忍。我能不好，他亦必不敢。"（夹批：此朕生平之夙志，从来之居心。但知畏天，从不知畏人，此朕时常训谕廷臣者。）李卫亦首肯臣言，但云"你到去就知道了"。及臣赴任过黔，伊相待甚恭。自到滇任，至伊升将军去任，始终并无错谬，相安如初。臣窃许其能改过，曾屡经劝诫之。

至李卫，长处甚多，短处时有。圣谕"狂直不谨"四字，足以该其生平。臣查其行事，实心实力，毫无瞻顾，一意兴除，才复能相济，诚属难得之材。但恃才任气，每以好恶为美恶，以喜怒为是非。而每有折件，凡奉朱批，多半宣扬于众，以示坦率。此是伊大病，至今未能全改。倘仰邀圣恩进以慎密，戒其粗豪，庶可以成全材而任大事。

在李卫、石礼哈二臣，皆与臣和好，极相敬重。然论心地，李卫颇正，石礼哈近谄。论人品，李卫颇高，石礼哈殊卑。平心公论，固未可以同日而语也。谨据所知，附折覆陈，伏乞圣主睿鉴。臣尔泰谨奏。

**朱批：** 所评公当之极，复出二人行禀也。

（《雍正朝汉文朱批奏折汇编》第十三辑，第 921～922 页）

## 387　云贵总督鄂尔泰《奏报恭逢圣诞庆睹祥云折》
### 雍正六年十二月初八日

云贵总督臣鄂尔泰谨奏：为恭逢圣诞，庆睹祥云事。

雍正六年十月二十九日，恭逢万寿令节，臣率在省文武官员人等在五华山朝贺毕，坐班至辰刻，共睹五色卿云光灿捧日，经辰、巳、午三时至十一月朔，绚烂倍常，凡呈现两日。臣尚以为省城所见，其他郡邑未必同然，随经行查。去后，适据楚姚镇总兵官张应宗呈报："恭逢皇上万寿，本职率同在城文武大小官员以及合郡绅耆兵民人等朝贺坐班，仰见上天垂象，卿云满布，祥光五色拥护日边，从辰至午，灿烂非常。初一日午时，焕丽更胜。文武兵民咸称历来未睹，齐祝万寿无疆。所关盛朝祥瑞，理合具文呈报。"又据云南布政使张允随详称："查据楚雄府楚雄县、广通县，姚安府姚州、大姚县、定边县等处先后呈报，恭逢皇上万寿圣节，喜见卿云五彩，拥护日边，经辰、巳、午三时，于十一月初一日午时又复光华照耀，众目齐观，不胜欢忭。此从古未有之殊观，旷代罕闻之盛事。幸生圣世，得睹奇祥，伏乞转详。各等情到司。伏查省城乃全滇之会，楚、姚为两迤之中，欣逢五色祥云，正当万寿令节，此诚嘉征上瑞，罕见稀闻。理合具详，祈请转奏。"等情到臣。

　　臣谨按黄帝有景云之应，虞舜有卿云之歌。《瑞应图》曰："庆云者，太平之应。"《孝经·援神契》曰："天子孝，则庆云见。"《春秋·感精符》曰："南至有云迎日，年丰之象。"再考《云南通志》："汉武元狩元年，有五色云见于白崖，遣使迹之，至大理属之云南县。"云南由是得名。其后，历晋、唐、宋、元，史不再书。至明洪武、嘉靖间，五色云见于永昌，其余或一二见半属彩霞，亦不移时而散。惟我圣祖仁皇帝二十一年五月，彩云见于云南县，十月，五色云复见于楚雄府。是年云南悉平。历数从前，要皆太平宁谧、时和年丰之兆。

　　至于恭逢圣诞，呈现三时，历现二日，稽诸简册，从未有如今日者也。钦惟我皇上大孝格天，与穹苍而协撰，至明如日，并云汉以昭回，先天后天合德，而自呈符验。阳月良月应时而迭著麻征，睹盛事于五华，鹓鹭、貔貅宛在蓬莱之岛，纪嘉辰于六诏，山川城郭毕收图画之中，儿童引领以称奇，父老骈肩而志喜，屡丰预卜，愿大有遍，一十五州众口同声，祝吾皇臻万八千岁。臣无任欢忭，无任感激，业经恭疏题报在案。续又据顺宁府知府傅逵具报，十月二十九、十一月初一两日，五色云见，所报与各处相同。是合计云南同日现瑞者共四府三县，稽诸简册，尤属从来所未有者也。

　　臣于冬至后，曾亲出郊外，巡视村庄，见百姓家门外各有稻谷堆场，妇子颜色甚舒，而天气晴明，景象和蔼，田中豆麦已青翠盈尺。据农民口称，明岁春熟可保十成。（**夹批：此真祥瑞也。**）且自半月以来，军前勾当皆陆续报捷，而投诚者亦众。（**夹批：此实在祥瑞也。**）是五色云瑞兆验，非虚矣。敬念我皇上慎筹边计，勤念民依，一诚相通，无远弗届，用敢琐屑缮叙，一并奏闻，伏乞圣主睿鉴。臣谨奏。

　　**朱批：**朕每遇此祥瑞，蒙上天慈恩，岂有不感喜之理？然实丝毫不敢庆幸，惟倍加敬畏之心。况此嘉祥实系卿忠诚所感，而献于朕寿日者，正表卿爱戴之心也。天理二字，朕实见得透、信得及。上天以卿如此不世出之良臣赐朕，此朕之真祥瑞也。岁前冬初，闻卿每患胁痛，少觉气弱，朕思此皆忧思之所致，朕至不忍有谕慰问。盖以谚语云"心病还须心药医"。若邀上天慈恩、圣祖赐佑，各处军役就绪时，我鄂尔泰自然全愈，非目下空言慰问所能解者，所以忍而未颁谕问。今天祖慈佑，三处俱陆续报捷，又睹此罕遇之嘉瑞，想卿必然心怡神畅，诸微疾得全愈矣。目下卿体如何，去冬不爽时如何光景，可据实奏朕，莫隐。凡人能一念专诚，聚精会神，勤劳二字实不妨。然忧心焦思，则万万不可，且亦于事无济，当切戒之。况世情冷暖，人事参差，明天理、达人情者有几？只可尽一己之心，以对越上天，则修齐治平之道俱备于中矣。其他入海算沙之类，又何足与较？凡事当酌量精神，体察能否，不可任力。不能胜之事，不可费思所不及之心。夜眠若稍觉不静，日食稍有不美，则当慎节，而不可勉强从事也。可必遵朕谕行。

　　　　　　　　　　　　　　　　　　　　　　　　（《朱批谕旨》鄂尔泰奏折）

## 388 云贵总督鄂尔泰《奏谢恩命总督云贵广西三省事务并陈料理地方事宜折》

雍正六年十二月初八日

云贵总督臣鄂尔泰谨奏：为恭谢圣恩并陈愚悃事。

雍正六年十二月初二日，准兵部咨，奉旨："广西地方离广东总督驻扎处较远，与滇黔两省相近，着鄂尔泰总督云、贵、广西三省，一应军民事务，俱照总督之例管辖。钦此。"钦遵到臣。臣即恭设香案，望阙叩头谢恩讫。伏念臣叨荷殊恩，无可言说，竭蹶奋励，惟当终身以之。

窃思广西重地，狇猡环居，而吏治因循，营伍废弛，实由来已久。在地方情形，原与云贵少别，则措置缓急，亦应与云贵有异。若狃于姑息，固足以养奸。倘过于严切，又或致偾事。臣务当凛体圣训，一切从缓料理，与粤西抚、提二臣和衷同商，心存整顿，事出安详，必先肃清吏治，精练营伍，俾恩有可怀，威有可畏，然后申明法纪，剪除凶顽，庶一二年内或可渐次就绪。（夹批：卿自有次第料理、措置之道，实不烦朕南顾之怀也。但念卿心神之过劳，不免惓惓而不忍耳。然念及天道，想上苍、圣祖自然鉴佑，必赐助，益精力、心神安泰也。）至于振作调剂，固须立法，尤重得人。在广西官吏自无不可用，但臣之居心行事及如何料理之处，粤员未即深知，若一有揣摩观望，更于事无济。（夹批：此意见实与朕谕田文镜之旨暗合，朕原欲谕卿者。）相应恳请圣鉴，将云南按察司元展成调补广西，将广西按察司常安调补云南。在元展成，臣可以得指臂之用，在常安，臣亦可为引导之资，一转移间，似两有裨益。（夹批：元展成光景是一大人物，人人言好。二人互调，甚合朕意，已有旨矣。路途遥远，且不必令来引见，着赴新任，料理一二年，再着来见朕。）其元展成所管钱局、铜厂亦属紧要，但新任粮道黄士杰心地、才具皆可以接办，臣等更就近指示，自不至贻误。此外，府州县以及将裨等官，仍须调补数员，以备委任。（夹批：亦有旨矣。三省官员，卿可酌量人地相宜者，只管一面调用署理，一面请旨。）容臣详慎酌拟，陆续请旨。（夹批：甚是！甚是！如费金吾、唐绥祖之调东省，即此意也。我君臣实可谓知心者，何庆如之！）如蒙俞允将元展成调补，恳祈敕部，令元展成赴京引见，俾得亲聆圣训，再赴粤任。（夹批：着他奏折来人，令到怡亲王处转奏，朕随事批谕训勉之，料伊必能领会也。）庶元展成更有长进，而感激奋惕，愈知所以自立矣。

再贵州苗疆事宜，臣拟亲往办理，是以前经奏明。兹因新升贵州抚臣张广泗尚未接任，云南抚臣沈廷正奉旨暂署黔抚事，臣现兼管滇抚印务，犹未敢擅离，且广西抚臣金铁现亦署理提督事务，料岁内未便能赴黔。臣已咨会广西抚臣金铁，俟其酌定起行日期，移覆至日，臣即先期前赴贵阳办理黔事，再将粤省一应事宜与金铁面商妥议，次第料理，庶两无岐误。（**夹批**：应如是。原因卿有俟张广泗回任，亲到黔省会商之奏，所以降有前谕。观目下情形，金钺实不便岁前来黔，卿亦不便离滇也。卿当相机为之。再云南路远，诸如此类，或朕有谕，或卿有奏，其中有时势更易之处，不可拘执已奉旨、已奏请之见。如哈元生等之复往会剿，此即因路远，朕未闻已撤兵之调遣也。及至已闻，复发后谕，而张耀祖、哈元生，卿又令其起行矣，以致复有此一事，我君臣当深以为戒者。）

至滇黔汉土兵丁年来屡次出师，奋勇效力，殊多勤劳。臣以德薄才疏，不能化导，致频烦军旅，动至摧残。每闻报官兵伤故、苗民屠戮事，扪心自问，**且惭且惧**（**夹批**：何！何！）（朱批改为何惭何惧）。兹奉旨，着动正项银十万两交与臣酌量分别赏给，其征剿八达寨之官弁兵丁中有阵亡受伤者，已令加恩优恤，仍照例给与恤典、赏赉。殊恩旷典，实亘古未有。臣传集将弁、兵目，宣布皇仁，在事者涕零，与闻者泣下。臣现在檄行云贵各标、镇、协、营，将节次出征之汉土官兵确查造册，内有临阵伤亡及染瘴病故者，逐一注明，俟册报到日，分别赏给。（**夹批**：军前病故三役官兵皆着以阵亡例赏恤，已有旨矣。）其征剿八达寨阵亡、受伤之官弁、兵丁，另行造册送部。所有此案统兵失利、调度失宜之提镇等官，功罪轻重，自应分别定议。但广西提督田畯已于十月十八日在署病故，右江镇总兵官段宗岳前在军前染瘴，亦于十月十四日在署病故，似应邀恩，均予免议，（**夹批**：应如是者。其中尽有可恕之情，然兵丁、将弁不可如滇黔一例加恩也。）合先声明。除恭疏奏谢天恩外，谨此缮折恭谢圣恩，并陈愚悃，伏乞圣主睿鉴，批示施行。臣谨奏。

**朱批**：览。

（《朱批谕旨》鄂尔泰奏折）

## 389　云贵总督鄂尔泰《奏报分兵进剿阿驴等处情形折》
### 雍正六年十二月初八日

云贵总督臣鄂尔泰谨奏：为分兵进剿阿驴等处逆蛮情形事。

窃照阿驴部落乘参将哈元生从川省地方撤兵而回，纠众拦截打仗，杀伤弁兵。臣闻报，调拨汉土官兵堵擒协剿，贼寨腾空，逃往阿都、阿不啰地方躲避，附近阿驴之拉金、者呢等皆曾帮兵助恶，并哈元生擅带阿驴土官随营行走，以致生疑启衅各缘由，俱经具折奏闻。据鹤丽镇总兵官张耀祖呈称："本职于十月二十四日抵杂罗古地方，会同肃州镇，商得阿驴逆蛮虽已逃遁，无非潜匿川滇接连地界内。除首恶者呢已诱擒外，其余如在滇省，本职派遣官兵搜剿，入川者，移会川提发兵扑灭，庶三省官兵得免耽延时日。已咨会川提，准川提臣黄廷桂咨覆，川省分兵五路进攻阿不啰。本职即于十一月初七日，遣参将哈元生带领官兵，由中路进剿者呢，遣威宁营参将杨馥带领官兵由左路进剿以呢，遣贵州提标游击卜万年带领官兵进剿拉金，兼于溜索河、补凹一带堵截通阿都路径，派大定协游击张世杰带领官兵于三路策应，本职统领官兵驻扎务都特适中之地调遣。至沿江南岸与阿不啰等处所通地方，移咨东蒙镇派兵游巡堵截，又调东川营参将祝希尧带兵，于巧家一带驻扎堵截。"等情。又准四川提臣黄廷桂咨称："本提督酌量程途远近，令游击张朝良带官兵随肃州镇于十一月初十日由拖科剿入，至阿不啰会攻，令副将张瑛带官兵由觉觉过河进剿，至拖觉底会合，直捣阿不啰，令游击马光等领官兵由狃姑剿入，至易磨会合，令游击许连科带官兵由匀匀杀入阿不啰，令游击王勇带官兵由木托进攻，本提督同建昌镇率兵由狃姑中路前进，四面督催接应。"十一月二十五、三十等日，又据张耀祖咨呈："据参将杨馥报称，遵领官兵抵以呢路巫地方，连攻三寨，与贼对敌，官兵奋勇，追杀贼蛮数十，活擒男妇十五名口，逆贼以呢并无踪影。本职又差守备马似龙领兵于簸罗箐搜剿，据称，有阿驴逆蛮前来抵敌，官兵奋勇，杀死贼人三十余名，活擒九名，呈解到营。严讯各贼，并令阿驴者呢识认，俱系帮杀官兵之贼，即于是日斩示。"据参将哈元生报称："遣守备王廷标带官兵跟追逆贼，卑职随后策应，追至特衣库坉，夷逆聚集地上拒敌，官兵攻取，贼放擂石，打死兵丁一名、土兵一名，带伤把总一员胡亮，带伤兵四名，余俱奋勇直上，始夺第一层地口，杀伤贼众，仆岩滚箐不计外，生擒贼蛮三名，男女二十四名口。所获贼蛮，讯明系杀害官兵之犯，即斩首示众。"据游击颜文选报称："带兵搜查溜索河一带，于山箐深处见有猓贼逃匿，上前擒拿，贼等敢放箭石，兵丁齐上，擒获猓贼一名，妇女四口。"又据参将杨馥报称："分遣官兵至脚曲箐内搜剿，活擒贼蛮男妇二十五名口，又枪伤一名，滚岩二名，所获贼蛮俱禁守行营。"又准四川提臣黄廷桂咨开："准肃州镇咨称，密派所带官兵分剿，据守备贾成林带兵前赴易磨，贼蛮逃遁，于箐内密搜，遇贼百十余人，被官兵斩杀四十三名，擒获蛮妇二十六口。游击张朝良带兵前抵易磨、结业贼窠，贼等俱逃，跟踪追杀至卑奚山箐，见夷猓躲藏在内，恃险抗拒，被官兵攻击，杀贼六七十人，获男妇三十一名口。本镇暂居易磨分蹦，逆夷潜伏巢穴。据守备贾成林由别哺加乐蛮寨右山直上，见有蛮人数百，即督兵扑杀，斩首五十余级，飞岩者大半，余奔下山，扑入河内，生擒蛮妇、小子五名口。本镇自易磨起营，师次山顶，箐边蹦有踪迹，随督遣弁兵环堵箐林，搜杀贼三十七名，生擒蛮妇四十四口。游击张朝良带兵至阿布切乐，见贼百十余人，令兵围杀，夷蛮抗拒，被官兵斩杀五十八人，枪打死三十五人。据副将张瑛带兵抵罗喜朵喇圭贼窠，分兵穷搜，杀死四十余名，游击王安民将腻厄潜伏之夷搜杀三十余名。至拖觉，同王安民沿途搜剿，于各箐搜杀贼蛮百十余人，又遣官兵分剿拖觉底各寨十二处，搜杀阿都头目咱乃摄飞一名、贼蛮一百有余，捉获男妇一百二十八名。据游击马光等领兵进至加普异角，蛮人逃遁，连夜追至易磨，蛮贼亦皆逃遁。分兵搜捕，计杀猓蛮十二人，生擒二名。讯知猓贼聚潜拖觉一带，连夜进攻，一夜连破猓蛮一十三寨；又至拖觉沟，破猓蛮九寨，共杀贼二百余人，活擒男妇一百三十名口。游击沈国卿亦于是夜分遣官兵，一齐进攻。突出猓贼百十多人，我兵并力攻击，截杀四十余贼，活捉男妇四十七名口。又搜至绁葛、易里磨箐内，捉获猓蛮二名，侦知前箐聚贼，分兵杀入，恶蛮蜂拥拒敌，自辰至酉，斩杀二级，伤死约一百多人，直杀至阿波罗啰务地方，猓贼溃散。"又据张耀祖报称："千总林发正等前往拉金地方搜擒，杀死逆贼一名。又进施落大箐，有贼蛮拒敌，官兵杀死逆贼三十余名，擒获男妇十九名口。据游击颜文选等搜至得泥箐，见有猓贼二百余人，手持弩弓拒敌，官兵枪炮打死七十余人，生擒夷贼一名扭租，审系阿驴部落。"各等情到臣。

该臣查得，阿驴部落纠约川蛮，擅敢截杀官兵，本应尽行剿灭，只缘事有由起，非苗蛮积谋倡乱，臣是以咨会川提臣黄廷桂，照会总兵张耀祖等，切嘱但擒首恶，应招其附从。讵意三省官兵齐集，提镇俱已亲临，而乌猓川蛮毫无畏惧，仍敢四出拒敌，是凶顽横肆，非仅有以激成。随据川省分兵五路，滇黔分兵三路，各于境界内密布剿擒。现在首恶者呢已经擒获，适据探报，拉金兄弟二人并家口亦俱就擒，而各处贼蛮被官兵斩杀捕获者甚众，今始有望抚之意。是止有首恶拉金、拖科等尚窜匿川界，而川提臣黄廷桂等勒令搜擒，不遗余力，谅无所逃遁。臣据张耀祖等札禀，似可不日竣事。除俟获到首恶，商定善后事宜，撤师回汛，另行奏报外，合将分地进剿情形再行奏闻，伏乞圣主睿鉴。臣谨奏。

**朱批**：此一番事，乃朕调遣错失之所致。然看此恶逆凶悍情形，若不复加惩治，恐将来亦未能保其无事。此乃上天默示潜消之恩，转祸为福之举也。朕不胜欣悦之至！在事官兵甚属可嘉，事毕自有恩旨。

（《朱批谕旨》鄂尔泰奏折）

## 390　云贵总督鄂尔泰《奏报官兵克取橄榄坝情形折》
### 雍正六年十二月初八日

云贵总督臣鄂尔泰谨奏：为报明克取江坝情形事。

窃照橄榄逆夷蠢动，经臣檄调官兵进剿，并札致提臣郝玉麟亲往调度，节次具折奏明。续据临元镇总兵官孙宏本咨呈，内称："自到猛养，遵照札嘱慎重料理，今各处官兵俱到行营，订期于十一月十三日寅时，三路一齐进剿。密令游击施善元带领官兵攻整板、慢腮、小猛仓，直抵橄榄坝。令守备朱琦带兵由整板前进，参将邱名扬遣守备李定海带官兵自攸乐起程，由原蹦山箐绕出慢颡，守备裴弘道由大路直攻慢颡，约定大炮一响，然后首尾夹攻，此路攻破，均趋赴整哈。除捣贼巢穴，另遣游击郭佑民带官兵自猛养由九龙江夺取大渡口，遣游击马成林带官兵攻取小渡口。因九龙江大小两渡之间有一沙洲，林木丛杂，内有贼人房屋，恐逆夷暗由沙洲岔河抄出，以袭我兵之后，遣守备邓士彦带官兵直抵岔河，以遏贼人来路。又橄榄坝沿山、沿箐有崎岖鸟道可通猛养，恐贼暗来偷袭，遣把总汤德新带枪手、兵丁前往通达、猛养、攸乐总路埋伏，又遣游击徐成正带领官兵由小路过渡，先绕至九龙江，直捣贼巢。本职带兵驻扎猛养调度。"等情。随据游击施善元报称："卑职遵带官兵于十一月十一日直抵猛岑，午刻到上江渡口，有贼人二三百潜匿树林，吹起牛角，齐来拒敌。卑职令兵丁齐放枪炮，打伤贼五六十人。又令官兵往下江渡口，齐放枪炮，打伤贼三四十人，看贼众散乱，乘势一齐过水，随夺得下江渡口。而守备朱琦亦于十二日夺取整板渡口，枪炮打伤贼数十人，十三日率兵渡河。"等情。又据施善元禀称："十三日进攻猛岑、蛮允、蛮蚌等寨，贼人俱已逃遁。直至慢整边，有贼五六十立栅，阻我官兵，随即追赶，打伤六人，贼自放火烧寨逃散。卑职直进猛岑，贼人闻风逃窜。十四日前进猛宽，贼人亦皆逃散。十五日抵橄榄坝贼巢，有一千余贼潜匿寨栅，齐出拒敌，卑职令守备保瑄等带领官兵分中左右三路杀出。卑职督令官兵齐心努力，自辰对敌，至未打伤贼人无数，割首级七颗。是晚更尽，守备朱琦攻破整板河口，带兵督粮到营。十六、十七两日，游击黄忠耀等俱领兵来到。十八日，分三路进攻贼巢，杳无人迹，令兵各路搜查，拿获夷人七名，橄榄坝地方俱已克取。"等情。又据游击徐成正禀称："抄渡九龙江之上流喇卡江，出猛海，深入贼巢，沿途坐卡七处，每处有贼数十人及百人不等。卑职督兵奋勇擒贼四起，共擒贼十七名。过卡出箐，而一出箐口，复遇贼众交锋，我兵严整，飞冲大渡口，大施炮火，打死贼一名，打伤三名，又擒获凶贼一名，登时枭首，其余获贼七名，解交提督行营，九龙江已克。"等情。兹准提臣郝玉麟咨称："十一月十六日已抵攸乐，据游击施善元等禀报，逆贼俱有望抚之心，惟是畏惧不前。拿获摆夷数人，并江西客人一名，皆云'若提督到来，我们俱出投见'。本提督若不亲往招安，见机行事，恐夷众又被狡贼煽惑。今带领本标官兵于二十日前往橄榄坝，相机剿抚。有一缅和尚投见，据云情愿写缅文招来夷民等语。本提督即赏花红，令其前去，一面遣员赴橄榄坝江边扎造竹筏。二十二日寅刻，亲到江坝彼岸，并无一贼。我兵占踞江干，搜获牛尾炮三十四位。查橄榄坝逆夷俱已剿散，九龙江一带又为徐成正等克取，逆贼闻风胆破魂飞，纵有一二首恶隐匿偷生，料难漏网。"等情各到臣。

该臣查得，橄榄坝逆贼不法，借称代刀正彦报仇，纠胁夷众放火打仗。臣遣发官兵剿抚，因值炎瘴未消，时疫流行，汉土兵丁半多染病，是以臣行总兵官孙宏本、参将邱名扬，令各暂时固守，勿得妄动，俟续拨官兵到日合攻。今于十一月初旬，各路官兵云集，孙宏本随遣分路进剿，于提臣郝玉麟未到军营之先，而橄榄坝、九龙江一带即经克取，惟首恶缅和尚、叭护等尚未就擒，宣慰司刀金宝被贼逼胁，犹未见投谒。除咨提臣郝玉麟剀切出示，遍行晓谕，只将首恶数人务须搜获，其被胁从余党概予招安，慎毋滥行剿戮。一俟平靖，多留官兵驻扎弹压，以杜后患外，所有据报克取江坝情形，合再奏闻，伏乞圣主睿鉴。臣谨奏。

**朱批**：欣悦览之。观此各役，将弁之效力、用命，回思皆我圣祖君父皇考六十年深仁厚泽教养之所致，实不禁喜泪交流。惟嘉奖、怜悯、庆幸之外，无可批谕也。

（《朱批谕旨》鄂尔泰奏折）

## 391  云南总督鄂尔泰《奏陈吏部单发十五人才守暨题补缘由以备采择折》

雍正六年十二月初八日

云南总督臣鄂尔泰谨奏：为敬据所知陈请采择事。

窃云贵两省需用候补知府、知州等员，经臣题请拣发，奉旨："各官保举人员内，有云贵同知、通判、知州、知县共十五人，今将名单发出，着吏部行文交与臣，酌量其中可胜知府之任者就近题补，可用同知者亦着题补。钦此。"钦遵在案。

除江西知府吴恩景保举之云南普洱通判张世佑已报病故，云南提督姚玉麟、知府佟世荫保举之云南陆凉州知州祖良范（**夹批**：亦有旨着在任守制矣。），居官勤慎，人亦明晰，任陆凉二载，诸事皆有条理，知府、同知似均可胜任，现已丁忧。因系臣请旨带往之员，准部咨，应令回京，未便保留。云南知府栗尔璋保举之云南昆明县知县朱绣，才具可堪驱策，前经臣调繁，但器识颇小，止可胜知州，现亦报丁忧。业经题明外，又云南知府迟维玺、浙江知府朱纶翰保举之云南宁州知州姚应鹤，守谨政勤，有志向上，臣已题请升补鹤庆府知府。云南知府潘晋晟保举之蒙化府掌印同知朱源淳，系难荫生，虽非长才，然办事详晰，且久任云南，熟悉地方事务，臣已题请升补武定府知府，并令就近仍管铅厂事。此外，单开内如云南知府陆世宣保举之云南永善县知县杜思贤，明白敏练，才长虑周，自调任永善，诸事用心。云南解任永昌道贾扩基、知府丁栋成、罗得彦保举之云南恩乐县知县宫尔劝，才具精明，兼能调剂，彝民安贴，现已如内地。云南总兵刘起元保举之云南镇雄新设知州徐德裕，实心任事，不避劳怨，臣屡经差委，皆能清理，但微少平和。给事中方觐保举之云南宣威州知州张汉，谨慎老成，办事亦精细，虽尚少通达，然并无虚泛。以上四员，皆可胜知府，而杜思贤、宫尔劝更优。但俱属新附要地，尚资料理，不得不迟其升转，以待可以接任之人。云南新补盐驿道冯光裕保举之云南嵩明州知州安鼎和，明白谨饬，努力办公，操守亦可信，但于紧要处尚未能干济，现在可胜同知，犹须开导引掖，以成其材。云南学政巩建丰保举之云南寻甸州知州崔乃镛，才具甚可用，亦复强干，但不肯实心任事。臣屡经严饬，并恳切开示，续委办镇雄事务，颇知勉力，颇能条理。臣当留心试看，若果能改过，即知府亦可以优为，如依旧因循，即知州亦应行参革。贵州升任按察司张广泗保举之贵州独山州知州孙绍武，才气英锐，遇事勇往，前于知县任内，随张广泗擒剿楚界花苗，甚是出力，臣故题补独山州知州。但血气未定，尚少老成，于同知相宜，知府犹未能胜任。贵州知府吴谷保举之贵州余庆县知县陈国栋，人颇勤慎，但器局狭小，不能肆应此一知州。贵州知府朱齐年保举之贵州平越县今调贵筑县知县王大烈，操守可观，亦知努力，但识见游移，办事少决断，指示用之可以胜同知之任。贵州副将刘朝贵保举之贵州都匀县知县鲁朝聘，才具可任同知，但办事每近于刻，不能持平，尚须裁抑用之，以观其后效。

以上单开内各员，皆就臣识见，分别注考，或有未确，不敢自信，臣仍当留心试看。至此外云贵两省知府、同知以及州县等官内，立心各殊而办事随异，庸暗者断难姑容，狡诈者务当惩治，但须才能干济，即操守未定，亦为有用之材。如果志效循良，即施设未优，终属可造之器。容臣详细酌拟，分别开注，各缮一折续呈御览外，所有准咨单发十五员，相应先据所知，陈请采择，伏乞圣主睿鉴施行。臣尔泰谨奏。

**朱批**：卿所奏，朕皆知矣。三省所举，朕只可检选新进少年中人才过优发来，如府、道、同知大员，卿可酌量人地相宜者，不必拘定成例，如有越衔擢用者，只管奏请，或具题或指请皆可，朕酌量发□。如他省谙练、应升之人，才守兼优之员，一者难得，再者，便令来，亦不能熟悉地方情形。大员之干保其重，朕实不能孟浪用来。少有不妥协，皆系大员，卿又不便率尔去就，往返万里，悬缺以待，深为不美。卿可知朕意，不必另存意见于中也。况卿之识人感人，朕实信得及，又何不可托任也？将来朕检发新进中人，得卿身先以为伊等法则，卿之忠赤以感动伊等良心，卿之公明以品伊等优劣，孰不感奋以图上进也。不数年间，三省，朕可保人才必敷用矣。再者，上天自然赐佑，成全卿之忠诚，赐贤良之臂指也。可踊跃勉为之。灯下批复，字迹可笑之极。黄炳何如？今诸脏嬖不法尽已败露，卿可服朕之识人否？但朕若不深知灼见者，则虽保其必如，看透之人大概不得大误也。

（《雍正朝汉文朱批奏折汇编》第十四辑，第 162~164 页）

## 392　署理贵州巡抚事务云南巡抚沈廷正《奏报俟张广泗到省即前赴云南新任折》

雍正六年十二月二十六日

署理贵州巡抚事务云南巡抚臣沈廷正谨奏：为奏闻事。

窃臣前蒙皇上天恩，命臣署贵州巡抚事务，伏读上谕："俟张广泗到任后，沈廷正再赴云南新任。钦此。"遵奉在案。今接抚臣张广泗来书，云："丹江等处事务既竣，其上下九股俱经就抚，即清水江一带，节据镇远府禀报向化者已多。惟黎平之古州一处，虽宣导在先，现俱宁帖，而地广人众，犹须亲身一往布置。但黎平窎远，非如凯里、都匀之尚近省会，兼之丹江八寨诸凡善后图维尤关紧要，拟于正月初间暂回省城，再当星赴黎平。"等语。

臣思丹江生苗业经就抚，今抚臣张广泗既定于正月初间旋省，俟届期，臣理宜钦遵谕旨，将印信等项交代明白，即赴云南新任。但张广泗又有到省后再赴黎平料理之说，臣现在写书请教督臣鄂尔泰，如督臣以臣必须送印起程，臣俟张广泗到省，即将印信等项及一切事宜交代明白，恭疏题报，前赴云南新任。如督臣别有商酌，臣自当听其指教，另折奏闻。

至督臣鄂尔泰，为人正直公忠，其居心行事悉皆报国爱民，无偏无私，实为人臣之表式。数月以来，臣事事请教，而督臣无不开诚相告，谦和商议，（**夹批**：鄂尔泰，亟当努力效法者。其学问、识见，非一时勉强所能。至其居心，人皆可能，但在肯奋勉与否耳。汝等诸臣心行，若不能如是，而欲望朕如是隆重信任，必无是理也。）臣受益良多。惟有朝夕黾勉，效法其居心行事，以图报答皇恩于万一耳。臣谨缮折具奏，伏祈睿鉴。谨奏。

**朱批**：张广泗既于黎平、古州有尚须亲往布置之处，则尔自应仍留黔省署理，以待事竣。但督臣鄂尔泰又有来黔与金铁面议之事，滇省亦不可无人。滇黔二省或去或住之处，与鄂尔泰熟商妥议而行可也。

（《朱批谕旨》沈廷正奏折）

## 393　云南巡抚沈廷正《奏报起程前赴云南新任折》
### 雍正七年正月十六日

云南巡抚臣沈廷正谨奏：为奏闻事。

窃臣于上年十二月内，因抚臣张广泗寄书，云："丹江事务既竣，定于正月初间旋省，之后再赴黎平料理。"臣随将应否移交印信、前赴云南新任缘由寄书请教督臣鄂尔泰。嗣准覆称："新任既到，送印自属正理。"等语。臣又准抚臣张广泗咨称，于正月十七日抵省到任，是以臣将印信等项于正月十六日照例委员赍送抚臣张广泗，接受任事。臣即于十七日起程，前赴云南巡抚新任。除另疏题报外，谨缮折奏闻。至于臣在署贵州巡抚任内，事无巨细，俱皆请教督臣鄂尔泰商酌办理。所有现在檄饬司道查议未经完结各紧要案件，今臣起程赴滇，俱已备文咨明抚臣张广泗酌议办理矣，理合一并陈明。谨奏。

**朱批：** 尔署理黔抚一任颇称尽职，可谓不玷委任。勉之！勉之！身膺封疆重寄，于地方无事时自当谨守，倘遇有应行料理处，须将智识局量再加扩充远大，庶免狭隘之疵。此又在汝审己量力而为非朕所能强者。张广泗虽经擢授今职，朕尚未与谋面，尔观其人以为如何？

（《朱批谕旨》沈廷正奏折）

## 394　云南巡抚沈廷正《奏报擒剿阿驴部落已竣撤师回营折》

雍正七年正月十六日

云南巡抚臣沈廷正谨奏：为恭报大捷，仰祈睿鉴事。

窃臣前因擒剿四川雷波土司杨明义一案，有领兵参将哈元生等在川省交界地方堵截，于撤师之时，被阿驴部落蛮贼拒敌官兵，臣随委员办运粮务及督臣鄂尔泰遣兵进剿缘由，缮折奏闻。今于本年正月十二日，据云南元江协副将哈元生报称："所有阿驴者呢等犯，前经就缚，而贼首拉金父子四人并家属已于十二月二十四日拿获。奉鹤丽镇张总兵谕令撤师，随于二十七日带领官兵起程回营。"等情。臣伏思我皇上天威远播，至仁广被，是以各路狨苗悉皆荡平，使奸顽顿除，善良归化，凡属臣民共享圣世升平之福于无既矣。谨将大捷缘由缮折奏闻。谨奏。

**朱批：** 朕于凡事非有奇谋异策，惟虚心顺理，仰承天地神明之锡佑，并我皇考之垂庇耳。然每有所指授，俱幸成功。即此推之，汝等封疆大吏但能以忠诚之心对越上天，未有不邀福之理，何必皇皇为一身荣辱利害计耶？鄂尔泰实能如此，当竭力效法之。

（《朱批谕旨》沈廷正奏折）

## 395　云贵广西总督鄂尔泰《奏谢御赐鹿尾等物<br>并钦颁三省印信折》

雍正七年正月二十五日

云贵广西总督臣鄂尔泰谨奏：为恭谢天恩事。

雍正六年十二月二十六日，臣赍折家奴蒙恩赏银十两，驰驿赍回御赐臣鹿尾十条，鹿肉五方，树鸡六只，野鸡十只，细鳞鱼四尾，广橙、文旦、蜜橘、朱橘共一篓，哈蜜瓜一圆，紫金锭二千锭，平安丸二千丸抵滇。臣随郊迎至署，恭设香案，望阙叩头谢恩祗领讫。敬启折扣，跪诵朱批："卿三省总督之印，乃朕合对卿之年命，选择吉日良时，在养心殿交怡亲王监视成造者。卿可爱惜，长久用之，事事如意也。特谕卿知之！钦此。"臣伏读之下，不胜庆幸。不胜惶悚！

念臣质本凡材，身叨殊遇，荣光稠叠，莫可名言。乃以三省总督之印，复荷圣慈合对臣之年命，选择吉日良时，并在养心殿交与怡亲王监视成造，臣何人？斯实难承受。虽天恩下逮，遍及草木、昆虫，而臣力难酬，常凛豚鱼犬马。佩此印，惟当时念封疆；用一印，惟当时思利弊。爱惜军民，为三省计长久；爱惜精神，为一身计长久。事事如意，固天心之眷注，实人事之积累也。敢不敬畏！敢不奋勉！

至雍正七年正月十三日，臣赍折家奴又蒙恩赏银十两，驰驿赍回御赐臣御书福字一幅，对联一幅，计岁岁平安、年年如意春十字黄绫，绿珠一盘，小黄荷包二个，内贮宝玉金银共二十八枚，貂皮四十张，鹿尾十只，鹿肉六方，野鸡十只，蜇鲈鱼二尾，细鳞鱼二尾，广橙、文旦、凤橘、朱橘共一篓抵滇。臣随郊迎至署，恭设香案，望阙叩头谢恩祗领讫。敬启折扣，荷蒙朱批："朕躬甚安。卿好么？新年大喜。钦此。"臣跪捧喜字，欢忭无似，遥忆殿廷，曷胜瞻切！臣自腊月以后，诸务就绪。（夹批：朕自去岁十一月以来，仰蒙天祖慈恩，诸凡亦颇顺利，冬雪春雨可谓十分沾足。然朕敬畏之诚，实与年俱进，不敢少存肆放之念也。）新年以来，百凡宁帖，如川蛮，如黔苗，如滇猓，半已平安。论年岁，论风景，论民情，率多如意。皆仰赖圣恩。俾臣获蒙福，忭幸之余，窃益深儆惕。盖天道无私，神明有赫，幽独自知，衾影难假。一念之差，一事之谬，身为大吏，将贻害于军民，罪无可逭，咎斯谁诿。（夹批：朕实每作如此想。况朕之干系，较卿更为重大。期共勉之。）臣每接折扣，准部咨，敬绎一切训谕，惴惴恐恐，未尝不汗流泣下也。敢不敬畏，敢不奋勉！

兹于正月二十一日，提塘官姜文滨恭赍敕印到省。臣率同文武，郊迎至署，谢恩祗领。跪听宣读，谨择于二十二日午时开用新印，（夹批：吉祥如意。）并恭疏题报在案。其紫金锭、平安丸，（夹批：此神效妙药也。更好在有益无损，内皆平和药味，便无病人服之，亦不妨者。）臣已酌量分散。现今时气全消，官兵半撤，所需无多，其余谨贮备用。至于增提镇之养廉，免州县之亏项，俟准到部文，臣当敬谨遵行。天恩浩荡，普遍无遗。计数月以来，赏赐逾百万，荷戈持末，额手欢呼，臣并不能作感颂语也。（夹批：览卿奏谢矣。）谨此缮折恭谢圣恩，伏乞圣主睿鉴。臣谨奏。

**朱批**：览。

（《朱批谕旨》鄂尔泰奏折）

## 396　云贵广西总督鄂尔泰《奏报云贵广西官兵会剿八大寨情形折》

雍正七年正月二十五日

云贵广西总督臣鄂尔泰谨奏：为钦奉圣谕事。

窃臣荷蒙颁发朱谕二道、广东总督臣孔毓珣奏折二扣、原任广西提督臣田畯奏折一扣到臣。臣伏读朱谕："此系田畯之奏，发来与卿一笑。竟有如此良心，何在之论？然黔省官兵轻厌粤西兵，将见大局已定，有心留与伊等为难，或亦有之事。今总将广西归并，着卿总督，此案卿自有秉公察理之道也。随便发来与卿看。钦此。"又田畯折内，奉朱批："此系田畯未上遗本之前所奏，即将此折留中，已批谕，何颜有此一奏之旨？如此良心丧尽，可发一笑。钦此。"又孔毓珣奏报八达荡平一折，奉朱批："此系孔毓珣之奏，发来卿看，以便采择料理。钦此。"

臣看田畯八达之举，既轻率于前，复畏缩于后，初调常显虎进取，地势、贼情并未筹画，继见贼势猖獗，官兵屡败，镇将纷纷告急，而田畯咨行"惟有务出完全"一语，亦并无调度，及闻滇黔官兵将至，不得已亲往。计柳州至八达不过半月程，而匝月始到。既到，见贼首已戮，贼巢已平，并不计及贼子，听其远遁，数日之内遂尔旋回，并撤官兵，仅留兵三百名，令游击一员驻扎弹压。试思以粤省数千之兵犹不能抵贼，时贼势虽穷，贼心未附，倘撤兵之后，余党复聚，三百名官兵更何能为？据此举动，田畯实属庸材，无足置论者也。（**夹批**：此人朕向不识面，因侍卫年久，科分甚高，在军前人人称善，所以用为广西提督。及至来京一见，即知其平常，早欲另用，而金铁亦甚言其好，以致误用。此乃富宁安、金铁之咎，然朕亦无所推卸。真平常庸材也。）弄高一寨，地险人强，为贼寨之咽喉，不破弄高，断不能攻八达。广南前进，地势险峻，为贼寨之屏障，但能占夺山顶，则踞高攻下，八达断不能守。八月二十八日，总兵蔡成贵既破弄高，该寨贼众哀号乞命，而八达之贼亦愿归顺，故蔡成贵念义不杀降，暂停进取，谕令投诚。广罗协副将杨洪奋勇前进，夺取炮台，攻抵贼寨，见黔粤官兵未到，故随踞险扎营，暂缓进取。而八达贼众见滇兵已临巢穴，欲夺路出逃，遂直奔粤路，粤兵不能抵敌，故致伤亡。据田畯折称安笼官兵收回，云南官兵退去，竟若一日克取五炮台，皆粤军之力，而云南官兵转似败退者。扪心自问，是诚何颜？且所称平寨、鬼亭，止两小寨耳，离八达寨尚远。二十九日夜，蔡成贵、杨洪各行密谋火攻破寨，粤营并不能知。及至贼寨已平，杨洪大树旗帜，粤弁始来会话，云"此番破寨，我们亦曾放火"，及问所烧何寨，答云也烧过寨外两间草房。至今传说，以为笑谈。（**夹批**：杨洪不料其能如此。朕看伊系一中材，卿谓何如？但朕之加恩于伊者厚，或感恩奋勉，亦未可知。而人原不可限量也。虽属中材，然在将弁中亦非落人后者。）兹据称焚僇平寨、鬼亭之后，贼党始惧，乃焚大寨，夜遁。殊不知粤军大败之日，即克平寨、鬼亭之后，无论克二小寨，贼党无所惧。即使贼党果惧，欲遁欲守，俱焚寨何为？臣前据粤将呈报，见有二十九日夜，贼寨不知何故火起等语，实不禁大笑，无情之词，遂不觉自相矛盾也。

至孔毓珣所奏，殊属公论。独以驻扎辽远，只据田畯之札、诸将之禀，故所知仍有未确。查游击常显虎为贼所愚，不能破寨，咎无可逭，情有可原。（**夹批**：此人朕看来不但罪有可原，人似大有可用。）臣前已奏明，段宗岳见粤兵懦弱，断不能力取，发银购线，极费心力，此臣所深知。但以数月之久并无声息，滇黔官兵一到，随即杀献，谓尽系粤力，黔员不能平。惟蔡成贵报文内不与段宗岳联衔，止称将贼首级移交粤员，粤员亦不能甘。此系蔡成贵器小不知大体处。

再段宗岳血气，勇敢人也，急欲灭贼，苦于兵弱。谓其调度疏略，实无所辞。若谓其人甚柔懦，段宗岳殊难瞑目。（**朱批**：此人甚可惜，乃在记名上上人员内者。）又安笼游击田昌友等奉令进攻，已抵贼寨，粤兵不能前，原非所逆料。伤亡弁兵可以情恕，乃自以畏罪之故，竟以贼人恃粤通同外应等语通详，此实系诿饰之词。大约镇将之禀报，俱各有私心，惟当平心合看，其事其明，彼此争辩，皆未可谓确据也。

至于孔毓珣所奏州牧一折，前奉朱批："闻得刘德健甚是不堪，卿可秉公察究，或调或革，即酌量，一面料理，一面奏闻。钦此。"续奉朱批："西隆州知州刘德健，前经有人参奏，故有前谕。今又据金铣奏称，刘德健乃系出色好员，十分保荐。似此毁誉难凭，用人之苦，不可胜言矣。其该上司如此嘉奖，必有确据。朕已谕伊向卿言之也。卿可参酌察访，秉公料理。"又谕："此谕书毕，刘德健故本题到，因有前谕，闲发来看。钦此。"臣查广西之西隆州地方与云南广南府接壤，又于黔粤分界案内经臣题请，将西隆江北之五甲已割归贵州，故凡该州情事，臣半得与闻。初八达寨之举，非田畯本意，实启衅于刘德健。既而八达横肆，方难剿除，而刘德健又声言欲灭泥岗，以致泥岗附贼，后并土黄以及各寨无不附贼者，西隆几不能支，而刘德健并束手无策。续八达既定，有投诚土目等联名具呈，诉告刘德健劣迹。臣因隔省，未便审究，仅取供备案，移知粤省。大约孔毓珣所奏多系实事，此三省在事文武所合口一词者也。据臣揆度，刘德健谅非好员，但抚臣金铣既十分保荐，伊自有确据。臣未知刘德健之平素，亦未敢即以人言为信也。（**夹批**：事已往矣，只得以疑功论耳。）八达寨一案，虽提镇俱已病故，应无庸议。而事情原委，仍须查明。臣现已檄行查报，统俟赴黔回滇，各案卷详送到日，臣再详加参酌，秉公料理，据实奏闻。合先覆奏，伏祈圣主睿鉴。臣谨奏。

**朱批**：可谓大公至正之论。

（《朱批谕旨》鄂尔泰奏折）

## 397 云贵广西总督鄂尔泰《奏报剿捕橄榄坝首犯暨酌撤官兵情形折》

雍正七年正月二十五日

云贵广西总督臣鄂尔泰谨奏：为奏闻事。

窃照橄榄坝逆夷不法，经臣调遣官兵进剿，直捣巢穴，克取橄榄坝、九龙江，大小渡口、江坝悉已底定，逆夷大败奔逃，业经缮折奏明。因临元总兵官孙弘本在行营病故，臣随委楚姚总兵官张应宗署事。去后，兹据各员陆续禀报，并准提臣郝玉麟咨会，宣慰司刀金宝因畏贼势，避匿猛者地方，差弁目前往宣布皇仁，令其出见。于十一月二十七日，携带家口自猛者起身，三十日到九龙江，十二月初二日赴提臣郝玉麟行营投见。提臣即赏给银两、袍、帽等项，吩咐云："尔乃无罪之人，不过为逆夷势逼逃避。如今出来，可安慰各头目，招抚百姓，宁家乐业。"该宣慰一一认承，叩头感泣，于初三日回江去讫。提臣仰体皇上好生之德，广行出示招徕，恕其以往，许其自新。江坝一带先后就抚投诚者业有一千六百余户，男妇八千一百余名口，现在安插得所。其仍有未归夷民，并查遗存米谷、牲畜，严禁兵役，不许擅动。计谷二万余石，牛羊无数，俾各寨夷民归家仍有过活。其招徕抚慰之方，无不备至。嗣后，十一版纳头目俱赴营投见，听候差遣。独猛腊一版纳头目因系刀正彦之死党，伊父前已被擒解省，故犹观望不前，且闻首恶叭瞻等俱逃往蟒、坦边界，现被堵住，不放过去，更须捕缉，未便听其窜匿。提臣郝玉麟已遣提标游击施善元，带领汉、土官兵一千名，于十二月十八日自橄榄坝起程，由猛笼、猛慢一路前进，沿途善为招抚。密访首恶踪迹，得有确信，即行剿捕，毋得株连良善。又差游击徐成正带领官兵六百六员名前往猛腊地方，擒捕刀正彦之余党，并相机招抚。又于大江、橄榄坝、九龙江三处搭起浮桥三座，济渡行人，业已如市，大局已定。蟒国之整铅有缅文给猛笼叭先，云"大兵不必进来。橄榄坝的人造反，如走到我们地方，我们自然拿解"等语。看此缅文，甚是恭顺。随令宣慰司同叭先照写缅文，令其堵截，并云"不可容隐一人，若容留住坐，大兵进来，恐扰及你们地方"等语，专差持送去讫。谅此逆夷断难漏网。惟须安定人心，或不致烦劳兵力也。

今总兵官张应宗已至行营，提臣郝玉麟将招抚户口、查存米谷移交张应宗并副将邱名扬、知府迟维玺经理，江、坝两处无须多兵，拟留汉、土官兵二千五百名，余悉撤回，尽可足用。兹准提臣郝玉麟札称，善后事宜虽前有成议，必须与臣面商酌定，且总兵张应宗谙练情形，自能料理。惟缉拿首凶一着，不须提镇同驻，于正月望后起程赴省，俟擒获首犯，安置群夷，并将建立城垣，安设营汛、流官等事逐细妥商，另行分案题报外，合将现在剿捕首犯、酌撤官兵、提臣已经回省情由，再行奏闻。（**夹批**：实可庆者。）

再臣前折内荷蒙朱批："着郝玉麟前往，甚是。一到自然成功者。专候捷音。邱名扬想今大愈矣。钦此。"又臣折奏郝玉麟条内，荷蒙朱批："此人可胜督抚之任否？钦此。"臣看郝玉麟明白解事，兼识满汉文，（**夹批**：如此，则可用矣。大概必在孔毓珣之上。）虽难言经济，然据臣所见，才具似在马会伯（**夹批**：中材俗汉，现今抚臣中为第一劣者。不得其人，奈何？如魏廷珍、张坦麟、石麟、沈廷正等，皆非封疆才也，只得将就取其一长耳。）之上。邱名扬托赖圣恩，早经全愈。臣前闻伊病笃，立即差弁往视，给银五百两，自带腰刀一口并参药等物。邱名扬数日之内即渐有起色，（**夹批**：亦闻伊大愈矣。）今已动履如常，现在提臣行营协理诸务，此实总兵之选、诸将中所难得者。（**夹批**：闻得甚好，但朕尚未见面。）合并陈明，伏乞圣主睿鉴。臣谨奏。

**朱批**：览。

（《朱批谕旨》鄂尔泰奏折）

## 398 云贵广西总督鄂尔泰《奏报剿抚阿驴诸蛮已靖，现在撤师回汛折》
### 雍正七年正月二十五日

云贵广西总督臣鄂尔泰谨奏：为报明剿抚阿驴，夷蛮已靖，现在撤师回汛事。

窃照阿驴部落纠众截杀官兵，逃往川属阿都、阿不啰地方，仍多抗拒，总兵官张耀祖分兵三路，川提臣黄廷桂分兵五路，各于境界内搜捕缘由，经臣具折奏明讫。续据游击张世杰呈称："十一月初九日到者呢地方搜箐，有逆蛮恃险藏匿，卑职率兵直入，施放枪炮，打死二名，活擒一名，其余滚岩逃窜。初十日至特衣库，据千总罗朋差报，有逆蛮数百潜过索桥，卑职同哈参将带领弁兵追至江边，抢夺索桥，逆蛮俱已逃遁过桥，奔上西乌路坉藏躲。卑职等占住要隘，令千把等带兵过桥攻地，逆蛮大放擂石，各官兵冒险争先，奋勇直上，攻克西乌路坉，被枪炮打伤滚岩死者数十余人，活捉逆蛮男妇九名口。十一日，追至阿姑辖坉，逆蛮大败，官兵追杀，枪炮、刀伤、扑岩死者不计其数，活捉男妇十三名口，一并解交哈参将行营。"据总兵官张耀祖呈称："三路官兵搜获，解到贼犯内，讯得有阿驴所管贼蛮三十一名，贼首拉金所管贼蛮十五名，俱系截路伤害官兵之犯，随于营前斩首示众。"又据参将杨馥报称："十一月十九日，率领官兵分路搜捕拉金父子，捉获大小男妇十一名口。"据参将哈元生呈报："十一月二十四日，派拨弁兵捕缉贼魁，擒获贼蛮男妇大小共四十一名口。"据游击卜万年、康世显咨称："捉获巴布一名吕吕，令其引路，搜至乌鲁特箐内，突遇猓贼与官兵对敌，捉获男妇二十五名口；又搜至呢勒箐内，见有猓贼聚集，率领官兵扑援而上，贼蛮放擂石打伤通事，官兵紧围，枪炮打死多人，随后穷追，于夹箐沟内擒获男妇九名口；又于着窝、呢勒箐捉获夷猓二名。遇贼蛮拒捕，我兵奋勇斩杀贼首一十三级，捉获蛮贼十名，大小男妇三十一名口。贼等愿将家小留营作当，立限拿拉金。即拨那窝那各部夷十名协帮访查，于磨路区及帕腻邻近各箐内搜获贼十九名内，将者呢夷贼锅者等八名枭示。"又据参将杨馥呈报："十一月二十六日，分兵于硬你硐搜捕，贼来拒敌，我兵用枪打死六人，擒获男妇五名口，守备禄鼎坤拿获大小男妇五名口；（**夹批**：禄鼎坤甚属可嘉。人若可用，或以游击、参将题用，以示鼓舞可也。）又于帕腻等处搜获拉金兄弟家属，千总林发正带兵于小溜索河擒获贼蛮二名。"又据游击张世杰禀报："十二月初六日，带汉、土官兵于索桥一带沿江搜箐，有逆蛮十数人，各带弓弩，藏于箐内拒捕，枪伤一名，活擒白窝、者市二名，余滚岩逃散。"

准川提臣黄廷桂咨称："阿驴苗蛮不法，川属阿都、拖科等苗帮兵助恶，已经捣巢搜剿。查勾结帮兵，原止阿必、加乐二逆，闻大兵将至，鼠窜潜藏，其余无知苗夷畏惧逃匿。故议建昌镇暂驻布特，逐处招抚，并密踹阿必、加乐去向。"今准建昌镇咨称："责令将备派遣千把、外委，同伙头等于各山箐分头搜寻，已将阿必、加乐并阿必之子胁献来营，询明擒缚，解交鹤丽镇收审。尚有拖科、觉过未获，俟获日另解。"又据张耀祖呈称："因拉金未获，本职严谕滇黔汉土官兵于各山箐逐地穷搜，并饬令参将杨馥、守备马似龙、禄鼎坤、严比、帕腻，将拉金勒限，早为擒献。本年十二月二十五日，据马似龙、禄鼎坤禀称，严饬帕腻叔侄勒献拉金。本月二十四日酉时，帕腻叔侄解到拉金卑故一名、古故一名、者萨一名、阿英一名，共父子四名，为此差目呈解等情。据此，本职随即审讯解到拉金父子四人，据供，长子一名者故，前被官兵拿获，现今拘禁营盘等语。本职随即提出与伊等对质，果系拉金长子，除严加禁守，同应解审各犯并家属人口不日起解发审外，至于川界地方助逆之拖科、觉过，今四川提督现在严督官兵极力搜擒，自难漏网。拿获之夷民猓子，现交乌蒙府好为安插。今阿驴地方剿抚已尽，无需兵力，除将滇黔汉土官兵于十二月二十八日自务都撤师起程回汛外，理合呈报。"各等情到臣。

该臣查得，阿驴猓贼伤害官兵，其造谋聚众，拉金原属首恶。今贼首者呢与阿驴土官先已解省，头人亨以夸等及拉金之眷属人口咸已就擒，而川界助逆之别哺、加乐、阿必亦经川师拿解。前惟拉金未获，续据总兵官张耀祖呈报，于十二月二十四日，禄鼎坤等拿获拉金父子等，军务已竣，即于二十八日撤师，今于正月十七日已经抵省。除解到拉金等饬发按察司审拟招解，并将撤师日期具疏题报外，所有剿抚阿驴事竣回师缘由，合先奏明。

再查乌蒙金沙江外属滇辖者无几，经此番惩创之后，犹易控制。独川属之苗蛮，地既辽阔，人更犷悍，兵至则散，兵撤复聚，剿之既难，抚之不应。故以川提臣黄廷桂之调拨进取，颇识机宜，加以两总兵之协力，诸将士之奋勇。而于阿都、阿不啰地方，川蛮犹敢三次劫营，毫无畏惧，是其天性凶顽，实同恶兽。因知阿驴之变，非仅哈元生之激成，而黄廷桂暂且撤兵，缓拿拖科之议，众或谓非计，臣独以为此老成之见，固应徐图，难以猝办者也。（夹批：今亦获矣。）敬诵臣奏前事折内朱批："便捉拿一小土官即至如此横逆，此风岂可长也？亦不为债事。钦此。"又于续奏折内荷蒙朱批："朕前已有谕旨，料卿必参奏者。以哈元生之任事，岂忍将此等事治罪也？况朕已用伊安笼总兵矣。题到之日，朕或令将功赎罪，或宽免处分，再斟酌。有旨。钦此。"臣伏读之下，实不胜感切。

念哈元生肝胆足用，效力殊多，臣前题请由元江调补黎平协副将，原欲俟古州事定，请设一镇，即恳圣恩以哈元生补授该镇总兵，以资调度，以资弹压。（夹批：苏大有闻得是一出格勇将，但未知料理营伍、统率属员之才如何？便少有不及，而此等勇敢之人，在镇臣中亦不可少，今已用鹤丽矣。古州设镇事定，哈元生调补之处，卿可酌量。总之，三省镇臣中，卿斟酌其人地相宜者，或具题，或折奏请调，朕酌量有旨。）臣于诸将中爱哈元生如手足，亦何敢轻弃？但哈元生志高气傲，多不满人，而嫉之者遂众。若不痛加裁抑，进以谨慎，恐终无大成就，故不得不附疏指参，以儆其后。至于总兵之任，伊必能报称，并不在诸镇下也。合并声明，伏乞圣主睿鉴。臣谨奏。

**朱批**：览。

（《朱批谕旨》鄂尔泰奏折）

## 399　云贵广西总督鄂尔泰《奏明已获乌蒙等处苗寨汉奸俱已正法折》

雍正七年正月二十五日

云贵广西总督臣鄂尔泰谨奏：为奏明事。

雍正六年十二月二十日，承准和硕怡亲王、大学士公马尔赛、大学士张廷玉、蒋廷锡寄字，内开："雍正六年十一月初六日，奉上谕：据田畯奏称，八达寨苗狆剿抚事竣，其中擒获把事汉奸，现今拘禁西林州等语。朕思苗狆本属蠢然无知，其肆恶抗横、扰害地方之处，俱系汉奸从中勾引。此等奸人平日为匪犯法，本籍无所容身，是以逃至苗狆窟穴，生事把持，多方煽诱，以致抗法害民，其情罪甚属可恶。何以向来剿抚苗寨未闻拿获汉奸，严行究治者？今八达寨把事汉奸未必止此数人，而从前乌蒙、镇雄诸处亦必有汉奸煽引等情。尔等密行寄信与鄂尔泰，可留心访察，严拿究讯，勿使漏网。钦此。'遵旨寄信前来，总督即遵奉办理可也。"等因到臣。

该臣查得，乌蒙、镇雄叛案内，有刘建隆、王之瑜、毕君廷，俱系汉奸，谋充乌、镇二土府之主文。生员范绍淹钻充镇雄掌案，纵容夷目劫杀，为害地方，及至提审，即勾通逼胁，预谋拒敌，官兵当经拿获审拟具题。刘建隆、王之瑜、范绍淹奉旨正法，毕君廷因未共谋拒敌，部覆，行令遣戍。此外并无另有汉奸。贵州长寨顽苗谋拒官兵一案内，有川棍李奇、杨世臣、汪子谦等，及贵州武举厉绍远、州役黄应甲，均系汉奸，为川贩护符，为凶苗主谋，俱经题请处决讫。其镇沅、茶山等处夷民蠢动，皆恶目、土舍倡谋号召，查无汉奸在内煽惑勾引。凯里、丹江等处已拿获贩棍数名，并奸细一名，臣业经发审，并严饬查拿。至广西八达寨擒获之把事汉奸，查把事名色，即系狆寨管事头人，早经发审。其所有汉奸，臣前并未据报，现在行查，并留心察访，务当严拿究讯，断不使伊漏网。

所有乌蒙、镇雄诸处原有汉奸已获正法缘由，相应奏明，伏乞圣主睿鉴。臣谨奏。

**朱批：** 知道了。汉奸甚为可恶，当严究缉者。

（《朱批谕旨》鄂尔泰奏折）

# 400　云南总督鄂尔泰《遵旨进呈各色石头折》
### 雍正七年正月二十五日

云南总督臣鄂尔泰谨奏：

窃臣前赍折家奴关保回滇，据称，奉传事大人面谕："你回去对你主子说，旨意：（朱笔加添卿所进三字）云南石**头**（朱笔改为中字）有酱色**似宜兴窑**（朱笔删除此四字）者，白色极净者，（**夹批：** 看来甚好。）或可作砚匣，或可作水丞，或可作香箸瓶者，**无论大小**（朱笔删除此四字），觅得，**即**（朱笔改为随字）便带来，不必（朱笔加添制成器皿，亦不必七字）专差人送，**极**（朱笔删除此一字）大者不必。钦此。"

臣查云南石头尽有各色者，虽纹质欠细，亦尚光润。但匠人甚拙，除盘、碟等件，并不能制别器，（**夹批：** 正为此，方有此旨也。口传太监全错了。）臣现差人采取。谨先附进三台石五块，系白色；橡子石五块，近宜兴窑色；（**夹批：** 可谓不顺言谕矣，深合朕意。）象皮石三块，微黄色；松花石二块，有云色。以上各石，俱系武定府、和曲州所产。此外，各属仍有玛瑙石，（**夹批：** 此种不必，朕甚恶之。）系红白二色；翡翠石，系碧绿色；姑绒石，系淡肉红色，俱可作小文具，价值甚贱，臣当陆续附折赍进。合先声明。谨奏。

**朱批：** 好。因卿进石，言及者实非需爱之物，但不可多。途路遥远，未免沉重。

（《雍正朝汉文朱批奏折汇编》第十四辑，第452页）

## 401 云南总督鄂尔泰《奏报前任云南按察使今调贵州按察使赵弘本无力代完赔项，请分五年抵补折》

雍正七年正月二十五日

云南总督臣鄂尔泰谨奏：为属员之赔项难完，仰恳圣慈宽限事。

案查前任云南按察使今调贵州按察使赵弘本，奉准刑部咨，原任总河赵世显因审追亏空，开出伊族侄赵弘本得银一万四千两，限一年照数完解。弘本以为数过多，一时难以设措，援湖北武昌府同知刘学礼借欠李元龙本利银一万三千两，奉部勒限六个月通完，刘学礼无力完补，准作五年通完之例，两经详请咨部，分年完纳，准部咨覆，行追得过赵世显银两之人员，并未有分年完解者，仍令即行照数完解。在刑部，以国帑为重，理应驳追。惟是赵弘本向系以官为家，并无产业可变，且前在江南署镇江府任内，有应分赔丹阳县革职知县范琇名下亏空一项，共银三千三百九十余两，已将本任内养廉银集凑，遵照近例完解滇省藩库。若再将赵世显开出一万四千两之项必于一年限内完追，实恐无从措变，或致借贷通那，以顾考成，则一乖行止，即难以自立。臣虽又据详咨部，代为请宽，谅不能覆准。相应仰恳圣恩，俯念赵弘本才具可用，伊名下应分赔属员亏空银两业已通完，此代赵世显赔偿之项，分作五年按限完解，俾得将逐年养廉抵补，以免部臣参追，则该员自必愈加奋励，帑项不致久悬矣。臣因地方人材起见，不揣冒昧，谨具折奏，伏乞圣主睿鉴施行。臣尔泰谨奏。

**朱批**：有旨密谕，部咨到署，令转奏矣。

（《雍正朝汉文朱批奏折汇编》第十四辑，第457～458页）

## 402 云南巡抚沈廷正《奏报抵任日期及滇省得雨情形折》

雍正七年二月十九日

云南巡抚臣沈廷正谨奏：为奏闻事。

窃臣仰蒙皇上天恩调补云南巡抚，已于本年二月初一日抵任。所有一切地方事务，臣俱请教督臣鄂尔泰。而鄂尔泰公忠为念，无不开诚指示，且精神甚好，娓娓不倦，臣受益良多。兹督臣因有盘查贵州藩库，并经理苗疆及广西地方事宜，于二月十八日起程，前往贵州矣。臣膺斯重任，惟有遵守督臣鄂尔泰良规，凤夜黾勉，以图上报圣恩于万一耳。

再查滇省地方上年收成颇获丰稔，今值东作方兴，于二月初九日夜间得雨，二十四日举行耕耤后，又得雨泽，二十七日夜间得雨沾足，豆麦可望丰收。此皆我皇上诚敬昭格，宵旰勤求，是以边末遐方均蒙圣泽。臣谨缮折奏闻。谨奏。

**朱批：**所奏知道了。能自知是一庸平材质，在己常思勤以补拙事，上惟务不欺不隐，庶可循分供职。非朕独私于汝，而过任之督抚中，似汝不胜任者尚不可枚举。人为才限，亦属无可如何之事。若更行不符言，少涉欺隐，则常赉、博尔多、傅鼐等皆可为前车之戒。如能效法鄂尔泰十分之一，即一生用之不尽。但恐器小不能大受，是在汝之自勉自进也。

（《朱批谕旨》沈廷正奏折）

## 403 云贵广西总督鄂尔泰《奏谢恩赏内库银四万两并报养廉应用情形折》
### 雍正七年二月二十四日

云贵广西总督臣鄂尔泰谨奏：为恭谢圣恩事。

窃臣家奴回滇口述："正月初八日内，里大人传旨：'你到怡亲王处去，有交给你的事情，如今日交给你，你明日就起身。'奴才随于初九日赴府，蒙王爷面谕：'皇上赏总督内库银四万两，你回去说知，着来请领。'钦奉此。"臣敬闻之下，不胜欢忭，不胜激切。

伏念臣自蒙圣恩拔置大任，计六年以来，所应得养廉何止十万！即用度之外存留多余，以置立田产，非力有不能，独以公事未毕，未敢计及家私，是以至今京中臣并无房屋，并无庄田，除随任家口外，亦并无一家人在京。昨岁兼理抚篆，多得养廉银九千两，除添用去赏号，尚有六千余两。臣曾用七百两赎出旧典老屋，再添数百两拆造装修，为臣祖父改置祠堂，并用九百余两再于坟园立碑三通，以表祖父墓道。仍存三千余两，现贮司库备公，拟俟祠碑事竣，然后可及房产，以立家园。原非敢矫情，实不敢悖理也。况托赖圣主仁威，诸事就绪。总督养廉岁计有余，即臣自谋生理，已甚属充裕，且臣天性俭约，不事浮华，除衣马犒劳，原不敢苟简，以损大吏体统，此外则别无枉费。至臣妻在署，衣服不过绸绢，并无首饰钗钏等物，至今如常。感恩遇之过隆，痛父母之不逮，实不忍令妻子辈受享奢靡，以重臣罔极之悲也。兹复蒙特恩赏臣内库银四万两，仰窥圣慈，神怆气咽。计屋舍田园、儿女婚嫁即终臣之身下及孙子，皆可从容富饶，即属庸人，亦毋须别营私囊以自玷身名矣。怜爱之深，衷成全之至意，感极无言，祗领何辞？但臣京中既无家业，又无家人，即欲置房产，一时亦难妥当。仰恳圣恩，或准于滇库余银内暂且动拨，臣当陆续支领，除置买田房外，余留备臣需用，庶不至虚糜圣赐，而有忝殊荣矣。除启覆怡亲王，候文遵照外，谨缮折具奏，恭谢圣恩，伏乞睿鉴施行。臣谨奏。

**朱批**：好！已面谕怡亲王矣。王自有料理，说与七斌来。

（《朱批谕旨》鄂尔泰奏折）

## 404　云贵广西总督鄂尔泰《奏覆病体痊愈情形折》
### 雍正七年二月二十四日

云贵广西总督臣鄂尔泰谨奏：为据实陈明，仰祈慈鉴事。

窃臣恭报祥云一折，何蒙朱批："岁前冬初，闻卿每患胁痛，少觉气弱。朕思此皆忧思之所致，朕至不忍有谕慰问。盖以谚语云'心病还须心药医'。若邀上天慈恩、圣祖赐佑，各处军役就绪时，我鄂尔泰自然全愈，非目下空言慰问所能解者，所以忍而未颁谕问。今天祖慈佑，三处俱陆续报捷，又睹此罕遇之嘉瑞，想卿必然心怡神畅，诸微疾得全愈矣。目下卿体如何？去冬不爽时如何光景？可据实奏朕，莫隐。凡人能一念专诚、聚精会神，勤劳二字实不妨。然忧心焦思，则万万不可，且亦于事无济，当切戒之。况世情冷暖、人事参差，明天理达人情者有几？只可尽一己之心，以对越上天，则修齐治平之道俱备于中矣。其他入海算沙之类，又何足与较。凡事当酌量精神，体察能否，不可任力不能胜之事，不可费思所不及之心。夜眠若稍觉不静，日食若少有不美，则当慎节而不可勉强从事也。可必遵朕谕行。钦此。"臣跪讽之下，感痛失声。及今二十日，每一捧诵，犹不禁泪堕盈襟，莫能自解也。

念臣尔泰受恩深重，报称实难，惟期矢此血诚以自免。背负世情人事，原非所敢知。虽身本羸瘦，然精神自强，并未敢以物欲萦心，亦何来有疾病撄体？缘去岁秋冬诸务丛脞，哈元生失事于川蛮，橄榄坝犯顺于慢磉，八达凶狝屡挫官兵，丹江逆苗肆行抗拒。臣每接禀报，自惭疏庸，自思罪过，辄中夜坐起，不敢安寝。凡一应军前文书，随到随投，立即批发，不敢少迟时刻。而浮议纷腾，造言杂错，虽明知为诳言，或窃恐为实事，心力交迫，眠食不遑。迨十月初，左胁下隐疼，渐及胸膛，腔内闻血腥，心气微觉下陷，时不能见官视事。卧榻者仅三日，续静息调摄，亦渐次痊可。及万寿令节，五色云现，后各路官军纷驰报捷，臣不胜庆幸，踊跃忘疲，旬日之内遂已全愈。今且精神加旺，餐饭增强，较未病时更觉壮健矣。此天恩之下逮，实圣心之上通，稠人蒙福而不知，微臣当身而自省。窃谓知慎节，戒忧焦，此病药也；明天理，达人情，此心医也。伏读"倍加敬畏之心，一念专诚、聚精会神"之谕，觉于心病得医心之药，并于心医得医心不病之药。其入海算沙之类，不但不忍与较，正恐稍自堕落，即与于入海算沙之数，更为人所不足与较者也。臣虽钝根，敢不奋勉！

至训谕谆谆，令不可任力不能胜之事，不可费思所不及之心。夜眠不静，日食不美，则不可勉强从事。虽慈父之怜弱子，无以加此！臣复读至"不忍有谕慰问"句，"我鄂尔泰自然全愈"句，忽念臣父母，复不禁感痛失声，无以自解也。夫劳逸不在形骸，疾病无关性命，忘身而身存，废心而任事。臣必当时时儆惕，自爱自重，恳祈圣慈毋为万里远臣虑也。

缘奉垂询，用敢琐屑备陈，伏乞圣主睿鉴。臣谨奏。

**朱批：**览卿更觉壮健之奏，心怡神畅，实慰朕怀。朕揆天理人情，所见不谬矣。何庆如之？

（《朱批谕旨》鄂尔泰奏折）

## 405　云贵广西总督鄂尔泰《奏报招抚滇黔两省苗夷情形折》
### 雍正七年二月二十四日

云贵广西总督臣鄂尔泰谨奏：为奏闻事。

窃照滇省橄榄坝逆夷不法，调遣官兵进剿，大局已定，止猛腊一版纳尚未平复缘由，经臣节次奏明在案。续据游击徐成正禀报："奉令带兵进剿猛腊，先令各版纳前往招安。正月初八日，行抵猛半地方，差探猛腊已于险要关口打木城二道，用数百人把守。卑职率领官兵进头道木城扎营，示以攻取。刀正彦之子召糯随即遣人投见，情愿归顺。卑职单骑直入，开谕诏安，当招出橄榄坝百姓二百一十三名口，小头人四名，押赴提督行营，听候安插，并责令召糯同各版纳往招各贼首。"据游击施善元禀称："带官兵前往猛笼，过笼得坝，招出各寨逃避夷民一百九十六名口，缘系蟒界恐蟒国夷民惧怕逃躲，随遣叭先带能事头目、土兵往整亢、漫牛等处诱抚。正月初七日，据叭先回禀，橄榄坝摆夷共来八寨，今先令七人前来投诚，余俟陆续方能到齐。贼目俱分散逃躲，分遣诱擒。有九龙江头目具缅文知会宣慰刀金宝，云：猛挐叭憨已差人拏获贼首叭瞻、叭素、宰雅三犯，现在差人往探虚实。"据楚姚镇总兵官张应宗呈称："自正月十七日起，至二十三日止，又招出各寨夷民一百户，共男妇七百五十二名口，俱交宣谕刀金宝各安住牧。"又据徐成正禀报："召糯同各版纳在蟒国地方招出橄榄坝流夷四百一十三名口。卑职在猛腊又招出二百八十名口，俱押赴张总镇行营安插。再被阻外域之元江目兵康天锡等并客人六名、夷目二名，今于正月二十七日，老挝国差叭目二名、先目四名、土兵五十名护送同来，回到职营。并据康天赐禀称：老挝来目说备象二条，情愿归入内地，未知确否。"等情。

臣查橄榄坝夷民归诚复业者已万余人，贼首叭瞻等三名既据报获，其余一二犯定难漏网。至于远服外域备极恭顺，此实我圣主至德深仁、化被诚通之所致。臣已随差赍蟒锦、缎绸、布匹等项去赏老挝来人，愿归之说听其自便，并令不必言及其应安设文武流官等事。提臣郝玉麟于二月初九日到省，臣已与面加商酌，现在详慎定议，分疏具题。

又开辟贵州生苗地界事已就绪，惟地广人众，诸凡善后图维，务须详加布置，臣亦节次奏明。兹据游击史应贵禀报，伊等在鸡讲营盘宰牛款谕大小各寨苗人，明誓饮血，埋石为记，据称情愿永作良民，每年上纳钱粮，再不敢作歹违抗。据参将赵文英、知县鲁朝聘禀报，伊等在八寨行营，正月初八日等日，有里条乜、乌达、杨乌、摆桌、番扛、竹留等寨头人赴营上纳条银，坝固、排卡、摆牌等寨头人赴营就抚，割具木刻，认纳钱粮。据镇远府知府方显呈报，又招抚得清水江柳受、柳利二寨生苗，计一百九十二户；杨辽、番招等寨，计七百六十户等情。是生苗前已畏威，渐且向化。设镇安营、建官划界等事，人又颇以为较易，而不知愈应作难事观。臣抵黔时，即与抚臣张广泗面商熟筹，务当凛体圣训，详慎料理，以图永远安帖可也。

又安顺一带前所化生苗，应堪明界址，收纳钱粮。臣先委副将刘成谟，知府朱齐年、何经文等前往办理。今据禀报："公同分勘界址，陆续收过生苗粮银已三百二十六寨。深山穷谷、恃险负固之生苗，无不纷纷向化，实有忻羡良民之心。近又化出生苗二百四十七寨，尚有二十余寨不出投顺。随偢作进剿之势，再遣人化诲，各寨生苗现俱归诚，愿预纳雍正七年钱粮。职等一遵指示，到处奖赏，科赋从轻，生苗欢幸，现已直达粤界。"等情。臣查安顺、定广、镇宁、永宁、永丰等府州，凡与粤接壤，皆系无管生苗，近一年以来并无劫杀案件，是亦归化之验。应俟勘明界址，分归各州县营汛管辖，即当另行题报。

以上三件，实系滇黔两省极边要务，所有续报情实，合再一并奏闻，伏乞圣主睿鉴。臣谨奏。

**朱批**：欣悦览焉。皆赖卿忠诚任事之所致者。宣示廷臣，无不欢欣庆幸。但此归化生苗人数众多，地方辽阔，善后事且最为切要。卿奏云"人颇以为较易，而不知愈应作难事观"。此论甚是，朕复有何谕也？即此一念，办理未有不妥协者。可与张广泗悉心料理奏闻。

（《朱批谕旨》鄂尔泰奏折）

## 406　云贵广西总督鄂尔泰《奏报滇省水利事宜折》
### 雍正七年二月二十四日

云贵广西总督臣鄂尔泰谨奏：为奏明事。

窃照地方水利攸系民生，而在滇尤属急务。臣自受事以后，即檄行各属，凡有河道，俱查明详报，以凭次第疏浚。嗣闻嵩明州之杨林海，又名嘉丽泽，自东至西，广二十余里，自北至南，广十五六里，一纳东北龙巨河水来源，一纳西南南冲河源，余皆山溪小水，积聚成塘，合流出于河口，归车红江，水口甚低，原易泄泻，缘河湾迂回曲折，不能直泻，以致四散汪洋。又药灵山下，有石子流沙冲入河口，壅塞咽喉，去水太缓，故海边四十八村，已成田亩每年多被淹没，为害实甚。臣细加采访，此海水原不大深，若改疏河道，由丁家屯开挖里许，直达龙喜村面前，再开里许，直抵河口，使新旧两河并泻，水势即可畅流，不惟已成田亩可免水涝，而周围五十余里草塘均可开垦，所费无多，为利甚溥。前督臣高其倬曾据绅士呈请，亦经委官踏看，因应开河身之处不无成熟民田，时被该地衿棍阻挠，遂尔中止。臣因一面出示明白晓谕，并行布政司委员查勘，估计工费，并查补偿田价共该若干，造册具详。

续据该司详称，委员丈核，所费田亩里数，酌定人工，于雍正六年正月十六日祀土兴工。随据四十八村里民咸称情愿帮工，莫不踊跃从事。乃有龙喜村之官华等仍逞故智，妄行抗阻，经臣批饬，将为首之官华、杨国英二犯枷示河干，限完工日释放。自此，里民得以并力，不数月而报竣。兹据嵩明州知州安鼎和禀称："修浚工毕，水势直达河口，前之迂回曲折者，今则顺流而下，前之泥沙淤塞者，今则通达无滞。水得所趋，而沿海田地渐涸。卑职履亩查勘，共清出中则田四百一十亩，下则田一千七百零七亩；中则地一千一百亩，下则地六千九百五十亩，二共一万零一百六十七亩。共科秋粮米麦一百八十四石九斗九升零，科征条编银九十二两五钱一分二厘零。仍给本主输价，领给遵照，永远管业，于雍正七年起升科纳赋。"等情。臣于赴黔之便，更经临河亲勘，沿海居民莫不欢幸。是旧有田亩可永免水患，而新出田亩亦少为民利矣。

又查自滇至粤原有河道，虽因盘滩险阻，不能直达省会，然自临安府属之阿迷州有燕磁硐河流一道，可直达大河。自燕磁硐疏凿，可以通八达汛。而临安属之个旧、金钗坡等铜厂离燕磁硐不过百里余，自省城水路抵晋宁起岸至彼，亦不过三百里。既与厂地相近，运发铜斤甚易，又离铸局不远，盘运钱文复可省，脚价似此便宜，水道所应急为开修者也。臣早行令各州县造麻阳鳅船数只先为试演，并令粮道发银交给委员前往兴工，并令沿河州县官照界分办，其自八达至黄土一带河路，咨会广西抚臣委员会勘，务期开通，一俟告竣，则阿迷至粤可以安稳行舟，往来商贾有千百年之便利矣。

又云南府之滇池、海口及金汁等六河并各处堤岸坝闸，必疏浚深通，修筑坚固，庶足资灌溉。从前虽有岁修，要皆潦草应事，坍塌淤塞，率以为常。臣于上年冬绘图为说，檄行云南粮道遴委河员，公同地方官查看议修。嗣据该道黄士杰亲勘详覆："昆明之滇池，为呈贡、晋宁、昆阳等四州县众水汇聚之区，而海口大河又为泄泻池水之要道，沿海各州县田亩每患海水漫溢，全赖此河泄泻，稍有淤塞，则沿海田亩辄遭淹没。今亲历河干，细阅形势，勘得大河南北两面俱山，皆有箐水入河。每至五六月间，雨水暴涨，沙石并流，冲入大河，而受水处河身平衍，易于壅淤。如北面有白塔箐、腊龙箐二水合流，泄入大河，名耳宗闸，壅淤之患犹小；若南面则有瓦泥箐、邢家园二水，属呈贡县辖，名普安闸；有罗武箐一水，属晋宁州辖，名清水闸；有天自箐、芭蕉箐二水，属昆明县辖，名新村大闸，皆直泻入河中。每年疏浚于农隙之时，即壅塞于雨水之后。不挖则淹没堪虞，开挖则人工徒费，四邑沿海人民重累难堪。兹查大河下流水势渐陡，至石龙坝，奔流跌注入安宁州大河。再勘得南面之平定哨一闸，系云龙箐水归入大河之道，正值水陡流急之处。本道相度地势，咨询舆情，咸称南面宜开一子河，引普安、清水、新村等闸之水同至平定哨闸入河，则泥沙石子不能停住，一劳可以永逸。但两畔俱有成熟地土，今议另开子河，其应挖去地亩应给价值，或查欺隐抵补，其所用人夫，仍照例于四州县派用，添给口粮。而各州县人民皆欢欣趋事，现在督工修浚。"等情。若此子河开成，则昆明等四州县可永无水患，而实获水利矣。

以上三件，除杨林海业已工竣，滇池、海口通粤河路现已兴工，所费钱粮核计不过万余金，即以开河涨出田亩变价充用，或有不敷，腾那甚易，总不须动支正项，并不须开销赢余。理合一并奏明，伏乞圣主睿鉴。臣谨奏。

**朱批：**有何可谕？可谓超群拔类之办理，为从来封疆大臣未举之善政也。朕为滇南赤子曷胜庆幸！凡此等有利于地方民生之事，若有应动正项者，只管奏请，不可瞻顾、竭蹶从事。

（《朱批谕旨》鄂尔泰奏折）

# 407　云贵广西总督鄂尔泰《兴修水利疏》
## 雍正十年，日不详

云贵广西总督臣鄂尔泰谨奏：为全滇水利已未兴修，汇叙陈明，仰祈睿鉴事。

窃惟地方水利，为第一要务，兴废攸系民生，修浚并关国计。故无论湖海江河，以及沟渠川浍，或因势疏导，或尽力开通。大有大利，小有小利，皆未可畏难惜费，忽焉不讲者。况云南硅步皆山，田少地多，忧旱喜潦，且并无积蓄，不通舟车，设一遇衍阳，即顿成荒岁。从前市米一石有价值十两、十五两之年，前事后鉴，敢不预筹。是以臣自莅任以后，仰体我皇上爱民务本之至意，即详饬通查，令凡有水利，毋得膜视，并博采舆论，合看绘图，务期矢此恒心，用资绵力。但于治有小补，庶几虑可少宽，志未尝不如此。乃迄今六载，虽亦次第举行，然兴修已竣而获水之利者仅半，已修未竣、已竣未妥并应修未修、委勘未确者居半，现无成功，何论久远？用深歉仄，切望群材，此应了未了事，所当分晰开明，陈请圣鉴者也。

除昆阳、海口及盘龙江诸河兴修情由已另疏具报外，查云南府属嵩明州之杨林海，又名嘉丽泽，纳龙巨、南冲二河之水，并受四面山河各水，会聚成淀，出河口，入车翁江，达金沙江。因河湾迂曲，去水甚缓，停留沙石，壅塞咽喉，每将海边四十八村已成田亩半行淹没，历为民患。臣详加察访，海水深止二三尺，若改疏河道，由丁家屯、龙喜村开挖二里许，直通河口，使新旧两河并泄，水势畅流，不独四十八村可永免水涝，而周围五十余里草塘均可开垦成田。随于雍正五年秋，委员会勘，并先将历年阻挠之衿棍二人枷示河干，限以工完释放。于是，各士民欢呼踊跃，情愿出夫，仅资给口粮，并未多费，于雍正六年春报竣，从此田亩岁收并涸出田地一万余亩。

再府属宜良县洼地多淹，高地无水，旱涝不均，有需调剂。臣先于雍正七年，据前任知县邢恭先详禀，饬谕兴修，随于八年春报竣。续复委员履勘，所开河共五道：一在城东北五里五百户营之南，开长约五里，已通池江；一在城东三里龙王庙北，旧多积水，开长约四里，亦泄于池江；一在龙王庙南，为北来群水所会，开泄水河约十里，水不为害；一在城南二十里，地名干墩子，缘地无水池，一望平衍，废为弃土。于赤江边决一水门，开河一道，引肥水灌田，现已获济。惟自江头村起，所开引河一道，地形渐高，水势难上，殊无益灌溉，徒费人工。复议自胡家营北接旧河，另开一道，约长五六里，甚有裨益。现饬于农隙兴工，约明年春可竣。

又临安府有泸江一水，来自石屏州之异龙湖，合塌冲、象冲二水及六河、九涵，皆会于泸江，以赴岩硐，伏流十余里，出阿迷州，入盘江，而硐口、硐底石埂十三重，阻水不能直泄。每遇夏秋暴雨，奔湍四溃，田庐淹没，土人称有神物，凭岩欲伐，岩石辄有风霾、砂石，必中伤人。经委前任知府张无咎凿石疏河，椎凿不能入，强入不寸许，旋果风起砂飞，炮砾从空击下，断工人一指。臣据报，谓"神以庇民，岂以虐民？总制奉天子命，除患济民而神弗许，是神不灵，随通以诚、告以正，遣张无咎以文祭毕。复督工凿石，应手而碎，十三重立尽。复将自泸江至岩硐堤岸八百一十丈，自塌冲二河至二河口堤岸四千三百七十五丈，并造桥、丁桩、挖浅，诸件一并筑修。于雍正八年四月内报竣，现已有利无害，禾稻倍收。"

再府属之建水州，查自南庄十六营以下暨狮子口、郭衣村等八处，田地甚多，苦无活水。但雨泽稍迟，即秋成失望。前任知州祝宏，以附近南庄之李浩寨山腹中有过泉一道，细流不息，入地无踪，曾竭力开挖，不能疏通禀报。臣令以谷糠填入，向下寻流，约三十里流出于州属之老鼠窆，知为此泉无疑。遂穿凿地道，伐木为厢，穴中水涌，势甚湍激。随复开沟导水，俨成大渠，并酌定规条，令挨次引灌，而该地田亩皆赖以丰收，于雍正七年四月报竣。

府属之阿迷州离城里许，有小河一道，历来不通舟楫。该署州漆扶助遵檄疏浚，自水泉下绕州城，由禄丰乡直达盘江，计三十二里，现可行舟，于雍正七年八月报竣。府属之蒙自县有县坝一区，围绕城外，平坦宽阔，可成沃壤，因灌溉无资，遂弃为旷土。查有城南学海，据坝上流，亦经淤塞。若浚深数尺，建闸筑堤，开沟引水，即可以肥田。虽工程不易举，而众愿速成，该知县王廷诤于雍正七年兴修，八年冬报竣。

又曲靖府属之寻甸州城南，平川沃壤，皆可垦土成田。缘寻川一河会寻甸、嵩明两州之水，每夏秋积雨，一望汪洋。加以马龙州河水又会于七星桥下，冲激寻川之水逆流泛滥，即附近熟田亦岁被淹没。土人谓自古相传，捍御无策。臣熟筹博访，就其山形水势及远近高低，欲使寻川河顺流直泄，必先使马龙河不争水道，欲使马龙河不争水道，必须另开子河，俾寻甸、嵩明之水，皆得畅流，并可免冲激，不致泛滥。今于雍正七年春，面谕升任知州崔乃镛查勘督修，随于是年十月兴工，八年春报竣。共用工三万七千有零，约可涸出田地二万余亩。但大河中流，有整石四十余丈，务须开凿，而施力殊难。复议另浚沙河十五里，以收全功。现委迤东道迟维玺就近督修。

又澄江府城南之抚仙湖，延袤百余里，中流深处可百余丈，以受各山之水，亦名为海，由宁州入阿迷，注盘江，会流以达粤境。每雨多，水沙宣泄不及，则附郭之河阳，并江川、宁州三处，利害共之。惟海口一河尚堪疏泄，而山溪水涨推砂滚石，壅积易而通畅难。明巡按姜思睿曾建牛舌、梅子箐二坝，撼两山之冲激，遏砂石之壅淤。今石坝倾颓，更无可恃。据该知府王铎详请兴修，臣随发银委办，计石工一百七十六丈零，首尾宽深，堤坝坚固。又增筑逼水坝六墩，以固石坝，以涤岸砂。于雍正八年兴工，九年六月报竣。河阳田新涸出三千余亩，旧田遍种，现获丰收。

又楚雄府属之镇南州，旧有水塘，筑堤积水，以资灌溉，名"千家坝"，因倾废百年，水无停蓄，一遇亢旱，种插并难。臣面谕该知州金鉴确勘详覆，其水来自北山龙王庙及多蕨厂等处，两旁坡岩壁立，四季泉源不竭，会流箐口。两山回环，俨如门扇，基址天成，蓄水成塘，可灌数十里田亩。随发给银两，令筑坝，建闸全用大石，并将外口开挖宽深，毋得省工惜费。于雍正八年六月兴工，掘出千家坝旧碑一版，复指其缺略，示以坚完，于九年三月报竣。据称不独可灌千家，并可以周万户矣。

又东川府虽倚山临川，不通河道，种稻田者无多，余半为荒土。而城北蔓海一区，宽长二十余里，地本肥饶，因积水难消，弃置已久。自割归滇辖，臣经发银数千两，令前任知府黄士杰于雍正五年开河三道：一从马五寨至鱼洞二十里为左河，一从瓦泥寨至水城二十里为中河，一从拖落村至鱼洞二十里为右河，建石闸二座，木桥四座，水消田出，业招民承垦。劫守罗得彦又从马鞍山开河一道，约长十里以济蔓海；从梅子箐开河一道，约长十里，会合中河。及知府崔乃镛接任，于九年正月加修，旋据报竣。

其余如嵩明州之宽郎河，效古、日足二里，田亩同资灌溉，因水分不均，里民争控。饬令开子河一道，俾两里均平，九年四月报竣。宣威州旧少水田，仅资荞麦，知州漆扶助于双龙山泉会合处建石闸一座，于戈山河口建石坝一座，左右各开渠一道，于嘉惠落水洞旁建石坝一座，开渠一道，截流引水，均可垦田，俱于九年八月报竣。禄劝州地僻土寒，谷难成熟。惟正东、东南等村可以种稻，内有马家庄等处田高缺水，旧有水沟一道，久经壅塞。前任知州贾秉臣请从山腰纤折凿石成渠，汇复沟水，可灌田数千余亩。于雍正四年八月内发价饬修，不数月报竣。大理府洱海之海口，为附郭之太和及赵州、邓川三州县水利所关，因壅塞多年，每遇雨水泛滥，海田多伤。据前任同知佟世荫等详明兴修，水得畅流，田禾攸赖，于雍正四年内报竣。又云南县有团山一坝，旧立闸三道，引梁王山泉灌溉田亩，岁久倾圮，难资引灌。因开修沟闸，并浚清海尾、赤河尾，业经报竣。浪穹县因湖水泛滥，疏浚凤羽河等处，筑堤四十余丈，厢木柜五十架，业经报竣。但补苴一时，尚非远计，现复委勘加修。永昌府城外有南北两河，田亩攸赖，因壅塞已久，岁损禾苗。据该镇府等倡率兵民，用夫一万余，亦于雍正四年内报竣。

以上各件，工有大小，时有迟速，或给发承修，或腾那济事，或奉行官吏加意急公，或本地士民出夫协力，并未动项，皆已完工，内有仍需加修者，亦不过增补。其各属地方如堤坝、圩埂、沟洞、渠塘等类，随时疏筑，各有禀详。事件零星，俱无庸开叙。此外如临安之建水、石屏，俱受庐子沟之患；嶍峨之城垣、田庐，俱受练江、猊江之患；曲靖之西潇湘，南宁之落水洞，罗平之西北一河，新兴之玉溪，路南之蜡甸，和曲之红土田，赵州之弥渡，云南县之马安，邓川之苴弥，浪穹之宁湖，皆应疏浚开凿，俾有利无害。禄丰县之宜重修废桥，定边县河之宜建石堤，永北府之羊保山宜建石坝，顺宁府河之宜建铁索桥，皆应乘时料埋，庶力少功多。

至于通粤河道，最关紧要，非止便客商，实欲资粮运。臣于雍正七午春即发银饬修，已由阿迷州以下开至八达，共一千五百里，造船试行，直至土黄。有早路二跕，亦经置备车牛并盖棚店，下船至剥隘，则径达粤江。因委总理之被劾，原任广南府知府贾秉臣草率粉饰，并未彻底开通。故虽勉强行舟，河路尚属危险。现复委员确勘，妥议增修。又嵩明州之河口，经寻甸、东川由牛栏江达金沙江，周环川江，复抵昭通，以通舟楫。虽工程不易，亦人力所能。现委试用知县以下赵世纶等备细估勘，绘图覆夺，若得川粤江河舟通滇会，则片帆可达吴楚，又不止寻常水利事矣。以上各件，臣已切嘱司道，并详谕各官实心措办，所需工费，请于变价银两内酌量动支。敢或借端侵冒，及苟且塞责者，立即揭参，以为膜视公事者戒。惟众志若一，期在必行，庶百务无难，皆克有济，且各为地方贻永远利，赖之善迹，以仰副我皇上廑念边方之盛心，亦所以自求福而与有荣幸事也。

所有全滇水利已未兴修汇叙陈明缘由，相应会同云南抚臣张允随合词题明，伏乞皇上睿鉴，敕部查照施行。

（《雍正云南通志·艺文志》）

## 408　云贵广西总督鄂尔泰《奏报按察使元展成前赴广西新任日期等事折》

雍正七年二月二十四日

云贵广西总督臣鄂尔泰谨奏：为覆奏事。

窃臣请将云南按察使元展成调补广西按察使折内，荷奉朱批："元展成光景是一大人物，人人言好。二人互调正合朕意，已有旨矣。路途遥远，且不必令来引见，着赴新任，料理一二年，再着来见朕。"又批："着他奏折来人，令到怡亲王处转奏，朕随事批谕训勉之，料伊必能领会也。钦此。"钦遵。臣即传元展成赴臣衙门，密宣着他奏折令到怡亲王处转奏谕旨。元展成跪聆之下，感激涕零，据称誓竭驽骀，始终弗渝，以期仰报圣恩于万一。比值部咨亦已到滇，臣随令其将经管之铜厂、钱局事务，以及发运铜斤查明交代，速赴新任，一面与抚臣沈廷正会檄布政使张允随署理臬篆。去后，兹据元展成呈报："铜厂钱局诸务俱已造册，移交粮道黄士杰管理，并无丝毫亏空。发运吴、楚、粤西三省铜斤，除铜本、水陆脚价、官役盘费等项，尚应有节省获息银共约二万余两，分析造册，送臣备案，俟铜价到齐，悉行归公。元展成臬篆已交，即于二月二十四日起程，前赴广西新任。"等情。

臣看元展成心地才具皆可以有为，若复得邀圣训，识力日增，将来大有成就。至云贵两省属员内，如曲靖府知府刘斌、威宁府知府吴士鲲、开化府同知杨正辅、陆凉州知州祖良范、楚雄县现报丁忧知县李文炯，俱系年力精壮、兼有才干、实心任事之员，以之升调广西，皆可资料理。除祖良范明白勤慎，于应安抚之地相宜，臣已遵旨请补泗城府知府。其广西最要府州等缺，如现任守牧或人地不甚相宜，臣自当据实奏请，酌量调用。（夹批：是。）惟是知人甚难，无可自信。即如黄炳，其向来行止居官秽声，臣并非无所知闻。因伊在滇数月，时与晤谈，见其多改过之言，有上进之意，更以伊父子俱受殊恩，断不至良心复昧，遂致为其所蔽，仍谬冀其可用。及接奉批示，臣已自知大误。续阅邸抄，见黄炳诸事败露，各有指实，窃自儆自责，深愧不足。而钦服我皇上如日之明，无心烛照而自无遁形。臣随事观人，勉学万一，似亦觉更有进境。（夹批：从上观人原易。朕当年藩邸，如门下人，知之甚确，凡所旁观者自觉不甚明。切如今日，若以卿之三省属员论，朕所知自然不及卿知者为更切。若同寅大臣、他省官僚，卿所知自然不能及朕也。其不敢轻信人一句，乃用人第一妙诀。朕从来不知疑人，亦不知信人。可信者，乃伊自取信；可疑者，乃伊自取疑。赏罚亦然，总与朕无涉。朕不横意见于中，以为此人必信，此人必疑也。朕此一着，凡有统率之责者皆当法之。然非如卿公正存心、屏除私障者，恐欲法而未能也。此谕，朕每向诸王大臣训诫之。）嗣后凡于三省属员，臣务求深知灼见，以分别其诚欺，断不敢轻信人，轻自信，致地方职任并为所贻误也。

合并覆奏，伏乞圣主睿鉴。臣谨奏。

（《朱批谕旨》鄂尔泰奏折）

## 409 云贵广西总督鄂尔泰《遵旨覆奏地方命盗案件再审事宜折》
### 雍正七年二月二十四日

云贵广西总督臣鄂尔泰谨奏：为遵旨酌覆事。

据云南抚臣沈廷正前具折奏请将知府、直隶州承审本府本州地方命盗等项案件，令解赴该管道员衙门覆审，属藩司者移解藩司，属臬司者移解臬司，审明转解督抚等因。荷蒙朱批："沈廷正此奏，卿酌量行之。钦此。"钦遵。

该臣查得，守、巡二道虽分司盘查属府仓库、督催刑名事件，原无承审之责。亲辖地方之知府与直隶知州，凡有钦部命盗重案，俱系自行审招，径解藩、臬二司勘转，历来已久。如讯供不确，拟罪不当，情关重大者，两司驳行覆勘；无甚关系者，照例为之改正。设藩臬所审不公，或依样转详，尚有督抚核审指驳，未尝不其详其慎。即如发审重案，或转发府审，由司勘转，或两司自审，或招解赴督抚审题，各省皆然。若谓少一核转衙门，事便草率，焉知不多一核转衙门，事反拖延。总之，定罪之允当与否，全在督抚藩臬揆厥情理，秉公推鞫，则刑狱自无冤抑。倘大吏不能明察，苟且了事，不特添一核转衙门，终为无益，即委员调审，亦不过虚应故事。缘案件完结处不但不在府州，并亦不全在藩臬也。且各省道员不与藩臬同城驻扎者居多，督抚又不时有差委之事，若将钦部命盗重案俱责令审转，人犯必多守候拖累之苦。而道员与藩臬又俱平行，设呼应不灵，必致愈多迟滞。据臣酌量，抚臣沈廷正所请将知府、直隶州本府、本州案件解赴道员覆审之处，似可不必行。惟是道员既有督催之任，则所属府州县无论事之大小，系通详者，俱应并详该管道员，听候批示，庶以便查核。

臣查近来府、州、县官初报命盗案，则详道官后有案中续详之事，止详府司，及府州审招，亦不并详该道。而该道每避揽事之嫌，亦率多置之不问。比至遇易结不结之件，道官限于条例，同受处分，殊属未协。臣于云贵两省，业经面谕司道，嘱令照行。独以未有定例，事难画一。臣请嗣后，凡应道员督催督缉事件，属员有详臬司之文，概令并详该管道员，及成招解司时，并将全招详送该道。倘有无故迟延，承缉不力，许其按限勒催；罪名不合，许其指摘详揭，庶事有专责，而执掌亦不致废弛矣。谨此议覆，伏乞圣主采择施行。

再沈廷正于二月初一日到任视事，臣将滇省一切事宜详细告知，听伊料理。随于本月十八日自滇起程，前赴贵阳，先办黔件，候金铁到日，再商论粤事。合并陈明。臣谨奏。

**朱批**：是。其应行处、应题请者，可具本题奏。

（《朱批谕旨》鄂尔泰奏折）

## 410 云贵广西总督鄂尔泰《奏谢御赐御服银鼠袍褂谢恩折》
### 雍正七年四月十五日

云贵广西总督臣鄂尔泰谨奏：为恭谢圣恩事。

雍正七年三月二十三日，臣赍折家奴蒙恩赏银十两，驰驿赍回御赐臣御服银鼠袍褂二件，果干五种共一匣，乳饼、敖尔布哈四种共一匣抵贵阳。臣随郊迎至公馆，恭设香案，望阙叩头谢恩祗领讫。（**夹批**：览卿奏谢矣。）敬启折扣，遍诵朱批，仰见我皇上用人、行政、恤兵、忧民，及一切方略、一应施措，莫不一本于至诚，一出于至敬。祥垂天象，闻喜若惊；瑞现地灵，披图弥畏；抚绥征伐，有事而无心；和豫丰亨，筹先而虑后。此诚上圣之心，传万年之政要。臣愚管窥，实无可名言。惟有凛体圣训，勤宣圣德，俾文武同官，以及边远微末，咸知身际隆遇，千载一时，不甘自暴自弃，各勉作完人，是臣之所以尽职，即臣之所以报国也。

今岁滇黔二省晴雨以时，春熟加倍。粤西去冬大雪，今春雨足。据金铁面告，并询来往官弁，皆称十分收成。除俟该司等汇报到日，另折奏报外，合先陈明。为此缮折恭谢圣恩，伏乞圣主睿鉴。臣谨奏。

**朱批**：欣悦以手加额览焉。

（《朱批谕旨》鄂尔泰奏折）

## 411 云贵广西总督鄂尔泰《奏报广南府天现祥云折》
### 雍正七年四月十五日

云贵广西总督臣鄂尔泰谨奏：为奏闻事。

雍正七年四月初十日，据云南广南府知府贾秉臣、广南营参将冯鸾禀称，"本年三月初七日，自午至酉，见日旁五彩旋绕，如环上戴一环，下承一环，三环相扣，色皆五彩，环外霞光万道，光之外又有五色彩云拥护，光华耀目，五色缤纷。卑职等逢此上瑞，不胜踊跃，理合绘图禀明。"等因到臣。

臣查《文献通考》及天文志言：气在日上者为戴，戴者，德也，国有喜也。占曰：人君德至于天，则有戴，戴者，推戴福佑之象；又曰：气在日下者，为承，承者，臣承君也，名曰承福，人主有吉喜，且得地，有不战而降者；又曰：日晕五色有喜等语。窃思戴与承及五色，皆系分占，未有有戴有承，三环相扣，环外五彩霞光，光外五色云拥。如今日现于广南府者，臣浅见寡闻，未识主何瑞应，敬遵云物必书之义，依照原图，绘呈御览，伏乞圣主睿鉴，谕示施行。臣谨奏。

**朱批：**上天垂赐昭祥，照例题奏可也。

（《朱批谕旨》鄂尔泰奏折）

## 412 云贵广西总督鄂尔泰《奏报曾静捏造浮词恣意狂悖不胜愤恨折》
### 雍正七年四月十五日

云贵广西总督臣鄂尔泰谨奏：为钦奉圣谕事。

窃逆贼曾静诋毁天朝，诬谤圣躬，敢于天理绝灭，计欲摇惑人心，自投法网，神实使之。兹蒙颁示抄录上谕一道，共五十二页，复蒙朱批："此因逆犯曾静之谕，朕欲遍示天下，录来卿看。俟各犯至京审明，尚另有谕旨。钦此。"臣敬诵数四，不胜愤恨！不胜激切！

仰惟我皇上至孝至仁，至诚至敬，忧勤惕厉，旰食宵衣。盖七年以来如一日，虽生杀予夺事各有不同，而威惠宽严行归于一是。此无论在廷诸臣之所深知，外省官吏之所共悉，即凡非盲聩，亦谁不见闻？且古称圣君哲后、载在史册者，固屈指可数矣。其德性事功及一切文章礼乐，比我列祖，较诸圣躬，有过之无有不及。即满洲臣僚内，无知无耻无殊异类者固不乏人，其凡敦伦明理自省自立期于不愧不怍者，律以汉唐诸臣，亦谁甘不如？乃逆贼曾静捏造浮词，恣意狂悖，暗布匪党，耸动大臣。其所以能如此，得如此者，臣以为其事有渐，其来有因。如诬谤圣躬诸事，若非由内而外，由满而汉，谁能以影响全无之言，据为可信？此阿其那、塞思黑等之本意，为逆贼曾静之本说也。如诋毁天朝等语，则江湖恶类、山野狂愚、不识天日者皆能造伪说，而不至若此之甚！此怀疑贰蓄怨望诸汉人等之隐意，为逆贼曾静之借口也。

今国家一统，垂八十余年，圣圣相承，教养备至，而汉人之心思终不能一视，满洲之人物犹未能争光。每一念及，臣窃有余恨。（**夹批：**叹息流涕耳。）伏念人与禽兽介于几希。麒麟、凤凰，禽兽也，而人不如；傲象、盗跖人也，而禽兽不如。天不能生人而不生禽兽，又不能不生禽兽中之恶禽兽，更不能不生如禽兽甚于禽兽之人，天亦不可奈何！不能奈何！即还以问之天，应亦无辞。如逆贼曾静者，实甚于禽兽之人，禽兽中之恶禽兽。乃捏造逆书，诬嫚狂悖，此固闻者见者莫不痛心疾首、发竖皆裂者也。

兹捧读上谕，坦然恻然，自问自慊。（夹批：此事，朕实为笑具办理。）不为一曾静，而为百千亿万人。遍示臣民，布告中外，自非大光明大智慧，无我无人，惟中惟正，固未有能几此者？天下万世，各有本心。天地神明，实鉴实佑。臣无复多言，谨缮折覆陈，伏乞圣主睿鉴。臣谨奏。

**朱批**：为朕放心，丝毫不必愤闷。遇此怪物，自有一番奇料理，卿可听之。

（《朱批谕旨》鄂尔泰奏折）

## 413　云贵广西总督鄂尔泰《奏覆滇黔镇协参游十人才具并请酌调升补折》

雍正七年四月十五日

云南总督臣鄂尔泰谨奏：为覆奏事。

窃臣前折内荷蒙朱批："苏大有，闻得是一出格勇将，但未知料理营伍、统率属员之才如何？便不及些，此等勇敢者，镇臣中亦不可少，今已用鹤丽矣。俟古州设镇事定，哈元生调补之处，卿可酌量之。总三省镇臣中，卿斟酌其人地相宜者，或具题，或折奏请调，朕酌量有旨。钦此。"臣看苏大有勇敢过人，实不减古之猛将。然出自肝胆，非徒恃血气。其平日料理营伍、束约备弁，皆一本诚直，各有条理，且家甚穷乏，性不爱钱，在武臣中尤有过之无不及者。臣前因其不通文义，恐近粗率，又以哈元生可称新镇，故拟请调补。今苏大有蒙恩已授总兵，而苗疆一带闻苏大有之名，莫不起敬起畏，匍匐输诚。（夹批：若如此武员中之全才，朕甚欣悦焉。）是人足以服众，哈元生又不如。一俟古州设镇事定，臣即当请旨，恳以鹤丽总兵苏大有调补新镇，（夹批：好。）哈元生仍留安笼，将来就近，或酌调广西可也。其鹤丽镇缺，兼辖中甸、阿墩子等处，为西藏要路。查开化总兵南天祥，人甚精彩，技艺纯熟，且出口进藏，来往数次，深悉番彝情形。应请以南天祥调补鹤丽，实属相宜。（夹批：好。具题时题请。）其开化镇缺，请即以副将仇元正补用，筹画调停，料必能胜任。合先陈明。

至贵州镇远协副将张禹谟、都匀营参将赵文英、贵阳营游击史应贵、前任黎平协副将今调江西副将李登科等名，奉朱笔圈出，各蒙谕问"此人何如？钦此。"臣看张禹谟人颇明晰，亦甚努力，平日操练营伍，巡查地方，皆能称职守。及苗疆之役，伊将九股各寨化诲就抚，又将大小鸡讲俱行攻克，并示招徕，皆著劳迹。但材器殊小，亦少胆略，似仅可胜副将。赵文英人甚聪明，长于言语，才干亦不弱，历任督提，诸臣皆极称其能。臣前岁来黔时，见其才气虚华，毫无实际，曾谆恳开导，严切申饬，并面交数案，勒限完报，伊从此悔惧，努力急公。自去岁以来，臣已不时奖励。兹攻剿凶苗，搜缉余党，开修路径，招抚逃亡。现在八寨、千家寨等处，苗民安堵乐业输粮。该将实有谋算，能识机宜。苏大有而外，功无有出其上者。现在苏大有遗缺，奉旨着臣题补，相应具本，即请以赵文英升补，以示鼓励。（**夹批**：好。）然副将可以优为总兵，犹非其选也。（**夹批**：用后再观其奋勉□否也。）

史应贵由云南守备经臣题补贵阳营游击，到任未久，虽才具可备驱策，而志气尚少坚牢，今奋勇攻剿，亦能立功。然正须裁抑用之，以望其成就。（**夹批**：武弁书以勇字，为品定可也。若不曾遇有经历者，又书以论。）李登科汉仗弓马俱优，人亦明晰，但性疲材缓，难资干济。（**夹批**：汉仗与汉子总不相干。）是以臣前奉上谕，业请调用江西，此循分供职之员不宜要地者也。

再另折内荷蒙朱批："杨洪，不料能如此。此人，朕看系一中才，卿谓如何？但朕加恩与伊者厚，或感恩奋勉，亦未可知。而人原不可限量也。然便中才，在将弁中亦非落人后者。钦此。"臣看杨洪，虽原系中才，然素有志气，操练兵马，清楚钱粮，从不肯落人后。前岁赴部引见，蒙恩赏银两，着回籍葬亲。伊到滇备述，泪流满面，语甚激切。今杨洪奋勇前进，亦能破贼。（**夹批**：杨洪可胜总兵任否？）感圣主之深恩，莫不镂心刻骨。其捐躯效命之诚，誓欲图报者，固不止杨洪一人已也。夫有实心者斯有实力，力之所至，才即随之，但能用十分力，便可抵十分才。若心之不尽，力无从出。即属长才，何殊庸懦！敬诵"人原不可限量"之谕，臣愈知奋勉。凡百文武大小，皆应知所自处矣。

禄鼎坤自隶臣标，倾心效力，今复告随来黔，不离左右，人明白，识汉字，非不可用者。荷蒙朱批："禄鼎坤甚属可嘉，人若可用，当或以游击、参将题用，以示鼓舞可也。钦此。"伏念以彝人而实授流官，且在本省，恐所辖备弁不能相下，似只可增其衔职，未便假以事权。据臣愚见，禄鼎坤现奉议叙，俟造册送部时，仰恳圣恩，或授以额外游击，准其食俸，着与诸将官一体遣委，则既以示鼓舞，而又无其属辖，庶更妥便。（**夹批**：甚是！若增空衔，朕意欲赐参将衔，以鼓励之。）

以上镇协参游等共十人，俱就臣所知，据实覆奏，伏乞圣主睿鉴，训示施行。臣尔泰谨奏。

**朱批**：览。

（《雍正朝汉文朱批奏折汇编》第十五辑，第96~99页）

## 414　云贵广西总督鄂尔泰《奏报滇黔春熟情形折》

雍正七年五月十八日

云贵广西总督臣鄂尔泰谨奏：为奏报春熟事。

窃滇黔两省山多田少，民间终岁之计，半赖春季收成以资食用。臣经檄行该布政司，各将通省府州县豆麦收成分数逐一确查，汇具总册呈报。去后，今据云南布政使张允随详称："据云南等二十府、昆明等五十六州县及东川、乌蒙、镇雄、威远、宣威、恩乐等府州县咸称，所属地方田地高低不一，自冬迄今雨旸时若，本年大麦、小麦均有十分，其蚕豆杂粮有八九十分不等，相应据实详报。"等情。

又据贵州布政使鄂弥达详称："黔省今岁雨水调匀，民间布种油菜、豆麦、春荞、杂粮等项现在收获，如贵阳、贵筑、清镇、安南、绥阳、余庆、瓮安、湄潭、都匀府、清平、印江、婺川、龙泉、思州、永从、威宁、大定等十七府州县，俱系十分收成；其定番、广顺、开州、贵定、龙里、修文、安顺、镇宁、永宁、普定、安平、南笼、普安州、普安县、永丰、遵义府、遵义县、正安、桐梓、仁怀、平越府、平越县、黄平、独山、麻哈、都匀县、镇远府、镇远县、施秉、思南、安化、石阡、玉屏、青溪、铜仁府、铜仁县、黎平、天柱、锦屏、开泰、平远、黔西、永宁、毕节等四十四府州县，俱有九分收成。至于蚕豆，有粒大如栗者，豌豆有粒大如榛者，尤从来所未有。"等情各到臣。（**夹批**：随便带些来朕览，不必多，一半升足矣。）

伏查军兴之地半少丰年，为兵气农祥格不相入也。今两省年来颇有剿捕之役，而上天眷佑，屡赐丰穰。仰窥圣虑之诚通，敬记圣训之明切，益信生亦非恩，杀亦非残，但出无心，不妨有事。（**夹批**：感召天和，惟以畅舒人情为要。彼不与天同体同心之辈，其舒畅与否，不足论也。朝堂之上，邪正不两立，即如庶民、良奸不能同，今舒畅也。果能敬诚秉公，扶正驱邪，除暴安良，上天必赐嘉应。若政令之温肃、赏罚之宽严乃以遭遇而论，岂可以为数之多寡而言也？若以有意做，便责一人亦不可；以无心应，便伤多数似不妨。朕所见之理如是，然亦不敢自信。总之，以仁为体，义为用，断不至大谬也。）臣实不胜倾折，愈不胜儆惕。

再臣驻扎贵阳已逾两月，天气晴朗，雨泽沾足，曾遍历郊外，见麦已登场，现艺田插秧者已十之七八，妇子恬熙，苗彝乐利，见诸官府，饶有爱敬意。臣窃不禁色喜心动，转恐教养无术，有负此赤子天性也。（**夹批**：上天神明洞鉴矣。勉之！然大海不可就百川，少见不透，恐防泛溢也。诸事宁可使由，不可使之。此天道也。凡任统率之责者皆当法之。总莫令人看透，末后一著，则皆为己用，而不令人愚矣。然有意防范，更下乘也。总在无声无臭处著脚，则从何处窥探吾之底里乎？上天、沧海之功德亦不出渊默二字，然昭昭显露，无丝毫隐饰也。非具彻底掀翻之，眼界不能至此。）合并具奏，伏乞圣主睿鉴。臣尔泰谨奏。

（《雍正朝汉文朱批奏折汇编》第十五辑，第338~339页）

## 415  云南总督鄂尔泰《奏报赍进翡翠石等共二十块折》

雍正七年五月十八日

云南总督臣鄂尔泰谨奏。

窃臣赍折家奴七斌回抵贵阳，据称蒙奏事大人等口传，奉旨："传与鄂尔泰家人，你总督前次折奏要进云南所出红白玛瑙石，朕只当是荆州石，曾批令不必进来。今你回去传与总督，将此红白玛瑙石随便带些来朕览，不必多了。钦此。"臣随即差人回滇拣择采取，容当陆续赍进外，谨先将翡翠石一块、姑绒石一块、三台石、橡子石、象皮石、松花等石共二十块，附折赍进。谨奏。

**朱批：**特多些，块体亦大些。路远，沉重，实非必需之物，何必令来往人吃累？遵旨行。

（《雍正朝汉文朱批奏折汇编》第十五辑，第326页）

## 416  云南总督鄂尔泰《奏报查讯卖药行医<br>流民许英贤案内人犯情形折》

雍正七年五月十八日

云南总督臣鄂尔泰谨奏：为奏明事。

案于雍正七年二月初八日，准湖南抚臣王国栋咨开："据辰沅靖道拿解匪类许英贤等，亲讯，据许英贤供称，实系假借天师名色哄诱愚民，各处舍药，从前原系畏刑妄供，并无谋为不轨之事。但事关匪类，未便轻信，咨请密查江自得平日行踪，是否奸匪。如果有谋为不轨情事，立即严拿究讯，暂行监禁，迅赐移覆，倘属虚诬，亦即取结移覆。"等因。

臣查抚臣王国栋移送辰沅靖道王柔拿获舍药之许英贤等，讯供折内，据许英贤供称："雍正二年往云南阿迷州，遇见江自得，说替江西张易珍舍药，曾同吃血酒，分散招人。又说云南鲁魁山各猓猓争地方，有猓猓头目李姓家请他主谋行兵，征服了普姓、方姓。

— 394 —

还有一个叫和尚，四家猓猓都归服了他。还有江东荣、江东号，是他一家，江自得曾叫江东荣带书与张易珍，想是说鲁魁山的事。"等语。是以咨会滇省查缉。但鲁魁山大头目方景明、普有才等率众作乱，系雍正元年之事，随经发兵扑灭。今称系四年行兵，又称四家猓猓都归服江自得，多不符合。但情关重大，当即照行云贵各镇、布按二司并各府州县，于所属地方密拿江自得，解臣衙门究讯，并境内凡有假名卖药等项匪类，亦即查拿究报。去后，三月二十五日，据青溪县知县钱国宝禀报："拿获卖药之刘文甫、李连升、萧大学三人审讯，据刘文甫供，曾在安顺关王庙涂高也家住，开过药铺，因有女婿戴胜爵并徒弟的母舅江公略在安顺，今于江西新建县起身，仍往安顺行医。从前在安顺曾会过一个叫江东容，往云南去了，如今不晓得还在那里没有。还有江公海、江二阳、江子得，前几年在鹤庆府行医。"据李连升、萧大学供，系刘文甫之徒弟挑担同行，并未为匪等语。随分檄密拿江东容等。间三月二十八日，据思州府知府刘沺详报，青溪县盘获卖药之刘文甫等三人，解赴省城，经龙里县换差递解，俱已脱逃。四月初十日，据普定县详称："拿获涂高也之子涂善晏并江西行医人周大旺，查审，据供：江子得在云南，江东容、江二阳，一在云南物故，一回江西。至戴胜爵等，虽供认得，系是姻亲，密拿无踪。"四月十四日，据云南广西府知府周埰禀称，先后拿获卖药江西人张鲁能等十名，隔别研审，坚供前后来滇行医卖药，并无别情。四月十七日，据贵州广顺州详称，拿获行医之杨云章，审供，并无远游交识情密之人。刘文甫虽则同乡，并不认识。五月初四日，据大理城守营游击姜忠臣验报，有游方卖药之蒋天成，踪迹可疑，拿获审讯，有道人李正修从旁禀称，去岁他在宾川场子卖药，原姓江，是个道人，今岁三月，见他在街场上改了服色做俗人。当将蒋天成移解太和县究审，天成虽坚供姓蒋，并无交接匪类情事。但讯据道人李正修所供，不无可疑。又据汛防云南县千总申永祈盘获行医卖当人张天锡，系河南籍贯，与此案之张易珍同姓，行踪可疑。又盘获行医之叔侄二人江东景、江鲁英，讯供：江东容、江公海、江二阳、江子得系族弟兄子侄，江东容与伊弟江东号俱已身故，江子得往楚雄去了等语。同日，又据鹤丽镇验报，据游击范昉差员盘获江西卖药人陈光恕、陈光志、刘正寿、江国善等四名，解交鹤庆府审讯，据供："江公海、江东容、江子得都认得，江东容上年九月死了，江子得往呈贡行医去了。"各等情到臣。

该臣查得，不法奸徒借称行医卖药，往来煽惑，勾结匪党，谋为不轨，故为法所必诛。即或卖当射利，哄骗愚人，亦半系流棍，决非善类。今楚省拿获匪类许英贤等，当辰沅靖道审讯，供有江自得与张易珍等共谋不轨，及解赴抚臣王国栋审讯，复经改供，畏刑妄认，因咨滇省查拿江自得究讯。臣随通饬滇黔二省密行查缉，并遇有假名施药者，亦行查究。兹据各属陆续报获行医卖药之刘文甫、张鲁能、蒋天成、张天锡、江东景、陈光恕等各起，或供与江自得等认识，或称素不相识，俱无谋为作歹之事，内有毫无可疑，委系误拿者，应俟审明释放。如果情有可疑，貌似奸邪，即当严讯确供，押解楚省质审。其凡江西、湖广卖药游方诸人，俱应递解各原籍安插，以靖地方。

除将金差不慎，致犯刘文甫等三名解审脱逃之该地方官行取职名题参外，所有楚省咨查匪类缘由，相应奏明，伏乞圣主睿鉴。臣尔泰谨奏。

**朱批：**此一案尽属子虚。然此辈亦非安分良善之流，经此折挫，乃伊等自取，不为宽抑。地方上如遇此等事，宁根究，而不可疏忽，则奸匪知所畏惧而敛迹也。但此案，朕未令声名，总未露之章奏题来。金差不慎，地方倘若尚未动本，可以不必。若已具题，亦可题到，不过照例批发耳。

（《雍正朝汉文朱批奏折汇编》第十五辑，第326～328页）

# 417　云南总督鄂尔泰《奏报穷兵小民路不拾遗情形折》
### 雍正七年五月十八日

云南总督臣鄂尔泰谨奏：为奏闻事。

窃以见利思义，士大夫所犹难。路不拾遗，古书册所仅载。至于荷戈之卒、负担之民以锱铢必较之人而望其轻财好义，此实人心风俗之攸关，故未可以事属微细谓易知能也。

雍正七年正月初三日，据云南广南营参将冯鸾、广南府知府贾秉臣详称："有该营步兵李应芳，于六年十二月初十日，在援应厅街上拾银一封，上写聘仪银十二两。应芳于拾银处候至更深，无人来认，归告伊父，父子皆愿付还，随出帖招认。旋有生员罗国荣者，年积修金以为聘婚之仪，偶尔遗失，具呈识认，面同检对，银色、数目逐一相符，给还国荣。而国荣以为见有招帖，故来一认，银已失去，便非己物，情愿让与应芳。而应芳以婚姻大事，且系非分之财，义不肯受，当堂推让再四。职令该生领回以完婚配。事关义举，理合报明。"等情。

臣因河南、直隶先有此等事，荷蒙圣恩赏赉旌奖，已见邸抄，或有巧诈之徒勾捏图利，亦未可定。随调李应芳赴省，面加诘问，看应芳人甚良善，事出本心。臣仅赏银十二两，薄加奖励，并谕以穷人财物动关性命，若用此等银致人失所，自问良心，何异盗贼？人人当如此，事事当如此，并无甚奇特，你须勉励等语，令其回汛，使众闻知，是以未经具奏。

续于四月初六日，据云南大理城守营游击姜忠臣禀称："大理府城西门外里许，有观音大街，商贾丛集。据巡查街场千总张天衡禀，有本营兵丁金贵报称：'三月十六日，小的于街场拾得银五两一包，走回家去，想起此银恐是穷人的，仍走回原处，见一老年人在地上打滚哭叫，说银子失了。小的问他多少，他说是五两，大小六块，与小的所拾的相同。问他姓名，他说叫赵忠福，楚雄府人，卖铁锅生理，今既不见，将何作本？说了又哭。小的即将银子还他，他秤出银五钱谢小的，小的说若要你谢，不还你了。'卑职随唤失银的老人来问，果系实情。事虽细微，足见人心纯厚，理合禀明。"等情。

又于四月二十七日，据云南威远同知章元佐详报："贼犯马伯伦、王国辅、萧五将客民萧维先、萧文新用药迷倒，劫夺银两、什物、马匹一案，内称：'本年三月二十七日，据江西客民彭士奇赴职署口禀，小的名叫彭士奇，江西吉安府安福县人，如今流落在猛猓坡头，栽烟度日。二十六日，挑烟到抱母井去卖，晚了，有一双鞋子放在担子上，到歇处，才知道掉了一只，小的就回向走过的地方一路寻觅，寻到萧寺前，见鞋子掉在一堆马粪边，又见有一大布搭膊也在这个地方，小的拾起来，重得狠，手去挤挤，是银子，没有打开，未知是谁遗失的，亲来报明，即将银缴上。'卑职查萧维先失单，所开银两虽有未获，然恐盗犯、事主错认己物，随令各供，银包数目俱相符合。始将缴到之银共六封，再令盗犯马伯伦、事主萧维先当堂认对。据马伯伦供：'是小的分的原银，包也不动。'又据萧维先供：'厂饼是侄子萧文新的，整锭是小的的。'随当堂称兑，共六十两，已与马伯伦所供分得银七十四两，除先获一十四两、未获六十两之数符合。卑职见彭士奇系栽烟小民，闻风慕义，实难泯没。除当堂赏给花红银牌奖励外，相应一并附报。"等情各到臣。除批令各加鼓励并候奖赏外，臣查以上三人，两系穷兵，一系小民，能却已得之财，均还非分之物，实圣化之远被，为边境之雅观。物虽甚微，而所关于世风者大。事经屡见，而感动乎民心者深。理合一并奏闻，伏乞圣主睿鉴。臣尔泰谨奏。

**朱批：**有旨谕部颁。

（《雍正朝汉文朱批奏折汇编》第十五辑，第335~336页）

## 418　云南巡抚沈廷正《奏报兵丁民人拾金不昧折》
雍正七年五月二十一日

云南巡抚臣沈廷正九叩首谨奏：为奏闻事。

据大理府城守营游击姜忠臣禀称："有本营兵丁金贵，于叁月拾陆日在街场拾得银伍两，不肯挟归，守候失银之人寻认。随有楚雄府人卖铁锅之赵忠福，因失银呼号，金贵查询明确，当将原银交还，不受谢礼。"又据威远同知章元佐详报："有陕西人马伯伦、王国辅，江西人萧五同至威远地方，于本年叁月拾玖日，用朦汗药将江西客民萧维先叔侄迷昏，攫取银两，旋即盘获壹案，有威远卖烟小贩彭士奇，于叁月贰拾陆日在获贼处所拾得银壹包，计六十两，赴该同知衙门投缴，查系马伯伦遗失赃银，士奇并无丝毫隐匿。"等情。

臣查金贵、彭士奇二人，一系荷戈木卒，一系草野愚民，俱皆拾金不昧，克敦廉节，此实盛朝教化远被，是以各省义行之民接踵而见，随写书通知督臣鄂尔泰。去后，今覆称前有广南兵丁李应芳拾得生员罗国荣聘银，交还却谢，据报即行奖赏。以偶见一事，尚未具奏。今大理营兵金贵不取遗金，威远烟贩彭士奇拾赃投缴，小民木卒尚义轻财，实皆圣化感孚所致，除奖赏外，理应一并奏闻等语。臣谨据实奏达圣聪，伏祈睿鉴。谨奏。

**朱批：** 鄂尔泰奏闻已有旨矣。

（《雍正朝汉文朱批奏折汇编》第十五辑，第355页）

## 419　云南巡抚沈廷正《奏报豆麦收成分数暨陆凉州马厂被淹情形折》
### 雍正七年五月二十一日

云南巡抚臣沈廷正谨奏：为奏闻事。

窃查滇南各属麦豆收成分数，臣据布政使张允随详报前来，据开："昆明、嵩明、寻甸、阿迷、通海、定边等州县二麦收成有十分，并有倍收之处，蚕豆俱收成十分；又宜良、南宁、新兴、永平、云龙、镇沅等府、州、县，二麦收成有十分，蚕豆收成九分；其余各属二麦收成亦俱有十分，蚕豆收成俱有八九分不等。更喜五月十一日起至十九日，连得透雨，民间栽插滋倍，均属有赖。惟据曲靖府属陆凉州具报，有马厂一处，于四月十六日，因上流河水泛涨，将麦穗淹浸。"等情。臣随委曲靖府知府刘斌驰赴确勘情形，并令查有实在贫民，酌给仓谷，加意抚恤。去后，兹据回称："马厂田地通计三百余顷，向系牧马之所，其地势最低，每值收麦后至五六月间，凡曲靖所属沾益、马龙等州河水泛涨，悉皆汇归马厂。今岁因有闰月，节气稍迟，麦穗尚未收获，忽于四月间发水，致淹田地二百三十七顷有零，尚有未淹田地一百余顷，俱获十分丰收。在被淹小民咸称马厂田亩甫经承认耕种，题报输粮，今既被淹，无从办纳，惟求免征本年粮银，不敢具领仓谷。"等情。

臣查陆良州马厂田亩，百姓承种方新，偶值淹浸，粮无所出，是以吁垦免征本年粮银，实系小民下情。臣仰体皇上惠爱边黎至意，随同在省司道商酌，若照分数具题，蠲免无几。可否恩施格外，将马厂被淹田地应输本年粮折银一千余两，免其征收，在于藩库备公存剩银内拨补完项。其未淹田地应完粮银，仍令百姓照数输纳，毋许冒滥请免，是新升粮银既已有项可补，而承种马厂小民咸得沾沐圣泽，且通省丰收，惟一马厂被淹，又可免于题达。臣业经写书请教督臣鄂尔泰，以臣所议为是。当即一面另折奏闻，一面照此办理。如必须将被淹分数题报，臣亦即会疏具题。为此谨奏。

**朱批：** 当日正因地非沃壤，所以作为马厂也。照汝所请料理，无庸会疏题报。

（《朱批谕旨》沈廷正奏折）

## 420 云南巡抚沈廷正《奏报恭缴朱批
## 并事事请教督臣办理折》
雍正七年五月二十一日

云南巡抚臣沈廷正九叩首谨奏：为恭缴朱批，仰祈睿鉴事。

窃臣前在署贵州巡抚任内，闻抚臣张广泗自军前抵省，臣应否赴云南新任缘由，缮折具奏。今蒙朱批："自然仍留黔暂为署理事。但总督鄂尔泰有来黔与金铁面议之事，着汝回滇，亦未可知。与鄂尔泰商酌行者甚是，照回咨行也。"又折内蒙朱批："当竭力效法鄂尔泰者，其学问、识见如何勉强得来？然其小行，人人皆可能者，当奋勉之。若心行不能如是，望朕如是隆重倚任，未有是理也。"又奏请另建黔省龙神专祠缘由，蒙朱批："是当妥协之至，前任所办大错了。观此料理，内中必有私意存焉。何世基乃留心理学之大儒，伊等皆各立门户，互相是非，此举必有心为者，若错失不至于此，虽然一切可以不必究论，但顺地方舆情料理为是。"又奏贵州布政使鄂弥达家人萧大买人一案，蒙朱批："照拟完结。钦此。"臣跪读之下，伏蒙皇上逾格天恩，谆切勉励，臣不啻躬聆圣训，感深肌髓。

至督臣鄂尔泰，学识广博，公正无私，凡教诫属员及一切举措，悉合大体，且数年来，各属钱粮、仓谷等项俱皆厘剔清查，其从前亏空各案亦复酌准情法，奏明完结。再如乌蒙、茶山、车里等处，向来苗猓盘踞，劫掠肆恶，扰害良民。督臣鄂尔泰仰体皇上惠爱边黎，奏请睿谟指示，调遣官兵相机擒剿，以彰法纪，现在悉皆荡平，俾顽梗之徒一旦革心向化，归附版图，而建置一应善后事宜井井有条，从此边疆绥靖，民苗安堵。是其学问识见迥非小节可比，此实上有圣主之知人善任斯，（**夹批：亦有乏识人之明，误用者不可胜数。惭愧！览汝所奏。**）下有督臣效力宣献也。臣在贵州署任及抵滇以来，事无巨细，俱请教督臣鄂尔泰，而鄂尔泰将地方刑名、钱谷诸务并剿抚苗疆事宜，无不条分缕晰向臣说知。今鄂尔泰虽暂往黔省，臣亦事事写书请教，均承详细指示，臣得遵循办理。但自揣器小才庸，惟有犬马愚诚，时时对越圣主，竭力效法督臣鄂尔泰，勉图报效，以仰酬我皇上造就微臣之洪恩于万一耳。所有黔省另建龙神专祠，臣钦奉朱批，随通知督臣鄂尔泰，并写书与贵州抚臣张广泗遵照办理。又贵州布政使鄂弥达家人萧大买人一案，臣谨即遵旨完结。敬将奉到朱批原折叁扣恭缴，伏祈睿鉴。谨奏。

**朱批**：勉之！不令朕惭愧处，作人可也。

（《雍正朝汉文朱批奏折汇编》第十五辑，第 358～359 页）

## 421 云南巡抚沈廷正《奏报省城天现日环、五彩光辉折》

### 雍正七年六月十八日

云南巡抚臣沈廷正谨奏：为恭逢盛世嘉征，日华与庆云并耀事。

窃照云南省城，于本年六月初十日巳午未三时，日光炳耀，五彩缤纷，更有庆云捧护，山川城郭映照辉煌。随据司、道、府、县纷纷禀报前来。臣登署中平台仰视，不胜抃舞欣庆。而十二日巳午二时，又复呈现，与初十日焕丽无异，实属千载难觏之嘉征，亘古罕见之祥瑞。臣叨任边方，恭逢上吉，虽圣主不言瑞应，但臣等既有所见，何敢不敬陈黼座？除写书通知督臣鄂尔泰外，谨据实奏闻，并绘图恭呈御览。再应否与督臣会疏具题，伏乞皇上批示遵行。合并奏明。谨奏。

**朱批**：于鄂尔泰奏折内已批有谕旨矣。

（《朱批谕旨》沈廷正奏折）

## 422 云南巡抚沈廷正《奏报南宁县被水情形折》

### 雍正七年六月十八日

云南巡抚臣沈廷正谨奏：为奏闻事。

窃本年五月二十八日，臣据曲靖府知府刘斌详据南宁县报称："五月二十一日夜间，天降大雨，山内起蛟发水，以致东北二乡冲决围堤四十余圩，秧苗被淹，近堤房屋亦有倒塌，人民幸无损伤。"等情。臣因督臣现在黔省，一面写书通知，一面批令布政司，饬委澄江府知府王铎星驰前往，率同该县亲履查勘，并动给司库备公银五百两及常平仓谷，令将实在被淹小民，酌量轻重，分别赈恤。去后，又据南宁县禀称："东北二乡地势原属低洼，今被淹之田约有一万余亩，倒塌民房约有二百余间。幸天色晴霁，水渐消退，高阜田禾尚属有望。"等语。

臣查该县所报，偶值起蛟发水，其是否成灾，虽尚未据该委员确勘造册具详。但被淹田亩系久经输粮老田，是以臣会同督臣鄂尔泰先将被水情形照例题报，俟勘明果否成灾，再行题明。谨奏。

**朱批**：查明被水情形，加意抚恤。题本亦经到部矣。

（《朱批谕旨》沈廷正奏折）

## 423　云贵广西总督鄂尔泰《奏报滇黔新开水道并兴修陆路情形折》
### 雍正七年六月十八日

　　云贵广西总督臣鄂尔泰谨奏：为新开水道并兴修陆路事。

　　窃惟边境之大防莫重于苗猓，而穷荒之大利莫急于舟车。查滇黔两省崇山复岭，鸟道羊肠，旁逼夷巢，中通一线，因舟车之难至，致商贾之不前，是以开辟近百年而犹无殊草昧。其各郡县内地原不无大小河流可疏凿以资灌溉，亦缘半由苗界出入，遂因循至今。臣自叨奉简命，虽已遍访熟筹，思欲开修，而苗疆未靖，凶顽未除，虑有阻挠，故不得不缓待。今仰赖圣主仁威，强梁者就擒，良懦者归化，业已粗定，只须抚绥。若不及时兴举以计久长，恐日后不无懈弛，又将观望。臣故于去岁冬月即遍饬估勘，以便次第料理。所有疏浚云南府之滇池、海口及金汁等六河并自阿迷州直达粤西大河等缘由，前经臣折奏，荷蒙朱批："有何可谕？可谓超群拔类之办理，为从来封疆大臣未举之善政也。朕为滇南赤子曷胜庆幸！凡此等有利于地方民生之事，若有应动正项者，只管奏请，不可瞻顾、竭蹶从事。钦此。"臣伏读之下，不胜惭悚，不胜踊跃。务当竭力尽心，期于有济，断不敢少有瞻顾，以上负殊知，并负滇黔赤子已耳。

　　兹于五月二十三日，据云南广南府贾秉臣等覆称："职等奉委开河，随同各委员沿江查勘，源发于澄江，流达于粤闽，内有巨石间阻，叠滩陡险，相传汉唐迄今未曾开凿。职等详看形势，初甚以为难，乃不数月而功已告竣。自阿迷州以下一千五百里，至剥隘之水道，已通八达河，而土黄一百六十里之旱路亦修整平坦，可行车马，是不特东西两粤片帆可至，将来通商并可达吴楚。"等情。臣随饬令多造鳅船、麻阳船，并于楚省雇募熟练之匠工、水手前往广南，教习彼地民人打造撑驾。复缮刻告示，饬发滇、黔、粤三省地方官遍行晓谕，使各商贾知往来贸易之便。其所费工价，俟该府等开报到日，臣即照数捐补。缘去岁臣有余剩存司养廉银五六千两，可以充用，并非敢小见竭蹶从事也。又据粮道黄士杰覆称："海口子河由清水闸、新村大闸开通，泻入大河，水势俱已畅流，可无壅滞之虑。现值农忙，已暂时停工，俟秋成后再开修下截。其盘龙江、金汁、银汁、宝象、马料等六河俱已疏浚深通，凡各河闸口俱饬巡水人役用闸板启闭，以资分灌民田，现在远近俱已得水。"等情。此臣前奏粤河、滇海水利之大概也。

　　再曲靖府属寻甸州有宣、甸二里，地面低洼，时遭淹没者计二十余村；又宣化七甲之归龙寺，山后有山河一道，直垂瀑布，流于山下，可引以灌山下之田，而土民畏其工费，佥云难成，若疏凿开渠，山下田亩可开者不下千工，旁有横坡，亦可陆续增垦；又果马里十甲之潘所海子，其地土约四五千亩，而两沟山河及五六月霖雨并四山之水俱积聚于此，无路消泄，只于南山脚下乱石鳞隙中浸渗，不得通流，因而低下田地屡被淹没；又乞曲里之五里箐，地势水道约可垦田，亦应修筑渠堤。臣前经详饬该州逐细查勘，复于赴黔之便路经寻甸，又备悉指示。续据知州崔乃镛先后覆报："宣、甸二里劝民修葺堤渠，已免受水患。归龙山河随雇觅匠工，遍历山巅，用筑堤之法凿石开渠，并雇土工筑坝蓄水，三月内已经完工，现在引水开田。潘所海子搜剔石孔，已凿通洞口七处，皆可消泻海面之积水，其两旁田地已现可开垦。五里箐地方修浚水渠亦已告竣，现在具详藩司，请领工本分给各民，买备牛力，趁时布种。"等情。至该属有海子屯大河，闻每多泛滥，以致平原沃野尽成草地沙洲，业已数百年，甚属可惜。臣令绘图呈送，并饬亲勘，估计工程几何，需费若干，先召募湖广熟练工匠，确核详情，俟秋后兴工。此寻甸州水利之大概也。

又临安府属建水州之南庄十六营以下暨狮子口、郭衣村、罗家坡、大小回龙、宗家庄、中所营、金鸡寨等处，田地甚多，并无活水灌溉，若雨泽愆期，地皆焦土，田半荒芜，每致栽插过时，秋成失望。经臣饬令该知州祝宏设法疏浚。今据详覆："访问父老，知附近南庄、李浩寨山腹之中有过泉一股，常闻水声，昼夜不息。卑职亲往查探，见山中陂地深邃，源流甚远，似可疏通以济田地。随招募人夫，备办器物，至李浩寨对山开凿。因高坡层叠，巨石嶙峋，几费工力不能疏通，遂用谷糠灌试之法，寻流三十里，果浮出于州属之老鼠窄石穴。其水径由此山无疑，因即于李浩寨山外里许穿穴地道，伐木为厢，截流激水，已于四月二十六日开凿告成。穴中水涌湍急，开沟筑堤顺流，以资灌溉。并立约各村，每至播种之候，按定时刻挨次引水，豪强不得阻截。其岁修沟堤，着有田之家各就己田浚筑，毋得推诿。再山穴出水之处，有民田二丘，既在其田侧建堤，不无借口，亦给价银五十两买存，以免滋扰。其开凿人夫俱止捐给口粮，各村踊跃赴工，并无工价。"等情。此建水州水利之大概也。

至于贵州通省河水源流、道路平险，早经臣檄委勘报，并绘全图以便筹画。除支流小路应渐次开修外，如镇远府属苗界之清水江，上达平越府之重安江，下通湖南属之黔阳县，现可行舟，无须修凿，实黔省之大利。前因生苗阻截，故须有待。今凶顽既经剿抚，夷民亦知便益。据该府方显禀报："由柳罗行营装米试船，已直到施秉。又用船四十只，令弁役前往黔阳县买杂粮试运，俱可通达无阻，是此河道计日可以常行矣。且由重安江至都匀府亦有河道，少加疏凿，即可行舟。"由都匀府至省，现据知府王钟珣勘报，可开宽平大路，堪以行车，既避旧路之险，又近止三站，是急宜兴修者。又府属独山州之烂土司地方亦有河道可通粤西，闻计程七日便可抵柳州，因路经来牛寨生苗地界，向不能通。臣已密行黔粤各官确查路径，先示化导，如或敢拒命，应即剿灭此寨，以通声援。至黔省通滇大路，如关岭、盘江等处，实系险途。臣拟由安顺府之安庄另开新路直出，亦资孔宽平，可以行车，且可裁减三驿。前岁已有成议，业经奏闻。时因黔员各有异议，不无私心，臣转恐己见未确，遂复暂止。兹因公赴黔，沿途覆加查问，又委员细勘，据称实系路平，而近并无阻隔，只有一坡稍险，亦远不及关岭，易于开修等语。臣当更与抚、提二臣会商妥酌，另疏请旨。此黔省水利之大要，陆路之大端也。

窃念庸人俗吏难与创始，易于落成。若立有规模，俾知利益，则相因相习，官不必率而自勤，民不必劝而自力，将不数年，即支流小路亦皆遍行开修。臣当敬体圣训，凡有利地方民生之事，如果有确见，应一面请动正项，一面预备料理。千载一时，力半功倍。臣知自奋，臣知自勉矣。

所有新开水道并兴修陆路缘由，相应奏明，伏乞圣主睿鉴。臣谨奏。

**朱批**：欣悦嘉奖观览六字，不能谕朕之意，而此外又觅欲谕之辞不得，在卿自为参详可耳。

（《朱批谕旨》鄂尔泰奏折）

## 424　云贵广西总督鄂尔泰《奏报广西豆麦收成分数并云南陆凉、南宁二州县被水情形折》

雍正七年六月十八日

云贵广西总督臣鄂尔泰谨奏：为谨报广西豆麦收成分数，并云南陆凉、南宁二州县被水情形事。

窃照雍正七年分滇黔二省豆麦丰收，臣已查明，具折奏闻。今据广西布政使张元怀呈称："本年豆麦收成分数，除梧州府属之藤县、容县，柳州府属之融县，南宁府属之忠州、归德、果化、下雷、湖润、迁隆、剥甘、上中下勾，庆远府属之东兰、那地、南丹、忻城、永定、永顺、长副，思恩府属之归顺、都康、兴隆等汉土州县共二十属尚未报到外，其余汉土州县共九十四属，汇造总册呈送。"并据册开："泗城一府，横州、上思、河池三州，富川、贺县、修仁、昭平、怀集、桂平、永淳、怀远、上林等九县，安定、白山、古零、定罗、旧城、那马等土司，奉议土州所辖，向不种豆麦。镇安土府、土田州、武缘县、向武土州种麦甚少，收成只有二三四分。宾州甫种黄豆，向不栽麦；郁林州所种豆麻、芋薯均有八分收成。新宁州、博白县从不种麦，所种黄豆、黑豆七月始收。西隆州、西林县俱不种豆麦，西隆所种小米、早稻、秫子均收成八分，西林所种小米收成七分。岑溪县不种大小麦，间或种豆，向来收成无几。永宁县只栽豆，收成七分。思明土府州左州、养利、永康、象州等四州，隆安、崇善、思恩三县，万承、太平、安平、恩承、龙英、全茗、茗盈、佶伦、结安、都结、镇远、罗阳、江州、罗白、下石、西思、陵凭、祥上、下冻等各土州并上龙、下龙二土司所辖，俱不种豆，所种小麦、荞麦均六七八九分收成。其入夏并夏末秋初始栽豆，现在止种麦之州县，惟迁江一县，六七分收成。临桂、兴安、阳朔、永福、义宁、灌阳、平乐、柳城、荔波、宜山、天河等十一县，全州一州，有七八九分。恭城、马平、雒容三县，俱十分收成。豆麦兼种之州县内，苍梧县豆系五分、麦系七分，平南县豆系五分、麦系六分，宣化县豆麦俱系六分，罗城县豆系六分、麦系八分，永安一州，灵川、荔浦、贵县、北流、武宣、陆川、兴业、来宾等八县，豆麦俱有七分、九分。又獞猺不谙种植之上映土州，豆麦只收三分。土上林县，下旺、都阳二土司所辖，豆麦止收五六分。至各属米价，惟永安、新宁二州每石市价一两三钱零，余自六钱八分起至一两二钱零。"相应据实奏报。（**夹批：深慰朕念。**）

至云南陆凉州之马厂地亩，向系臣标五营官兵牧场，东乃一带高山，西、南、北三面皆土坡高阜之地，每于五六月间大雨时行，山水骤发，马厂之中地势低洼，为聚水总汇。臣因原未牧马，徒为刁顽侵占，经委员招民开垦成地，每年于秋尽冬初水涸时播种麦、荞等粮，至次年四月及五月初收获。复虑不能全熟，故科租从轻。其上则地每亩只完小麦租一斗，中则地每亩完小麦租八升，下则地每亩完大麦租六升，除完升斗官租外，其所得花利颇多，连年皆系十分收成。臣已奏明归公在案。今岁因春雨沾足，兼有闰月，节候少迟，适值四月中连雨，上流河水泛涨，所以马厂内之低下地亩不及收获，致被水淹。

抚臣沈廷正据报，随委府州各官同往覆勘。续于五月二十六日，据覆："被淹者二万三千七百余亩，未淹者一万四百余亩，被淹之地计算大小麦租，该折征银一千九十五两五钱零。但马厂归公纳租，原与民间纳赋之田不同，且止一隅，而各户未淹之地业已十分收成。况此承种佃民皆系绅衿吏役，各有本面稻田，现在及时栽插，实与穷民有间。米价亦不昂贵，此项租银，或减免，或缓征。"等语。臣复批行布政司详核酌议，去后，旋准抚臣沈廷正札开："马厂被淹，应输本年粮银一千余两，若照分数请免，甚属无几，已具折恳请圣恩，全免其征收，在司库备公存剩银内拨补完项，可否再按被淹分数题报请免？"商酌前来。

臣查此项地土原系低洼，若雨水稍迟，反加倍丰收。凡雨泽应时，即间有淹没，既不为灾，自无须题报，且此项租银，抚臣既已请免，应候圣谕遵行。（**夹批：是。沈廷正奏折已批谕矣。**）除札覆沈廷正外，相应奏明。

再据曲靖府知府刘斌详称："据南宁县勘报，该县东北二乡田地低洼，易于积水。五月二十一夜，庙高山起蛟，山水陡发，以致冲决圩堤，田庐被淹。今水势日消，其高阜之处禾秧未伤，可望有秋。圩内低田尚有被淹。至民房，因水势急骤，间或冲倒，各村居民并无损伤，理合转报，请饬各委员确查。"等情。臣随批，仰云南布政司速饬委员勘明果否成灾，据实详夺。又据抚臣沈廷正委勘之澄江府知府王铎详称："六月初四日到曲靖，带同南宁县亲往被灾之所查勘，东北二乡、李家等圩低田，果将围堤冲决，田苗淹没，近水草房被水浸坏倒塌，幸水势虽大，不过两三时即退，并未伤损人口。俟同该令清查被灾顷亩分数及倒塌民房，造册另报。"等情。

臣因蛟水陡发，既称不过两三时即退，现在积水曾否全消，可否补莳秧苗，未据声明。仍批行云南布政司速饬查明通详外，臣查滇省今岁春雨沾足，故春熟甚盛。因四月末旬至五月间雨水稍多，高阜处所遍得栽插，低洼田亩不无泛滥，抚臣沈廷正现已发库银五百两交给委员，酌散冲塌田房之户。俟委员再细勘覆，如应赈恤、蠲免钱粮，即同抚臣会疏题报。

合并奏闻，伏乞圣主睿鉴。臣谨奏。

**朱批：**览。

（《朱批谕旨》鄂尔泰奏折）

## 425　云南总督鄂尔泰《奏保举贵州学政徐本并陈未经深知滇黔司道各员折》

雍正七年六月十八日

云南总督臣鄂尔泰谨奏：为钦奉上谕事。

雍正七年六月初一日，准吏部咨："雍正七年四月十八日，内阁奉上谕：外任督抚藩臬，为全省之表率，关系甚重。每当简用之时，常以一时不得其人，深劳念虑。凡内外大臣，受国家厚恩，均当留意于平时，秉公奏荐，尽以人事君之道。京官自学士、侍郎以上，外官自藩臬以上，着各人密保一人，将其人可胜督抚之任，或可胜藩臬之任，据实奏明，不必拘定满汉，亦不限定资格。即府县等员，官阶尚远者，果有真知灼见，信其可任封疆大僚，亦准列于荐牍之内。若一时无深知可举之人，容其从容采访，不得草率塞责，有负咨询。特谕！钦此。"移咨到臣。除转行钦遵外，该臣看得贵州学政臣徐本，才具明晰，操持端正，且器局安详，亦复开爽，并无浮动阴深习气。（**夹批：**甚是。此人甚明达，朕时常奖许者，是臣皆知之一些，无书生迂气。但恐不能诚实，可随便开导之。若恳下实力屏除科甲漏习，此人实可用者，较伊父觉跨灶。）据臣所知，似可胜藩司之任，相应缮折密奏。

再云贵两省司道大员，凡臣所知者，业经分别开注，恭请圣鉴。其到任未久，臣未经亲见、未经深知之司道，如贵州布政司鄂弥达，存心甚正，办事甚勤，人亦明白，兼通文理。（**夹批：**但恐狭小气急，今据卿所奏，可用之人也。满洲人才甚少，可加意训导造就之。第一着他勉励操守可也。）臣驻黔将四月，凡于地方一切要件，伊无不详细筹议，知计久远。此本心全在实力报效之员，但初任外吏，尚少历练。若进以通达，殊可以信用。

贵西道王廷琬，少年英锐，奋往任事，才具亦精明，志气亦向上。因尚未老成，故不无出入，再加开导，可望成材。（**夹批：**大有意思，将来可望成器者。似是一大格局人，着实留心试看。）

云南永昌道雷之瑜，老成恂谨，似不欲胜人，而心地明晰，能别是非，能分界限，才具可以办事，再少经阅历，进以开扩，如钱粮专责，粮道、盐道之任，可优为之。（**夹**

批：真老若练，结实人，但非大人物。承上接下之任，可保无虞。）

至云南学政臣巩建丰，质朴谨饬，自守有余，然为人迂缓，诸务未谙，似只可任闲曹，翰林、詹事而外，恐非所宜也。（**夹批：大废话人也，真正庸才，一无所取。此任能三年未遭参处，亦大奇异，何暇论及他任也。此人朕所深知而又灼见者。）**

合并缮奏，伏乞圣主睿鉴，采择施行。臣尔泰谨奏。

**朱批：**览。

（《雍正朝汉文朱批奏折汇编》第十五辑，第 598 ~ 599 页）

## 426 云南总督鄂尔泰《奏覆副将杨洪可任总兵并将禄鼎坤送部引见折》
### 雍正七年六月十八日

云南总督臣鄂尔泰谨奏：为覆奏事。

窃云南广罗协副将杨洪，荷蒙圣询："杨洪可胜总兵任否？钦此。"臣查杨洪年力精壮，营伍整齐，人有血气，知顾行止，将来可任总兵。就现在论，器小气盛，亦无多行走，若骤任封疆，转恐非福。（**夹批：是。知道了。**）似尚应裁抑引导，以终成就之。

再陈覆禄鼎坤条内，荷蒙朱批："甚是！若增空衔，朕意欲赐参将衔，以鼓励之。钦此。"臣查禄鼎坤人既明白，材殊精悍，乌酋中之超特者。第心高胆大，终非良善比。臣前曾面饬云："恩不可负，义不可悖，果能倾心，我必全尔家，但有邪心，我必斩汝首。"鼎坤伏地汗流，回称："生生世世，务当效犬马，不敢有贰。"现在伊所畏服者，止有臣一人，其余镇将等官率多不在意。兹蒙圣恩，欲赐参将衔，以示鼓励。据臣愚见，请于敕部增衔之时，着臣将禄鼎坤送部引见，即留京酌用，或并移其家口，给以田房，俾享丰厚，不恋旧巢，似更属妥便。是否有当，合并覆奏，伏乞圣主睿鉴。臣尔泰谨奏。

**朱批：**甚是！不必谕部，卿可引折谕，将禄鼎坤送部引见，朕观其人，自有令伊感恩安插之道。

（《雍正朝汉文朱批奏折汇编》第十五辑，第 599 页）

## 427 云南总督鄂尔泰《奏覆应将定边县裁归蒙化管辖暨尚未具题缘由折》
### 雍正七年六月十八日

云南总督臣鄂尔泰谨奏：为覆奏事。

　　窃原任云南楚雄府定远县知县签升户部主事吴道来请将楚雄府属定边县改隶蒙化府同知管辖一折，荷蒙朱批：“此论若是，可具题奏。若可以，不必更张，折奏以闻。钦此。”

　　臣查定边一县，创自元初，至元中省入镇南州后，为蛮酋刀斯郎所据，明初缅彝入寇，潜走定边，经西平侯沐英讨平，复设县治，隶于楚雄府管辖，权宜措置，相沿至今，故城垣未建，惟有土墙，人户无多，俨同村落。况核其每岁秋粮止三百余石，条丁银止七百余两，仅足供支官役俸工并祭祀廪饩之费，且该地相距府城三百余里，山箐层叠，道路迂回，必由镇南等属之境始至县治，凡有盘察钱粮、催解案件等事，官差远涉，文檄稽迟，出赋既属无多，办公又有未便。此不但应改隶，实相应裁并者也。

　　臣于去冬访查既确，曾面交藩司及该知府酌议。续据藩司张允随禀覆：“定边县地方并无关险要，且属简僻，合议裁并。但照原省入镇南州，仍相隔二百四十里。惟蒙化一府相去不及百里，途路亦皆坦平，若将定边县议裁，所有县辖地方归并于蒙化府掌印同知管理，凡一切钱谷、刑名事宜，悉令该同知承办，庶官役得免冗设，经费不致虚糜，实属妥便。”等语。臣覆查无异，业拟请旨将定边裁县，归并蒙化管辖，并于旧治添设巡检一员，以资稽察。即将该典史改为巡检，裁缺之知县、教谕、训导共三员，另行补用，已有定议。时缘抚臣新到任，臣复来黔，未及相商，是以尚未具题。兹奉颁示垂询，除俟商同抚臣沈廷正会疏题请外，合先覆奏，并缴朱批吴道来原折，伏乞圣主睿鉴。臣尔泰谨奏。

　　**朱批：**好。

（《雍正朝汉文朱批奏折汇编》第十五辑，第 600~601 页）


## 428　云贵广西总督鄂尔泰《奏报奉旨照旧供职谢恩折》
### 雍正七年七月二十四日

　　云贵广西总督臣鄂尔泰谨奏：为恭谢天恩事。

　　雍正七年七月初三日，准吏部咨开：“总督鄂尔泰自陈一疏，奉旨：‘卿忠诚体国，公正廉明，自简任总督以来，正己率属，和辑兵民，抚绥苗众，百度具举，懋著勋勤，正资倚任。着照旧供职，该部院知道。钦此。’相应知照，钦遵施行。”等因到臣。钦惟我皇上广覆同天，至明并日，扬清激浊，举三载考绩之典，庶政咸熙，鉴澈衡平。行百僚明试之条，天工时亮。皇恩宠逮，惊惭甚而但觉汗流；圣眷褒嘉，感激深而无言泪下。

　　念去奸去伪去私去偏去贪去暗，臣尔泰固尝洗涤于隐微。而学忠学诚学公学正学廉学明，臣尔泰实未进窥其堂奥，却非存是纵不敏。而请从由浅入深，虽未能而窃，愿谆谆圣训，寤寐难忘。恳恳王言，出入必警，不敢以僚属之过误谓非臣之愆，尤不敢以兵民之疲羸谓非臣之疾痛，不敢以苗众犷悍谓非臣之疏顽，不敢以百度之废弛谓非臣之怠惰。荷垂倚之异数，敢自懈其股肱凛委任之殊纶，敢稍弛其负戴，无勋劳之可报，虽踵顶不重，毫无矢勤，劬以自将，即豚鱼亦同血气。缘遵例，不敢具疏，谨缮折恭谢天恩，伏乞圣主睿鉴。臣谨奏。

**朱批：** 数句票签谕旨，何能尽述卿之忠诚、功绩也！不过将大略令天下臣工知之之意耳。

（《朱批谕旨》鄂尔泰奏折）

# 429 云贵广西总督鄂尔泰《奏报老挝输诚进贡折》
## 雍正七年七月二十四日

云贵广西总督臣鄂尔泰谨奏：为圣德远届，外国输诚事。

雍正七年六月二十九日，据云南临元镇总兵官邱名扬呈称："雍正七年六月十一日，据汛防猛洒目兵康天锡、苏凤彩等禀报，五月初六日，老挝国王子岛孙差头目叭五名、先十二名、后生八十名，备贡象二只投顺天朝，恳求转达；又有描金匣一个，内系呈总督缅文，理合禀明。本职即差千总亶国鉴并思茅土目刀兴国于十二日起程前往江坝一路接应，照管来差头目人等，拨备兵夫护送前来。"等情。又据前委协办军务之元江府知府迟维玺报同前事各到臣。

臣伏查老挝国即古之越裳氏。叭、先皆系土目名，叭目稍大，先目次之，其土兵则统名后生。僻处云南之极西南，离省城六十八程。自周成王时献雉之后，数千百年未闻入贡。虽元明之初名属内附，然皆迫于压制，并非出自谆诚，未有不加兵威、不事招致而自效恭顺万里远来如今日者也。兹盖恭遇我皇上光被四表，宁及万邦，声教无所不通，囊括无雷之国，怀柔鲜有不至，包涵出日之乡，重译来朝。圣人兴而万方作，睹梯航致贡，文德盛而四夷咸宾，敬备凤阙之威仪，不数贡獒于西旅，上供羽林之卤簿，宁等献翟于南淮，不同赤雀苍鸟，徒劳跋涉，大异橦花蒟酱，空耀珍奇，较玉帛于涂山，何须诛防风之后，至比共球于商代，岂必责荆楚之来王。斯诚我圣主德无不届，远无不来，风动时雍，固有无间于外域者。臣前据报，并准抚臣札，随檄行云南布政使张允随备办犒赏供应等项，令知府迟维玺照管来省，并檄总兵官邱名扬，如土目、土兵内有留在思茅等候者，水土不服，亦不必相强，仍照常供应。去后，兹据邱名扬禀，该土目等于六月内可抵思茅，计七月末或闰月初可至省城。俟臣回署接见来目，译出缅文，并酌商定议，会同抚臣沈廷正具疏题报外，所有老挝国输诚进贡情由，合先缮折奏闻，伏乞圣主睿鉴。臣谨奏。

**朱批**：欣悦览之。朕所喜者，非因外国之纳款，盖以此国内附，则镇沅新定一带可保永永无虞矣。此皆卿忠诚任事、悉心体国之所致，何庆如之！

（《朱批谕旨》鄂尔泰奏折）

## 430 云贵广西总督鄂尔泰《奏报滇黔春熟情形折》
### 雍正七年七月二十四日

云贵广西总督臣鄂尔泰谨奏：为奏报春熟事。

窃臣前报黔省春熟折内，有蚕豆粒大如栗，豌豆粒大如榛等语。荷奉朱批："随便带些来朕览，不必多，一半升足矣。钦此。"谨将蚕豆、豌豆各一匣附呈御览。臣查二豆初收，新鲜时尚更肥大，今已干透，犹少觉缩小，然黔省所仅见，实可征农祥。（**夹批**：果然异常之大。此种类未知年年如是，抑但今岁如是也？）至于各属早稻，每于交秋成熟，今岁节气既迟，而六月中旬后早稻俱已登场。臣于七月初，据各处夷民来献新米并呈谷穗，其欢欣之状殊有景象。晚稻壮盛异常，现已吐穗结实。据各属禀报，秋成皆可卜十分。而黎平、古州苗地稻禾每茎长七八尺，又有两三穗者，竟至遍亩。生熟苗众莫不欢呼，以为从来所未有，群感皇恩之远播，愈以坚其内附之诚。黔尝有谣曰："天无三日晴，地无三里平。"今阴晴以时，数日一雨，天气和霁，人情踊跃。臣目睹耳闻，实不胜庆幸。敬验天时地气，此苗疆转移之机。臣务凛体圣训，力修忠诚，商同抚藩诸臣，倍加调剂，万不敢少自宽懈，致陷妖气鬼魅而无所出黜也。（**夹批**：嘉悦览焉。）

再云南省田禾茂盛，亦可望丰收。但自六月二十以后，雨水过多，逼近河海郡县内，如云南府属之晋宁、宜良二州县及楚雄府本治，据报暴雨溃堤，低田被水。抚臣沈廷正率领司道虔诚祈祷，已于本月初六日起，天气大晴，虽续据各员禀报水已退消，然终恐不无伤损，臣已飞饬布政司，再委员查勘覆报，俟覆到是何情形，另当奏闻外，合并陈明，伏乞圣主睿鉴。臣谨奏。

**朱批**：览。

（《朱批谕旨》鄂尔泰奏折）

## 431 云南巡抚沈廷正《奏报老挝国遣使恭象折》
### 雍正七年七月二十九日

云南巡抚臣沈廷正谨奏：为圣朝恩威远播，遐方慕义输诚，恭折奏闻，仰祈睿鉴事。

窃臣据元江府迟维玺报称："临元镇邱总兵自思茅地方寄书云：接到老挝国南掌那管岛孙缅文，内云：'天朝皇帝圣明，风调雨顺，南掌沾恩，特遣使贡象二只，乞转达。'"等语。臣查老挝国即古之越裳氏，自成周朝贡以后，历数千年，史不多见。兹不烦兵威，不须招致，一旦闻风慕义，恭进方物，此实我皇上德威远播，超迈百王，是以使从未归诚之远域梯航重译，效顺王朝也。臣敬体圣主加惠远人、怀柔万国至意，即与布政使张允随商议，动支公项银两，酌备绸缎布匹，委令知府迟维玺赍往思茅，交镇臣邱名扬从优赏赉。并令迟维玺携带供给银两，沿途加意料理，照例伴送使臣来省。臣已将此情由寄书黔省，通知督臣鄂尔泰。去后，正在缮折间，今又接镇臣邱名扬来札，云："该国所贡二象，因途中水土不服，行至关坪等处相继病毙，使臣堪为惶惧。但其诚即著，其物原不可问。且牙骨犹存，表文具在，仍即遣员慰赉伴送来省。"等语。臣复又通知督臣，俟使臣到省之日，统听督臣会疏题报外，理合缮折奏闻。谨奏。

**朱批**：览。鄂尔泰亦经奏闻矣。

（《朱批谕旨》沈廷正奏折）

## 432　云南巡抚沈廷正《奏报本年地方雨水过多情形折》
### 雍正七年七月二十九日

云南巡抚臣沈廷正谨奏：为奏闻事。

前因曲靖府属南宁县东北二乡偶值起蛟发水，田亩被淹，业将委员勘察缘由缮折奏闻，并将情形题报在案。兹据布政司详据委员澄江府知府王铎等将堪明被淹田亩分数造册具结，请题蠲免前来。臣现在与督臣鄂尔泰会疏具题外，再滇省今岁入夏以来雨水过多，据晋宁、宜良、呈贡、富民、新平等州县并楚雄府陆续禀报，六月二十五六及七月初一二等日，各该地方连值暴雨，河水骤发，近河田亩间有被淹等情。臣随批令司道委员确查，并通知督臣。去后，即于七月初三日设坛祈祷，幸赖圣主精诚默孚，上格穹苍，晴光即行呈现，雨水渐稀。至初六日，云开日朗，天气大晴。据楚雄等各该府州县报称，数日之内积水尽消，田禾并无妨碍等情到臣。

伏思滇省地处高阜，山田十居七八，故从来雨水略少，即不能遍地栽插。今岁高低田亩悉行播种，虽洼下之区偶有被淹，然亦旋即消退。惟南宁东北二乡地势最低，积水不能尽消，其余各属早稻业已结穗，晚稻现在吐花，杂粮亦皆葱郁。而元江、镇沅两府因天气较别属炎热，故早稻现已丰收。合并据实奏闻。谨奏。

**朱批**：鄂尔泰暂离滇境，地方上即叠报小灾，斯岂无因而至欤？汝若不知愧惧，则非具人心者矣。似此征应之理，昭如影响，朕实为之凛然。汝等受封疆之重寄，内省二字，当时刻勿释怀抱。

（《朱批谕旨》沈廷正奏折）

## 433　云南巡抚沈廷正《奏报大理府等地地震折》
### 雍正七年七月二十九日

云南巡抚臣沈廷正谨奏：为奏闻事。

本年七月二十八日，据大理府城守营游击姜忠臣禀报："大理城内，于七月十四日戌时起至十七日连次地动，赵州城内亦于十六日亥时地动，两处城垛、哨房及素有攲斜之居民房屋倒塌数处，并损伤大小妇女二口。"等情。又据永昌道及大理府赵州各禀报地动日期，俱与游击姜忠臣所禀相同。臣随批司，委员确勘情形，并动支司库备公银两，将倒塌房屋、损伤人口之处照例赈恤在案。又接得提臣张耀祖来扎，云："自七月十四日至十七日，偶然地震，即与永昌道设坛，斋戒祈祷。十八日至二十一日遂安静宁谧，不复震动。"等语。

臣伏思，滇省四境皆山，无通江大河以泄地气，故父老人等咸称地震之事历来恒有，且今地动，非雍正二年地震可比。除写书通知督臣鄂尔泰并俟委员勘明，覆到之日另行奏报外，理合据实奏闻。谨奏。

**朱批**：值兹上天垂示灾异，毫无愧惧，不知修省，乃谓为恒有之事。汝若似此无忌惮，居心必至不克有终。将朕此谕，谨志勿忘。若不痛自刻责，尽消鄙陋，存一分不信不畏之心，则增一分自障自碍也。试体验看。

（《朱批谕旨》沈廷正奏折）

## 434　云南巡抚沈廷正《奏缴朱批等事宜折》
### 雍正七年七月二十九日

云南巡抚臣沈廷正谨奏：为恭缴朱批，仰祈睿鉴事。

窃臣前因官兵擒获阿驴部落贼首，随将大捷撤师缘由缮折奏闻。奉到朱批，伏惟我皇上宵旰靡遑，念念感孚天地，励精图治，事事推本圣祖，是以天眷弥隆，远迈千古。臣谬任封疆，虽才识庸陋，未能仰报涓埃。而忠君亲上之大义，臣实勘诸寤寐，励诸终身。兹蒙圣谕，臣跪读之下，倍深感惕。惟有勉力效法督臣鄂尔泰，矢竭丹衷，以图报圣主屡次教诲之恩于万一耳。谨将原奉朱批恭缴。谨奏。

**朱批**：朕非好为，是频频训谕也，所谕者又无非此数语。然朕之所以不惮烦者，盖恐下愚不移之质渐摩匪易，而人情又每于熟处难忘，故于汝时加提撕儆觉耳。倘能触目动心，努力向是处立定脚根，则汝之福祉未艾，而于朕用人颜面也有光也。勉之！但舍己之短法人之长，甚属难事，莫作容易看。

（《朱批谕旨》沈廷正奏折）

## 435　云南巡抚沈廷正《奏报拿获抢药案犯江自得情形折》
### 雍正七年七月二十九日

云南巡抚臣沈廷正九叩首，谨奏：为奏闻事。

窃臣接准督臣鄂尔泰咨开，准湖南抚臣王国栋移称："据辰沅靖道王柔盘获奸匪许英贤等一案，有许英贤供出要犯江自得，系江西人，现在云南各处舍药，希查拿移覆。"等因。除檄行云贵两省文武各官密拿外，转咨到臣，当即移行文武各衙门上紧密访严拿。去后，据广西府知府周埰禀报："会同该营盘获卖药人张鲁能、刘公象、江起龙、魏启泰、李雄河等解省，经按察使常安委令大理府知府陈克复、开化府同知杨正辅逐加审讯，俱不供吐实情。随晓谕各犯，云：'现今只追究江自得一犯，汝等如知道江自得，即时据实供出，便可释放，免得牵累。'"适又据鹤庆营府盘获卖药人陈光恕、刘正寿等解省，于柒月贰拾柒日，与张鲁能当堂对质，不特陈光恕指称张鲁能即江自得，而江自得亦自认不讳。还质刘公象等，遂不能隐讳，俱各指认无异。

臣思张鲁能既审系江自得，而刘公象等从前到案之时，何以不据实供吐，甘为隐瞒？直待陈光恕等质对，始行说出，其中恐有别情。但江自得果不可容其漏网，而案内恐有牵累之人，似不便久为株连。除李雄河一犯业经病故外，所有江自得、刘公象等各犯，现在发交按察使常安密行究审，分别详报，并通知督臣鄂尔泰，听候移咨湖南抚臣外，谨将拿获要犯江自得缘由缮折奏闻，伏祈皇上睿鉴。谨奏。

**朱批**：知道了。

（《雍正朝汉文朱批奏折汇编》第十五辑，第919页）

## 436　云贵广西总督鄂尔泰《奏报赈恤滇省被水情形折》
### 雍正七年八月十八日

云贵广西总督臣鄂尔泰谨奏：为奏闻事。

窃照云南省今岁夏月多雨，郡县中低洼田地间有被淹，其水退后禾苗无损者，如云南府属之晋宁州、宜良县，并楚雄府本治及附近属邑，俱照常收获外，惟曲靖府属之南宁县东北二乡，地连马厂，势最洼下，于本年五月二十一日，因庙高山起蛟发水，冲决堤岸，共淹民屯、马厂田地一百五十余顷。时臣在黔，接据禀报，随一面委员查勘，令分别具详复札，谕地方官督率疏导，有可以补种处，加意调剂。去后，续据该府知府刘斌、该县知县梁廷彦禀称："履亩查勘，前报被淹田亩内，水退之后，早者已补栽十分，次者补栽六七分，最迟者亦补栽二三分。现种荞、麦、豆、稗等项，可以一体秋收，其余田禾俱倍加丰盛。"等情。

臣查滇省地方山多田少，喜水畏旱，故民间有"水潦吃饱饭，干旱要苦饥"之谣。臣自黔回滇，沿途遍询文武，目睹田禾丰茂，并据各属禀报，迤东皆庆有秋，而迤西诸郡尤盛。兹南宁二乡被淹田地本属无几，水退后又可补栽，且春熟十成，已抵终岁之半。若因一时之水全免一岁之粮，在圣恩浩荡，蠲赏动百万，何论此些微？但民可使由，不可使知，恐长刁风，不可为训。（**夹批**：此又在卿酌量为之者。）抚臣沈廷正业经按数请免，应候奉旨准咨到日，臣再核实商定，务使均平。事有因惠而贻害，示怨而为爱者。职在边方，尤不可不虑也。

再本年七月十四日戌时起至十七日止，大理府及赵州城内地连微动，垛口、哨房及欹斜民房倒塌数处，损伤妇女二口。（**夹批**：此滇省每有者，而适逢卿在黔之时，亦大奇。）随经抚臣委员查勘赈恤，据覆：一府一州共倒房三十一间，坍墙二十九堵，现俱修理赏恤，久已宁静。并准提臣张耀祖札，与所勘无异。合并奏闻，伏乞圣主睿鉴。臣谨奏。

**朱批**：览。

（《朱批谕旨》鄂尔泰奏折）

## 437　云南总督鄂尔泰《奏报接待老挝贡使情形折》
### 雍正七年八月十八日

云南总督臣鄂尔泰谨奏：为奏闻事。

窃照老挝南掌岛孙遣头目备象二只进贡，并檄令供应赏赍，照管来省缘由，业经臣奏明在案。雍正七年闰七月初一日，据临元镇总兵官邱名扬、元江府知府迟维玺呈称："据兵丁苏凤彩禀，老挝进象人等于六月初三日到内地整欹地方，职等即差人前往照应。续据遣去之千把总亶国鉴等禀报，象到内地关坪地方内，牙象一只，因时当炎瘴，山险路窄，腿足受伤，于七月初六日病毙。母象因失伴，不食水草，行至关铺地方，亦随倒毙。老挝叭目人等惊惶无措，畏缩不前，齐声口称：'我主子交象二条送献出来，如今都没了，有何脸面见大老爷们，回去怎么覆我主子。'等情。本职即飞差谕亶国鉴等，加意安慰，并将毙象之牙、尾、鼻骨检取，叫叭目人等放心前来去讫。仰思我圣主德被万方，仁怀远迩，外域致贡，原不在献物之重轻，边国归诚，亦惟视向慕之诚伪。牙骨具在，可当菁茅，上表输诚，足昭恭顺。又专差把总梁廷用星夜前往，令其倾心踊跃，切毋迟疑。俟到思茅，选差官弁照管至省。"等情。又准抚臣沈廷正咨同前事到臣。

臣即札致抚臣，并檄令邱名扬、迟维玺等，南掌归顺之心诚敬已昭，象之倒毙为烟瘴之故，非来差之罪，可仍将发来赏号速行犒赏，加意抚慰，使感恩孝顺，安然赴省。且该国出象，可以另觅补进，即少需时日，未为不可，万勿疑畏不前去讫。续于闰七月十三日，又据邱名扬、迟维玺呈称："七月十五日，据南掌国苏吗唎萨捉拉岛孙差头目叭猛花、叭猛腊、叭细礼松发带彝目六十二名，捧献销金彝字蒲编表文一道，赴车里思茅地方军营投见，备极恭顺。随即劳慰赏赉，伊等合掌叩头。于二十日，职带领头目叭猛花等三名，率彝目二十七名，自思茅出普洱。令元江府知府迟维玺就公所整肃威仪，使知中华文物、国体尊严，复又从优赏赉。随令通事询问，据称：'小的们南掌地方接连天朝车里边界，去年橄榄坝摆彝多事，逃至南掌猛洒地界，官兵追到，不扰害村寨，不妄杀一人。又听得汉人们说，皇帝至仁至明，海外远人无有不服。黄河水清了几个月，猛洒一带头目告诉我南掌主子。我主子说，黄河再不闻清，今黄河水清，一定是活佛爷爷做皇帝、掌天下，因此差来进贡，备象二只，蒲编金字表文一道，呈请总督，转求进贡。小的们四月尾从南掌起身，到这里三个月，因一路雨水炎瘴，两象先后倒坏，小的们实是惶恐。今既蒙如此宽恩，求先打发头目几个回去，重备两只象来进贡。表文应先呈到，才见我主子远来的心。'等语。又问来目金字表文为何写在蒲叶上。据称：'本国没有纸，敬天敬佛才用蒲叶写金字，若文书，用芭蕉叶写字，其余俱用竹片子写字。这蒲编金字进贡皇帝，与敬天敬佛一样。'又问表文内有何言语。据称：'这表文不敢动。进贡的话，小的带着有个样子在这里。'随令车里彝目译出缅文，又用汉文重译，一并呈送。其差目内有三十余人欲先回备象来进，其有不服水土者留在思茅等候，赴省大头目等，令元江协把总陈纶率兵伴送，随知府迟维玺来省。"等情。

又于闰七月二十六日，臣行至江西坡地方，接抚臣札，并布政司禀，知贡使于二十日已抵省城。臣即兼程，于八月初二日抵省，来使郊外远迎，俯伏道左。于初三日，随肃整威仪，陈列军容，令伊等进见。内叭三名、先六名、后生十五名挨次叩头。臣传通事奖劳。据来使口禀，云："南掌小国，离天朝最远。闻得黄河水清，知中国有大圣人治世，小国数年以来安享太平，年年丰熟，通国欢庆。沐皇上弘恩大福，国主感戴不尽，特备土产象只进贡，以展下情。不期象只途中正遇炎瘴，不服水土，未得到省，心里甚是惶恐。已在思茅地方禀知镇守地方大人，先着人归国，另备驯象进贡。所有表文先行赍到，乞赐转奏，亲叩阙廷，以见小国感戴归诚之意。"臣即恺切开示，宣布皇仁，嘉奖恭顺，随加犒赏，令其回寓讫。

臣伏查老挝是其俗名，南掌是其国号，共有三十六版，每版如中国一府，地方与陇阺、缅甸接壤，俱系平行。其人民繁庶，疆域辽阔，亦与两国相等。方言以水为南，以象为掌，因水土出象，故名南掌。其头目名叭者，职分甚大，该国止设六七人。来使首名叭猛花，系管兵权者。其名先者，亦系有职人员，后生不过兵目。据来使之中，自派出大叭一名叭猛花，次叭一名叭细礼松发，先二名先腊鲊、先笼，后生五名波罕、愠醒、惰波、亥莫、博歪等，恳祈亲叩阙廷，以遂瞻云就日之忱。情词谆切，不胜踊跃。除具疏题报，候旨遵行外，所有该国表文，应随来使赍进，谨先将译出表文恭呈御览。（**夹批：** 甚是。）其象毙原委，无关事体，臣未经叙入本章。合并缮折具奏，伏乞圣主睿鉴施行。臣尔泰谨奏。

**朱批：** 欣悦览之。

（《雍正朝汉文朱批奏折汇编》第十六辑，第 408~410 页）

## 438　云南总督鄂尔泰《奏报拿获药贩张鲁能等讯供解楚情形折》
雍正七年八月十八日

云南总督臣鄂尔泰谨奏：为奏明事。

窃照湖南省咨拿卖药匪类一案，臣因云贵报获诸起未得确实，前经行令承审官再行验讯明白，以便发落，业已具折覆奏。今据云南按察使常安详禀，内称："广西府拿获卖药人张鲁能等，解司发审，有同案另解之陈光恕指供张鲁能即系江自得，当即逐一严审。据该犯供吐，于康熙六十一年，在伊叔江重典家会饮，有许英贤告以听闻张天师之叔张易珍招集人马，劝其相投，自得未允，嗣即出门行医。复两次归家探问，闻许英贤已往龙虎山。自得于雍正元年五月亦至龙虎山之太清宫会见英贤，转见张易珍，先派伊管马，继随英贤于上清宫学习禳星解化之法。英贤复告以易珍有道人徐祥吉者有兵书法术，能撒豆成兵，自得亦未会面。迨至九月，英贤传易珍之言，令自得下山招人，招得百名，给银百两及官职等语。又与路费银四十八两，自得即于十月下山。其在山五月余，与易珍相见者四五次。缘英贤先嘱其秘密，故与易珍觌面，亦未言及招人之事。至二年三月，自得来至云南，见盘查严密，仍止卖药，未露谋情。至五年九月，许英贤亦来滇省与自得相会，询其所招，一人未得，即出怨言，并加催促。未几，英贤别去。自得虽遍历大理、楚雄等处，仍然未有所招。六年十二月，行至广西府城，寓于萧公祠，假李宦名色贴招施药度日。有刘公象等八人先寓祠内，因系同乡同业，且为族党，遂彼此相聚。自得以许英贤领见张易珍之事告知公象等，纠约往投。公象等疑其言虚祸大，各不允从，旋被盘获。除李雄河、朱茂黄

— 415 —

二犯病故外，余请一并解赴湖南收审。"等情。

臣查江自得系楚省咨拿首犯，兹既据获到在滇所审，供情恐多狡诈，难定虚实，应即解楚，与首先拿获之许英贤面质，方得明确。除现在咨明湖南抚臣递解前往外，所有获犯讯供解审缘由，理合奏闻。再照贵州拿获此案内卖药人犯刘文甫，前因解省脱逃，经抚臣张广泗查参，佥差不慎职名在案。今据报，刘文甫亦经安顺营守备熊权复获，现在饬行究拟。合并陈明，伏乞圣主睿鉴。臣尔泰谨奏。

**朱批**：此案，朕原视为子虚，观此供吐，似有影响之事。已有旨谕湖南、江西抚臣矣。

（《雍正朝汉文朱批奏折汇编》第十六辑，第415～416页）

## 439 云南巡抚沈廷正《奏报恭缴朱批并陈鄂尔泰学问深远才识超群折》
雍正七年八月二十日

云南巡抚臣沈廷正谨奏：为恭缴朱批，仰祈睿鉴事。

窃臣前奏恭缴朱批折内奉到朱批："朕亦有昧知人之明而误用者，指不胜屈。览汝此奏，殊增惭愧。钦此。"仰惟我皇上圣明天纵，行政用人超轶前古，是以小廉大法，吏治澄清，即有改易操行、不实心奉职者，乃其自甘暴弃，而于圣主知人之哲无与也。臣伏读朱批，自揣不胜惶悚。所幸督臣鄂尔泰学问深邃，才识超群，诸凡地方事宜，无分巨细，逐一请教。承督臣开诚指示，婉转周详。臣又见其开辟苗疆，抚绥军民诸务，人皆视为艰巨难能者，而督臣调度得宜，速奏阙功，从来顽梗之苗民，俱输诚纳赋，乐附版图，此实古名臣中所罕见者。至其肃清吏治，惠爱民生，宽严各得其当，于小心谨慎之中具见公忠体国之诚，皆我皇上教育陶铸、知人善任之明鉴也。（**夹批**：此等勋绩人皆可能，非名臣中所罕见之事，无如诸臣工不肯尽力为之耳。有鄂尔泰其人，朕则易知，即能善任。如汝等辈，朕亦易知，但不可谓之善任耳。奈何！）臣仰沐殊恩，畀任滇南，获与督臣朝夕同事，得领教益，凡素日鄙陋拘泥之见，渐觉开豁。但臣自知器小才庸，虽现在勉竭驽钝，效法督臣十分之一，以图报效。（**夹批**：将己之态度一语写出如画。）更求皇上于批发督臣鄂尔泰奏折时，再令其悉心教导微臣，俾臣日有进益，造就成材，则感戴圣慈无既矣。（**夹批**：此可不必。但将鄂尔泰所劝导语中约取一二句，心悦诚服记诵、砥砺，则毕生用之不尽矣。）所有奉到朱批，理合恭缴。谨奏。

**朱批**：览。

（《朱批谕旨》沈廷正奏折）